Dienstleistungsmanagement im Krankenhaus

Mario A. Pfannstiel · Christoph Rasche
Harald Mehlich
(Hrsg.)

Dienstleistungsmanagement im Krankenhaus

Nachhaltige Wertgenerierung jenseits der operativen Exzellenz

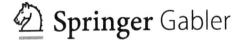
Springer Gabler

Herausgeber
Mario A. Pfannstiel
Hochschule Neu-Ulm
Fakultät Gesundheitsmanagement
Wileystraße 1
Neu-Ulm
Deutschland

Harald Mehlich
Hochschule Neu-Ulm
Fakultät Gesundheitsmanagement
Wileystraße 1
Neu-Ulm
Deutschland

Christoph Rasche
Universität Potsdam
Management, Professional
Services & Sportökonomie
Karl-Liebknecht-Str. 24–25
Potsdam
Deutschland

ISBN 978-3-658-08428-8
DOI 10.1007/978-3-658-08429-5

ISBN 978-3-658-08429-5 (eBook)

Die Deutsche Nationalbibliothek verzeichnet diese Publikation in der Deutschen Nationalbibliografie; detaillierte bibliografische Daten sind im Internet über http://dnb.d-nb.de abrufbar.

Springer Gabler
© Springer Fachmedien Wiesbaden 2016

Gedruckt auf säurefreiem und chlorfrei gebleichtem Papier

Springer Fachmedien Wiesbaden ist Teil der Fachverlagsgruppe Springer Science+Business Media
(www.springer.com)

Vorwort

Der Dienstleistungsbereich im Gesundheitswesen ist in den letzten Jahren stetig gewachsen und zu einem substanziellen Wirtschafts- und Wertschöpfungsfaktor avanciert. Besonders Krankenhäuser müssen sich ständig neuen Herausforderungen bei der Dienstleistungserbringung stellen und nach innovativen Lösungen suchen, um im multifokalen Wettbewerb zu bestehen. Wettbewerbsvorteile bei Dienstleistungen bestehen u. a. in der Einzigartigkeit von Dienstleistungsangeboten, von denen ein substanzielles Nutzenpotenzial aus der Sicht multipler Stakeholder ausgeht (z. B. Patienten, Angehörige, Krankenkassen, Einweiser). Daher sind bei der Erbringung von Dienstleistungsangeboten in Dienstleistungsprozessen Potenziale, Synergien und Wechselwirkungen aufzuzeigen und nach festgelegten und vor allem professionellen Maßstäben zu verbessern. In den kommenden Jahren werden Kunden weiterhin individualisierte, preiswerte und attraktive Dienstleistungsbündel einfordern. Derartige Leistungsbündel werden nur wertgeschätzt, wenn diese eine gute Qualität bei gleichzeitig vorteilhafter Kostenstruktur aufweisen. Impulse für verbesserte Dienstleistungen können von renommierten Akteuren der Gesundheitswirtschaft und von spezialisierten Gesundheitseinrichtungen ebenso kommen wie von Experten aus Wissenschaft, Forschung und Unternehmensberatung. Die Zuordnung und Eingliederung von Dienstleistungen muss klar definiert sein, damit die Patienten- und Mitarbeiterzufriedenheit gehalten und weiter verbessert werden kann. Operative Exzellenz entsteht beim Prozess der Dienstleistungserbringung immer durch Kundenorientierung, Effizienz und Qualität in allen Krankenhausbereichen, indem knappe Gesundheitsressourcen nutzen- und wertoptimal eingesetzt werden. Sie wird getragen durch den Strukturwandel, der alle Mitarbeiter zu kontinuierlichen Verbesserungen verpflichtet. Für Krankenhäuser als Expertenorganisationen ist relevant, dass die Unternehmenswerte von den Mitarbeitern im täglichen Handeln umgesetzt und gelebt werden. Ein qualifizierter Mitarbeiterstamm muss erhalten bleiben, damit Erfahrungswissen weitergegeben und zu einem späteren Zeitpunkt darauf zurückgegriffen werden kann. Die systematische Entwicklung von Dienstleistungen wird durch die intensive Auseinandersetzung mit bestehenden Dienstleistungsangeboten getrieben, wobei auch ausdrücklich ein Blick über den Tellerrand der eigenen Branchengrenzen erlaubt ist. Überlegenheit bei der Dienstleistungserstellung im Tagesgeschäft entsteht durch den richtigen Einsatz von Kapazitätsreserven und ein profundes Knowhow der Krankenhausmitarbeiter, die oftmals über implizites Expertenwissen verfügen.

Komplexe Dienstleistungsangebote wie z. B. Behandlungsmaßnahmen für multimorbide oder schwerverletzte Patienten sind weiterzuentwickeln, wobei die Krankenhausmitarbeiter zu schulen sind. Gültige Anforderungen sind einzuhalten und zu beachten. Denn erst wenn transparente Dienstleistungsabläufe bestehen, kann Zeit eingespart und Orientierung im Dienstleistungsgeflecht gegeben werden. Die Digitalisierung revolutioniert das bisherige Denken von Dienstleistungsprozessen und schafft Freiräume für Fortschritte. Eine effiziente und ganzheitliche Koordination der Dienstleistungserstellung ermöglicht die Ausschöpfung und die erneute Inanspruchnahme sowie die Mehrfachnutzung von Dienstleistungsressourcen. Viele Krankenhäuser müssen die Chancen, die sich bei der Fokussierung auf Dienstleistungen ergeben, erst noch erkennen und analysieren, um wertsteigernde Dienstleistungsabläufe zu integrieren und auszugestalten. Bei der Gestaltung und Optimierung von Dienstleistungen sind daher Maßnahmen und Instrumente einzusetzen, die zu weiteren Produktivitätsgewinnen führen und zur operativen Exzellenz beitragen.

Das Dienstleistungsspektrum in Krankenhäusern umfasst eine nahezu unüberschaubare Vielfalt von Dienstleistungen, die einer grundlegenden Einordnung bedürfen. So kann differenziert werden zwischen interaktiven, modularen, innovativen, wissensintensiven, standardisierten und komplexen Dienstleistungen und Dienstleistungsangeboten. Die Beiträge in diesem Sammelband befassen sich mit einem breiten Dienstleistungsspektrum, weshalb diese kurz erläutert werden sollen:

- Interaktive Dienstleistungen werden bspw. von hoch qualifiziertem Personal, z. B. vom ärztlichen Dienst, oder mit hohem Personaleinsatz, z. B. vom Pflegedienst, erbracht.
- Modulare Dienstleistungen die wie ein Baukastensystem zusammengefügt werden können, weisen eine hohe Komplexität mit gelegentlicher Interaktion von Personal auf. Hierzu zählen z. B. Reparaturen und Wartungen.
- Innovative Dienstleistungen sind Dienstleistungen, die eine neue Idee für eine große Zielgruppe oder eine einzelne Person darstellen, z. B. Therapieverfahren. Dienstleistungsorientierte Geschäftssystem- und Versorgungsinnovationen beziehen sich auf die intra- und extramurale Wertschöpfungsarchitektur eines Krankenhauses.
- Wissensintensive Dienstleistungen finden sich bei Personal mit einem hohen Anteil an Forschung, Entwicklung, Planung, Konstruktion und Design. Besonders Beratungsleistungen zählen zu dieser Kategorie. Aber auch expertenbasierte Dienstleistungen sind das Ergebnis von Professionals, die gegenüber dem Leistungsnehmer oft über massive Erfahrungs- und Kompetenzvorsprünge verfügen.
- Leistungen die stark vereinheitlicht sind, werden als standardisierte Dienstleistungen bezeichnet. Als Beispiele können z. B. Wegeleit- und Orientierungssysteme und Self-Service-Technologien, aber auch Laborleistungen und Leistungen bei der Erbringung von Medizinprodukten genannt werden.
- Komplexe Dienstleistungen werden z. B. in Form von Behandlungsmaßnahmen in der Notfallaufnahme oder im OP-Bereich erbracht. Es sind Leistungen, die aus verschiedenen Einzelleistungen und Smart Services kombiniert und aufeinander abgestimmt werden.

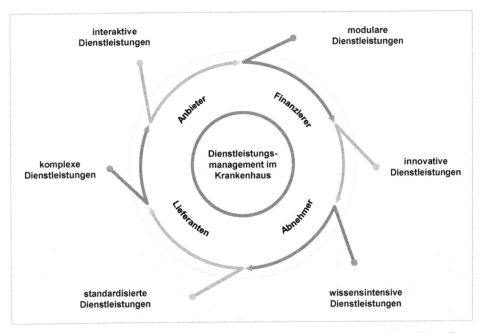

Abb. 1 Dienstleistungskategorien und -management im Krankenhaus. (Quelle: Eigene Darstellung 2016)

Abbildung 1 gibt einen zusammenfassenden Überblick über relevante Dienstleistungskategorien im Krankenhaus.

Dienstleistungsmanagement im Krankenhaus bedeutet, dass durch Entscheidungsträger Maßnahmen ergriffen werden, um Dienstleistungsprozesse zielorientiert zu gestalten, zu steuern und zu entwickeln. Besonders patientenbezogene Dienstleistungen beeinflussen das Unternehmensergebnis, daher sind diese vorrangig mit ins Kerngeschäft einzubeziehen.

Bedanken möchten wir uns an dieser Stelle bei den Autoren für die gute Zusammenarbeit und für die Mitwirkung am Sammelband. Der Sammelband enthält insgesamt 20 Beiträge, die wie folgt aufgebaut sind: Inhaltsverzeichnis, Kontaktinformationen, Zusammenfassung, Hauptteil und Literaturverzeichnis. Ferner wurde ein Autorenverzeichnis von allen beteiligten Autoren zusammengestellt.

Unser Dank gilt auch Frau Claudia Hasenbalg vom Springer Gabler Verlag, die uns bei der Formatierung, Koordination und Drucklegung des Sammelbandes sehr unterstützt hat.

Neu-Ulm, im Februar 2016   Mario A. Pfannstiel
                                                                Christoph Rasche
                                                                Harald Mehlich

Inhaltsverzeichnis

Herausgeber- und Autorenverzeichnis

Die Herausgeber

Mario A. Pfannstiel MSc, MA ist Fakultätsreferent und wissenschaftlicher Mitarbeiter am Kompetenzzentrum „Vernetzte Gesundheit" an der Hochschule Neu-Ulm und Doktorand an der Universität Potsdam. Er besitzt ein Diplom der Fachhochschule Nordhausen im Bereich „Sozialmanagement" mit dem Vertiefungsfach „Finanzmanagement", einen M.Sc.-Abschluss der Dresden International University in Patientenmanagement und einen M.A.-Abschluss der Technischen Universität Kaiserslautern und der Universität Witten/ Herdecke im Management von Gesundheits- und Sozialeinrichtungen. Im Herzzentrum Leipzig arbeitete er als Referent des Ärztlichen Direktors. An der Universität Bayreuth war er beschäftigt als wissenschaftlicher Mitarbeiter am Lehrstuhl für Strategisches Management und Organisation im Drittmittelprojekt „Service4Health". Seine Forschungsarbeit umfasst zahlreiche Beiträge zum Management in der Gesundheitswirtschaft.

Univ.-Prof. Dr. rer. pol. habil. Christoph Rasche Jahrgang 1965 in Münster ist Leiter der Sektion „Professional Services" an der Universität Potsdam. Zugleich war er mehrere Jahre geschäftsführender Direktor des dortigen Instituts für Sportwissenschaft und fungiert als Professor für Sportmanagement und Sportökonomie. Professor Rasche besitzt eine Doppelmitgliedschaft in der Humanwissenschaftlichen und der Sozial- und Wirtschaftswissenschaftlichen Fakultät der Universität Potsdam. Von 1995–1998 war Prof. Rasche Top-Management-Berater bei der Unternehmerberatung DROEGE & Comp. AG. Er übt(e) u. a. Gastprofessuren an den Universitäten Innsbruck, Acalá de Henares (Madrid), Jena sowie der Hochschule Osnabrück im Rahmen der MBA-Ausbildung aus. Prof. Rasche wirkt als Unternehmensberater und Executive Trainer zur Stimulierung des Diskurses zwischen Wissenschaft und Praxis. Seine Forschungs- und Beratungsschwerpunkte beinhalten folgende Themenfelder: Multifokales Management, Corporate Restructuring, Professional Services sowie Sport- und Gesundheitsmanagement. Die Dissertation erfolgte zum Thema „Wettbewerbsvorteile durch Kernkompetenzen"; der Titel Habilitationsschrift lautet „Multifokales Management".

Prof. Dr. Harald Mehlich ist Dekan der Fakultät Gesundheitsmanagement an der Hochschule Neu-Ulm und Mitglied im Kompetenzzentrum „Vernetzte Gesundheit". An der Universität Bamberg übernahm er die Leitung des BMBF-Forschungsprojekt „Virtuelle Unternehmens- und Arbeitsstrukturen im Kommunalbereich". Er leitete zahlreiche Beratungs- und Evaluationsprojekte mit Schwerpunkt Computereinsatz in Produktion und Verwaltung. Beim Fraunhofer-Institut für Arbeitswirtschaft und Organisation (IAO), Stuttgart, arbeitete er an Projekten zur Einführung von Computern in Verwaltung und Produktion. Seine Forschungsschwerpunkte liegen im Bereich IT-Vernetzung und Datenverarbeitung im Gesundheitswesen und Informations- und Betriebliches Gesundheitsmanagement.

Die Autoren

Laura Beyersdorf ist Referentin der Kaufmännischen Direktorin des Klinikums Ernst von Bergmann gGmbH in Potsdam. Im Jahre 2010 schloss Sie ihr Bachelor-Studium Unternehmensmanagement ab. Anschließend folgte das Master-Studium Business-Management mit dem Schwerpunkt Marketingmanagement. Die Master-Thesis erfolgte zum Thema „Entwicklung einer Marketingkonzeption im Gesundheitswesen am Bespiel der Charité Universitätsmedizin Berlin".

Monique Bliesener MBA ist seit 01.07.2014 die kaufmännische Leiterin des Zentrums für Innere Medizin am Ernst von Bergmann Klinikum in Potsdam. Zuvor war sie Referentin des medizinischen Geschäftsführers der Kliniken der Stadt Köln seit Mitte 2011. Nach der Ausbildung zur Physiotherapeutin 2000, Studium der Betriebswirtschaftslehre mit den Schwerpunkten Controlling und Personalmanagement mit Abschluss 2005. Anschließend Tätigkeit als Controllerin in einem Handelskonzern und an der Medizinischen Hochschule Hannover. Ab 2010 Projektleiterin im Bereich der Unternehmensentwicklung der Medizinischen Hochschule Hannover und gleichzeitiges Zweitstudium an der Frankfurt School of Finance and Management mit dem Schwerpunkt International Healthcare Management mit Abschluss 2011.

Prof. Dr. Manfred Bornewasser leitet die Abteilung für Arbeits- und Organisationspsychologie am Institut für Psychologie der Universität Greifswald. Er ist Leiter verschiedener BMBF-geförderter Projekte. Im Kontext des Projekts Service4Health setzt er sich mit Fragen der Produktivität von Dienstleistungsarbeit im Bereich von Anästhesie und OP von Krankenhäusern auseinander.

Prof. Dr. rer. pol. Andrea Braun von Reinersdorff Jahrgang 1966, übt eine Professur Krankenhaus- und Personalmanagement an der Hochschule Osnabrück aus. Sie unterrichtet strategisches Gesundheits- und Krankenhausmanagement im Rahmen zahlreicher MBA-Programme (u. a. WU Wien, Hochschule Osnabrück) und widmet sich in der Forschung dem Qualitätsmanagement im Gesundheitswesen sowie den Gestaltungsoptionen der strategischen Repositionierung von Expertenorganisationen. Andrea Braun von Reinersdorff promovierte an der Universität Bayreuth zum „Balanced Hospital Management". Ihre Dissertation erscheint demnächst als Standardwerk der Gesundheitswirtschaft in der 3. vollständig überarbeiteten Auflage. Derzeit wirkt Andrea Braun als Dekanin für Forschung und Lehre und Innovationsbeauftragte der Hochschule Osnabrück.

Prof. Dr. Torsten Eymann vor seinem Studium der Wirtschaftsinformatik an der Universität Mannheim absolvierte er eine Ausbildung zum Wirtschaftsinformatiker (BA). Im Anschluss war er als wissenschaftlicher Mitarbeiter am Institut für Informatik und Gesellschaft der Albert-Ludwigs-Universität Freiburg tätig, wo er 2000 seine Promotion ablegte. Seit 2004 ist er Inhaber des Lehrstuhls für Wirtschaftsinformatik an der Universität Bayreuth sowie stellvertretender Leiter des Kernkompetenzzentrums Finanz-und Informationsmanagement an den Universitäten Augsburg und Bayreuth. Von 2013 bis 2016 ist er Sprecher des Fachbereichs Wirtschaftsinformatik der deutschen Gesellschaft für Informatik (GI).

Julia Fischer Mag. Phil wissenschaftliche Assistentin am Department Nonprofit-, Sozial- & Gesundheitsmanagement am Management Center Innsbruck. Laufende Doktorarbeit zur Rolle von Patientenorganisationen in Entscheidungs- und Entwicklungsprozessen im Gesundheitssystem.

Stefan Frenzel Dipl.-Phys. ist wissenschaftlicher Mitarbeiter des BMBF-geförderten Projekts Pikoma am Institut für Psychologie der Universität Greifswald. Seine Arbeitsschwerpunkte liegen in den Bereichen Prozessanalyse und Wissensmanagement.

Walter Ganz studierte an der Universität Freiburg Soziologie mit dem Schwerpunkt Industriesoziologie, sowie Psychologie und Politikwissenschaft. Nach dem Studium folgte eine Tätigkeit als wissenschaftlicher Mitarbeiter am Max-Planck-Institut für internationales Strafrecht in Freiburg und eine dreijährige Mitarbeit bei Infratest Kommunikationsforschung in München. 1989 wechselte er ans Fraunhofer-Institut für Arbeitswirtschaft und Organisation in Stuttgart. Heute ist er Leiter des Geschäftsfeldes Dienstleistungs- und Personalmanagement und Mitglied im Führungskreis des Instituts. Forschungsschwerpunkte sind Service Competence- und Service Performance Management.

Prof. Dr. Christine Güse hat seit 2003 eine Professur im Bereich Gesundheits- und Pflegemanagement an der Evangelischen Hochschule Nürnberg. Nach einem betriebswirtschaftlichen Studium an der Friedrich-Alexander Universität Erlangen-Nürnberg, arbeitete sie dort 6 Jahre am Lehrstuhl für Operations Research in der Forschungsgruppe Medizinökonomie. Im Anschluss an die Promotion war Frau Güse für gut ein Jahr als Controllerin und Assistenz der Geschäftsleitung in einem 180-Betten Krankenhaus in Nordrhein Westfalen tätig. Anschließend leitete sie gut sieben Jahre die Organisationsabteilung am

Klinikum Nürnberg (damals 2600 Betten an 2 Standorten). Bis zur Abschaffung der Fa-
kultäten 2014 war Frau Güse fünf Jahre Dekanin der Fakultät für Gesundheit und Pflege
und leitet nun den Studiengang Gesundheits- und Pflegemanagement. Schwerpunkte im
Rahmen der Professur sind Managementmethoden, Dienstleistungsmanagement, Organisation und Strategische Ausrichtung. Der Schwerpunkt der Forschung liegt im Bereich der
Entwicklung innovativer Dienstleistungsangebote.

Saskia Hantel MSc ist wissenschaftliche Mitarbeiterin im Institut für Marketing und
Dienstleistungsforschung an der Universität Rostock. Frau Hantel schloss ein Bachelor-
studium im Gesundheitstourismus und eine Ausbildung zur Kauffrau im Gesundheitswesen ab. Ihr Masterstudium absolvierte sie im Bereich Gesundheitsmanagement an der
Universität Greifswald. Im Rahmen ihres Promotionsvorhabens beschäftigt sich Frau Hantel mit dem Einfluss anderer Konsumenten in verschiedenen Dienstleistungskontexten.
Dabei liegt ihr Forschungsfokus speziell auf Dienstleistungen im Gesundheitswesen.

Prof. Dkfm. Dr. Eugen Hauke Jahrgang 1945, ehem. Generaldirektor des Wiener Kran-
kenanstaltenverbundes, langjähriger Leiter des Karl Landsteiner Institutes für Krankenhausorganisation, habilitiert an der Medizinischen Universität Wien, Gastprofessor an
verschiedenen Universitäten, lehrt an diversen Universitäten und Fachhochschulen im
In- und Ausland, ehem. o. Prof. an der UMIT Innsbruck. Schwerpunkte: Organisation,
Controlling, Management, Qualität, Risikomanagement. Zahlreiche Publikationen. Mitglied der Europäischen Akademie für Wissenschaften und Künste.

Janine Kramer erlangte ihren Diplomabschluss in Finanz- und Wirtschaftsmathematik
an der Technischen Universität Braunschweig sowie ihren Master of Business Administration an der University of Rhode Island in den USA. Sie arbeitet seit 2010 als wissenschaftliche Mitarbeiterin am Fraunhofer-Institut für Arbeitswirtschaft und Organisation in
Stuttgart im Bereich Dienstleistungsmanagement. Ihr wesentlicher inhaltlicher Aufgaben-
schwerpunkt ist die Entwicklung von Service Geschäftsmodellen und die Steigerung von
Dienstleistungsproduktivität.

Prof. Dr. biol. hum. Horst Kunhardt ist Informatiker und Humanbiologe und seit 2004
Professor an der Technischen Hochschule Deggendorf (THD) für die Lehrgebiete Betriebliche Anwendungssysteme und Gesundheitsmanagement. Seit 2015 ist Prof. Dr. Kunhardt
Vizepräsident der Technischen Hochschule Deggendorf. Seit 2006 leitet er den Weiter-
bildungsstudiengang MBA Health Care Management und seit 2010 das Institut für Cross-
border Healthcare Management am Gesundheitscampus der THD in Bad Kötzting, das
sich mit Fragen der grenzüberschreitenden Gesundheitsversorgung befasst. Er ist Projektleiter der Gesundheitsregion Deggendorf, ein vom Bayerischen Ministerium für Gesundheit und Pflege ausgezeichnetes Projekt. Prof. Dr. Horst Kunhardt war Preisträger für
„Innovative Lösungen" im Gesundheitswesen und erhielt 2011 den Preis für „Gute Lehre
an der Hochschule Deggendorf". Er hat eine langjährige Berufserfahrung als IT-Leiter und

Qualitätskoordinator im klinischen Bereich und umfangreiche Erfahrungen im Bereich Gesundheitsmanagement sowie bei der Qualifikation von Gesundheitsberufen. Prof. Dr. Kunhardt ist ein erfahrener Experte im Bereich Qualitätsmanagement sowie eHealth und Telemedizin. Forschungs- und Tätigkeitsschwerpunkte liegen auf den Gebieten Klinikinformationssysteme, Gesundheitsnetzwerke, IT-Sicherheit, Gesundheits- und Medizintourismus sowie Compliance- und Risikomanagement.

Klaus Legl ist seit mehr als 20 Jahren als Jurist und Unternehmensberater für namhafte Unternehmensberatungen tätig. Sein Schwerpunkt liegt in den Branchen Gesundheitswesen und der Pharmaindustrie, in denen sich Herr Legl in zahlreichen Beratungsprojekten umfangreiches Branchenwissen erwerben konnte. Seit 2009 arbeitet er zudem als Dozent im MBA-Studiengang „Gesundheitsmanagement" an der Technischen Hochschule Ingolstadt. Dabei sind seine Lehrschwerpunkte bei den Themen Lean Hospital Management, Prozessmanagement, Qualitätsmanagement, Fallsteuerung und Risikomanagement angesiedelt.

Belinda Martschinke ist wissenschaftliche Mitarbeiterin und Doktorandin am Health Care Management Institute der EBS Universität Wirtschaft und Recht. Der Forschungsbereich ihres Dissertationsvorhabens umfasst telemedizinische Coachingkonzepte für chronisch Erkrankte. Der Schwerpunkt liegt dabei auf der Untersuchung der Patientenpräferenzen (u. a. im Abgleich mit der Expertenperspektive), um die Determinanten zur Steigerung der Teilnahmebereitschaft der Patienten zu bestimmen und in die Gestaltung künftiger telemedizinischer Coachingprogramme integrieren zu können. Über die Telemedizin hinaus beschäftigt sie sich mit gesundheitsökonomischen Fragestellungen sowie dem Bereich des Market Access.

Mag.a Dr.in Sonja Novak-Zezula Studium der Soziologie und Kommunikationswissenschaften. Managing Director am Zentrum für Gesundheit und Migration und Geschäftsführerin von Invivo Unlimited. Hauptsächliche Forschungsinteressen sind Qualität und Zugänglichkeit von Gesundheitsversorgung für vulnerable Gruppen sowie Diversität im Gesundheitswesen. Lektorin an mehreren Universitäten und Fachhochschulen und Mediatorin für Organisationen und Teams mit Schwerpunkt auf interkulturelle Zusammenarbeit.

Julia Plein ist Doktorandin am Health Care Management Institute (HCMI) der EBS Universität Wirtschaft und Recht. Nach ihrem betriebswirtschaftlichen Studium mit dem Schwerpunkt Krankenhauswesen und Gesundheitsökonomie arbeitete sie in verschiedenen Unternehmen des Gesundheitswesens im stationären und ambulanten Bereich. Die Forschungsarbeit ihrer Dissertation beschäftigt sich mit verschiedenen Formen der Arzt-Patienten-Kommunikation, insbesondere mit dem Konzept des Patient Empowerment sowie der Abhängigkeit von Patientenzufriedenheit und Behandlungsqualität.

Prof. Dr. Andrea E. Raab lehrt seit 2000 Marketing mit den Schwerpunkten Marktforschung und Dienstleistungsmanagement an der Technischen Hochschule Ingolstadt. Seit 2014 hält Frau Professor Raab eine (Teil)Forschungsprofessur inne. Vor Ihrer Berufung an die Hochschule sammelte sie mehrjährige, intensive Industrieerfahrung und war u. a. in einem international tätigen Beratungsunternehmen beschäftigt. Ihr Fokus liegt insbesondere im Gesundheitswesen, wo sie über umfangreiches Branchenwissen sowie vielfältige nationale und internationale Projekterfahrung verfügt. In einer Vielzahl von Forschungs- und Praxisprojekten (www.professor-raab.com) fokussiert Frau Prof. Raab besonders folgende Bereiche: Marketing von stationären Einrichtungen des Gesundheitswesens (insbesondere Einweiserbeziehungsmanagement, Zuweisermarketing, dialogorientierte mediale Patientenkommunikation, Markenbildung); Intersektorale Kooperation, Medizinische Versorgungszentren, Ärztenetzwerke; Marketingforschung (Patienten-, Einweiserbefragungen, Social Media Monitoring). Frau Professor Raab unterrichtet auch in Weiterbildungsstudiengängen wie einem MBA Gesundheitsmanagement für Ärzte, Chefärzteseminaren und einem Bachelor für Gesundheitsberufe. Ihre Lehrschwerpunkte sind in den Modulen „Dienstleistungsmanagement", „Krankenhaus-Marketing", „Einweisermanagement", „Qualitätsmanagement", „Patientensteuerung und Fallmanagement" angesiedelt. Sie referiert in zahlreichen Managementseminaren und publiziert regelmäßig die Ergebnisse Ihrer Forschungs- und Projektarbeiten. Sie ist unter anderem Gutachterin am Landesamt für Gesundheit und Lebensmittelsicherheit in Bayern (LGL).

Andrea Rößner studierte Diplom-Betriebswirtschaftslehre an der Friedrich-Alexander-Universität Erlangen-Nürnberg mit Schwerpunkten auf Kommunikationswissenschaften, Marketing und Logistik. Seit 2011 arbeitet sie am Fraunhofer-Institut für Arbeitswirtschaft und Organisation in Stuttgart als wissenschaftliche Mitarbeiterin im Competence Team Dienstleistungsmanagement. Ihre Forschungsinteressen liegen im Bereich Dienstleistungsproduktivität und Geschäftsmodelle für Dienstleistungen.

Prof. Dr. rer. pol. habil. Rainer Sibbel ist Professor für Betriebswirtschaft, insbesondere Internationales Gesundheitsmanagement. Er ist seit Oktober 2004 Inhaber des Lehrstuhls für International Health Management an der Frankfurt School of Finance & Management, akademischer Direktor des MBA – International Healthcare Management sowie Leiter des Institute for International Health Management. Seine Forschungsschwerpunkte sind Krankenhausmanagement, Dienstleistungsproduktion und -controlling.

Gerhard Schlüter Dipl. Ing. (Architektur FH) ist Gründer (1997) und geschäftsführender Gesellschafter der Firma sis | sign information systems gmbh mit Sitz in Hamburg. Fachplaner für analoge und digitale Wegeleit- und Orientierungssysteme für komplexe Gebäude, Areale und öffentliche Einrichtungen. Planerisch und beratend seit 2012 auch international tätig mit dem Schwerpunkt Orientierung, Signaletik und visuelle Kommunikation im Bereich Healthcare. Internet: www.s-i-s.de.

Prof. Dr. Gerald Schmola lehrt Betriebswirtschaftslehre mit Schwerpunkt Gesundheitsmanagement an der Hochschule für Angewandte Wissenschaften in Hof. Zuvor war er Professor für Klinikmanagement an der Dualen Hochschule Baden-Württemberg. Er studierte Gesundheitsökonomie sowie Philosophy & Economics an der Universität Bayreuth und promovierte an der Charité Universitätsmedizin Berlin zum Dr. rer. medic. Vor seinem Ruf an die Hochschule war er langjährig als Kaufmännischer Direktor zweier Fachkliniken in Niedersachsen und als Geschäftsführer einer Klinik in Bayern für private Klinikbetreiber tätig. Prof. Dr. Schmola ist Autor mehrerer Fachbücher und von Beiträgen in Fachzeitschriften. Er berät verschiedene Anbieter der Gesundheitsbranche und führt zudem diverse Seminare für Führungskräfte durch.

Susanne Schuster MScN ist Lehrkraft für besondere Aufgaben an der Evangelischen Hochschule Nürnberg für den Bereich Pflegewissenschaft und pflegewissenschaftliche Praxis. Nach dem Studium Pflegemanagement (BA) und der Tätigkeit als pflegerische Bereichsleitung an der Zentralen Notaufnahme (ZNA) am Klinikum Fürth absolvierte Susanne Schuster das Studium Pflegewissenschaft (MScN) an der Privaten Universität für Gesundheitswissenschaften, Medizinische Informatik und Technik in Hall i. T. Seit 2009 ist Susanne Schuster in verschiedenen klinisch-interdisziplinären Projekten im Setting der Notfallmedizin am Klinikum Fürth und Klinikum Nürnberg involviert. Aktuell ist Susanne Schuster zudem als wissenschaftliche Mitarbeiter in der ZNA am Klinikum Fürth in einem vom BMG geförderten Versorgungsforschungsprojekt zur Erprobung und Weiterentwicklung des bundeseinheitlichen Medikationsplanes in der Praxis hinsichtlich Akzeptanz und Praktikabilität angestellt und promoviert an der Friedrich-Alexander Universität Erlangen-Nürnberg mit dem Thema GeriQ: Entwicklung von Qualitätsindikatoren für die Versorgung von geriatrischen Notfallpatienten.

Prof. Dr. Walter Swoboda ist Professor für medizinische Anwendungssysteme und Leiter des Studiengangs ‚Informationsmanagement im Gesundheitswesen‘ an der Fakultät für Gesundheitsmanagement der Hochschule Neu-Ulm (HNU). Seine Schwerpunkte in Forschung und Lehre liegen im medizinischen Projekt- und Prozessmanagement, den medizinischen Anwendungssystemen, dem Bereich eHealth und der Medizintechnik. Vor seiner Tätigkeit an der HNU war Walter Swoboda CIO am Städtischen Krankenhaus München-Neuperlach, an der Städtischen Klinikum München GmbH und am Klinikum der Universität München. Er ist langjähriges Mitglied der Deutschen Gesellschaft für Medizinische Informatik, Biometrie und Epidemiologie (GMDS) und weiterer nationaler und internationaler Fachverbände. Walter Swoboda ist vollapprobierter Arzt und hat ein Diplom im Fach Informatik. Er ist als freiberuflicher Berater tätig, publiziert zum Informationsmanagement in der Medizin, zu eHealth und zur Medizintechnik und ist Gastdozent an der University of Western Cape (UWC, Südafrika) und der Kenya Methodist University (KeMU, Kenya).

Dr. Anne-Sophie Tombeil studierte Politikwissenschaft und Allgemeinen Rhetorik in Tübingen und Florenz. Schwerpunkte Ihrer Forschungs- und Entwicklungsarbeit am Fraunhofer IAO liegen in den Themenfeldern Gestaltung von Dienstleistungsprozessen, Dienstleistungsarbeit und Innovationsgeschehen sowie Foresight und Monitoring. Dr. Tombeil ist verheiratet und hat drei Kinder.

Prof. Dr. Roland Trill Jahrgang 1952, hat über 30jährige Erfahrungen im Gesundheitswesen. Seit 1987 lehrt er an der Fachhochschule Flensburg in den Studiengängen Krankenhausmanagement und eHealth (MA). Seit ca. 10 Jahren ist sehr aktiv in EU-geförderte Projekte im Rahmen der Ostseestrategie, größtenteils als Projektleiter, eingebunden. Er führt seit 2008 das eHealth for Regions Network im Management Sekretariat. In der Gesundheitsregion Nord ist er seit 2008 erster Vorsitzender. Im 2012 neu gegründeten Institut für eHealth und Management im Gesundheitswesen ist er in Leitung tätig.

Mag.a Dr.in Ursula Trummer MSc Studium der Soziologie und Politikwissenschaft, Organisationsentwicklung und Beratung (Coaching, Supervision). Leiterin des wissenschaftlichen Zentrums für Gesundheit und Migration und Geschäftsführerin von Invivo Unlimited als angeschlossenem Beratungsinstitut, beide mit Sitz in Wien und europäischem und internationalen Wirkungsraum. Hauptsächliche Forschungsinteressen: Zusammenhänge von sozialen Strukturen/Prozessen und Gesundheit, Lernende Organisationen, Wissenstransfer zwischen Wissenschaft und Praxis. Lektorin an den Medizinischen Universitäten Wien (Gender Medicine, Diversity Management) und Graz (Public Health), Unabhängige Expertin für die Europäische Kommission (DG Sanco, DG Research) und das Norwegian Research Council.

Prof. Dr. Ralph Tunder ist Akademischer Direktor des Health Care Management Institute (HCMI) und außerplanmäßiger Professor an der EBS Universität Wirtschaft und Recht. Sein Lehr- und Forschungsschwerpunkt liegt in den Bereichen der Geschäftsfeld- und Unternehmensstrategien von Gesundheitsdienstleistern und –unternehmen. Daneben widmet er sich der Bearbeitung gesundheitsökonomischer Themen und dem Bereich des Market Access, dem erfolgreichen Neuzugang von Pharmazeutika und Medizinprodukten in den Markt.

Andreas Völkl war zunächst fünf Jahre als medizinischer Fachangestellter in einer dermatologischen Praxis tätig. Er studierte Gesundheitsökonomie im Bachelor und Master an der Universität Bayreuth. Dort ist er auch seit Mai 2014 als wissenschaftlicher Mitarbeiter beschäftigt, zunächst an der Juniorprofessur für Management im Gesundheitswesen und mit Beginn des INDiGeR-Forschungsprojektes am Lehrstuhl für Wirtschaftsinformatik. Seine Forschungsschwerpunkte umfassen Netzwerke im Gesundheitswesen sowie den Einsatz von digitalen Technologien im Bereich der Gesundheitsversorgung.

Prof. Dr. Siegfried Walch (FH-Prof. Dr.) Studiengangsleiter „Nonprofit-, Sozial- & Gesundheitsmanagement" (BA) und „International Health and Social Management" (MA) am Management Center Innsbruck und Mitinitiator Joint Master Programm „European Master in Health Economics & Management", zusammen mit den Universitäten Bologna, der Erasmus Universität Rotterdam und der Universität Oslo.

Prof. Dr. Martin Zauner geboren am 2. November 1964, Kufstein/Österreich. Studien der Informatik (JKU, Österreich), Engineering Management (OU, USA). FH Oberösterreich, Leitung Departement Medizintechnik. Er ist Mitglied im österreichischen Abgrenzungs- und Klassifizierungsbeirates für Medizinprodukte, im österreichischen Normungsinstitutes K238 Medizinische Informatik, und im Beirat des Gesundheitstechnologie-Cluster Oberösterreich.

Prof. Dr. Jürgen Zerth ist seit 2012 Professor für Wirtschaftswissenschaften, insbesondere Gesundheitsökonomie an der Wilhelm Löhe Hochschule in Fürth und Leiter des Forschungsinstituts IDC. Von 2010 bis 2012 leitete er das Forschungsinstitut der Diakonie Neuendettelsau, das in die Wilhelm Löhe Hochschule als Forschungsinstitut IDC integriert ist. Von 2000 bis 2010 war Zerth in der Geschäftsführung der Forschungsstelle für Sozialrecht und Gesundheitsökonomie der Universität Bayreuth tätig. Neben der Lehre an der Universität Bayreuth hatte J. Zerth weitere Lehrverpflichtungen an der FAU Erlangen-Nürnberg, der Universität Jena und war als Gastdozent an der SISU in Shanghai (China). Forschungsschwerpunkte sind Gesundheitsökonomie, insbesondere wettbewerbsökonomische Fragestellungen sowie angewandte Evaluationsforschung im Gesundheitsmanagement.

Krankenhäuser als Expertenorganisationen

Wertschaffung und Produktivitätssteigerung durch dienstleistungsorientierte Geschäftssysteme

Christoph Rasche und Andrea Braun von Reinersdorff

Inhaltsverzeichnis

Zusammenfassung

Bei Expertenorganisationen handelt es sich um ein aus betriebswirtschaftlicher Sicht relativ junges Realphänomen. Sie stehen in sachlogischer Nähe zu den angelsächsischen Professional Services Firms (PSFs). Bei diesen handelt es sich um wissens- und kompetenzintensive Dienstleistungsorganisationen, deren Wertschöpfungsleistung primär auf der Rekrutierung, Veredelung und Nutzung hochgradig spezialisierten Humankapitals beruht. Im Gegensatz zu Amateuren haben Professionals in der Regel eine

C. Rasche (✉)
Humanwissenschaftliche Fakultät, Wirtschafts- und Sozialwissenschaftliche Fakultät,
Universität Potsdam, Management Professional Services Sportökonomie, Weinbergstraße 38,
14469 Potsdam, Deutschland
E-Mail: chrasche@rz.uni-potsdam.de

A. Braun von Reinersdorff
Hochschule Osnabrück, Fakultät Wirtschafts- und Sozialwissenschaften, Postfach 1940,
49009 Osnabrück, Deutschland
E-Mail: a.braun@hs-osnabrueck.de

© Springer Fachmedien Wiesbaden 2016
M. A. Pfannstiel et al. (Hrsg.), *Dienstleistungsmanagement im Krankenhaus,*
DOI 10.1007/978-3-658-08429-5_1

langjährige Ausbildungstrajektorie durchlaufen, die im Ergebnis zum Expertenstatus als Rechtsanwalt, Wirtschaftsprüfer, Architekt oder Chefarzt führt. Krankenhäuser lassen sich als Expertenorganisationen im weiteren Sinne interpretieren. Während sie einerseits einem relativ rigiden Marktordnungsrahmen unterliegen, folgen sie andererseits – im Gegensatz zu Gemeinschaftspraxen und Medizinischen Versorgungs-Zentren (MVZ) – keiner partnerschaftlichen Corporate-Governance-Logik. Vielmehr wirken unter der Ägide einer oft nicht-medizinischen Geschäftsleitung fachlich weitgehend weisungsungebundene Chefärzte, die primär ihrem Heilversprechen verpflichtet sind. Einhergehend mit ökonomischen Imperativen leiten sich hieraus oftmals Interessenkonflikte im Spannungsfeld von „Ethik und Monetik" ab. Sollen die limitierten Krankenhausressourcen rendite- oder versorgungsoptimal eingesetzt werden? Wie lässt sich der Interessenkonflikt zwischen Patientenauftrag und Renditeauftrag lösen? Im vorliegenden Beitrag wird der Produktivitätssteigerung vor der Rationierung und Priorisierung eine besondere Bedeutung eingeräumt, weil dadurch im günstigsten Fall keine Abstriche beim Patientennutzen gemacht werden müssen. Trotzdem erweist sich die Realisierung notwendiger Produktivitäts- und Wertsteigerungsreserven in Krankenhäusern als schwierig, wenn Experten ihren Nimbus als unabhängige Kompetenzträger gefährdet sehen. Für den Fall, dass sie zum Wertschöpfungsparameter in einer industrialisierten Servicewertkette degradiert werden, ist mit berufsständischen Widerständen zu rechnen. Ein nachhaltiges Wertschöpfungs- und Produktivitätsmanagement bedarf deshalb adjustierter Führungs- und Steuerungsprinzipien.

1.1 Kompetenzintensive Dienstleistungswertschöpfung durch Expertenorganisationen

Bei Expertenorganisationen handelt es sich um ein aus betriebswirtschaftlicher Sicht relativ junges Realphänomen, die in sachlogischer Nähe zu den angelsächsischen Professional Services Firms (PSFs) stehen. Bei diesen handelt es sich um wissens- und kompetenzintensive Dienstleistungsorganisationen, deren Wertschöpfungsleistung primär auf der Rekrutierung, Veredelung und Nutzung hochgradig spezialisierten Humankapitals beruht (Rasche et al. 2012). Im Gegensatz zu Amateuren haben Professionals in der Regel eine langjährige Ausbildungstrajektorie durchlaufen, die im Ergebnis zum Expertenstatus als Rechtsanwalt, Wirtschaftsprüfer, Architekt oder Chefarzt führt (Malhotra und Morris 2009). Die exponierte Expertise lässt sich zwar im Fall der freien Berufe durch Zertifikate, Zusatzbezeichnungen, Zulassungen und formalisierte Qualifikationsnachweise außenwirksam dokumentieren, doch stehen Experten und Professionals in einem permanenten Kompetenz- und Qualifikationswettbewerb (Nordenflycht 2010). Bedingt durch den rasanten Fachgebietsfortschritt und die Geschäftsmodelldynamik im Dienstleistungssektor ist eine hohe fachliche Kompetenzentwertungsgefahr für den Fall einer unzureichenden

Weiterqualifikation zu konstatieren. Professionals unterliegen damit einem permanenten Lern- und Anpassungsdruck, um den veränderten Kompetenzanforderungen in dem jeweiligen Fachgebiet zu entsprechen (Rasche 2008). Einhergehend mit der Globalisierung der Berufsfelder sind Experten zunehmend gefordert, nicht nur den nationalen Marktordnungsrahmen einschließlich aller Restriktionen und Optionen im Rahmen der eigenen Kompetenzentwicklung zu berücksichtigen, sondern auch die weltweiten Megatrends (Rasche et al. 2012). Die Befolgung und Umsetzung internationaler Gold- und Platinstandards avanciert für ambitionierte Professionals zum Imperativ der eigenen Karriereentwicklung. Diese versuchen vermehrt Zusatzqualifikationen in Form konvertibler Bildungswährungen wie MBA-, LLM- oder PhD-Abschlüssen zu erwerben, um im globalen Kompetenzwettbewerb bestehen zu können. Institutionen mit eigener Rechtspersönlichkeit wiederum versuchen sich nach internationalen Standards zu zertifizieren bzw. akkreditieren, weil sich der Professionalisierungsgrad einer Organisation oftmals in weltweit anerkannten Gütesiegeln und Qualitätsstandards manifestiert. Krankenhäuser streben z. B. deshalb nach der Zertifizierung durch die Joint Commission on Accreditation of Healthcare Organizations (JCAHO). Ergebnis der experten-basierten Dienstleistungswertschöpfung sind verhaltens- und bewertungsunsichere Vertrauensgüter in risikogeneigten Kontexten, aus denen sich für den Fall der Schlecht- und Fehlleistung zivil- und strafrechtliche Konsequenzen ergeben können (ergänzend Coff 1997; Rasche 2014). Nicht zuletzt aus diesem Grund sind Expertenorganisationen darauf bedacht, ein professionelles Qualitäts- und Risikomanagement zu etablieren, das auf eine vorsteuernde Fehlerprävention und Verhaltenslenkung abzielt. Aufgrund evidenter Informationsasymmetrien zwischen Serviceanbieter und Servicenachfrager lässt sich für die letzteren die Dienstleistungsqualität oft nur indirekt über reputationale Ersatzindikatoren oder Hygienefaktoren der zwischenmenschlichen Interaktion bewerten (grundlegend Milgrom und Roberts 1992). Der Reputationsverlust einer Klinik als Folge pflegerischer oder medizinischer Qualitätsmängel kann einen irreversiblen Imageschaden provozieren, der sich zeitversetzt in der Ergebnissituation niederschlägt. Expertenorganisationen fallen damit oft auch unter die Rubrik der High Reliability Organizations. Hiermit gemeint sind dienstleistungs- und güterproduzierende Institutionen, deren gesamtes Wertschöpfungssystem im Rahmen einer oft dekretierten Null-Toleranz-Politik extrem zuverlässig „funktionieren" muss. Chip-Hersteller, Pharma-Produzenten, Formel-1-Rennställe, Luftfahrtkonzerne, Notariate aber auch vereidigte Sachverständige oder Kliniken bewegen sich in einem Ambiente hochzuverlässiger Expertenprofessionalität. Dilettantismus, Nachlässigkeit oder Laissez-Faire-Führungsstile können existenzielle Organisationskrisen zur Folge haben. Der Imperativ extremer Verlässlichkeit führt bei vielen Expertenorganisationen zu einem Spagat zwischen Qualitätsfokus, Fehlerprävention und Standardtreue einerseits sowie der Kreativitäts- und Innovationsförderung anderseits. Expertenorganisationen werden damit dialektische Fähigkeiten abverlangt, weil im Extremfall eine Balance zwischen akribischer Sorgfalt und kreativer Experimentierkultur gefunden werden muss. Während die Lancierung bahnbrechender Serviceinnovationen zumeist immer mit einem iterativen Fehlerlernen bis

hin zum Kulminationspunkt des Platinstandards korrespondiert, wird bei der flächende-
ckenden Anwendung desselben im Sinne eines State-of-the-Art-Paradigmas eine routi-
nierte Zuverlässigkeit eingefordert (ergänzend Christensen et al. 2013). Serviceroutinen in
der Flugzeugwartung, IT-System-Checks oder Konzernabschlussprüfungen durch Wirtschaftsprüfer fallen unter die Rubrik hochverlässlicher Dienstleistungen. Gleiches gilt für
die Anwendung medizinischer Behandlungsleitlinien der einschlägigen Fachgesellschaften oder klinischer Behandlungspfade bzw. evidenzbasierter Therapiestandards. Die medizinisch-pflegerische Wertschöpfung bewegt sich im Spannungsfeld von Rationalisierung,
Rationierung und Priorisierung, weshalb die Paradigmen der industriellen Fließfertigung
in adjustierter Form wohldosiert zur Anwendung gebracht werden sollen, um die Produktivität zu steigern. Konventionelle Expertenorganisationen stehen vor einem Paradigmenwechsel, der den Wandel von der Dienstleistungsmanufaktur zur prozessorientierten Pro-
jekt- und Prozessorganisation erzwingt. Traditionelle Anwaltssozietäten schließen sich
übergeordneten Netzwerken an, suchen nach Allianzlösungen oder werden von einer Law
Factory assimiliert. Gleiches gilt derweilen für arrivierte Strategieberatungen, die von
Softwaregiganten oder weltweit agierenden Professional Services Firmen wie KPMG,
PWC, Deloitte und Touche oder Capgemini übernommen werden (Christensen et al.
2013). Ähnliche Konzentrationstendenzen sind seit Jahren im Gesundheitssektor zu beobachten, wie die Privatisierungs- und Akquisitionswellen der letzten Jahre zeigen. Jenseits der klassischen Klinikholdings entstehen horizontal und vertikal integrierte Gesund-
heitskonzerne, die den experten-basierten Konzerntöchtern eine Industrialisierung der
Dienstleistungsproduktion nahelegen. Überall dort, wo in den Prozessketten Standardisie-
rungs-, Automatisierungs- und Rationalisierungspotenziale identifiziert werden, sollen diese auf technologischem (z. B. Digitalisierung), organisatorischem (z. B. Outsourcing) oder
strategischem (z. B. Leistungs- und Portfoliobereinigung) Wege realisiert werden (Braun
von Reinersdorff und Rasche 2014). Schon heute werden im Rahmen der Big-Data-Debat-
te Szenarien entwickelt, wie Algorithmen und künstliche Intelligenz wohlmöglich Professional Services obsolet werden lassen bzw. im günstigsten Fall den Experten in seiner
Urteilsfähigkeit massiv unterstützen. Die Führung und Steuerung relationaler Expertenorganisationen nach dem Partnerschafts-, Kollegialitäts- und Spezialisierungsprinzip steht
zunehmend auf dem Prüfstand der Organisationsentwicklung, weil die dadurch induzierte
Silobildung oft im Konflikt mit den Produktivitäts- und Wertschaffungszielen postmoder-
ner Dienstleistungsunternehmen steht. Experten, die auf Autonomie, Urteilsautarkie oder
die Erlangung eines Koryphäen-Status bedacht sind, streben nach weisungsungebundenen
Aufgabenfeldern, die eine integrierte und schnittstellenübergreifende Dienstleistungsproduktion erschweren (Rasche et al. 2012). Festzuhalten ist, dass hoch arbeitsteilige Wert-
schöpfungsbedingungen eine starke Ausdifferenzierung der Berufsfelder zur Folge haben,
die zu Spezialgebieten und korrespondierenden Spezialisten führen. Zu denken ist hierbei
nur an die rapide Zunahme der medizinischen Fachgebiete bis hin zu Exotendisziplinen an
Universitätskliniken. Gleiches gilt auch für Unternehmensberatungen, Anwaltssozietäten
oder Wirtschaftsprüfungs- und Steuerberatungsgesellschaften, die ihre Problemlösungskompetenzen   über   gleich   mehrere   Spezialisierungsachsen   ausdifferenzieren.

Diese ergeben sich z. B. über die bearbeiteten Branchen, Regionen, Klienten/Unternehmenstypen und inhaltlichen Fachgebiete. Damit verbunden ist eine hohe Führungs- und Steuerungskomplexität, weil für jede der genannten Dimensionen Experten existieren, die projektbasiert so zu koordinieren sind, dass aus Leistungsnehmersicht ein hoher Problemlösungsnutzen generiert wird. Hochleistungsorganisationen zeichnen sich dabei durch die Fähigkeit aus, aus dieser „Tensorkomplexität" trotzdem Kapital zu schlagen, indem sie die multiplen und bisweilen versprengten Spezialkompetenzen holistisch zu einer sogenannten Dynamic Capability synthetisieren. Hiermit gemeint ist die Metakompetenz zur flexiblen, problemlösungsorientierten und klientenzentrierten Rekrutierung des organisationsweiten Expertenwissens. Aus diesem Grund verschreiben sich Expertenorganisationen verstärkt einem Office-, Projekt- oder Case-Management, das Effizienzverluste als Folge isolierter Leistungsinseln verhindern soll. Wenn in der Transaktionskostentheorie primär auf die Kosten des externen Leistungsbezugs (Buy-Option) rekurriert wird, dann wird dabei vernachlässigt, dass gerade in Expertenorganisationen wie Krankenhäusern bisweilen exorbitante Kosten der internen Leistungskoordination entstehen können. Das Cat-Herding-Phänomen beschreibt gerade diesen Umstand, weil es im übertragenen Sinne großer Anstrengungen bedarf, eine „Herde Katzen zu hüten" (Rasche et al. 2012). Die Katzen einer Expertenorganisation sind individualistische Chefärzte, Partner, Richter oder Universitätsprofessoren, die aus ihrem Rechts- und Professionenstatus extreme Freiheitsgrade ableiten (z. B. Unabhängigkeit des Richters, Freiheit von Forschung und Lehre). Werden nun aber Expertenorganisationen „industrialisiert", dann kommt dieser Paradigmenwechsel einem Professionen-Tsunami gleich, weil dies aus Sicht der betroffenen Professionals als Einschränkung, Kränkung oder Respektlosigkeit empfunden wird (Christensen et al. 2013).

1.2 Krankenhäuser als Expertenorganisationen im erweiterten Sinne

Bei Krankenhäusern handelt es sich um Expertenorganisationen im erweiterten Sinne, weil sie nicht dem Kriterium einer Equity Partnership entsprechen. Hiermit gemeint ist eine partnerschaftlich-kollegiale Führungsstruktur kapitalbeteiligter Senior Professionals, die sowohl Fach- als auch Führungsaufgaben übernehmen. Im Gesundheitswesen liegen derartige Konstellationen im Fall spezialisierter Privatkliniken oder medizinischer Versorgungszentren vor, wenn Unternehmer-Mediziner gleichermaßen Versorgungs-, Kunden- und Gewinnziele professionell verfolgen. Abbildung 1.1 veranschaulicht die enge und die weite Definition Interpretation relationaler Expertenorganisationen (ergänzend Brock 2006). Beiden Sichtweisen ist inhärent, dass komplexe Beziehungsgefüge zu internen und externen Stakeholdern das Wesen einer jeden Expertenorganisation ausmachen, weil deren Wertschöpfungsleistung und Nutzenstiftung am Markt entscheidend von der Interaktion und Integration multipler Akteure abhängt.

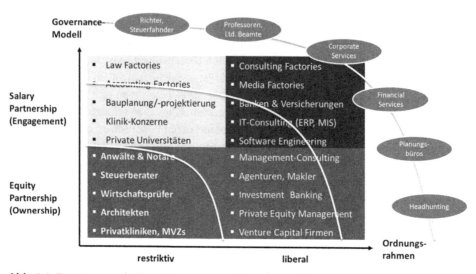

Abb. 1.1 Expertenorganisationen im engeren und erweiterten Sinne

Im Rahmen des Modells zur Kategorisierung von Expertenorganisationen wird zum einen nach dem rechtlichen Ordnungsrahmen und Partnership-Status differenziert. Ein restriktiver Ordnungsrahmen ist für die Freien Berufe und den medizinischen Sektor zu konstatieren, weil der Gesetzgeber mit Blick auf die Mandanten-/Klienten-/Patientenfürsorge einen hohen Regulierungsgrad vorsieht, um den oft laienhaften Leistungsnehmer vor Ausbeutung, Betrug, Täuschung oder Schlechtleistung zu schützen. Auch soll bei gefahrengeneigten und riskanten Vertrauensgütern über ein rigides Berufs- und Standesrecht eine Qualitätssicherungsfunktion übernommen werden, so dass die Spreu von Weisen getrennt wird. Mangelt es an formalen Mindestausbildungsstandards, dann droht immer die Gefahr „Schwarzer Schafe", die unseriös und unprofessionell einen ganzen Berufsstand in Misskredit bringen können. Consultants, Anlageberater oder Makler sind in der Vergangenheit oft unlauterer und situationsopportunistischer Geschäftspraktiken bezichtigt, weil nur geringe (formal) ausbildungsbezogene Marktzutrittsschranken existieren (ergänzend Rasche 2009). Die in letzter Zeit debattierten Aspekte der Patientensicherheit, des Risikomanagements und der Qualitätssicherung im Kliniksektor führen im Ergebnis zu einer Verschärfung des Ordnungsrahmens qua Intervention auf gesundheitspolitischem Wege, wie dies z. B. auch entlang des gesamten Marketingmix zu beobachten ist (z. B. Leistungsportfolio, Preis- und Konditionen, Kommunikation und Werbung, Distribution und Vertriebsgeschäftsmodelle). Der ambulante und stationäre Versorgungssektor unterliegt aus hoheitlicher Sicht dem politischen Anspruch der Daseinsfürsorge, weshalb der Staat an effizienten, effektiven und qualitativ homogenen Gesundheitsdienstleistungen interessiert ist. Diese sollen vor allem auch in der regionalen Peripherie ohne die prognostizierten Versorgungs- und Qualitätslücken in Anspruch genommen werden können. Bisweilen bestehen große Unterschiede bezüglich der Eigentums- und Verfügungsrechte im Kliniksektor, weil die aus dem Kontext der Freien Berufe bekannten Salary Partnerships einerseits und Equity Partnerships andererseits unüblich sind. Vielmehr bieten die viel diskutierten Chefarztverträge die Möglichkeit zu einer variabel leistungsbezogenen Vergütung, ohne dass damit automatisch Geschäftsführungsbefugnisse verbunden sind. Während die Logik der Partnerschaft immer auch eine kollegiale Geschäftsführung zum Gegenstand hat, sind Chefärzte exponierte Professionals mit primär medizinischer Leistungsfunktion. Einhergehend mit der Ökonomisierung des Kliniksektors ist allerdings eine stärkere Einbindung der medizinischen Zentren- und Klinikleitungen in betriebswirtschaftliche Planungen zu beobachten. Damit verbunden sind unternehmerische Elemente in den Chefarztverträgen bzw. den Ausschreibungen medizinischer Spitzenpositionen, so dass die fachliche Expertenexzellenz zunehmend um Führungs-, Lenkungs- und Leitungskompetenzen arrondiert wird. Dadurch nähern sich Spitzenpositionen in der Medizin einer partnerschaftlichen Logik an – wird doch verstärkt nach Medizin-Unternehmern oder zumindest Medizin-Managern gesucht. Diese sollen Versorgungsinseln nicht professionsbezogen „verwalten", sondern diese interdisziplinär gestalten und patientenzentriert vernetzen. Die Peripherie des Modells wird über Dienstleister definiert, die im konventionellen Sinne keine genuinen Professional Services generieren, aber trotzdem eine große gemeinsame Schnittmenge zu den letzteren aufweisen. In allen Fällen handelt es sich um Dienstleistungen, die von Berufsgruppen erbracht werden, die einen langen Ausbildungs- und Humankapitalveredelungsprozess durchlaufen haben. In den meisten Fällen ist ein formal-akademischer Karrierepfad eine zwingende Voraussetzung für den Zugang zu dem jeweiligen Berufsfeld. Richtern, Professoren, leitenden Beamten und internen Dienstleistern der einschlägigen Konzernabteilungen mangelt es zwar an der partnerschaftlichen Governance-Struktur, doch ist hier ein steigender Professionalisierungsgrad und ein Umdenken im Berufsverständnis zu konstatieren. Sowohl die Vertreter der Konzernabteilungen als auch des öffentlichen Dienstes sehen sich nicht nur als Unternehmens- oder Staatsdiener mit einem eher binnenzentrierten Verpflichtungsgrad, sondern auch als außenzentrierte Kundendienstleister mit konkreter Mehrwertfunktion für die korrespondierenden Leistungsnehmer. Für den Fall der Corporate Services sind dies andere Fachabteilungen, während sich der Öffentliche Dienst im Zuge des New Public Management-Paradigmas die Behörden- durch eine Bürgermentalität ersetzen möchte. Gleiches gilt auch für viele (öffentliche) Kliniken, die durch Dienstleistungsprofessionalisierung Qualitäts-, Service- und Produktivitätsreserven erschließen müssen. Zwar erfüllen Krankenhäuser zentrale Merkmale relationaler Expertenorganisationen, doch mangelt es häufig an der Professionalität der integrierten Gesamtleistungserstellung. Zum einen dominieren operative Leistungsinseln und funktionale Fachsilos das klinische Wertschöpfungssystem und zum anderen ist eine ausgeprägte Expertenzentriertheit zu beobachten – und dies trotz der Forderung nach stärker patientenzentrierten Versorgungssystemen (ergänzend Rasche und Braun von Reinersdorff 2011; Braun von Reinersdorff und Rasche 2014). Parallelen bestehen an dieser Stelle zu den Freien Berufen früherer Provenienz, die in Leistungsnehmern keinen aktiven Wertschöpfungspartner, sondern eher zu bevormundende „Versorgungsfälle" sahen. Im Top-Management-Consulting ist von dieser Form der unproduktiven Einbahnstraßenbetreuung zwischenzeitlich abgerückt worden, weil dabei die potenziellen Wertschöpfungsbeiträge des Leistungsnehmers weitgehend unberücksichtigt bleiben. Aktive Klienten und Mandanten lassen sich in den Leistungserstellungsprozess komplementär und synergetisch einbinden, so dass diese allein schon aufgrund ihres Insiderwissens das Dienstleistungsresultat substanziell positiv beeinflussen können (weiterführend Rasche 2009). Eine vergleichbare Logik spiegelt sich in der Forderung nach dem mündigen Patienten wider, der sich durch eine aktive Therapie-Compliance hervortut und seine Krankheit selbstbestimmt und autark „managet". Bezogen auf Disease-Management-Programme bedeutet dies, dass diese nicht nur von den Krankenkassen geplant, realisiert und kontrolliert werden, sondern auch dass sich die aktiven Leistungsnehmer nunmehr zu einem therapiezentrierten Selbstmanagement verpflichten (ergänzend Pfannstiel 2014). Deutlich wird, dass die Expertenwertschöpfung als relationale Dienstleistungsproduktion in Erscheinung tritt, wie das Auslaufmodell des Einzelkämpferphänomens zeigt. Viele Experten suchen deshalb den aktiven Zusammenschluss im Zuge der Vernetzung und der Etablierung größerer Leistungseinheiten, um Poolressourcen rekrutieren zu können. Zudem werden die Leistungsnehmer als Partner im Wertschöpfungsverbund betrachtet, ohne dass durch deren Beiträge Produktivitätseinbußen zu befürchten wären. Das Extended Hospital in Analogie zur Extended Enterprise arbeitet nach dem Prinzip der virtuellen Ressourcennutzung und Aufgabendelegation an Patienten, Angehörige und Lieferanten, um auf diese Weise eine höhere Hebelwirkung der eigenen Ressourcen zu erreichen (Braun von Reinersdorff et al. 2010). Relationale Expertenorganisationen wie Krankenhäuser sind Multi-Anspruchsgruppen-Institutionen, die durch professionelle Interaktion mit den internen und externen Stakeholdern Produktivitätsgewinne erzielen können, weil von der gezielten Zusammenführung komplementärer Aktivposten profitiert werden kann. Insbesondere die Patienten steuern als Aktivposten einer integrierten Wertschöpfung ihre Compliance, Auskunftsbereitschaft und Therapieadhärenz bei, so dass durch deren Zufriedenheit ein Reputationsgewinn erzielt werden kann. Bei Krankenhäusern handelt es sich nicht nur um experten-induzierte Hochrisikoorganisationen, sondern auch um Vertrauensorganisationen, für die eine exzellente Reputation in der Regel eine Vorbedingung für den Aufbau und die Verteidigung komparativer Konkurrenzvorteile ist. Informationsökonomisch reduziert die Reputation einer Klinik – vergleichbar einer hervorragenden Arbeitgebermarke – die Transaktionskosten der Patienten, Angehörigen, Krankenkassen und zu rekrutierenden Mitarbeiter, weil eine hohe Versorgungsverlässlichkeit garantiert ist. Latente Informationsasymmetrien und Entscheidungsunsicherheiten werden durch den guten Ruf einer Expertenorganisationen und ihrer Subeinheiten kompensiert, weshalb im Ergebnis nicht eine isolierte Dienstleistung, sondern ein eine Historie eingehaltener und übererfüllter Leistungsversprechen zum Gegenstand der Nachfrageentscheidung gemacht wird. Die Produktivität und Wertschaffung im Kliniksektor avancieren damit – jenseits aller operativen Effizienzverbesserungen – zu einer strategischen Führungsaufgabe, die im dienstleistungsorientierten Geschäftssystem einer Klinik verankert ist (ergänzend Schmidt 2015).

1.3   Gestaltungsfelder der Produktivität und Wertschaffung im Kliniksektor

1.3.1   Wert(e)management im Kliniksektor: Ein Interpretationsdilemma

Der Wertbegriff erfährt in den unterschiedlichen Wissenschafts- und Praxisdisziplinen höchst unterschiedliche Zuschreibungen und Deutungen. Damit verbunden ist ein Interpretationsdilemma, weil für den Wertbegriff eine große Assoziationsvielfalt zu konstatieren ist. Ökonomen interpretieren diesen anders als Mediziner, Ethiker oder Kultur- und Humanwissenschaftler. Während sich Wirtschaftswissenschaftler eher auf Nutz-, Tausch- und Zahlungswerte beziehen, orientiert sich der Humanismus an moralisch-normativen Werteinventaren, die zur Verhaltensbewertung und Verhaltenslenkung herangezogen werden (Dillerup und Stoi 2013, S. 74). Die bloße Verhaltenskonformität mit der gültigen Rechtsordnung im Sinne der Erfüllung formaler Compliance-Anforderungen ist dabei nicht gleichbedeutend mit Gewissenhaftigkeit, Moral und Ethik (ergänzend Rasche 2013, 2014). Vielmehr leiten sich aus den letzten drei Kategorien im Einzelfall – im Vergleich zur gültigen Rechtsordnung – viel striktere Handlungsimperative ab, wie sich am Beispiel konfessioneller Kliniken verdeutlichen lässt. Aber auch der Wertbegriff in einer ökonomischen Diktion lässt Interpretationsspielräume zu, wenn grob zwischen dem Shareholder Value einerseits und dem Stakeholder Value andererseits differenziert wird. Insbesondere Krankenhäuser stehen in der Verantwortung, Nutzwerte für Patienten, Angehörige, Krankenkassen und Mitarbeiter zu generieren, um im Sinne einer zu erfüllenden Randbedingung auch konkrete Mehrwerte für die Kapitalgeber zu schaffen. Einhergehend mit dem Vormarsch überregionaler Klinikketten in privater Trägerschaft wird darüber diskutiert, welcher Stellenwert den genannten Referenzgruppen im Rahmen des klinischen Wertmanagements beigemessen werden soll. Dass die humanistische *Werte*orientierung und die ökonomische *Wert*orientierung im Rahmen eines Balanced Hospital Management aufeinander bezogen werden müssen, lässt sich am Beispiel unvorteilhafter Übersteuerungstendenzen in die eine oder andere Richtung verdeutlichen. Dass der bloße Wille zur Leistungssteigerung nicht ausreicht, zeigt die Produktivitätsmisere vieler öffentlicher und auch konfessioneller Kliniken, die trotz (oder aufgrund) altruistischer Versorgungsabsichten „rote Zahlen schreiben", weil Leistungsreserven ungenutzt bleiben. Umgekehrt werden viele private Klinikketten mit Blick auf die (finanzielle) Wertoptimierung eines unlauteren Rosinenpickens bezichtigt. Dieses Verhalten äußert das sich in einer konsequenten Portfoliooptimierung unter Risiko-, Wachstums- und Renditegesichtspunkten zum Ziel der Wertsteigerung für die Kapitalgeber. Abbildung 1.2 repräsentiert eine Synopse des humanistischen und ökonomischen Wert(e)managements.

Über die die Erfüllung der Compliance-Anforderungen hinausgehend verschreiben sich die meisten Kliniken der Corporate Social Responsibility (CSR) in ihrer Funktion als institutionelle Bürger pluralistischer Zivilgesellschaften. Dagegen dient die wertorientierte Führung der ökonomischen Befriedigung legitimer Stakeholder-Ansprüche, die sich durch unterschiedliche Nutzenfunktion unterscheiden (Patientenwohl, Mitarbeiterwohl,

Abb. 1.2 Werte- und Wertorientierung als Bestandteil der Unternehmensphilosophie, eigene Darstellung in Anlehnung an Dillerup und Stoi (2013, S. 74)

Kapitalgeberwohl). Der von Porter konzipierte Creating-Shared-Value-Ansatz schlägt dabei die Brücke von der werteorientierten zur wertorientierten Führung, indem er die Verfolgung marktwirtschaftlicher Ziele auf nachhaltigem Wege postuliert (Porter und Kramer 2011). Auf diese Weise wird das Spannungsfeld zwischen „Monetik und Ethik" entschärft, weil nach seiner Meinung durch die Lancierung innovativer Geschäftsmodelle ein Gleichlauf beider Zielgrößen nicht nur möglich scheint, sondern zur Unternehmensphilosophie wird. Anstatt lediglich das Kerngeschäft durch inkrementelles Kosten- und Effizienzmanagement profitabel zu machen, sollten Kliniken zusätzlich versuchen, eine substanzielle Wertsteigerung durch ein innovatives Geschäfts-Modell-Management zu erreichen. Abbildung 1.3 veranschaulicht in stilisierter Form die Optionen ökonomischen Wertmanagements im Kliniksektor am Beispiel der Zähler- und Nenner-Management-Modells. Die erzielbare Klinikrendite als ein Leitindikator des Wertmanagements lässt sich dabei über Expansions- und Umsatzsteigerungsstrategien einerseits steigern (Returns) oder aber andererseits durch eine bessere Investitionsschöpfung bzw. eine Reduktion des Ressourceneinsatzes (Investments). Differenziert wird zudem nach operativen und strategischen Initiativen des klinischen Wertmanagements – je nachdem, ob ein eher radikaler oder evolutionärer Veränderungsprozess angestoßen werden soll. Eine Extremform des Nennermanagements ist die Ad-hoc-Sanierung einer Klinik aus der Gefahrenposition der akuten Insolvenz, während Extremformen des Zählermanagements auf eine aggressive Diversifikation und die Lancierung radikal-innovativer Geschäftsmodelle hinauslaufen.

Im konkreten Fall soll das Emergency Department zu einer Konzernnotaufnahme auf Holdingebene entwickelt werden. Dabei bildet dieses den Nukleus einer Hub-and-Spoke-Lösung, um als strategische Drehscheibe die peripheren Notaufnahmen zu steuern. Dabei

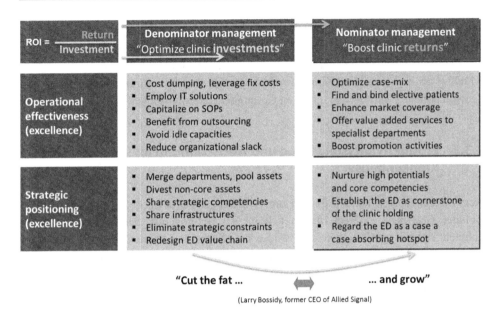

ROI = Return/Investment	Denominator management "Optimize clinic investments"	Nominator management "Boost clinic returns"
Operational effectiveness (excellence)	• Cost dumping, leverage fix costs • Employ IT solutions • Capitalize on SOPs • Benefit from outsourcing • Avoid idle capacities • Reduce organizational slack	• Optimize case-mix • Find and bind elective patients • Enhance market coverage • Offer value added services to specialist departments • Boost promotion activities
Strategic positioning (excellence)	• Merge departments, pool assets • Divest non-core assets • Share strategic competencies • Share infrastructures • Eliminate strategic constraints • Redesign ED value chain	• Nurture high potentials and core competencies • Establish the ED as cornerstone of the clinic holding • Regard the ED as a case a case absorbing hotspot

"Cut the fat …   … and grow"

(Larry Bossidy, former CEO of Allied Signal)

Abb. 1.3 Werte- und Wertorientierung als Bestandteil der Unternehmensphilosophie

wird gleichzeitig dem virtuellen Maximalversorgungsziel entsprochen, indem auch in der Fläche eine Notfallversorgung auf höchster Niveaustufe gewährleistet werden soll – werden doch alle (dezentralen) Notaufnahmen über eine zentrale Leitstelle koordiniert. Die bettenführende Konzernnotaufnahme mit Leitstellenfunktion soll perspektivisch zudem – nach vorheriger Abstimmung mit dem ambulanten Versorgungssektor – poliklinische Funktionen übernehmen. Der Grund hierfür ist in ambulanten Versorgungsdefiziten an Feiertagen und Wochenenden zu sehen, die zunehmend durch zentrale Notaufnahmen kompensiert werden. Die heute schon vielen „unechten" Notfälle lassen sich perspektivisch als Chance und Bedrohung interpretieren. Zwar treten die unechten Notfälle in einer Ressourcenkonkurrenz zu den tatsächlichen Akutfällen, doch könnte die Lösung dieses Problems in poliklinischen Geschäftsmodellen bestehen. Diese erfüllen Komfort-, Convenience- und Service-Funktionen, indem sie dem Patienten eine ambulante Rundumbetreuung mit der Option einer stationären Aufnahme garantieren. Gegenwärtig animieren zahlreiche Klinikvorstände ihre Fachabteilungen dazu, Zukunftsszenarien, Kompetenzlandkarten und Geschäftsmodellvisionen abzuleiten, weil sich die Wert- und Nutzenstiftung einer Krankenhausholding nicht auf die Absicherung des Kern- und Stammgeschäfts beschränken sollte. Vielmehr könnte diese entweder inkrementell oder radikal entlang multipler folgender Wertvektoren erfolgen wie z. B. 1) Patienten und Zielgruppen, 2) Therapien und Technologien, 3) Wahl- und Komfortleistungen, 4) regionale Expansion und ambulante Versorgungsoptionen, 5) Marketing- und Vertrieb, 6) Geschäftsmodellinnovationen und neue Wertschöpfungsarchitekturen sowie Neuausrichtung des Klinik(-Holding)-Portfolios durch Verkaufs-, Restrukturierungs-, Stilllegungs- oder Fusionsoptionen (Braun von Reinersdorff und Rasche 2014). Die hier genannten Wertvektoren lassen sich dabei sowohl im Zähler- als auch immer Nennermodus verfolgen, weil ökonomische Wertsteigerungen immer über Wachstums- und/oder Konsolidierungsmaßnahmen erreicht werden können. Wie sich zeigen wird, sind aber dem ökonomischen Wertmanagement im Kliniksektor bisweilen enge Grenzen durch den Versorgungsauftrag einerseits und den generell hohen Erwartungshaltungen an Gesundheitsdienstleistungen andererseits gesetzt.

1.3.2 Produktivitätssteigerung und Wertschaffung als Imperative für Krankenhäuser

Bei Krankenhäusern handelt es sich um Hybridorganisationen, denen ein mehrdimensionales Zielsystem inhärent ist, das sich aus der Heterogenität der Anspruchsgruppen ableitet. Hybridorganisationen sind weder puristische For-Profit-Organisationen noch können sie es sich „leisten", sich als altruistische Non-Profit-Organisationen den zunehmenden Professionalisierungs- und Ökonomisierungstendenzen komplett zu verschließen. Vielmehr stehen sie vor der Herausforderung, den Managementspagat zwischen Versorgungs- und Marktauftrag durch Initiierung korrespondierender Geschäftsmodelle zu meistern. Während der Versorgungsauftrag eine nicht diskriminierende, wirtschaftliche, ausreichende, notwendige und zweckmäßige Patientenversorgung vorsieht, werden durch den Marktauftrag Fragestellungen der bestmöglichen Zielgruppenbearbeitung und daraus ableitbarer Finanzeffekte zum Gegenstand der Krankenhausstrategie. Viele Krankenhäuser verfolgen unausgesprochen eine Mischzielstrategie, indem sie nach Kompromissformeln bei der Zielharmonisierung suchen. Vergleichbar mit den Lizenzsportklubs im Profisport bewirtschaften Klinikholdings ein Portfolio heterogener Leistungsfelder, die von steuerunschädlich (z. B. Hospizverein) bis voll steuerpflichtig im Sinne wirtschaftlicher Geschäftsbetriebe (z. B. Klinik für plastisch-ästhetische Chirurgie) reichen. Einhergehend mit der Suche nach attraktiven Wahlleistungs- und Dienstleistungsfeldern laufen gemeinnützige Kliniken Gefahr, ihren steuerprivilegierten Status zu verlieren, wenn eine primär kommerzielle Zweckverfolgung angenommen werden kann bzw. diese im Innen- und Außenverhältnis geschäftsprägend ist. Der Verhaltensimperativ der vollumfänglichen und uneingeschränkten Erfüllung des Versorgungsauftrags ist somit dem Marktauftrag gesundheitspolitisch vorangestellt, wenngleich letzterer in der breiten Öffentlichkeit als eher negativ als Einstieg in die Mehrklassenmedizin gedeutet wird. So kann es nicht verwundern, dass die Marktöffnungs- und Professionalisierungsstrategien vieler Kliniken im Extremfall mit Wert- und Wertebetrug am Patienten gleichgesetzt werden. Dieser – so die verbreitete Meinung – werde nicht als notleidender Mensch, sondern als leistungsnehmender Case, Customer oder Client gesehen. Die Heilchancen konkurrieren in dieser stark verkürzten Logik mit den Marktchancen einer auf Gewinnmaximierung bedachten Zielgruppenbearbeitung. Diese rückt im Ergebnis vom Gleichbehandlungsgrundsatz ab und präjudiziert die oft monierte Mehrklassenmedizin als künftiges Versorgungsmodell. Dagegen vertritt Porter als renommierter Strategie-, Wettbewerbs- und Gesundheitsexperte die zielvermittelnde Creating-Shared-Value-Perspektive (CSV). Hiermit gemeint ist

Abb. 1.4 Wert(e)orientierung im Kliniksektor und Gesundheitswesen

die Kongruenz von Shareholder Value und Social Value im Sinne der Corporate-Social-Responsibility-Anforderung. Abbildung 1.4 veranschaulicht als einfache Vierfeldermatrix das Spannungsfeld zwischen Shareholder Value, Social Value und Creating Shared Value. Die Negativkonstellation der dualen Wert(e)vernichtung als Ausdruck einer fehlenden moralischen Werte- und ökonomischen Wertorientierung stellt dabei die Extremvariante einer gleichermaßen unproduktiven und normativ problematischen Klinikführung dar.

a. Duale Werte(e)vernichtung: Diese Konstellation reflektiert eine moralisch-ökonomische Insolvenz, weil sich Kliniken in einer substanziellen Legitimationskrise befinden. Nicht selten haben moralisch-ethische Normenverletzungen oder gar kriminelle Geschäftspraktiken einen massiven Reputationsverlust zur Folge, der im Fall von Expertenorganisationen auch kapitalgeber- und marktseitig eine Vertrauenskrise zur Folge hat. Beispielhaft zu nennen sind Unternehmen wie Enron, die Deutsche Bank oder BP, die im großen Stil relationales Kapital „verspielt" haben, wodurch wiederum eine finanzielle Wertvernichtung ausgelöst wurde. Gerade im Gesundheits- und Krankenhaussektor beschleunigen Moral- und Ethikdefizite häufig auch Finanz- und Ergebniskrisen, wie Organspendenskandale, Abrechnungsbetrügereien oder Hygienemängel belegen. Gemeinnützigen und wohlfahrtsorientierten Organisationen, denen ein schäbiges und unlauteres Verhalten attestiert wird, lösen mitunter viel vehementere Proteststürme aus als dies bei primär gewinnorientierten Unternehmen der Fall ist, die in „latent rechtsbrüchigen" Branchen agieren. Ohne diese namentlich nennen zu wollen, so „profitieren" sie allgemein von geringeren moralischen Standards im Vergleich zu Kliniken, Pflegeeinrichtungen oder Nichtregierungsorganisationen.

b. Einseitiger Humanismus: Die Leitidee der Corporate Social Responsibility hat in ihrer genuinen Form einen philanthropischen Anspruch, indem der Sinn der Unternehmensführung nicht lediglich auf die Gewinnmaximierung oder ökonomische Mehrwertschaffung reduziert wird. Vielmehr verstehen sich Organisationen als zentrale Elemente pluralistischer Zivilgesellschaften, mit denen sie eine ökosymbiotische Beziehung eingehen. Während Unternehmen auf der einen Seite gesellschaftliche Ressourcen in Anspruch nehmen und dabei Umwelt und Natur belasten, wird auf der anderen Seite die Übernahme gemeinwohlorientierter Verantwortung zu einem Leitmotiv der Führung. Ein einseitiger Humanismus im Gleichlauf mit naiven Weltverbesserungsabsichten verkehrt sich allerdings in dem Moment in sein Gegenteil, in dem die Sinne für die wirtschaftlichen Realitäten und Marktzwänge verstellt werden. Die simple Formel „Gut gemeint, ist nicht gut gemacht!" beschreibt die prekäre Situation „beseelter" Gesundheitsorganisationen, die immer nur das Beste für den Patienten wollen, aber aufgrund amateurhaften Führungsverhaltens die Ansprüche an professionelle Expertenorganisationen verfehlen. Nicht zuletzt aus diesem Grund bedienen sich gegenwärtig viele konfessionelle Einrichtungen eines professionellen Managements und zunehmend „weltlich" besetzter Kontrollorgane. Deutlich wird dies auch am Beispiel zahlreicher komplementärmedizinischer Kliniken mit einem Faible für asiatische Therapie- und Heilverfahren, die aus dem LOHAS-Trend (das Akronym LOHAS steht für *Lifestyle of Health and Sustainability*) Kapital schlagen und diesen mit kommerziellen Geschäftsmodellen untersetzen. Es existieren zahlreiche Beispiele für humanistisch geführte Gesundheitseinrichtungen, die mit einem harten Sanierungsmanagement konfrontiert wurden, um ihren Fortbestand überhaupt zu garantieren. Paradoxerweise rettet ein ökonomisches Wertsicherungs- und Wertsteigerungsmanagement die ideelle Zwecksetzung humanistischer Einrichtungen, die sonst hätten Insolvenz anmelden müssen. Für den Fall einer situationsopportunistischen CSR ist allerdings anzumerken, dass diese eher eine Feigenblattfunktion erfüllt und nicht intrinsisch motiviert ist. Der öffentliche Druck und der Zeitgeist führen nicht selten zu aufoktroyierten Führungsthemen, die nur deshalb aufgegriffen werden, um keinen Imageschaden zu erleiden.

c. Duale Wert(e)schaffung: Hierbei handelt es sich um die Idealkonstellation einer durch moralische Standards und ökosymbiotische Werteinventare geleiteten Wert- und Nutzenstiftung im Gesundheitswesen. Kliniken sehen hier keinen Widerspruch zwischen humanistischer Werte(e)orientierung und betriebswirtschaftlicher Kapitalwertorientierung. Allenfalls sehen sie darin ein als dialektisches Spannungsfeld, aus dem beidhändige Geschäftsmodelle hervorgehen können, die sich sowohl in den Dienst des Markt- und Versorgungsauftrags stellen. Angesichts der viel zitierten Produktivitäts- und Innovationsreserven im Gesundheitswesen bieten sich viele Optionen einer kooperativen Wert- und Nutzenstiftung durch Integration, Kooperation, Koordination und Vernetzung. Intramurale Spezialistensilos und operative Leistungsinseln provozieren klinikintern geradezu multiple Flaschenhälse und Ressourcenvergeudungen, wenn diese nicht auf ein definiertes Versorgungs- und Leistungsziel bezogen werden. Erschwerend kommt hinzu, dass die Gestaltungsfelder einer koordiniert ambulant-stationären Versorgung – trotz der gesetzlichen Spielräume – gegenwärtig nur kursorisch genutzt werden. Gleiches gilt für den Prozess der Co-Value-Creation in enger Kopplung mit dem Patienten, der im Rahmen integrierender Präventions- und Rehabilitationsprogramme als aktives Compliance-Element einer verlängerten Wertschöpfungskette verstanden werden sollte. Durch die Zusammenführung und kooperative Nutzung komplementärer Aktivposten lassen sich gegebenenfalls die Wettbewerbsvorteile unterschiedlicher Versorgungsstufen/-modelle nicht nur kombinieren, sondern auch exponentiell verstärken. Die vernetzte Gesundheitsversorgung im Sinne des Creating Shared Value ist durch Kooperenz gekennzeichnet. Darunter zu verstehen ist ein oszillierender Zustand der Konkurrenz und Kooperation, der trotz aller Rivalität Spielräume für einen konstruktiven Wettbewerb lässt. Dieser basiert im Kern auf der Idee, dass innovative Gesundheitscluster stark von einer großen Heterogenität und Pluralität der Akteure profitieren, sofern diese im Rahmen eines Value Webs agieren. Dieses bedarf einer koordinierenden Web Governance, um Interessenkonflikte zu vermeiden, Synergien zu erkennen und den Globalnutzen zu steigern.

d. Einseitiger Kapitalismus: Selbst profitorientierte Privatkliniken lassen sich nicht einseitig anlegerorientiert führen, wenn sie einem Versorgungsauftrag unterliegen. Zudem stehen sie als Anbieter risikogeneigter Vertrauensgüter im Blickfeld unterschiedlicher Anspruchsgruppen und Aufsichtsorgane, die ein kurzsichtiges Kosten- und Qualitätsdumping zu verhindern versuchen. Zweifelsohne werden Klinikinvestoren versuchen, die im Rahmen der Due-Diligence-Prüfung identifizierten Wertsteigerungsreserven durch Sanierungs- und Restrukturierungsprogramme zu erschließen, doch setzen sie dabei oft auf Buy-and-Build-Strategien. Diese haben nicht die Zerschlagung bzw. Restpostenverwertung zum Gegenstand, sondern die nachhaltige Steigerung des Gesamtwerts eines Klinikportfolios sowie des eventuell übergeordneten Dachfonds. Zwar stellen für Investoren Klinikbeteiligungen Investments dar, doch eignen sich diese allein schon aufgrund wirtschaftspolitischen Ordnungsrahmens nur eingeschränkt für kurzfristige Spekulationszwecke. Dennoch erweckt die kritische Wirtschaftspresse oft den Eindruck, als würden Kliniken und Gesundheitsbetriebe in den Sog des Kasinokapitalismus gezogen, der von skrupellosen „Heuschrecken und Hedge Fonds" dominiert wird. Fakt ist jedoch, dass mit der Kettenbildung und Privatisierungswelle im Gesundheitswesen eine stärkere Kapitalmarktorientierung Einzug gehalten hat, die auf der operativen Leistungsebene ihren Niederschlag im Siegeszug des Medizincontrollings und kennzahlen-gestützter Steuerungssysteme gefunden hat (Tiberius und Rasche 2013). Im Sinne der Kosten- und Leistungstransparenz ist die stärkere Fokussierung auf Ressourcenverbräuche und korrespondierende Outcomes zum Ziel der Wettbewerbsfähigkeit zu begrüßen. Die Kapitalmarktorientierung ist im Kliniksektor primär Mittel zum Zweck der nachhaltigen Unternehmensfortführung und nicht der Selbstzweck. Die wenigsten Professionals in klinischen Expertenorganisationen werden ihre Leistungspotenziale einem Arbeitgeber intrinsisch motiviert zur Verfügung stellen, dessen Primärzweck in der Nutzenmaximierung für Eigentümer und Kapitalgeber besteht (ergänzend Hänel et al. 2011a, b).

In der Realität sind die hier diskutierten Konstellationen selten in Reinform anzutreffen. Je nach Klinikträgerschaft schwingt das Pendel der Wert(e)orientierung mehr in die eine oder andere Richtung, wobei Übersteuerungstendenzen zu vermeiden sind. Der Creating-Shared-Value-Ansatz schlägt dabei die Brücke zu (innovativen) Geschäftsmodellen, durch die eine Wert(e)optimum erreicht werden soll. Die Suche nach innovativen Versorgungsformen entspricht im betriebswirtschaftlichen Sinne dem Führen und Steuern mit Geschäftsmodellen, die im Gesundheitssektor dienstleistungs- und patientenzentrierter Natur sein sollen. Für die Expertenorganisation „Krankenhaus" wird hierdurch ein Paradigmenwechsel impliziert, wobei der kuratorische Anspruch des Helfens und Heilens mit der Maxime des nachfrageinduzierten Leistungs- und Serviceversprechens gegenüber Patienten, Krankenkassen und weiteren Anspruchsgruppen „synchronisiert" werden muss (ergänzend Heitele 2010).

1.4 Klinikvorteile durch dienstleistungsorientierte Geschäftsmodelle

Jede Art von Organisation, die unter Wettbewerbsbedingungen Problemlösungen generiert, bedarf eines oder mehrerer Alleinstellungsmerkmale, um sich von der Konkurrenz zu differenzieren. Zwar sollen unter der Ägide eines Versorgungsauftrags agierende Krankenhäuser keine ruinösen Preiskriege führen, doch entbindet sie das preisregulierende DRG-System nicht vom kompetitiven Vorteilsstreben. So konkurrieren Kliniken schon heute auf der Qualitäts-, Service-, Innovations- und Kostenebene um die Gunst von Einweisern, Krankenkassen und Patienten. Denn komparative Kosten- und Produktivitätsvorteile führen unter Prämisse der Erfüllung qualitätsadjustierter Versorgungsanforderungen zu höheren Deckungsbeiträgen, Renditen und Cashflows. Zudem bieten das selektive Kontrahieren und der an Relevanz gewinnende Wahlleistungssektor (unerschlossene) Optionen der Preisdifferenzierung. Für die Zukunft bleibt abzuwarten, ob und inwiefern die letzte regulative Bastion einer regulativen Preispolitik nicht auch verstärkt zur Disposition gestellt wird, wie dies z. B. in den vergangenen Jahren für den Bereich der „kosmetischen" bzw. „überqualitativen" Mund-, Kiefer- und Gesichtsversorgung der Fall war. Fand bislang der Klinik- und Gesundheitswettbewerb auf der Ebene zu erbringender Endleistungen im engen Schulterschluss mit dem Patienten statt, so ist in letzter Zeit ein Wettbewerb medizinischer Geschäftsmodelle zu beobachten (ergänzend Müller und Rasche 2013). Endleistungen am und für den Patienten werden auch weiterhin „ihren Wert" haben; jedoch verlagert sich zeitversetzt zur industriellen Dienstleistungsproduktion (z. B. Airlines, Transaction Banking, E-Business) der Wertschöpfungsfokus auf die systemische Gesamtarchitektur der Leistungserbringung. Hiermit gemeint ist das harmonisch-eingeschliffene Zusammenspiel multipler Strukturen, Prozesse, Ressourcen, Systeme, Beziehungen, Wertschöpfungspartner, Kunden und kohärenter Strategien, um diese Erfolgspotenziale in ein vorteilstiftendes Kosten- und Erlösmodell zu überführen. Während die liquidierte Endleistung im übertragenen Sinne die Zielgerade eines Mara-

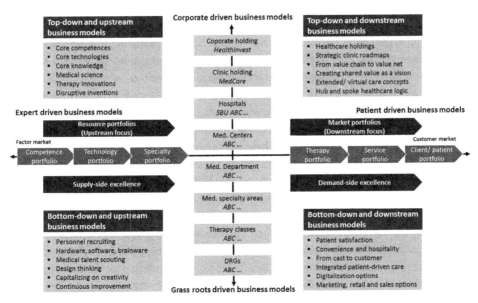

Abb. 1.5 Alternative Geschäftsmodellorientierungen in Anlehnung an Rasche und Braun von Reinersdorff (2011, S. 479)

thonlaufs repräsentiert, verkörpert das Geschäftsmodell den langen Weg zum Ziel – einschließlich unzähliger Trainingseinheiten (weiterführend Schmidt 2015). Im Gegensatz zu Endleistungen, die eine Outcome-Dimension und eine abhängige Performance-Variable darstellen, lassen sich Geschäftsmodelle allein schon aufgrund ihrer sozio-ökonomischen Komplexität und organisatorischen Verankerung ungleich schwerer durch die Konkurrenz imitieren. Im Sinne des kompetenzstrategischen Ansatzes (Competence-based View) lassen sich Geschäftsmodelle als metastrategische Erfolgspotenziale definieren, weil sie den Führungs- und Organisationsrahmen vorgeben, innerhalb dessen patientenzentrierte Versorgungsprozesse sowohl für den Leistungsgeber als auch für den Leistungsnehmer wertschaffend ablaufen. Nachfolgend sollen klinische Geschäftsmodelle hinsichtlich zwei Ordnung schaffender Dimensionen charakterisiert werden. Zum einen wird nach dem Grad der Experten- bzw. Patientenzentriertheit unterschieden und zum anderen nach dem Grad der Top-down- bzw. Bottom-up-Impulsgebung (vgl. Abb. 1.5).

Grad der Experten- bzw. Patientenzentriertheit Hiermit gemeint ist die dominante Grundhaltung und Philosophie der Dienstleistungserbringung. Während viele Experten allein schon aufgrund ihres Erfahrungsvorsprungs dazu tendieren, den Patienten zur einem Versorgungsfall (Case) zu „degradieren", der vorgesteuert, angeleitet und dirigiert werden muss, impliziert die Patientenzentriertheit eine aktive Integration des Leistungsnehmers in seiner Funktion als Gesundheitskunde. Der Slogan „from case to customer" bringt die Logik einer stärker patientenzentrierten Versorgung aus den Punkt, weil diese stärker auf die subjektiven Bedürfniskonstellationen, Limitationen und Mitwirkungsmöglichkeiten des Patienten abstellt. Während experten oftmals in evidenzbasierten Kategorien denken und handeln, liegen beim Leistungsnehmer nicht selten Wahrnehmungsverzerrungen und Urteilsdefizite vor, die aber trotzdem im Therapiefahrplan berücksichtigt werden sollten, um eine bestmögliche Compliance und Patientenzufriedenheit zu erzielen. Im Extremfall ist ein Verhandlungsprozess zwischen Mediziner und Patient festzustellen, wenn die Meinungen über die „richtige" Therapie weit auseinandergehen. Diese Situation ist z. B. gegeben, wenn der Experte bei onkologischen Diagnosen die leitfadenbasierte Schulmedizin (Operation, Chemotherapie, Bestrahlung, Reha) mit Nachdruck empfiehlt und sich der (mündige) Patient verstärkt komplementärmedizinische Leistungen einfordert. Gleiches gilt für die Behandlung von rheumatischen Erkrankungen oder Bandscheibenleiden, für die unterschiedliche Therapieoptionen in Betracht kommen. Expertenbasierte Geschäftsmodelle erfahren ihre Einzigartigkeit und Alleinstellung durch die gezielte Anwendung des State-of-the Art-Wissens der jeweiligen Profession, um auf diese Weise einen Kompetenzleuchtturm mit Signalwirkung zu etablieren. Mit „Vorsprung durch Technik, Wissenschaft und Professionalität" könnte der Identitätskern expertenbasierter Geschäftsmodelle umschrieben werden, weshalb diese eine oft aseptische und distanzschaffende Anmutung aufweisen. Bisweilen werden elitäre Expertengeschäftsmodelle, wie sie z. B. Unternehmensberatungen, Law Firms oder auch Universitätskliniken darstellen, als arrogant und unnahbar empfunden. Streng genommen handelt sich dabei um Meritokratien, die eine egalitäre Dienstleistungsproduktion auf Augenhöhe ablehnen, weil dies zu Qualitäts- und Produktivitäts- und Qualitätseinbußen führen könnte. Im Extremfall wird der externe Faktor aufgrund seines Laienstatus als störend oder lästig empfunden, weshalb der Experte in seinem Kontrollbestreben immer auf der Kommandobrücke der Prozesssteuerung stehen möchte. Schließlich wird dieser auch mit den Haftungsfolgen verschuldeter Fehlleistungen konfrontiert. Patientenzierte Geschäftsmodelle erhalten ihre Legitimation durch eine egalitäre Kooption des Leistungsnehmers einschließlich seiner Wünsche und Werthaltungen, um diesen persönlich, individuell und empathisch anzusprechen. Die Wunsch-, Wahlleistungs- und Zielgruppenmedizin folgt der Logik des Gesundheitskunden, der sich spezifische Problemlösungen einfordert. Die Rolle des Mediziners ist die eines Coachs, Convenience Consultants und Service Professionals, der innerhalb des Standesrechts und der Qualitätsanforderungen Bedürfnislücken schafft, erkennt und befriedigt. Ethische und berufsständische Probleme ergeben sich dabei, wenn Medizin zur Konsumware wird und die Therapiebedürfnisse des Patienten gezielt manipuliert werden, weil das Heilversprechen in Konkurrenz zu betriebswirtschaftlichen Imperativen tritt. Entweder werden durch Push-Strategien dem Patienten medizinisch nicht erforderliche Therapien „nahegelegt" oder initiierte Pull-Effekte sorgen dafür, dass Patienten nach nicht indizierten Modetherapien verlangen, über die sie zuvor „eindringlich informiert" wurden. Eine Kardinalaufgabe des Geschäftsmodellmanagements besteht in der Harmonisierung beider Perspektiven, so dass eine austarierte Wertschöpfung unterstützt wird. Kompetenzen, Technologien, Spezialistentum und Therapieprofessionalität als Upstream-Dimensionen der klinischen Wertschöpfung müssen mit den Downstream-Handlungsfeldern wie Service-, Convenience- und Zielgruppen-Orientierung synchronisiert werden, um keine Unwucht im Geschäftsmodell entstehen zu lassen.

Grad der Top-down-bzw. Bottom-up-Steuerung Oft moniert wird die Hierarchiedominanz in vielen Klinikkonzernen und Gesundheitseinrichtungen, weil die die Geschäftsmodelle als Corporate-Lösungen mit formaler Macht „verordnet" und „durchgedrückt" werden, ohne dass zuvor eine ausreichende Kopplung mit den nachgeordneten Organisationseinheiten stattgefunden hat. Corporate-Geschäftsmodelle folgen einer monolithischen Pyramidenlogik, weil sich alle nachrangigen und feingranularen Sub-Geschäftsmodelle kaskadenförmig aus den Richtungskompetenzen und Vorgaben der jeweils übergeordneten Weisungsebene ableiten. Auf diese Weise wird sichergestellt, dass im Idealfall jede Subeinheit direkt zur ergebniswirksamen Umsetzung des Corporate-Geschäftsmodells beiträgt. Despektierlich interpretiert lässt dieses nur Appendix-Lösungen zu, weil der Wert der Konzernkohärenz höher gewichtet wird als mögliche Innovationsvorteile einer Geschäftssystempluralität. Der Häuptling-Indianer-Vergleich wird oft bemüht, um die Ohnmacht der operativen Akteure zum Ausdruck zu bringen, wenn sich diese nicht ausreichend integriert fühlen. Dabei lassen sich gerade in Kompetenz- und Expertenorganisationen Innovations- und Produktivitätsreserven durch Indianer-Initiativen erzielen. Dies kann zu Grass Roots Business Models führen, wenn die Grasnarbe eines Klinikkonzerns als kreative Plattform für neue Geschäftsideen, Leistungsfelder oder Versorgungsprozesse dient. Derartig bodenständige Geschäftsmodelle können entlang der gesamten Wertkette eines Krankenhauses oder einer Fachabteilung unter aktiver Einbindung der Mitarbeiter entstehen, sofern eine Kultur der Veränderung und Verbesserung die gebotene Wertschätzung durch die Geschäftsleitung erfährt. Die Mitarbeiter treten in dieser Konstellation als Change Agents in Erscheinung, indem sie ihr profundes Expertenwissen zum Gegenstand der Klinikentwicklung machen. Zu denken ist z. B. an eine pathologische Fachkliniken, die labormedizinische Abteilungen oder kardiologische Abteilungen, die ihre Leistungskompetenzen „externalisieren" und als Dienstleistungen für Dritte bzw. in Kooperation mit anderen Fachdisziplinen im Rahmen der Zentrumsbildung unter Einbindung des ambulanten Sektors als vernetzte Poollösungen anbieten können. Dagegen stellt sich auf der Corporate-Ebene die Frage nach der künftigen Holding-Governance und der wertschöpfungsoptimalen Portfolioausrichtung bezüglich zu erschließender Kompetenz-, Technologie-, Therapie-, Service- und Wachstumsfelder mit Blick auf Zentralisierungs- und Dezentralisierungsentscheidungen.

Kombination der der Geschäftsmodellachsen Zusammengefasst legt das diskutierte Modell die Basis für vier Geschäftsmodelltypen für den Fall einer Kombination beider Wertschöpfungsachsen.

a. *Top-down and upstream business models*: Klinikkonzerne bedienen sich immer häufiger der Führungs- und Steuerungstechniken kapitalgesellschaftsrechtlich organisierter Dienstleistungsholdings. Dabei versuchen Sie Skalen- und Synergieeffekte durch innovative Beschaffungsplattformen sowie ein strategisches Ressourcen- und Kompetenzmanagement zu erzielen. Eine strategische Grundsatzentscheidung besteht zum Beispiel in der Bewirtschaftung der ambulant-stationären Versorgungsschnittstelle bis hin zur Etablierung poliklinischer und telemedizinischer Geschäftsmodelle im Rahmen einer Ökosymbiose mit MVZs, Ärztehäusern und Belegärzten. Strategische Fragestellungen der vertikalen Integration und des Fremdbezugs benötigter Aktivposten sind ebenso Gegenstand von Geschäftsmodellen, mit denen bereits auf den Faktormärkten versucht wird, beschaffungsorientierte Vorteilspositionen aufzubauen.

b. *Top-down and downstream business models*: Hier steht die strategische Verlängerung der Wertschöpfungskette in Richtung nachklinischer Versorgungsstufen im Vordergrund, wobei explizit auch der Markt für poststationäre Nachsorge, Rehabilitation und Hospizversorgung bis hin zum Assisted Ambient Living und telemedizinischer Patientenbindung in Erwägung gezogen wird. Vergleichbar mit den Erdölkonzernen stellt sich die Frage, wie die letzte Meile zum Endkunden ausgestaltet werden soll – erfüllen doch heute schon die Tankstellen die Rolle einer 24/7-Convenience-Versorgung. Übertragen auf Kliniken impliziert dies eine Geschäftszweckerweiterung in Richtung Healthcare Convenience. In diesem Zusammenhang könnten Klinikkonzerne eine aktive Rolle beim Disease Management, Managed Care oder Kooperationsmodellen mit Krankenkassen spielen, wie dies für Health Maintenance Organizations gilt.

c. *Bottom-up and upstream business models*: Auf der Fachabteilungs- und Stationsebene steht weniger die Realisierung hoch innovativer Beschaffungsmodelle im Vordergrund, als vielmehr die Perfektionierung des Status quo im Zuge der operativen Exzellenz. Zu denken ist hierbei an digital unterstützte stationslogistische und kapazitätsdispositive Prozesse bis hin zur operativen Kapazitäts- und Personaleinsatzplanung. Gleiches gilt für die Einführung und Umsetzung wegweisender Hygiene- und Risikostandards zur Gewährleistung einer bestmöglichen Patientensicherheit. Letztere könnte als Platinstandard definiert und zur Norm für jede Station werden, um auf diese Weise ein klinisch-pflegerisches Alleinstellungsmerkmal aufzubauen. Der Wettbewerbsvorteil „Patientensicherheit" lässt sich nicht top-down dekreditieren, sondern bedarf grundlegender Verhaltens- und Einstellungsänderungen auf der Ebene aller klinischen Professionals und sonstigen Mitarbeiter.

d. *Bottom-up and downstream business models*: Mediziner und Pflegekräfte erbringen im Idealfall auf professioneller Ebene leitfadenbasierte Versorgungs- und Therapieleistungen, um den jeweiligen Leistungsanforderungen souverän, effektiv und effizient zu entsprechen. Oft bemängelt wird dabei allerding eine weitgehende Negierung patientenzentrierter Hygienefaktoren der psychosozialen Ansprache und empathischen Fürsorge. Mit Blick auf den demographischen Wandel und die steigende Relevanz gerontologisch-geriatrischer Zentren und Fachkliniken lassen sich gegebenenfalls über facharrondierende Touch-and-Feel-Faktoren positive Akzente bei hochbetagten Patienten und deren Angehörigen setzen. Gleiches gilt für die Etablierung professioneller Palliativ- und Hospizeinrichtungen, deren Leistungen nicht auf leitfadenbasierte Serviceroutinen reduziert werden sollten. Vielmehr besteht hier die Notwendigkeit, einen Richtungswechsel von Funktionsversorgung zur Empathiefürsorge einzuleiten, weil ein „Mehr" an schulmedizinischer Professionalität und Hochleistungsmedizin aus Sicht der Leistungsnehmer nicht immer zu den gewünschten Effekten führt.

Fazit

Die Ausführungen zeigen, dass Krankenhäuser den Wandel zu professionellen Expertenorganisationen nicht ausschließlich über Kostensenkungs- und Effizienzmaßnahmen werden erreichen können. Innovations- und Produktivitätsreserven lassen sich vor allem auf der strategischen und operativen Ebene der Geschäftsmodelle lokalisieren. Diese sind oft die Grundlage für eine klinisches Business Development zum Ziel einer Erweiterung des Leistungskerns bzw. der prospektiven Erschließung attraktiver Neugeschäfte im Sinne einer wertschaffenden Portfolioerweiterung. Zwar kann das hier entwickelte Modell zur Kategorisierung klinischer Geschäftsmodelle keinen konzeptionellen Monopolanspruch reklamieren, doch lassen sich daran die Optionen des Geschäftsmodellmanagements verdeutlichen. Klar wird, dass sich der klinische Gesundheits- und Versorgungswettbewerb zunehmend von der isolierten Endleistungen zur den Tiefenstrukturen der Geschäfts- und Versorgungsmodelle verlagert. Der Grund hierfür ist in ihrer höheren strategischen Hebelwirkung zu sehen, weil sie gleichsam die Plattform und den Nährboden für patientenzentrierte Prozesse, Therapien und Endleistungen darstellen. Krankenhäuser entsprechen den zentralen Dimensionen einer Expertenorganisation, wenngleich sich diese oftmals eher als Gesundheits- und Therapieeinrichtungen begreifen. Es konnte gezeigt werden, dass die Stärken einer Expertenorganisation auch ihre Schwächen sind, weil sich Experten oft nicht klienten- oder patientenzentriert verhalten. Im Gegenteil, sie verstehen sich als Meritokratien, die eine elitären Professionenlogik über die subjektiven Wünsche und Erwartungen ihrer laienhaften Klienten oder Patienten stellen. Auch bestehen zwischen den einzelnen Professionen und Fachrichtungen Kommunikations- und Koordinationsbarrieren, die ein Führen und Steuern in holistischen Prozessketten und ganzheitlichen Systemarchitekturen erschweren. Interne und externe Reibungsverluste sind Folge – eingehend mit Produktivitäts- und Qualitätsverlusten. Bei den diskutierten Geschäftsmodellen handelt es sich im hier verstandenen Sinne um Wertschöpfungsbrücken, die zwischen „intern und extern", „oben und unten" sowie schnittstellen- und strukturübergreifend vermitteln, damit sich abstrakte Klinikkonzernleitbilder in Kosten- und Erlösmodelle transformieren lassen. Sie sorgen insbesondere in „verkopften" Expertenorganisationen für die Transformation einer oft elitären Expertensicht in eine bisweilen naive Kundensicht, die aber deshalb nicht mit kühler Arroganz negiert oder ignoriert werden darf. Vielmehr bedarf es einer ausgewogenen Gesamtschau auf das klinische Wert- und Wertemanagement im Fadenkreuz multipler Anspruchsgruppen. Einen neuen Charakter erhält die Expertenorganisation durch die Idee des Self Empowerment. Hierbei entwickelt sich zum einen der Leistungsnehmer im Zuge des Kompetenzerwerbs schrittweise vom Amateur zum Professional, indem es zum Experten seines Problems oder auch seiner Krankheit wird. Zum anderen aber bezieht sich das Self Empowerment aber auch auf Akteure in Expertenorganisationen, die auch ohne Anweisungen und Direktiven ein genuines Problemlösungs- und Perfektionsstreben entwickeln. Durch Befähigung, Bevollmächtigung und Autorisierung lassen in Expertenorganisationen intrinsische Motivationspotenziale erschließen, die sich wiederum in einer höheren Produktivität niederschlagen (können). Die Aufgabe einer

Expertenorganisation besteht aber nicht nur in der punktuellen Problemlösung (z. B. Akutintervention), sondern auch in der Vermittlung nachhaltiger Problemlösungskompetenzen an den Leistungsnehmer. War dieser bisher oft ein passiver Serviceempfänger, so gilt es diesen künftig mit Expertise und Handlungskompetenz auszustatten, um ihn perspektivisch vom der Expertenorganisation unabhängig zu machen. Weiterhin sollten letztere den externen Faktor immer auch als Lern- und Experimentierfeld des eigenen Kompetenzerwerbs sehen, weil dieser selbst Wissen, Kreativität und Herausforderungen beisteuert. Mediziner, Unternehmensberater und Wirtschaftsprüfer sollten die Leistungsnehmer deshalb immer auch Lern- und Innovationschance betrachten. Die Gefahr, dass Expertenorganisationen durch den Prozess des Anlernens und der Kompetenzvermittlung ihren Expertennimbus verlieren ist dabei immer gegeben. Jedoch erwarten mündige Leistungsnehmer weitaus mehr als die professionelle Erledigung traditioneller Standardaufgaben – nämlich Hilfe zur Selbsthilfe. Dies gilt insbesondere für die Expertenorganisation „Krankenhaus" und ihr verändertes Selbstverständnis jenseits der „akutinterventionellen Schadensabwehr".

Literatur

Braun von Reinersdorff A, Rasche C (2014) Mobilisierung strategische und operativer Leistungsreserven im Krankenhaus – Gestaltungsfelder und Grenzen der Service-Industrialisierung. In: Bouncken RB, Pfannstiel MA, Reuschl AJ (Hrsg) Dienstleistungsmanagement im Krankenhaus, Bd II. Springer, Berlin, S 76–85

Braun von Reinersdorff A, Heitele SC, Rasche C (2010) Pluralistischer Kompetenz- und Netz-werkwettbewerb als strategisches Paradigma in der Gesundheitswirtschaft. In: Kähler R, Schröder S (Hrsg) Ökonomische Perspektiven von Sport und Gesundheit. Hofmann-Verlag, Schorndorf, S 213–227

Brock DM (2006) The changing professional organization: a review of competing achetypes. Int J Manage Rev 8(3):157–174

Christensen CM, Wang D, van Bever D (2013) Consulting on the cusp of disruption. Harvard Bus Rev 91(5):106–114

Coff RW (1997) Human assets and management dilemmas: coping with hazards on the road to resource based theory. Acad Manage Rev 22(2):374–402

Dillerup R, Stoi R (2013) Unternehmensführung, 4. komplett überarbeitete und erweiterte Aufl. Franz Vahlen Verlag, München

Hänel P, Rasche C, Tiberius V (2011a) Ärzte im Zwiespalt von Geld und Autonomie. Auswirkungen finanzieller Anreize auf ärztliche Arbeitsmoral und -qualität. f&w führen wirtschaften im Krankenhaus 5(3):248–252

Hänel P, Rasche C, Tiberius V (2011b) Autonomie von Ärzten – Chancen und Grenzen bei angestellten Ärzten. Das Krankenhaus 103(11):1100–1106

Heitele SC (2010) Wettbewerb und Wertmanagement im deutschen Gesundheitswesen – Konzeption, Kompetenzanforderungen und Konkurrenzvorteile. IATROS-Verlag, Dienheim

Malhotra N, Morris T (2009) Heterogeneity in professional service firms. J Manage Stud 46:895–922

Milgrom P, Roberts J (1992) Economics, organization and management. Prentice Hall, Englewood Cliffs

Müller H-E, Rasche C (2013) Innovative Geschäftsmodelle. WISU 42(6):805–809

Nordenflycht von A (2010) What is a professional service firm? Toward a theory and taxonomy of knowledge-intensive firms. Acad Manage Rev 35(1):155–174

Pfannstiel M (2014) State of the Art von Maßnahmen und Instrumenten zum Management der Patienten- und Mitarbeiterdiversität im Krankenhaus. In: Bouncken RB, Pfannstiel MA, Reuschl AJ (Hrsg) Dienstleistungsmanagement im Krankenhaus, Bd II. Springer, Berlin, S 381–427

Porter ME, Kramer MR (2011) The big idea: creating shared value, rethinking capitalism. Harvard Bus Rev 89(1–2):62–77

Rasche C (2008) Strategisches Kompetenzmanagement als Führungsphilosophie und Gestaltungsoption für Managementberatung. In: Eisenkopf A, Opitz C, Proff H (Hrsg) Strategisches Kompetenz-Management in der Betriebswirtschaftslehre – Eine Standortbestimmung. Gabler, Wiesbaden, S 327–361

Rasche C, Braun von Reinersdorff A, Tiberius V (2012) Führung und Steuerung relationaler Ex-pertenorganisationen – Strategien, Geschäftsmodelle und Positionierungsoptionen. In: Seisrei-ner A, Armutat S (Hrsg) Differentielles Management: Individualisierung und Organisation in systemischer Kongruenz. Wiesbaden, S 215–240

Rasche C (2013) Compliance in der Krankenhausabrechnung. KU Gesundheitsmanagement Special Medizincontrolling 82(6):17–20

Rasche C (2014) PESTEL-Complaince. WISU 43(8–9):1008–1014

Rasche C, Braun von Reinersdorff A (2011) Krankenhäuser im Spannungsfeld von Markt- und Versorgungsauftrag: Von der Medizinmanufaktur zur Hochleistungsorganisation. In: Rüter G, Da-Cruz P, Schwegel P (Hrsg) Gesundheitsökonomie und Wirtschaftspolitik. Festschrift zum 70. Geburtstag von Prof. Dr. Dr. h.c. Peter Oberender. Lucius & Lucius-Verlag, Stuttgart, S 473–502

Schmidt A (2015) Überlegene Geschäftsmodelle – Wertgenese und Wertabschöpfung in turbulenten Umwelten. Springer, Wiesbaden

Tiberius V, Rasche C (2013) Nachhaltiges Krankenhauscontrolling mit der Balanced Scorecard – Nachhaltigkeit ist niemals antiökonomisch. KU Gesundheitsmanagement 82(7):33–36

Entwicklung von Geschäftsmodellen für Dienstleistungsnetzwerke im Gesundheitsbereich

2

Walter Ganz, Janine Kramer, Andrea Rößner, Torsten Eymann und Andreas Völkl

Inhaltsverzeichnis

W. Ganz (✉) · J. Kramer · A. Rößner
Fraunhofer IAO, Nobelstraße 12, 70569 Stuttgart, Deutschland
E-Mail: Walter.Ganz@iao.fraunhofer.de

J. Kramer
E-Mail: Janine.Kramer@iao.fraunhofer.de

A. Rößner
E-Mail: Andrea.Roessner@iao.fraunhofer.de

T. Eymann · A. Völkl
Universität Bayreuth, Universitätsstraße 30, 95447 Bayreuth, Deutschland
E-Mail: eymann@uni-bayreuth.de

A. Völkl
E-Mail: andreas.voelkl@uni-bayreuth.de

© Springer Fachmedien Wiesbaden 2016
M. A. Pfannstiel et al. (Hrsg.), *Dienstleistungsmanagement im Krankenhaus,*
DOI 10.1007/978-3-658-08429-5_2

Zusammenfassung

Viele Themenfelder, mit denen Politik, Wirtschaft, Gesellschaft und auch Wissenschaft konfrontiert sind, zeichnen sich durch hohe Komplexität der Problemlagen aus, wie die Energiewende oder eben auch die Zukunft der Gesundheitsversorgung in einer Gesellschaft des längeren Lebens. Ansätze zur Bearbeitung dieser Felder in Politik und Praxis setzen daher vermehrt auf vernetzte Arrangements der Leistungserbringung. Es geht darum, neuartige Problemkonstellationen besser zu bearbeiten, indem angemessene Lösungen durch absichtsvolle Regelung in zielorientierten Netzwerken kollektiv erzeugt werden. Ein Mehrwert für die Region entsteht dabei, wenn es gelingt, die Wertschöpfungsstrukturen und Prozesse der ehemals individuell agierenden Akteure so zu organisieren, dass die Netzwerkziele, also beispielsweise die gemeinsame (Dienst-) Leistungserstellung nach innen und außen, erreicht werden können. Dies gelingt anhand eines geeigneten Rahmenmodells, das die Entwicklung neuer Geschäftsmodelle für Service-Netzwerke selbst sowie die Weiterentwicklung und Transformation bestehender Geschäftsmodelle von beteiligten Akteuren mit dem Ziel einer langfristig erfolgreichen Leistungserstellung im Netzwerk ermöglicht. Am Beispiel der ausgewählten Modellprojekte sowie bereits längerfristig bestehender Service-Netzwerke wird gezeigt, wie ein solches Geschäftsmodell als Basis für die systematische Entwicklung und Umsetzung von konkreten und ökonomisch nachhaltigen Leistungsangeboten und Produkten führt.

2.1 Vernetzte Gesundheitsleistungen – Potenziale und Herausforderungen

Ein Blick in die Statistik zeigt die große Bedeutung, die der Aufbau belastbarer Versorgungsnetze rund um das Thema Gesundheit und Prävention bereits heute hat und in Zukunft entwickeln wird. Im Jahr 2030 wird Deutschland eine der ältesten Bevölkerungen der Welt haben. Die Zahl der über 65-Jährigen wird sich auf 18,7 Mio. erhöhen. Verglichen mit 2010 entspricht dies einer Steigerung um mehr als 30 % (Statistisches Bundesamt 2009). Auch wenn durch bessere Ernährung, Prävention und gute medizinische Versorgung die Chance auf ein gesundes Älterwerden steigt, nimmt die Zahl der Pflegebedürftigen allein aufgrund der demografischen Entwicklung zu. Man rechnet damit, dass es im Jahr 2030 3,4 Mio. Pflegebedürftige gibt, was einer Steigerung um mehr als eine Million im Vergleich zum Jahr 2009 entspricht.

Die Zahlen kennzeichnen den Weg hin zu einer Gesellschaft des längeren Lebens. Dabei fällt auf, dass sich der Zustand des „Altseins" deutlich aufgliedert. Zu den „alten Alten" sind die „jungen Alten" getreten. Die negativen Aspekte des Alterns wie Krankheit, Hilfs- und Pflegebedürftigkeit verlagern sich tendenziell in das hohe Alter jenseits der 80. Für die Zeit davor, ab etwa 55 + werden gerne die positiven Aspekte des Alterns hervorgehoben: Dazu gehören beispielsweise die größere Lebens- und Berufserfahrung, mehr verfügbare Zeit in einem aktiven Ruhestand oder ein verantwortungsvoller Umgang mit der eigenen Gesundheit, um möglichst lange aktiv bleiben zu können. Auch wenn der Fokus auf die alternde Gesellschaft richtig gesetzt ist, darf die junge Generation nicht aus dem Blick verloren werden. Bereits heute leiden viele Kinder und Jugendliche an Übergewicht, Diabetes, Allergien oder Suchtproblemen. Auch hier muss geheilt, insbesondere aber so gut wie möglich vorgebeugt werden, und zwar durch mehr Anstrengungen zur Prävention in Bildung und Erziehung. Das frühe Erlernen gesunder Lebensweisen kann es ermöglichen, diese eher wirkungsvoll in individuellen Lebenswelten zu verankern und damit für eine Gesellschaft des längeren Lebens vorzusorgen.

Vor diesem Hintergrund erhält die Diskussion um die Koordinierung von Angeboten medizinischer, pflegerischer, therapeutischer und sozialer Leistungen verstärkte Dynamik. Gefragt sind eine bessere Abstimmung und eine verbindliche Kooperation von Kosten- und Leistungsträgern in Versorgungsnetzwerken vor Ort. Dazu gehören auch neue Formen der aktiven Einbeziehung von Patienten/Klienten und deren Angehörigen als Abnehmern und Ko-Produzenten von Gesundheits- und Präventionsleistungen. Das Ziel muss es sein, aus Bedarfen von Menschen vor Ort und guten Ideen von Akteuren im lokalen Gesundheitssystem Leistungsinnovationen zu entwickeln, die dauerhaft als Standarddienstleistung für Gesundheit und Prävention angeboten werden können.

Eine auf den Dienstleistungsaspekt orientierte Betrachtung des Gesundheitssystems kann den Aspekt des Leistungsergebnisses im Sinne eines Produktes und den Aspekt des Prozesses zur Erbringung dieses Ergebnisses gleichermaßen in den Blick nehmen. Zudem können die Interaktion von Anbieter und Abnehmer in Dienstleistungsprozessen und die Integration von Kunden in Produktentwicklung und Prozessgestaltung besser berücksichtigt werden, um wirkungsvolle Gestaltungslösungen zu entwickeln. Damit regt die Dienstleistungsperspektive, die sich auf den zu erbringenden Nutzen eines Leistungsangebots für verschiedene Abnehmer mit unterschiedlichen Bedürfnissen konzentriert, dazu an, nicht nur isolierte Produkte oder Einzelleistungen anzubieten, sondern in integrierten Lösungen zu denken.

Um nicht nur isolierte eigene, sondern auch gemeinsame Ziele zu erreichen, bietet sich die koordinierte Zusammenarbeit einer Vielzahl von Akteursgruppen und Organisationen in Gesundheitsnetzwerken an. Auf diese Weise können Strategien gekoppelt und Ressourcen gebündelt werden. Zudem kann der Wissens- und Erfahrungsaustausch gefördert und neues Wissen in vorhandene Wissensbestände integriert werden. Lernprozesse im Netzwerk und über Netzwerkgrenzen hinaus lassen sich initiieren. Die aktive Einbindung von Betroffenen als Abnehmer der Leistungen eines Netzwerkes im Sinne von Kundinnen und Kunden kann die Akzeptanz der angebotenen Leistungen erhöhen.

Kooperations- und Vernetzungsmodelle von Präventions-, Gesundheits- und Pflegedienstleistungen stellen einen lösungsorientierten und zukunftsfähigen Ansatz dar, um eine qualitativ hochwertige, wohnortnahe Versorgung zu ermöglichen. Eine hochvernetzte Leistungserbringung in komplexen Wertschöpfungsnetzwerken stellt die verschiedenen Akteure des Gesundheitswesens jedoch in mehrfacher Hinsicht vor große Herausforderungen. Bestehende Leistungsangebote müssen aufeinander abgestimmt, innovative Gesundheits- und Dienstleistungen entwickelt und erprobt, sowie gemeinsam in die Netzwerkstruktur eingebunden werden. Eine wesentliche Herausforderung ist dabei die Suche nach geeigneten Netzwerkstrukturen und -prozessen sowie nach Geschäfts- und Innovationsmodellen für die jeweiligen Netzwerkakteure, die eine produktive und nachhaltige Leistungserbringung in Dienstleistungsnetzwerken ermöglichen.

Leistungsfähige Netzwerke, die qualitativ hochwertige Gesundheits- und Dienstleistungen erbringen, stiften dabei einen hohen Mehrwert für die Regionen und die Leistungsempfänger. Um solche leistungsfähigen Netzwerke systematisch steuern und messen zu können, benötigen die verschiedenen Akteure jedoch neue Kenntnisse über die Wirkungsmechanismen dieser komplexen Interventionen und müssen sich mit der Herausforderung einer vernetzten Service-Produktisierung und deren Marktgängigkeit auseinandersetzen.

Der Wettbewerb GeDiReMo

Mit der Ausschreibung des Wettbewerbs „Gesundheits- und Dienstleistungsregionen von morgen" (GeDiReMo) greift das Bundesministerium für Bildung und Forschung (BMBF) zwei Themen auf, die von der Forschungsunion Wirtschaft – Wissenschaft im Rahmen der ersten Hightech-Strategie der Bundesregierung wie folgt formuliert wurden: „Auch im Alter ein selbstbestimmtes Leben führen" und „Mehr Gesundheit durch gezielte Prävention und Ernährung" (Forschungsunion Wirtschaft – Wissenschaft 2013). Gefragt sind die Entwicklung und Realisierung von Konzepten, die Gesundheitsversorgung aber auch Prävention dort zu gestalten, wo sie die Menschen in ihren jeweiligen Lebenswelten erreicht.

Um diese Vorsorge und Versorgung vor Ort auch in Zukunft für Menschen in jedem Lebensalter gewährleisten zu können, setzt das BMBF mit dem Wettbewerb auch auf eine Förderung des aktiven Zusammenwirkens von möglichst vielen Akteuren in innovativen Service- und Leistungsnetzwerken rund um das Thema Gesundheit. Gesundheit soll – entlang der Definition der Weltgesundheitsorganisation – mehr sein, als die Abwesenheit von Krankheit (WHO 2014). Zur Gesundheit gehören auch Wohlbefinden sowie soziale Einbettung und Teilhabe.

Will man Versorgungsnetzwerke aufbauen, die einem ebenso sinnvollen wie umfassenden Anspruch gerecht werden, spannt sich ein weites Feld von wichtigen Akteuren auf. Dazu gehören die Kosten- und Leistungsträger, also regionale oder kommunale, öffentliche aber auch privatwirtschaftliche Einrichtungen für medizinische, pflegerische, therapeutische und soziale Leistungen sowie für Bildung und Erziehung, Partner aus der Wissenschaft und der Wirtschaft sowie nicht zuletzt die Patienten/Klienten und Angehörigen in ihrer Rolle als Kunden der angebotenen Leistungen und als handelnde Akteure im Dienstleistungssystem Gesundheit.

Schließlich werden mit dem Wettbewerb „Gesundheits- und Dienstleistungsregionen von morgen" ausdrücklich gemeinsam die Felder der Gesundheits- und der Dienstleistungsforschung adressiert. Es gilt fachliche Aspekte der Gesundheitsforschung mit den auf Leistungsintegration, Prozessgestaltung, Produktentwicklung und Kundenintegration gerichteten Stärken der Dienstleistungsforschung zu verknüpfen. Entwickelt und prototypisch realisiert werden sollen regionale Leistungsnetzwerke, die sozial und wirtschaftlich tragfähige Dienstleistungskonzepte und konkrete Dienstleistungsprodukte nachhaltig anbieten können.

Die fünf Gewinnerregionen des Wettbewerbs konnten ihre Modellprojekte im Herbst 2014 starten. Über vier Jahre werden Kommunen, Wissenschaft und Wirtschaft gemeinsam unter aktiver Einbeziehung der Bürgerinnen und Bürger regionale Lösungen entwickeln. Die Ergebnisse sollen beispielhaft für andere Regionen in Deutschland sein. Eine den Regionen zur Seite gestellte Begleitforschung „Innovative Netzwerke für Dienstleistungen und Gesundheit in Regionen von morgen" (INDiGeR) fördert die Vernetzung der Pilotaktivitäten untereinander, identifiziert Themen von übergreifendem Interesse und leistet dazu Impulse durch eigenständige Forschungsleistungen.

2.2 Das Verbundprojekt INDiGeR

2.2.1 INDiGeR – Struktur und Ziele

Ziel des Begleitforschungsprojekts „INDiGeR" ist es, die Gewinnerregionen im Wettbewerb „Gesundheits- und Dienstleistungsregionen von morgen" wissenschaftlich zu unterstützen und zu vernetzen. Der Transfer von Ergebnissen aus den Modellregionen und der Begleitforschung an eine interessierte Öffentlichkeit wird unterstützt. Die eigenständigen Forschungsleistungen konzentrieren sich auf Forschungsfragen von übergreifendem Interesse, die in den GeDiReMo-Modellregionen und darüber hinaus bestehen. Adressiert werden von den fünf beteiligten forschenden Organisationen – Universität Bayreuth, Steinbeis Hochschule Berlin, Universitätsklinikum Hamburg-Eppendorf, Duale Hochschule Baden-Württemberg und Fraunhofer IAO Stuttgart – die vier zentralen Ebenen innovativer Dienstleistungsnetzwerke: Netzwerk, Akteure, (Dienst-)Leistungen und Wirkungen. Die Forschungsstruktur im Projekt ist in Abb. 2.1 dargestellt.

Die mit dem Wettbewerb GeDiReMo angestrebte Vernetzung von präventiven, kurativen und sozialen (Gesundheits-)Dienstleistungen ermöglicht neue Modelle der Wertschöpfung. Durch die Koordination und Kooperation aller Akteure im Sinne eines Wertnetzes entstehen vernetzte Dienstleistungen, die für Kunden und Patienten einen Mehrwert darstellen. Zentrale interne Aufgaben in solchen Wertnetzen sind der Aufbau und die Pflege des Netzwerks (Moderation), die Promotion des Netzwerks gegenüber seiner Umwelt sowie die Einrichtung entsprechender Infrastrukturen.

2.3 Teilforschungsbereiche

Nachhaltigkeit innovativer Netzwerke
Im Projektschwerpunkt „Netzwerke" liegt der Fokus der Forschung auf der Analyse von Strukturen und Prozessen der Wertnetze, sowie auf der Gestaltung ihrer informationstechnischen Infrastruktur zur Unterstützung der Zusammenarbeit in Wertnetzen. Es wird

Abb. 2.1 FuE-Struktur des Begleitforschungsprojekts INDiGeR

untersucht, wie Leistungen in innovativen Dienstleistungsnetzwerken möglichst effektiv, produktiv und nachhaltig erbracht werden und wie sich Nutzen und Qualität vernetzter Leistungsangebote erhöhen lassen.

Dabei wird der Frage nachgegangen, ob es einen Zusammenhang gibt zwischen der Art der Zusammenarbeit von unterschiedlichen Akteuren und der Reife und Erfahrung des regionalen Netzwerks. Zentrales Forschungsziel in diesem Teilforschungsbereich ist die Entwicklung eines angepassten Reifegradmodells für die Netzwerkmoderation, Netzwerkpromotion und Netzwerkinfrastruktur in Wertnetzen auf Basis der empirischen Forschung im Rahmen des INDiGeR-Begleitforschungsprojektes.

Besonderer Fokus wird auf die (ökonomische) Nachhaltigkeit von netzwerkförmigen Arrangements der Leistungserbringung gelegt. Dabei werden die im GeDiReMo-Wettbewerbgeförderten, aber auch ähnliche Netzwerke, unter den folgenden Gesichtspunkten betrachtet: Wie ermöglichen die Netzwerke gleichzeitig Kooperation und Wettbewerb zwischen ihren Mitgliedern? Dies umfasst insbesondere die Frage nach den Anreizmechanismen zu netzwerkkonformen Verhalten, die innerhalb des Netzwerks (durch-)gesetzt werden müssen. Aufgrund der sehr unterschiedlich ausgerichteten Konzepte der GeDiReMo-Regionen steht auch die Suche nach übergeordneten, allgemeingültigen Handlungsstrategien im Fokus des Begleitvorhabens – ebenso wie die Übertragbarkeit dieser in andere Regionen im geförderten und nicht geförderten Raum. Mit Blick auf die (informations-)technische Vernetzung zwischen den Akteuren, sollen Aspekte einer erfolgreichen Organisation und Steuerung identifiziert werden. Diese zeigen bspw. darin, inwiefern der Wertbeitrag der Technologiebereitstellung dargestellt werden kann. Gleiches gilt für unterstützende Dienstleistungen, die vom Netzwerkmanagement angeboten werden.

Entwicklung von Geschäftsmodellen für Dienstleistungsnetzwerke

Auf der Ebene der operativen Dienstleistungserbringer stehen die ausgewählten Gesundheits- und Dienstleistungsregionen vor der zentralen Herausforderung, bisher singulär agierende Akteure so miteinander zu vernetzen, dass die gesetzten Netzwerkziele erreicht werden können und gemeinsam ein Mehrwert durch die Netzwerkleistungen für die Region geschaffen wird. Zu den in den Gesundheitsnetzwerken agierenden Akteuren zählen unterschiedlichste Institutionen und Personen, wie beispielsweise Anbieter von Pflegedienstleistungen, soziale Einrichtungen, Krankenkassen als Kostenträger, Kommunalvertreter oder Anbieter von Infrastrukturen und technischen Assistenz-Systemen. Durch die vernetzte Leistungserbringung ergeben sich einerseits vielfältige Potenziale, andererseits jedoch auch besondere Herausforderungen. So müssen zum Beispiel die bestehenden Wertschöpfungsstrukturen und Prozesse an eine Leistungserstellung im Netzwerk angepasst werden.

Hinter einer erfolgreichen Leistungserbringung steht auch ein passgenaues Geschäftsmodell. Dieses bildet ab, welcher Bedarf von welchen Netzwerkmitgliedern und Kunden wie adressiert wird, durch welches Leistungsversprechen Nutzen an dieselben gestiftet wird, welche Ressourcen, Aktivitäten und Kompetenzen hierzu benötigt werden, wie der Nutzen wirtschaftlich umgesetzt werden kann und auf welche Weise die Leistungserstellung stattfindet.

Ziel des Teilvorhabens „Entwicklung vernetzter Geschäftsmodelle" des Fraunhofer-Instituts für Arbeitswirtschaft und Organisation IAO ist es, die Entwicklung neuer Geschäftsmodelle für Dienstleistungsnetzwerke und die Transformation von bestehenden Geschäftsmodellen in vernetzungsorientierte Modelle durch die Bereitstellung von innovativen Methoden und empirischen Erkenntnissen zu unterstützen. Dazu zählt ein Rahmenkonzept zur Entwicklung solcher Geschäftsmodelle unter der Berücksichtigung spezifischer Erfolgsfaktoren für die vernetzte Leistungserbringung, sowie Werkzeuge zur Messung der Leistungsfähigkeit von Geschäftsmodellen. Ebenfalls wird eine Methode zur Visualisierung und kollaborativen Entwicklung passender Geschäftsmodelle aus dem Teilvorhaben hervorgehen.

Insgesamt zielt das Teilvorhaben im Verbundprojekt INDiGeR darauf ab, Netzwerkakteure zu unterstützen, ihre Geschäftsmodelle so zu entwerfen oder weiterzuentwickeln, dass diese ihre Wettbewerbs- und Marktfähigkeit unter Beweis stellen können. Damit liefert es einen Beitrag zur Steigerung der Zukunftsfähigkeit von Projektnetzwerken auf dem Weg der Transition in etablierte regionale Institutionen.

Exploration von Service Produktisierung und Rollout

Wie gelingt es, aus Erprobungen Produkte zu machen und die Projektergebnisse in den nicht-geförderten Raum zu übertragen? Mit dieser forschungsleitenden Fragestellung stellt das INDiGeR Projekt-team an der Dualen Hochschule Baden-Württemberg (DHBW) Stuttgart, Fakultät Sozialwesen, das Potenzial und die Leistungen in Netzwerken zur Gesundheit und Prävention vor Ort in den Mittelpunkt der Forschung und beschäftigt sich insbesondere mit der Überführung der Forschungsergebnisse in marktfähige (Service-)Produkte.

Eine regionale Gesundheitsversorgung, welche in Netzwerken erbracht wird, ist eine komplexe Aufgabe, die in einem vielpoligen Spannungsfeld aus sich ausdifferenzierenden Lebens- und Bedarfslagen der Klientel, Markt- und Wettbewerbsorientierung, kommunal und staatlich gesetzten Rahmenbedingungen sowie der notwendigen sozialräumlichen Verankerung und einer zivilgesellschaftlichen Rückbindung stattfindet. Bei der Umsetzung nachhaltiger Leistungsangebote ergeben sich deshalb nicht zuletzt aufgrund des hohen Komplexitätsgrades der in den Gesundheits- und Dienstleistungsregionen zu entwickelnden Wertschöpfungsnetze besondere Herausforderungen.

Das Fundament für diesen Teil der Forschungen in der Begleitforschung bilden wohlfahrtstheoretische Grundannahmen aus dem Diskurs zum „Welfare Mix" („gemischte Wohlfahrtsproduktion") in modernen, ausdifferenzierten Gesellschaften. Ziel ist, sowohl die ausgewählten Modellprojekte als auch innovative Dienstleistungsnetzwerke im nichtgeförderten Raum bei der systematischen Entwicklung und Umsetzung von konkreten Leistungsangeboten und Produkten zu unterstützen. Mit dem modular aufgebauten, anwenderbezogenen Toolkit („Werkzeugkoffer") zur Service-Produktisierung wird eine wissenschaftlich fundierte Informationsquelle für die Praxis zur Verfügung gestellt. Im Verlauf des Projektzeitraums wird daher zunächst eine Anforderungsanalyse für die Service-Produktisierung durchgeführt. Gemeinsam mit den Modellregionen werden deren verschiedene Produkt- und Dienstleistungsportfolios sowie Geschäftsstrategien analysiert und ein Rahmenkonzept für die Service-Produktisierung abgeleitet. Das Toolkit als praxisorientierte Informationsquelle für den geförderten und nicht-geförderten Raum wird innerhalb des im Rahmen des Projekts als zentrales Ergebnis entwickelt und getestet. Der Teilforschungsbereich legt damit den Schwerpunkt auf die Verwertbarkeit und Nachhaltigkeit der Ergebnisse.

Netzwerkwirkungen bewerten mit Evaluationsforschung

Das Ziel dieses Themenfeldes im Rahmen der Begleitforschung ist die Evaluation für „Gesundheitsregionen als Gesamtkonzept". Sie fokussiert einerseits auf die Unterstützung der Umsetzung der Projekte sowie die Vernetzung innerhalb der Regionen und andererseits auf eine Nutzenbewertung für die Zielgruppen und die beteiligten Akteure. Ein weiterer Schwerpunkt ist die Beurteilung der Übertragbarkeit der Ansätze auf andere, derzeit nicht in die Projekte eingebundene Regionen. Die Begleitforschung verfolgt einen zweigliedrigen Evaluationsansatz, der eine formative und eine summative Komponente beinhaltet.

Das Institut für Allgemeinmedizin der Universitätsklinikums Hamburg-Eppendorf und das Institute for Public Health and Healthcare Nordrhein Westfalen der Steinbeis-Hochschule Berlin beschäftigen sich gemeinsam mit der Wirkung von Netzwerken auf Gesundheit. Zentraler Aspekt ist dabei, die Netzwerke, die gemeinsam Leistungen in einer Region erbringen, in die Lage zu versetzen, die Wirkung ihres Leistungsangebots vor Ort für sich zu bewerten. Um das zu unterstützen, wird dieses Themenfeld parallel zu den Forschungs- und Entwicklungsleistungen in jeder der fünf GeDiReMo-Regionen durch die Begleitforschung auf einer übergeordneten Ebene (Metaebene) objektiviert betrachtet: Entwickelt werden Verfahren, welche die Netzwerkakteure dabei unterstützen, Kriterien der Zielerreichung festzulegen, Indikatoren zu deren Messung zu benennen und Wirkungen ihrer Netzwerkaktivitäten zu verschiedenen Zeitpunkten zu messen. Eine solche Evaluierung bringt besondere Herausforderungen mit sich, besonders in Bezug auf die Messbarkeit von Qualität oder Wertigkeit in der Arbeit mit Menschen in Netzwerken. Einzelne, objektive oder subjektive Sichtweisen der GeDiReMo- und INDiGeR-Projektteilnehmer werden daher gebündelt, reflektiert und im Sinne übergeordneter Ziele analysiert. Es gilt es zu untersuchen, ob und welche Wirkung, Wirksamkeit, Erfolge und welchen Effekt und Nutzen die einzelnen Konzepte langfristig haben. Auf dieser Grundlage werden die GeDiReMo in die Lage versetzt, die Wirkung ihres Leistungsangebotes und ihre Zielerreichung über die gesamte Projektdauer hinweg zu beurteilen und – falls erforderlich – gezielt Veränderungen ihrer Strukturen, Prozesse und Angebote vornehmen.

Im Rahmen einer formativen Evaluation werden Instrumente der Prozessbegleitung genutzt, um die GeDiReMo-Modellregionen vor allem bei der Entwicklung und Einführung neuer Maßnahmen aktiv-gestaltend, prozessorientiert, konstruktiv und kommunikationsfördernd zu unterstützen und Veränderungsprozesse in der Praxis sichtbar zu machen. Ein solcher Explorationsbedarf besteht nach Bortz und Döring (2003) häufig dort, wo man sich im Detail für Veränderungsprozesse interessiert und nicht nur für den Output. Das trifft auf die Netzwerkpartner der Gewinnerregionen und der Begleitforschung zu.

In der summativen Evaluation des Teilforschungsbereichs „Evaluation" der Begleitforschung soll hierzu gemeinsam mit den Partnern in den GeDiReMo-Modellregionen eine auf inhaltliche und regionale Gegebenheiten adaptierbare Evaluationsmatrix entwickelt und erprobt werden. Die Erstellung dieser Matrix erfordert in einem ersten Arbeitsschritt die Auswahl von geeigneten Indikatoren zur mehrdimensionalen (physischen – psychischen – sozialen) Messung von Gesundheit, die in der Lage sind, die Effektivität und Sicherheit von komplexen gesundheitsrelevanten Interventionen abzubilden. Diese Indikatoren sind zu ergänzen um Parameter, die weitere Qualitätsdimensionen für die gesundheitliche Versorgung, z. B. Patientenorientierung, Zugang und Effizienz, darstellen. Im Anschluss fokussiert ein weiterer Arbeitsschritt auf die Identifikation und Erschließung von Datenquellen sowie die Konstruktion von Erhebungsstrategien zur Gewinnung der erforderlichen Daten.

2.4 Nachhaltige Strukturen und Prozesse in Gesundheits- und Dienstleistungsnetzwerken

2.4.1 Der Netzwerkbegriff im INDiGeR-Verbundprojekt

In Anlehnung an Glückler (2012) betrachtet INDiGeR (organisierte) Netzwerke als freiwilligen, langfristigen und absichtsvollen Zusammenschluss von Mitgliedern, der die multilaterale Kooperation zwischen einer begrenzten Zahl unabhängiger Organisationen, die aufgrund ihrer Wertschöpfungsstellung im Wettbewerb stehen (könnten), auf ein gemeinsam geteiltes nutzenstiftendes Ziel ausrichtet. Netzwerke gelten als organisiert, wenn sie eine Identität (z. B. einen Namen oder einen legitimen Sprecher) haben und Elemente der Steuerung auf Netzwerkebene erkennbar sind. In Abgrenzung zu Projektnetzwerken wird angenommen, dass „organisierte Netzwerke" über das Erreichen individueller Ziele hinaus gegründet und auf langfristige Kooperationsgewinne ausgerichtet sind (Glückler und Hammer 2013).

Innerhalb der Netzwerkforschung lag der Fokus lange Zeit auf Fragen über die Wirkungen von Positionen und Rollen in einem Netzwerk auf individuelle Handlungsmöglichkeiten (Granovetter 1985). Entsprechend hatten Netzwerkstudien opportunistische Fragen zum Gegenstand, wie z. B. ein Unternehmen seine direkten Beziehungen organisieren soll, um wirtschaftliche Vorteile zu realisieren. Dabei wird jedoch die Komplexität der Gesamtbeziehungen im Netzwerk ausgeblendet. Das Verständnis für die Gesamtheit des Netzwerkes gerät dabei aus dem Blick, ebenso wie bspw. Fragen des kollektiven Nutzens, des Zusammenhalts und der Nachhaltigkeit eines Netzwerk (Glückler und Hammer 2013; Popp et al. 2014).

2.4.2 Nachhaltigkeit von Netzwerken

Der Begriff der Nachhaltigkeit wird in der Literatur vielfältig und kontextabhängig verwendet und dient dabei weniger als beschreibender sondern in aller Regel als normativer Zielbegriff. Für das Gesundheitswesen umfasst Nachhaltigkeit demnach einen achtsamen Ressourceneinsatz, dauerhafte Finanzierbarkeit, Intergenerationengerechtigkeit, die Sicherung ausreichender, qualifizierter und motivierter Arbeitskräfte sowie die Fähigkeit des Systems, auf veränderte Rahmenbedingungen zu reagieren (Bührlen 2014). Auf konkrete Projekte und Programme bezogen bezeichnen Whittaker et al. (2004) Nachhaltigkeit als die langfristige Fähigkeit eines Systems, externen Herausforderungen zu begegnen und sich an veränderte Umweltbedingungen anzupassen ohne dabei seine Funktionsfähigkeit einzubüßen. Aus einer ökonomischen Perspektive bedeutet dies letztlich, den (Netzwerk-)Betrieb dauerhaft fortführen zu können – insbesondere wenn die initiale Förderung ausgelaufen ist (Rodgers et al. 2003).

Im Einklang mit diesen Überlegungen wurde im Rahmen des ZIM-NEMO-Förderprogramms Nachhaltigkeit i. S. d. Fortbestehens des initialen Netzwerkes verstanden (Möller 2012). Konkreter wird Nachhaltigkeit im Zuge des Kompetenznetz-Wettbewerbs definiert (Bundesministerium für Wirtschaft und Technologie 2010). Demnach sind (regionale) Netzwerke nachhaltig, wenn sie dauerhaft existieren, über stabile Organisationsstrukturen verfügen, erfolgreich Innovationen in den Wirtschaftskreislauf einbringen, kontinuierliches Wachstum bei den Mitgliedern bedingen, eine Standortprofilierung ermöglichen und die regionale Wettbewerbsfähigkeit erhöhen.

Insofern ist die Nachhaltigkeit einerseits das Ergebnis erfolgreicher Netzwerke. Andererseits umfasst die Nachhaltigkeit von Netzwerken insbesondere auch dauerhafte und effizient beständige Strukturen als Voraussetzung dafür, auch zukünftig die Vorteile für die Mitgliedsakteure verwirklichen zu können, die mit der Netzwerkarbeit verbunden sind. Letzteres bildet den Schwerpunkt der INDiGeR-Begleitforschung. Somit wird im Rahmen von INDiGeR Nachhaltigkeit verstanden als das Resultat aktiven Netzwerkmanagements, die Strukturen und Prozesse im Netzwerk derart zielorientiert zu gestalten, dass die Teilnahme am Netzwerk für die beteiligten Akteure dauerhaft positiven Nutzen stiftet. Nachhaltige Netzwerkstrukturen sind demnach solche, die effizient aufrechterhalten werden können und die im jeweiligen Kontext effektiv die unterschiedlichen Interessen der verschiedenen Netzwerkmitglieder adressieren (in Anlehnung an Buffoli et al. 2013).

2.4.3 Netzwerke als Wertnetze – Ausgangspunkt im INDiGeR – Verbundprojekt

Wird die Nachhaltigkeit von Netzwerken als (Ziel-)Wert des Netzwerkmanagements verstanden, eröffnet sich die Frage, wie dieser Wert erreicht werden kann. Diese mündet in die grundsätzlichen Überlegungen zur Wertschöpfung und der dahinter stehenden Logik. Die Art und Weise, wie im Verlauf eines (Dienst-)Leistungserstellungsprozesses Wert generiert wird, beschreiben Wertschöpfungskonfigurationen. Lange Zeit war die Porter'sche Wertkette (Porter 1985) die einzige bei Managern bekannte Wertschöpfungskonfiguration (Gottschalk 2007). Dieser Typus reicht jedoch nicht aus, da im Gegensatz zu Industriebetrieben der Kern der Wertschöpfung im Dienstleistungsbereich nicht ausschließlich in der reinen Transformation von Input- zu Outputgrößen zu sehen ist (Basole und Rouse 2008).

Stabell und Fjeldstad (1998) etablierten daher zwei weitere Ansätze zur Beschreibung der Wertschöpfungsaktivitäten. Zum einen gehen sie mit dem Wertshop auf den problemlösenden Charakter einer Dienstleistung ein und zum anderen berücksichtigen sie mit dem Wertnetz die Intermediationsfunktion, welche ein Unternehmen einnehmen kann (Woratschek et al. 2006). Die Wertschöpfung im Wertshop besteht hauptsächlich in der Analyse von bestehenden Problemen sowie in der Zuführung von geeigneten, individuellen Lösungsalternativen. Der Wertshop könnte daher als Blaupause für die akteursbezogenen Geschäftsmodelle bestimmter Netzwerkteilnehmer in den Dienstleistungsregionen dienen – nicht aber für das Netzwerkmanagement insgesamt.

In einem Wertnetz entsteht Wert primär durch die Vernetzung und Koordination von Kunden, die voneinander abhängig sind oder sein wollen (Gottschalk 2007). Der Fokus liegt demnach auf der Übernahme einer Intermediationsfunktion zwischen den Akteuren eines Netzwerks. Der Intermediär verteilt und verbreitet Informationen, Ressourcen, Produkte und Dienstleistungen. Dabei bleibt zunächst offen, wie die Intermediationsfunktion umgesetzt wird und wer diese Rolle wahrnimmt. Entscheidend für die Güte der Wertschöpfung sind die Anzahl der Netzwerkteilnehmer und deren Zusammensetzung. Je mehr Teilnehmer und je höher deren Qualifikation in dem jeweiligen Bereich, desto attraktiver ist das Netzwerk für (Neu-)Kunden (Gottschalk 2007).

Analog der Wertkette und des Wertshops wird auch beim Wertnetz zwischen primären und unterstützenden Wertschöpfungsaktivitäten unterschieden. Charakteristisch für das Wertnetz sind der simultane Ablauf und die große Überschneidung der Aktivitäten, sodass weder Beginn noch Ende des Wertschöpfungsprozesses eindeutig festzustellen ist (vgl. Abb. 2.2).

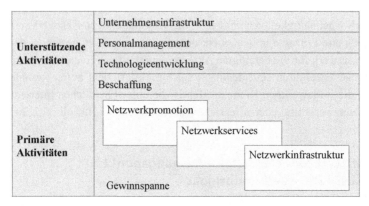

Abb. 2.2 Wertnetz, in Anlehnung an Stabell und Fjeldstad 1998, S. 430

Die unterstützenden Aktivitäten entsprechen denen der Wertkette und des Wertshops (Unternehmensinfrastruktur, Personalmanagement, Technologieentwicklung und Beschaffung) und laufen parallel zu den primären Aktivitäten ab. Im Unterschied zu den anderen beiden Wertschöpfungskonfigurationen kommt der Technologieentwicklung beim Wertnetz eine besondere Bedeutung zu. Eine auf den aktuellsten Stand befindliche und professionelle Technologie beeinflusst die Netzwerkinfrastruktur sowie die Netzwerkservices maßgeblich und hat daher einen entscheidenden Einfluss auf den Erfolg des Netzwerks (Woratschek et al. 2006).

Zu den primären Aktivitäten zählen die Netzwerkpromotion, die Netzwerkmoderation (Netzwerkservices) und die Netzwerkinfrastruktur. Die Netzwerkpromotion beinhaltet alle Aktivitäten, die auf die Zusammensetzung des Netzwerkes Bezug nehmen, wie die Auswahl und Einladung potenzieller Neukunden sowie alle Faktoren des Vertragsmanagements (Stabell und Fjeldstad 1998). Im Sinne der Gesundheits- und Dienstleistungsregionen betrifft dies insbesondere die Gewinnung von Netzwerkteilnehmern, die Darstellung des Nutzenversprechens und der Nachhaltigkeit nach außen, der Zusicherung von Leistungen und Gegenleistungen, z. B. durch Verträge, sowie auch die geordnete Beendigung einer Zusammenarbeit.

Betrieb bzw. Management der Dienstleistungsnetzwerke wird meist durch eine Kopfstelle (Moderator) geleistet. Diese bietet den Netzwerkteilnehmern wiederum unterschiedliche Dienstleistungen (Netzwerkservices) an, die zu einer Wertschöpfung der Netzwerkteilnehmer beitragen sollen. Netzwerkservices umfassen alle Aktivitäten, die im Zusammenhang mit den eigentlichen Netzwerkdiensten stehen, wie z. B. die Einrichtung und Pflege des Netzwerkes, inklusive aller finanziellen Maßnahmen sowie die Beendigung von Verträgen.

Die Netzwerkinfrastruktur hingegen beinhaltet alle Maßnahmen, welche Voraussetzung für den physischen und informellen Aufbau und Betrieb des Netzwerkes sind. Dazu gehören u. a. Personal- und Sachausgaben einer Geschäftsstelle (Kopfstelle, Moderation), Ausgaben für Anschaffung und Betrieb von Informationstechnologie, Beschaffungsvorgänge im Allgemeinen, Verwaltung der Finanzen, Controlling und Erstellung von Reports und Dokumentationen sowie Verwaltung des im Netzwerk geschaffenen Geistigen Eigentums. Im Forschungsprojekt richtet sich der Fokus insbesondere auf die unterstützenden Aktivitäten (supporting services) der Netzwerkinfrastruktur, gerade weil sie in der Kommunikation des Nutzenversprechens (Promotion) nicht berücksichtigt werden können und in der Netzwerkmoderation eher nachrangig und zumeist nur unter Effizienzgesichtspunkten betrachtet werden.

Inwiefern die gesetzten Netzwerkziele tatsächlich erreicht werden können wird maßgeblich bestimmt durch Möglichkeiten und Fähigkeiten, die Netzwerkmitglieder zu einem zielkonformen Agieren zu bewegen. Fast alle regionalen Netzwerke arbeiten mit einem Beirat, der das Erreichen vorher festgelegter Ziele der Netzwerke überwachen soll. Auf der Basis eines theoriebasiert hergeleiteten Analyserasters werden die Ziele der Netzwerke operationalisiert und gruppiert. Des Weiteren wird untersucht, welche Netzwerkakteure welche (Teil-)Leistungen verantworten und welche Strategien zur Zielerreichung angedacht sind. Damit werden Erkenntnisse zu Strukturen, Prozessen und Governance der beteiligten Netzwerke generiert.

2.5 Das Geschäftsmodell-Konzept für Netzwerke im Gesundheits- und Dienstleistungsbereich

Das Konzept des Geschäftsmodells als Darstellung des Leistungssystems einer Organisation oder eines Organisationsteils für eine Leistung in vereinfachter Form (vgl. Wirtz 2010) ist ein in der Praxis mittlerweile stark etabliertes und leistungsfähiges Werkzeug. Es vermag in übersichtlicher Weise die Wertschöpfungslogik einer Organisation oder Leistung zu visualisieren. Bei der Wertschöpfung handelt es sich um den Wertzuwachs, den eine Organisation, ein Mitarbeiter oder einzelne Aktivitäten schaffen. Die Wertschöpfungslogik beschreibt dabei den Inhalt, die Struktur und die Steuerung der wertschöpfenden Aktivitäten in einer Organisation (Amit und Zott 2001). Ein Geschäftsmodell hingegen beschreibt den Inhalt, die Struktur und die Steuerung von Transaktionen derart, dass deutlich wird, wie Werte unter der Ausnutzung von Geschäftsmöglichkeiten geschaffen werden können, zitiert in (Nebling 2006).

Im Verbundprojekt INDiGeR geht es für die entstehenden Gesundheits- und Dienstleistungsnetzwerke der GeDiReMo initial darum ein neue und innovative Geschäftsmodelle zu entwickeln. Die besonderen Bedingungen liegen dabei in der Integration der verschiedensten Partner in den Prozess, denn in Netzwerken gilt es vielfältige Akteure so zu koordinieren, dass eine gemeinsame effiziente Leistungserstellung sichergestellt ist. Ein Geschäftsmodell kann dabei einen wesentlichen Beitrag zur Transparenz der Wertschöpfungslogik nach innen leisten, denn es bietet als Managementkonzept mit besonderer praktischer Relevanz das Potenzial der bewussten Reduktion der komplexen Realität (vgl. Stähler 2014) in Wertschöpfungsstrukturen.

Um sich der Thematik wissenschaftlich anzunähern gilt es zunächst bestehende konzeptionelle Grundlagen zum Geschäftsmodell zu analysieren, im speziellen Anwendungsfeld des INDiGeR-Begleitforschungsprojekts zu reflektieren und in diesem Zuge notwendige Adaptionen abzuleiten. Ziel des Projekts ist es einen eigenen passgenauen Konzeptionsrahmen zu entwickeln. Insbesondere im Sinne einer breiten Akzeptanz und Verwertung der Ergebnisse soll das projekteigene Rahmen-Konzept möglichst niederschwellig und praxistauglich sein.

2.5.1 Konzeptionelle Grundlagen zur Darstellung von Geschäftsmodellen

Das Geschäftsmodell-Konzept als Managementinstrument wird in seiner Entstehung der Zeit der New Economy von 1998 bis 2001 zugeschrieben (Wirtz 2013). Seit dem Bedeutungszugewinn und dem ersten Branchenfokus elektronischer Märkte im Zusammenhang mit der Internet-Revolution wurde das Konzept durch die Entwicklung unterschiedlicher Ansätze und dem Einsatz in vielen weiteren Branchen angereichert und ausgefeilt. Zu diesen ersten Ansätzen zählen die von Timmers (1998), Ethiraj et al. (2000), Linder und Cantrell (2000) und Hamel (2000), welche in kürzeren Zeitabständen gefolgt wurden von Gordijn und Ackermanns (2001), Weill und Vitale (2001), Wirtz (2001) und Afuah und Tucci (2001), Hedman und Kalling (2003), Bach et al. (2003), Osterwalder (2004) und Osterwalder et al. (2005), Bouwman et al. (2008), Zott und Amit (2008, 2009), Al-Debei und Avison (2010), nochmals Osterwalder und Pigneur (2010), sowie Wirtz (2010). Zu den aktuellsten Neuentwicklungen zählen Gassmann et al. (2013), Zolnowsky und Böhmann (2013) und Stähler (2014). Damit sind nur die in der Literatur meist genannten Geschäftsmodell-Konzepte aufgezählt. Es gibt vielfältige weitere Ansätze die insbesondere auch Definitionen und Methoden zur Entwicklung von Geschäftsmodellen, auch spezifisch adaptiert für verschiedene Branchen, umfassen.

Grundsätzlich dienen Geschäftsmodelle zwei unterschiedlichen Zwecken. Zum einen sind sie ein potentes Instrument des Innovationsmanagements, zum anderen ein Tool des strategischen Managements (Simmert et al. 2014). In beiden Anwendungsbereichen sind diese Funktionen im Rahmen von INDiGeR interessant. Dabei ist davon auszugehen, dass Ersteres insbesondere zum Beginn der sich formierenden Netzwerke von Bedeutung ist und im Laufe der Zeit in ein strategisches Management übergehen wird.

Beim Geschäftsmodell-Konzept ist die Darstellung der Inhalte in einem Framework bzw. Rahmenmodell essentiell. Dies dient der Schaffung von Transparenz und als Mittel zur Kommunikation. Zu den jeweiligen Geschäftsmodell-Konzepten lassen sich grundsätzlich zwei Darstellungsformen unterscheiden. Einerseits lassen sich Ansätze zusammenfassen, welche bei der Darstellung die Werteflüsse zur Realisierung eines Produkts oder einer Dienstleistung zugrunde legen, wie beispielsweise bei Weill und Vitale (2001). Andererseits benutzt die Mehrzahl der Ansätze einfache Darstellungen der wesentlichen Elemente eines Geschäftsmodell, wie beispielsweise der Ansatz von Osterwalder et al. (2005) zeigt (Zolnowsky und Böhmann 2013).

Tab. 2.1 Elemente des Business Model Canvas nach Osterwalder und Pigneur (2010)

Schlüsselpartner	Schüsselaktivitäten	Wertangebot	Kundenbezie-hungen	Kundensegmente
	Schlüsselressourcen		Kanäle	
Kostenstruktur		Einnahmequellen		

Im Anwendungsbereich der Gesundheits- und Dienstleistungsnetzwerke ist die Darstellung der Wertschöpfung mittels Werteflüssen für die Visualisierung des Netzwerk-Geschäftsmodells möglich. Diese kann jedoch sehr komplex werden, da in Netzwerken eine Vielzahl von Akteuren zu berücksichtigen ist. Zudem kommen die Netzwerk-Kunden meist über viele verschiedene Wege an die Dienstleistungen des Netzwerks und gestalten diese mit. Die Praxistauglichkeit jener Ansätze im speziellen Anwendungsfall ist aus diesem Grund fraglich. Daher wird im Verbundprojekt INDiGeR eher auf Ansätze fokussiert, welche die Darstellung der Kernelemente des Geschäftsmodells beinhalten.

Als das zurzeit bekannteste und international erfolgreichste dieser Konzepte sei hier der Business Modell Canvas von Osterwalder und Pigneur (2010) genannt. Dies begründet sich vor allem in einer hohen Praxisorientierung und in der Klarheit und Einfachheit des Ansatzes (Simmert et al. 2014, S. 10). Da sich diese Ziele auch mit den Ansprüchen an den im Verbundprojekt INDiGeR entstehenden Geschäftsmodellrahmen decken, lohnt sich hier ein genauer Blick.

Beim Business Model Canvas wird eine ganzheitliche Sicht auf ein Unternehmen oder ein spezielles Leistungsangebot eingenommen und dabei die Wertschöpfungslogik durch neun Elemente beschrieben. „Wertangebot" beschreibt die Leistung(en), welche den Kunden angeboten werden, „Kundenbeziehungen", „Kundensegmente" und „Kanäle" beschreiben die Kundenschnittstellen, „Schlüsselpartner", „Schlüsselressourcen" und „Schüsselaktivitäten" bilden die Infrastruktur und Kerntätigkeiten ab, die „Kostenstruktur" und „Einnahmequellen" stellen die finanzielle Perspektive dar (Simmert et al. 2014), siehe Tab. 2.1.

Auf der wesentlichen Grundlage des Business Model Canvas-Ansatzes haben Zolnowsky und Böhmann (2013) speziell für das Anwendungsfeld im Bereich der Dienstleistungen den Service Business Model Canvas entwickelt. Er berücksichtigt die spezifischen Charakteristika von Dienstleistungen, insbesondere die Integration der Kunden als Koproduzenten in den Leistungserstellungsprozess (Zolnowsky und Böhmann 2013). Der Service Business Model Canvas unterscheidet grundsätzlich drei Perspektiven: die Unternehmens-, Kunden-, und Partnerperspektive. Diese werden durch die sieben verbleibenden Elemente des Business Model Canvas beschrieben, siehe Tab. 2.2.

Mit diesem Ansatz ist es prinzipiell möglich Netzwerkstrukturen darzustellen, jedoch unter der Eingrenzung, dass die „Abbildung von komplexen Netzwerken schwierig" (Zolnowsky und Böhmann 2013) ist. Im Anwendungsfall der GeDiReMo, wäre eine eindeutige Zuordnung der jeweiligen Bezugspunkte aufgrund der vielfältigen Partnerperspektive nicht ohne weiteres möglich.

Tab. 2.2 Perspektiven und Dimensionen des Service Business Model Canvas nach Zolnowsky und Böhmann (2013)

Kunden-perspek-tive	Kosten für Kunden	Kunden-ressourcen	Kunden-aktivitäten	Wert-verspre-chen für Kunden	Kunden-beitrag zur Beziehung	Kanäle von Kunden	Ein-künfte für Kunden
Unterneh-mensperspektive	*Kosten-struktur*	*Schlüssel-ressourcen*	*Schlüssel-aktivitäten*	*Wertver-sprechen*	*Beziehung*	*Kanäle*	*Erlös-struktur*
Partner-perspek-tive	Kosten für Partner	Partner-ressourcen	Partnerak-tivitäten	Wert-verspre-chen für Partner	Partner-beitrag zur Beziehung	Kanäle von Partnern	Einkünfte der Partner

Tab. 2.3 Komponenten eines Geschäftsmodells nach Buchholz und Bach (2001)

Geschäftsmodell			
Prozessmodell	Teilnehmermodell	Transaktionsmodell	Erlösmodell

Einen direkten Ansatz für Geschäftsmodelle in Wertschöpfungsnetzwerken im Allgemeinen liefern Buchholz und Bach (2001). Dieser beschreibt das Geschäftsmodell als Gesamtheit von vier konstituierenden Teilmodellen: dem Prozessmodell, dem Transaktionsmodell, dem Erlösmodell und dem Teilnehmermodell (Buchholz und Bach 2001), siehe Tab. 2.3.

Dieser Ansatz stellt – das Bestehen einer Geschäftsidee vorausgesetzt – ein grundlegendes Beschreibungsraster dar. Die Inhaltsschwerpunkte wie z. B. die Kundenperspektive als integrale Bestandteile finden sich dabei auch im Business Model Canvas wieder. Der Vorteil des Modells ist seine Generik – jede Art der Wertschöpfungskonfiguration (Einzelunternehmen oder Netzwerk) und jedes Anwendungsfeld (produktorientiert, serviceorientiert, elektronisch, etc.) kann abgebildet werden. Für den praktischen Anwendungsfall kann diese Generik jedoch eine Hürde sein, denn das Modell gibt wenig Anleitung, welche spezifischen Perspektiven und Kernelemente wichtig und zu berücksichtigen sind.

2.5.2 Geschäftsmodell-Konzept im Rahmen von INDiGeR

Im Rahmen der Begleitforschung für die GeDiReMo durch INDiGeR besteht die Aufgabe einen Mehrwert für Gesundheits- und Dienstleistungsregionen als regional agierende Netzwerke zu leisten. Dementsprechend richtet sich auch das zu konzipierende Geschäftsmodell-Rahmenkonzept an den Besonderheiten dieser speziellen Wertschöpfungskonfigurationen aus.

Grundsätzlich wird vorausgesetzt, dass die Netzwerke sich als „organisierte Netzwerke" (siehe Definition in Abschn. 2.3) konstituieren. Sie bieten unter der Netzwerk-Marke Leistungen in Form von Dienstleistungen an externe Zielgruppen an, welche im Sinne der

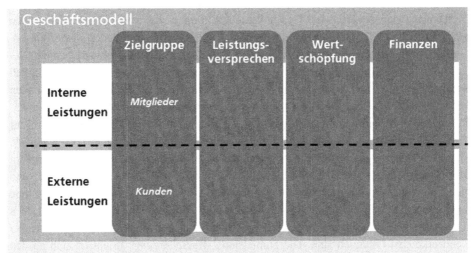

Abb. 2.3 Geschäftsmodell-Rahmenkonzept im Verbundprojekt INDiGeR (eigene Darstellung)

übergeordneten und für alle Netzwerkmitglieder verpflichtenden Netzwerk-Zielsetzungen ausgerichtet sind. Eine weitere wichtige Annahme ist, dass der Erfolg dieser Netzwerke einerseits durch den Markterfolg der extern angebotenen Dienstleitungen gekennzeichnet ist, aber ebenso durch eine erfolgreiche interne Netzwerkorganisation in Form von Netzwerkdienstleistungen, den sog. Netzwerk-Services.

Zusammengefasst bedeutet dies, dass der INDiGeR Geschäftsmodell-Rahmen die Spezifika Wertschöpfungsnetzwerk, Dienstleistungsbereich, und interne (an die Netzwerk-Mitglieder gerichtete) bzw. externe (an die Zielgruppe gerichtete) Leistungsperspektive vereinen muss. Mit diesen Anforderungen und unter der Berücksichtigung existierender und etablierter Geschäftsmodell-Konzepte in Literatur und Praxis wurde das folgende Rahmen-Modell entwickelt (Abb. 2.3).

Diese Darstellung unterscheidet zwei verschiedene Layer:

1. Den äußeren Rahmen aus Bedingungen, die sich aus der gewählten Netzwerkstrategie und Anforderungen von Netzwerk-Stakeholdern ergeben, wobei letztere Organisationen/Institutionen sind, die thematisch mit dem Wirkungsfeld des Netzwerks in Verbindung stehen, Interesse an der Arbeit und den Zielen des Netzwerks haben, aber keine oder nur kurzzeitig begrenzt eigenen Ressourcen zur Erbringung von Netzwerkleistungen zur Verfügung stellen.
2. Das Geschäftsmodell des Netzwerks selbst, welches sich aus zwei Perspektiven mit vier Dimensionen zusammensetzt. Die Perspektive *„Interne Leistungen"* betrifft alle Dienstleistungen, die das Netzwerk als Netzwerk-Services seinen Mitgliedern anbietet bzw. zur Verfügung stellt. Entsprechend betrifft die Perspektive *„Externe Leistungen"* alle Dienstleistungen, die das Netzwerk nach außen den Netzwerk-Kunden (Ziel- bzw. Bedarfsgruppen) anbietet.

Die Dimensionen des INDiGeR Geschäftsmodell-Frameworks werden ähnlich dem oben beschriebenen Service Business Model Canvas in Teilbereiche untergliedert, siehe Tab. 2.4.

Die Teildimension *„Zielgruppe Mitglieder"* benennt spezifische Problemlagen und Bedarfe der Netzwerk-Mitglieder. Sie stellt dar, welche Netzwerk-Services diesbezüglich angeboten werden, auf welche Art und Weise die Mitglieder an das Netzwerk gebunden und ihre Netzwerk-Ressourcen integriert werden, welche Kommunikationsmittel und -kanäle dazu genutzt und auf welchem Wege die Netzwerk-Services den Mitgliedern zur Verfügung gestellt werden. Analog definiert sich die Teildimension *„Zielgruppe Kunden"*.

Im Gegensatz zum Geschäftsmodell-Rahmen von Buchholz und Bach (2001) benennt das INDiGeR Geschäftsmodell-Framework das spezifische *„Leistungsversprechen"* und die darauf abzielenden Netzwerkdienstleistungen in Richtung externe Kundengruppe und in Richtung interne Netzwerk-Mitglieder. Darin enthalten sind die jeweiligen USP's (Unique Selling Propositions), welche wesentlich für eine erfolgreiche Vermarktung der Netzwerkdienstleistungen sind. Die Dimension *„Wertschöpfung"* orientiert sich an den gleichnamigen Dimensionen des Business Model Canvas, teilt diese jedoch je nach Leistungsperspektive auf, ebenso wie die *„finanzielle Dimension"*.

Mit der Entwicklung des INDiGeR Geschäftsmodell-Rahmens für Netzwerke als Dienstleistungsanbieter im Gesundheits- und Dienstleistungsbereich wurde für den Teilforschungsbereich „Geschäftsmodelle" die notwendige, konzeptionelle Grundlage gelegt. Diese gilt, es im weiteren Projektverlauf zu validieren und auszugestalten.

2.6   Ausblick

Das Begleitforschungsprojekt INDiGeR, welches in 2014 gestartet ist und noch bis Ende 2018 läuft, verfolgt im Teilprojekt „Entwicklung von Geschäftsmodellen für Dienstleistungsnetzwerke" fünf zentrale Forschungsfragen:

- Wie lassen sich Geschäftsmodelle von Gesundheits- und Dienstleistungsnetzwerken darstellen, beschreiben und einordnen?
- Wie funktionieren Geschäftsmodelle von erfolgreichen, etablierten Netzwerken?
- Wie verändern sich Geschäftsmodelle von Einzelanbietern durch den Eintritt in ein Netzwerk?
- Welche Kennzahlen eignen sich zur Messung und Steuerung der einzelnen Elemente eines Geschäftsmodells?
- Wie lassen sich Geschäftsmodell-Optionen planen und testen?

Um diese Forschungsfragen am Ende der Projektlaufzeit fundiert beantworten zu können, werden empirische Studien durchgeführt, Fallbeispiele analysiert und Good Practices identifiziert. Den Untersuchungsgegenstand stellen geeignete Beispiele von nachhaltig etablierten Netzwerken aus dem Gesundheits- und angrenzenden Dienstleistungsbereichen dar, die als eigenständige Akteure auftreten und Dienstleistungen für externe

Tab. 2.4 INDiGeR Geschäftsmodell-Rahmen mit Teildimensionen

Interne Leistungen	Zielgruppe	Leistungsversprechen	Wertschöpfung	Finanzen
	Mitglieder			
	Bedarf	Netzwerk-Services	Schlüsselaktivitäten	Kosten
	Integration		Schlüsselressourcen	
	Kommunikation	Nutzenversprechen an Mitglieder	Schlüsselpartner	Erlöse
	Distribution			
Externe Leistungen	*Kunden*			
	Bedarf	Portfolio	Schlüsselaktivitäten	Kosten
	Integration		Schlüsselressourcen	
	Kommunikation	Nutzenversprechen	Schlüsselpartner	Erlöse
	Distribution			

Bedarfsgruppen anbieten. Dabei werden zentrale Stellhebel und Muster in Geschäftsmodellen von Good Practices mit Hilfe des im Kap. 2.5.2 beschriebenen Rahmen-Modells identifiziert, welche Voraussetzungen für die erfolgreiche und nachhaltige Leistungserbringung in Netzwerken darstellen.

Jene Stellhebel und Muster werden bedarfsgerecht in einem Leitfaden aufbereitet und öffentlich zur Verfügung gestellt. Ergänzt werden diese Ergebnisse um eine Sammlung geeigneter Kennzahlen zur Messung und Steuerung der einzelnen Geschäftsmodellelemente. Diese finden anschließend Eingang in ein übergreifendes Steuerungsinstrument für die Performance eines Geschäftsmodells.

Bei der Planung von akteursübergreifenden Leistungsangeboten und Geschäftsmodellen besteht ein umfangreicher Informations- und Kommunikationsbedarf zwischen den beteiligten Akteuren. So müssen beispielsweise das konkrete Leistungsangebot, Zuständigkeiten und die Bereitstellung und Nutzung von Ressourcen gemeinsam geplant und kommuniziert werden. Zur Unterstützung der Akteure bei der Bewältigung dieser Herausforderungen wird in der Projektlaufzeit ein kollaboratives Planungsinstrument prototypisch entwickelt, das in hohem Maße der Visualisierung und Beherrschung der komplexen Zusammenhänge dient und die erarbeiteten Methoden, wie den Geschäftsmodell-Rahmen und das Steuerungsinstrument integriert.

Insgesamt zielt das Teilvorhaben im Besonderen darauf ab, Netzwerke und Netzwerkakteure bei der Entwicklung und Gestaltung von Geschäftsmodellen zu unterstützen, welche eine hohe Wettbewerbs- und Marktfähigkeit aufweisen. Damit wird ein Beitrag zur Steigerung der Zukunftsfähigkeit von Projektnetzwerken auf dem Weg in etablierte regionale Institutionen geleistet.

Die fünf GeDiReMo Gewinnerregionen aus dem Wettbewerb „Gesundheits- und Dienstleistungsregionen von morgen" und das Begleitforschungsprojekt INDiGeR „Innovative Netzwerke für Dienstleistungen und Gesundheit in Regionen von morgen" (Förderkennzeichen INDiGeR: 01FR14001, 01FR14002, 01FR14038, 01FR14004 01FR14005) werden vom Bundesministerium für Bildung und Forschung in Umsetzung der neuen Hightech-Strategie gefördert und vom Projektträger im DLR betreut.

Literatur

Afuah A, Tucci CL (2001) Internet business models and strategies. Text and cases. Mcgraw-Hill Higher Education

Al-Debei MM, Avison D (2010) Developing a unified framework of the business model concept. Eur J Inf Syst 19(3):359–376

Amit R, Zott C (2001) Value creation in e-business. Strateg Manage J 22(6/7):493–520

Bach N, Buchholz W, Eichler B (2003) Geschäftsmodelle für Wertschöpfungsnetzwerke – Begriffliche und konzeptionelle Grundlagen. In: Bach N, Buchholz W, Eichler B (Hrsg) Geschäftsmodelle für Wertschöpfungsnetzwerke. Gabler Verlag, Wiesbaden, S 1–20

Basole RC, Rouse WB (2008) Complexity of service value networks: conceptualization and empirical investigation. IBM Syst J 47(1):53–70

Bortz J, Döring N (2006) Forschungsmethoden und Evaluation. Springer Verlag, Heidelberg

Bouwman H, Haaker T, De Vos H (2008) Mobile service innovation and business models. Springer Verlag, Berlin

Buchholz W, Bach N (2001) The evolution of netsourcing business models – learning from the past and exploiting future opportunities. 21th Annual Meeting of the Strategic Management Society, San Francisco

Buchholz W, Bach N, Eichler B (2003) Geschäftsmodelle für Wertschöpfungsnetzwerke. Gabler Verlag, Wiesbaden

Buffoli M, Capolongo S, Bottero M, Cavagliato E, Speranza S, Volpatti L (2013) Sustainable healthcare: how to assess and improve healthcare structures' sustainability. Ann Ig 25(5):411–418

Bührlen B (2014) Innovationsfähigkeit, systemischer Wandel und Nachhaltigkeit. In: Bührlen B, Hegemann T, Henke KD, Kloepfer A, Reiss T, Schwartz FW (Hrsg) Gesundheit neu denken. Fragen und Antworten für ein Gesundheitssystem von morgen. 2. Aufl. Fraunhofer (Innovations-potenziale), Stuttgart, S 47–51

Bundesministerium für Wirtschaft und Technologie (2010) Kontinuität, Stabilität und Effektivität. Wie Netzwerke und Cluster nachhaltig erfolgreich sein können! (Innovationspolitik, Informa-tionsgesellschaft, Telekommunikation). Bundesministerium für Wirtschaft und Technologie, Berlin

Ethiraj S, Guler I, Singh H (2000) The impact of Internet and electronic technologies on firms and its implications for competitive advantage, Working Paper, The Wharton School, S 1–40

Forschungsunion Wirtschaft – Wissenschaft (2013) Perspektivenpapier der Forschungsunion. Wohl-stand durch Forschung – Vor welchen Herausforderungen steht Deutschland? http://www.for-schungsunion.de/pdf/forschungsunion_perspektivenpapier_2013.pdf. Zugegriffen: 5. Mai 2015

Gassmann O, Frankenberger K, Csik M (2013) Geschäftsmodelle innovieren. Hanser Verlag, München

Glückler J (2012) Organisierte Unternehmensnetzwerke: Eine Einführung. In: Glückler J, Dehning W, Janneck M, Armbrüster T (Hrsg) Unternehmensnetzwerke. Springer Verlag, Berlin, S 1–18

Glückler J, Hammer I (2013) Situative organisatorische Netzwerkanalyse – Ein Instrument zur Be-ratung von Unternehmensnetzwerken. In: Sydow J, Duschek S (Hrsg) Netzwerkzeuge. Springer Verlag, Wiesbaden, S 33–45

Gordijn J, Ackermanns H (2001) E3-value: design and evaluation of e-business models. IEEE Intell Syst (Juli/August 2001). S 11–17

Gottschalk P (2007) Knowledge management systems. Value shop creation. Idea Group Publishing, Hershey

Granovetter M (1985) Economic action and social structure: the problem of embeddedness. Am J Sociol 91(3):481–510

Hamel G (2000) Leading the revolution. Harvard Business School Press, Boston

Hedman J, Kalling T (2003) The business model concept: theoretical underpinnings and empirical illustrations. Eur J Inf Syst 12(1):49–59

Linder J, Cantrell S (2000) Changing business models: surveying the landscape. Working Paper Accenture Institute for Strategic Change, Cambridge

Möller W (2012) Wirksamkeit des Förderprogramms Netzwerkmanagement OST (NEMO). Fokus: NEMO-Förderrunden 1–7. Expertise im Auftrag des Bundesministeriums für Wirtschaft und Technologie. RKW Rationalisierungs- und Innovationszentrum der Deutschen Wirtschaft e. V., Eschborn

Nebling T (2006) Das Geschäftsmodell des selektiven Kontrahierens – Eine Analyse wertschöpfen-der Aktivitäten gesetzlicher Krankenkassen. Z Vers Wiss 95(4):655–683

Osterwalder A (2004) The business model ontology – a proposition in a design approach. Ph.D. the-sis. In Institut d'Informatique et Organisation, University of Lausanne, Ecole des Hautes Etudes Commerciales HEC

Osterwalder A, Pigneur Y (2010) Business model generation. Wiley, New Yersey

Osterwalder A, Pigneur Y, Tucci C (2005) Clarifying business models: origins, present and future of the concept. Commun Assoc Inf Sci (CAIS) 16(1):751–775

Popp JK et al (2014) Inter-Organizational Networks. A Review of the Literature to Inform Practice. Collaborating Across Boundaries Series. Washington DC

Porter ME (1985) Competitive advantage. Creating and sustaining superior performance. Free Press, New York

Rodgers TL, Anderson EE, Manning T (2003) Impact of technology sustainability on healthcare governance. Proceedings of the 36th Annual Hawaii International Conference on System Sciences. 06.—09.01.2003, Waikoloa

Simmert B, Ebel P, Bretschneider U (2014) Empirische Erkenntnisse zur Nutzung des Business Model Canvas. Working Paper Series, Nr. 5. Kassel. Germany. http://pubs.wi-kassel.de/wp-content/uploads/2014/01/JML_437.pdf. Zugegriffen: 5. Mai 2015

Stabell CB, Fjeldstad ØD (1998) Configuring value for competitive advantage: on chains, shops, and networks. Strateg Manage J 19(5):413–437

Stähler P (2014) Geschäftsmodellinnovationen oder Geschäft radikal neudenken. In: Schallmo DRA (Hrsg) Kompendium Geschäftsmodell-Innovation. Springer-Verlag, Wiesbaden, S 109–136

Statistisches Bundesamt (2009) Bevölkerung Deutschlands bis 2060. 12. koordinierte Bevölkerungsvorausberechnung. Statistisches Bundesamt. www.destatis.de. Zugegriffen: 5. Mai 2015

Timmers P (1998) Business models for elektronic markets. Elektron Mark 8(2):3–8

Weill P, Vitale M (2001) Place to space: migrating to eBusiness models. Harvard Business Press, Boston

Whittaker SL, Sheila L, Adkins S, Phillips R, Jones J, Horsley MA, Kelley G (2004) Success factors in the long-term sustainability of a telediabetes programme. J Telemed Telecare 10(2):84–88

Wirtz BW (2001) Electronic business. Gabler Verlag, Wiesbaden

Wirtz BW (2010) Business model management. Gabler Verlag, Wiesbaden

Wirtz BW (2013) Business model management. Gabler Verlag, Wiesbaden

WHO (2014) Constitution Of The World Health Organization. In: Basic Documents. Forty-eighth edition, S 1. http://apps.who.int/gb/bd/PDF/bd48/basic-documents-48th-edition-en.pdf#page=7. Zugegriffen: 24. September 2015

Woratschek H, Roth S, Schafmeister G (2006) Dienstleistungscontrolling unter Berücksichtigung verschiedener Wertschöpfungskonfigurationen – Eine Analyse am Beispiel der Balanced Scorecard. In: Bruhn M, Stauss B (Hrsg) Dienstleistungscontrolling. Gabler Verlag, Wiesbaden, S 253–274

Zolnowsky A, Böhmann T (2013) Grundlagen service-orientierter Geschäftsmodelle. In: Böhmann T, Warg M, Weiß P (Hrsg) Service-orientierte Geschäftsmodelle. Springer Gabler, Heidelberg, S 1–29

Zott C, Amit R (2008) The fit between product market strategy and business model: implications for firm performance. Strateg Manage J 29(1):1–26

Zott C, Amit R (2009) The business model as the engine of network-based strategies. In: Kleindorfer PR, Wind YJ (Hrsg) The network challenge. Wharton School Publishing, Upper Saddle River, S 259–275

Ansatzpunkte zur Bestimmung der Produktivität von Dienstleistungen im Krankenhauskontext

3

Manfred Bornewasser, Stefan Frenzel und Anne-Sophie Tombeil

Inhaltsverzeichnis

Zusammenfassung

Dienstleistungen stehen unter dem Verdacht, weniger effizient erbracht zu werden als Produktionsleistungen. Die Ursache für dieses Defizit liegt in der Integration des Abnehmers in den Leistungserstellungsprozess. Dieser Prozess weist drei Komponenten

M. Bornewasser (✉) · S. Frenzel
Institut für Psychologie, Ernst-Moritz-Arndt Universität Greifswald, Franz-Mehring-Straße 47,
17487 Greifswald, Deutschland
E-Mail: bornewas@uni-greifswald.de

S. Frenzel
E-Mail: stefan.frenzel@uni-greifswald.de

A.-S. Tombeil
Fraunhofer IAO, Nobelstraße 12, 70569 Stuttgart, Deutschland
E-Mail: anne-sophie.tombeil@iao.fraunhofer.de

© Springer Fachmedien Wiesbaden 2016
M. A. Pfannstiel et al. (Hrsg.), *Dienstleistungsmanagement im Krankenhaus*,
DOI 10.1007/978-3-658-08429-5_3

47

auf: Eine autonome Komponente beschreibt die Leistungsanteile, die ohne Einwirkung durch den Abnehmer erfolgen, eine relationale Komponente die Anteile, die durch gemeinsames Handeln erbracht werden und eine heteronome Komponente diejenigen Anteile, die durch den Abnehmer zu erbringen sind. Effizienzsteigerungen können folglich dadurch erreicht werden, dass der Anteil der relationalen Komponente reduziert wird. Hierzu stehen verschiedene Wege offen: Stärkung der autonomen oder der heteronomen Komponente sowie Optimierung der relationalen Komponente etwa durch die Substitution von kommunikativer Abstimmung zwischen Prozessschritten durch eine informationstechnologisch gestützte Koordination. Basis einer solchen Optimierung ist eine detaillierte Analyse und Modellierung der eigenen Leistungsprozesse.

3.1 Einleitung

Im Dienstleistungsprozess beziehen sich Anbieter und Abnehmer aufeinander und stimmen ihr Verhalten miteinander ab. Beide stehen damit im sozialwissenschaftlichen Sinne, wie später auszuführen sein wird, unter wechselseitiger Kontrolle: Der Anbieter kontrolliert das Verhalten des Abnehmers, umgekehrt kontrolliert der Abnehmer das Verhalten des Anbieters. Ersterer baut sich z. B. hinter seinem Tresen in der Bäckerei auf und wartet auf eine Bestellung des Kunden. Letzterer kontrolliert den Anbieter, indem er eine möglichst präzise Bestellung aufgibt und angesichts von 25 verschiedenen Sorten Brötchen nicht einfach nur Brötchen ordert. Beide Parteien agieren aufeinander bezogen und kontrollieren wechselseitig ihr zielführendes Handeln.

3.2 Basale Annahmen zur Beschreibung von Dienstleistungen

Die beiden sozialpsychologischen Forscher Thibaut und Kelley (1959) sprechen in diesem Zusammenhang von interaktiver Verhaltenskontrolle, die sie gegen die einseitige Schicksalskontrolle (einer beherrscht mit seiner Verhaltenswahl den anderen Partner) und die reflexive Kontrolle (jeder verfolgt völlig unabhängig voneinander sein Interesse) stellen. Eng verknüpft mit dieser Konzeption von Dienstleistung ist nicht nur die zwischenmenschliche Interaktion, sondern auch der direkte, sequentiell erfolgende Austausch von Ressourcen zwischen zwei Personen P1 und P2. Austausch impliziert dabei eine Vorstellung des Wechsels eines bewerteten Gutes von P1 zu P2 sowie im Gegenzug eines anderen Gutes von P2 zu P1. Hacker (2009) beschreibt den Austausch in Anlehnung an die Klassifikation von Jones und Gerard (1967) als ein zielgerichtetes und an etablierten Verhaltensroutinen ausgerichtetes Handeln zweier gleichberechtigter Personen, die sich hinsichtlich ihrer verfügbaren Belohnungsressourcen aufeinander abstimmen (symmetric interaction), ohne dass es zu einem Aufnötigen oder zu einem Erzwingen einer spezifischen Handlungsweise durch einen Interaktionspartner kommt (asymmetric interaction). Diese Ausrichtung führt zu einer Fokussierung auf Face-to-Face-Interaktionen, wobei Hacker diese nach den Dimensionen der Häufigkeit und Dauer (viele oder wenige Kontakte über lange Zeiträume), der persönlichen Nähe (intime oder distanzierte Kontakte) und der Konventionalität (Routine oder individualisiertes Handeln) differenziert. Beispielsweise sind Austauschbeziehungen in Teilen des Gesundheitssystems durch vielfältige intime Kontakte geprägt und die definierten medizinischen Pfade der Behandlung umfassen je nach Schweregrad und Planbarkeit mehr oder weniger viele Routineaktionen (Blinddarmentfernung vs. neurologischer Eingriff). Im Gegensatz dazu ist der Onlinehandel durch wenige und distanzierte Kontakte sowie viele Abwicklungsroutinen geprägt.

In der Psychologie ist in der Regel von Personen oder Akteuren die Rede, ohne dass ein irgendwie gearteter sozialer oder einbettender Kontext direkt thematisiert wird. In der Dienstleistungsforschung hingegen agieren Personen von Anfang an in sozialen Rollen, nämlich als Anbieter (z. B. Unternehmer) und Abnehmer (z. B. Kunde, Patient). Sie sind damit zudem in einen betriebswirtschaftlichen, meist privatwirtschaftlichen, Kontext eingebunden. In der Bäckerei stehen sich so der Verkäufer und der Kunde gegenüber, im Krankenhaus interagieren das Pflegepersonal und der Patient. Schauen wir uns diese interaktive Situation etwas näher an. Uns kommt es dabei auf folgende Punkte an, die anhand des einfacheren Beispiels einer Bäckerei erläutert werden:

- *Setting:* Die Bäckerei als sozialer Kontext oder als Setting prägt das Verhalten der beiden Rolleninhaber. Dieses Setting gibt ein spezifisches Erwartungsmuster vor, dem die beiden Personen nachkommen. Dieses Erwartungsmuster regelt die Interaktion, führt zum interaktiven Verhalten beider Rolleninhaber und eröffnet ihnen Verhaltensresultate, die von beiden erwünscht sind (die Kasse klingelt und die frischen Brötchen landen auf dem Frühstückstisch). In diesem Sinne kann das Setting auch als ein Geschäftsmodell des Anbieters begriffen werden: Es unterstellt einerseits Bedürfnisse des Abnehmers, andererseits offeriert es Produkte und Dienstleistungen in einer Weise, die den unterstellten Bedürfnissen und vor allem Zahlungsbereitschaften sowie den eigenen Gewinnabsichten entsprechen.
- *Richtungsweisende Perspektive:* Die Bäckerei stellt ein von einem Unternehmer gesetztes Setting dar, auf das sich der Kunde einlassen muss, um seine Bedürfnisse nach frischen Brötchen befriedigen zu können. Gewöhnlich wird das interaktive Geschehen in betriebswirtschaftlicher Perspektive von daher aus der Sicht des Unternehmers analysiert. Der Bäcker hat sich mit Backstube und Verkaufsraum ein Arrangement oder ein Potenzial geschaffen, aus dem heraus er dem Kunden Brötchen anbieten und verkaufen und dabei Gewinn machen kann. Der Kunde begibt sich in dieses Setting und passt sich mit seinem Verhalten diesem Arrangement mehr oder weniger an: Er betritt den Verkaufsraum, stellt sich an den Tresen, wartet in einer Schlange, bestellt eine bestimmte Zahl von Brötchen, nimmt die Tüte mit den Brötchen entgegen, reicht Geld über die Theke, nimmt Wechselgeld in Empfang und verlässt den Verkaufsraum.
- *Dienstleistungsprozess:* Aus Sicht des Unternehmers läuft hier ein Dienstleistungsprozess ab, der von Fließ (2006) als Leistungserstellungsprozess beschrieben wird. Parallel zur aufgezeigten Handlungsweise des Käufers wird seitens des Verkäufers ebenfalls

ein spezifisches Verhaltensmuster generiert: Sie positioniert sich hinter dem Tresen, nimmt die Bestellung entgegen, packt Brötchen in Tüte, händigt diese aus, erstellt den Kassenbon, nimmt Geld entgegen, gibt Wechselgeld zurück und verabschiedet den Kunden. In diesem interaktiven Leistungserstellungsprozess, den man auch einfach als „Brötchen einkaufen" beschreiben könnte, lassen sich je nach Granularität ganz verschiedene Teilschritte identifizieren, die mit den beiden Rolleninhabern verknüpft sind. Alle diese Teilschritte tragen zum Ergebnis des Dienstleistungsprozesses bei.

- *Teilschritte im Dienstleistungsprozesses:* Jeder Dienstleistungsprozess besteht aus Teilschritten, die in Koordination vom Anbieter und vom Abnehmer zu erbringen sind. In der Regel werden in der Bäckerei erst die Brötchen eingetütet, ehe der Kunde sein Geld bereithält. Letzterer Teilschritt des Bereithaltens wird normalerweise vom Kunden vorgenommen, allerdings treten auch Fälle ein, wo der Kunde seine geöffnete Geldbörse bereithält und der Anbieter sich selbst am Kleingeld bedient. Beide Akteure konstituieren mit ihren aufeinander abgestimmten Handlungsschritten den Dienstleistungsprozess, der durch unerwartete Abweichungen etwa des Abnehmers zeitlich erheblich verzögert werden kann.
- *Komponenten des Dienstleistungsprozesses:* Dienstleistungsprozesse setzen sich aus Teilprozessen zusammen und haben eine unterschiedliche zeitliche Erstreckung. Diese Teilschritte lassen sich einmal dem Anbieter, sodann dem Abnehmer oder aber beiden in gemeinsamem Tun zuordnen. Ein gemeinsam ausgeführter Handlungsschritt in der Bäckerei liegt etwa in der Übernahme des Wechselgeldes: Dieser Teilschritt basiert auf Aushändigung durch den Anbieter und die gleichzeitige Abnahme durch den Abnehmer. Jeder Dienstleistungsprozess umfasst damit Komponenten, die der Anbieter im Blick auf den Abnehmer allein oder autonom erbringt, die er gemeinsam mit dem Abnehmer in einer relationalen Beziehung erbringt und die schließlich vom Abnehmer im Blick auf den Anbieter heteronom erbracht werden.
- *Dienstleistungsarbeit:* Dienstleistungsprozesse setzten sich aus der Arbeit des Anbieters und den Beiträgen des Abnehmers zusammen. Aus der Perspektive des Anbieters basieren Leistungserstellungsprozesse auf Arbeit. Arbeit konstituiert die gegenüber dem Abnehmer abrechenbare Leistung jenseits aller Beiträge des Abnehmers. Beiträge sind alle Teilschritte, die seitens des Abnehmers erforderlich sind, um eine definierte Dienstleistung in Anspruch nehmen zu können (z. B. das Bezahlen der Brötchen). Dienstleistungsprozesse erfolgen damit in koordinierten Leistungsvollzügen, ohne dass allerdings die Beiträge des Abnehmers als Arbeit gewertet werden.
- *Komponenten der Dienstleistungsarbeit:* Es lassen sich drei verschiedene Komponenten der vom Anbieter erbrachten Dienstleistungsarbeit unterscheiden: Tätigkeiten, die der Anbieter allein ausführt (z. B. das Eintüten der Brötchen), solche, die er gemeinsam mit dem Abnehmer vollzieht (z. B. Aushändigen des Wechselgeldes) und schließlich solche, mit denen der Abnehmer im Dienstleistungssetting gesteuert wird (z. B. die Instruktion, sich von rechts anzustellen). Alle diese auf die unterschiedlichen Komponenten des Dienstleistungsprozesses ausgerichteten Arbeitstätigkeiten oder Abfolgen von Teilschritten bilden den Gesamtkomplex der Dienstleistungsarbeit des Anbieters,

der auf der Zeitachse bewertet wird. Je mehr Arbeitszeit aufgewendet werden muss, um den Leistungserstellungsprozess zu bewerkstelligen, desto teuer wird die Dienstleistung. Je besser der Abnehmer z. B. über die Zusammensetzung der Brötchen durch entsprechende Hinweisschilder aufgeklärt wird, desto weniger Zeit muss für individuelle Beratung von Abnehmern kalkuliert werden. Der Bäcker investiert in allgemein zugängliche Informationsmedien, um die zeitaufwändige individuelle Beratung des einzelnen Abnehmers zu vermeiden. Die Tätigkeit des Informierens wird damit dem Abnehmer auferlegt.

- *Produktivitätserwartung:* Aus betriebswirtschaftlicher Sicht gibt es nicht nur die Priorität der Bäckereiperspektive, sondern es stellt sich dem Bäckereiunternehmer auch die Aufgabe, diesen Dienstleistungsprozess so produktiv und effizient wie möglich zu organisieren. Jede Bäckerei ist von daher bestrebt, den Dienstleistungsprozess mit seinen drei Komponenten so zu gestalten, dass der geleistete Input im Verhältnis zu einem festen Output bzw. der bewertete Input zum bewerteten Output minimiert wird.

Prozess, interaktive Verhaltenskontrolle, Dienstleistungsarbeit und Produktivität bilden die Kernbegriffe des hier vorgetragenen Ansatzes zur Beschreibung und Gestaltung von Dienstleistungsprozessen. Dabei stehen sich mit dem Anbieter und dem Abnehmer zwei Rollen gegenüber, die wechselseitig aufeinander bezogen sind und mit jeweils unterstellten Erwartungen agieren: Der Bäcker unterstellt z. B., dass der Abnehmer in sein Geschäft kommt und eine Auswahl an bereitgelegten Brötchen haben möchte, während der Kunde davon ausgeht, dass die Brötchen frisch aus der Backstube kommen. Ein moderner Backshop unterstellt andere Annahmen: Der Kunde möchte sehen, wie die Brötchen frisch aus dem Ofen kommen und ist bereit, sie selbst in Tüten abzupacken. Eine Onlinebäckerei unterstellt, dass der Kunde die Brötchen gern am Morgen nach Hause oder später auf die Dienststelle gebracht bekommt. In allen Fällen wird quasi in einem Wettbewerb der Geschäftsmodelle der Dienstleistungsprozess unterschiedlich gestaltet. Im Zentrum steht die Frage, wie Dienstleistungsarbeit mit den drei Komponenten so gestaltet werden kann, dass diese Leistungserstellungsprozesse möglichst produktiv und effizient ablaufen.

3.3 Zentrales Merkmal von Dienstleistungsprozessen ist die Integration des externen Faktors

Aus diesen Punkten folgt, dass Dienstleistungen als Leistungsprozesse aus der Sicht eines Anbieters begriffen werden (Bornewasser, 2014). Auf der Grundlage eines Geschäftsmodells bestreitet dieser aus einem vorab bereitgestellten Leistungspotenzial heraus einen Leistungsprozess, dessen Beginn mit einer Beauftragung und dessen Ende mit der Übergabe eines Ergebnisses in die Hände des Abnehmers gegeben sind (vgl. Abb. 3.1).

In diesem Sinne bleibt der vorliegende Ansatz weitgehend der sogenannten goods-dominant logic (GDL) verpflichtet (im Gegensatz zur sogenannten service-dominant logic (SDL), Vargo und Lusch 2008; Ng 2014). Diese Logik nimmt vor allem den Abschnitt

Abb. 3.1 Dienstleistung als Episoden der Unterstützung von Abnehmern

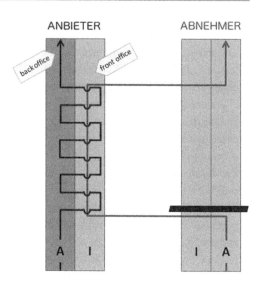

der Dienstleistungsproduktion ins Auge und vernachlässigt weitgehend die Nutzung des Dienstleistungsresultats. Dadurch wird in der GDL vor allem die Sphäre des Anbieters mit den Bestandteilen des autonomen (A) Backoffice und des integrativen (I) Frontoffice hervorgehoben, die von Grönroos und Voima (2012) als die provider sphere gekennzeichnet wird. Dabei ist der Anbieter in seinem Handeln auf den Abnehmer angewiesen, der ihm z. B. Information übergeben oder auch vorübergehend Rechte einräumen muss. Die GDL betont damit die Ko-Produktion bei der Leistungserstellung, während die SDL vor allem die Ko-Nutzung thematisiert (Ng 2014).

Diese aktuelle Debatte um GDL oder SDL bzw. um value-in-exchange oder value-in-use, die intensiv von Kleinaltenkamp bearbeitet wurde (Kleinaltenkamp et al. 2014), trifft im Kern noch gar nicht die angesprochene Problematik der Interaktion bzw. der Integration des Abnehmers in die Leistungserstellungsprozesse. Entscheidend hierfür ist, dass Anbieter und Abnehmer gemeinsam und aufeinander bezogen in einer joint sphere agieren und dabei ein „aligning" ihrer Ressourcen vornehmen (Grönroos und Voima 2012). Dieses macht die Besonderheit der Dienstleistung bzw. die Integration des Abnehmers aus. Kleinaltenkamp und Haase (1999) definieren, was unter der Integration des externen Faktors zu verstehen ist:

X ist ein externer Faktor genau dann, wenn gilt:

- X wird dem Anbieter vom Nachfrager für einen konkreten Leistungserstellungsprozess zur Verfügung gestellt
- X unterliegt nicht der autonomen Disposition des Anbieters
- X wird mit internen Faktoren kombiniert oder
- X wird in den Leistungserstellungsprozess integriert.

Das Spezifikum der Dienstleistung liegt für die genannten Autoren in der Integration des sog. externen Faktors in eine vor allem durch interne Faktoren geprägte Leistungserstellung. Die Leistungserstellung wird damit als eine Faktorkombination aus internen und externen Faktoren begriffen. Dabei bleibt weitgehend offen, was genau dieses X in der Definition darstellt. Der Nachfrager einer Dienstleistung, also der Abnehmer, stellt den externen Faktor bereit, allerdings bleibt unklar, ob damit gemeint ist, dass er sich selbst als Mensch in den Prozess einbringt, dass er Informationen einbringt, dass er Rechte gegenüber dem Anbieter abtritt oder sich verpflichtet, Fristen einzuhalten. Alle diese Vorgänge erfordern ein mehr oder weniger hohes Maß an Interaktion zwischen Personen. Der Abnehmer führt z. B. bei der Erstellung einer Gesundheitsdienstleistung ganz unterschiedliche Tätigkeiten aus, wenn er seinen Arm still hält, gewissenhafte Auskünfte gibt oder aber eine Einwilligung unterschreibt. Wenn diese Integration gut gestaltet wird und der Abnehmer sich auf die Erwartungen des Dienstleistungsanbieters einlässt, dann kann die Dienstleistung relativ zügig und komplikationslos erstellt werden. Wo das nicht der Fall ist, entstehen z. B. Zeitverluste dadurch, dass anstehende Maßnahmen mehrfach erläutert, Vorgänge wiederholt bearbeitet, diagnostische Untersuchungen doppelt ausgeführt oder aber erforderliche Maßnahmen immer wieder neu gerechtfertigt werden müssen.

Die Integration des Abnehmers im Sinne einer Interaktion mit ihm in der sog. joint sphere (Grönroos und Voima 2012) impliziert drei zentrale Überlegungen:

- *Prioritär ist die Autonomie des Anbieters:* Die autonomen Sphären von Anbietern und Abnehmern verändern ihren Charakter, sobald eine Dienstleistung angestoßen wird. Nun dominiert die autonome Perspektive des Anbieters, der den Abnehmer dazu bringen möchte, seine Autonomie zugunsten einer vorübergehenden Heteronomie bzw. Fremdbestimmung durch den Anbieter aufzugeben und sich entsprechend der Vorgaben und Anweisungen seitens des Anbieters zu verhalten. Die provider sphere erfährt so eine Priorisierung gegenüber der customer sphere.
- *Aktiver Gestalter der Integrationist der Dienstleistungsanbieter:* Er ist autonomes Subjekt des Handelns und in seinen Prozessgestaltungen auf den heteronomen, an den Erwartungen des spezifischen Settings orientierten, Abnehmers ausgerichtet. Die für die autonom gestalteten Prozesse kritische Fremdkontrolle des Verhaltens durch den Abnehmer kann nicht gänzlich ausgeschlossen, sondern nur kanalisiert oder eingeschränkt werden. Dies geschieht z. B. durch Anreizsetzung, normativen Druck oder auch durch Zwang (z. B. über Anweisungen oder Hygienevorschriften).
- *Integration impliziert eine Koordinationsleistung:* Durch die Gestaltung von struktureller Umwelt und technischen Instrumenten (Strukturqualität) wird der Abnehmer bereits in eine Position gebracht, die es dem Anbieter ermöglicht, den Leistungserstellungsprozess gemeinsam mit ihm zu erbringen. So wird der Patient in der Röntgenabteilung von seiner normalen psychosozialen Umwelt isoliert und z. B. durch Hinweisschilder gebeten, sich teilweise zu entkleiden. Sodann wird er von einem Funktionspfleger in direkter Ansprache aufgefordert, am Röntgengerät eine spezifische Haltung einzunehmen und in dieser Haltung zu verharren. Um scharfe Aufnahmen zu

erhalten, wird dem Patienten sodann aufgegeben, den Atem anzuhalten, bevor die Aufnahme ausgelöst wird. Beim Bäcker wird der Kunde durch den gläsernen Tresen auf Distanz zu ausgelegten Backwaren gehalten, er kann die Waren zwar sehen und auch durch Zeigen bestimmen, was er gern kaufen möchte, aber er kann die Backwaren nicht anfassen, um sie z. B. auf Frische zu prüfen. Kunden beugen sich in der Regel diesen Koordinationsleistungen, weil dadurch für beide Seiten Vorteile resultieren.

3.3.1 Integration im Dreikomponentenmodell der Dienstleistung (3KM)

Alle Dienstleistungsprozesse weisen eine dreigliedrige Struktur auf, die im Dreikomponentenmodell abgebildet werden kann. Zu unterscheiden sind Prozessanteile,

- die Anbieter allein erbringen; sie bilden die sog. autonome oder selbstbestimmte Komponente.
- die Anbieter und Abnehmer gemeinsam erbringen; sie bilden die sog. relationale oder koordinierte Komponente.
- die Abnehmer zwar durch ihr eigenes Handeln erbringen, welches jedoch durch den Anbieter soweit es geht direktiv gesteuert wird; sie bilden die aus Sicht des Anbieters *heteronome* oder fremdbestimmte Komponente.

Basis und Ausgangspunkt aller Dienstleistungen ist damit die Bereitstellung. Sie impliziert eine Gestaltung von Bedingungen so, dass eine Dienstleistung gegenüber einem Abnehmer und damit seine Integration in einen Leistungserstellungsprozess möglich ist, sofern dieser bereit ist, das Angebot anzunehmen, sich in den Prozess einzubringen und auf gezielte Störungen der Abläufe zu verzichten. In diesem Sinne stellen der Bäckerladen oder der OP eine Bereitstellung dar. So werden etwa Räume und Technik bereitgehalten, Öffnungs- und OP-Zeiten angeboten und Mitarbeiter eingestellt. Jedes Dienstleistungsunternehmen ist damit von Anfang an darauf ausgerichtet, einen professionell gestalteten Prozess zu etablieren, der den Abnehmer dahingehend lenkt, dass er sich in die vom Anbieter geschaffenen räumlich-sozialen Bedingungen eines Dienstleistungssystems einbringen kann und will. Der Anbieter kontrolliert dadurch den Abnehmer, der sich aufgrund seiner defizitären Bedürfnislage und der ausgewiesenen Professionalität des Unternehmens auch kontrollieren lässt und mit Blick auf das erwartete Ergebnis bereit ist, sich in dieser konkreten Situation anzupassen. Für den Anbieter bedeutet dies, sein Geschäftsmodell erfolgreich umsetzen zu können.

Der Abnehmer gibt vorübergehend Verfügungsrechte an den Anbieter ab, weil er erwartet, so seine Bedürfnisse befriedigen zu können. Der Anbieter befindet sich damit in einer autonomen Position, in Bezug auf diese ist der Abnehmer heteronom festgelegt. In keiner Dienstleistung treffen sich zwei autonome Partner, die zufällig nebeneinander her agieren, sondern immer ein autonomer, Vorgaben machender Partner sowie relational dazu ein heteronom bestimmter Partner, der so weit es geht zu integrieren ist, sofern er

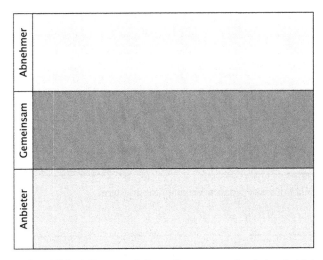

Abb. 3.2 Leeres Bahnenbild mit Prozessschritten, die autonom durch den Anbieter, gemeinsam oder heteronom durch den Abnehmer ausgeführt werden

sich auf das Dienstleistungsangebot einlässt. Er kann sich einlassen, er kann sich bemühen, er kann stören, er kann aber auch das System verlassen: Er bleibt hinsichtlich all dieser Entscheidungen relativ autonom, aber sobald er sich einlässt, wird er heteronom bestimmt. Beide Parteien agieren nicht unabhängig voneinander, sondern sind wissentlich aufeinander bezogen, wobei der Abnehmer den Leistungserstellungsprozess auslöst, sich dann aber unter die Kontrolle des professionellen Anbieters begibt. Die Bereitstellung wird dadurch ergänzt, dass der Abnehmer durch Vorgaben dazu gebracht wird, sich optimal in den Leistungserstellungsprozess einzubringen.

Diese Überlegungen lassen sich in zwei grundlegenden Grafiken visualisieren. Abbildung 3.2 zeigt drei übereinander liegende, farbige Bahnen, die horizontal von links nach rechts verlaufen. In diesen drei Bahnen lassen sich Dienstleistungsprozesse mit ihren drei grundlegenden Komponenten abbilden, die ihren Anfang am linken und ihr Ende am rechten Rand haben. In der unteren grünen Bahn werden die autonom, allein vom Anbieter zu gestaltenden Prozessschritte eingetragen, in der roten Bahn werden die gemeinsamen, vom Anbieter zu koordinierenden Prozessschritte mit dem Abnehmer aufgezeichnet und in der oberen gelben Bahn werden die aus Sicht des Anbieters heteronomen, allein vom Abnehmer zu erbringenden Prozessschritte dokumentiert. Beispiele für diese drei Arten von Prozessschritten sind in Tab. 3.1 aufgeführt.

Tab. 3.1 Beispiele zur Klassifikation von Prozessschritten im 3K-Modell

Autonom	Relational	Heteronom
Schreiben einer Rechnung	Bezahlen bei Kassiererin	Überweisung tätigen
Entnahme aus Lager	Entgegennehmen einer Lieferung	Entnahme eines Pakets aus Packstation
OP reinigen	Trösten eines Patienten	Röntgenbilder mitnehmen

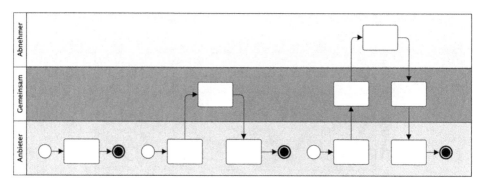

Abb. 3.3 Bahnenbild mit verschiedenen Verknüpfungsmustern

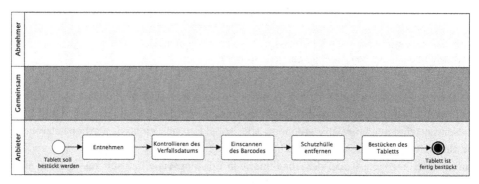

Abb. 3.4 Autonome Prozesskette

Aus der Tatsache, dass jeder Prozess einen Anfang und ein Ende hat, folgt, dass alle eingetragenen Prozessschritte in einer zeitlichen Abfolge zu sehen sind. Sie können nacheinander in einer Bahn verlaufen, sie können aber auch zwischen den Bahnen wechseln. Auf einen autonomen Schritt hin folgt z. B. ein relationaler Schritt, an den sich dann ein heteronomer Schritt anschließen kann (vgl. Abb. 3.3). Wenn die einzelnen Prozessschritte durch Pfeile verbunden werden, entstehen horizontale oder vertikale Verknüpfungen innerhalb einer Bahn bzw. über mindestens zwei Bahnen hinweg.

Wenn Prozessschritte innerhalb einer Bahn nacheinander erfolgen, entsteht das Bild einer horizontalen Kette, die durch richtungsanzeigende Pfeile verbunden sind (vgl. Abb. 3.4). Sind die Prozessschritte über zwei Bahnen verteilt, entsteht durch die Pfeile eine Abfolge von vertikal verbundenen Schritten. Z. B. entnimmt die Pflegekraft dem Pflegewagen ein Medikalprodukt (z. B. eine Windel), reicht es sodann wortlos dem Patienten zur Prüfung an, dieser gibt es mit einem spezifischen verbalen Hinweis an die Pflegekraft zurück, diese scannt es ein und überreicht es erneut dem Patienten. Betrachtet man diesen letzten Prozess genauer, so resultiert ein noch etwas erweiterter Prozess: Wenn die Pflegekraft das Medikalprodukt überreicht, so impliziert dieser Schritt die Aufforderung an den Patienten, eine spezifische Prüfung durchzuführen. Diese mit der Übergabe einhergehende Aufforderung des Anbieters gegenüber dem Abnehmer stellt im Kern die

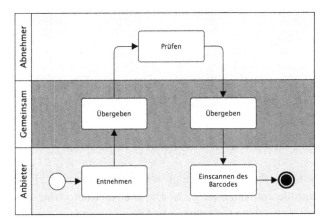

Abb. 3.5 Prozesskette mit relationalem Anteil

relationale Komponente dar. Sodann prüft der Patient im Sinne einer heteronomen Handlung (er weiß durch Voraufklärung, dass er prüfen soll und wie er dies zu tun hat), bevor er wieder Kontakt mit der Pflegekraft aufnimmt und ihr das Produkt erneut aushändigt. Sobald sie es empfangen hat, führt sie den nächsten Schritt aus. In diesem Falle ergibt sich ein vertikaler Prozessverlauf über drei Bahnen hinweg, wie er in Abb. 3.5 dargestellt ist.

Eine vergleichbare Leistung erbringt der Patient, wenn er von einer Pflegekraft gebeten wird, in einem Wartebereich Platz zu nehmen und dort auf einen Arzt zu warten. Dabei setzt die Pflegekraft voraus, dass der Patient den Wartebereich nicht verlässt, so dass er bei Erscheinen des Arztes sofort weiterbehandelt werden kann. Verlässt er dennoch den Bereich, so kommt es zu einer unnötigen Verzögerung der Behandlung. Erscheint der Arzt jedoch nach einer kurzen Wartezeit nicht, so entsteht beim Patienten ein negatives Gefühl der Verärgerung, welches ihn veranlassen könnte, zu stören, z. B. immer wieder nachzufragen, das Wartezimmer zu verlassen oder aber sich bei der Pflegekraft oder gar bei der Verwaltung zu beschweren. An diesem Beispiel wird deutlich, dass sich im Dienstleistungsprozess beide Akteure entlang spezifischer wechselseitig bekannter Vorgaben und Erwartungen bewegen, die durch direkte Kommunikation oder auch durch körperlich unterstützte Direktiven oder Hilfeleistungen der Pflegekraft noch einmal unterstrichen werden können. Die Pflegekraft könnte auch im Wartebereich bleiben und mit dem Patienten warten, was für die Produktivität nicht förderlich wäre.

Bei der Erstellung einer Dienstleistung in einem interaktiven Prozess kommt es letztlich darauf an, bei wem die Kontrolle für die einzelnen Teilschritte des Leistungserstellungsprozesses liegt. Im autonomen Bereich liegt sie eindeutig beim Anbieter, im heteronomen Bereich beim Abnehmer, nachdem dieser sich allerdings in das bereitgestellte Setting des Anbieters hineinbegeben hat und sich zumindest teilweise verpflichtet hat, sich an die Vorgaben des Anbieters zu halten. Im relationalen Bereich liegt sie bei beiden Partnern. Wenn bei der Dienstleistung von wechselseitiger Kontrolle die Rede ist, so liegt sie in reiner Form im relationalen Bereich vor und dünnt sich mehr und mehr hin zur autonomen oder zur heteronomen Komponente aus. Diese Idee wird durch Abb. 3.6 zum Ausdruck gebracht. Das gemeinsame Handeln wird durch zwei überlappende Kreise symbolisiert.

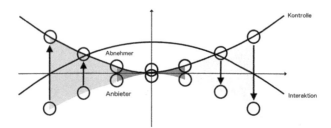

Abb. 3.6 Gegenläufigkeit von Interaktion und Kontrolle im 3K-Modell

Dieses kann mehr und mehr zurückgedrängt werden, wodurch der Leistungsprozess stärker unter die Kontrolle des Anbieters gerät. Die Dienstleistung wird dadurch autonomisiert. Sie kann aber auch auf der Grundlage von Anweisungen und Instruktionen mehr und mehr unter die Kontrolle des Abnehmers geraten, wodurch die Dienstleistung heteronomisiert wird. Diese Veränderungen werden durch die Pfeile symbolisiert. Entscheidend ist, dass unabhängig von der Kontrolle auf der einen oder anderen Seite immer ein Rest an gemeinsamen oder aufeinander bezogenen Tätigkeiten erfolgt. Hierin liegt schließlich der Kern jeglicher Dienstleistung. Der Grad der Autonomisierung bzw. der Heteronomisierung lässt sich nur grafisch veranschaulichen und durch einzelne Beispiele verdeutlichen. Ein exakter Messwert lässt sich nicht bestimmen. Zusätzlich ist zu bedenken, dass im Falle der Heteronomisierung diese Anweisungen nicht von jedem Kunden richtig verstanden werden und der Abnehmer auch nicht immer bereit ist, den Anweisungen zu folgen. Im Falle der Autonomisierung ist zu beachten, dass auch z. B. Transporte von Patienten durchaus Elemente von Relationalität aufweisen können (indem man sich während des Transports unterhält).

Die Abb. 3.6 könnte die Vermutung nahelegen, dass Kontrolle durch Nähe zustande kommt. Zu bedenken ist hierbei, dass jede Dienstleistung auf wechselseitiger Kontrolle basiert, gleichgültig, ob sie personennah oder aber auch personenfern erfolgt. Nähe ist kein Charakteristikum von Dienstleistungen, allerdings verbindet man mit Dienstleistungen sehr viel häufiger den direkten Austausch zwischen Personen unter einem Dach als etwa mit Handwerksdienstleistungen oder gar mit Sicherheitsdienstleistungen. Dienstleistungen stehen weniger für Nähe als vielmehr für den vorübergehenden und partiellen Verzicht auf Verfügungsrechte und damit an autonomer Kontrolle. In dem Sinne hat man als Online-Anbieter genauso Kontrolle über den Kunden wie etwa der Arzt am Krankenbett, umgekehrt verfügt der Patient ebenso wie der Online-Kunde über ein gewisses Maß an Kontrolle gegenüber dem Anbieter.

3.3.2 Direkte und indirekte Koordination von Prozessen

Dienstleistungen sind an die Integration des Kunden gebunden, d. h. es gibt bei jeder Dienstleistung Tätigkeitsschritte, die gemeinsam erfolgen und in der mittleren roten Bahn des entsprechenden Prozessmodells abgebildet werden. Diese Tätigkeitsschritte erfolgen

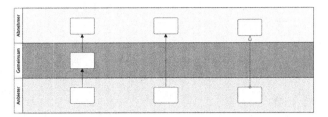

Abb. 3.7 Formen der Koordination: direkt, indirekt und digitalisiert

konkret in wechselseitiger Abstimmung von Anbieter und Abnehmer, wobei der Anbieter auch diese Abstimmung als eine koordinative Leistung seinerseits begreifen muss. Vom Anbieter werden in einer von ihm geschaffenen spezifischen Umgebung die wechselseitig aufeinander bezogenen Prozessschritte bestimmt, geordnet und aufeinander bezogen. Er gibt auch hier wieder Regelungen vor, wie ein Dienstleistungsprozess unter Integration des Abnehmers ablaufen sollte (aber in Ausnahmefällen nicht immer abläuft).

Dabei sind zwei grundsätzliche Formen der Koordination zu unterscheiden (vgl. Abb. 3.7):

- Eine erste *direkte Form der Koordination* basiert im Wesentlichen auf kommunikativen und noch weitergehenden körperlichen Beeinflussungen z. B. durch berührende Tätigkeiten. Der Anbieter kommuniziert verbal, was zu tun ist und unterstützt diese Anweisung evtl. noch durch körperliche Einflussnahme oder auch unterstützende Hilfeleistungen etwa bei älteren Patienten. Klassische Beispiele hierfür sind der Frisör, der Schuhverkäufer oder die Pflegekraft, die über direkte körperliche Kontakte mit dem Patienten interagiert. Diese Körperbezogenheit ist typisch für den dialogisch und körperbetonten Pflegebereich, wobei die Berührung eine doppelte Funktion hat: Sie dient als Werkzeug und sie dient als Emotionsaustausch oder als Emotionsübertragung (Böhle 2006; Hacker 2009).
- Eine zweite, *indirekte Form* verzichtet weitgehend auf solche persönlichen Kontakte und kommunikativen Anweisungen und substituiert sie durch alle möglichen Formen von Vorgaben wie Leitlinien, Richtlinien, Regeln, Hinweise oder auch Piktogramme. Der Abnehmer orientiert sich an diesen Vorgaben und richtet sein Verhalten darauf ein. Beispiele hierfür könnten ein Fahrkartenautomat sein, der den Kunden durch das Programm navigiert oder ein Flughafen, der die Passagiere weithin sichtbar zu den Abfluggates lenkt. Vergleichbar kann auch unreines Sterilgut in einem vorgegebenen Raum abgestellt werden, bevor es von Mitarbeitern zur Sterilisation abgeholt wird. An die Stelle von direkter Kommunikation tritt hier ein symbolbasierter Hinweis, wie man sich als Abnehmer verhalten sollte, um das angestrebte Resultat zu erzielen.

Eine besonders hervorzuhebende Art der indirekten stellt die *digitalisierte Koordination* dar. Sie erfolgt beispielsweise bei Internet-Dienstleistungen. Hier stellt der Dienstleister dem Kunden nur noch eine Software zur Verfügung, die es ihm gestattet, über verschiedene

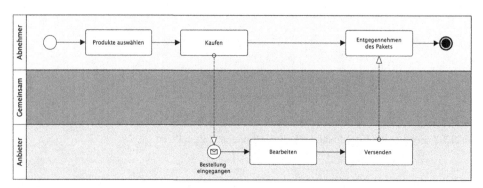

Abb. 3.8 Online-Handel mit digitalem Informationsaustausch im 3K-Modell

vorgegebene Schritte z. B. einen Einkauf, eine Banküberweisung oder eine Anmeldung zu tätigen. In diesen Fällen reduziert sich die indirekte Koordination auf schriftliche Vorgaben und technische Anweisungen, worüber dann Informationsflüsse hin zu Internetunternehmen und Banken ausgelöst werden. Ein typisches Beispiele liefert der Online-Handel (vgl. Abb. 3.8): Hier erfolgt im relationalen Bereich in der mittleren roten Bahn keine Kontrolle mehr durch Personen oder Personsurrogate, sondern hier kommt es nur noch zu technischen Informationsflüssen zwischen Computersystemen. Oberflächlich betrachtet verlieren sich Kontakt, Kommunikation und körperbetonte Beeinflussungen und werden durch einen technisch vorgegebenen, standardisierten Informationsaustausch ersetzt. An die Stelle von Kontrollflüssen treten dann Informationsflüsse, die im Modell grafisch durch gestrichelte Linien veranschaulicht werden. Praktische Beispiele für die vorgestellten Arten der Koordination finden sich in Tab. 3.2.

Zwischen allen Formen der Koordination bestehen fließende Übergänge: Sobald der direkte, körperliche Kontakt nicht mehr gegeben ist (z. B. beim Übergang von dialogischer zu telemetrischer Medizin), sobald kein abstimmender Austausch zwischen Personen mehr erforderlich ist (z. B. wird an einer Stelle etwas von einem Anbieter nur noch etwas deponiert, was zu einem späteren Zeitpunkt von einem Kunden an diesem Ort abgeholt wird) oder gar Dienstleistungen nur noch über formalisierte und standardisierte Internetkontakte abgewickelt werden, geht die direkte, auf personaler Ansprache basierende Koordination, in die indirekte Koordination etwa in Form von informationstechnischer Abstimmung über. Interaktion wird algorithmisiert. Aber auch im Online-Handel bleibt der Kunde letztlich in die Leistungsprozesse des Anbieters integriert, allerdings zentral

Tab. 3.2 Beispiele zur Klassifikation der Koordination im 3K-Modell

Direkt	Indirekt	Digitalisiert
Einkauf in Einzelhandel	Einkauf in Selbstbedienungsladen	Online-Shopping
Buchung im Reisebüro	Buchung über Fahrkartenautomat	Online-Ticket
Behandlungspflege	Bestückung von Pflegewagen auf Station	Online-Dokumentation bei entnommenen Produkten

dadurch, dass er sich an strikt vorgegebene Formulare und Prozessschritte hält, die ohne jeglichen persönlichen Kontakt ablaufen. Dies schließt nicht aus, dass der Anbieter innerhalb seines Unternehmens – also im autonomen Bereich bzw. auf der unteren grünen Bahn – wiederum eine Vielzahl von Tätigkeiten organisiert, die schließlich in einer Auslieferung von Produkten an einen Logistiker bzw. in der Anlieferung durch den Logistiker endet.

Erkennbar ist, dass beide, Anbieter und Abnehmer in ihren jeweiligen Bahnen eine horizontale Abfolge von Schritten abarbeiten, ohne dass es auch nur an einer Stelle zu direkten persönlichen Kontakten käme. Alles was z. B. den interaktiv-kommunikativen Prozess eines Einkaufs von Schuhen in einem Schuhgeschäft ausmacht, wird im Internet über elektronische Medien wohl organisiert abgewickelt. Die in einem herkömmlichen Schuh- oder Bekleidungshaus ablaufenden Dienstleistungsprozesse sind zwar auch hier noch deutlich erkennbar, allerdings stark formalisiert und digitalisiert. Die Integration des Kunden bleibt erhalten, wenn auch qualitativ gänzlich abgewandelt. So wird z. B. erst bezahlt und später dann der Schuh über einen Zustelldienst geliefert. Sodann kann der Einkauf an verschiedenen Stellen wieder rückgängig gemacht werden und es sind Retouren in die Dienstleistungsprozesse eingeplant. Es dürfte eine herausfordernde Frage sein, wie man im Online-Handel die dadurch entstehenden Kosten vermeiden bzw. die Retourquote reduzieren kann.

Damit sind die wesentlichen Grundannahmen des hier vertretenen Ansatzes eines Dreikomponentenmodells beschrieben:

- Dienstleistungsprozesse haben ihre Besonderheit in der aktiv vom Anbieter koordinierten Integration des Abnehmers.
- Jeder Dienstleistungsprozess weist drei Komponenten auf: Prozessschritte, die allein vom Anbieter erbracht werden, Prozessschritte, die gemeinsam vom Anbieter und vom Kunden erbracht werden und schließlich Prozessschritte, die allein vom Kunden, allerdings zumeist auf Anweisung durch den Anbieter erbracht werden.
- Prozessanalysen bestehen darin, einen identifizierten Prozess vom Anfang bis zum Ende in Prozessschritte zu untergliedern, die den drei Komponenten zugeordnet werden. Es entsteht ein Ablaufmodell, das eine bestimmte Verteilung der Prozessschritte über drei farblich markierte Bahnen, die für die drei Komponenten stehen, aufweist.
- Jeder Dienstleistungsprozess weist zwar alle drei Komponenten auf, jedoch können an die Stelle von Kontrollfüssen (direkte wechselseitige Verhaltenskontrolle) auch digitale Informationsflüsse (reaktive Verhaltenskontrolle) treten.

3.4 Strategische Gestaltung von Dienstleistungsprozessen im 3K-Modell

Was bestimmt nun die Produktivität eines Dienstleistungsprozesses? Produktivität im traditionellen Sinne beschreibt ein Mengenverhältnis: Die Output-Menge im Verhältnis zur Input-Menge. Hierunter ist die Menge an Personalmitteln, Betriebsmitteln und

Verbrauchsmitteln zu verstehen, die in die Erstellung einer qualitativ bestimmten Dienstleistung eingeht und die Menge an Produkt, z. B. Gesundheit, die durch diesen Einsatz entsteht.

Hinter dieser Verhältnisbildung stecken im Kern zwei Überlegungen: Eine erste geht davon aus, dass in einem zeitlich definierten Prozess durch Leistung und Einbringung von Material Wertschöpfung betrieben wird, die am Ende durch den Abnehmer honoriert wird. Der Kunde zahlt für eine lange Kette erbrachter, wertschöpfender Leistungen, die von einem Startpunkt aus den Wert eines Dienstleistungsresultats bestimmen (zu erfassen etwa mittels der Methode des Value Stream Mapping). Eine zweite Vorstellung geht dahin, dass diese Kette und der damit verknüpfte Wertanstieg optimiert werden kann. Wenn ein Prozess in zehn Schritten erbracht wird, so könnte beispielsweise geprüft werden, ob er nicht auch in 9 Schritten zu erbringen ist. Ziel ist es, das gleiche Ergebnis in weniger Zeit, mit weniger Menge an werthaltigen Ressourcen oder mit weniger Schritten zu erbringen. Wie gut man dabei ist, wird methodisch z. B. durch die sog. Data Envelopment Analysis beschrieben: Mehrere Krankenhäuser werden z. B. daraufhin verglichen, mit welchem Aufwand sie standardisierte OP-Leistungen erbringen (Hammerschmidt et al. 2012). Statistisch etwas weniger anspruchsvoll ist die Berechnung mittels sog. Näherungsindikatoren (Bieger 2007).

Im Zentrum einer prozessorientierten Produktivitätsbestimmung steht hingegen nicht so sehr die Analyse von Aufwand und Ertrag im Sinne von Produktivität oder Effizienz. Hier geht es vielmehr zunächst um die Analyse der Dienstleistungsprozesse mit ihren zahlreichen Teilschritten und sodann um die Frage, ob Ziele erreicht und die festgestellte Anordnung beibehalten oder verändert bzw. ob der Prozess reorganisiert werden sollte (Pfannstiel 2014). Im 3K-Modell geht es zusätzlich um die Frage, wie die Verteilung der Teilschritte über die drei Komponenten bzw. die sie repräsentierenden farbigen Bahnen in den Prozessmodellierungen gestaltet sein sollte. Über das Hilfsmittel der Modellierung werden die einzelnen Prozessschritte, ihre Verbindungen und ihre Zuordnungen zu Komponenten und damit ihre Lage beschrieben und visualisiert. Darüber hinaus können bei Bedarf Zeiten für die einzelnen Schritte und ihre Verbindungen erfasst werden. An dieser Stelle soll jedoch keine detaillierte Auseinandersetzung mit Verfahren der Prozessmodellierung erfolgen, stattdessen verweisen wir hierfür auf Becker et al. (2012).

Die traditionelle Bestimmung der Produktivität von Prozessen erfolgt vornehmlich über drei Faktoren: Produktivitätsgewinne werden durch eine verbesserte Segmentierung von Prozessen, durch eine Optimierung der Teilschritte sowie über eine Reduktion von Prozessstörungen und Verschwendungen erzielt.

- Im ersten Fall werden Prozesse überschaubar gemacht, von zu vielen Schnittstellen, Weiterleitungen sowie Kenntnisnahmen und damit von einem Mangel an durchgängiger Prozessverantwortung befreit. Die Verantwortung für einen klar definierten Prozessabschnitt wird dadurch sichtbar gemacht.
- Im zweiten Fall werden wertschöpfende Prozessschritte optimiert und andere nicht wertschaffende Schritte reduziert oder gar eliminiert. So werden etwa Liege-, Warte- und

Transportzeiten verkürzt, um die Durchlaufzeit zu verringern. Die Prozesse werden verschlankt und durchrationalisiert. Einen guten Überblick über Möglichkeiten der Produktivitätssteigerung aus einer Flussdarstellung heraus gibt Wildemann (2014).

• Im letzten Fall erfolgen Produktivitätsgewinne durch die Vermeidung von Verschwendung. Neben der Verschwendung von Zeit können hier auch Verschwendungen durch die Gestaltung von Material- und Informationsflüssen beachtet werden (einen Überblick gibt Zülch 2014).

Diese Überlegungen sind vornehmlich an der industriellen Produktion ausgerichtet. In allen diesen Optimierungsansätzen geht es letztlich darum, den betrieblichen Prozess der Produkterstellung durch Reorganisation zu optimieren. Im Bereich der Dienstleistung muss nun darüber hinaus die Besonderheit der Integration bedacht werden. Dort, wo das Dienstleistungsunternehmen allein agiert (in der Sprache des service blueprinting alle Aktivitäten jenseits der sog. line of visibility, Fließ 2006) kann es viele auch aus der Industrie zu übernehmende Produktivitätsvorgaben nach eigenen Vorstellungen einlösen, wo es aber mit dem Kunden gemeinsam agiert oder gar an diesen spezifische Prozessschritte delegiert, müssen die Kundenbedürfnisse, Kundenwünsche und Kundenkontakte in besonderer Weise beachtet werden (Böttcher et al. 2012). Wenn man einmal von der plausiblen Annahme ausgeht, dass man als Anbieter das gemeinsame Handeln besser steuern und rationalisieren kann als das gemeinsame Tun von Anbieter und Abnehmer, dann resultiert daraus die Konsequenz, in der Dienstleistung die relationalen Anteile, also die Bereiche der aktiv zu koordinierenden Interaktion mit dem Kunden oder Patienten, so gering wie möglich zu halten, ohne dabei allerdings die Kundenwünsche und die Qualität der Dienstleistung zu vernachlässigen. Dies kann z. B. dadurch geschehen, dass der Patient durch Aufklärung und die Anlage der Leistungserstellungsprozesse so stark zu eigenständigem Handeln gebracht werden kann, dass die relationalen Anteile immer weiter zurückgeschraubt werden. An die Stelle der direkten Koordinierung durch Kommunikation mit dem Kunden tritt dann eine verstärkte Aufklärung, die z. B. dazu führt, dass der Patient allein die Röntgenabteilung aufsuchen, sich allein per Tablet-Computer über die OP-Vorbereitung informieren oder aber sich selbständig über einen Serviceroboter mit Getränken und Speisen versorgen kann. Alle diese Beispiele verdeutlichen, dass die Steuerung des Patientenhandelns in der heteronomen Komponente mit erheblichem Aufwand (Anschaffungen, Programmierung, Einweisung, Überwachung) verbunden ist, der gegen den erzielten Vorteil (z. B. Einsparung von Personal, verstärkte Zuwendung für immobile Patienten) verrechnet werden muss.

Umgekehrt können aber auch Teile des gemeinsamen Tuns in die autonome Komponente verschoben werden. Man denke an die Pflegekraft, die Fiebermessen veranlasst. Unter Produktivitätsgesichtspunkten wird man vermutlich das Verhalten der Pflegekraft positiv bewerten, wenn sie während des Vorgangs des Fiebermessens den Raum verlässt und andere Tätigkeiten z. B. im Bereich der Dokumentation ausübt. Die Produktivität könnte an dieser Stelle vermutlich noch weiter gesteigert werden, wenn die kommunikative Unterweisung ausbleiben könnte und stattdessen z. B. ein visualisiertes Ablaufschema zum Anlegen des Instruments mit dem Fiebermesser mitgeliefert würde. Noch produktiver wäre es vermutlich, wenn ein Serviceroboter das Überbringen des Fieberthermometers übernehmen und mit der Übergabe des Messinstruments eine kurze Instruktion zum Fiebermessen gegeben würde. Eine weitere Steigerung der Produktivität könnte darin liegen, auch die sich anschließenden Dokumentationen in der Fieberkurve durch den Roboter erledigen zu lassen oder das benutzte Thermometer zur Sterilisation zu transportieren.

Oder denken wir zurück an das Bäckereibeispiel: Der Bäcker könnte in seinem Verkaufsraum den Backautomaten platzieren, er könnte eine Art Selbstbedienung organisieren und er könnte die Kasse durch ein Bezahlsystem ersetzen. Auf diese Weise entfielen solch kommunikativen Elemente wie die Bestellung oder die individuelle Abrechnung, aber eben auch das obligatorische „Darf es sonst noch etwas sein?" oder das „Möchten Sie nicht mal unser neues Kartoffelbrötchen probieren?", was von vielen Kunden geschätzt, von genauso vielen aber auch nicht gewünscht wird.

Deutlich wird bei all diesen Möglichkeiten, dass ein Produktivitätsgewinn im Bereich der personenbezogenen Dienstleistung von zwei Faktoren abhängt: Zum einen wird die relationale Komponente geschmälert z. B. zu Gunsten der autonomen Komponente, d. h. die Anzahl der gemeinsam ausgeführten Prozessschritte wird reduziert, stattdessen erfolgen einzelne dieser Schritte in Eigenregie des Anbieters. Zum zweiten wird die kommunikative Weisung an den Patienten z. B. über Visualisierungen oder digitalisierte Instruktionen verstärkt, so dass sich der Kunde optimal in den Ablauf des Dienstleistungsprozesses einbringen kann. Eine wirtschaftliche Dienstleistungserstellung impliziert damit immer, dass man einmal als Anbieter möglichst viel allein und professionell gestaltet (Autonomisierung) und sodann den Kunden möglichst dahingehend kompetent macht, dass er sich optimal in den Erstellungsprozess eingliedert (Heteronomisierung). Darüber hinaus verbleiben gerade in der Krankenpflege weite Anteile an gemeinsamem Tun, die sich nicht weiter reduzieren lassen, ohne die Qualität der erwarteten Dienstleistung oder gar den Dienstleistungscharakter insgesamt aufzugeben. Wenn man seinen Dienstleistungsprozess wirtschaftlich gestalten möchte, dann wird man bestrebt sein, möglichst die Anteile in der roten Bahn zugunsten der Anteile in der grünen oder auch der gelben Bahn zu reduzieren. Im grünen Bereich kann man versuchen, den Dienstleistungsprozess weiter zu rationalisieren, im gelben Bereich kommt es darauf an, den Kunden genauer zu informieren und ihn über Hinweise und situative Affordanzen besser zu steuern. Im roten Bereich werden nur die Prozessschritte verbleiben, die unbedingt erforderlich sind, wobei man unter Aspekten der Digitalisierung bestrebt sein wird, direkte Kommunikation durch formalisierte Kommunikation, anweisende Information und technische Koordination zu ersetzen.

Die Produktivität von Dienstleistungen ergibt sich demzufolge dadurch, dass

- Dienstleistungsanbieter die erforderlichen Komponenten, die sie allein und damit ohne Zutun des Kunden gestalten können (z. B. das Transport- und Beschaffungswesen im Krankenhaus, Laboruntersuchungen oder die Pflegedokumentation) weiter verbessern, rationalisieren oder gar automatisieren.

- Anbieter den Kunden optimal aufklären und durch den Erstellungsprozess steuern (z. B. wenn er auf die OP oder eine andere ärztliche Behandlung vorbereitet wird), so dass sich der Patient mit seinem eigenen Verhalten optimal in die Leistungserstellung einbringen kann.
- Dienstleistungsanbieter alle Anstrengungen unternehmen, die kooperativen, interaktiven und kommunikativen Anteile der Leistungserstellung möglichst professionell zu gestalten (z. B. im Bereich der Emotionsarbeit) und sie in den direkten Anteilen so weit wie möglich zu reduzieren und auf indirekte Beziehungen zurückzuführen (z. B. erfragt die Krankenschwester auf direktem Weg nur die erforderlichen Informationen und holt sich sonstige Informationen über elektronische Medien ein).

Voraussetzung für eine solche Verbesserung ist zunächst einmal eine exakte Bestimmung der jeweiligen Leistungsanteile in den drei Komponenten. Sodann müssen die Kundenwünsche Beachtung finden: Wo Kommunikation explizit gewünscht wird, kann sie nicht durch einen Computer ersetzt werden, ohne dass die Zufriedenheit sinkt. Wo in der Pflege Emotionalität durch Berührung und Wärme gefragt ist, kann sie nicht durch einen formalisierten Sprachgebrauch ersetzt werden. In den relationalen Leistungsanteilen begrenzen die Subjektivierung und das Erfordernis einer emotionalen Stabilisierung von Anbieter-Abnehmer-Beziehungen die Steigerung der Effizienz. Dies schließt allerdings nicht grundsätzlich eine Rationalisierung auch im Bereich der relationalen Komponente aus (Ganz und Tombeil 2014). Zum dritten ist zu beachten, dass die personenbezogene Anbieter-Abnehmer-Beziehung einer Typologisierung unterworfen werden kann. Für jüngere Patienten gelten andere Regeln als für ältere Patienten, für schwer erkrankte Patienten andere Maßstäbe als für leicht erkrankte Patienten.

Die Steigerung der Produktivität einer jeden personenbezogenen Dienstleistung lässt sich damit als ein Vorgehen beschreiben, bei dem von einem bestehenden Flussmuster aus Elemente der relationalen Komponente in den autonomen (selbst gestalten) oder den heteronomen Bereich (Patient agiert allein) verschoben werden (vgl. Abb. 3.9). Jede Optimierung der Integration in Richtung auf eine hohe Produktivität lässt sich damit in einer Formel zum Ausdruck bringen: Hohe Dienstleistungsproduktivität stellt eine Funktion

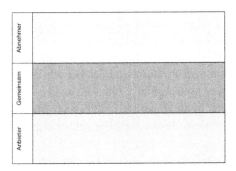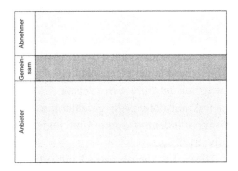

Abb. 3.9 Veränderung der Anteile der Komponenten durch Prozessreorganisation

dar von maximaler Gestaltungskontrolle in der autonomen Komponente, der maximalen Gestaltungskontrolle in der heteronomen Komponente und der Professionalisierung der verbleibenden Prozessschritte in der relationalen Komponente. Grundsätzlich ist dabei zu beachten, dass der Abnehmer, sei er Kunde oder Patient, psychologisch betrachtet immer noch ein Risikofaktor bleibt, der nicht der vollständigen Kontrolle des Anbieters unterworfen werden kann und auch nicht immer so mitspielt oder mitspielen kann, wie es sich der Anbieter wünscht.

Die Vorstellung von drei zu integrierenden Produktivitätskomponenten findet sich auch bei Grönroos und Ojasalo (2004). Sie erhellen die Schnittstelle der Interaktion zwischen Anbieter und Abnehmer weiter, indem sie über die Input- und Outputbestimmung hinaus den Dienstleistungsprozess selbst einbeziehen und drei Prozesstypen unterscheiden: Den autonomen Back-Office-Prozess, den Service-Encounter-Prozess (man könnte ihn auch als interaktiven Front-Office-Prozess beschreiben) sowie den Prozess, der isoliert vom Anbieter allein vom Kunden erbracht wird. Aus ihrer Sicht prägen die Back- und Front-Office-Prozesse vor allem die quantitative Seite des Outputs, während die Abnehmerbeiträge die Qualität des Outputs maßgeblich bestimmen.

Eine noch weiter gehende Differenzierung liefert Lasshof (2006), die seitens der Anbieter ein Leistungs- und ein Interaktionspotenzial und seitens der Abnehmer ein Interaktions- und ein Integrationspotenzial unterscheidet sowie die Gesamtproduktivität als eine Summe aus Anbieter-, Abnehmer- und Interaktionsproduktivität kennzeichnet. Damit wird angedeutet, dass beide Partner zunächst einmal über Potenziale (Kompetenzen, Fähigkeiten, Können) verfügen, die über die Bereitstellung des Anbieters hinaus in die konkreten Abläufe einer Dienstleistung eingebracht werden (etwa die sog. technology-readiness, die gerade für die Digitalisierung von Prozessschritten entscheidend ist, Lam et al. 2008; Campagna et al. 2009). Über die Bestimmung der Produktivität der Anbieterleistung, der Abnehmerleistung und der Interaktionsleistung beider Partner wird die Gesamtproduktivität des mehr oder weniger erfolgreichen Outputs bestimmt.

Diese beiden Modelle bleiben der Idee verpflichtet, dass Anbieter und Abnehmer als autonome Partner eigenständige Beiträge in die Interaktion einbringen, wobei hier einmal die Bereitstellung allein vom Anbieter und sodann die Leistungserstellung durch die Interaktion beider Partner entsprechend ihrer Potenziale und Kompetenzen erfolgt. Die Interaktion wird in beiden Ansätzen in drei Komponenten zerlegt, wobei letztlich offen gelassen wird, wie die Einzel- und die Interaktionsbeiträge zu bestimmen sind. Im hier vorgestellten 3K-Modell wird diese Vorstellung dahingehend modifiziert, dass die Produktivität als ein Merkmal der Anbieterleistung begriffen wird und der Abnehmer keinen eigenständigen Leistungsbeitrag zur Produktivität des betrieblichen Dienstleistungsprozesses leistet. Er wird vielmehr vom Anbieter (über Struktur- oder Interaktionspotenziale) gelenkt und angeregt, sich in die organisierten Prozesse einzubringen, indem er optimal interagiert sowie definierte Prozessschritte selbsttätig absolviert.

Dieser Lenkungsprozess kann gelingen oder auch scheitern, je nach Bereitschaft und Fähigkeit beider Partner, sich einzubringen und wechselseitige Kontrolle auszuüben. Der

Krankenhausanbieter kann durch eine Analyse des Integrationspotenzials seiner eigenen Pflegekräfte und seiner Patienten dazu beitragen, Chancen der Befolgung von Vorgaben zu erhöhen bzw. Risiken des Scheiterns zu mindern.

Darüber hinaus wird der interaktive Prozess nicht nur grob typologisiert, sondern exakt hinsichtlich seiner Teilschritte zergliedert und damit den Komponenten zurechenbar gemacht. Dadurch lässt sich die Produktivität des Leistungserstellungsprozesses in die autonome Komponente des Anbieters, in die Steuerung der heteronomen Komponente, die seitens des Abnehmers erwartet wird und in die relationale Komponente, in der beide Partner unter wechselseitiger Kontrolle stehen, zergliedern. Aus diesen Überlegungen resultiert das in Abb. 3.10 dargestellte Produktivitätsmodell des 3KM-Ansatzes.

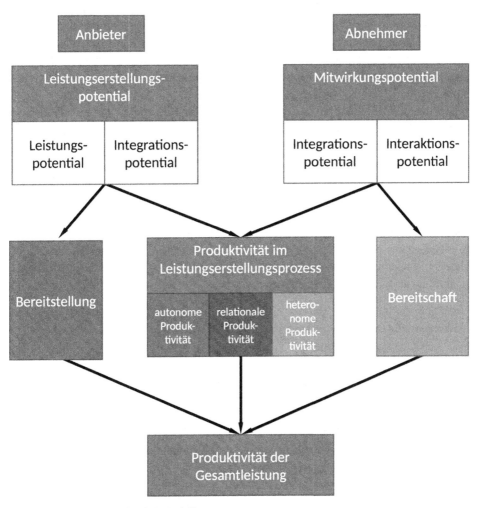

Abb. 3.10 Produktivität im 3K-Modell

Erkennbar ist, dass die Produktivität der Gesamtleistung von fünf Faktoren abhängig ist, die einmal als unabhängiger Input zweier Partner und sodann als wechselseitig kontrollierter Input im Sinne einer gemeinsamen Interaktion zu sehen ist. Aus Sicht des Anbieters kommt es entscheidend darauf an, die internen Faktoren optimal zu gestalten, die eigenen Mitarbeiter für die Interaktion kompetent zu machen und sodann die externen Faktoren möglichst optimal zu steuern, was wiederum stark von der Bereitschaft und den Interaktionskompetenzen des Abnehmers abhängt.

Dieses Modell differenziert auf der Outputseite nicht nach quantitativen und qualitativen Aspekten. Die z. B. von Grönroos und Ojasalo (2004) vorgenommene Zuordnung der Back-Office-Prozesse zur quantitativen und der Service-Encounter-Prozesse zur qualitativen Bewertung wird hier nicht übernommen, zumal angenommen werden kann, dass alle Faktoren in gleicher Weise zur Produktivität beitragen und auch für eine qualitative Bewertung des Output herangezogen werden können. Produktivität und Qualität sind unabhängig voneinander bzw. es besteht eine Nullkorrelation: Mit der Steigerung der Produktivität ist in keiner Weise ein zwingender Abfall der Qualität verbunden bzw. mit der Steigerung von Qualität geht nicht automatisch eine Minderung der Produktivität einher.

Aus der Befolgung der im Kasten aufgelisteten Maximen resultiert eine Veränderung der Prozessabläufe über die Bahnen hinweg sowie der Schritte und ihrer Zuordnungen zu den ausgewiesenen Bereichen. Dabei wird angestrebt, die Prozesse zu entrelationalisieren, indem einzelne interaktive Prozessschritte eliminiert werden, sie zu heteronomisieren, indem Prozessschritte an den Kunden delegiert werden oder aber zu autonomisieren, indem Prozessschritte vermehrt durch den Anbieter selbst gestaltet werden. In diesem Sinne wird z. B. die direkte Kommunikation durch Visualisierungen im Stationszimmer ersetzt, wird dem Patienten die Möglichkeit gegeben, sich z. B. selbst über spezifische Abläufe im Krankenhaus zu informieren und wird der Patient nicht mehr durch eine Pflegekraft begleitet, sondern durch z. B. durch ein automatisches Transportsystem mit Sicherheitsmonitoring zur Radiologie gebracht.

Maximen der Produktivitätssteigerung im Dreikomponentenmodell
1. Leistungsanteile bestimmen
2. Autonomes optimieren
3. Autonomes ausdehnen
4. Relationales rationalisieren
5. Grenzen der Rationalisierung beachten
6. Heteronomes entlang der Prozesse des Anbieters integrieren
7. Dienstleistungsarbeit wirtschaftlich und sozial akzeptabel gestalten
8. Dienstleistungsarbeit typologisieren

3.5 Schlussbetrachtung

Fazit

Natürlich wird es ein Ziel des vorliegenden Ansatzes sein, über das Aufzeigen von Verbesserungsmöglichkeiten hinaus auch den Produktivitätsgewinn genauer zu beziffern. Dies ist jedoch solange kaum möglich, wie es keine validen Kennziffern, wie sie etwa im Industriekostenrahmen gegeben sind, vorliegen. Solange wird es immer nur bei Vermutungen hinsichtlich der (unterstellt geminderten) Produktivität von Dienstleistungsanbietern bzw. bei der ausführlichen Beschreibung von Input-, Prozess- und Outputfaktoren bleiben, ohne dass theoretisch postulierte Wirkzusammenhänge exakt analysiert werden können (Borchert et al. 2012). Bis dahin wird man eher mit einfachen als mit komplexen Kennzahlen arbeiten müssen.

Literatur

Becker J, Kugeler M, Rosemann M (2012) Prozessmanagement: Ein Leitfaden zur prozessorientierten Organisationsgestaltung. Springer, Berlin

Bieger T (2007) Dienstleistungs-Management. Haupt Verlag, Bern

Böhle F (2006) Typologie und strukturelle Probleme von Interaktionsarbeit. In: Böhle F, Glaser J (Hrsg) Arbeit in der Interaktion – Interaktion in der Arbeit. VS Verlag für Sozialwissenschaften, Wiesbaden, S 325–347

Borchert M, Brockhaus N, Jäschke L, Reifferscheid A, Schmitz G, Thomas D, Trachte N, Wasem J, Wilbs S (2012) Dienstleistungsproduktivität in der Krankenhauspflege – Konzeptionelle Grundlagen und Modellentwicklung. IBES Verlag, Essen

Bornewasser M (2014) Dienstleistungsarbeit: Autonome, relationale und heteronome Komponenten der Arbeit vom Anbieter für den Kunden. In: Bornewasser M, Kriegesmann B, Zülch J (Hrsg) Dienstleistungen im Gesundheitssektor. Springer, Wiesbaden, S 29–57

Böttcher M, Klinger S, Becker M, Schumann K (2012) Zukunft der Produktivität von Dienstleistungssystemen. Ergebnisse eines Arbeitskreises. Leipziger Beiträge zur Informatik, Bd XXXI. Eigenverlag der Universität Leipzig und des Leipziger Informatik-Verbunds, Leipzig

Campagna D, Derpmann S, Mauz K, Shire KA (2009) Die Einstellung von Pflegekräften gegenüber technischen Neuerungen. Working Papers kultur- und techniksoziologische Studien (WPktS), Universität Duisburg-Essen, Duisburg

Fließ S (2006) Prozessorganisation in Dienstleistungsunternehmen. Kohlhammer Verlag, Stuttgart

Ganz W, Tombeil A-S (2014) Produktivität und Dienstleistungen schließen sich nicht aus. In: Bornewasser M, Kriegesmann B, Zülch J (Hrsg) Dienstleistungen im Gesundheitssektor. Springer, Wiesbaden, S 415–429

Grönroos C, Ojasalo K (2004) Service productivity. Towards a conceptualization of the transformation of inputs into economic results in services. J Bus Res 57(4):414–423

Grönroos C, Voima P (2012) Critical service logic: making sense of value creation and co-creation. J Acad Mark Sci 41(2):133–150

Hacker W (2009) Arbeitsgegenstand Mensch: Psychologie dialogisch-interaktiver Erwerbsarbeit. Pabst Verlag, Lengerich

Hammerschmidt M, Falk T, Staat M (2012) Measuring and improving the performance of Health Service Networks. J Serv Res 15(3):343–357

Jones EE, Gerard HB (1967) Foundations of social psychology. Wiley, New York

Kleinaltenkamp M, Haase M (1999) Externe Faktoren in der Theorie der Unternehmung. In: Albach N, Eymann E, Luhmer A, Stevens M (Hrsg) Die Theorie der Unternehmung in Forschung und Praxis. Springer, Berlin, S 167–194

Kleinaltenkamp M, Danatzis I, Wernicke C (2014) Produktivität im Gesundheitssektor – Wertschöpfung in Nutzungsprozessen. In: Bornewasser M, Kriegesmann B, Zülch J (Hrsg) Dienstleistungen im Gesundheitssektor. Springer, Wiesbaden, S 59–87

Lam SY, Chiang J, Parasuraman A (2008) The effects of the dimensions of technology readiness on technology acceptance: an empirical analysis. J Interact Mark 22(49):19–39

Lasshof B (2006) Produktivität von Dienstleistungen. DUV Verlag, Wiesbaden

Ng I (2014) Value and worth: creating new markets in the digital economy. Innovorsa Press, Oxford

Pfannstiel MA (2014) Bayreuth productivity analysis – a method for ascertaining and improving the holistic service productivity of acute care hospitals. Int J Health Plann Manage. doi:10.1002/hpm.2250

Thibaut JW, Kelley HH (1959) The social psychology of groups. Wiley, New York

Vargo SL, Lusch RF (2008) Service-dominant logic: continuing the evolution. J Acad Mark Sci 36(1):1–10

Wildemann H (2014) Produktivitätsverbesserung. TCW Verlag, München

Zülch J (2014) Qualitätsorientierte Managementsysteme zur Steuerung und Bewertung gesundheitswirtschaftlicher Dienstleistungen. In: Bornewasser M, Kriegesmann B, Zülch J (Hrsg) Dienstleistungen im Gesundheitssektor. Springer, Wiesbaden, S 89–112

Individuelles Gesundheitsmanagement als Wertbeitrag für die Gesundheitswirtschaft – Gesundheit als Wert

4

Horst Kunhardt

Inhaltsverzeichnis

Zusammenfassung

Die Gesundheitswirtschaft in Deutschland ist ein Wachstumsmotor in einem Zukunfts-markt. Demografie, medizinisch-technischer Fortschritt und eine weitere Nachfrage nach individuellen Gesundheitsleistungen bedeuten für das Gesundheitssystem einer-seits einen großen Kostenfaktor, andererseits stellt das Gesundheitssystem bereits heu-te jeden 7. Arbeitsplatz und in Zukunft jeden 5. Arbeitsplatz. „Gesundheit" hat einen essentiellen Stellenwert für jeden Menschen und wird geprägt durch personale Fak-toren, Verhaltensfaktoren und Verhältnisfaktoren. Vor allem den Verhaltensfaktoren, dem Lebensstil, wird bei den lebensstilbedingten Krankheiten eine große Bedeutung

H. Kunhardt (✉)
Fakultät Angewandte Gesundheitswissenschaften, Vizepräsident, THD – Technische Hochschule Deggendorf, Edlmairstr. 6–8, 94469 Deggendorf, Deutschland
E-Mail: horst.kunhardt@th-deg.de

© Springer Fachmedien Wiesbaden 2016
M. A. Pfannstiel et al. (Hrsg.), *Dienstleistungsmanagement im Krankenhaus,*
DOI 10.1007/978-3-658-08429-5_4

zugemessen. Konzepte, wie z. B. die individuelle Gesundheitsförderung, die betriebliche Gesundheitsförderung und die Gesundheitsförderung im Setting einer Kommune oder Destination finden heute in zahlreichen Projekten in einem vernetzten Gesundheitswesen Beachtung. Obwohl mit Gesundheitsförderung und Prävention viele Krankheiten vermieden oder deren Auswirkung für die Patienten abgemildert werden könnten, spiegelt sich dies nicht in der Verteilung der Ressourcen für unser Gesundheitssystem wieder. Auch das betriebliche Gesundheitsmanagement als freiwillige Leistung der Unternehmen hat ein großes Potenzial, das bisher nicht umfassend angeboten wird. Die bessere Vernetzung und Evaluierung der Angebote der Gesundheitsförderung und Prävention ist daher eine wichtige Zukunftsaufgabe, um den Wert der „Gesundheit" für den Einzelnen aber auch für die Gesellschaft zu erhalten.

4.1 Einleitung

„Gesundheit" empfinden die meisten Menschen als das höchste Gut. Für die Wiederherstellung der Gesundheit im Falle einer Krankheit werden in Deutschland über 300 Mrd. € pro Jahr im sog. Ersten Gesundheitsmarkt, dem solidarisch finanzierten Gesundheitssystem mit den Beiträgen der GKV (Gesetzliche Krankenversicherung), der PKV (Private Krankenversicherung) und weiterer Beiträge aus dem Sozialversicherungssystem, ausgegeben. Die sog. „Gesundheitsausgaben" machen bereits über 11 % des deutschen BIP (Bruttoinlandsproduktes) aus. Im Wesentlichen fallen diese Ausgaben jedoch für die Behandlung von Krankheiten an, so dass man statt vom „Gesundheitssystem" eher von einem „Krankheitssystem" sprechen kann.

Aufgrund demografischer Effekte, dem stetig voranschreitenden medizinisch-technischen Fortschritt und einer damit verbundenen Ausweitung der angebotenen Leistungen, einer sich weiter verändernden Nachfrage, sich verändernden Lebens- und Arbeitswelten und finanzieller Anreizsysteme im Ersten Gesundheitsmarkt, werden die Ausgaben in diesem Bereich auch weiterhin wachsen, so dass nicht mehr alle angebotenen Leistungen aus dem Solidarsystem finanziert werden können.

Ungefähr die Hälfte der Krankheitskosten verteilt sich in Deutschland auf vier Krankheitsklassen:

- Herz-Kreislauf-Erkrankungen
- Krankheiten des Verdauungssystems
- Psychische und Verhaltensstörungen (darunter fallen auch die Kosten für die Behandlung von Demenz und Depression)
- Muskel- und Skeletterkrankungen
- An fünfter Stelle folgen Krebserkrankungen, dann Ernährungs- und Stoffwechselerkrankungen, wie z. B. Diabetes.

Viele der behandelten Krankheiten in Deutschland wären mittels Prävention und Gesundheitsförderung positiv beeinflussbar. Im Präventionsbericht 2014 des GKV-Spitzenverbandes und des MDS (Medizinischer Dienst des Spitzenverbandes Bund der Krankenkassen e. V.) sind die Ausgaben für die Primärprävention und für die Gesundheitsförderung mit 238 Mio. € für das Berichtsjahr 2013 angegeben. Im Vergleich zu den Krankheitsausgaben ist dieser Ausgabenbereich jedoch gering. Das Statistische Bundesamt verzeichnet für das Jahr 2013 bei den Gesundheitsausgaben nach Leistungsarten einen Anteil der Ausgaben in Höhe von 10,9 Mrd. € für Prävention und Gesundheitsschutz. Dieser Ausgabenanteil liegt bei ca. 3,5 % der Gesamtausgaben für unser Gesundheitssystem. Prävention und Gesundheitsförderung können nicht nur auf individueller Ebene, sondern auch auf gesamtgesellschaftlicher Ebene einen Beitrag zur Stabilisierung unseres Gesundheitssystems leisten.

Neben dem Ersten Gesundheitsmarkt, der überwiegend aus den Mitteln der gesetzlichen Krankenversicherung finanziert wird, hat sich der sog. Zweite Gesundheitsmarkt etabliert, in dem die Leistungen durch private Mittel als sog. Selbstzahlerleistungen finanziert werden. Berechnungen, abgeleitet aus einem Forschungsprojekt des Bundesministeriums für Wirtschaft und Technologie (BMWi) zur „Erstellung eines Satellitenkontos für die Gesundheitswirtschaft in Deutschland", gehen von ca. 68 Mrd. € im Jahr für den Zweiten Gesundheitsmarkt aus.

Neben direkten ökonomischen Effekten liefert die Gesundheitswirtschaft auch indirekte und induzierte Wachstumseffekte für die gesamte Volkswirtschaft. Nur die Ausgabenseite, d. h. nur die Kosten des Gesundheitssystems und der sozialen Sicherung zu betrachten, verleitet dazu, den positiven Beitrag unseres hochqualitativen Gesundheitssystems und der Gesundheitswirtschaft zu Wachstum, Stabilität und Wohlstand in unserem Land zu übersehen. Bereits heute arbeiten ca. 5,8 Mio. Erwerbstätige im deutschen Gesundheitswesen in 230.000 Unternehmen und Betrieben. Dies entspricht ca. 14 % aller Arbeitsplätze. Der Erste und Zweite Gesundheitsmarkt sind bereits in vielen Regionen Deutschlands, wie z. B. in Kurorten und Heilbädern, ein Wachstumsmarkt und bilden auch wichtige Standortfaktoren für diese Destinationen.

„Gesundheit" stellt also nicht nur einen erhaltens- bzw. erstrebenswerten Individualwert, sondern auch einen gesellschaftlichen Wert dar, den es zu erhalten und zu verbessern gilt.

Im folgenden Kapitel wird die Entwicklung der Gesundheitsförderung als öffentliche Aufgabe bis hin zur individuellen Gesundheitsvorsorge und zum individuellen Gesundheitsmanagement sowie derzeit verfügbare Programme betrachtet. Dazu werden die gesetzlichen Rahmenbedingungen aufgezeigt und auch zukünftige Entwicklungen miteinbezogen. Das individuelle Gesundheitsmanagement wird mit der Einbindung in das betriebliche Gesundheitsmanagement hin zu einem Konzept des kommunalen Gesundheitsmanagements erweitert. Um den Wertbeitrag der „Gesundheit" zu erfassen, wird das „Gesundheitssystem" als mehrdimensionales System verschiedener Teilmärkte (Sektoren) in eine Erste und Zweite Gesundheitswirtschaft differenziert.

4.2   Entwicklung zum „Individuellen Gesundheitsmanagement"

Die Weltgesundheitsorganisation (WHO) hat 1946 „Gesundheit" als einen Zustand des vollständigen, geistigen und sozialen Wohlergehens definiert und dabei schon die damals gängige Vorstellung von „Gesundheit" als das Fehlen von Krankheit und Gebrechen um zusätzliche Dimensionen erweitert. Auch das Bundesministerium für Bildung, Wissenschaft, Forschung und Technologie beschreibt 1997 „Gesundheit" als mehrdimensionales Phänomen, das über den „Zustand der Abwesenheit von Krankheit" hinausreicht.

Der Begriff „Gesundheit" kann aus unterschiedlichen Perspektiven definiert werden und hängt von individuellen und systembedingten Variablen ab. Zu den individuellen Variablen zählen prädisponierende Faktoren, wie z. B. genetische Faktoren, Geschlecht und Alter, sowie der soziale Status und vor allem der individuelle Lebensstil, also das Gesundheitsverhalten. Die systembedingten Variablen, wie z. B. die medizinische Infrastruktur oder transsektorale Determinanten, wie z. B. Umweltbedingungen, Arbeitsbedingungen, Verkehrssystem oder Bildungssystem, sind vom Einzelnen schwer beeinflussbar (Lauterbach et al. 2006, S. 29).

Hurrelmann benennt die drei Bedingungsfaktoren für Gesundheit und Krankheit als:

- personale Faktoren, wie z. B. die genetische Disposition
- Verhaltensfaktoren, wie z. B. Lebensstil
- Verhältnisfaktoren, wie z. B. der sozioökonomische Status, Bildungsangebote und Versorgungsinfrastruktur

„Alle vorliegenden empirischen Studien weisen auf die große Bedeutung der Verhaltensfaktoren hin" (Hurrelmann und Richter 2013, S. 23–25).

Das Gesundheitsverhalten eines Menschen wird also durch soziale und personale Faktoren geprägt und trägt als „Lebensstil" zum individuellen Gesundheitsverhalten positiv oder negativ bei. Interessant ist dabei die Fragestellung, wie sich ein lange eingeübter Lebensstil in Richtung eines gesundheitsfördernden Verhaltens ändern lässt?

Das Konzept der Salutogenese, das Aaron Antonowsky 1979 in seinen Hauptwerken „Health, stress and coping: New perspectives on mental and physical well-being" (1979) und „Unraveling the mystery of health. How people manage stress and stay well" (1987) veröffentlicht hatte, fand Eingang in eine breite gesundheitswissenschaftliche Diskussion. Im Gegensatz zur Pathogenese beschäftigt sich die Salutogenese mit der Fragestellung: „was hält den Menschen gesund?" (Bengel et al. 2001).

Die Rolle der Eigenverantwortung eines Menschen in Bezug auf die Gesundheit wanderte in den Mittelpunkt der Betrachtungen und der Forschung.

Die WHO hat 1986 mit der sog. Ottawa-Charta eine erste internationale Konferenz zum Thema der Gesundheitsförderung organisiert. „Gesundheitsförderung" wurde dabei als Prozess beschrieben, der allen Menschen ein höheres Maß an Selbstbestimmung über ihre Gesundheit ermöglichen sollte und sie damit zur Stärkung ihrer Gesundheit befähigt. Zur Realisierung dieses Zieles wurde eine gesundheitsfördernde Gesamtpolitik (health in all policies) gefordert, welche die Gesundheitskompetenz des Einzelnen verbessert, bestehende Angebote vernetzt und gesundheitsbezogene Gemeinschaftsaktionen unterstützt. Der einzelne Mensch als Träger seiner Gesundheit soll unterstützt und gefördert werden, um Gesundheitsförderung im Kontext von Familie, Gemeinschaft und Gesellschaft umzusetzen.

> Für ein umfassendes körperliches, seelisches und soziales Wohlbefinden, ist es erforderlich, dass sowohl einzelne als auch Gruppen ihre Bedürfnisse befriedigen, ihre Wünsche und Hoffnungen wahrnehmen und verwirklichen sowie ihre Umwelt meistern bzw. verändern können. In diesem Sinne ist die Gesundheit als ein wesentlicher Bestandteil des alltäglichen Lebens zu verstehen und nicht als vorrangiges Lebensziel. Gesundheit steht für ein positives Konzept, das in gleicher Weise die Bedeutung sozialer und individueller Ressourcen für die Gesundheit betont wie die körperlichen Fähigkeiten. Die Verantwortung für Gesundheitsförderung liegt deshalb nicht nur bei dem Gesundheitssektor, sondern bei allen Politikbereichen und zielt über die Entwicklung gesünderer Lebensweisen hinaus auf die Förderung von umfassendem Wohlbefinden hin. (Ottawa-Charta der WHO, 1996)

Folgerichtig lief 1988 das WHO-Projekt „Gesunde Städte" (WHO Healthy Cities Network) an. Heute sind in dem WHO-Projekt europaweit über 1400 Kommunen in 30 Ländern organisiert. Das Projekt startete 2014 seine sechste Entwicklungsphase (2014–2018) mit den Zielen der „Verbesserung der Gesundheit aller und Reduzierung von Ungerechtigkeiten" sowie der „Verbesserung von Führung und Teilhabe".

Zur Umsetzung dieser Ziele regelt das Sozialgesetzbuch V (SGB) Maßnahmen der Gesundheitsförderung und der Prävention im Rahmen der GKV. Im „Leitfaden Prävention" des GKV-Spitzenverbandes werden drei verschiedenen Arten der Prävention unterschieden:

▶ **Primäre Prävention:** Maßnahmen der Gesundheitsförderung nach § 20a-c SGB V zur Vermeidung von Krankheiten. Dazu zählen z. B. Aufklärungskampagnen und Risikoschutz vor Krankheiten zur Erhaltung der Gesundheit bei (noch) Gesunden.

▶ **Sekundäre Prävention:** Früherkennung von Krankheiten nach § 25 SGB V. Dazu zählen z. B. Screenings, um bereits im Frühstadium einer (noch) symptomlosen Erkrankung möglichst früh mit einer Intervention beginnen zu können.

▶ **Tertiäre Prävention:** Maßnahmen der Rehabilitation bei Vorliegen einer Erkrankung, um eine weitere Verschlechterung des Gesundheitszustandes mit Folgeproblemen zu vermeiden und die Lebensqualität zu verbessern.

Eine Erweiterung der verschiedenen Arten der Prävention beschreibt und kommentiert Kühlein in seinem Artikel „Prävention in der Allgemeinmedizin – Was ist gesichert, was ist Mythos?" (Kühlein 2014).

▶ **Quartäre Prävention:** Verhinderung unnötiger, potenziell schädlicher medizinischer Interventionen, z. B. durch Überdiagnostik und Übertherapie.

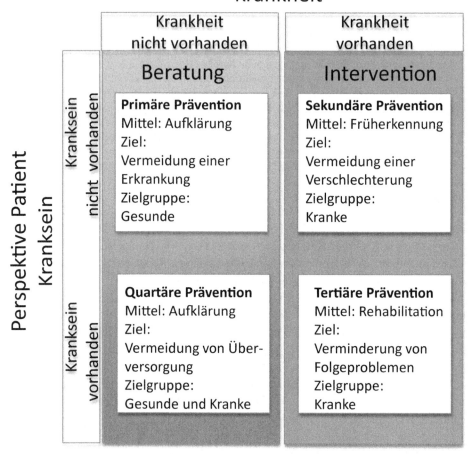

Abb. 4.1 Arten der Prävention. (Ergänzung mit eigenen Anmerkungen. Quelle: Kühlein 2014, S. 307)

Die Abb. 4.1 zeigt die Zusammenhänge zwischen den verschiedenen Perspektiven Krankheit und Kranksein in Form einer Vier-Felder-Tafel. Dabei wird von Seiten des Arztes die Diagnose einer Krankheit als Dichotomie und das Kranksein des Patienten als Kontinuum dargestellt.

Die Bedeutung der quartären Prävention im Sinne einer individuellen Beratung zur Vermeidung von Über- oder Fehlversorgung kann angesichts knapper werdender Ressourcen und immer wieder thematisierter Behandlungsfehler nicht hoch genug eingeschätzt werden. Die Deutsche Gesellschaft für Allgemeinmedizin und Familienmedizin greift dieses Thema u. a. in ihren Zukunftspositionen auf (Abholz et al. 2012).

Der Gesetzgeber hat über verschiedene Legislaturperioden hinweg mehrere Anläufe zu einem Präventionsgesetz unternommen. Die aktuell vorliegende Grundlage versucht nun eine nachhaltige Ausrichtung des Präventions- und Gesundheitsförderungsgesetzes in einem gesamtgesellschaftlichen Kontext. Dazu gehört u. a. auch die Einführung eines Mindestwertes für Präventionsausgaben. Im Vergleich zum bisherigen Richtwert gibt der Mindestwert nun auch eine gewisse Planungssicherheit. Die medizinische Prävention, begründet nach den §§ 20c, 20d, 21, 22, 23, 25 und 65b SGB V, sowie die nicht-medizinische Prävention, begründet nach §§ 20 und 20a SGB V, gilt es besser zu vernetzen und dabei alle Sozialversicherungsträger und auch alle Politikbereiche (health in all policies) mit Ländern, Kommunen, öffentlicher Gesundheitsdienst und regionale Initiativen, wie z. B. Gesundheitsregionen und verschiedene Setting-Ansätze sowie Unternehmen, zu vernetzen (Dostal und Dostal 2015).

4.3 Vom individuellen – über das betriebliche – zum kommunalen Gesundheitsmanagement

Die Sozialgesetzgebung in Deutschland fordert im § 1 SGB V eine aktive, individuelle Beteiligung der Bürgerinnen und Bürger an der Erhaltung und Wiederherstellung ihrer Gesundheit. Im Falle einer Krankheit bietet unser Gesundheitssystem eine qualitätsgesicherte ambulante, stationäre und rehabilitative Versorgung auf hohem Niveau an. Behandlungsprozesse in Arztpraxen und Kliniken sind häufig an Managementprinzipien ausgerichtet und werden von interner und von externer Seite evaluiert. Eine Befähigung der Bürgerinnen und Bürger zum Management ihrer individuellen Gesundheit im Sinne einer Gesundheitsbildung, der Entwicklung von Gesundheitskompetenz, der Bereitstellung von transparenten, nachvollziehbaren Gesundheitsinformationen, der Unterstützung bei der Festlegung, Umsetzung, Austausch und Überprüfung von individuellen Gesundheitszielen ist mit den gegenwärtigen an der Pathogenese ausgerichteten Strukturen unseres Gesundheitssystems nur ansatzweise erkennbar.

Nach dem Leitfaden Prävention des GKV-Spitzenverbandes sollen sich Präventionsangebote immer an den Bedürfnissen und Kompetenzen des Individuums ausrichten, um erfolgreich zu sein. Nach Marckmann ist gesundheitsrelevantes Verhalten erheblich von der Sozialisation, dem Einkommen, den Wohn- und Lebensverhältnissen sowie vom sozialen Umfeld beeinflusst (Marckmann 2010, S. 53). Während die Verhältnisprävention als politische Aufgabe der Schaffung günstiger Rahmenbedingungen gesehen wird, ist die Verhaltensprävention auf den Kompetenzen des Individuums und der Fähigkeit zur Übernahme von Eigenverantwortung und des Selbstmanagements begründet.

Prävention findet daher in einem System aus Ursachen und Wirkungszusammenhängen statt, wie die Abb. 4.2 zeigt.

Die Strichstärke der Verbindungslinien in Abb. 4.2 gibt die Wirksamkeit der Wechselwirkungen an. Im aktuell vorherrschenden System der Pathogenese sind die Wirkungslinien nur dünn ausgeprägt. Wie aus der Abbildung ersichtlich, spielt sich „Prävention" in

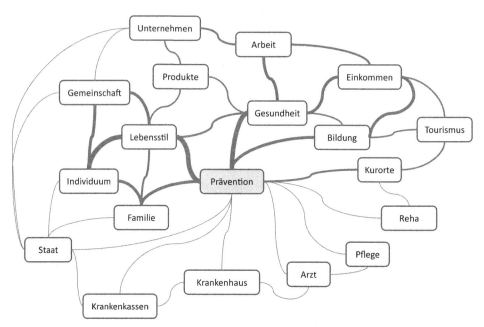

Abb. 4.2 Wirkungsketten im System der Prävention

einem System aus verschiedenen Ursache-Wirkungsbeziehungen von unterschiedlichen Akteuren ab.

Im Sinne des Modells der Befähigung des Einzelnen unter Beachtung der individuellen Risiko- und Schutzfaktoren werden von Wühr folgende Begriffe eingeführt:

▶ **Individuelle Gesundheitsförderung (IGF):** Unter Individueller Gesundheitsförderung fasst man alle Maßnahmen und Aktivitäten einzelner Menschen zusammen, ausgerichtet an ihren individuellen Präferenzen, Ressourcen und Möglichkeiten

▶ **Individuelles Gesundheitsmanagement (IGM):** Individuelles Gesundheitsmanagement ist die willentliche, systematische und eigenverantwortliche Planung und Umsetzung von individueller Gesundheitsförderung, durch die der einzelne Mensch sich vor Gefährdungen schützt und förderliche Lebensbedingungen schafft (Wühr und Kunhardt 2015).

Der demografische Wandel wird Deutschland und viele andere Länder in den nächsten Jahrzehnten stark prägen. Die Bundesregierung hat 2012 mit der Demografiestrategie und dem Leitziel „Jedes Alter zählt" auch die Themen Prävention und Gesundheitsförderung im betrieblichen und kommunalen Kontext aufgegriffen.

Die Demografiestrategie des Bundes ist an folgenden strategischen Handlungsfeldern ausgerichtet, die den Kontext vom Individuum und der Familie über die Settings Betriebe und Unternehmen zu den Kommunen und Städten spannen. „Settings" sind soziale Systeme, die einen starken Einfluss auf die Gesundheit ausüben und in denen zugleich die Bedingungen von Gesundheit auch gestaltet und beeinflusst werden können. Die Demografiestrategie des Bundes umfasst folgende Handlungsfelder:

„Familie als Gemeinschaft stärken"
„Motiviert, qualifiziert und gesund altern"
„Selbstbestimmtes Leben im Alter"
„Lebensqualität in ländlichen Räumen und integrative Stadtpolitik fördern"
„Grundlagen für nachhaltiges Wachstum und Wohlstand sichern"
„Handlungsfähigkeit des Staats erhalten"

Mit der schrittweisen Anhebung des gesetzlichen Renteneintrittsalters auf 67 Jahre bis 2029 wurde von der Bundesregierung ein Rahmen gesetzt, der die betriebliche Gesundheitsförderung und das betriebliche Gesundheitsmanagement noch stärker in den Fokus der Unternehmen stellen wird als bisher. Nicht nur die Bevölkerung wird bis 2030 erheblich zurückgehen, sondern zugleich werden auch die Arbeitnehmer deutlich altern. Während heute die 45- bis 50-Jährigen die größte Altersgruppe ist, werden es 2030 die 60- bis 64-Jährigen sein. Dementsprechend werden auch die Belegschaften in den Unternehmen älter. (Demografiestrategie der Bundesregierung, Bundesministerium des Inneren S. 17)

> Die Gesundheit der Menschen ist entscheidend für Wohlbefinden, selbstbestimmte Lebensführung, Leistungsbereitschaft und Leistungsfähigkeit. Sie ist die unverzichtbare Basis für produktives und erfülltes Arbeiten und mehr Lebensqualität. Für die Gesellschaft des längeren Lebens brauchen wir die Mitverantwortung jedes Einzelnen und jedes Unternehmens, sowie stützende Rahmenbedingungen durch die Politik. (Demografiestrategie des Bundes 2012, S. 18)

In Erweiterung des Konzepts des individuellen Gesundheitsmanagements erweitert daher Wühr den Kontext auf Betriebe und Unternehmen (Wühr und Kunhardt 2015).

▶ **Betriebliche Gesundheitsförderung (BGF):** BGF umfasst alle Maßnahmen und Aktivitäten in einem Betrieb, einem Unternehmen oder einer Behörde, die die Gesundheit seiner bzw. ihrer Mitarbeiter schützen und verbessern. Es schafft Rahmenbedingungen, in denen die Mitarbeiter ihren eigenen gesundheitsfördernden und krankheitsvermeidenden Lebensstil umsetzen können.

▶ **Betriebliches Gesundheitsmanagement (BGM):** Ein BGM ist Teil der Personal- und Organisationsentwicklung eines Betriebs, eines Unternehmens oder einer Behörde. Es besteht aus Führungskräften und Mitarbeitern, die im Betrieb bzw. Unternehmen ein Betriebliches Gesundheitsmanagementsystem entwickeln, umsetzen, betreiben, evaluieren und weiterentwickeln.

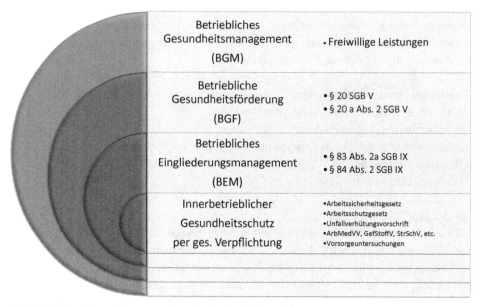

Abb. 4.3 Begriffe und Zusammenhang im Setting Unternehmen

▶ **Betriebliches Gesundheitsmanagementsystem (BGMS):** Ein BGMS umfasst alle
absichtsvoll, systematisch geplanten und umgesetzten Maßnahmen und Aktivitäten
der betrieblichen Gesundheitsförderung, durch die für Mitarbeiter und Führungskräfte
Arbeitsbedingungen geschaffen werden, in denen sie vor Gefährdungen geschützt sind
und ihren gesundheitsfördernden und krankheitsvermeidenden Lebensstil eigenverantwortlich verwirklichen können.

Die Abb. 4.3 stellt die gesetzlichen Leistungen und die freiwilligen Leistungen der Unternehmen dar.

Die Einführung eines betrieblichen Gesundheitsmanagements ist also eine freiwillige
Leistung der Unternehmen und Betriebe. Dementsprechend ist der Umsetzungsgrad von
Branche zu Branche sehr unterschiedlich. Vor allem bei kleinen und mittleren Unternehmen besteht noch Nachholbedarf. In einem Umfeld von älter werdenden Belegschaften
kommt aber dem betrieblichen Gesundheitsmanagement eine weiter wachsende Bedeutung zu.

Die Weltgesundheitsorganisation (WHO) hat in der Ottawa-Charta von 1986 die regionale und kommunale Ebene als eine der grundlegenden Handlungsebenen deklariert,
auf die eine gesundheitsfördernde und präventive Gesamtpolitik eingehen sollte. Darin
heißt es unter anderem: „Gesundheitsförderung wird realisiert im Rahmen konkreter und
wirksamer Aktivitäten von Bürgern in ihrer Gemeinde: In der Erarbeitung von Prioritäten, der Herbeiführung von Entscheidungen sowie bei der Planung und Umsetzung von
Strategien. Die Unterstützung von Nachbarschaften und Gemeinden im Sinne einer ver-
mehrten Selbstbestimmung ist ein zentraler Angelpunkt der Gesundheitsförderung; ihre

Autonomie und Kontrolle über die eigenen Gesundheitsbelange ist zu stärken. Die Stärkung von Nachbarschaften und Gemeinden baut auf den vorhandenen menschlichen und materiellen Möglichkeiten der größeren öffentlichen Teilnahme und Mitbestimmung auf. Selbsthilfe und soziale Unterstützung sowie flexible Möglichkeiten der größeren öffentlichen Teilnahme und Mitbestimmung für Gesundheitsbelange sind dabei zu unterstützen bzw. neu zu entwickeln. Kontinuierlicher Zugang zu allen Informationen, die Schaffung von gesundheitsorientierten Lernmöglichkeiten sowie angemessene finanzielle Unterstützung gemeinschaftlicher Initiativen sind dazu notwendige Voraussetzungen." (Ottawa-Charta WHO 1986, S. 4).

Für die Umsetzung des strategischen Handlungsfeldes „health in all policies" haben die Kommunen eine wichtige Verantwortung und tragende Rolle. Entsprechend der bisher vorgenommenen Einordnung des Individuums und der Betriebe in Bezug auf Gesundheitsförderung und Gesundheitsmanagement, wird nun die Kommune als Setting in den Handlungsmittelpunkt gestellt (Wühr und Kunhardt 2015).

▶ **Kommunale Gesundheitsförderung (KGF):** Unter KGF fasst man alle Maßnahmen und Aktivtäten in einer Kommune oder Region zusammen, die die Gesundheit ihrer Bürger und Gäste schützen und verbessern. Es werden Rahmenbedingungen geschaffen, in denen Bürger und Gäste ihren eigenen gesundheitsfördernden und krankheitsvermeidenden Lebensstil eigenverantwortlich umsetzen können.

▶ **Kommunales Gesundheitsmanagement (KGM):** Ein KGM ist Teil der Verwaltung einer Kommune oder Region. Es besteht aus Führungskräften und Mitarbeitern, die in der Kommune oder Region ein Kommunales Gesundheitsmanagementsystem entwickeln, umsetzen, betreiben, evaluieren und weiterentwickeln.

▶ **Kommunales Gesundheitsmanagementsystem (KGMS):** Ein KGMS umfasst alle absichtsvoll, systematisch geplanten und umgesetzten Maßnahmen und Aktivtäten der kommunalen Gesundheitsförderung, durch die für Bürger und Gäste Lebensbedingungen geschaffen werden, in denen sie vor Gefährdungen geschützt sind und ihren gesundheitsfördernden und krankheitsvermeidenden Lebensstil eigenverantwortlich verwirklichen können.

Kommunales Gesundheitsmanagement und kommunale Gesundheitsförderung integrieren und vernetzen die Akteure vor Ort und tragen dazu bei, regionale Gesundheitsziele auf Basis des tatsächlichen Bedarfs der Bürgerinnen und Bürger und auf Grundlage der regional verfügbaren Ressourcen umzusetzen. Die Beachtung der WHO-Satzung und die daraus ableitbaren Rechte werden sich nachhaltig auf die Konzeption, die Implementierung und Evaluierung von Programmen der Gesundheitsförderung auswirken. Die von der WHO geforderten Gesundheitsfolgenabschätzungen (Health Impact Assessment) im Vorfeld von politischen Entscheidungen sind vielversprechende Beiträge zur Evidenzbasierung von Entscheidungen und zur Beurteilung von Maßnahmen in der Gesundheitspolitik, werden aber häufig nur sehr begrenzt umgesetzt.

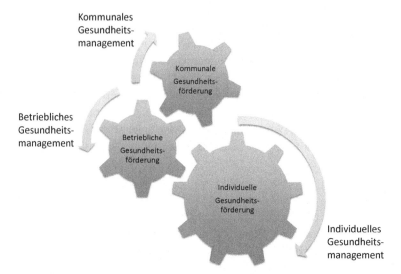

Abb. 4.4 Zusammenspiel von Gesundheitsförderung und Gesundheitsmanagement. (Quelle: Wühr und Kunhardt 2015)

Individuelle, betriebliche und kommunale Gesundheitsmanagementsysteme können unabhängig voneinander funktionieren. Günstiger ist es jedoch, wenn sie in einer Kommune oder Region eng miteinander verwoben sind und die politischen und gesetzlichen Rahmenbedingungen ihre Integration fördern.

Die Abb. 4.4 zeigt das Zusammenwirken von Maßnahmen und Aktivitäten des Individuums, des Betriebes und der Kommune und das Zusammenspiel der Managementsysteme.

Das kommunale Gesundheitsmanagementsystem (KGMS) ist umfassend und berücksichtigt alle relevanten Bereiche eines Systems der kommunalen Gesundheitsförderung (KGF), wie z. B.:

Schutz der Lebenswelt: Eine intakte Lebenswelt ist grundlegende Rahmenbedingung dafür, dass Bürger und Gäste ihren gesundheitsfördernden und krankheitsvermeidenden Lebensstil pflegen können. Deshalb ist der Schutz und Erhalt einer ökologisch ausgewogenen kommunalen Lebenswelt im Rahmen des regionalen und globalen Ökosystems im KGMS berücksichtigt.

Sicherheit der Lebenswelt und Freizeitschutz: Die Sicherheit der Lebenswelt ist in Deutschland gesetzlich detailliert geregelt (z. B. Trinkwasser- und Nahrungsmittelqualität, Verkehrssicherheit, Infektionsschutz, Sicherheit der Freizeitanlagen).

Gesundheitsbildung: Das KGM entwickelt vielfältige Beratungs- und Bildungsangebote, die Bürger und Gäste der Kommune oder Region befähigen, einen gesundheitsfördernden und krankheitsvermeidenden Lebensstil eigenverantwortlich zu entwickeln und umzusetzen: Vorträge, Seminare, Workshops, Bildungsprogramme, Symposien, Messen, Medien, webbasierte soziale Netzwerke, Gesundheitszirkel, Selbsthilfegruppen, Beratungsstellen und anderes mehr.

Medizinische und präventivmedizinische Versorgung im ambulanten und stationären Bereich (Versorgungsmanagement): Das KGM entwickelt Strategien und Maßnahmen, um die ambulante und stationäre Versorgung akut und chronisch kranker Menschen in der Kommune und Region sicherzustellen. Das KGM organisiert aus den bestehenden medizinischen Dienstleistungsangeboten der Kommune bzw. Region ein präventivmedizinisches Versorgungsnetzwerk. In diesem Netzwerk können Bürger und Gäste vertiefende medizinische Untersuchungen und medizinische Maßnahmen der primären (zum Beispiel Impfungen), sekundären (Vorsorgeuntersuchungen) und tertiären (Krankheitsmanagementprogramme) Prävention vornehmen lassen.

Gesundheitsfördernde und präventive Versorgungsnetzwerke: Das KGM unterstützt Medizin- und Gesundheitsdienstleister sowie ggf. Tourismus- und Gesundheitssportdienstleister dabei, Netzwerke zu bilden und Bürgern und Gästen umfassende und qualitativ hochstehende gesundheitsfördernde und krankheits-vermeidende Dienstleistungen anzubieten. Die Gesundheitslotsenfunktion eines regionalen Gesundheitszentrums ist in der Lage, die Bürger und Gäste über die bestehenden Dienstleistungen zu informieren und sie durch die Angebote zu „lotsen".

Betriebliches Gesundheitsmanagement in kommunalen Einrichtungen: Das KGM setzt in kommunalen Einrichtungen (Behörden, Schulen und Kindergärten) BGF systematisch um. Es bestehen Initiativen wie „Die gesunde Behörde", „Der gesunde Kindergarten" und „Die gesunde Schule" oder „Lehrergesundheit".

Gesundheitsmanagement in sozialen Settings: Das KGM regt in Familien, Betrieben, Unternehmen und Behörden, Schulen, Vereinen, Hotels und so weiter die Bildung gesundheitsfördernder Settings an und berät und begleitet sie supervidierend. Alltägliche Arbeits-, Lern- und Lebensbedingungen haben einen erheblichen Einfluss auf die gesundheitliche Entwicklung des Einzelnen und prägen gesundheitsbezogene Werte, Einstellungen und Verhaltensweisen. Bürger und Gäste finden in diesen Settings Bedingungen vor, in denen sie eigenverantwortlich ihren gesundheitsbildenden und präventiven Lebensstil verwirklichen können. Das KGM berät Verantwortliche sozialer Settings dabei, eigene Gesundheitsmanagementsysteme zu entwickeln und zu etablieren, und stellt entsprechende Bildungsangebote bereit. Es bestehen Initiativen wie z. B. „Die gesunde Familie", „Das gesunde Unternehmen", „Der gesunde Betrieb", „Die gesunde Praxis", „Die gesunde Klinik", „Das gesunde Seniorenheim", „Der gesunde Verein", „Das gesunde Hotel" und Vergleichbares mehr.

Die o.a. Komponenten und Handlungsfelder eines kommunalen Gesundheitsmanagementsystems sind als Zielvorstellung formuliert, die ja nach der regionalen Gegebenheit und den verfügbaren Standortfaktoren und Ressourcen angepasst werden können.

Die Abb. 4.5 zeigt die Handlungsfelder im kommunalen Gesundheitsmanagement.

Bei allen beeindruckenden Erfolgen und Projekten bleibt jedoch festzustellen, dass vor allem die Verhaltensprävention immer noch nicht in der Gesellschaft angekommen ist. Die Inanspruchnahme von Leistungen und Programmen der Prävention und Gesundheitsförderung ist immer noch verbesserungswürdig. So variiert der Umsetzungsgrad des Betrieblichen Gesundheitsmanagements (BGM) je nach Branche zwischen 10 und 50 %

Abb. 4.5 Handlungsfelder im kommunalen Gesundheitsmanagement. (Quelle: Wühr und Kunhardt 2015)

(Hollederer 2007, S. 63–76). Die im Präventionsgesetz geplanten Koordinierungsstellen könnten auch hier unterstützend wirken.

4.4 Gesundheitswirtschaft

Mit dem Kernbereich des Gesundheitssystems und den erweiterten Chancen und Wachstumsbereichen im individuellen-, betrieblichen- und kommunalen Gesundheitsmanagement gehört die Gesundheitswirtschaft zu den wirtschaftlich bedeutendsten Branchen in Deutschland. Die Nachfrage nach Gesundheitsprodukten und Dienstleistungen des Gesundheitswesens wächst weltweit. Bis 2030 kann sich der Umsatz in dieser Branche mehr als verdreifachen. Das Bundesministerium für Wirtschaft und Technologie (BMWi) sieht in der Gesundheitswirtschaft auch Exportpotenziale im globalisierten Wettbewerb um Gesundheitsleistungen, Medizinprodukte und grenzüberschreitende Gesundheitsversorgung. Zu diesem Zweck wurde eine Webpräsenz unter dem Namen www.exportinitiative-gesundheitswirtschaft.de eingerichtet, um die Marke „Health made in Germany" weltweit zu positionieren.

Die Gesundheitswirtschaft ist eine Zukunfts- und Wachstumsbranche. Die Bruttowertschöpfung in der Gesundheitswirtschaft ist im Zeitraum von 2007 bis 2012 jährlich im Schnitt um 3,5 % gestiegen. Im Vergleich dazu kann die Gesamtwirtschaft nur ein Wachstum von 2,4 % aufweisen. (Bundesministerium für Wirtschaft und Energie 2015, Gesundheitswirtschaft S. 10)

Um die Potenziale der Gesundheitswirtschaft besser zu erfassen, differenziert das Bundesministerium für Gesundheit die Gesundheitswirtschaft in einen Ersten und einen Zweiten Gesundheitsmarkt:

> Die Gesundheitswirtschaft setzt sich aus vielen Akteuren zusammen. Der Kernbereich, auch Erster Gesundheitsmarkt genannt, umfasst den Bereich der „klassischen" Gesundheitsversorgung, die größtenteils durch gesetzliche Krankenversicherung (GKV) und private Krankenversicherung (PKV) (einschließlich Pflegeversicherung), zu kleineren Anteilen auch durch Arbeitgeber (Lohnfortzahlung im Krankheitsfall), den Staat (Zuschüsse zur GKV) und weitere Sozialversicherungsträger geprägt ist.
> Als zweiter Gesundheitsmarkt werden alle privat finanzierten Produkte und Dienstleistungen rund um die Gesundheit bezeichnet. Dabei ist die Zuordnung, welche Waren und Dienstleistungen einen Bezug zur Gesundheit aufweisen, nicht klar definiert und teilweise umstritten. Der zweite Gesundheitsmarkt umfasst nach allgemeinem Verständnis freiverkäufliche Arzneimittel und individuelle Gesundheitsleistungen, Fitness und Wellness, Gesundheitstourismus sowie zum Teil die Bereiche Sport/Freizeit, Ernährung und Wohnen. (Bundesministerium für Gesundheit 2014)

Der volkswirtschaftliche Beitrag der Gesundheitswirtschaft hat in der politischen und öffentlichen Wahrnehmung zunehmend an Bedeutung gewonnen. Aus diesem Grund hat das Bundesministerium für Wirtschaft und Technologie 2008 einen Forschungsauftrag zur Erstellung eines Satellitenkontos für die Gesundheitswirtschaft in Deutschland" vergeben. Damit sollte innerhalb der volkswirtschaftlichen Gesamtrechnungen die Brutto-Wertschöpfung und die Beschäftigtenzahl der Gesundheitswirtschaft, die Vorleistungen und die Verflechtungen innerhalb der Gesundheitswirtschaft und mit der Gesamtwirtschaft aufgezeigt werden sowie Import- und Exportströme erfasst werden. Daraus sollten dann Entwicklungsprognosen abgeleitet werden (Ostwald et al. 2014, S. 35).

Die Finanzströme und das Potenzial des Ersten und Zweiten Gesundheitsmarktes sind in Anlehnung an das Vier-Felder-Schema von Henke wie in Abb. 4.6 dargestellt.

Dem Kernbereich der Gesundheitswirtschaft, dem sog. Ersten Gesundheitsmarkt, sind z. B. die Kosten der Krankenhausbehandlung, der ambulanten Versorgung, der Pflege sowie erstattungsfähige Arzneimittel zuzuordnen. Also Leistungen aus dem Leistungskatalog der GKV. Gesetzliche Leistungen des innerbetrieblichen Gesundheitsschutzes, des Betrieblichen Eingliederungsmanagements (BEM) und der Betrieblichen Gesundheitsförderung (BGF) sind ebenfalls dem Kernbereich der Gesundheitswirtschaft zuzuordnen.

Alle sog. Selbstzahlerleistungen, die privat von den Nutzern finanziert werden, sind der erweiterten Gesundheitswirtschaft, dem zweiten Gesundheitsmarkt zuzuordnen. Dieser Bereich ist aufgrund der Heterogenität schwer zu fassen. Darunter fallen z. B. nicht-rezeptfreie Medikamente (OTC-Arzneimittel, Over the counter), Wellnessprodukte, Functional Food (Nutracuticals), Bio-Lebensmittel, Nahrungsergänzungsmittel, Sportartikel und Ausgaben für Sport- und Fitness-Studios usw. Die Maßnahmen des Betrieblichen Gesundheitsmanagements als freiwillige Leistungen eines Unternehmens fallen in diese Kategorie, ebenso die Kosten, die ein gesundheitsaffiner Mensch für sein Individuelles Gesundheitsmanagement aufwendet.

Abb. 4.6 Unterteilung der
Gesundheitswirtschaft in den
1. und 2. Gesundheitsmarkt

Das Wissenschaftliche Institut der AOK (WIdO) schätzt den Gesamtumsatz mit individuellen Gesundheitsleistungen (IGeL) auf ca. 1 Mrd. € pro Jahr. Leistungen, die zwar dem Kernbereich der Gesundheitswirtschaft, dem ambulanten Sektor zugutekommen, aber privat finanziert werden und somit eher zur erweiterten Gesundheitswirtschaft gehören (Weymayr 2015).

Das kommunale Gesundheitsmanagement stellt die Klammer zwischen den Lebens- und Arbeitswelten in den verschiedenen Settings dar. Die Aufwendungen für das kommunale Gesundheitsmanagement würden sicher aufgrund direkter und indirekter Effekte auf einen gesundheitsfördernden Lebensstil der Bürgerinnen und Bürger und durch ebensolche Effekte auf die Belegschaft in einem gesundheitsfördernden Unternehmen die Kosten im Ersten Gesundheitsmarkt positiv beeinflussen und damit einer Fehlallokation entgegenwirken. Die Vernetzung der Angebote des individuellen, betrieblichen und kommunalen Gesundheitsmanagements ist daher eine wichtige kommunale Aufgabe, die bisher aber kaum in der Praxis anzutreffen ist.

Die Gesundheitswirtschaft in Deutschland produziert nicht nur beachtliche ökonomische Effekte für die Gesamtwirtschaft und den Arbeitsmarkt, sondern liefert aufgrund umfangreicher Vorleistungen auch viele indirekte und induzierte Effekte auf andere Branchen. So geben Ostwald, Henke und Kim neben der direkten Bruttowertschöpfung in der Gesundheitswirtschaft noch zusätzlich ca. 178 Mrd. € an indirekter und induzierter Wertschöpfung in anderen Branchen an. In der Gesundheitswirtschaft sind neben den ca. 5,8 Mio. direkt Beschäftigten noch weitere 3,1 Mio. Erwerbstätige aufgrund indirekter und induzierter Effekte in anderen Branchen verbunden, was ca. 22 % aller Beschäftigten in Deutschland ausmacht. Aufgrund von Multiplikationseffekten sichert jeder Arbeitsplatz in der Gesundheitswirtschaft einen weiteren halben Arbeitsplatz in anderen Branchen. Leistungen der Gesundheitswirtschaft werden international nachgefragt. Die Exporte der deutschen Gesundheitswirtschaft umfassen ca. 85 Mrd. € (Ostwald et al. 2014, S. 30–32).

Mit dem Gesundheitssatellitenkonto ist eine systematische Erfassung von Vorleistungen, Leistungen und Lieferungen in der Gesundheitswirtschaft möglich. Eine weitere Ausdifferenzierung in die Bereiche der Gesundheitsförderung und Prävention sowie des individuellen-, betrieblichen- und kommunalen Gesundheitsmanagements würde gesundheitsökonomische Entscheidungen in diesem Bereich sicher fördern.

4.5 „Gesundheit" als Wertbeitrag

Der Wertbeitrag einer Investition gibt an, ob sich eine Investition vorteilhaft auswirkt, also ob sie sich rechnet. Der Wert von Gesundheit wird gemeinhin als sehr erstrebenswert für das Individuum, vor allem im Falle einer Krankheit als Wiederherstellung von Gesundheit und auch von der Gesellschaft gesehen. „Gesundheit ist unser höchstes Gut" ist daher ein Leitsatz vieler Menschen.

Suhrcke diskutiert in seinem Beitrag „Prävention aus ökonomischer Sicht" verschiedene Paradigmen, die Prävention betreffend:

- „Prävention spart Geld"
- „Prävention ist kostengünstiger als Heilung"

Prävention kann sich durchaus lohnen, auch wenn kein Geld gespart wird, d. h. der kosteneffektive Einsatz ist das eigentliche Entscheidungskriterium. Die Kosten einer Präventionsmaßnahme müssen also einen hinreichend hohen Nutzen für das Individuum, das Unternehmen, oder die Gemeinschaft erbringen. Meistens liegen die Kosten für Prävention unter denen der Intervention. Prävention wird immer vorteilhafter, je teurer die Behandlungskosten sind (Suhrcke 2010, S. 41–43).

Im Bereich des betrieblichen Gesundheitsmanagements wurden viele Einzelprojekte ökonomisch evaluiert. Die Studie „Wirtschaftlicher Nutzen von Betrieblicher Gesundheitsförderung aus der Sicht von Unternehmen" des AOK-Bundesverbandes geben RoI (Return on Investment) mit 1:3 bis 1:4 an (Bonitz et al. 2007, S. 48). Evaluiert man Projekte des betrieblichen Gesundheitsmanagement nicht nur quantitativ im Sinne der Reduzierung von Kosten durch Arbeitsunfähigkeitstage, sondern auch qualitativ, z. B. durch Verbesserung der Mitarbeiterzufriedenheit, so lassen sich weit höhere RoI erzielen.

Der Wert von Maßnahmen des betrieblichen Gesundheitsmanagements lässt sich anhand der Kosten für Arbeitsunfähigkeit durch Krankheitstage ermessen. „Mit einer durchschnittlichen Arbeitsunfähigkeit von 15,0 Tagen je Arbeitnehmer ergeben sich im Jahr 2013 insgesamt 567,7 Mio. Arbeitsunfähigkeitstage. Ausgehend von diesem Arbeitsunfähigkeitsvolumen schätzt die Bundesanstalt für Arbeitsschutz und Arbeitsmedizin die volkswirtschaftlichen Produktionsausfälle auf insgesamt 59 Mrd. € bzw. den Ausfall an Bruttowertschöpfung auf 103 Mrd. €." (Bundesanstalt für Arbeitsschutz und Arbeitsmedizin 2015, S. 1). Der relativ geringe Umsetzungsgrad von Maßnahmen des betrieblichen Gesundheitsmanagements als freiwillige Leistung eines Unternehmens lässt noch sehr viel Entwicklungsspielraum zu.

Die Bedeutung der quartären Prävention, d. h. die professionelle Beratung durch Hausärzte zur Vermeidung von Über- oder Fehlversorgung ist eine wichtige Aufgabe der Zukunft in einem immer weiter vernetzten Gesundheitssystem mit immer mehr Angeboten.
„Die Patienten mit dem höchsten Risiko für ein Ereignis haben die größte Wahrscheinlichkeit eines Nutzens durch eine präventive Maßnahme." „[…] bei gleicher relativer Risikoreduktion ist die absolute Risikoreduktion für Patienten mit hohem Ausgangsrisiko
deutlich höher, als für Patienten mit niedrigem Ausgangsrisiko." (Kühlein 2014, S. 306).

Die U.S.-amerikanische Ärzte-Initiative „choosing wisely" veröffentlicht seit 2012
Listen von medizinischen Interventionen, die wirkungslos oder sogar schädlich für die
Patienten sind. Auch die DGIM (Deutsche Gesellschaft für Innere Medizin e. V.) will sich
diesem internationalen Beispiel anschließen und zum Thema der Überversorgung informieren und somit einen Beitrag zur Senkung von Behandlungskosten leisten.

Mit diesen und weiteren Initiativen kann der Wert von „Gesundheit" und der Wertbeitrag für die Gesundheitswirtschaft beträchtlich gefördert werden.

4.6 Beispielprojekt des individuellen Gesundheitsmanagements

Programme und Informationen zur Gesundheitsförderung, zum Gesundheitsmanagement
und zur Prävention werden heute in vielen Medien angeboten. Es gibt also nicht zu wenig,
sondern zu viel Information in diesem Bereich. Häufig fehlt es aber an einer qualitätsgesi-
cherten Vermittlung, Umsetzung und Begleitung der Nutzer derartiger Programme.

Programme zum individuellen Gesundheitsmanagement sind so konzipiert, dass der
Nutzer auf Basis einer individuellen Risiko- und Schutzfaktorenanalyse einen Überblick
über seinen Gesundheitszustand erhält und aktiv gesundheitsfördernde Lebensbedingungen ausbauen und krankheitsfördernde Lebensbedingungen reduzieren kann. In Form
eines regelmäßigen Assessments wiederholt der Nutzer selbstgesteuert die Risiko- und
Schutzfaktorenanalyse und erhält ein individuelles Gesundheitsdossier als Verlaufsdoku-
mentation, bei der eventuelle Änderungen visualisiert werden. Bei individuellen Fragen
kann die kontextabhängige Antwort im Programm integriert sein und als geschlossenes
System betrachtet werden, bis hin zur Möglichkeit Telefonkontakt mit Ärzten oder Ge-
sundheits-Coaches aufzunehmen. Der zeitliche Rahmen von Programmen des individuellen Gesundheitsmanagements kann dabei von einer einmaligen Momentaufnahme bis
hin zu einer lebensbegleitenden Maßnahme reichen. Um eine nachhaltige Lebensstilän-
derung zu bewirken, geht man davon aus, dass der Nutzer mindestens ein Jahr am Programm teilnehmen muss. Programme des individuellen Gesundheitsmanagements können
als Präsenzprogramme oder über Internetportale angeboten werden. Die Ergebnisse der
Programme können als gekapselte Lösungen nur dem Nutzer zugänglich sein, oder im
Rahmen von Forschungsprojekten implementiert und evaluiert werden.

Zunehmend werden Programme des individuellen Gesundheitsmanagements auch
kommerziell in Unternehmen als Teil der betrieblichen Gesundheitsförderung oder von
Krankenversicherungen angeboten.

Abb. 4.7 Raum-Zeit-Taxonomie und IT-Integration von
Programmen zum individuellen Gesundheitsmanagement.
(In Anlehnung an Gross et al.
2007, S. 49)

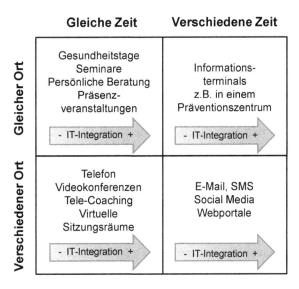

Die Implementierung von Programmen zum individuellen Gesundheitsmanagement
kann zunächst nach einer Raum-Zeit-Taxonomie eingeteilt werden. Befinden sich Nutzer und Anbieter zur selben Zeit am selben Ort spricht man von Präsenzveranstaltungen.
Angebote aus dem Bereich „blended learning" lassen sich zu verschiedener Zeit an verschiedenen Orten über Webportale nutzen, beziehen aber als Mischform, sowohl Präsenzveranstaltungen an einem bestimmten Ort, sowie Möglichkeiten der Kontaktaufnahme per
Telefon oder andere Kommunikationsmöglichkeiten mit ein (vgl. Abb. 4.7).

Ein Beispiel für ein System zum individuellen Gesundheitsmanagement ist IGM-Campus, das vom Kompetenzzentrum für Komplementärmedizin (KoKoNat) der TU München entwickelt wurde (Melchart 2014).

IGM-Campus ist eine universitätsbegleitete Anwendergemeinschaft von verschiedenen Akteuren, wie z. B. Kurorten und Heilbädern, Praxen und Kliniken, die im Sinne
eines kommunalen Gesundheitsmanagements ein umfassendes Lebensstil-Programm anbieten. IGM steht dabei für individuelles Gesundheitsmanagement und umfasst Gesundheitsförderung, Krankheitsprävention und Patientenschulung und richtet sich an Bürgerinnen und Bürger, Unternehmen und Kommunen. IGM-Campus wird aus Fördermitteln
des Bayerischen Staatsministeriums für Gesundheit und Pflege zur Qualitätsentwicklung
der bayerischen prädikatisierten Kurorte und Heilbäder unterstützt. Der Bayerische Heil-
bäderverband BHV unterstützt die Initiative und bindet sie in das Projekt „Bündnis für
gesunde Mitarbeiter" ein. Mit IGM-Campus liegt ein innovatives Konzept für Kurorte
und Heilbäder vor und dient als zukunftsfähiger Beitrag zur Unterstützung des Destina-
tionsmanagements an Kurorten und Heilbädern und zur Stärkung des Gesundheitstourismus. Ausgangspunkt für die Projektentwicklung war die Tatsache, dass die Zunahme von
Erkrankungen, vor allem der chronischen Erkrankungen, in Zukunft erhebliche soziale
und finanzielle Folgen haben wird. IGM-Campus soll die Menschen befähigen, einen

gesunden Lebensstil zu erlernen und zu erkennen, was individuell für sie zu einer Belastung und Überforderung führt.

IGM-Campus baut auf einem Kompetenznetzwerk aus Kurorten, Universität und Hochschule auf. Das Kompetenznetzwerk besteht im Rahmen der Projektförderung aus den bayerischen Kurorten Bad Alexandersbad, Bad Kötzting, Bad Griesbach, Bad Füssing, Bad Tölz, Bad Wörishofen, Treuchtlingen und dem KoKoNat-Zentrum in München. Als innovatives Konzept basiert IGM-Campus auf dem Konzept des blended learning, das klassische personale Medien mit einem webbasierten Lernkonzept kombiniert und Gruppen- und Einzelbetreuung, Präsenzlernen an den Kurorten mit Selbstlernphasen, eHealth und Telefoncoaching verbindet. Ziel ist die langfristige Änderung hin zu einem gesundheitsfördernden Lebensstil.

IGM-Campus ist ein innovatives Projekt im Bereich der Lebensstilmedizin, das individuelles Gesundheitsmanagement, betriebliches Gesundheitsmanagement und kommunales Gesundheitsmanagement möglich macht.

Neben IGM-Campus als universitäres, qualitätsgesichertes Forschungsprojekt, das alle datenschutzrechtlichen Vorgaben erfüllt, sind heute mehr als 100.000 Gesundheits-Apps verfügbar, die mittels Smartphones und vernetzen Aktivitätssensoren (Schrittzählern, Pulsmessern, usw.), eine individuelle „Rundum-Überwachung" von individuellen Gesundheitsdaten ermöglichen. Aufgrund der cloud-basierten, zentralen Auswertemöglichkeit von individuellen und kollektiven Gesundheitsdaten können Menschen ihre eigene Gesundheit im Sinne von Selbstmanagement regeln und kontinuierlich überprüfen. Initiativen, wie z. B. „quantified self", haben in dazu affinen Gruppen eine weite Verbreitung. Erste Versicherungskonzerne bieten für diese „Selbstoptimierer", die ihre Gesundheitsdaten auf zentralen Portalen der Versicherung speichern und auswerten lassen, entsprechende Bonusprogramme an.

Gesundheitsbewusstes Individualverhalten wird mit individualisierten Tarifen finanziell belohnt. Die Möglichkeiten der Datenanalyse sind in diesem Gebiet bei weitem noch nicht ersichtlich. Szenarien, wie z. B. digitale Gesundheitscoaches mit Erinnerungsfunktion, beschreiben eher noch die niedrigschwelligen Varianten. Wenn sich genügend Versicherte zunächst freiwillig an diesen Programmen beteiligen, besteht leicht für die anderen Versicherten ein Druck zur Teilnahme, der in die informationelle Selbstbestimmung eingreift und den „gläsernen Menschen mit gläsernen Gesundheits- und Verhaltensdaten" aufgrund der zentralen Speicherung und Datenauswertung ermöglicht. Hier gilt es „zweifelsfrei Sinnvolles von zweifelhaft Möglichem" zu unterscheiden.

4.7   Schlussbetrachtung

Fazit

Prävention und Gesundheitsförderung müssen zu einer gesamtgesellschaftlichen Aufgabe werden. Ein gesellschaftlicher Diskurs muss angestoßen werden, der u. a. folgende Fragen thematisiert:

- Welche Verantwortung trägt das Individuum für die eigene Gesundheit?
- Wie weit kann/darf die Eigenverantwortung gehen?
- Wie weit kann/darf der Staat in das individuelle Gesundheitsmanagement eingreifen?
- Gibt es eine individuelle Pflicht zur Prävention?
- Wie kann die Akzeptanz von Programmen zur Prävention und Gesundheitsförderung und die Adhärenz bei den Nutzern verbessert werden?
- Besteht in jeder Region ein gleichwertiger Zugang zu Informationen und Angeboten der Prävention und Gesundheitsförderung?
- Welche Verantwortung übernehmen Unternehmen und Kommunen für die Gesundheitsförderung und Prävention?
- Wie werden die Schnittstellen zwischen medizinischer und nicht-medizinischer Prävention gestaltet? Welche Chancen und Risiken ergeben sich daraus?
- Gibt es gendersensible, barrierefreie und chancengleiche Zugänge zur Prävention und Gesundheitsförderung für jede Lebensphase und jede Lebensspanne?
- Stehen auch vulnerablen Gruppen Präventions- und Gesundheitsförderungs-programme zur Verfügung?
- Wie weit beeinträchtigen Angebote aus dem Zweiten Gesundheitsmarkt mit einer zentralen Erfassung und Speicherung von gesundheitsrelevanten Daten die informationelle Selbstbestimmung der Nutzer?

Die Vernetzung und Qualitätssicherung der verschiedenen Angebote im Bereich der Gesundheitsförderung und Prävention ist aufgrund der hohen gesellschaftlichen Relevanz eine Zukunftsaufgabe für Kommunen und Gemeinschaften.

Literatur

Abholz HH et al (2012) DEGAM-Zukunftspositionen – Allgemeinmedizin – spezialisiert auf den ganzen Menschen. Deutsche Gesellschaft für Allgemeinmedizin und Familienmedizin, Frankfurt a. M.

Bengel J, Strittmatter R, Willmann H (2001) Was erhält Menschen gesund? Antonowskys Modell der Salutogenese – Diskussionsstand und Stellenwert. BZgA, Köln

Bonitz D, Eberle G, Lück P (2007) Wirtschaftlicher Nutzen von Betrieblicher Gesundheitsförderung aus der Sicht von Unternehmen. AOK-Bundesverband, Berlin

Bundesanstalt für Arbeitsschutz und Arbeitsmedizin (2015) Volkswirtschaftliche Kosten durch Arbeitsunfähigkeit 2013. Dortmund, S 1.

Bundesministerium für Gesundheit (2014) Gesundheitswirtschaft im Überblick. http://www.bmg. bund.de/themen/gesundheitssystem/gesundheitswirtschaft/gesundheitswirtschaft-im-ueber-blick.html. Zugegriffen: 4. Dez. 2014

Bundesministerium für Wirtschaft und Energie (2015) Gesundheitswirtschaft – Fakten und Zahlen Ausgabe 2014. Zarbock GmbH & Co. KG, Frankfurt a. M. (2014)

Demografiestrategie des Bundes (2012) Jedes Alter zählt. Bundesministerium des Inneren, Berlin, S 16–45

Dostal AWT, Dostal G (2015) Produktivitätsfaktor Gesundheit: Märkte, Trends und Potenziale für Prävention, individuelle und betriebliche Gesundheitsförderung. Dostal & Partner managementberatung gmbh, Bd 2. Dostal & Partner, Vilsbiburg

GKV-Spitzenverband (2014) Leitfaden Prävention. GKV-Spitzenverband, Berlin

Gross T, Koch M, Herczeg M (2007) Computer-supported cooperative work. Oldenbourg Verlag, München

Hollederer A (2007) Betriebliche Gesundheitsförderung in Deutschland, Ergebnisse des IAB Betriebspanels 2002 und 2004. Das Gesundheitswesen 69(2):63–76

Hurrelmann K, Richter M (2013) Gesundheits- und Medizinsoziologie. Beltz Juventa Verlag, Weinheim

Kühlein T (2014) Prävention in der Allgemeinmedizin – Was ist gesichert, was ist Mythos? Bayer Ärzteblatt 6:307–308

Lauterbach KW, Stock S, Brunner H (2006) Gesundheitsökonomie. Huber Verlag, Bern, S 29

Marckmann G (2010) Prävention aus ethischer Perspektive. In: Prävention im Fokus unterschiedlicher Perspektiven, Werkstattgespräche der BZgA mit Hochschulen, Bd 37. Bundeszentrale für gesundheitliche Aufklärung (BZgA), Köln, S 53–68

Melchart D (2014) IGM-Campus Individuelles Gesundheits-Management (IGM) – Der Weg zu einer Lebensstilmedizin, Kompetenzzentrum für Komplementärmedizin und Naturheilkunde, Klinikum rechts der Isar. Technische Universität München, München

Oswald DA, Henke KD, Kim ZG (2014) Weiterentwicklung des deutschen Gesundheitssatellitenkontos zu einer Gesundheitswirtschaftlichen Gesamtrechnung. Momos Verlag, Baden-Baden

Suhrcke M (2010) Prävention aus ökonomischer Perspektive. In: Prävention im Fokus unterschiedlicher Perspektiven, Werkstattgespräche der BZgA mit Hochschulen, Bd 37. Bundeszentrale für gesundheitliche Aufklärung (BZgA), Köln, S 38–52

Weltgesundheitsorganisation (1986) Ottawa-Charta. http://www.euro.who.int/__data/assets/pdf_file/0006/129534/Ottawa_Charter_G.pdf. Zugegriffen: 30. Mai 2015

Weymayr C (2015) Medizinischer Dienst des Spitzenverbandes Bund der Krankenkassen e. V. (MDS). http://www.igel-monitor.de/565.htm. Zugegriffen: 30. Mai 2015

Wühr E, Kunhardt H (2015) Kommunale Gesundheitsförderung mit System. Monographie der Technischen Hochschule Deggendorf. Fakultät für Angewandte Gesundheitswissenschaften, Deggendorf

Integrative Medizin als Ansatz zur strategischen Positionierung im Wettbewerb

Monique Bliesener, Laura Beyersdorf und Rainer Sibbel

Inhaltsverzeichnis

M. Bliesener (✉)
Kaufmännische Leiterin Zentrum für Innere Medizin, Klinikum Ernst von Bergmann
gemeinnützige GmbH, Charlottenstr. 72, 14467 Potsdam, Deutschland
E-Mail: mbliesener@klinikumevb.de

L. Beyersdorf
Klinikum Ernst von Bergmann gemeinnützige GmbH, Charlottenstr. 72,
14467 Potsdam, Deutschland
E-Mail: lbeyersdorf@klinikumevb.de

R. Sibbel
Institute for International Health Management, Frankfurt School of Finance & Management
gGmbH, Sonnemannstrasse 9–11, 60314 Frankfurt am Main, Deutschland
E-Mail: r.sibbel@fs.de

© Springer Fachmedien Wiesbaden 2016
M. A. Pfannstiel et al. (Hrsg.), *Dienstleistungsmanagement im Krankenhaus*,
DOI 10.1007/978-3-658-08429-5_5

Zusammenfassung

Der Wunsch der Patienten nach Komplementärmedizin als eine wertvolle Ergänzung zur Schulmedizin oder in klassische Behandlungspläne integriert ist mit steigendem Gesundheitsbewusstsein über die letzten Dekaden angestiegen. Ein derartiger Behandlungsansatz, der auch als integrative Medizin bezeichnet wird, gewinnt auch in Krankenhäusern an Bedeutung, beispielsweise in Ballungszentren. Entscheidend sind allumfassende Angebote, die auf den einzelnen Patienten zugeschnitten werden und somit als innovative Dienstleistung eine Schlüsselfunktion für das Krankenhaus übernehmen können. Das daraus resultierende Differenzierungsmerkmal, die erfolgreiche Kombination von evidenzbasierter Medizin und einem ergänzenden bzw. unterstützenden Angebot an alternativen Heilmethoden, verspricht in der Konkurrenz um Patienten Chancen und Wachstumspotentiale für den Anbieter.

Am Klinikum Ernst von Bergmann wurde dazu eine Marktanalyse und Potentialabschätzung durchgeführt. Gleichzeitig wurde die Marktentwicklung hinsichtlich des Wandels der Markteintrittsbarrieren und Anbieter unter Berücksichtigung der demographischen Veränderungen untersucht. Zusammenfassend sollen die Herausforderungen für eine integrative Medizin in Krankenhäusern, die Bedeutung und Kernelemente eines solches Ansatzes aus Sicht des Ernst von Bergmann Klinikums in Potsdam aufgezeigt werden. Dabei gilt es fortwährend, die ökonomischen wie medizinischen Belange im Sinne eines derartigen Gesundheitstrends abzuwägen.

5.1 Einleitung

Ayurveda, Traditionelle Chinesische Medizin, Homöopathie, Entschleunigen an der Nordsee, Yoga Retreats unter der Sonne Indiens, Schönheitsoperationen und zahlreiche Angebote zu Detox-Produkten für den Alltag werden auf Facebook gepostet, über Twitter getweeted und über die Werbung im Fernsehen in die Köpfe potentieller Patienten oder genauer Verbraucher und Konsumenten eingebrannt. Gesundheit, Gesundheitsbewusstsein und gesundheitsorientiertes Leben ist einer der Trends, der in der Bevölkerung – zumindest in gewissen Segmenten davon – zunehmend an Relevanz gewinnt und zu Anspruchs- und Verhaltensänderungen führt. Besonders auch bezüglich der Entwicklung von sportlichen Aktivitäten lässt sich anhand verschiedener Studien in den letzten Jahren feststellen, dass in weitgehend allen Altersgruppen sowohl für Männer als auch Frauen ein prinzipieller Anstieg der Bewegung zu verzeichnen ist. Es dringt verstärkt in unser aller Bewusstsein, dass Gesundheit ein kostbares Gut ist, welches durch Sport und ausgewogene Ernährung positiv beeinflusst werden kann und möglichst lange erhalten bleiben sollte. Angetrieben durch das Ziel, möglichst lange gesund zu leben, erfährt der zweite Gesundheitsmarkt seit einigen Jahren einen spürbaren Boom und wächst nachhaltig (Beerheide 2014).

Generell lassen sich alle Leistungen, die auch nur im Entferntesten als Produkt oder Dienstleistung dem Zweck der Gesunderhaltung oder Genesung dienen und die der Konsument vollständig privat finanziert, unter dem Begriff zweiter Gesundheitsmarkt zusammenfassen. Jedoch ist dieser Begriff zweiter Gesundheitsmarkt nicht ganz eindeutig definiert oder geschützt und bietet somit viel Spielraum zur Interpretation (AG GGRdl 2014). Mit knapp 70 Mrd. € Ausgaben im zweiten Gesundheitsmarkt von insgesamt ca. 300 Mrd. € Gesamtausgaben im Gesundheitsbereich, die in 2013 einzig durch private Haushalte getätigt wurden, zeigt sich die wachsende Bedeutung desselbigen (BMG 2014). In Anbetracht der Fortschritte in der Biomedizin, der Arzneimittelforschung, der Medizintechnik sowie in der Medizin generell, die schon auf dem Weg zu personalisierten Therapien, Gelenken aus dem 3-D-Printer oder zu im Labor gezüchteten Zähnen sind, wird das Angebot an unterstützenden Dienstleistungen und Produkten, die dem Wohlbefinden dienen, nicht nachstehen. Besonders vor dem Hintergrund der Demographie und des skizzierten Wertewandels in der Gesellschaft gilt es, den geänderten Ansprüchen und Nachfragen der Konsumenten mit diversen ergänzenden und/oder auch alternativen Angeboten entgegen zu kommen.

Wie in allen anderen Branchen geht es auch im Gesundheitswesen zunehmend darum, den Patienten in seiner Rolle als Bedürftiger wie auch Kunde zu verstehen, dessen Wünsche und Ziele in ein Konzept einzuarbeiten und ihm letztendlich einen spürbaren Nutzen und Wert zu bieten. Eine zentrale Frage dabei ist, ob die bislang doch sehr abgegrenzten Leistungsbereiche und Strukturen – die stark regulierten ambulanten und stationären Leistungsangebote, Versorgungsstrukturen und deren Finanzierung im System der sozialen Krankenversicherung einerseits und der „freie" zweite Gesundheitsmarkt andererseits – enger miteinander verflochten werden sollten? Wie kann eine solche Verflechtung zwischen den herkömmlichen Gesundheitsversorgern und der integrativen Medizin geschaffen werden? Und wie müssen die Leistungspakete geschnürt werden, damit sie für den Konsumenten ansprechend, reizvoll und wertschöpfend sind?

Gerade für Krankenhäuser sind diese Fragen von besonderer Relevanz und Bedeutung, da sie einerseits im Rahmen der Vergütungsregeln und der Intention des Gesetzgebers seit Jahren unter sehr hohem Wettbewerbs- und Kostendruck stehen und sich strategisch in dem angestrebten Marktumfeld positionieren müssen. Und andererseits verspüren die Patienten zunehmend Unbehagen darüber, dass die klassische Medizin und die etablierten Leistungsanbieter sich immer weniger patientenorientiert verhalten, fallpauschalen- und mengenfokussiert handeln und Patienten in hohem Maße dem Risiko von Über-, Unter- und Fehlversorgung ausgesetzt sind (Sibbel 2011, S. 191 f.). Letztlich hängen das Überleben und der Erfolg von Krankenhäusern langfristig aber entscheidend davon ab, dass sie ausreichend viele Patienten davon überzeugen, die jeweils beste Qualität im Sinne der medizinischen Versorgung wie der umfassenden weiteren Ansprüche bieten zu können.

5.2   Integrative Medizin und ihre Relevanz

5.2.1   Integrative Medizin als Sammelbegriff

Der Begriff „integrative Medizin" wird oftmals synonym zu „Komplementärmedizin" verwendet. Generell werden darunter unterschiedliche Therapien und diagnostischen Konzepte, die sich als Alternative oder ergänzend zur klassischen Schulmedizin verstehen,

verstanden bzw. zusammengefasst. Zurzeit existiert keine allgemein akzeptierte Begriffsdefinition von Alternativmedizin. Jedoch gibt es von der Weltgesundheitsorganisation
eine umschreibende Erklärung, die da lautet: „Die Begriffe Alternativmedizin/ Komplementärmedizin (CAM) umfassen ein breites Spektrum von Heilmethoden, die nicht Teil
der Tradition des jeweiligen Landes sind und nicht in das dominante Gesundheitssystem
integriert sind" (WHO 2015). Besonders, da nur eine Annäherung an den Begriff integrative Medizin versucht wird, umfasst dieser ein unzählig und breites Band an Ansätzen und
Verfahren, deren Vielfältigkeit durch die nachfolgende ausschnittsweise Aufzählung von
Therapie- und Behandlungsformen deutlich wird.

Zur integrativen Medizin zählen Naturheilkundeverfahren, Homöopathie, Methoden
asiatischer Herkunft wie Akupunktur und Traditionelle Chinesische Medizin, Ayurveda,
Qigong, Yoga, Atemtherapie oder Meditation. Jede einzelne dieser Therapieformen hat
schon längst Einzug in das heutige Gesundheitssystem gefunden und ist fester Bestandteil und häufig Alltag im Leben vieler Patienten bzw. der Bevölkerung. Gleichzeitig ist
nicht wirklich abzusehen, inwiefern diese Methoden in den ersten Gesundheitsmarkt zu
integrieren sind. Allerdings gibt es schon seit Jahren das Bestreben danach, über Studien
die Wirksamkeit einzelner komplementärmedizinischer Ansätze nachzuweisen und sie
somit in die evidenzbasierte Medizin einzureihen. Einzelne gesetzliche Krankenkassen
bieten zudem an, teilweise anfänglich unter der Prämisse der Teilnahme an einer Studie
die Finanzierung der Behandlung zu übernehmen oder aber diese über Zusatzversiche-
rungen abzudecken (TKK 2015). Die scheinbare „Randerscheinung" integrative Medizin
entpuppt sich somit als „farbenfroher Schmetterling", dem zunehmend Aufmerksamkeit
entgegengebracht wird.

5.2.2 Einblick in Zahlen, Daten und Fakten zur integrativen Medizin

Vorrangiges Ziel der integrativen Medizin ist die sinnvolle Verbindung konventioneller
und naturheilkundlicher Medizin in Kombination mit einer Lebensstilveränderung, d. h.
die Etablierung einer wirkungsvollen, eher ganzheitlich ausgerichteten, eben integrativen
Medizin. So alt dieser Gedankengang an sich schon ist, so zäh und schwierig erscheint
allerdings dessen Umsetzung, gerade auch in Deutschland. Die USA ist Deutschland in
dieser Hinsicht Meilensteine voraus – dort ist die integrative Medizin bereits fester Bestandteil des Spezialisierungsangebotes in der Versorgung, sowie in Forschung und Lehre
an renommierten Universitäten und Kliniken des Landes wie die Harvard Medical School
in Boston, die Duke University in Durham, die University of Arizona in Tucson oder die
Mayo-Kliniken in Rochester. Jedoch auch in den USA basiert die Integration der Komplementärmedizin auf einem langen und steinigen Weg. Aufgrund der vehementen Forderung
von Patienten gab das National Institute of Health dem Druck nach und gründete das National Center for Complementary and Alternative Medicine im Jahre 1988. Seither wird
dieser Center mit mindestens \$120 Mio. jährlich durch das National Institute of Health
gefördert (NCCIH 2015).

Nachdem dieser Begriff und Ansatz durchaus auch in Deutschland populär geworden ist, lassen sich etwa seit der Jahrtausendwende erste bedeutsame Veränderungen festmachen. Schon 1999 wurde die Klinik für Naturheilkunde und Integrative Medizin an der Klinik Essen-Mitte als Modelleinrichtung des Landes Nordrhein-Westfalen aufgebaut. Die Planbetten, die durch eine Umwidmung der bisher klassisch internistischen Betten geschaffen wurden, wurden allerdings weiterhin in der internistischen Abteilung im Bettenplan des Landes geführt. In 2004 etablierte die Universität Duisburg-Essen einen Stiftungslehrstuhl für Naturheilkunde der Alfried Krupp von Bohlen und Halbach-Stiftung. Der Inhaber dieses Stiftungslehrstuhls ist Herr Professor Dr. med. Gustav J. Dobos. An seinem Lehrstuhl steht die Forschung und Lehre im Bereich der Integrativen Medizin im Mittelpunkt. Wissenschaftlich wird überprüft, wie die Verzahnung erfahrungsbasierter Naturheilkunde und evidenzbasierte Medizin erfolgreich vollzogen wird bzw. werden kann. Das Hauptaugenmerk wird dabei auf die klassischen westlichen Naturheilverfahren, die Ordnungstherapie sowie die Integration weiterer traditioneller Heilsysteme wie der Traditionellen Chinesische Medizin (TCM) und der Ayurvedischen Medizin gelegt.

An der Berliner Charité wird ebenfalls seit einigen Jahren der Ansatz der Integrativen Medizin verfolgt. Nach erlangter Habilitation im Fach Naturheilkunde an der Medizinischen Fakultät der Universitätsklinik Essen wurde Herr Professor Dr. med. Andreas Michalsen 2009 Chefarzt der Abteilung Naturheilkunde im Immanuel Krankenhaus Berlin und Inhaber der Stiftungsprofessur für klinische Naturheilkunde am Institut für Sozialmedizin, Epidemiologie und Gesundheitsökonomie der Charité-Universitätsmedizin Berlin. Die Charité Hochschulambulanz für Naturheilkunde wurde schon 2008 im Rahmen des Wettbewerbs „Deutschland – Land der Ideen am Standort" zum „Ort im Land der Ideen 2008" prämiert. Einen weiteren Standort der Hochschulambulanz für Naturheilkunde der Charité befindet sich in Berlin am Wannsee im Immanuel Krankenhaus. Für einen abgerundeten Behandlungsplan stehen beide Ambulanzen im engen Austausch miteinander. Das Ziel ist es, alternative Medizin in die herkömmliche Schulmedizin zu integrieren, dadurch einen höheren Behandlungserfolg zu erlangen und dies wissenschaftlich zu dokumentieren und zu analysieren.

Daneben sind in den vergangenen Jahren auch zahlreiche gesetzliche und private Krankenkassen auf diesen Trend aufgesprungen und bieten diverse integrierte Behandlungspakete an. Generell versuchen die Krankenkassen diese Kombination der verschiedenen Behandlungsmethoden vor allem auf Patienten, die seit längerer Zeit ohne entsprechende Besserung konventionell behandelt wurden, oder Patienten, bei denen unter konventioneller Behandlung schwerwiegende Nebenwirkungen aufgetreten sind, auszurichten (UKV 2014). Als maßgebliche Prämisse gilt dabei, optimale Behandlungsansätze aus konventioneller Medizin und wissenschaftlich evaluierter Naturheilkunde zu kombinieren. Das Patientenklientel, bei dem vermehrt das Behandlungsspektrum der Integrativen Medizin ergänzend angewendet wird, richtet sich zumeist an Patienten mit internistischen Erkrankungen sowie chronischen Schmerzsyndromen wie z. B.:

- Herz-Kreislauf Erkrankungen wie koronare Herzkrankheit (KHK), Herzinsuffizienz, arterielle Hypertonie,
- Asthma bronchiale, chronisch obstruktive Lungenerkrankung (COPD) und weitere Lungenerkrankungen,
- chronisch entzündliche Darmerkrankungen (CED), Reizdarmsyndrome,
- chronische Schmerzsyndrome des Bewegungsapparates,
- schwere Formen der Migräne und Kopfschmerzen,
- rheumatologische Krankheiten einschließlich der Fibromyalgie.

Analog zur Schulmedizin kann auch in diesen Fällen der Patient ambulant oder stationär behandelt werden. Jedoch ist die Kostenübernahme durch die Krankenkasse nicht immer gewährleistet und ggf. im Einzelfall zu klären, was zu mannigfaltigen Fragen rund um die Vergütung stationärer komplementärmedizinischer Behandlungsleistungen im Krankenhaus und bei den gesetzlichen sowie privaten Krankenversicherungen führt. Generell kann jedoch davon ausgegangen werden, dass die naturheilkundliche und anthroposophisch-medizinische Komplexbehandlung mit dem OPS 8-975 verschlüsselt und über ein sogenanntes Zusatzentgelt den Krankenkassen in Rechnung gestellt werden kann. Allerdings müssen dafür nicht nur bestimmte Mindestvoraussetzungen erfüllt werden, sondern muss dieses Zusatzentgelt auch vorab vom Krankenhaus mit verhandelt worden sein. Gemäß dem ICD Katalog für 2015 ist das essentielle Kriterium zur Abrechnung, dass eine Behandlung von „mindestens 120 Therapieminuten pro Tag durch ein klinisch-naturheilkundliches Team unter Leitung eines Facharztes mit der Zusatzbezeichnung Naturheilverfahren und mit mindestens dreijähriger Erfahrung im Bereich der klassischen Naturheilverfahren durchgeführt wird." (ICD Code 2015). Im ambulanten Bereich muss der niedergelassene Arzt ebenso sehr genau über die Möglichkeiten der Abrechnung der erbrachten Leistungen und über die Liquidation bei der Behandlung seiner Patienten Bescheid wissen. Hierfür stellen der EBM-Katalog sowie die GOÄ bzw. BG-GOÄ den Rahmen dar, der zur Abrechnung alternativer Heilverfahren herangezogen werden kann.

Welche Anstrengungen das Ernst von Bergmann Klinikum in Potsdam vor diesem Hintergrund unternommen hat, um integrative Medizin in das Leistungsspektrum undgeschehen des Akut-Krankenhauses einzubinden, und welche Prozessveränderungen und Umstellungen daraus resultieren, soll im folgenden Abschnitt näher dargelegt und illustriert werden.

5.3 Ist-Analyse zur Einführung der integrativen Medizin in Potsdam[1]

Das Klinikum Ernst von Bergmann Potsdam zählt als zukunftsorientiertes Krankenhaus der Schwerpunktversorgung zu den größten Gesundheitsversorgern in der Metropolregion Berlin/Brandenburg. Das Klinikum betreibt in Potsdam mehr als 1100 Betten und bietet

---

[1] In Abstimmung mit Elisabeth Sagstetter, Geschäftsbereichsleitung Zweiter Gesundheitsmarkt, Klinikum Ernst von Bergmann Potsdam.

ein umfassendes medizinisches Leistungsspektrum in 29 Kliniken und Fachbereichen an. Im Jahr 2014 wurden im Klinikum 1934 Kinder geboren, 48.000 Menschen in der Notaufnahme erstversorgt und 39.500 Menschen fanden stationäre Hilfe durch innovative Spitzenmedizin. Das Klinikum, ein akademisches Lehrkrankenhaus der Humboldt-Universität zu Berlin (Charité), gehört zu den größten Arbeitgebern der Region. Über 2400 Mitarbeiter, davon 388 Ärzte und 867 Pflegekräfte, arbeiten hier. Das Klinikum ist seit 2009 nach KTQ® zertifiziert.

In Potsdam betreibt das Klinikum neben der Poliklinik Ernst von Bergmann mit mehr als 20 Vertragsarztsitzen zusätzlich ein Medizinisches Versorgungszentrum, eine Senioreneinrichtung, eine Servicegesellschaft sowie eine Cateringtochter. Überregional ist das Klinikum an den Standorten Bad Belzig und Forst (Lausitz) aktiv und betreibt hier sowohl Kliniken der Grund- und Regelversorgung als auch ambulante medizinische Versorgungseinrichtungen.

Um die Marktattraktivität des Klinikums Ernst von Bergmann zu steigern und für den Patienten ein breiteres Behandlungsspektrum anbieten zu können, wurde eine Analyse zum Aufbau und zur Integration einer neuen strategischen Geschäftseinheit, der integrativen Medizin, durchgeführt und dessen Auswirkungen für das Klinikum Ernst von Bergmann unter verschiedenen Gesichtspunkten illustriert.

Nachfolgend werden tabellarisch zentrale Aspekte der SWOT-Analyse, im Rahmen derer die ersten Ergebnisse zur Einführung der integrativen Medizin im Klinikum Ernst von Bergmann Potsdam zusammengefasst wurden, dargestellt (siehe Tab. 5.1) und erläutert.

Wesentliche Zielstellung des Klinikums Ernst von Bergmann als Träger des Gesundheitsparks Potsdam ist es, den Bürgerinnen und Bürger von Potsdam und Umgebung ein umfassendes Angebot medizinischer Leistungen anzubieten. Die integrative Medizin ist eine wertgeschätzte Ergänzung der konventionellen Medizin, soweit sie nicht konkurrierend, sondern als komplementäres Angebot verstanden wird. Gleichzeitig würde das Klinikum Ernst von Bergmann seine Marktposition gegenüber Wettbewerbern steigern und das Leistungsspektrum ausweiten. Unter Berücksichtigung einer veröffentlichten Umfrage der Hochschulambulanz der Charité nutzen schon jetzt 61.3 % der Senioren mindestens eine Therapieform der integrativen Medizin (Teut 2014). Da diese Umfrage mit mehreren hundert Befragten sich auf den Kreis Berlin und Brandenburg bezieht, stellt sie sehr wichtige und repräsentative Ergebnisse zur Verfügung, welche unbedingt in die Überlegungen zu neuen Geschäftsfeldern einfließen sollten.

Die über Jahre festgestellte zunehmende Nachfrage für eine die konventionelle Medizin ergänzende Naturheilkunde über alle Altersschichten hinweg ist in weiten Teilen der Bevölkerung festzustellen. Besonders im Hinblick auf die Folgen des demografischen Wandels ist eine stärkere Zusammenarbeit von Schulmedizin und Naturheilkunde gefordert, um den sich ändernden Anforderungen und Erwartungen an die Gesundheitsversorgung und das Gesundheitssystem gerecht werden zu können. Vor diesem Hintergrund erscheint es lohnenswert, die Erweiterung des Leistungsangebots in Richtung integrative Medizin ernsthaft in Betracht zu ziehen und auf seine wirtschaftliche Rentabilität hin zu prüfen. Zusammenfassend kann die oben genannte hohe Nachfrage und der Bekanntheitsgrad der

Tab. 5.1 SWOT-Analyse zur Einführung der integrativen Medizin im Klinikum Ernst von Bergmann

	Stärken	Schwächen
Intern	Vorhandenes Patientenpotenzial	Akquise von hochqualifizierten Personal verschiedener Berufsgruppen
	Ausstattung für Diagnostik	Mangelnde Anerkennung durch Berufskollegen der Schulmedizin
	Keine hohen Investitionen in technische Ausstattung notwendig	Viele Subfächer der Komplementärmedizin erschweren die Fokussierung auf klare Behandlungsmethoden
	Infrastruktur des Schwerpunktversorgers nutzen	
	Erweiterung des Leistungsspektrums	
	Stärkung der Marktpositionierung und Marktattraktivität	
	Chancen	*Risiken*
Extern	Hohe Nachfrage nach integrativen Behandlungsmethoden	Unattraktive Vergütungsstrukturen
	Steigendes Gesundheitsbewusstsein	Schlechte Verdienstmöglichkeiten bei Naturheilverfahren durch unattraktive Abrechnungsstrukturen
	Naturheilverfahren sind zukunftsträchtige Behandlungsmethoden v. a. bei chronischen Zivilisationskrankheiten	Starkes Wettbewerbsumfeld
	Immer mehr Behandlungsmethoden können evidenzbasierten Nutzen nachweisen	Integration der Naturheilkunde in das medizinische Versorgungssystem
	Entwicklung im ambulanten Bereich als Reaktion auf erhöhte Nachfrage: niedergelassene Ärzte haben zum Facharzt eine Zusatzbezeichnung im alternativ-medizinischen Bereich	
	Kooperationen	

integrativen Medizin als Chance zur Marktöffnung und Etablierung einer neuen strategischen Geschäftseinheit gesehen werden.

Besonders deutlich zeigt sich die Nachfrage im ambulanten Bereich. Als Reaktion auf das vorhandene Patientenpotenzial haben sich eine Vielzahl von niedergelassenen Ärzten mit dem Fachgebiet physikalische und/oder rehabilitative Medizin sowie Ärzte mit der Zusatzbezeichnung Naturheilkunde im Raum Potsdam und in Berlin angesiedelt. Die Möglichkeit einer Kooperation mit etablierten ambulanten Einrichtungen stellt für das Klinikum Ernst von Bergmann eine Chance zur Integration der naturheilkundlichen Medizin dar.

Im nahen Wettbewerbsumfeld haben sich Kliniken mit naturheilkundlicher Ausrichtung etabliert, die als starke Mitstreiter in der integrativen Medizin identifiziert wurden. Ein bunter Strauß an Möglichkeiten zur Einführung von Naturheilverfahren ist in der deutschen Krankenhauslandschaft denkbar. Einzig – das passende Geschäftsmodell auch in Anbetracht der verankerten Strukturen und Prozesse muss generiert werden. Vorstellbar und gelebte Praxis sind Kooperationen mit Universitätskliniken, ambulante Behandlungszentren oder der Aufbau einer eigenen Fachrichtung für Naturheilkunde. Je nach Umsetzungsstrategie kann die Marktpositionierung differieren.

Die Infrastruktur des Klinikums Ernst von Bergmann als Schwerpunktversorger wirkt für die Einbindung der integrativen Medizin unterstützend. Neben dem breiten Angebot an hausinterner Diagnostik begünstigt eine überregionale Versorgung durch Abteilungen wie zum Beispiel Unfallchirurgie, Radiologie, Anästhesie, Neurologie den hohen Standard der Infrastruktur und das mögliche Einzugsgebiet. Des Weiteren vereinfachen die als gering eingeschätzten Investitionen in die technische Ausstattung, wie z. B. neue Diagnosegeräte, das Ausrollen einer derartigen neuen Fachrichtung. Ergänzend zu der Aussage, dass vergleichsweise wenig technische Ausstattung erforderlich ist, wird diese in einem Krankenhaus der Schwerpunktversorgung zumeist ohnehin schon vorgehalten und kann im konkreten Fall freizugänglich verwendet werden. Die Fachabteilungen mit komplementärer Ausrichtung profitieren davon, dass jederzeit eine Zusammenarbeit mit konventionell arbeitenden Abteilungen möglich ist. Inhalt und Zielstellung der Naturheilkunde bedingen allerdings eine die klassische Zuordnung überwindende, interdisziplinäre Organisationsform, in der ein qualitativ hochwertiges Angebot etabliert werden kann.

Voraussetzung für die Integration der alternativen Medizin ist, dass die leitenden Klinikärzte über ihr Fachgebiet und ihre Organisationseinheit hinaus die Bereitschaft haben, die Weiterentwicklung des komplementärmedizinischen Leistungsspektrums zum Wohle des Patienten aktiv zu unterstützen. Die neuen komplementären Behandlungsmethoden müssen im Sinne eines ganzheitlich interdisziplinären Konzepts in die etablierten, schulmedizinisch geprägten Strukturen eingeflochten werden. Unter der Maßgabe der Wirtschaftlichkeit ist deshalb sehr genau zu hinterfragen, ob und wie die Etablierung eines ambulanten oder stationären Leistungsangebots Naturheilkunde eine für alle Beteiligten erfolgversprechende Option darstellt.

Für die Einführung der integrativen Medizin ist die Erstellung eines naturheilkundlichen diagnostischen und therapeutischen Konzeptes notwendig. Hierbei bedeutend ist der Aufbau eines interdisziplinären Teams, welches sich aus Ärzten mit einer speziellen Fachweiterbildung, Pflegekräften und Fachexperten aus verschiedenen anderen Heilberufen, wie beispielsweise Physiotherapeuten, Psychologen, und Diätassistenten zusammensetzt. Die Vielzahl von Subfächern der Komplementärmedizin verlangt nach qualifizierten, im Team integrierten Fachkräften, um die Möglichkeiten und Grenzen der integrierten Medizin kompetent und fundiert abschätzen und beurteilen zu können.

Die wenig verlockenden Vergütungsstrukturen von naturheilkundlichen Fachabteilungen und die hohe Nachfrage im ambulanten Sektor sind z. B. ein relevantes Hindernis, um qualifizierte Ärzte für den klinischen Bereich zu gewinnen. Für Mediziner mit naturheilkundlichen Zusatzqualifikationen ist der ambulante Bereich finanziell wesentlich attraktiver (Dorner 2014). Neben der Ausgestaltung des Angebots integrativer Medizin sind derartige Überlegungen zu verfügbaren Ressourcen und zu integrierten Prozessstrukturen maßgebliche Herausforderungen im Rahmen der Konzepterstellung und dessen Umsetzungsperspektive.

5.4   Markteintrittsbarriere n und ökonomische Rahmenbedingungen

Die vorangegangene Ist-Analyse der Situation und die tendenziell immer größere Nachfrage nach integrativer Medizin lässt die Frage aufkommen, warum in diesem Feld stationäre Angebote in Krankenhäusern nur sehr verhalten entstehen und nicht wie Pilze aus dem Boden sprießen. Worin bestehen die zentralen Barrieren für Krankenhäuser, sich dieses Marktfeld zu erschließen? Zunächst kann unter dem Begriff der Markteintrittsbarrieren die Summe aller Faktoren definiert werden, die es einem Unternehmen (im Vergleich zu bereits etablierten Institutionen) erschweren, in einen Markt neu einzutreten (Porter 2013, S. 41–49). Grundsätzlich werden in dem Kontext strukturelle, strategische und industriebezogene Barrieren diskutiert. Bei der Etablierung der stationären Behandlung ist die strukturelle Barriere der Produktdifferenzierungsvorteile wenig ausgeprägt, da das bisherige Angebot zu integrativer Medizin im deutschen Krankenhaussektor als noch so gering eingeschätzt werden kann, als das Patienten bereits Präferenzen für spezifische Kliniken entwickelt haben könnten. Jedoch gelten Universitätsklinika mit einer entsprechenden Stiftungsprofessur sicherlich als starke Marke und Zugpferd für die Akquise von Patienten und entsprechend qualifiziertem Personal. Um diese Barriere zu brechen, ist es ggf. von Vorteil, Lehrkrankenhaus jener Universitätsklinik oder aber ein Kooperationspartner dieser zu sein, die in diesem Kontext wie die Charité bereits eine Historie haben.

Betriebsgrößenersparnisse (economies of scale) können erst nach geraumer Zeit erlangt werden, denn zunächst ist mit hohen fixen Kosten durch zusätzliches Personal zu rechnen. Da es sich bei der Integrativen Medizin nicht um eine Apparatemedizin, sondern um sehr personalaufwendige Therapien handelt, ist auch bei steigender Patientenzahl nicht mit enormen Synergieeffekten oder sinkenden Kosten pro Behandlung zu rechnen. Lediglich eine breite Produktpalette und eine hohe Auslastung der für alternative Medizin vorgesehenen Betten bietet die Gewähr, den Break-Even-Punkt zu erreichen bzw. zu übertreffen. Im betrachteten Fall ist besonders der personelle Aufwand – Fachspezialisten mit entsprechender Berufserfahrung -, der auch seitens des Gesetzgebers gefordert wird, ausschlaggebend. Produktdifferenzierung ist besonders im Fall der stationären Behandlung kein zwingender Nachteil, denn in diese Nische sind bislang wenige Krankenhäuser vorgedrungen und es darf ein zusätzliches Patientenaufkommen erwartet werden. Da keine teuren Spezialgeräte notwendig sind, entfallen hohe Anschaffungs- und Wartungskosten.

Und dennoch liegt auch in diesem Entscheidungskontext der Teufel im Detail, da das relevante Zusatzentgelt nur ab einer bestimmten Mindestverweildauer abgerechnet werden darf. Somit ist es fraglich, wenn sich durch derartige integrative Behandlungskonzepte wohlmöglich die durchschnittliche Verweildauer erhöht, wie hoch die damit verknüpften Opportunitätskosten sind. Also jene Kosten, die dadurch entstehen, dass eine andere Möglichkeit der Ressourcenverwendung, sprich die Bettenbelegung mit neuen Fällen, nicht genutzt werden kann. Deshalb muss eine sehr genaue Betrachtung erfolgen, ob die alternative Medizin besonders für ein Akutkrankenhaus nicht eher im ambulanten Bereich eine vielversprechendere Möglichkeit ist, das Therapieangebot zu erweitern. Denn besonders seit Einführung der DRGs ist die Verweildauer der Patienten ein Benchmark, an dem jedes

Krankenhaus täglich gemessen wird. Das Zusatzentgelt und dessen Möglichkeiten zur Abrechnung konterkariert u. U. das Bestreben, die Verweildauern auf oder unter das von der InEK vorgegebene Durchschnittsniveau zu senken. Hinzukommt, dass zwar ab der Mindestverweildauer das Zusatzentgelt abgerechnet werden kann, aber ungewiss ist, ob in einem Akutkrankenhaus das Patientenportfolio in der benötigten Quantität vorhanden ist, um insgesamt kostendeckend arbeiten zu können. Zweifelsohne macht es auch für Patienten, die die für die Abrechnung vorgeschriebene stationäre Mindestverweildauer nicht erzielen, Sinn, ihnen die alternative Medizin ergänzend angedeihen zu lassen – jedoch besser eben in ambulanter Form oder in entsprechenden Rehabilitationseinrichtungen, die in der Form aber erst noch geschaffen werden müssten. Zusammenfassend ist die zentrale Frage: hat das Krankenhaus gemessen an den finanziellen Restriktionen und politischen Vorgaben das passende Patientenportfolio, um eine langfristig erfolgreiche Perspektive für integrative Medizin aufmachen zu können? Einen langen Atem hat diesbezüglich die Universitätsklinik Essen – Mitte bewiesen, die sich nach 5 Jahren nun an schwarzen Zahlen in diesem Feld erfreut. Als Grundtenor bleibt dennoch die Erkenntnis, dass integrative Medizin kein Geschäftsmodell bietet, dass problemlos stationär auskömmliche Profite verspricht.

Aufgrund der im Krankenhaus von DRGs und Zusatzentgelten geprägten Struktur ist es schwerlich machbar, sich von Mitbewerbern durch Preisvorteile zu unterscheiden. Es besteht demnach nur die Möglichkeit, durch das Behandlungsspektrum und die Qualität herauszustechen und somit ein größerer Patientenmagnet zu sein als die Mitstreiter. Dennoch, bei einer Erweiterung des Leistungsportfolios um integrative Medizin entstehen zunächst hohe Kosten bei der Personalakquise. Tendenziell unerheblich ist dabei, ob die Fachkräfte intern oder extern gewonnen werden sollen. Bei der internen Suche muss interessierten Mitarbeitern der Freiraum gegeben werden, die Spezialisierung zu erlangen, oder aber jemanden, der diese bereits erlangt hat, muss von extern an die Klinik geholt werden. Beide Varianten sind zumeist zeitintensiv und nicht adhoc umsetzbar. Somit muss eine solche Umstellung des Leistungsangebots von langer Hand geplant sein und auch die Vermarktung muss rechtzeitig begonnen werden, damit die Lücke zwischen Zeitpunkt der Investition und den daraus resultierenden Rückflüssen möglichst gering gehalten werden kann.

5.5 Ausblick

Über Jahrzehnte war der Graben zwischen Schulmedizin und naturheilkundlichen Verfahren so tief, dass an ein gemeinsames, sich ergänzendes integratives Therapiekonzept nicht zu denken war. Seit mehreren Jahren jedoch reagieren die Ärzte in Deutschland gerade im ambulanten Bereich mehr und mehr auf die steigende Nachfrage der Patienten auch nach alternativer Medizin und entwickeln ergänzende Behandlungsverfahren, verbinden schulmedizinische mit naturheilkundlichen Therapien, ganzheitlich, individuell und den neuesten Erkenntnissen der Komplementärmedizin entsprechend.

Bietet integrative Medizin auch eine Perspektive für Krankenhäuser, um sich im Markt behaupten bzw. besser positionieren zu können? Die aufgezeigten Entwicklungen belegen, dass das Angebot von Komplementärmedizin in Kliniken sicherlich nicht zu verachtende positive Effekte erzielen kann. Allerdings lassen sich diese nicht zuletzt vor dem Hintergrund der gegebenen Vergütungsstrukturen wohl nur mit Hilfe sektorenübergreifender Vernetzung ausschöpfen. Gerade integrative Therapieformen haben zudem vor allem dann Erfolg, wenn die Behandlungskontinuität gewährleistet wird. Dies erfordert, dass integrativ behandelte Patienten nach Entlassung aus der stationären Versorgung im Sinne der naturheilkundlichen Anwendungen und den erlernten Techniken zur Selbsthilfe möglichst begleitet werden müssen, um die Aktivierung der Gesundheitsressourcen im Alltag nachhaltig zu fördern. Diese langfristige Umstellung der Lebensgewohnheiten ist gerade bei den chronischen Zivilisationskrankheiten nichts, was innerhalb einer Verweildauer von wenigen Tagen im Krankenhaus erzielt werden kann. Langfristig hilft auch diesbezüglich nur ein Umdenken in der Gesundheitspolitik in Richtung integrativer Versorgungskonzepte. Auf Krankenkassenseite haben dies einige Institutionen bereits erkannt und werben auf ihren Internetseiten bereits mit ganzheitlichen und integrativen Versorgungsansätzen (DAK 2014).

Ein verstohlener Blick in die USA zeigt, dass dort z. B. ein großer Fokus auf die integrative Onkologie gelegt wird, im Rahmen dessen auch neue Chancen für die ganzheitliche Nachsorge eruiert werden. Eine Vielzahl von Studien aus den USA, Europa, Asien haben gezeigt, dass Komplementärmedizin mittlerweile häufig in der Krebsmedizin eingesetzt wird (Dorner 2014). Da Krebs eine Erkrankung mit vornehmlich schwieriger bzw. schlechter Prognose ist, möchten viele Krebspatienten sämtliche Therapieoptionen ausschöpfen. Der ganzheitliche Ansatz besteht darin, dass die Kombination von ergänzenden Therapien oftmals die Nebenwirkungen von Krebstherapien verringern oder auch dass sie die Lebensqualität der Patienten verbessern (sowohl körperlich als auch emotional). Daher wird in den USA versucht, diese Therapien in den gesamten onkologischen Behandlungsplan der Klinik zu integrieren – dies ist die Herangehensweise der „Integrativen Onkologie". Als ein herausragendes Zentrum für integrative Onkologie gilt beispielsweise das Memorial Sloan Kettering Cancer Center in New York. Ebenso ist auch das deutsche Beispiel der Essener Klinik „Klinik für Naturheilkunde und Integrative Medizin" unter der Leitung von Direktor Prof. Dr. med. Gustav J. Dobos in Deutschland zu nennen, stellt aber eher noch eine Seltenheit dar. Während die integrative Onkologie in den USA zu einem real existierenden Bestandteil der onkologischen Versorgung geworden ist, steckt sie in Deutschland oft noch in der Phase eines vielleicht angedachten Konzeptes – wenngleich im spürbaren Wandel begriffen.

Worauf wartet Deutschland eigentlich? Die Spezialisten sind ausgebildet (ca. 60.000 Fachärzte) und bieten Leistungen im Bereich Komplementärmedizin in ihren Praxen an. Vielleicht beginnt ja gerade ein Umdenken – berücksichtigt man die vielen Symposien zur integrativen Medizin, die schon jetzt eine breite Informations- und Diskussionsplattform darstellen. Unter den jetzigen Bedingungen kann der Akzent auf integrative Medizin wohl nur in kooperativen Ansätzen zwischen Krankenhäusern und Niedergelassenen oder in speziellen Ausrichtungen in Tageskliniken umgesetzt werden. Die Gesundheitspolitik wird dann anhand geschaffener Fakten bei Zeiten wohl nachziehen (müssen).

Literatur

AG GGRdL (2014) Arbeitsgruppe Gesundheitsökonomische Gesamtrechnungen der Länder, Definition Gesundheitsmarkt. http://www.ggrdl.de/ggr_definitionen.html#Gesundheitsmarkt. Zugegriffen: 15. Juni 2015

Beerheide R (2014, Juli 24) Zweiter Gesundheitsmarkt wächst. Ärzte Ztg Online 2, S 5

BMG (2014) Bundesministerium für Gesundheit, Bedeutung der Gesundheitswirtschaft. http://www.bmg.bund.de/themen/gesundheitssystem/gesundheitswirtschaft/bedeutung-der-gesundheitswirtschaft.html. Zugegriffen: 15. Juni 2015

DAK (2014) DAK-Gesundheit, Naturheilverfahren und alternative Heilmethoden. http://www.dak.de/dak/leistungen/Naturheilverfahren-1099668.html. Zugegriffen: 15. Juni 2015

Dorner C (2014) Wo Patienten um Betten buhlen. Klin Manage Aktuell (kma) 19(6):43–45

ICD Code (2015) Multimodale Komplexbehandlung. http://ops.icd-code.de/ops/code/8-975.html. Zugegriffen: 15. Juni 2015

NCCIH (2015) National Center for Complementary and Integrative Health, NCCIH funding: appropriations history. https://nccih.nih.gov/about/budget/appropriations.htm. Zugegriffen: 15. Juni 2015

Porter ME (2013) Wettbewerbsstrategie, 12. Aufl. Campus Verlag, Frankfurt a. M.

Sibbel R (2011) Rahmenbedingungen für mehr Patientensouveränität – das Arzt-Patienten-Verhältnis als Ausgangspunkt. In: Fischer A, Sibbel R (Hrsg) Der Patient als Kunde und Konsument. Gabler Verlag, Wiesbaden, S 187–209

Teut M (2014) 60 % der Senioren nutzen Komplementärmedizin. http://www.integrative-medizin-blog.de/?p=104. Zugegriffen: 30. April 2015

TKK (2015) Techniker Krankenkasse, Kopf- und Rückenschmerzen. http://www.tk.de/centaurus/servlet/contentblob/230444/Datei/2336/30.8/654.pdf. Zugegriffen: 15. Juni 2015

UKV (2014) Union Krankenversicherung AG, Sanft gegen den Krebs. https://www.ukv.de/content/service/gesundheitsmagazin/medizin/komplementaermedizin/index.html. Zugegriffen: 15. Juni 2015

WHO (2015) World Health Organization, Traditional Medicines: Definitions. http://www.who.int/medicines/areas/traditional/definitions/en/. Zugegriffen: 15. Juni 2015

Einweiserbeziehungsmanagement

Andrea Raab und Klaus Legl

Inhaltsverzeichnis

A. Raab (✉)
Business School, Technische Hochschule Ingolstadt, Esplanade 10, 85049 Ingolstadt, Deutschland
E-Mail: Andrea.Raab@thi.de

K. Legl
Löfftzstraße 5, 80637 München, Deutschland
E-Mail: klauslegl@aol.com

© Springer Fachmedien Wiesbaden 2016
M. A. Pfannstiel et al. (Hrsg.), *Dienstleistungsmanagement im Krankenhaus*,
DOI 10.1007/978-3-658-08429-5_6

Zusammenfassung

Es ist in der Krankenhaus-Szene schon länger bekannt, dass trotz stark zunehmender Bedeutung der sozialen Medien 70 bis 80 % der elektiven Patienten deutscher Krankenhäuser ihre Krankenhauswahl auf Basis einer Empfehlung ihres niedergelassenen Arztes treffen. Trotzdem spielt das Thema Einweisermanagement in deutschen Krankenhäusern noch immer eine zu geringe Rolle. Heute betreiben nach eigenen Angaben immer noch nur ca. 30 % das Thema Einweisermanagement intensiv bis sehr intensiv. Bei den Häusern, die heute angeben, Einweisermanagement mit einem durchschnittlichen Aufwand bis hin zu einem sehr intensiven Engagement zu betreiben, folgen 75 % bei der Umsetzung ihrer Maßnahmen keinem einheitlichen Konzept. Diese Fakten verdeutlichen, dass in diesem Thema noch viel Luft nach oben gegeben ist. Vor diesem Hintergrund soll der nachfolgende Beitrag Krankenhäuser ermutigen, sich mit dem Thema intensiver zu beschäftigen, den Mehrwert von professionellem Einweiserbeziehungsmanagement, also der Etablierung und Pflege von vertrauensvollen Beziehungen für das eigene Haus zu erkennen und zu nutzen. Er soll die wichtigsten methodischen Elemente und Maßnahmen von erfolgreichem Einweiserbeziehungsmanagement beleuchten und praxisnahe Hinweise für eine erfolgreiche und nachhaltige Einführung zur langfristigen Sicherung von Patientenströmen geben.

6.1   Veränderte Rahmenbedingungen im Krankenhaus – Risiko oder Chance zum strategischen Aufbruch?

Der Strukturwandel in deutschen Krankenhäusern dauert an. So sind die deutschen Krankenhäuser mit einem deutlichen Anstieg bei den Fallzahlen von 15,8 Mio. im Jahr 1991 auf 18,8 Mio. Fälle im Jahr 2013 (vgl. Statistische Ämter des Bundes und der Länder 2014, S. 13) bei gleichzeitigem Rückgang der Bettenanzahl um über ein Viertel auf nunmehr 500.671 in 2013 (vgl. Statistische Ämter des Bundes und der Länder 2014, S. 13) konfrontiert. Mit 6,2 Krankenhausbetten pro 1000 Einwohner ist die Versorgungsdichte im Vergleich zu anderen Ländern, wie beispielsweise Frankreich (3,8 Betten/1000 Einwohner) oder USA (2,8 Betten/1000 Einwohner), immer noch sehr hoch (vgl. Braun und Rong 2012, S. 3). Augenfällig sind aber auch der gleichbleibende Trend hinsichtlich Schließungen und Fusionen von nicht mehr wettbewerbsfähigen Kliniken sowie der Anstieg der privaten Trägerschaft bei deutschen Kliniken (vgl. Hodek et al. 2009, S. 254 f.). Insbesondere werden die Fallzahlen in den kommenden Jahren weiter steigen, da die demografische Entwicklung die Nachfrage nach medizinischen Leistungen bei stationären Leistungserbringern weiter erhöhen wird. Trotz politisch motivierter Zwischenlösungen bei der Finanzierungsproblematik von Krankenhäusern wird der generelle wirtschaftliche Druck auf die Krankenhäuser in Deutschland durch wirtschaftlich und politisch bedingte Ausgabenlimits auch in Zukunft nicht nachlassen und somit zu einer weiteren Wettbewerbsverschärfung beitragen. Obwohl steigende Kosten den Handlungsdruck von Krankenhäusern weiter erhöhen werden, sind Kostenreduktionen als Primärlösung zunehmend ausgereizt. Da zudem auch Personaleinsparungen erfahrungsgemäß zu einer negativen Entwicklung der Dienstleistungskultur geführt haben und damit kaum einen zuträglichen Beitrag für die Herausforderungen bei der qualitativ hochwertigen Erfüllung des Versorgungsauftrags leisten können, denken innovative Geschäftsführer von Kliniken, Krankenhausmanager und zunehmend mehr betriebswirtschaftlich gut ausgebildete Chefärzte heute mehr denn je über eine aktive Einflussnahme auf die Patientenströme zur Steigerung des Fallaufkommens und damit zur Sicherung der Krankenhauserlöse nach.

6.2 Marktorientierung – Sind Einweiser als Kunden zu bezeichnen?

Wie in vielen Branchen bereits langer Zeit üblich, gilt zunehmend auch in deutschen Krankenhäusern die Stakeholder-Orientierung als nachhaltiges Lösungsszenario zur Stärkung der wirtschaftlichen Position (Gary 2013, S. 31).

„Stakeholder sind alle internen und externen Individuen und Institutionen, die von den unternehmerischen Tätigkeiten gegenwärtig oder in Zukunft direkt oder indirekt betroffen sind." (vgl. Gabler Verlag 2015, o. S.). Der Begriff des Stakeholders ist nicht deckungsgleich mit dem Begriff des Kunden. Als Kunden sollen diejenigen Anspruchsgruppen gelten, welche die Wertschöpfungskette direkt beeinflussen oder unmittelbar an ihr beteiligt sind (vgl. Hensen 2009, S. 850). Sie sind im Sinne des Relationship Marketings oder Beziehungsmanagements besonders interessant. Folgt man dieser Definition, zählen in einer Klinik demnach drei Stakeholder oder Anspruchsgruppen zu den Kunden: Patienten als Leistungsempfänger, Einweiser als Vermittler und Kostenträger als leistungshonorierende Instanz (vgl. Raab und Drissner 2011, S. 20; Woratschek und Horbel 2011, S. 289–303).

Gelingt es, deren Bedürfnisse zu kennen und diese ernst zu nehmen, kann eine aktive und erfolgreiche Rolle des Krankenhauses bei der Steuerung des Patientenflusses erreicht werden (vgl. Hensen 2009, S. 84). Ob der niedergelassene Arzt am Ende als Kunde oder strategischer Partner bzw. Absatzmittler bezeichnet wird, ist zweitrangig (vgl. Raab 2015a, o. S.). Wichtig ist, dass zunehmend professionelle Konzepte zum Relationship Management mit dieser besonderen Zielgruppe zu entwickeln sind, ähnlich den Marketingkonzepten im Investitionsgütermarketing! Niedergelassene Ärzte sind für Krankenhäuser so wichtig wie Geschäftskunden für Industriegüterhersteller, wie beispielsweise kleine und mittlere Maschinenbauunternehmen für den Industriezweig der Firma Siemens. Verschärfend kommt hinzu, dass sich die Organisationsform der niedergelassenen Ärzte in den vergangenen Jahren stark verändert hat, wie beispielsweise durch den Aufbau von fachübergreifenden Ärztenetzen oder durch die Gründung von Medizinischen Versorgungszentren (MVZ) (vgl. Oberreuter 2010, S. 160–175). Die Professionalisierung der Einweiser schreitet voran, damit auch deren Erwartungshaltung an stationäre Leistungserbringer (vgl. o. A.* Kompass GmbH 2012, S. 4–13)[1].

6.3 Einweiserbeziehungsmanagement – Weit mehr als Marketing und Vertrieb für das Krankenhaus?

Für den über das reine Einweiser- oder Zuweisermarketing (vgl. Thill 2010, S. 5) hinausgehenden Begriff des Einweiserbeziehungsmanagements soll folgende Definition fungieren: „Einweiserbeziehungsmanagement ist eine markt- und kundenorientierte Form der Klinikführung, die den Aufbau, die Intensivierung und gegebenenfalls die Wiederaufnahme langfristiger Beziehungen zu den niedergelassenen Ärzten auf Basis einer ganzheitlichen und differenzierten Einweiserstrategie mit dem Ziel der gegenseitigen Nutzenstiftung zur Aufgabe hat." (Raab und Drissner 2011, S. 26) Damit soll in Abgrenzung zunächst herausgestellt werden, wie es nicht geht: Es funktioniert nicht mit einer Reihe von halbherzigen Ad-hoc-Aktionen, die hin und wieder von Mitarbeitern in der Verwaltung, vorzugsweise dem Pressesprecher oder Kommunikationsverantwortlichen der Klinik, angestoßen werden und eine andere Stakeholder-Gruppe, nämlich die Öffentlichkeit, bedient! Es hat eben gerade sehr wenig mit klassischer Öffentlichkeitsarbeit, d. h. Pressearbeit, beispielsweise im Krisenfall, zu tun. Es geht um ein strategisches Konzept, das klare Ziele in Bezug auf die Marktpartner beinhaltet, eine Positionierung (was für wen?) für die wichtigsten Einweiser(gruppen) erarbeitet und dann einen jeweils passenden, oft individuellen Maßnahmenplan pro niedergelassenem Arzt offeriert. Vor allem geht es um Kontinuität und Langfristigkeit, die Niedergelassenen als wichtigste Partner in ein Gesamtkonzept zu integrieren.

Oft war es dem Zufall überlassen, ob sich (Verwaltungs-)Mitarbeiter oder gar die Chefärzte selbst um einige wichtige Einweiser nach Gutdünken gekümmert haben, so dass vor dem Hintergrund deren hohen Arbeitsbelastung das Thema oftmals mit einer gewissen Zufallskomponente belastet war.

Die Priorität des Themas, mit dem ein Krankenhaus durch Steigerung seiner Patientenzahlen, Erhöhung der Auslastung der Kapazitäten und Gewinnung von „idealen", respektive „gewollten" Patientenfällen, die auch positive Deckungsbeiträge bringen, erheblich zur Verbesserung seiner Ergebnissituation beitragen kann (vgl. Mayer 2007, S. 45), wurde jedoch von immer mehr Experten aufgezeigt. So haben mittlerweile auch einige Krankenhausmanager die Bedeutung des Themas für ihr Unternehmen erkannt. Sie sind bestrebt,

---

[1] Vgl. Kompass GmbH 2012 (Eigenstudie – Onlinebefragung, 05/2010, $n = 150$).

klare Vorstellungen von Einweiserbeziehungsmanagement und Ziele dazu zu definieren und zu kommunizieren, sowie Chefärzte für diese Aufgabe zu begeistern und ihnen nicht zuletzt das nötige Rüstzeug an die Hand zu geben. Ohne die Einführung von Einweiserbeziehungsmanagement als Element der Unternehmensstrategie ist eine nachhaltige Marktorientierung in der Praxis kaum umsetzbar. Die Entwicklung und Umsetzung der Einweiserstrategie im Krankenhaus ist dann erfolgreich, wenn sie mit der Etablierung eines regelmäßigen strategischen Planungsprozesses einhergeht. Als erste Voraussetzung für die Strategieentwicklung müsste idealerweise eine umfassende Bestandsaufnahme im Rahmen einer externen und internen Analyse betrieben werden.

6.4 SWOT-Analyse – Wie sind die Chancen und Risiken im Markt bzw. die Stärken und Schwächen aus der Sicht der Einweiser zu bewerten?

Chancen und Risiken kommen aus der externen Analyse: Die externe Analyse zielt auf das vom Krankenhaus nicht steuerbare Makroumfeld und somit auf politisch-rechtliche, wirtschaftliche und sozio-kulturelle/demografische Faktoren ab. Darauf bauen das grundlegende strategische Handeln sowie die Gestaltung des Leistungsprogramms mit den aus Kundensicht definierten Gesundheitsleistungen inkl. Sekundärleistungen (Services) eines Krankenhauses. Darüber hinaus umfasst die externe Analyse Faktoren, mit denen das Mikroumfeld einer Klinik gekennzeichnet ist, d. h. die Bewertung des regionalen Markts mit dem jeweiligen Marktpotenzial (also dem Erwartungswert für die Gesamtzahl der Fälle, einfacher: Wie viele Fälle gibt es in meinem Einzugsgebiet insgesamt in einer Periode?), die Wettbewerber sowie die Kunden, also insbesondere Patienten und eben Einweiser (vgl. Raab und Drissner 2011, S. 34). Wie Marktspezialisten im Rahmen einer Vielzahl von Geodatenanalysen herausgefunden haben, hat sich bei der Abgrenzung des relevanten Markts die Dreiteilung in einen Kernmarkt mit einem Marktanteil von >20%, einen erweiterten Kernmarkt (5 bis 20% Marktanteil) sowie einen peripheren Markt (1 bis 5% Marktanteil) bewährt. Einbezogen werden muss bei dieser Betrachtungsweise aber auch der Umstand, dass bei der Definition des relevanten Marktes eines Krankenhauses, z. B. im Rahmen einer Marktentwicklung (Ausweitung des Einzugsgebietes), auch Regionen Berücksichtigung finden müssen, die außerhalb der oben beschriebenen Marktanteile liegen können.

Bei der internen Analyse geht es vorrangig um die Erfassung der Stärken und Schwächen des Krankenhauses aus der Sicht des niedergelassenen Arztes und im Vergleich zum Wettbewerber, z. B. hinsichtlich der Leistungsparameter Ruf/Image des Krankenhauses, Leistungsspektrum/Ausstattung, medizinische/pflegerische Qualität, Kommunikation/Zusammenarbeit/Information und insbesondere Organisation der Schnittstellen (Einweisung, Entlassung) (vgl. Raab und Drissner 2011, S. 81).

Berücksichtigung finden muss darüber hinaus aber auch die Bewertung der Chancen aus der externen Mikroanalyse (hier aus der Sicht der Einweiser), z. B. die Identifikation von neuen Leistungen, die sich Einweiser wünschen (beispielsweise bestimmte Untersuchungen oder Medikationen für Patienten) oder die ihnen zur Überbrückung von Notsituationen helfen (Betrieb der Praxis durch einen verantwortlichen Krankenhausmitarbeiter für einen bestimmten Zeitraum bei Krankheit des jahrelang bekannten Einweisers). Auf Grundlage der Ist-Analyse (extern und intern) lassen sich dann die Ziele des Einweiserbeziehungsmanagements und der Weg zur Zielerreichung (Einweiserstrategie) festlegen. Dafür muss in weiteren Schritten der für das Krankenhaus relevante Markt hinsichtlich seiner Einweiser segmentiert, die für das Krankenhaus attraktiven Einweisersegmente priorisiert und Angebote für die Zielsegmente im Rahmen eines Positionierungskonzepts entwickelt werden. Dieses Prozedere soll in Abschn. 6.5 und 6.6 aufgezeigt werden.

6.5 Einweisergruppierung als Voraussetzung für eine differenzierte (ertragsorientierte) Marktbearbeitung?

Vorweg die strittige Frage, die die Autoren in vielen Krankenhausseminaren und Workshops diskutieren: Dürfen bestimmte niedergelassene Ärzte bevorzugt bedient werden? Ist es vertretbar, mit Stammeinweisern oder Ärzten, die zu solchen aufgebaut werden sollen, engere Beziehungen zu pflegen und ihnen bestimmte Services zukommen zu lassen, die andere nicht bekommen? Dieses Konzept der Priorisierung von Kunden oder Partnern ist sowohl in der Literatur als auch in der Praxis seit Jahrzehnten Standard und orientiert sich mit seiner Grundidee auch an anderen Dienstleistungsbranchen!

Da es große Fachbereiche mit einer Vielzahl von (möglichen) Einweisern zu tun haben, sollen die niedergelassenen Ärzte in homogene Gruppen zusammengefasst werden, die deren Bedeutung (im wesentlichen Ertragspotenzial) widerspiegeln. Für die Clusterung (Segmentierung) sind operativ anwendbare Kriterien festzulegen. Es soll ein standardisiertes mehrstufiges Verfahren zur Anwendung kommen, das neben quantitativen auch qualitative Merkmale berücksichtigt. So sollen neben einfachen Analysedaten aus Gegenwart und Vergangenheit auch zukunftsorientierte Informationen für alle niedergelassenen Ärzte in dem relevanten Einzugsgebiet des Krankenhauses einbezogen werden (vgl. Raab und Drissner 2011, S. 81; Raab et al. 2013, S. 41).

6.5.1 Die Makrosegmentierung – ein standardisierter Ansatz auf Basis des Datensatzes nach § 21 KHEntG

In einem *ersten Schritt* im Rahmen der sogenannten Makrosegmentierung mit Hilfe des standardisierten Datensatzes nach § 21 KHEntG (vgl. Raab et al. 2013, S. 39–45; Raab und Legl 2015, Kapitel Einweiserbeziehungsmanagement) verknüpft mit den Einweiserdaten (krankenhausindividuelles Format) können Einweiser mit Potenzial ermittelt werden (vgl. Raab et al. 2013, S. 42). Wir bezeichnen diese Gruppe als Potenzialeinweiser

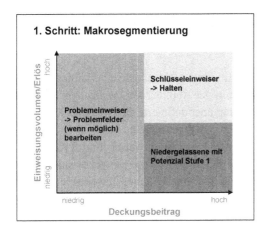

Einweisungsvolumen/Erlös
- Fälle (Anzahl)
- Entwicklung Fälle (über die Quartale der letzten drei Jahre)
- Effektivgewichte (Anzahl der Punkte über alle Fälle)
- Effektivgewicht pro Fall (Durchschnittliche Anzahl Punkte pro Fall)

Deckungsbeitrag*
- Verweildauer (kumuliert über alle Fälle in Tagen)
- Verweildauer pro Fall (Durchschnitt in Tagen über alle Fälle)
- Abweichung der Verweildauer von der mittleren Verweildauer nach DRG-Katalog (kumuliert über alle Fälle in Tagen)

* Die meisten Kliniken haben keine DB-Rechnung installiert, die Verweildauer korreliert mit dem Deckungsbeitrag

Abb. 6.1 Quantitative Kriterien zur Ermittlung von Potenzialeinweisern (Makrosegmentierung)

Stufe 1, weil nicht alle einer weiteren aufwändigeren Prüfung standhalten und im nächsten Potenzialprüfungsschritt, der Mikrosegmentierung, durch das Raster fallen. Dabei finden ausschließlich quantitative Daten in Bezug auf das Fallaufkommen eines Einweisers Berücksichtigung (vgl. Abb. 6.1).

Es handelt sich um die ökonomischen Faktoren Einweisungsvolumen/Erlös sowie Deckungsbeitrag, welche eine ertragsorientierte Einteilung der Einweiser in drei Segmente zulassen (vgl. Raab und Drissner 2011, S. 84 f.; Raab et al. 2013, S. 43; Elmhorst 2008, S. 24–28).

Die erste Einweisergruppe im Fokus ist die Gruppe der *Schlüsseleinweiser* mit hohem Einweisungsvolumen und Erlösen sowie gutem Deckungsbeitrag. Als zweite Einweisergruppe können *niedergelassene Ärzte mit Potenzial* (Stufe 1) mit niedriger bzw. mittlerer Fallzahl, aber mit hohem Deckungsbeitrag identifiziert werden. Die dritte Einweisergruppe, die im Rahmen der Makrosegmentierung bestimmt werden kann, wird als die Gruppe der *Problemeinweiser* bezeichnet, d. h. die Einweiser mit einem in der Regel niedrigen Einweisungsvolumen und einem geringen Deckungsbeitrag. Auch wenn sich in den letzten Jahren die Situation in den Krankenhäusern sichtlich verbessert hat, können heute immer noch viele Krankenhäuser in Deutschland nicht auf eine tragfähige Deckungsbeitragsrechnung zurückgreifen. So muss alternativ bei der Kennzahlenbildung der Makrosegmentierung auch auf korrelierende Kennzahlen, wie beispielsweise die Verweildauer kumuliert über alle Fälle, die durchschnittliche Verweildauer pro Fall und insbesondere auf die Abweichung der Verweildauer von der mittleren Verweildauer nach DRG-Katalog (kumuliert über alle Fälle) Bezug genommen werden. Eine korrekte Fallzuordnung stellt selbstverständliche die Grundlage für die Makrosegmentierung dar. Aus Erfahrung wissen die Autoren, dass durchaus auch bei Universitätskliniken häufig weniger als 50 % der elektiven Fälle den entsprechenden Zuweisern richtig zugeordnet werden können! Hier ist die klare Definition der von Patienten aufzunehmenden Daten in der Aufnahme erste Priorität.

6.5.2 Die Mikrosegmentierung – Einbeziehung von Praxisdaten für die weitere Qualifizierung als Potenzialeinweiser

In einem *zweiten Schritt* erfolgt eine weitere Qualifizierung hin zu einem veritablen Potenzialeinweiser aus der Makrosegmentierung. Wie in der Abb. 6.2 veranschaulicht werden kann, wird in der sogenannten Mikrosegmentierung über definierte allgemein zugängliche Daten eine weitere Potenzialbestimmung jeder Praxis vorgenommen.

Ziel ist, im Rahmen einer Feinsegmentierung die Potenzialeinweiser für das Krankenhaus herauszufinden, die einer weiteren Prüfung standhalten. Diese Einweiser sollten bei der zielorientierten und angemessenen Ansprache über tatsächliche Einweiserpotenziale für die eigene Fachabteilung verfügen. Hierbei geht es insbesondere um sozio-demografische (insbesondere Anzahl Ärzte in der Praxis), geografische (Entfernung der Praxis zum eigenen Krankenhaus, aber auch Entfernung der Praxis zum nächsten Wettbewerber) und nicht zuletzt um einweisungsverhaltensrelevante Daten (welche Diagnosen werden eingewiesen), die die untersuchte Einzelpraxis für Einweisungen in das relevante Krankenhaus qualifizieren. Unter Zuhilfenahme von öffentlich zugänglichen externen Quellen können die hierfür benötigten Daten zu großen Teilen relativ einfach erhoben werden. Eine weitere wichtige Kennzahl für die Mikrosegmentierung ist in der „Kennzahl Marktpotenzial" der Einzelpraxis zu sehen. Diese wird auf Grundlage der Kennzahl „Anzahl stationärer Fälle im PLZ-Gebiet der Praxis" entwickelt. Die Bedeutung der Kennzahl ist in der Hypothese zu sehen, dass bei hohem Marktpotenzial auch der einzelnen Praxis, die sich in diesem Gebiet befindet, ein höheres theoretisches Fallpotenzial zuzuschreiben ist. Dabei ist als Ergebnis kein exakter Wert zu erwarten, aber der Erhalt einer Größenordnung. Auf dieser Grundlage kann dann in einem nächsten Schritt auch der „share of wallet", also der Anteil des eigenen Hauses am Gesamtbudget der jeweiligen Praxis, abgeschätzt werden (vgl. Raab und Legl 2015, Kapitel Einweiserbeziehungsmanagement). Für eine tragfähige Potenzialabschätzung des Krankenhauses ist das Wissen notwendig, ob der eigene

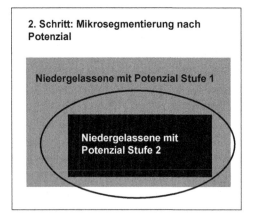

Abb. 6.2 Quantitative Kriterien zur Ermittlung von Potenzialeinweisern (Mikrosegmentierung)

Anteil am Gesamtfallaufkommen einer Praxis sehr niedrig oder bereits groß ist. Des Weiteren sollte der Schritt der Mikrosegmentierung eine detaillierte Analyse der sogenannten Einweiserprofile beinhalten. Für das Krankenhaus scheint es hierbei sinnvoll, Ergebnisse zur Fallverteilung auf Top-Diagnosen zu betrachten und diese nach der Entfernung der Praxen zu gliedern, z. B. welche Fälle aus welchen Entfernungen von Einweisern dem Krankenhaus zugewiesen werden. Durch diese Erkenntnisse sind Krankenhäuser in der Lage, Lücken im Einweiserspektrum in Bezug auf die Top-Diagnosen festzustellen und dementsprechend Einweiser zu identifizieren, die hier noch Zukunftspotenzial vermuten lassen. Zudem kann das Krankenhaus auf dieser Grundlage die im Rahmen der Makroanalyse identifizierten Problemeinweiser in ihrer Klassifizierung überprüfen. In diesem Fall würden Fälle mit zumeist negativem Deckungsbeitrag (d. h. überdurchschnittlich hohen Verweildauern) an das Krankenhaus gehen, während für das Krankenhaus wirtschaftlich einträgliche Top-Diagnosen möglicherweise einem Wettbewerber zugewiesen werden. Der als Problemeinweiser klassifizierte niedergelassene Arzt hat seinen Sitz sehr oft näher an einer Wettbewerberklinik und es kann angenommen werden, dass neben der regionalen Nähe, die in jedem Fall eine wichtige Rolle spielt, auch enge Beziehungen zum Wettbewerberkrankenhaus existieren.

Zusammenfassend kann für die Mikrosegmentierung noch einmal herausgestellt werden, dass mit der fokussierten Bezugnahme auf relevante Daten der Praxis eines Einweisers eine weitere Qualifizierung eines Einweisers mit Potenzial vorgenommen werden kann. Ohne diese wäre wohl eine sinnvolle und tragfähige Auswahl der echt potenzialträchtigen und aufbaufähigen Potenzialeinweiser nicht möglich.

6.5.3 Ziel(gruppen)auswahl – Auf welche Einweiser(gruppen) sollen Ressourcen konzentriert werden?

Die sogenannte Zielgruppenauswahl mit der finalen Definition der Zielgruppe soll in einem *dritten Schritt* erfolgen. Zielpunkt muss hier sein, die Potenzialeinweiser zu benennen, die durch das Krankenhaus mit einem vertretbaren Aufwand in Anbetracht der begrenzten Ressourcen angesprochen werden können. Die für die Definition notwendigen qualitativen Kriterien werden zusammenfassend in der Abb. 6.3 dargestellt. So muss für die identifizierten Praxen immer zwingend der zu erwartende Aufwand für die Ausschöpfung von zusätzlichem Fallpotenzial vor dem Hintergrund der durch die generelle Krankenhausstrategie festgelegten allgemeinen Zielrichtung ausreichend Berücksichtigung finden (vgl. Meffert et al. 2011, S. 293). Dementsprechend ist nicht auf das Segment rechts oben in der folgenden Abbildung abzustellen (in der Regel Nicht-Einweiser mit Ausnahme der Neu-Niedergelassenen sowie Einweiser mit starker Bindung zum Wettbewerber-Krankenhaus), sondern sich verstärkt auf die Einweiserpraxen mit Potenzial mit heute geringem Einweiservolumen zu konzentrieren, welche aufzubauen sind (Segment links unten). Daneben müssen diese Einweiser ins Visier genommen werden, deren Einweisungen stark oder ganz rückläufig sind und die mit vertretbarem Aufwand zurück gewonnen werden können (mittleres Segment).

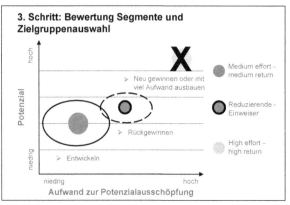

Abb. 6.3 Qualitative Kriterien zur Ermittlung von Potenzialeinweisern

6.6 Positionierung – Mit welchen Angeboten sollen welche Einweiser angesprochen werden?

Um seine Positionierung („was für wen") für die Einweiser vorteilhaft zu gestalten, muss das Krankenhaus die Leistungsangebote bestenfalls pro Gruppe variieren, oftmals aber auf jeden Einweiser individuell zuschneiden (vgl. Mayer 2009, S. 76). Als erste Hinweise für die adäquate Dienstleistung sind die Erkenntnisse zu nutzen, die im Rahmen der Makro- bzw. Mikrosegmentierung und der endgültigen Einweiserauswahl (Zielgruppenauswahl) gewonnen wurden. Neben den Ergebnissen der Datenanalyse sind hier als wichtige Informationsquelle persönliche Interviews mit den identifizierten Potenzialeinweisern, aber auch den Schlüsseleinweisern zu nennen. Erfahrungsgemäß sind die Beziehungen der Krankenhäuser zu den Schlüsseleinweisern als sehr gut zu bezeichnen: Man kennt die spezifischen Merkmale, Vorlieben und die Bedürfnislage durch die zumeist langjährige Zusammenarbeit. Ein höherer Handlungsbedarf ist sicherlich bei den Einweisern mit Potenzial gegeben, da deren Profile oftmals nur wenig bekannt sind und somit deren Merkmale und Wünsche mühsam erhoben werden müssen. Erst bei erfolgreicher Profilentwicklung pro Potenzialeinweiser kann im Krankenhaus die Erkenntnis reifen, ob ein erhöhter Aufwand gerechtfertigt und ein individuelles Angebot auszuarbeiten ist. Die Eruierung der Bedürfnislage geht zumeist tatsächlich über den persönlichen Kontakt, bei dem die relevanten Fragen erörtert werden können, die früher oder später im besten Falle eben zu konkreten Vereinbarungen respektive der Konkretisierung von Serviceangeboten führen können.

6.7 Maßnahmenmanagement: Wie kann die Akquisition, Bindung und Rückgewinnung von Einweisern erfolgreich gestaltet werden?

Zielpunkt muss sein, Maßnahmen und Instrumente zu definieren, die geeignet sind, langfristige Beziehungen zu den *ausgewählten Potenzialeinweisern* aufbauen zu können. Einweiserbeziehungsmanagement umfasst generell Akquisitions-, Bindungs- und gegebenenfalls Rückgewinnungsmanagement in allen Phasen, die ein niedergelassener Arzt von der Informationssuche, Evaluation und Auswahl des Krankenhauses, Einweisung, stationären Behandlung und Entlassung seiner Patienten, Nach-Bewertung bis hin zu Folgehandlungen bei Zufriedenheit oder gegebenenfalls bei Unzufriedenheit (vgl. Raab und Drissner 2011, S. 91) durchläuft.

Betrachtet man sich die Möglichkeiten im Rahmen des Akquisitionsmanagements, muss konstatiert werden, dass es erfahrungsgemäß deutlich schwieriger ist, einen Nicht-Einweiser für das eigene Krankenhaus zu gewinnen, als das Fallvolumen eines Einweisers mit existierenden Banden zu dem eigenen Krankenhaus auszubauen. Der Nicht-Einweiser unterhält bereits enge Beziehungen zum Wettbewerber, so dass eine Neuorientierung hin zu einem anderen Krankenhaus nicht die Regel ist. Eine „Abwerbung" ist zumeist nur dann erfolgreich, wenn ein Unzufriedenheitszustand eingetreten ist, z. B. durch Personalfluktuation, oder wenn für eine seltene Indikation ein geeigneter stationärer Partner gesucht wird. Eine direkte Einflussnahme darauf ist für ein Krankenhaus kaum möglich. Anders ist die Situation bei einem Nicht-Einweiser, wenn dieser sich gerade als Niedergelassener etabliert. In diesem Fall hat eine aktive Bewerbung als stationärer Partner mit geeigneten Angeboten Erfolgsaussicht (vgl. Raab und Legl 2015, Kapitel Einweiserbeziehungsmanagement).

Die zweite Phase des Beziehungsmanagements wird mit dem Begriff *„Einweiserbindungsmanagement"* belegt. Die Begegnung auf Augenhöhe und das von Vertrauen geprägte persönliche Verhältnis zwischen Klinik- und Praxismitarbeitern sind die wesentlichen Treiber, die zu Loyalität führen. Die besten Ansatzpunkte, aber auch die schlimmsten Fehlerquellen, finden sich in den Prozessen „Einweisung", „Stationäre Behandlung" und „Entlassung" des Einweiserprozesses (vgl. Abb. 6.4). Hier sind insbesondere die Ausgestaltung der ambulant-stationären Schnittstelle, die den Niedergelassenen proaktiv möglichst zeitnah die notwendigen Informationen über seine Patienten zukommen lässt, bei kleinsten Unsicherheiten im Umgang mit dem Patienten das kollegiale Gespräch sucht und eine niedrigschwellige Kontaktmöglichkeit für die Praxismitarbeiter zulässt, aufzuführen (vgl. Raab und Drissner 2011, S. 140).

Im Rahmen von *Rückgewinnungsmanagement* sollten die Einweiser, die sich gerade in der Phase der Abwendung befinden, zunächst hinsichtlich ihres Wertes, z. B. Status als Schlüsseleinweiser, und des Grundes, z. B. Unzufriedenheit oder höherer Nutzen von Konkurrenzangeboten, analysiert werden. Bei den verlorenen Ärzten sollte dann auch eine Segmentierung angestrebt werden, die beispielsweise nach den Kriterien der Attraktivität des Einweisers sowie der Wahrscheinlichkeit der Rückgewinnung erfolgen könnte. Nur

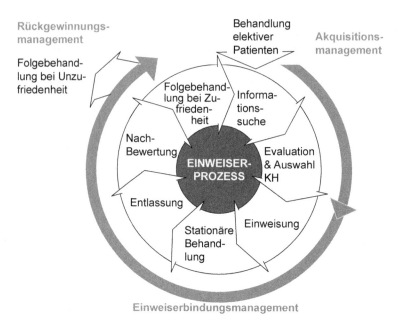

Abb. 6.4 Einweiserprozess

mit diesem Wissen ist die Gestaltung eines passenden Rückgewinnungsangebots für das Krankenhaus möglich. Zudem sollten in jedem Fall die Anstrengungen des Krankenhauses zeitnah und persönlich unternommen werden, insbesondere durch Einsatz des Chefarztes selbst.

Im Folgenden soll auf konkrete Maßnahmen im Rahmen der wichtigsten Schritte des Einweiserprozesses näher eingegangen werden.

6.7.1 Informationssuche

Um in einer frühen Phase breite Aufmerksamkeit bei den Niedergelassenen zu erzielen, gibt es für ein Krankenhaus keine andere Möglichkeit als die Nutzung von unpersönlichen Medien. Dabei sollte ein Krankenhaus das Kriterium des Nutzungsgrads des Mediums bei dem Niedergelassenen als Entscheidungshilfe für den Medieneinsatz im Auge behalten. Vorherrschend ist in deutschen Krankenhäusern immer noch der Einsatz von Printmedien wie Broschüren und gedruckten Newslettern. Dieser Nutzungsgrad ist u. a. dem Umstand geschuldet, dass immer noch 33,5 % aller Bürger dieser medialen Kommunikationsform zusprechen, um sich über Gesundheit zu informieren (vgl. Raab und Schulz 2015, S. 2)[2]. Im Gegensatz dazu bringen Ergebnisse von Experteninterviews jedoch zu Tage, dass eine

---

[2] Vgl. Raab und Schulz 2015 (unveröffentlichte Studie; persönliche Befragung im Zeitraum 01.06 bis 12.06.2014, $n = 500$ Bürger in Ingolstadt).

Flut von gedruckten Hochglanzbroschüren und Flyern mit teilweise irrelevanten Informationen eher negativ auf die spätere Einweisungsentscheidung der niedergelassenen Ärzte wirken (vgl. Raab und Schulz 2015, S. 120 ff.).

Die Hinwendung zu elektronischen Medien sollte dem aktuellen Nutzungsverhalten des Kunden „Niedergelassener Arzt" geschuldet sein. Der niedergelassene Arzt ist mittlerweile durchaus als Internet-affin zu bezeichnen, er nutzt digitale Medien oder Technologien täglich für seinen Beruf (vgl. hier und im folgenden o. A.*, Harris Interactive AG 2013, o. S.).[3] Eine Studie von Harris Interactive aus dem Jahr 2012 belegt, dass die befragten Ärzte zu über 60 % das Internet nutzten und dies überwiegend (95 %) zu Recherche-Zwecken. 73 % der befragten Ärzte verwendeten das Netz darüber hinaus für den Erhalt von Informationen und Nachrichten und 41 % sahen hier eine Möglichkeit, sich *mit Kollegen* auszutauschen.

Eine entsprechend gestaltete Homepage (mit eigenem, exklusiv zugänglichen Einweiserbereich), elektronische Newsletter oder auch mobile Apps (siehe auch Kap. 6.7.3) werden im niedergelassenen Bereich durchaus wertgeschätzt, *wenn* sie relevante und aktuelle Informationen für den Einweiser, insbesondere zur reibungslosen Zusammenarbeit (z. B. Ansprechpartner mit Telefonnummern etc.) bereithalten.

Neben den vorgenannten Medien wandten sich die befragten niedergelassenen Ärzte auch zwei wichtigen Elementen von Social Media, dem Austausch in (ausgewählten, nur für Ärzte zugänglichen) medizinischen Foren (25 %) sowie der Nutzung von Gesundheitsportalen (20 %) zu (vgl. o. A.* Harris Interactive AG 2013, o. S.). Es ist davon auszugehen, dass sich die Bereitschaft, mit sozialen Medien zu arbeiten, bis heute bereits gesteigert hat und weiter zunehmen wird.

Die mediale Kommunikation über soziale Netzwerke im Rahmen von Fach-Communities (Foren und Plattformen) oder die Erstellung eines eigenen Blogs, die speziell auf die Bedürfnisse der eigenen Einweiserschaft ausgerichtet ist, stellt sicherlich eine große Chance für eine gezielte Kommunikationsmöglichkeit mit geringeren Streuverlusten und die Initiierung eines direkten *Dialogs* mit der Fachzielgruppe der niedergelassenen Ärzte dar (vgl. Tappée 2015, o. S.).

Die heutige Realität der aktiven Nutzung von Facebook und Co in Deutschland sieht allerdings noch anders aus, wie einige Studien über die Nutzung von Social Media von deutschen Krankenhäusern belegen. (vgl. Lüthy und Jendreck 2015, o. S.; Braun et al. 2012, S. 304; Krüger-Brand 2012, o. S.; Eichsteller 2013, o. S.)[4, 5, 6]

---

[3] Vgl. hier und im folgenden Harris Interactive AG 2013 (Online-Befragung von 160 Ärzten aus unterschiedlichen Fachbereichen zwischen dem 24. und 30. November 2012).

[4] vgl. Lüthy und Jendreck 2015 (Untersuchung zur Attraktivität von Social Media bei deutschen Krankenhäusern, Untersuchungszeitraum Mai 2014, $n = 203$ Krankenhäuser).

[5] vgl. Braun et al. 2012, S. 304 (Untersuchung zum Instrumenteneinsatz im Rahmen von Einweisermanagements bei deutschen Kliniken, Untersuchungszeitraum Herbst 2011, $n = 1994$ deutsche Kliniken, Rücklauf 162 oder 8,12 %).

[6] vgl. Krüger-Brand 2012 (Umfrage des F.A.Z.-Instituts im Auftrag der Krankenkasse BIG zu Social Media im Gesundheitswesen, Untersuchungszeitraum Mai 2012, $n = 1049$ Internet-Nutzer in Deutschland).

Die Daten lassen insbesondere vermuten, dass die wenigen Krankenhäuser, die Profile in Social Media hinterlegt haben, weniger für einen bidirektionalen Austausch, welcher Kern der Beziehungspflege sein sollte, genutzt werden, als für eine monodirektionale Darstellung (vgl. Merkel 2014, S. 11).[7] Kliniken in Deutschland, die soziale Netzwerke nutzen, tun dies heute vor allem aus Gründen der Generierung von Aufmerksamkeit bei Patienten oder Bewerbern. Zuweiserbindung oder Beschwerdemanagement spielen dagegen noch keine wesentliche Rolle (vgl. Krüger-Brand 2012, o. S.).

Schlussfolgernd kann konstatiert werden, dass unpersönliche Medien flankierend eingesetzt werden *müssen*, aber selten alleine dazu geeignet sind, über die grundsätzliche Aufmerksamkeitsgenerierung hinaus die konkrete Einweisungsentscheidung zu beeinflussen.

6.7.2 Evaluation und Auswahl Krankenhaus

Für die Einflussnahme auf die Einweiserentscheidung ist sicherlich die persönliche Kommunikation die wirkungsvollste Maßnahme und damit das A und O des Einweiserbeziehungsmanagements. Diese belegbare Erkenntnis gilt in der Regel für die Kontaktaufnahme mit neuen Zuweisern als auch für die Pflege und Intensivierung bestehender Beziehungen (vgl. Braun 1997, S. 7). Für die Gruppe der Nicht-Einweiser, hier insbesondere auch Niedergelassene mit einer Neuzulassung, eignen sich erfahrungsgemäß persönliche Treffen und Einladungen zu Fortbildungen. Ziel dieser Aktivitäten muss grundsätzlich sein, den Mehrwert einer Zusammenarbeit zu verdeutlichen bis hin zur Darstellung, wie der niedergelassene Arzt bei einer Kooperation mit dem Krankenhaus ein eigenes wirtschaftliches Wachstum generieren kann. Die Zeiten, dass das Krankenhaus eigene Forderungen gegenüber dem Einweiser formuliert hat, sind in Zeiten der unbedingten Kundenorientierung vorbei. Bei bereits an das Haus gebundenen Einweisern sind in der Regel persönliche Besuche oder auch der intensive fernmündliche Austausch für die Krankenhaus-Einweiser-Beziehung zuträglich, beispielsweise über aktuelle Patientenfälle, Verbesserungswünsche zu einzelnen Prozessen oder zukünftige Kooperationsangebote. Persönliche Kontakte sind auch im Rahmen von regelmäßigen Fort- oder Weiterbildungsveranstaltungen oder Stammtischen gut zu realisieren. Als geeignete Akteure für die individuelle und zielgerichtete Ansprache der priorisierten Einweisergruppen kommen insbesondere die Chefärzte in Betracht.

---

[7] vgl. Merkel 2014, S. 11 (Untersuchung zum Nutzungsverhalten von Facebook bei deutschen Krankenhäusern, Untersuchungszeitraum 05–06/2013, Grundlage waren 1964 deutsche Krankenhäuser (Deutsches Krankenhausverzeichnis), davon 309 bzw. 15,7 % mit Facebook-Aktivität in der Untersuchung).

Exkurs Kooperationen

Die Bedeutung von Kooperationen mit niedergelassenen Ärzten hat in den letzten Jahren in der Wahrnehmung von Krankenhäusern deutlich zugenommen. Bei der Bewertung der Wichtigkeit stehen „Enge Kooperationen mit dem niedergelassenen Arzt und Einweiser" bei Leitvorstellungen von Krankenhäusern mittlerweile an erster Stelle (vgl. Braun 1997, S. 7). Allerdings sollten *Kooperationsangebote* zur Bindung von priorisierten Einweisergruppen vor deren Einsatz stets auf Passgenauigkeit für den Einweiser geprüft werden. Mittlerweile lassen auch die rechtlichen Grundlagen hier vielerlei Varianten zu, um das richtige Angebot für den Zieleinweiser zu gestalten. Die bereits länger bestehenden Versorgungsmöglichkeiten *Belegarztwesen* (§ 121 SGB V) sowie *Konsiliararzt* sind Angebote, die vorrangig auf Zuspruch durch etablierte niedergelassene Ärzte abzielen. Insbesondere der Konsiliar- oder auch Honorararzt ist als verbreitete Kooperationsform in deutschen Krankenhäusern anzutreffen (vgl. Braun 1997, S. 304; Braun et al. 2013, S. 7). Durch die oftmals langjährige Zusammenarbeit mit dem Krankenhaus muss man allerdings bei diesen Ärzten bereits von einer hohen Einweiserintensität und damit von eher geringerem zusätzlichen Einweiserpotenzial ausgehen (vgl. Legl 2011, S. 164). Ebenso wie der Konsiliar- oder Honorararzt ist aktuell der Betrieb einer eigenständigen Praxis oder Notfallpraxis durch den niedergelassenen Arzt am oder im Krankenhaus bzw. die Mitwirkung darin – beispielsweise eine Kindernotfallpraxis – die wohl verbreitetste und am besten angenommene Kooperationsform des Einweisers (vgl. Braun und Rong 2012, S. 304). Man geht bei dieser Kooperationsform von einem Angebot aus, das eher ein jüngeres, noch nicht so etabliertes Einweisersegment mit noch etwas geringem Patientenstamm und geringeren Einweiserzahlen anspricht. Die Attraktivität des Modells für beide Seiten ist wohl darin begründet, dass der niedergelassene Arzt einen erhöhten Patientenzuspruch durch seine Nähe zum stationären Leistungserbringer erwarten und das Krankenhaus auf der anderen Seite der Win-Win-Situation berechtigterweise auf rege Zuweisung durch den Praxisbetreiber und damit mit einem erhöhten Fallaufkommen rechnen darf. Allerdings muss das Krankenhaus bei dieser Form von Angebotsgestaltung im Vorfeld auch individuell prüfen, wo eine ambulante Angebotsergänzung durch einen niedergelassenen Arzt für das eigene Dienstleistungsportfolio sinnhaft ist. Die vorgenannten Kooperationsformen Konsiliararzt sowie Praxisbetrieb durch einen niedergelassenen Arzt sind auch künftig besonders für Kliniken in einem intensiven Wettbewerbsumfeld von Bedeutung (vgl. Braun und Rong 2012, S. 304; Braun et al. 2013 S. 7). Für Nicht-Einweiser und Nicht-Mehr-Einweiser mit hohem Einweiserpotenzial könnte darüber hinaus auch das Modell *Ambulantes Operieren* (§ 115a SGB V) von Interesse sein, insbesondere dann, wenn der unmittelbare Wettbewerb dieses Modell nicht anbietet.

Hingegen ist das politisch gewollte Kooperationsmodell *Integrierte Versorgung* (§§ 140a–e SGB V) bislang in der Praxis weniger verwirklicht (vgl. Braun und Rong 2012, S. 304), was in erster Linie dem hohen Zeit- und Organisationsbedarf bei der Implementierung sowie den hier eher vorsichtig agierenden Kostenträgern und der damit einhergehenden schwierigen Finanzierung geschuldet sein dürfte. Auch die erste

Euphorie für das Kooperationsmodell *MVZ* (§ 95 SGB V), das wie die Integrierte Versorgung sich wohl vorrangig an das jüngere Einweisersegment mit noch geringeren Einweiserzahlen wenden soll, scheint in der Praxis nicht den gewollten Anklang gefunden zu haben. Der Grund hierfür liegt in dem Umstand begründet, dass sich viele Krankenhaus-Initiatoren bei der Ausgestaltung in vielen Fällen nicht um eine demokratisch geprägte, ausbalancierte Netzstruktur mit den niedergelassenen Ärzten bemüht haben. So war die Kooperationsbereitschaft für das MVZ-Vorhaben seitens der niedergelassenen Ärzte oftmals wenig ausgeprägt, insbesondere dann, wenn große Ärztenetze im ambulanten Wettbewerbsfeld des Krankenhauses agieren.

6.7.3 Einweisung, stationäre Behandlung, Entlassung

Für erfolgreiches Einweiserbeziehungsmanagement sollten für den niedergelassenen Arzt insbesondere die Prozesse direkt vor/während der Einweisung, stationären Behandlung und Rücküberweisung transparent und mit klaren Verantwortlichkeiten gestaltet sein. Die Krankenhausverantwortlichen sollten hierbei stets freundlich und kompetent auftreten und zudem über Entscheidungsbefugnis verfügen. Erfolgsgarant ist sicherlich auch eine ärztliche Erreichbarkeit von nahezu 100 % mit Hilfe von ärztlichen Einweisersprechstunden und Einweiser-Hotlines. Bei den *bekannten Einweisern mit Potenzial* sollte auch der Chefarzt Bereitschaft für eine telefonische Erreichbarkeit des Einweisers sicherstellen. Die vorgenannten Aspekte der Zusammenarbeit sind für den Einweiser von essenzieller Bedeutung. Bei der Beurteilung der Zusammenarbeit werden Defizite bei der Organisation und Prozessen am häufigsten und Probleme bei der Kommunikation am zweihäufigsten als Problempunkte genannt (vgl. Götz 2011, S. 143). Es ist davon auszugehen, dass bei längerer Wahrnehmung von Problemen in den vorgenannten Kernbereichen das Krankenhaus vom Einweiser negativ bewertet und eine Abwendung erfolgen wird (siehe Kap. 6.7.4). Eine Verbesserung der Qualität des Arztbriefes ist in vielen Fällen als Maßnahme dem eigenen Anspruch zuträglich, beispielsweise auf Basis der Vorgaben der Einweiser sowie durch eine beschleunigte Übermittlung. Die Qualität des Kurzbriefes wird in vielen Studien wiederum als wichtigste Determinante für die Einweiserentscheidung (Phase 2 des Einweiserprozesses) gesehen (vgl. Rost 2002, S. 126). Im Falle von priorisierten Potenzialeinweisern sollte zudem eine telefonische Vorabmitteilung über den Entlassungszeitpunkt seines Patienten ein erklärtes Ziel sein. Alternativ dazu wird zunehmend der Wunsch von Einweisern nach dem Einsatz eines elektronischen IT-Portals als unterstützendes Element für die Kommunikation geäußert. Im Jahr 2012 entsprachen lediglich 10 % der deutschen Krankenhäuser diesem Einweiserbedürfnis, knapp 30 % planten den Einsatz dieser Software, die einen schnellen und kundenorientierten Austausch über den Status Quo des Patienten mit dem Einweiser zulässt (vgl. Braun und Rong 2012, S. 304; Braun et al. 2013, S. 7).

Die Beliebtheit von Gesundheits-Apps ist unter in den letzten Jahren stetig angestiegen. Nach einer Befragung der IKK Classic Dresden nutzen im Jahr 2015 bereits 22 %

der Deutschen Apps mit medizinischen Informationen und/oder Apps zur Messung ihrer Vitalwerte, 65 % finden eine App, die Vitaldaten misst und direkt an den Arzt sendet, hilfreich oder sehr hilfreich (vgl. o. A.* IKK Classic Dresden 2015, o. S.).[8] Gepusht wird die Verbreitung der Apps natürlich von den Krankenkassen, denen es um die Einsparung von Gesundheitskosten geht. Bei ambulanten und stationären Leistungserbringern in Deutschland herrscht heute noch ein hohes Maß an Misstrauen vor. Es eint aber beide Seiten der Wunsch nach einem effizienteren und effektiveren Therapieverlauf für den Patienten. In USA hat die Zukunft hier bereits begonnen, wenn man sich das Beispiel der Mayo-Klinik näher bringt: Mit der HealthKit App, einer elektronischen Patientenakte, die zukünftig auf jedem neuen iPhone installiert sein wird, soll zukünftig die Patientenbetreuung online von bis zu 200 Mio. Patienten sichergestellt werden (vgl. Ebmeyer 2015, S. 22).

Hierzulande wären für die Umsetzung des vorgenannten Beispiels aktuell noch viele Hindernisse zu überwinden. Die Musterberufsordnung für Ärzte (§ 7, Absatz 4 MBO) sieht bislang vor, dass die ärztliche Behandlung eines Patienten, insbesondere auch Beratung, nicht ausschließlich über unpersönliche Kommunikationsmedien durchgeführt werden kann. Auch technische Hindernisse beim Austausch von, mit einer Gesundheits-App erhobenen, Daten über mobile Endgeräte und den medizinischen Dokumentationssystemen von Arztpraxen und Kliniken müssten erst wirksam beseitigt werden. Zudem bestehen hierzulande weit strengere Haftungs- und Datenschutzrichtlinien.

Experten sind sich jedoch auch für Deutschland bereits sicher, dass der Einsatz von Apps zukünftig einen nachhaltigen Einfluss auf das Arzt-Patienten-Verhältnis und dessen Ausgestaltung haben wird. Es ist unbestritten, dass die zukünftigen Mobile-Health-Möglichkeiten dem Arzt generell eine veränderte Rolle zuweisen können, die sicherlich nicht im Ersatz für die persönliche Arzt-Patienten-Beziehung, sondern im Mehrwert bei der Behandlung des Patienten liegen müssen.

Somit kommen auch innovative Krankenhaus-Manager nicht umhin, sich mit den Online-Möglichkeiten der App-Nutzung für eine mit dem niedergelassenen Arzt GEMEINSAME, im Sinne der subjektiv empfundenen Betreuungsqualität effektivere – hierin liegt die große Herausforderung – Patientenbegleitung zu beschäftigen. Es ist die Frage zu klären, wo und wie die Klinik für ihre Kunden, Patienten UND niedergelassenen Ärzte Hilfestellung leisten und eine Win-Win-Situation generieren kann (vgl. Ebmeyer 2015, S. 22).

Zum Abschluss dieses Abschnitts soll noch auf § 31 MBO hingewiesen werden und trotz kontroverser Diskussionen der Autoren aus vielen Workshops mit Krankenhausvertretern, ein klares Bekenntnis abgegeben werden:

Seriös arbeitende niedergelassene Ärzte lehnen monetäre Zuwendungen kategorisch ab und wünschen sich stattdessen eher Unterstützungsleistungen vom Krankenhaus, beispielsweise bei der Führung eines reibungslosen Praxisbetriebs. Dabei sollten Krankenhäuser in jedem Einzelfall die Form und die Effizienz der Unterstützungsleistung für den

---

[8] vgl. IKK Classic Dresden 2015 (Online-Kurzbefragung zum Thema „Medizin- und Gesundheits-Apps", Befragungszeitraum: 28. bis 29. Mai 2014, $n = 1000$), S. 4 und 6.

Abb. 6.5 Die Determinanten der Einweiserzufriedenheit

jeweiligen Einweiser ausloten. Diese liegen häufig entweder in einer Hilfestellung bei der Optimierung von Arbeitsabläufen innerhalb der Arztpraxis selbst und/oder fast immer zwischen Praxis und Klinik (vgl. Raab und Körner 2012, S. 1154).

6.7.4 Nach-Bewertung

Auf Basis einer empirischen Studie von Brinkmann aus dem Jahr 2007 kann der zusammenfassende Prozess der Nach-Bewertung subsummiert werden (vgl. Raab und Drissner 2011, S. 112 ff.; vgl. Raab 2015b, S. 5).

Brinkmanns Analyse ergibt, dass die wichtigsten Einflussfaktoren der Einweiserzufriedenheit in den Feldern „Beziehung" mit den Variablen „Verhältnis zu den Krankenhausärzten" bzw. „Ärztliche Non-Compliance"[9] und „Organisation" mit den Merkmalen „Ambulant-stationäre Schnittstelle" bzw. „Erreichbarkeit" liegen (vgl. Abb. 6.5).

Durch dieses Modell kann im Rahmen der Modellierung von Brinkmann 63,6 % der Varianz der Gesamteinweiserzufriedenheit erklärt werden (vgl. Brinkmann 2007, S. 83).

---

[9] Diese Skala beschreibt, inwieweit die Behandlung im Krankenhaus mit den Vorstellungen des Einweisers übereinstimmt.

6.8 Erfolgskontrolle und Erfolgsmessung – Wie kann der Ressourceneinsatz überprüft werden?

Da bei der Gestaltung von wichtigen Themenbereichen des Krankenhauses die Ressourcen immer als knapp einzustufen sind, ist es auch bei der Umsetzung des Themas Einweiserbeziehungsmanagements von größter Wichtigkeit, dass mit geeigneten Daten der Beitrag der implementierten Aktivitäten zum Unternehmenserfolg gemessen werden kann. Die Diskussion nach einem möglichen (positiven) Business Case für die Implementierung von Einweiserbeziehungsmanagement, die mit den Autoren oft geführt wird, kann abgekürzt werden. Die Rechnung eines realistischen positiven Business Cases für nahezu jede Klinik ist dann möglich, wenn das Controlling die angeführten Kennzahlen der Makrosegmentierung zeitnah (mindestens quartalsweise) liefern kann. Dazu sollte bereits bei der Initiierung von Einweiserbeziehungsmanagement eindeutig festgelegt werden, wie die notwendigen Kennzahlen zur Erfolgskontrolle und Erfolgsmessung als evidenter Nachweis generiert werden können. Es soll dadurch auch auf den Aufbau eines Früherkennungssystems hingewirkt werden, um gerade rechtzeitig zu erkennen, wie sich einzelne Einweiser entwickeln, ob sie ev. sogar ganz wegbrechen (vgl. Kasper 2011, S. 191). Für ein effektives operatives Einweisercontrolling ist somit nichts anderes als ein regelmäßiger Soll-Ist-Vergleich in Bezug auf die in der Makrosegmentierung herangezogenen Kennzahlen pro Einweiser (aller Einweiser!) mit den Instrumenten des Berichtswesens gefragt. Es geht auch hier um einen Wechsel im Scope des Controllings, hin zu einweiserorientierten Kennzahlen, die zeitnah eine Aussage zulassen, über wen ein Haus zukünftig seine Erlöse sicherstellt.

6.9 Praxisbeispiel

Um die Notwendigkeit eines systematischen und methodischen Vorgehens im Einweiserbeziehungsmanagement an konkreten Ergebnissen verdeutlichen zu können, soll im Nachfolgenden auf ein *Praxisbeispiel* aus einem *Benchmarking-Projekt* eingegangen werden. Für diesen Beitrag wird das Fachgebiet Chirurgie eines Studienteilnehmers (Krankenhaus 6) herangezogen. Als Grundannahme für das Praxisbeispiel wird dabei impliziert, dass Krankenhäuser klare Leistungsprofile für ihre Fachabteilungen benötigen und durch ein ganzheitliches und prozessorientiertes Einweiserbeziehungsmanagement die für das angebotene Leistungsangebot benötigten Patientenströme sichern und zukünftige Einweiserpotenziale erschließen können. In den verschiedenen Projektphasen des Benchmarking-Projekts wird deshalb neben den Analysen zur Leistungsorientierung und zu Marktpotenzialen insbesondere auf eine fundierte Einweiseranalyse fokussiert. Dabei sollen für das jeweilige Krankenhaus wichtige Fragen zur Einweiserstruktur, Identifikation von Einweisern mit Potenzial und Einweiserpotenzialen (Erlösen mit entsprechenden Deckungsbeiträgen) beantwortet werden (vgl. Raab und Legl 2015, Kapitel Einweiserbeziehungsmanagement).

Benchmarking-Ergebnisse: Verteilung der Fälle auf Einweiserklassen KH 6 am Beispiel der Chirurgie über alle Zuweiserpraxen

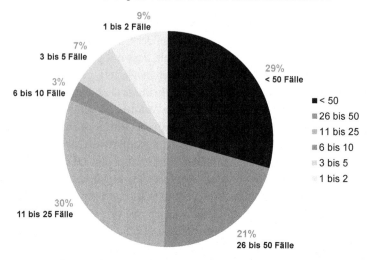

Verteilung der **Fälle** in % auf die Einweiserklassen KH 6

9%
1 bis 2 Fälle

7%
3 bis 5 Fälle

3%
6 bis 10 Fälle

29%
< 50 Fälle

■ < 50
■ 26 bis 50
■ 11 bis 25
■ 6 bis 10
▨ 3 bis 5
▨ 1 bis 2

30%
11 bis 25 Fälle

21%
26 bis 50 Fälle

Abb. 6.6 Prozentuale Verteilung der Fälle auf Einweiserklassen eines Benchmarking-Teilnehmers (Krankenhaus 6) am Beispiel des Fachbereichs Chirurgie

Die Einweiseranalyse nimmt Bezug auf Datenquellen der Qualitätsberichte nach § 137 SGB V, Prozeduren und Diagnosestatistiken des Statistischen Bundesamts[10], den Datensatz nach § 21 KHEntgG sowie die spezifischen Einweiserdaten der teilnehmenden Krankenhäuser. Nach aufwändiger Datenaufbereitung (u. a. Ergänzung und Fehlerberichtigung) kann somit den einzelnen Krankenhäusern in einem ersten Schritt die prozentuale Verteilung der Fälle und Einweiser in einem spezifischen Fachbereich – im Praxisbeispiel Chirurgie – nach sinnvollen Einweiserkategorien aufgezeigt werden (siehe Abb. 6.6).

Wie Abb. 6.6 zeigt, stammen 29 % der Fälle des Fachbereichs Chirurgie im untersuchten KH 6 von Einweisern, die dem Fachbereich mehr als 50 Fälle zuweisen. Damit kann in einer ersten Bewertung die Abhängigkeit von Schlüsseleinweisern des Fachbereichs und damit das Ausfallrisiko bei Wegebrechen eines Schlüsseleinweisers als moderat eingestuft werden. In diesem Zusammenhang ist am Praxisbeispiel nochmals der Umstand in Erinnerung zu rufen, dass Top-Einweiser oft nur ein begrenztes *zusätzliches* Potenzial für das Krankenhaus aufweisen. Wenn ein Krankenhaus nach zusätzlichem Potenzial bei einem Einweiser sucht, kann es wohl meist bei den vier Einweisergruppen mit 3 bis 5 eingewiesenen Fällen, 6 bis 10 Fällen, 11 bis 25 Fällen sowie 26 bis 50 Fällen erfolgreicher agieren als bei seinen Schlüsseleinweisern. Die Aufmerksamkeit auf Nicht-Einweiser oder auch Einweiser zu richten, die nur vereinzelt einweisen, wird erfahrungsgemäß nur mit sehr hohem Aufwand getätigt werden können.

---

[10] Qualitätsberichte und Diagnosestatistiken wurden herangezogen, um die Kennzahl „Marktpotenzial" und „Anzahl der Praxen des Fachgebiets im PLZ-Gebiet" abzuschätzen.

	Kranken-haus 6	Kranken-haus 6	Kranken-haus 2	Kranken-haus 2	Alle KH Bench-mark	Alle KH Bench-mark
Einweiser klassen	Einweiser in %	Fälle in %	Einweiser in %	Fälle in %	Einweiser in %	Fälle in %
> 50	3%	29%	2%	18%	2%	27%
26 bis 50	5%	21%	9%	32%	5%	24%
11 bis 25	13%	30%	17%	28%	10%	22%
6 bis 10	4%	3%	13%	9%	9%	9%
3 bis 5	15%	7%	18%	7%	16%	8%
1 bis 2	60%	9%	41%	6%	59%	10%
Summe	**100%**	**100%**	**100%**	**100%**	**100%**	**100%**

Abb. 6.7 Relative Verteilung der Fälle und Einweiser auf Einweiserklassen (Beispiel-Krankenhaus 6 im Vergleich zu einer vergleichbaren Klinik (Krankenhaus 2) und zum Durchschnitt aller Benchmarking-Teilnehmer (Fachbereich Chirurgie))

In den Tabellen-Darstellungen (Abb. 6.7 und 6.8) wird deutlich, dass KH 6 hinsichtlich des absoluten Fallaufkommens durch die Krankenhaus-interne Schwerpunktsetzung im Fachbereich Chirurgie prozentual über einen im Vergleich zu allen Benchmarking-Krankenhäusern vergleichbaren Wert bei den Top-Einweisern (mit mehr als 50 Fällen) verfügt, die insgesamt 308 Fälle der 1057 Fälle des KH 6 generieren. Die durchschnittliche Fallausschöpfung (Anzahl der Einweisungen/Anzahl der Einweiser, Abb. 6.8) fällt in den wichtigen Einweiserklassen > 50 Fälle mit 77 Fällen/Einweiser sowie der Einweiserklasse 26 bis 50 Fälle mit 32 Fällen/Einweiser im Vergleich zum KH-Durchschnitt *unterdurchschnittlich* aus (101 Fälle/Einweiserklasse > 50 Fälle respektive 35 Fälle/Einweiserklasse 26 bis 50 Fälle). Die Fallausschöpfung in den vorgenannten wichtigen Einweiserklassen ist auch im Vergleich zum Vergleichskrankenhaus 2 – deutlich höhere Fallzahl Gesamt, aber vergleichbare Versorgungsstruktur und Fachbereichsausrichtung – schwächer. Augenfällig in Abb. 6.7 ist der vergleichbare Anteil zum KH-Durchschnitt bei den Einweisern mit > 50 Einweisern und 26 bis 50 Fällen sowie der *überdurchschnittliche Anteil* in der Einweiserklasse 11 bis 25 Fällen. Allerdings fällt der untere Mittelbau der Einweiserklasse 6 bis 10 Fälle im KH-Vergleich *deutlich schwächer* aus. Erfahrungsgemäß können oftmals viele Einweiser mit zusätzlichem Potenzial in dieser Einweiserklasse identifiziert werden. Im Vergleich zu KH 2 fallen zudem auch die unterdurchschnittlichen Werte (Fallaufkommen) bei den Einweiserklassen 26 bis 50 Fälle und 6–10 Fälle auf (Abb. 6.7).

	Kranken-haus 6	Kranken-haus 6	Kranken-haus 2	Kranken-haus 2	Alle KH Bench-mark	Alle KH Bench-mark
Einweiser klassen	Einweiser absolut	Fälle absolut	Einweiser absolut	Fälle absolut	Einweiser absolut	Fälle absolut
> 50	4	308	5	397	42	4.232
26 bis 50	7	222	21	725	106	3.677
11 bis 25	17	316	38	630	209	3.470
6 bis 10	5	36	28	211	176	1.329
3 bis 5	20	79	40	157	322	1.215
1 bis 2	78	96	92	132	1.208	1.514
Summe	**131**	**1.057**	**224**	**2.252**	**2.063**	**15.437**

Abb. 6.8 Absolute Verteilung der Fälle und Einweiser auf Einweiserklassen (Beispiel-Kranken-haus 6 im Vergleich zu einer vergleichbaren Klinik (Krankenhaus 2) und zum Durchschnitt aller Benchmarking-Teilnehmer (Fachbereich Chirurgie))

Folgende Zielsetzungen könnten für KH 6 formuliert werden:

Steigerung der Fallausschöpfung pro Einweiser, insbesondere der Schlüsseleinweiser (hier besteht auf Basis der Benchmarking-Analyse noch Potenzial!) und der Einweiser in der Klasse 26 bis 50 Einweiser

Entwicklung von Einweisern mit Potenzial der Klassen 3 bis 5 Fälle in die nächsthö-here Einweiserklasse, d. h. Steigerung der Fallzahlen, zur Stärkung des Einweiser-Mittel-baus sowie Bemühungen, die wichtige Einweiserklasse 26 bis 50 Fälle auszubauen als Sprungbrett-Kategorie für die Schlüsseleinweiser

Wie die Abb. 6.9 zeigt, basiert die Makrosegmentierung des Beispiel-Krankenhauses 6 auf spezifischen Einzelkennzahlen für die Chirurgie-Einweiserpraxen. Es ist evident, dass auf Grundlage der wesentlichen ökonomischen Falldaten die beispielhaft dargestellten Einweiser mit den Nummern 1, 2, 3, 4 als Schlüsseleinweiser für das KH 6 klassifiziert werden können. Die Einweiseranalyse ergibt des Weiteren beispielhaft für die Einweiser mit den Nummern 26, 36 und 45 bei dem Case-Mix-Index-Wert mit 1,27, 1,08 respektive 1,13 auffällig überdurchschnittliche Werte pro Fall und im Vergleich zu den weiteren bei-spielhaft dargestellten Einweisern zudem eine günstige Verweildauerabweichung. Bis auf Einweiser 45 weisen zudem die vorgenannten Einweiser einen positiven Einweisertrend auf und können sich somit als Potenzialeinweiser Stufe 1 qualifizieren. Im Gegensatz dazu ist der Einweiser mit der Nr. 24 mit seiner weit überdurchschnittlichen negativen Abwei-chung hinsichtlich der Verweildauer wohl eher als Problemeinweiser zu identifizieren.

Einweiser	Fallzahl	Case Mix	Case Mix Index	Vwd	Vwd Abw	Vwd/Fall	Trend	Grobseg- mentierung Einweiser
Einweiser 1	124	137,11	1,11	660	-45,90	5,32	⬇	🔑
Einweiser 2	72	73,08	1,01	408	-29,70	5,67	⬆	🔑
Einweiser 3	57	51,11	0,90	265	-28,00	4,65	⬇	🔑
Einweiser 4	55	21,96	0,40	68	-149,70	1,24	⬆	🔑
⋮	⋮	⋮	⋮	⋮	⋮	⋮		
Einweiser 8	38	34,85	0,92	165	-23,50	4,34	⬆	✿
Einweiser 14	25	20,02	0,80	82	-33,30	3,28	➡	✿
Einweiser 18	22	25,30	1,15	136	4,90	6,18	⬆	✿
⋮	⋮	⋮	⋮	⋮	⋮	⋮		
Einweiser 24	18	33,10	1,84	209	57,60	11,61	➡	P
Einweiser 26	16	20,27	1,27	94	-32,10	5,88	⬆	✿
Einweiser 31	10	10,33	1,03	53	-2,90	5,30	⬇	✿
Einweiser 33	7	10,33	1,48	58	6,90	8,29	➡	✿
⋮	⋮	⋮	⋮	⋮	⋮	⋮	⋮	⋮
Einweiser 36	5	5,42	1,08	20	-10,90	4,00	⬆	✿
Einweiser 45	4	4,54	1,13	14	-12,60	3,50	➡	✿
Einweiser 50	3	4,25	1,42	24	3,20	8,00	➡	✿
Einweiser 54	3	2,96	0,99	18	6,90	6,00	⬇	✿
⋮	⋮	⋮	⋮	⋮	⋮	⋮		
Einweiser 59	2	1,12	0,56	3	-3,60	1,50	➡	✿
Einweiser 62	2	1,31	0,66	2	-3,80	1,00	➡	✿
Einweiser 93	1	0,59	0,59	1	-2,60	1,00		✿
Einweiser 96	1	0,99	0,99	4	0,30	4,00		✿
Einweiser 140	0							✿

Schlüsseleinweiser 🔑   Potenzialeinweiser Stufe 1 ✿   Problemeinweiser P

Vermerk: die Kennzahl VwD/Fall bildet die durchschnittliche Verweildauer pro Fall über alle Patienten eines Einweisers ab

Abb. 6.9 Quantitative Kriterien zur Ermittlung von Potenzialeinweisern: KH 6 Chirurgie-Einweiserpraxen Makrosegmentierung

Eine endgültige Bewertung von Einweiser Nr. 24 kann allerdings erst dann vorgenommen werden, wenn man im Rahmen der Einzelanalyse alle seine Fälle betrachtet und sich die möglicherweise negative Qualität für die Mehrzahl der Fälle bestätigt.

Die anschließende Mikrosegmentierung als zweiter Schritt in Abb. 6.10 kann im Praxisbeispiel der Chirurgie-Einweiserpraxen das Bild für die in der Makrosegmentierung als Potenzialeinweiser Stufe 1 klassifizierten niedergelassenen Ärzte weiter schärfen. Zunächst sind sämtliche Schlüsseleinweiser, deren Profile oft bekannt sind, einer näheren Betrachtungsweise zu unterziehen, ob und wie die Fallausschöpfung erhöht werden kann.

Die Einweiser mit den Nummern 50 und 54 können als sogenannte selektive Einweiser klassifiziert werden, die sich in vergleichbarer Entfernung (Einweiser 50) bzw. relativ geringer Entfernung (Einweiser 54) zu dem Krankenhaus eines Wettbewerbers befinden und so offensichtlich dem Krankenhaus 6 nur Fälle mit einer bzw. mit sehr wenigen spezifischen Indikationen zuweisen, während der große Rest der Fälle an ein Krankenhaus mit geringerer oder vergleichbarer Entfernung zur eigenen Praxis gehen sollte. Verdeutlicht wird dieses Einweisungsverhalten durch die Analyse der Profile der vorgenannten Einweiser, welche die Verteilung der Fälle auf die Top-Diagnosen im Fachbereich Chirurgie aufzeigt.

Einweiser 8, 14 und 18 sollten in der Einweiserklasse 26 bis 50 Fälle weiteres Entwicklungspotenzial aufweisen, da sie in unmittelbarer Nähe zu dem stationären Leistungserbringer KH 6 ihre Praxis unterhalten, und im Fall von Einweiser 8 zudem den günstigen Umstand aufweisen, dass in der Praxis drei Ärzte angesprochen werden können. Aus dem gleichen Grund der nur geringen Entfernung zum KH 6 sollten sich auch die Einweiser 26 und 31 der nächsten Einweiserklasse 11 bis 25 Fälle als Potenzialeinweiser der Stufe 2 qualifizieren können. Im Gegensatz dazu ist beispielhaft bei den Einweiser 59, 60 und 140 bei einer auffälligen geringen Entfernung zum Wettbewerber-Krankenhaus die Klassifizierung für einen Einweiser mit Potenzial der Stufe 2 in Frage zu stellen.

Mit einer endgültigen Zielgruppenauswahl, die auf der Basis einer individuellen Kontaktaufnahme mit den Potenzialeinweisern Stufe 2 erfolgen muss, sollte das Krankenhaus im Anschluss befähigt sein, diejenigen Potenzialeinweiser herauszufiltern, die mit vertretbarem Aufwand aufgebaut werden können. In diesem Schritt sollten für die Bewertung entsprechende qualitative Kriterien zugrunde gelegt werden, wie beispielsweise die Ausrichtung der Praxis, die bestehende Beziehung zum Haus und zum Wettbewerb und auch das Kooperationspotenzial. Im Praxisbeispiel des Benchmarking-Projekts erfolgten die Auswertungen ausschließlich bis zur Mikrosegmentierung auf Grundlage der quantitativen Datenanalyse.

Einweiser	Zuweiser-fachgebiet	Fallzahl	Anzahl Ärzte in der Praxis	Entfernung Praxis zum KH in km	Entfernung Praxis zum nächsten Mitbewerber	Markt-potenzial im PLZ-Gebiet	Feinseg-mentierung	Anmer-kung
Einweiser 1	Allgemein-medizin	124	4	16,2	45,4	461	🔑	
Einweiser 2	Allgemein-medizin	72	2	10,4	30,3	279	🔑	
Einweiser 3	Allgemein-medizin	57	2	1,5	23,0	1.180	🔑	
Einweiser 4	Haut- und Geschlecht skrank-heiten	55	1	1,5	22,6	1.180	🔑	
:	:	:	:	:	:	:	:	:
Einweiser 8	Allgemein-medizin	38	3	1,4	22,9	1.180	✸	
Einweiser 14	Allgemein-medizin	25	1	1,5	23,0	1.180	✸	
Einweiser 18	Allgemein-medizin	22	1	1,0	22,6	1.180	✸	
:	:	:	:	:	:	:	:	:
Einweiser 24	Allgemein-medizin	18	2	6,8	31,1	563	P	
Einweiser 26	Praktische Ärzte	16	1	7,7	31,7	498	✸	
Einweiser 31	Allgemein-medizin	10	1	8,1	34,3	498	✸	
Einweiser 33	Allgemein-medizin	7	1	14,8	25,1	333		
:	:	:	:	:	:	:	:	:
Einweiser 36	Allgemein-medizin	5	1	12,6	24,6	461		
Einweiser 45	Allgemein-medizin	4	1	1,6	23,1	1.180		
Einweiser 50	Allgemein-medizin	3	1	25,1	27,6	263		Selektiver Einweiser
Einweiser 54	Allgemein-medizin	3	1	33,5	15,1	153		Selektiver Einweiser
:	:	:	:	:	:	:	:	:
Einweiser 59	Allgemeine Chirurgie	2	4	25,4	3,1	1.592		
Einweiser 62	Praktische Ärzte	2	1	17,8	29,5	92		
Einweiser 93	Innere Medizin	1	1	16,6	23,8	461		
Einweiser 96	Allgemein-medizin	1	1	40,1	15,8	378		
Einweiser 140	Allgemein-medizin	0	1	51,2	0,2	590		

Schlüsseleinweiser 🔑   Potenzialeinweiser Stufe 2 ✸   Problemeinweiser P

Vermerke: bei Einweisern, die auf einer PLZ-Grenze liegen, setzt sich das Marktpotenzial der Praxis aus den beiden PLZ-Gebieten zusammen; bei der Ermittlung der Entfernung zum nächsten Mitbewerber wurden dem Klinikverbund gehörenden Häuser nicht berücksichtigt

Abb. 6.10 Quantitative Kriterien zur Ermittlung von Potenzialeinweisern: KH 6 Chirurgie-Einweiserpraxen Mikrosegmentierung

Fazit

Zusammenfassend ist festzustellen, dass heute die Einführung und das Betreiben von erfolgreichen Einweiserbeziehungsmanagement für ein Krankenhaus kein Hexenwerk mehr sein muss, wenn sich das Krankenhaus an sieben Erfolgsfaktoren orientiert (vgl. Raab 2011, S. 591–594; Raab und Drissner 2011, S. 176 f.):

1. Da Einweiserbeziehungsmanagement niemals zu isolierten Aktivitäten im Krankenhaus führen darf, sondern alle Fachabteilungen für ein ganzheitliches erfolgreiches Agieren einbinden muss, Commitment von der Klinikleitung und einen entsprechenden Ressourceneinsatz erforderlich macht, ist von Anfang an Einweiserbeziehungsmanagement in Gesamtstrategie und Planungsprozess des Krankenhauses zu verankern.

2. Gutes Einweiserbeziehungsmanagement muss zwingend auf einer sorgfältigen Analyse von externen und internen Faktoren zu Versorgungsmarkt, Wettbewerb, Leistungen und Einweiser bauen. Nur auf Grundlage von validen Analyseergebnissen können die wichtigen Elemente von Einweiserbeziehungsmanagement – Einweisersegmentierung und Zielgruppenauswahl – vorgenommen werden und eine gute Positionierung für das Krankenhaus ermöglichen.

3. Eine vertrauensvolle Kommunikation zwischen dem Krankenhaus und dem Einweiser ist unabdinglich. A und O ist dabei sicherlich die persönliche Kommunikation! Die Anstrengungen des Krankenhauses im Bereich der medialen Kommunikation müssen aber auch zielorientiert und kontinuierlich erfolgen, um den Einweiser erreichen zu können.

4. Die erfolgreiche Umsetzung von Einweiserbeziehungsmanagement muss stets mit den Bemühungen des Krankenhauses um eine optimale Zusammenarbeit an der stationär-ambulanten Schnittstelle einhergehen und sich damit stets am Einweiserprozess orientieren. Die Kenntnis über und das Eingehen auf die Bedürfnislage des niedergelassenen Arztes mit geeigneten Maßnahmen an jeder Stelle des Einweiserprozesses ist essenziell. Nur so kann vermieden werden, dass die Urangst des Einweisers, seinen Patienten bei der Einweisung an eine „Black Box" des stationären Leistungserbringers zu verlieren, von dem Krankenhaus abgefedert werden.

5. Die Zeiten sind lange vorbei, in denen viele Krankenhaus-Verantwortliche der Meinung waren, dass die Einweiser für sie als die bedeutungsvollen stationären Dienstleister etwas tun müssten. Dabei ist es vor dem Hintergrund der wichtigen Markt- oder Kundenorientierung nunmehr genau umgekehrt: Das Krankenhaus muss sich um die Einweiser bemühen. Diese Entwicklung spiegelt sich in einem weiteren Erfolgsfaktor für Einweiserbeziehungsmanagement wider: Das Krankenhaus muss auf die verschiedenen Rollen des Einweisers als Unternehmer, Lieferant und Kunde eingehen und ihm dabei stets auf Augenhöhe begegnen. Insbesondere kann die Klinik dessen Rolle als Unternehmer fördern und ihm durch die Zusammenarbeit den wirtschaftlichen Betrieb der Praxis mit sicherstellen.

6. Erfolgreiches Einweiserbeziehungsmanagement nimmt von Krankenhaus-Seite immer Bezug auf die Einweiser-Patienten-Beziehung. Wie hergeleitet ist der Arzt

immer noch die wichtigste Entscheidungshilfe des Patienten bei der Einweisung in eine Klinik. Deswegen sind die Aktivitäten des Krankenhauses hinsichtlich Einweiser-/Patienten-Marketing auf diese Beziehung abzustellen und können nicht isoliert vom Patienten betrachtet werden. Nur ein zufriedener Patient vor und während dem stationären Eingriff nimmt positiven Einfluss auf zukünftige Einweiser-Entscheidungen.

7. Last but not least baut gutes Einweiserbeziehungsmanagement niemals auf monetäre Zuwendungen, die im Übrigen ohne Rechtsgrundlage vonstattengehen würden, sondern basiert auf einer vertrauensvollen Zusammenarbeit zwischen Krankenhaus und Einweiser zum gegenseitigen Wohle. Ziel einer Klinik sollte sein, dem Partner Einweiser Wertschätzung entgegen zu bringen und ihn in der bestmöglichen Behandlung seiner Patienten zu unterstützen – zum Wohle derer.

Literatur

Braun G (1997) ABC-Analyse einweisender Ärzte und das „Schlüsselkunden-Management" für Krankenhäuser: Möglichkeiten einer speziellen Kundenorientierung, Diskussionspapier Nr. 8, Universität der Bundeswehr, München, S 8

Braun G, Rong O (2012) Einweisermanagement in deutschen Kliniken. Roland Berger Stategy Consultants GmbH, Hamburg

Braun G et al (2012) Einweisermanagement: Die Macht des Lotsen. f&w führen und wirtschaften im Krankenhaus 29(3):302–304

Braun G, Burkhardt K, Binder A (2013) Status Quo und Entwicklungsrichtungen des Einweisermanagements deutscher Kliniken – Ergebnisse einer empirischen Studie. Georg Thieme, Stuttgart

Brinkmann A (2007) Niedergelassene Ärzte als Kunden des Krankenhauses: eine empirische Untersuchung der Determinanten von Einweiserzufriedenheit. Dissertation Medizinische Fakultät der Universität zu Köln, Köln

Ebmeyer J (2015) Wie Apps den Medizinmarkt revolutionieren. Healthcare Marketing 10(1–2):21 f.

Eichsteller H (2013) Health Care und Share Studie. DocCheck Medical Services GmbH. http://www.doccheck.com/de/document/4420-health-care-share-studie-2013. Zugegriffen: 17. Mai 2015

Elmhorst D (2008) Mehr Wissen über den Markt: Wie sich der relevante Markt eines Krankenhauses abgrenzen lässt. KU Gesundheitsmanagement 100(11):24–28

Gabler Verlag (Hrsg) (2015) Gablers Wirtschaftslexikon, Stichwort: Anspruchsgruppen. http://www.wirtschaftslexikon.gabler.de/Archiv/1202/anspruchsgruppen-v5.html. Zugegriffen: 17. Mai 2015

Gary A (2013) Konzeptionelle Grundlagen eines marktorientierten strategischen Krankenhauscontrollings: Eine theoretische und empirische Untersuchung. kassel university press GmbH, Kassel

Götz O (2011) Einweiserverhalten von niedergelassenen Ärzten in Vorpommern. Das Krankenhaus 103(2):141–146

Harris Interactive AG (2013) Ärzte nutzen Social Media in der Praxis. Harris Interactive AG. http://www.harrisinteractive.de/aktuelles/news-und-presse/alle-news/aerzte-nutzen-social-media.html. Zugegriffen: 17. Mai 2015

Hensen P (2009) Relationship Marketing im Krankenhaus – Strategische und operative Ansätze im Krankenhaus. Das Krankenhaus 101(9):849–856

Hodek J, Gramsch A, Greiner W (2009) Markenbildung im Krankenhaussektor. Betriebswirtschaftliche Forschung und Praxis 61(3):254–270

IKK Classic Dresden (2015) Umgang mit Medizin- und Gesundheits-Apps. IKK Classic. https://cdn3.ikk-classic.de/fileadmin/user_upload/presse/Presse_HH/MF/Umfrage_Medizin-Apps/Ergebnisse_Umfrage_Medizin-_und_Gesundheits-Apps.pdf. Zugegriffen: 17. Mai 2015

Kasper N (2011) Einweisercontrolling: Wie kann ein Krankenhaus den Erfolg der eingesetzten Maßnahmen überprüfen? In: Raab A, Drissner A (Hrsg) Einweiserbeziehungsmanagement – Wie Krankenhäuser Win-win-Beziehungen zu niedergelassenen Ärzten aufbauen, 1. Aufl. Kohlhammer, Stuttgart, S 191–210

Kompass GmbH (2012) Klinik als Marke: Eigenstudie – Onlinebefragung. In: Nemec S, Fritsch HJ (Hrsg) Die Klinik als Marke: Markenkommunikation und -führung für Krankenhäuser und Klinikketten. Springer, Berlin, S 4–13

Krüger-Brand H (2012) Social Media im Gesundheitswesen – Der direkte Kontakt zählt. Bundesärztekammer und Kassenärztliche Bundesvereinigung. http://www.aerzteblatt.de/archiv/132205/Umfragen-Social-Media-im-Gesundheitswesen-Der-direkte-Kontakt-zaehlt. Zugegriffen: 17. Mai 2015

Legl K (2011) Kooperationen: Welche Möglichkeiten bieten Kooperation und Netzwerke sowie die Integrierte Versorgung? In: Raab A, Drissner A (Hrsg) Einweiserbeziehungsmanagement – Wie Krankenhäuser Win-win-Beziehungen zu niedergelassenen Ärzten aufbauen, 1. Aufl. Kohlhammer, Stuttgart, S 156–169

Lüthy A, Jendreck K (2015) Social Media – auch hierzulande für Krankenhäuser attraktiv? Bundesärztekammer und Kassenärztliche Bundesvereinigung. http://www.aerzteblatt.de/archiv/168047/Kommunikation-Social-Media-auch-hierzulande-fuer-Krankenhaeuser-attraktiv. Zugegriffen: 17. Mai 2015

Mayer A (2007) Einweisermarketing vom Nice-to-Have zum strategischen Erfolgsfaktor. In: Saßen S, Franz M (Hrsg) Zuweisermarketing mit sektorenübergreifender Kommunikation: Ein Kompendium zur gezielten Einflussnahme auf Patientenströme und transsektorale Versorgungsqualität. Economica, München, S 39–54

Mayer A (2009) Marktorientierung im Krankenhaus der Zukunft: Patienten- und Kundenorientierung erfolgreich umsetzen. Kohlhammer, Stuttgart

Meffert H, Baumann C, Kirchgeorg M (2011) Marketing: Grundlagen marktorientierter Unternehmensführung. Konzepte – Instrumente – Praxisbeispiele, 12. Aufl. Gabler, Wiesbaden

Merkel S (2014) Krankenhäuser bei Facebook: Landschaft, Nutzung, Aktivitäten. Institut Arbeit und Technik. Forschung Aktuell 27(6):1–12

Oberreuter G (2010) Einweisermanagement und -marketing. In: Debatin JF, Ekkernkamp A, Schulte B (Hrsg) B Krankenhausmanagement: Strategien, Konzepte, Methoden. Medizinisch Wissenschaftliche Verlagsgesellschaft, Berlin, S 160–175

Raab A (2011) Sieben Erfolgsfaktoren zur Optimierung des Einweiserbeziehungsmanagements. Das Krankenhaus 103(6):591–594

Raab A (2015a) MCC-Fachkonferenz: Einweisermanagement und Marketing. Prof. A. Raab. http://www.professor-raab.com/?q=node/109.05.2015. Zugegriffen: 17. Mai 2015

Raab A (2015b) EinweiserBEZIEHUNGSmanagement – welche Einweiser(gruppen) können wie gebunden werden? In: Thielscher C (Hrsg) FOM Tagungsband, 2. DGFM-Forum 2014. MA Akademie Verlags- und Druck-Gesellschaft, Essen, S 1–12

Raab A, Drissner A (2011) Einweiserbeziehungsmanagement: Wie Krankenhäuser Win-win-Beziehungen zu niedergelassenen Ärzten aufbauen, 1. Aufl. Kohlhammer, Stuttgart

Raab A, Körner A (2012) Einweiserbeziehungsmanagement ist Chef(arzt)sache. Das Krankenhaus 104(11):1148–1154

Raab A, Legl K (2015) Einweiserbeziehungsmanagement: eine zukunftsorientierte Strategie für Krankenhäuser. In: Weigand A, Blum K (Hrsg) Sanierung – Erkennen, Vorbeugen, Abwenden. Deutsche Krankenhaus Verlagsgesellschaft, Düsseldorf

Raab A, Schulz C (2015) Gutes tun und darüber reden – Wie kommuniziert man Gesundheit erfolgreich? (n=500 Bürger in Ingolstadt, persönliche Befragung im Zeitraum 01.06 bis 12.06.2014), Technische Hochschule Ingolstadt, Marketing und Allgemeine Betriebswirtschaftslehre, Ingolstadt (unveröffentlichte Studie)

Raab A, Legl K, Elmhorst D, Blum K (2013) Über die Identifikation von Potenzialeinweisern zu Einweiserpotenzialen. Das Krankenhaus 105(1):39–45

Rost M (2002) Zur Effizienz des Einweisungsverhaltens niedergelassener Ärzte unter besonderer Berücksichtigung vernetzter Praxen. Nomos Verlagsgesellschaft, Baden-Baden

Statistische Ämter des Bundes und der Länder (Hrsg) (2014) Demographischer Wandel in Deutschland. Statistisches Bundesamt, Wiesbaden, S 13–14

Tappée N (2015) Mode oder Trend? Ärzte im Social Web. DocCheck Medical Services GmbH. http://news.doccheck.com/de/325/mode-oder-trend-arzte-im-social-web/. Zugegriffen: 24. Mai 2015

Thill K (2010) Einweisermarketing für Krankenhäuser: Niedergelassene Ärzte professionell gewinnen und binden, 2. Aufl. Gabler, Wiesbaden

Woratschek H, Horbel C (2011) Relationship Management im Gesundheitswesen: ein theoretischer Rahmen zur Analyse der Beziehungen. In: Rüter G, Da-Cruz P, Schwegel P (Hrsg) Gesundheitsökonomie und Wirtschaftspolitik – Festschrift zum 70. Geburtstag von Prof. Dr. Dr. h.c. Peter Oberender. Lucius & Lucius, Stuttgart, S 289–303

Aufnahmemanagement im Krankenhaus

Gerald Schmola

Inhaltsverzeichnis

G. Schmola (✉)
Fakultät für Wirtschaftswissenschaften, Hochschule Hof, Alfons-Goppel-Platz 1, 95028 Hof,
Deutschland
E-Mail: gerald.schmola@hof-university.de

© Springer Fachmedien Wiesbaden 2016
M. A. Pfannstiel et al. (Hrsg.), *Dienstleistungsmanagement im Krankenhaus,*
DOI 10.1007/978-3-658-08429-5_7

Zusammenfassung

Durch die schwierige wirtschaftliche Lage vieler Krankenhäuser rücken zunehmend Prozessfragen in den Vordergrund. Jeder einzelne Schritt innerhalb des gesamten Behandlungszyklus eines Patienten muss hinsichtlich seiner Effizienz und Effektivität hinterfragt werden. Der Zyklus lässt sich grundsätzlich in die drei Bereiche Aufnahme-, Behandlungs- und Entlassungsmanagement untergliedern. Der Beitrag beschäftigt sich mit der Frage, welche Maßnahmen zu einer Optimierung des Aufnahmemanagements ergriffen werden können. Zum Aufnahmemanagement zählen Fragen der Zuführung des Patienten in die Klinik sowie des Betten- und Belegungsmanagements. Eingegangen wird im Beitrag schwerpunktmäßig auf das Management der Notaufnahme sowie das Konzept des Integrierten Aufnahmemanagements.

7.1 Einleitung

Der Weg eines Patienten beginnt mit der Aufnahme, diese erfolgt entweder als geplanter Patient bei elektiven Eingriffen oder als Notfall. Insbesondere bei Notfällen ist zu prüfen, ob diese einer stationären Behandlung bedürfen, oder ob eine ambulante Versorgung ausreichend ist. Notfallpatienten müssen grundsätzlich vom Krankenhaus behandelt werden, Krankenhäuser können sich lediglich bei Überlastung temporär von der Notfallversorgung abmelden. Notfallpatienten werden daher schnellstmöglich behandelt, während bei Nichtnotfallpatienten teils auch längere Wartezeiten anfallen können (z. B. mehrwöchige Wartezeit auf einen Termin für eine Hüftendoprothese). Bei Nichtnotfallpatienten kann es zu einem Wegfall eines Teils der Patienten kommen, da diese möglicherweise nicht bereit sind, die Wartezeit in Kauf zu nehmen und daher ein anderes Krankenhaus wählen. Nach der Aufnahme in das Krankenhaus nimmt der Patient einen individuellen Weg durch ein Netz von diversen Leistungsstellen (z. B. Radiologie, OP). Differenziert wird in stationäre, teilstationäre und ambulante Behandlung. Am Ende des Prozesses steht die Entlassung des Patienten. Oftmals erfolgt eine weitere Versorgung beispielsweise durch eine Rehabilitationseinrichtung oder niedergelassene Ärzte.

Für das Management lassen sich drei Planungsprobleme für die Planung und Steuerung von Prozessen identifizieren (Schlüchtermann 2013, S. 85 f.):

Aufnahmeplanung Für elektive Patienten ist ein Zugangstermin festzulegen. Bei Nichtnotfallpatienten ist eine Prognose über deren Aufkommen zu treffen. Insgesamt ist es Ziel der Aufnahmeplanung, die Zugangsrate an Patienten einerseits gezielt zu steuern (elektive Patienten) und andererseits möglichst genau zu prognostizieren (Notfallpatienten). Darüber hinaus ist die Bettenplanung Aufgabe des Aufnahmemanagements.

Patientensteuerung Sobald der Patient in das System eingesteuert ist, gilt es die Leistungen des Patienten zu terminieren. Festgelegt werden muss, welcher Patient durch welche

Leistungsstelle zu welcher Zeit durch welche(n) Mitarbeiter an welchem Ort welche Leistung erhalten soll. Ferner ist zu bestimmen, wie lange die einzelne Leistung dauern wird.

Kapazitätsplanung Im Mittelpunkt stehen zwei Fragen: Welches Personal wird zu welchen Zeiten vorgehalten? Welche technischen Ressourcen stellt das Krankenhaus bereit?

Für das Aufnahmemanagement sind nicht nur der erste, sondern alle Parameter von zentraler Bedeutung. Patienten können etwa nur dann aufgenommen werden, wenn es gelingt, durch eine zeitgerechte Entlassung von Patienten wieder freie Behandlungskapazitäten im System zu schaffen. Dies setzt wiederum eine funktionsfähige Patientensteuerung und die Vorhaltung ausreichender personeller und technischer Ressourcen voraus.

Auch wenn elektive Patienten grundsätzlich planbar sind, können diese trotz allem Störungen im System verursachen. Erscheinen sie zu früh zu Terminen, entsteht eine „unechte" Wartezeit, die von den Patienten jedoch oftmals als „echte" Wartezeit (Zeit vom tatsächlichen Termin bis zum Behandlungsstart) wahrgenommen wird. Patienten müssen daher für die Einhaltung der Termine sensibilisiert werden. Verspätete Patienten führen – sofern nicht andere Patienten vorgezogen werden können – zu Leerlaufzeiten und später zu Stauungen. Leerlaufzeiten entstehen ebenso durch Patienten, die trotz Termin nicht erscheinen.

Zusammenfassend bestehen im Krankenhaus bei der Fallsteuerung die aus Abb. 7.1 ersichtlichen drei Managementaufgaben, die es zu bewältigen gilt.

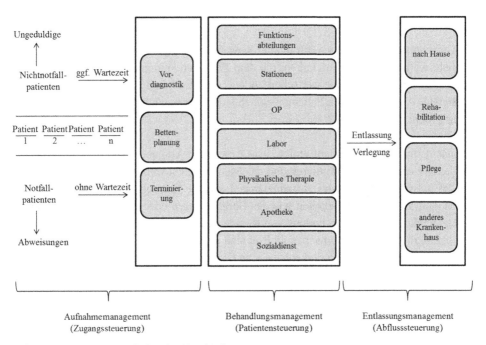

Abb. 7.1 Managementaufgaben im Krankenhaus

Aufnahmemanagement Hierunter fallen alle Aktivitäten rund um die Patientenaufnahme und Bettenbelegung (Vorbereitung einer stationären Aufnahme inklusive der notwendigen Vordiagnostik, Organisation der physischen Aufnahme des Patienten).

Behandlungsmanagement Alle Tätigkeiten, die während eines Aufenthalts erfolgen und die der Behandlung und Betreuung der Patienten dienen (z. B. Operationen, interventionelle Eingriffe, Maßnahmen zur Optimierung der Verweildauer).

Entlassungsmanagement Prozesse, die die Entlassung eines stationären Patienten vorbereiten oder erleichtern (z. B. enger Kontakt zwischen Sozialdienst des Krankenhauses mit einer weiterversorgenden Rehabilitationsklinik).

Bei der Optimierung der bei der Fallsteuerung zu ergreifenden Prozesse stehen drei Parameter im Mittelpunkt (Dahlgaard und Stratmeyer 2013, S. 44):

• Zeit: Reduktion der Prozessdauer durch Eliminierung nicht wertschöpfender Tätigkeiten (z. B. unnötige Doppeluntersuchungen)
• Kosten: Senkung der Prozesskosten (z. B. Ausführung- und Transportkosten)
• Qualität: Sicherstellung, dass der Prozess mit einer definierten Qualität (z. B. Facharztstandard) durchgeführt wird

Prozesstätigkeiten lassen sich dabei grundsätzlich in drei Kategorien unterteilen (Kersting 2007, S. 297 ff.):

• Wertschöpfende Aktivitäten, für die der Kostenträger bereit ist zu bezahlen
• Nicht wertschöpfende Tätigkeiten, die dem Patienten keinen direkten Nutzen bieten, aber Voraussetzung für die wertschöpfenden Tätigkeiten sind
• Unnütze Arbeiten, die den Patienten keinen Nutzen bringen und zudem die Wertschöpfung nicht unterstützen

Für das Aufnahmemanagement ergibt sich insofern die Aufgabe, alle unnützen Arbeiten zu identifizieren und zu eliminieren und das Maß der nicht wertschöpfenden Tätigkeiten auf das notwendige Minimum zu reduzieren. Beispiele für nicht wertschöpfende Tätigkeiten sind Verwaltungstätigkeiten wie das Berichtswesen oder das Controlling. Ziel ist die Vermeidung von Verschwendung von Ressourcen, Abläufe sollen schlank und schnell durchgeführt werden. Zur Umsetzung bietet sich die Orientierung am 5-Faktoren-Modell des Lean Managements für Krankenhäuser an (Weimann und Weimann 2012, S. 50):

• Wert definieren: Leistungen werden aus Kundensicht (Einweiser, Patient) definiert. Die Kunden sollen eine auf ihre Bedürfnisse zugeschnittene Leistung erhalten.
• Wertstrom identifizieren: Die Abfolge der wertschöpfenden Prozesse der Leistungserstellung muss herausgearbeitet werden. Zudem sind notwendige nicht wertschöpfende Leistungen zu benennen.

- Fluss umsetzen: Ein ungehinderter Fluss von Patienten und Informationen (z. B. Laborergebnisse) von einem Punkt zum anderen ist sicherzustellen.
- Pull-Prinzip etablieren: Die Prozesse richten sich am Patienten aus. Wartezeiten sollen soweit möglich vermieden werden. Personelle und technische Ressourcen sowie Informationen werden nur dann hinzugezogen, wenn sie auch benötigt werden.
- Perfektion anstreben: Prozesse werden stetig hinterfragt, insbesondere Mitarbeiter werden animiert, Verbesserungsvorschläge einzubringen.

7.2 Aufnahme als Kernprozess

Eine wichtige Phase eines Krankenhausaufenthalts ist die Aufnahme. Typischerweise sind von dem Prozess zahlreiche Berufsgruppen und Bereiche einer Klinik betroffen, weshalb Schnittstellen entstehen, welche komplex in der Bewältigung sind und in der Praxis vielfach zu Problemen führen. Häufig anzutreffende Defizite im Aufnahmemanagement sind:

Beispiele

- In der Patientenaufnahme entstehen Belastungsspitzen und lange Wartezeiten. Anzutreffen ist das sogenannte „9-Uhr-Phänomen". Ein Großteil der Patienten kommt mangels vorheriger Terminvergabe am Morgen um 9.00 Uhr ins Krankenhaus. Resultat sind überlange Wartezeiten für die Patienten.
- Es ist unklar, auf welcher Station aktuell welche Bettenkapazitäten zur Verfügung stehen. Teils ist eine zeitaufwändige Suche nach freien Betten die Folge. Zudem ist die Belegung der Stationen sehr heterogen, manche fahren Überlast, andere sind kaum ausgelastet.
- „Patiententourismus" ist anzutreffen, da Patienten, die wegen mangelnder Kapazität in der eigentlichen Fachabteilung des Patienten nicht untergebracht werden konnten, zunächst in andere Bereiche ausgelagert wurden und dann später, sobald ein freies Bett vorhanden ist, in die richtige Station verlegt werden. Folge ist eine unnötige Belastung von Personal. Zudem ist die Belegung der einzelnen Abteilungen regelmäßig unübersichtlich, wenn Betten durch fachfremde Patienten belegt sind oder Patienten ausgelagert werden mussten.
- Unzufriedenheit bei Privatpatienten entsteht, wenn aufgrund der Vollauslastung kein Privatbett zur Verfügung steht.
- Innerbetrieblich entstehen Spannungen zwischen den Berufsgruppen, da die unkoordinierte Betten- und Belegungssteuerung für viele Mitarbeiter zusätzlichen Aufwand bedeutet (z. B. zusätzliche Reinigungsarbeiten, Betreuung fachfremder Patienten durch den Pflegedienst anderer Abteilungen).
- Auf den Stationen kommt es zu erheblichen Störungen im Ablauf, teils kommen neue Patienten unvorbereitet und unangekündigt manchmal sogar in Zeiten von Arbeitsspitzen (Essensausgabe, Visitezeit, Übergabe) auf die Station. Es entste-

hen Wartezeiten auf ein freies Bett oder beim Warten auf den Stationsarzt durch die überlappende Präsenz entlassener und neu aufgenommener Patienten. Über den gesamten Tag verteilte unterschiedliche Visitenzeiten sowie fehlende Organisation eines fachärztlichen „Back-up" für die Stationsärzte führen zu weiteren Problemen.

- Vielfach wird die medizinisch-ärztliche Aufnahme geplanter (Elektiv-)Patienten über die Notaufnahme organisiert, was zu einer deutlichen Wartezeit sowohl von Notfall- als auch den geplanten Patienten sowie einer Belastung des Personals in diesem Bereich führt.
- Im Rahmen der ärztlichen Betreuung finden sich vielfach weitere Zeitverzögerungen. Zum Teil können die ärztliche Aufnahme und die Aufklärung durch den Anästhesisten neu aufgenommener Patienten erst stattfinden, nachdem die Ärzte das OP-Programm des laufenden Tages abgeschlossen haben. Präoperativ noch notwendige Untersuchungen müssen daher oftmals durch den Bereitschaftsdienst durchgeführt werden oder auf den nächsten Tag verschoben werden.

Ursächlich für die aufgezeigten Probleme ist oftmals die historisch gewachsene Abteilungsstruktur von Krankenhäusern (Rapp 2010, S. 100). In zahlreichen Kliniken ist jede Fachabteilung für die Koordination ihrer Patienten eigenverantwortlich, das Chefarztsekretariat führt die Einbestellung der Patienten durch, ohne genaue Kenntnis über die verfügbaren Ressourcen des Gesamthauses (z. B. freie Bettenkapazitäten und OP-Kapazitäten) zu haben. Vorhandene Stationen werden als fest zugeordnete Bestandteile einer Abteilung angesehen, was dazu führen kann, dass bei nebeneinanderliegenden Stationen die eine überausgelastet ist, die andere aber viele freie Betten aufweist. Sowohl die Betten- als auch die Mitarbeiterkapazität werden nicht sinnhaft ausgelastet. Auch die Steuerung von Elektiv- und Notfallpatienten verläuft vielfach isoliert voneinander, sodass Doppelbelegungen und Abstimmungsschwierigkeiten auftreten können. Die Abb. 7.2 verdeutlicht nochmals die Problematik; viele Kliniken sind derzeit noch abteilungsbezogen organisiert, jede hat ihre eigene Organisation der Patienteneinbestellung und Aufnahme. Teils sind zudem OP-Säle und Stationen den Abteilungen fest zugeordnet. Trotz optimierter Abläufe in der Gesamtklinik gelingt es daher nicht, die vorher aufgezeigten Defizite zu vermeiden. Ein Großteil der Kliniken hat die Herausforderung jedoch als solche bereits erkannt, sodass eine Mehrzahl der Einrichtungen bereits Veränderungen im Aufnahmemanagement durchgeführt hat oder plant.

7.3 Management der Notaufnahme

Ein erheblicher Teil der Notfall- aber auch der Elektivpatienten eines Krankenhauses gelangt über die Notaufnahme in eine Klinik. Etwa jeder dritte Patient, der zur Versorgung in die Notaufnahme kommt, wird anschließend stationär aufgenommen, zudem macht das Patientenaufkommen, welches dem Krankenhaus über die Notaufnahme zugeführt wird, ca. 1/3 der gesamten Patientenzahl aus (Salfeld et al. 2009, S. 90 f.). Die Notaufnahme ist

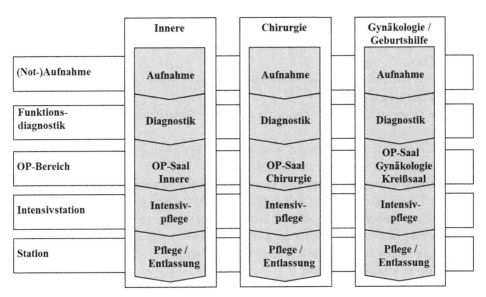

Abb. 7.2 Bisherige Abteilungsstruktur im Krankenhaus. (in Anlehnung an Rapp 2013, S. 25)

wichtiger Ausgangspunkt für die weitere medizinische Behandlung des Patienten. Dort wird entschieden, ob der Patient einer stationären Behandlung bedarf oder ob er einer anderen Behandlungsform (z. B. Vorstellung in der krankenhauseigenen Ambulanz) zugeführt wird. Sofern eine Klinik bereits klinische Behandlungspfade etabliert hat, trifft die Notaufnahme nicht lediglich eine Entscheidung über die Erstdiagnose, sondern ist darüber hinaus zuständig, den Patienten in den zutreffenden Behandlungspfad einzuordnen.

7.3.1   Ablaufstörungen in der Notaufnahme

Die Notaufnahme stellt einen Bereich dar, in dem häufig Ablaufstörungen zu beobachten sind. Hierfür gibt es multiple Ursachen, die sich in folgende vier Kategorien einordnen lassen:

Ursachen für Ablaufstörungen

Patientenservice:
- Patienten kritisieren im Zusammenhang mit der Notaufnahme häufig die langen Wartezeiten sowie die für sie bestehende Intransparenz über die Abläufe. Ihnen ist unklar, wie lange sie voraussichtlich warten müssen, worauf die Wartezeit beruht und welche Versorgungsschritte durchgeführt werden.
- Patienten beklagen Defizite im Rahmen der Kommunikation, ursächlich dafür sind beispielsweise unfreundliche Mitarbeiter oder sprachliche Barrieren.

Einweiser- und Nachbehandlerservice:

- Die Dokumentation ist teilweise nur schlecht lesbar, zudem ist sie inhaltlich unzureichend.
- Wenig hilfreiche Behandlungsempfehlungen geben Anlass zur Kritik.

Schnittstellenprobleme:

- Die Patienten werden nicht gezielt nach potentiell ambulanten und stationären Diagnosen getrennt gesteuert.
- Die Aufnahmedokumentation ist lücken- oder fehlerhaft, sodass oftmals eine aufwändige Nachbefundung erforderlich ist.
- Befunde stehen nur in Papierform und nicht elektronisch zur Verfügung.
- Die Entscheidungsfindung und Indikationsstellung verzögert sich teils, da der Zugriff auf die notwendige fachliche Expertise nicht umgehend möglich ist.
- Die Patientenvorbereitung für die weitere Therapie ist vielfach unvollständig, Nachfragen führen zu einem zusätzlichen Arbeitsaufwand.

Defizite im klinischen Ablauf:

- Das Warten auf eine Entscheidung durch den Facharzt führt zu einem Stillstand in der Behandlung. Eine Absicherung durch den Facharzt wird aus Sicherheitsgründen vorgezogen, wenn die Kompetenzen in der Klinik nicht ausreichend geregelt sind.
- Es stehen unzureichende räumliche Kapazitäten zur Verfügung, insbesondere fehlen Überwachungsplätze.
- Behandlungsstandards sind nicht definiert, sodass die Arbeitsweise sich je nach diensthabendem Arzt unterscheidet.
- In der Notaufnahme werden Leistungen für den stationären Bereich übernommen, wenn dort die Kapazitäten erschöpft sind (z. B. Punktionen, Ultraschalluntersuchungen). Dadurch kommt es zu einer Störung der Notfallabläufe.
- Patiententransporte müssen durch Mitarbeiter der Notaufnahme durchgeführt werden (z. B. zum Röntgen).
- Zeitaufwändige Botengänge (z. B. zum Labor) beschneiden die Arbeitszeit, die die Mitarbeiter für die originären Aufgaben der Notaufnahme verwenden können.

7.3.2 Organisationsformen der Notaufnahme

Notaufnahmen unterscheiden sich zwischen Kliniken oftmals sehr stark, im Kern lassen sich fachspezifische Notaufnahmen, interdisziplinäre Notaufnahmen und Modell klinisch integrierter Notaufnahmen als Grundtypen identifizieren.

Fachspezifische Notaufnahmen sind dadurch charakterisiert, dass die Fachabteilungen eines Krankenhauses jeweils eine eigene Notaufnahme vorhalten (z. B. für Innere Medizin, Chirurgie, Neurologie). Bei größeren Häusern sind die Aufnahmebereiche teils auch räumlich voneinander getrennt, was insbesondere bei medizinisch notwendigen Patientenverlegungen zu Transportzeiten führt. Ökonomisch gesehen ist zudem die parallele Vorhaltung von Ressourcen (Personal, Infrastruktur) kritisch zu sehen. Um die Kostenbelastung zu reduzieren wird daher zu definierten Tageszeiten oder Tagen die fachspezifische Trennung aufgehoben.

Interdisziplinäre Notaufnahmen verzichten auf eine fachliche und räumliche Trennung bei der Patientenversorgung. Statistisch kann dadurch eine Glättung der Einweisungshäufigkeiten erreicht werden, sodass ein planbarerer Patientenstrom vorliegt. Neben der hieraus resultierenden besseren Prognostizierbarkeit des Personalbedarfs bieten solche Modelle darüber hinaus noch die Vorteile eines geringeren Flächenbedarfs sowie einer reduzierten Vorhaltung von medizinischer Ausstattung. Eine interdisziplinäre Versorgung wird ermöglicht, ohne dass ein Wechsel des Behandlungsortes erforderlich ist. Um die Qualität der Versorgung gewährleisten zu können, ist es unabdingbar, bei der Patientenversorgung den Facharztstandard zu wahren. Ein weiterer Vorteil einer interdisziplinären Notaufnahme ist, dass der Anteil der Patienten, die auf einer für sie nicht optimal geeigneten Fachabteilung aufgenommen werden, erheblich gesenkt werden kann. Für solche Patienten besteht die Gefahr einer unnötig langen Verweildauer, da eine Verlegung meist erst mit erheblicher Verzögerung realisiert wird (Fleischmann und Walter 2007, S. A-3164).

Klinisch integrierte Notaufnahmen liegen vor, wenn entweder die Notaufnahme mit der Diagnostikabteilung gekoppelt wird („Integration light") oder ein Zusammenschluss von Notaufnahme und Intensivstation erfolgt. Beispiel für das Lightmodell ist die organisatorische Zusammenführung der Radiologie mit der Notaufnahme. Solche Modelle führen jedoch nicht selten dazu, dass es zu einem Spannungsfeld zwischen dem operativ zu erledigenden permanenten Tagesgeschäft in der Funktionsabteilung und der zugesteuerten Notuntersuchungen aus der Notfallversorgung kommt. Zu klären ist deshalb, wie mit Belastungsspitzen umzugehen ist (z. B. Etablierung von Springerlösungen). Deutlich weitergehend sind Ansätze, die die Notaufnahme mit der Intensivversorgung koppelt. Die medizinischen Anforderungen an die beiden Bereiche weisen starke Überlappungen auf, allerdings darf auch hier nicht übersehen werden, dass eine Integration auch Gefahren birgt. Aus Sicht des Controllings wird es schwerer, eine eindeutige Kostenauswertung für die Notaufnahme zu erstellen. Darüber hinaus drohen Wirtschaftlichkeitsverluste für die Intensivstation, wenn Betten unnötig als Reservekapazitäten für die Notaufnahme freigehalten werden.

7.3.3 Management der Notaufnahme

Notaufnahme als defizitäre Einheiten

Notaufnahmen sind in der Praxis häufig defizitär, die erzielten Erlöse reichen nicht aus, um die anfallenden Kosten zu decken. Erlöse entstammen einerseits aus der ambulanten Versorgung von Patienten (direkter Erlöszufluss) und andererseits aus der anteiligen Zuweisung von DRG-Fallerlösen von im Anschluss stationär behandelten Patienten (indirekter Erlöszufluss über interne Verrechnung). Im ambulanten Erlösbereich werden Notaufnahmen im Kern wie Praxen niedergelassener Ärzte behandelt, die jedoch weitaus weniger Aufwand in personeller und infrastruktureller Hinsicht aufweisen, wie die Notaufnahmen es haben. Die Vergütungssätze sind daher im Regelfall nicht kostendeckend. Kosten von durchschnittlich 120 € je ambulant behandelten Notfall stehen lediglich Erlöse von 32 € gegenüber, sodass ein Fehlbetrag von 88 € je Fall resultiert (Haas 2015, S. 5). Bei der internen Verrechnung besteht die Herausforderung, angemessene Entgeltanteile der Notaufnahme zuzuordnen. Auch in diesem Bereich ist es jedoch oftmals so, dass die Zuweisungen zu gering sind, um tatsächlich die anfallenden Kosten zu decken. Insbesondere die Notwendigkeit der Vorhaltung von Ressourcen zu schwachen Auslastungszeiten wird teilweise monetär nicht ausreichend berücksichtigt.

Infolge der schwierigen Kostensituation müssen Krankenhäuser Anstrengungen zur Optimierung der Prozesse und des Ressourceneinsatzes unternehmen. Übersehen werden darf zudem nicht, dass eine funktionierende Notaufnahme zudem zu Kosteneinsparungen bei der nachfolgenden Behandlung führt. Wird beispielsweise in der Notaufnahme mit einer hohen Wahrscheinlichkeit eine zutreffende Diagnose gestellt und der richtige klinische Behandlungspfad eingeleitet, können unnötige interne Verlegungen vermieden und die Verweildauer des Patienten optimiert werden. Sicherzustellen ist ferner, dass Patienten, die keiner stationären Behandlung bedürfen, nicht unnötigerweise stationär aufgenommen werden. Um ihren Aufgaben zielgerichtet nachkommen zu können, muss der Notaufnahme jedoch auch bekannt sein, welche Stationsbetten frei sind oder frei werden. Die Suche nach einem freien Bett bindet unnötig personelle Kapazitäten.

Ablaufoptimierung und Ressourcenvorhaltung
Bei der Gestaltung der Abläufe und der Entscheidung über die vorzuhaltenden Ressourcen stehen zwei Fragen im Mittelpunkt:

1. Wie kann das Aufkommen der Patienten zuverlässig prognostiziert werden?
2. Wie können die in der Notaufnahme ankommenden Patienten möglichst optimal gesteuert werden?

Zur Prognose des Patientenaufkommens bietet es sich an, Daten der Vergangenheit zu analysieren. Hierdurch ist oftmals eine recht stabile Prognose des Aufkommens möglich. Zudem sollten Faktoren wie die Sprechzeiten niedergelassener Ärzte oder Feiertage berücksichtigt werden. Vor allem Patienten, die sich selbst einweisen, kommen zu sprechstundenarmen Zeiten der niedergelassenen Ärzte, also nach 18 Uhr an Werktagen, mittwochnachmittags sowie an Wochenenden und Feiertagen (Kersting 2007, S. 285). Der Bedarf an Ressourcen ist daher regelmäßig zu diesen Zeiten höher. Ergebnis der systematischen Analyse ist ein Profil des Patientenaufkommens nach Tageszeiten und Wochentagen. Hieraus kann dann wiederum der notwendige Ressourcenbedarf bestimmt werden.

Beim Versorgungsprozess entsteht insbesondere zu Zeiten hoher Auslastung der Notaufnahme die Herausforderung, die vorhandenen Ressourcen optimal zu nutzen. Prozessmängel, die zu unnötigen Wartezeiten führen, müssen behoben werden. Zentral ist zudem, die Versorgung der Patienten zu priorisieren. In der Praxis haben sich Triage Systeme und Scoringmodelle bewährt, anhand derer sich die Dringlichkeit des Behandlungsbedarfs schnell und nachvollziehbar ermitteln lassen. Sinnvoll kann es in Zeiten der Spitzenbelastung zudem sein, Patienten ohne akuten Versorgungsbedarf auf andere Versorgungsbereiche (z. B. Einbestellung in die Ambulanz des Krankenhauses) zu verweisen, um die Kapazitäten zu entlasten.

Beispiel für ein in der Praxis angewandtes Triage-System ist das Manchester-Triage-System (MTS) (Schmola und Rapp 2014, S. 116). Hierunter ist ein standardisiertes Verfahren zur systematischen Ersteinschätzung der Dringlichkeit der Versorgung von Patienten zu verstehen. Triage steht für das Vorgehen, den Schweregrad des Patienten innerhalb kurzer Zeit zu bestimmen und zu kategorisieren. Die schnelle und sichere Festlegung der Behandlungspriorität ist eine wesentliche Voraussetzung, um bei knappen Ressourcen die Versorgung in der Rangfolge durchführen zu können.

Wartezeiten in Notaufnahmen lassen sich auch bei bester Planung nicht komplett vermeiden, sodass nicht alle Patienten unmittelbar und gleichzeitig behandelt werden können. Schwer betroffene Patienten dürfen jedoch nicht unnötig lange auf eine Behandlung warten müssen, während weniger schwere Fälle Behandlungskapazitäten binden. Triage-Systeme bieten für Patienten die Sicherheit, dass bereits beim Erstkontakt innerhalb kurzer Zeit die Dringlichkeit ihres Behandlungsbedarfs erkannt wird und eine optimale Behandlung eingeleitet werden kann. Die Einstufung wird durch geschulte Mitarbeiter der Notaufnahme auf Basis von Leitsymptomen vorgenommen (z. B. Lebensgefahr, Schmerzen, Blutverlust, Bewusstsein, Temperatur, Krankheitsdauer). Resultat ist die Zuordnung zu einer der fünf farbkodierten Kategorien des Manchester-Triage-Systems:

Kategorien

Kategorie Rot: Sofortige Behandlung
Alle anderen laufenden untergeordneten Tätigkeiten werden sofort unterbrochen, um diese Behandlung unmittelbar einzuleiten.
Kategorie Orange: Sehr dringende Behandlung
Die Behandlung sollte innerhalb von 10 min eingeleitet werden.
Kategorie Gelb: Dringende Behandlung
Die Behandlung sollte innerhalb von 30 min eingeleitet werden.
Kategorie Grün: Normal
Die Behandlung sollte innerhalb von 90 min eingeleitet werden.
Kategorie Blau: Nicht dringend
Die Behandlung sollte innerhalb vom 120 min eingeleitet werden.

Die maximale Wartezeit bemisst sich als Zeitspanne, nach der beim Patient spätestens eine ärztliche Behandlung erfolgen sollte. Das Ergebnis der Triagierung kann strukturiert auf einem Bildschirm in der Notaufnahme ersichtlich gemacht werden. Optimal sind leicht zu erfassende grafische Darstellungen, aus denen wichtige Informationen auf einem Blick hervorgehen (z. B. Ergebnis der Triagierung als Farbcode, aktuelle Wartezeit des Patienten, zuständige medizinische Fachabteilung).

Neben einer medizinischen Ersteinschätzung bietet das System der Triagierung aufgrund der strukturierten Dokumentation weitere Möglichkeiten der Auswertung (Rapp 2013, S. 55):

Kennzahlen zur Auswertung

- Anzahl der aufgenommenen Patienten je definierten Zeitintervall
- Durchschnittliche Wartezeiten des Patienten
- Durchschnittliche zeitliche Verweildauer des Patienten in der Notaufnahme
- Einlieferungswege des Patienten (mit oder ohne RTW)
- Verteilung der Notaufnahmen nach Tageszeit und Wochentag
- Verteilung der Notaufnahmen nach Leitsymptomen
- Verteilung der Notaufnahmen nach Kategorien des Triage-Systems

---

Personelle Regelungen

In der Notaufnahme sollte nicht nur in der Pflege, sondern auch im ärztlichen Bereich personelle Konstanz angestrebt werden. Mindestens ein Oberarzt sollte daher fest der Notaufnahme zugeordnet werden, idealerweise als Gesamtleiter der Notaufnahme. Eingesetzt wird in dieser Position oftmals ein Facharzt für Anästhesie bzw. Notfallmedizin. Vorteil einer fachärztlichen Betreuung ist die stetige organisatorische Betreuung der Prozesse in der Notaufnahme. Übersehen werden darf jedoch nicht, dass der fachlichen Betreuung durch den leitenden Arzt Grenzen gesetzt sind, sodass für spezifische Fragen dennoch teilweise ein Facharzt der jeweiligen Abteilung hinzugezogen werden muss. Neben der Leitung müssen Krankenhäuser sich deshalb mit der Frage auseinandersetzen, wie eine zeitgerechte fachärztliche Unterstützung realisiert werden kann. Kritisch ist in diesem Kontext das von vielen Kliniken auch heute noch praktizierte Vorgehen, junge und unerfahrene Ärzte in der Notaufnahme einzusetzen. Dadurch werden die Patienten regelmäßig in der Notaufnahme nur kurz gesehen und direkt in die Fachabteilung weiterverlegt. Folge ist eine Überlast in den Abteilungen sowie eine erhöhte Anzahl an Überweisungen in die falsche Abteilung. Empfehlenswert ist es daher einen fachärztlichen Back-up mit den bestehenden Fach- und Oberärzten zu etablieren. Eine mögliche Option besteht darin, dass jede Fachabteilung einen eigenen Dienstplan für die fachärztliche Betreuung aufstellt. Der jeweils zuständige Arzt kann dann im Bedarfsfall kurzfristig für die Notaufnahme zur Verfügung stehen, eine dauerhafte Präsenz in der Notaufnahme ist nicht erforderlich.

Generell müssen sich Krankenhäuser damit auseinandersetzen, dass Ärzte einen knappen und damit kritischen Faktor bei der Versorgung in der Notaufnahme darstellen. Wenn immer möglich, sollte diese Ressource entlastet werden. Befunde sollten einfach und unkompliziert elektronisch erfasst werden können, damit schnell eine aussagekräftige Dokumentation für die nachfolgenden Versorger erstellt werden kann. Hilfreich kann weiterhin der Einsatz von medizinischen Fachangestellten sein, welche sich um die Rahmenversorgung der Patienten kümmern. Dies sind für die Anlage des Patienten im System und die

Erfassung der wesentlichen Informationen aus der Anamnese verantwortlich, sie koordinieren die korrekte Befundschreibung im System und tragen Verantwortung dafür, dass jeder Patient, der nicht stationär aufgenommen wird, einen schriftlichen Aufnahmebericht erhält. Eine denkbare Aufgabenteilung kann wie folgt aussehen (Rapp 2013, S. 58):

Aufgabenteilung beim Personal
- Die medizinischen Fachangestellten sind Ansprechpartner für den Patienten und dessen Angehörige sowie den Zuweiser (z. B. Notarzt, Hausarzt). Sie sind zuständig für die Auswahl und Anlage der Patientendokumentation. Nach Ankunft eines Notfallpatienten übernimmt die Arzthelferin die Datenersterfassung, die für die Triagierung notwendig ist und leitet diese an das Pflegepersonal zur Einstufung weiter.
- Die Pflegekraft der Notaufnahme übernimmt den Patienten zur Durchführung der Triagierung und koordiniert alle Notfallpatienten. Im Rahmen der Triagierung wird auch die zuständige Fachabteilung festgelegt.
- Weitere notwendige Patientendaten (z. B. Kostenträger, Wahlarztstatus) werden durch die medizinische Fachangestellte nach der Triagierung nacherfasst. Die Unterlagen werden anschließend in das Untersuchungszimmer weitergeleitet.

Beim Erstkontakt sollte ferner zwischen drei Zugangsformen unterschieden werden. *Patienten mit Einweisungsschein, die liegend der Notaufnahme* zugeführt werden, betreut ein Mitarbeiter direkt am Aufnahmetresen. Die medizinische Aufnahme und Erstbehandlung erfolgt in den Räumen der Notaufnahme durch den zuständigen Facharzt. *Notfallpatienten, die ohne Termin über den Rettungsdienst* in die Notaufnahme kommen, werden nach Ankunft sofort in den Schockraum gebracht und dort triagiert. Die Übergabe von allen medizinischen Daten erfolgt durch den Notarzt im Schockraum, die administrative Aufnahme erfolgt in Abstimmung mit dem Notarzt oder der Angehörigen am Aufnahmetresen. *Notfallpatienten, die ohne Termin gehend* in die Notaufnahme kommen, werden zunächst wie vorab beschrieben durch die Arzthelferin betreut und dann zur Triagierung an die Pflegekraft weitergeleitet.

7.3.4 Aufnahmestation oder Überwachungsbereich

Zahlreiche Krankenhäuser haben Aufnahmestationen errichtet, auf denen Patienten interimsweise versorgt werden. Darunter ist eine Station zu verstehen, in die der Patient vor einer endgültigen stationären Aufnahme, vor Zuordnung zu einem definierten Fachgebiet bzw. bei noch nicht eindeutig zu definierender notwendiger Versorgungsstufe aufgenommen werden kann (Bernhard und Gries 2011, S. 31). Behandelt werden insofern vor allem Patienten, die ein oder mehrere der nachfolgenden Charakteristika aufweisen:

- Voraussichtlich geringe Verweildauer
- Erstdiagnostik nimmt längere Zeit in Anspruch

- Fachrichtung kann nicht umgehend geklärt werden
- Unklarheit, ob eine stationäre Behandlung zwingend erforderlich ist
- Patient trifft außerhalb der Zeiten ein, in denen umfangreich Personal vorgehalten wird

Die Ziele, die mit einer Aufnahmestation verfolgt werden, sind dabei vielfältig:

- Entlastung der Stationen
- Zentralisierung der Behandlung in der Nacht
- Optimierung der Patientensteuerung
- Verbesserte Abklärung von Notwendigkeit einer stationären Behandlung und der zutreffenden Fachabteilung
- Höherer Patientenkomfort

Kritiker betonen jedoch, dass Aufnahmestationen häufig zu einer Erhöhung der Gesamtverweildauer führen können und zudem ein meist nicht unerheblicher Personalaufwand besteht (Rapp 2013, S. 57). Präferiert wird daher eine verlängerte Überwachung in der Notaufnahme. Voraussetzung ist die Möglichkeit einer Überwachung von bis zu sechs Stunden, nach diesem Zeitraum können fast alle Patienten der weiteren Versorgung zugeführt werden. Auch die Problematik der nächtlichen Betreuung neu eintreffender Patienten kann so gelöst werden.

▶ [Die] Notaufnahme kann dazu beitragen, Ressourcen in vielen anderen Bereichen der Klinik zu sparen: Weil sie einen Rund-um-die-Uhr-Dienst über die ganze Woche bietet, müssen andere Klinikbereiche nicht mehr das Gleiche vorhalten. In vielen interdisziplinären Notaufnahmen werden Patienten z. B. ab einer bestimmten Nachtzeit nicht mehr auf die Stationen verlegt, sondern bis zum nächsten Morgen in der Notaufnahme behandelt. Damit kann die ärztliche und pflegerische Vorhaltung der Stationen reduziert werden. Bei entsprechender Ausstattung werden auch die intensivpflichtigen Patienten des Rettungsdienstes übernommen. Damit können auch die Intensivstationen zumindest zeitweise entlastet werden. (Fleischmann und Walter 2007, S. A-3164)

7.3.5 Aufnahmegruppierung

Bereits zu Beginn des Krankenhausaufenthaltes sollten so viele gruppierungsrelevante Informationen wie möglich erfasst werden. Typische Faktoren, die zum Zeitpunkt der Aufnahme dokumentiert werden können, sind:

- Aufnahmediagnose
- Bestehende Nebendiagnosen

- Lebensalter
- Aufnahmegewicht
- Geschlecht

Der aufnehmende Arzt sollte eine Einschätzung der auf Basis der vorgefundenen Situation wahrscheinlichen Verweildauer vornehmen und diese im System dokumentieren. Nur so ist eine effiziente Verweildauersteuerung von Beginn an möglich. Von einer Verweildauerprognose rein aus den bereits vorliegenden Daten basierenden DRG ist abzuraten, da zahlreiche DRG-relevante Informationen erst während oder am Ende des Aufenthalts festgestellt werden können. Hierzu zählen unter anderem:

- OPS-Codes (Operationen und sonstige Prozeduren)
- Komplikationen
- Nebendiagnosen, die sich während des Krankenhausaufenthalts entwickeln
- Endgültige Hauptdiagnose
- Beatmungszeit
- Entlassungsart (z. B. Entlassung, Verlegung)

7.3.6 Steigerung der Patientenzahlen

Eine weitere Perspektive der Notaufnahme ist die Steigerung der Patientenzahl eines Krankenhauses. Patienten, die sich in der Notaufnahme fachlich kompetent behandelt und persönlich angemessen betreut fühlen, werden bei möglicherweise später folgenden elektiven Eingriffen auch wieder das Krankenhaus wählen. Im Regelfall folgt nach der ambulanten oder stationären Behandlung eine Weiterversorgung durch einen niedergelassenen Arzt. Dieser wird es zu schätzen wissen, wenn er einen aussagekräftigen Bericht über die medizinische Situation und die Weiterbehandlung erhält. Findet er diesen vor, wird er mit einer höheren Wahrscheinlichkeit Patienten in das Krankenhaus einweisen.

Beim Betrieb der Notaufnahme sollte zudem hinterfragt werden, ob die bauliche Anordnung innerhalb der Einheit nach prozessualen Gesichtspunkten optimal ist. Defizite lassen sich häufig bei der Anordnung von Behandlungs-, Lager- und Aufenthaltsräumen identifizieren. Eine optimale Anordnung bietet die Chance, unnötige Transport- und Wartezeiten zu reduzieren. Zudem sollte die Notaufnahme leicht auffindbar sein, einen anschaulich gestalteten Empfangsbereich aufweisen, über einen ansprechenden Wartebereich und ausreichend Untersuchungs- sowie Patientenzimmer verfügen.

In der Praxis erweist es sich teils als schwierig, notwendige prozessuale Umgestaltungen vorzunehmen. Das Management hat die Aufgabe, alle Beteiligten von der Sinnhaftigkeit einer Umgestaltung zu überzeugen, indem durch transparente Daten gezeigt wird, dass Verbesserungsmöglichkeiten bestehen. Dargelegt werden müssen die positiven Effekte für das Personal, aber auch für die Patienten. Schwieriger sind organisatorische Umgestaltungen zu bewältigen, durch die jahrelang praktizierte Vorgehensweisen aufgebrochen werden (z. B. Umwandlung einer nach Fachdisziplinen getrennten Notaufnahme in eine integrierte Notaufnahme). Dies bedarf einer langfristigen Planung basierend auf einem klaren Projektstrukturplan, zudem muss beachtet werden, dass bei Änderungen oftmals auch bauliche Maßnahmen ergriffen werden müssen.

7.4 Integriertes Aufnahmemanagement

7.4.1 Grundidee und Zielsetzung

Im Rahmen des Aufnahmemanagements setzt sich zunehmend ein integriertes Aufnahmekonzept durch, welches aus drei Bausteinen besteht: einem zentralen Belegungsmanagement als zentraler Stelle der Betten- und Belegungssteuerung, der elektiven Patientenaufnahme, welche für die Betreuung von elektiven und dringenden Patienten zuständig ist und der Notaufnahme, durch welche die Notfallpatienten versorgt werden. Das Zentrale Belegungsmanagement sowie die Elektive Patientenaufnahmen müssen als neue Einheiten geschaffen werden, während die Notaufnahme in Kliniken bereits existent ist.

Ziele des Integrierten Aufnahmemanagements sind die Steigerung der Wirtschaftlichkeit durch eine Optimierung der Verweildauer des Patienten, eine optimale Auslastung der vorhandenen Bettenressourcen sowie eine Steigerung der Patientenzufriedenheit durch eine verbesserte Steuerung der Patienten. Das Konzept sieht neben einer patientenfreundlichen Belegungssteuerung die Zusammenführung aller Aufnahmeprozesse an einer zentralen Stelle, die Realisierung der medizinischen und administrativen Aufnahme in einem Arbeitsgang und an einem Ort sowie die organisatorische Trennung der Patientenströme in Not- und Elektivaufnahme vor.

7.4.2 Bausteine des Integrierten Aufnahmemanagements

Zentrales Belegungsmanagement

Aufgabe des Zentralen Belegungsmanagements ist die Terminierung aller Patienten (z. B. vorstationäre Untersuchungen, stationäre Aufnahme, geplante Eingriffe). Zudem übernimmt die Einheit die Belegungsplanung für alle Abteilungen des Krankenhauses. Hierin liegt ein wesentlicher Unterschied zu bislang praktizierten Modellen, bei denen jede Abteilung für sich selbst die Termin- und Bettendisposition vorgenommen hat. Fachabteilungsspezifische Terminkalender werden nicht mehr vorgehalten, vielmehr koordiniert das Zentrale Bettenmanagement die verfügbaren Bettenressourcen und OP-Kapazitäten. Abgebildet werden sämtliche Daten im Krankenhaus-Informations-System (KIS). Zugriff sollten alle am Behandlungsprozess beteiligten Mitarbeiter haben, Schreibrechte hat exklusiv das Zentrale Bettenmanagement. Doppeluntersuchungen oder nicht abgesprochene Änderungen können so vermieden werden.

Das Zentrale Bettenmanagement vergibt an jeden elektiven Patienten einen fixen Termin (Tag, Uhrzeit), zu dem der Patient im Krankenhaus erscheinen soll. Dadurch können Belastungsspitzen, die bei einem unkoordinierten Erscheinen unweigerlich entstehen, vermieden werden. Eine Glättung der Auslastung sämtlicher Ressourcen (Personal, Infrastruktur) wird erreicht. Für Patienten ergibt sich der Vorteil von im Regelfall geringeren Wartezeiten. Elektive Patienten werden entweder für Voruntersuchungen einbestellt, die der Vorbereitung des stationären Aufenthalts dienen oder direkt für die stationäre Behandlung terminiert. Vorstationäre Leistungen sind immer dann sinnvoll, wenn durch diese Leistungen die unnötige Blockierung eines stationären Bettes temporär vermieden werden kann. Im Falle einer stationären Aufnahme reserviert das Zentrale Bettenmanagement zudem ein Bett für den Patienten und einen OP-Platz, falls ein operativer Eingriff vorzunehmen ist. Auch bei Notfallpatienten kümmert sich das Zentrale Bettenmanagement um ein Bett für den Patienten.

Wird über die Einführung eines Zentralen Bettenmanagements nachgedacht, so sollte zugleich eine Änderung der Bettenzuteilung an die Fachabteilungen in Erwägung gezogen werden. Jeder Abteilung sollte auf Basis einer detaillierten Analyse eine Kernkapazität mit entsprechendem räumlichen Bereich zugewiesen werden. Dieser Kernbereich wird vom Zentralen Bettenmanagement primär belegt. Falls ein Überhangbedarf besteht, werden die Patienten auf sogenannte „fließende Bereiche" gelegt. Hierunter sind Zonen zu verstehen, die an die Fachabteilung angrenzen, aber auch von anderen anliegenden Fachbereichen im Bedarfsfall mitgenutzt werden können. Nur in Ausnahmefällen, also zu Zeiten extremer Überlastung der Kernkapazitäten bei gleichzeitiger Vollauslastung der Überlaufbereiche, sollten Patienten in anderen medizinischen Bereichen untergebracht werden.

Erfolgsvoraussetzung für ein Zentrales Bettenmanagement sind klare organisatorische und inhaltliche Regelungen, die insbesondere von den leitenden Ärzten mitentwickelt und akzeptiert werden müssen. Das Zentrale Bettenmanagement hat vor allem nicht die Aufgabe, über die medizinische Notwendigkeit einer Aufnahme zu entscheiden, dies bleibt originäre Aufgabe der Mediziner. Eine gute Koordination und Organisation der Abläufe bietet zudem die Perspektive eines professionellen Umgangs mit den Einweisern. Auch hier sind die Tätigkeiten rein organisatorischer Art, der fachliche Dialog zwischen den Medizinern kann und soll durch das Zentrale Bettenmanagement nicht ersetzt werden.

Ein weiteres Erfolgskriterium ist die fachliche Besetzung der Einheit. Geleitet werden sollte das Zentrale Bettenmanagement von einer erfahrenen examinierten Gesundheits- und Krankenpflegekraft. Alle weiteren Mitarbeiter müssen ebenso über ein medizinisches Grundverständnis verfügen, es bietet sich beispielsweise der Einsatz von medizinischen Fachangestellten an.

Einer Definition bedürfen weiterhin die Arbeitszeiten des Zentralen Bettenmanagements. Eine 24-stündige Öffnung an allen Tagen lässt sich wirtschaftlich nicht darstellen. Denkbar ist etwa eine werktägliche Öffnungszeit von 7.00 Uhr bis 17.00 Uhr. Eine Öffnung bereits um 7.00 Uhr sollte erfolgen, da ansonsten die durch die nächtlichen Notfälle veränderten Betten- und OP-Kapazitäten nicht mehr rechtzeitig vor der ärztlichen Frühbesprechung an die Fachabteilungen kommuniziert werden können. Nachmittags fragt die

Einheit die geplanten Entlassungen für den Folgetag ab, um über die in den kommenden Tagen vorhandenen Ressourcen rechtzeitig Kenntnis zu haben.

Elektive Patientenaufnahme

Die Elektive Patientenaufnahme ist für die administrative und medizinische Aufnahme von elektiven Patienten zuständig. Im Rahmen der Einführung eines Integrierten Aufnahmemanagements kann die bisherige administrative Patientenaufnahme abgeschafft werden.

Für eine funktionsfähige Elektive Patientenaufnahme sind mehrere Behandlungsräume einzurichten, die eine parallele Aufnahme mehrerer Patienten ermöglichen. Investitionen in medizintechnisches Equipment sind nötig, da die Räume neben einer Patientenliege auch mit einem EKG, teils einem Ultraschallgerät und Ausrüstung zur Blutentnahme ausgerichtet sein sollten. Ferner ist ein Computerarbeitsplatz Voraussetzung.

Bei der Terminierung der elektiven Patienten wird anlog zu einer Praxis eines niedergelassenen Arztes an jeden Patienten ein Termin (Datum und Uhrzeit) vergeben, zu dem dieser vorstellig werden soll. Oftmals eignen sich Patienten, bei denen ein vollstationärer Aufenthalt notwendig ist, für vorstationäre Untersuchungen. In der Elektiven Patientenaufnahme werden die für die Vorbereitung des stationären Aufenthalts notwendigen Untersuchungen (z. B. bildgebende Verfahren, EKG) durchgeführt, der Patient aufgeklärt und alle erforderlichen administrativen Daten erhoben. Im Rahmen des vorstationären Aufenthalts wird zudem die vollstationäre Versorgung geplant (z. B. Aufnahmetermin, OP-Termin).

Zuständig für die Patientenaufnahme ist ein Facharzt der Fachabteilung unter Wahrung des Facharztstandards, dieser wird unterstützt durch eine medizinische Fachangestellte. Neben der Hilfestellung bei Untersuchungen erfasst die Arzthelferin die Stammdaten des Patienten und koordiniert die Anmeldung für noch notwendige weitere Untersuchungen (z. B. CT oder MRT) und kümmert sich um die Anforderungen fehlender bzw. unvollständiger Vorbefunde. Der Arzt führt die Anamnese und die Erstuntersuchung durch, zudem legt er die Diagnose fest. Weitere folgende Untersuchungen oder Maßnahmen kann er selbst durchführen oder anordnen. Die in der Elektiven Patientenaufnahme tätigen Ärzte stehen während ihrer Arbeitszeit ihren Kollegen als fachlicher Unterstützer und einweisenden Ärzten als Ansprechpartner zur Verfügung.

Zu operierende Patienten werden in der Elektiven Patientenaufnahme aufgeklärt (operierende Disziplin und Anästhesie). Der Anästhesist prüft den Patienten zudem hinsichtlich seiner Operationsfähigkeit und trifft notwendige medizinische Anordnungen zur Vorbereitung der Operation.

Die Elektive Patientenaufnahme übernimmt zudem weitere Aufgaben. Tätigkeiten sind unter anderem

- Vorlage des Behandlungsvertrags
- Sicherung der Kostenübernahme

- Abrechnung von Zuzahlungen
- Ansprechpartner für Patientenfragen (z. B. wahlärztliche Leistungen, Mitaufnahme von Begleitpatienten)

Wichtigste Vorteile einer Elektiven Patientenaufnahme sind die Reduzierung von Schnittstellen und die optimierte Vorbereitung der Abläufe auf den medizinischen Stationen. Dort kann nach Ankunft des Patienten umgehend mit der Versorgung begonnen werden, da die fachärztliche Versorgung, die Behandlungsplanung sowie die Anordnungen für die Station bereits durch die Elektive Patientenaufnahme erledigt wurden. Wartezeiten etwa in Folge von sich verzögernden Aufnahmeuntersuchungen (z. B. zuständiger Arzt ist noch im OP) entfallen. Ein weiterer Vorteil ist der zeitlich gesteuerte Zugang der Patienten auf den Stationen. Dadurch treffen diese in sinnvollen Zeitabständen dort ein.

Notaufnahme
Eine Notaufnahme existiert auch in den bisherigen Konzepten im Regelfall bereits im Krankenhaus. Neu an der Idee des Integrierten Aufnahmemanagements ist jedoch, dass die Notaufnahme von sämtlichen elektiven Patienten entlastet wird. Diese werden durch das Zentrale Belegungsmanagement in die Elektive Patientenaufnahme umgeleitet. Aufgabe der Notaufnahme ist die Untersuchung und Versorgung rein von Notfallpatienten. Je nach Notwendigkeit folgt im Anschluss eine Verlegung auf die Intensivstation bzw. die Normalstation oder die Verbringung in den Operationssaal.

Patientensteuerung
Beim Integrierten Aufnahmemanagement empfiehlt es sich drei Patientengruppen zu unterscheiden:

- Elektivpatienten
- Dringende Patienten
- Notfallpatienten

Bei elektiven Patienten wird eine Einbestellung nach den Wünschen des Patienten in Abstimmung mit den zeitlichen Möglichkeiten der Klinik vorgenommen. Diese Patienten kommen daher mit Termin zu einem vorhersehbaren Zeitpunkt in die Klinik.

Unter dringende Patienten fallen Personen, die innerhalb von fünf Tagen nach Diagnosestellung durch den niedergelassenen Arzt oder bei einer Voruntersuchung im Krankenhaus stationär aufgenommen werden müssen. Um die Terminierung kümmert sich das Zentrale Belegungsmanagement, sodass auch diese Patienten mit Termin geplant in der Klinik erscheinen.

Lediglich die Kategorie der Notfallpatienten kommt ohne Termin in die Klinik zur Behandlung. Es empfiehlt sich eine Analyse des Patientenzustroms in die Notaufnahme, um wiederkehrende Muster nach Wochentag und Tageszeit feststellen zu können. Innerhalb der regelmäßigen Arbeitszeit führt das Zentrale Bettenmanagement in Abstimmung mit der Notaufnahme und den Stationen die Bettenzuweisung bei den Notfallpatienten durch.

Erfolgsmessung

Um die Effekte eines Integrierten Aufnahmemanagements messen zu können, empfiehlt sich die Erhebung von operativen Kennzahlen. Exemplarisch seien nachfolgende Kennzahlen genannt:

- Verweildauer
- Präoperative Verweildauer
- Anteil der am Aufnahmetag operierten Patienten
- Zufriedenheit der einweisenden Ärzte
- Zufriedenheit der Patienten

Die Verweildauer von Patienten sollte vergleichend vor und nach der Einführung des Systems gegenübergestellt werden. Zu beachten ist jedoch, dass der Schweregrad eines Patienten auf die Verweildauer genauso Einfluss nimmt wie organisatorische Änderungen. Daher kann der Einfluss der Neuorganisation nur näherungsweise als die Differenz der durchschnittlichen Verweildauer einer definierten DRG-Patientengruppe zur im Fallpauschalenkatalog ausgewiesenen mittleren Verweildauer vor und nach der Umstellung bestimmt werden. Hat eine Patientengruppe bspw. im Jahr vor der Einführung $(n-1)$ eine durchschnittliche Verweildauer von 7,5 Tagen aufgewiesen und die mittlere Verweildauer laut Katalog betrug 7,2 Tage, so errechnet sich für das Jahr $n-1$ ein Delta von minus 0,3 Tagen. Analog kann man die Differenz im Jahr der Einführung (n) und in den nachfolgenden Jahren $(n+1, n+2$ usw.$)$ bestimmen. Beträgt im Jahr $n+1$ die Differenz etwa minus 1,3 Tage, so lässt sich unter Annahme sonst gleichbleibender Bedingungen ein Effekt von 1,0 Tagen abschätzen, der auf das Konzept zurückzuführen ist.

Unter der präoperativen Verweildauer ist die Zeitspanne zu verstehen, die zwischen Aufnahme des Patienten und der Operation liegt. Da durch das Integrierte Aufnahmemanagement die Vorbereitung der Operation soweit möglich vor der stationären Aufnahme erfolgen soll, ist zu erwarten, dass sich die durchschnittliche präoperative Verweildauer der Patienten verringert. Um eine aussagekräftige Statistik zu erheben, sollte nicht nur ein Mittelwert erhoben werden, sondern auch die Häufigkeitsverteilung einzelner präoperativer Verweildauerintervalle betrachtet werden. Bei Mittelwerten besteht die Gefahr einer Verzerrung durch Extremwerte sowie das Problem einer mangelnden Aussagekraft, wenn die Einzelwerte sehr stark streuen. Zudem sollten nur elektive Patienten in die Erhebung einbezogen werden. Eine weitere sinnvolle Kennzahl in dem Kontext ist die Anzahl der elektiven Patienten, die am Aufnahmetag operiert wurden. Zielwerte sind, dass mindestens 75 % der Patienten am Aufnahmetag und 95 % am Aufnahmetag oder dem folgenden Tag operiert werden sollten (Rapp 2013, S. 44 f.).

Durch regelmäßige Befragungen kann die Zufriedenheit der Patienten und der Einweiser erhoben werden. Verschiedene Parameter werden so aus Sicht der Betroffenen beurteilt (z. B. Zufriedenheit mit dem Aufnahmeprozess). Die Entwicklung im zeitlichen Ablauf liefert wertvolle Hinweise, wie das System angenommen wird und welche Schwachstellen vorliegen, die behoben werden müssen.

7.4.3 Einführung des Integrierten Aufnahmemanagements

Organisatorische Änderungen sind im Krankenhaus als besonders schwierig in der Umsetzung anzusehen, da vielfältige Berufsgruppen und oftmals komplexe Prozesse davon betroffen sind. Bei der Einführung eines Integrierten Aufnahmemanagements wird sich das Management im Rahmen des Veränderungsprozesses insbesondere mit Bedenken seitens der leitenden Ärzte und Pflegekräfte auseinandersetzen müssen. Es empfiehlt sich daher, nach den Grundprinzipien des Change Managements vorzugehen. Unter Change Management sind alle Maßnahmen zu verstehen, die zur Initiierung und Umsetzung von neuen Strukturen, Systemen und Verhaltensweisen ergriffen werden. Im Change Management wird davon ausgegangen, dass Wissens- und Willensbarrieren Veränderungen erschweren. Wissensbarrieren resultieren aus der Unkenntnis der Personen über die Neuausrichtung, es liegt ein klassisches Informationsdefizit vor. Willensbarrieren bestehen insbesondere dann, wenn Menschen Befürchtungen haben, durch Änderungen schlechter gestellt zu werden als vorher. Eine Kombination aus Wissens- und Willensbarriere ist anzutreffen, wenn Mitarbeiter sich infolge von Qualifikationsdefiziten überfordert fühlen. Zuletzt können auch Willensdefizite aus organisatorischen Gründen heraus entstehen, wenn die Beschäftigten das Gefühl haben, dass ihnen Änderungen ohne jegliche Möglichkeit der Stellung- und Einflussnahme von oben aufoktroyiert werden.

Widerstände durch den ärztlichen Dienst
Die leitenden Ärzte der einzelnen Fachabteilungen stehen dem Konzept zunächst skeptisch gegenüber, da sie ihre eigenen Interessen beeinflusst sehen. Termine können nicht mehr selbständig vergeben werden, ebenso wird der Einfluss auf die Betten- und Operationssaalplanung reduziert. Die möglicherweise mit dem Konzept einhergehende Reduktion der Bettenzahl der Abteilung durch die Festlegung von fließenden Bereichen wird als Bedeutungsverlust der eigenen Fachrichtung verstanden. Kritisiert wird der Verlust an Flexibilität und der Möglichkeit einer individualisierten Patientenaufnahme, sodass häufig versucht wird, die Abteilung als Ausnahme hinzustellen, in der das Konzept nicht funktionieren kann. Ins Feld geführt werden Argumente wie der besonders hohe Notfallanteil der Abteilung und die Vielzahl an speziellen Patienten, die keiner globalen Steuerung unterzogen werden können.

Um die Betten- und OP-Kapazitäten kann es zu Verteilungskämpfen kommen, da die Mediziner die Sorge haben, dass ihnen nach der Umstellung nicht mehr genügend Betten und OP-Kapazitäten zur Verfügung stehen. Problematisch wird zudem die Kapazität der

Fachärzte der eigenen Abteilung gesehen. Angezweifelt wird, dass ein Facharzt durchweg während der Öffnungszeiten der Elektiven Patientenaufnahme dieser zur Verfügung gestellt werden kann.

Durchsetzungsprobleme bestehen ferner, da bezweifelt wird, dass ein Zentrales Belegungsmanagement das fachliche Wissen kurzfristig aufbauen kann, um die Betten- und Terminplanung auf qualitativ hochwertigem Niveau durchführen zu können. Es wird angenommen, dass die Mitarbeiter erst langwierig geschult werden müssen und, dass beim Fehlen einer ausreichenden Schulung mit zahlreichen Rückfragen in der Anfangszeit zu rechnen ist.

Der wirtschaftliche Mehrwert des Konzepts wird kritisch hinterfragt, da zu Beginn zusätzliche neue Stellen geschaffen werden und Investitionen in Medizintechnik erfolgen.

Zuletzt besteht die Befürchtung, dass der Dialog mit den zuweisenden Ärzten merklich eingeschränkt wird. Dieser wird allerdings als wichtiger Aspekt für eine gute Patientenbehandlung und eine Bindung der Zuweiser gesehen.

Widerstände durch den pflegerischen Dienst

Eine Willensbarriere entsteht aus der Angst heraus, dass der eigene Arbeitsplatz gefährdet sein könnte, wenn das Integrierte Aufnahmemanagement seine angedachte Wirkung entfaltet. Denkbar sind die Schließungen ganzer Stationen oder die Einsparung von Stellen auf den Stationen, da Tätigkeiten künftig zentral erledigt werden.

Sorge besteht ferner dahingehend, dass der Glaube daran fehlt, dass die bisher nach subjektiver Meinung der Stationen gut durchgeführte Planung von Maßnahmen und die Bettenbelegung genauso durch eine zentrale Einheit durchgeführt werden kann. Aus Sicht der Pflegekräfte könnte es zu einer Überbelegung der Stationen, unzufriedenen Patienten und Abstimmungsdefiziten mit der Zentraleinheit kommen.

Besonders problematisch wird zudem das mögliche Konfliktpotential mit den Ärzten gesehen. Einerseits erwartet das Zentrale Belegungsmanagement eine Aussage über anstehende Entlassungen, andererseits obliegt die Entlassungsentscheidung letztendlich jedoch dem behandelnden Arzt.

Maßnahmen der erfolgreichen Implementierung

Neben einer realistischen Projektplanung müssen im Rahmen der Einführung vielfältige Maßnahmen ergriffen werden, um den Akzeptanzbarrieren entgegenwirken zu können. Ausgangspunkt ist die umfassende Darstellung des Konzeptes im gesamten Krankenhaus. Auch gegenüber Zuweisern sollte die Umstellung frühzeitig kommuniziert werden, um Anlaufschwierigkeiten und daraus resultierende Akzeptanzprobleme des neuen Konzepts zu vermeiden.

Eine frühzeitige Schulung der Mitarbeiter kann durch Hospitationen in Kliniken erreicht werden, die bereits ein Integriertes Aufnahmemanagement eingeführt haben. Ebenso sollten die Beschäftigten, die in dem künftigen Bereich arbeiten, in den einzelnen Fachabteilungen einige Zeit präsent sein, um die Abteilung besser kennen zu lernen. Schulungen der künftig im neuen Bereich tätigen Personen durch externe Stellen unterstützen ferner den Prozess einer erfolgreichen Einführung.

Der Fortschritt der Implementierung sollte regelmäßig gegenüber den Mitarbeitern und insbesondere den leitenden Ärzten (z. B. in der Chefarztrunde) kommuniziert werden. Nur so können möglicherweise auftretende Konflikte frühzeitig erkannt und einer Lösung zugeführt werden. Spezielle Qualitätszirkel könnten etwa gegründet werden, um sich mit den identifizierten Defiziten auseinanderzusetzen.

Für Klarheit bei den Abläufen wird durch die schriftliche Niederlegung und regelmäßige Anpassung von Verfahrensanweisungen gesorgt. Regelmäßige Audits, die auch durch externe Experten durchgeführt werden können, helfen, Schwachstellen in den neuen Prozessen zu erkennen.

Fazit

Krankenhäuser sind ständig auf der Suche nach Verbesserungs- und Optimierungsmöglichkeiten im Kosten- und Qualitätsbereich. Die Optimierung von Abläufen ist hierfür ein beliebter Ansatzpunkt. Insbesondere bei Querschnittsprozessen bestehen in Krankenhäusern regelmäßig noch Lücken zwischen dem aktuell erreichten und dem eigentlich realisierbaren wirtschaftlichen und qualitativen Niveau. Ein wichtiger Querschnittsprozess stellt die Krankenhausaufnahme dar. Er besteht aus vielfältigen Teilprozessen, an denen verschiedene Berufsgruppen beteiligt sind. Eine sichere und zügige Patientensteuerung in der Aufnahme ist ein zentrales Element der wirtschaftlichen Krankenhausführung. Schlecht strukturierte Prozesse führen regelmäßig zu unnötig hohen Verweildauern und damit zu vermeidbaren Kosten. Darüber hinaus ist die Krankenhausaufnahme bei Notfallpatienten fundamentale Grundlage der weiteren medizinischen Versorgung. Es muss eine möglichst zügige Reaktion auf lebensbedrohliche Zustände erfolgen, zudem hängt von der richtigen medizinischen Einschätzung am Beginn der Behandlung der weitere Patientenfluss ab. Bei elektiven Patienten trägt ein gezieltes Aufnahmemanagement dazu bei, den Patienten von Anfang an zu vermitteln, dass das Krankenhaus gut organisiert ist, indem Wartezeiten minimiert werden und offensichtlich wird, dass der weitere Behandlungsprozess adäquat vorbereitet ist.

Die derzeit in Krankenhäusern oftmals noch anzutreffenden Defizite bei der Patientenaufnahme lassen sich nur durch eine gezielte Reorganisation aller mit der Aufnahme zusammenhängenden Prozesse erreichen. Umsetzbar ist dies allerdings ausschließlich dann, wenn es gelingt, den ärztlichen Dienst eng in die Umsetzung der Veränderungen einzubinden. Zudem muss transparent gemacht werden, dass eine Neuorganisation nicht mit einem Einflussverlust der Ärzteschaft auf den Versorgungsprozess einhergeht, sondern einen maßgeblichen Beitrag zur Verbesserung der Krankenhausleistung aus Sicht aller an den Abläufen beteiligten Personen (Mitarbeiter und Patienten) leistet.

Literatur

Bernhard M, Gries A (2011) Zentrale Notaufnahme mit Notaufnahmestationen. In: Moecke H et al (Hrsg) Das ZNA-Buch: Konzepte, Methoden und Praxis der Zentralen Notaufnahme. Medizinisch Wissenschaftliche Verlagsgesellschaft, Berlin, S 31–34

Dahlgaard P, Stratmeyer K (2013) Fallsteuerung im Krankenhaus: Effizienz durch Case Management und Prozessmanagement. Kohlhammer Verlag, Stuttgart

Fleischmann T, Walter B (2007) Interdisziplinäre Notaufnahmen in Deutschland: Eine Anlaufstelle für alle Notfälle. Dtsch Ärztebl 104(46):A-3164

Haas C et al (2015) Gutachten zur ambulanten Notfallversorgung – Fallkostenkalkulation und Strukturanalyse. Management Consult Kestermann GmbH, Hamburg

Kersting T (2007) Prozess und Struktur der Diagnostik und Therapie. In: Schmidt-Rettig B, Eichhorn S (Hrsg) Krankenhausmanagementlehre: Theorie und Praxis eines integrierten Konzepts. Kohlhammer Verlag, Stuttgart, S 281–302

Rapp B (2010) Praxiswissen DRG: Optimierung von Strukturen und Abläufen, 2. Aufl. Kohlhammer Verlag, Stuttgart

Rapp B (2013) Fallmanagement im Krankenhaus: Grundlagen und Praxistipps für erfolgreiche Klinikprozesse. Kohlhammer Verlag, Stuttgart

Salfeld R et al (2009) Modernes Krankenhausmanagement: Konzepte und Lösungen, 2. Aufl. Springer, Berlin

Schlüchtermann J (2013) Betriebswirtschaft und Management im Krankenhaus: Grundlagen und Praxis. Medizinisch Wissenschaftliche Verlagsgesellschaft, Berlin

Schmola G, Rapp B (2014) Grundlagen des Krankenhausmanagements: Betriebswirtschaftliches und rechtliches Basiswissen. Kohlhammer Verlag, Stuttgart

Weimann E, Weimann P (2012) High Performance im Krankenhausmanagement: Die 10 wichtigsten Schritte für eine erfolgreiche Klinik. Springer, Berlin

Telemedizinische Stroke Units in der Notfallversorgung – der Siegeszug eines neuen Servicemodells

8

Ralph Tunder und Belinda Martschinke

Inhaltsverzeichnis

R. Tunder (✉) · B. Martschinke
Health Care Management Institute, EBS Business School, Rheingaustraße 1, 65375 Oestrich-Winkel, Deutschland
E-Mail: ralph.tunder@ebs.edu

B. Martschinke
E-Mail: belinda.martschinke@ebs.edu

© Springer Fachmedien Wiesbaden 2016
M. A. Pfannstiel et al. (Hrsg.), *Dienstleistungsmanagement im Krankenhaus*,
DOI 10.1007/978-3-658-08429-5_8

Zusammenfassung

In der Schlaganfallversorgung spielt Zeit eine entscheidende Rolle, da es möglichst schnell eine Diagnose zu stellen und eine Behandlung einzuleiten gilt. Daher haben sich insb. in strukturschwächeren Gebieten telemedizinische Lösungen etabliert, die ein schnelles, fachärztlich begleitetes Eingreifen erlauben. Dies geschieht, indem ein nicht vor Ort ansässiger Experte mittels Videokonferenz dem behandelnden Arzt zugeschaltet wird, in Interaktion mit dem Patienten und dem Arzt vor Ort tritt und in Befunde Einsicht nehmen kann. Um eine hohe Qualität der Leistungserbringung zu ermöglichen, werden zahlreiche qualitätssichernde Maßnahmen für die (tele-) medizinische und pflegerische Behandlung eingesetzt. Dazu zählen Qualitätsindikatoren für Klinken, standardisierte optimierte Prozeduren, Schnittstellenmanagement zwischen Präklinik und Klinik sowie Zertifizierungen.

8.1 Entstehung von telemedizinischen Stroke Units

In den vergangenen Jahren sind Stroke Units – personell und technologisch adäquat ausgestattete neurologische Stationen zur Schlaganfallversorgung – ein fester Bestandteil der meisten über eine neurologische Abteilung verfügenden Krankenhäuser geworden, insbesondere in den USA, Kanada und Europa (Demaerschalk et al. 2009; Norrving und Adams 2006; Freeman et al. 2012). Diese positive Entwicklung kommt dem Patienten zugute, der in einer solchen Unit gezielt allen erforderlichen Untersuchungen und Behandlungsmethoden unterzogen werden kann (Audebert et al. 2009a).

Daneben hat eine weitere technologische Entwicklung stattgefunden: Um gerade in strukturschwächeren Regionen oder Flächenländern eine umfassende medizinische Versorgung der Bevölkerung sicherstellen zu können, hat sich in den letzten Jahren Telemedizin – der Gebrauch von Kommunikationstechnologien um in Diagnose und Behandlung von Patienten durch Datenübertragung zwischen physisch voneinander entfernten Orten – als bewährtes Konzept etabliert (Porter und Thompson 2012). Diese Entwicklung wurde von zahlreichen Initiativen aufgegriffen und auf die Schlaganfallversorgung übertragen. Da bei Schlaganfällen diverse Aspekte in der Versorgung zu beachten sind, bietet sich dieses Feld hervorragend für die Zusammenarbeit von Ärzten mittels telemedizinischer Technologien an.

Bei einem akuten Schlaganfall ist der Faktor *Zeit* von immens großer Bedeutung: Um eine Thrombolyse zur Auflösung des Gefäßverschlusses bei einem ischämischen Schlaganfall durchführen zu können, ist ein Zeitfenster von drei Stunden zwischen Auftreten des Schlaganfalls und Einleiten der Lysetherapie einzuhalten (Heuschmann et al. 2010). Schnell wird deutlich, wie eng dieses Fenster der Onset-to-Needle-Zeit für den Beginn der Lysetherapie ist, wenn von Auftreten des Schlaganfalls bis zur Übergabe in das Stroke Unit bereits viel Zeit verstrichen ist. Besonders in sogenannten Flächenländern, die in einigen Regionen eine geringe Bevölkerungsdichte aufweisen, ist die Zeit bis zum Eintreffen eines Notarztes und für den Transport in eine Klinik ein kritischer Faktor. Einmal in der Klinik eingetroffen, können viele Kliniken auf dem Land jedoch keine eigene neurologische Station inkl. Stroke Unit einrichten, da es an Ressourcen sowie Behandlungsvolumina fehlt. Es reicht nicht, die Abläufe innerhalb der Kliniken und Stroke Units zu optimieren, wenn aufgrund der Entfernungen ein Transport innerhalb der erforderlichen Zeit kaum gewährleistet werden kann oder keine entsprechend (personalmäßig) ausgestattete Einrichtung zur Verfügung steht. Daher wurden vor einigen Jahren telemedizinische Konzepte zur Unterstützung der akuten Schlaganfallversorgung entlang der gesamten Prozesskette entwickelt. Viele davon sind mittlerweile fest etabliert und abrechenbar.

In diesem Beitrag wird exemplarisch auf das TEMPiS-Projekt eingegangen (Telemedizinisches Projekt zur integrierten Schlaganfallversorgung in der Region Süd-Ost-Bayern). Hierbei wird zunächst die Funktionsweise von telemedizinischen Stroke Units eingehend beschrieben, bevor darauffolgend verschiedene Perspektiven analysiert werden. Während die Perspektiven von Arzt und Patient verallgemeinert und auf andere Länder übertragen werden können, ist die Kostenträgerperspektive an das deutsche System gebunden und somit nicht ohne weiteres auf andere Systeme übertragbar. Daran schließt sich ein Unterkapitel über die Auswirkungen der telemedizinischen Behandlung auf die Qualität und deren Standardisierung sowie Messung an, gefolgt von Handlungsempfehlungen für künftiges Vorgehen und Optimierung bzw. Ausweitung der Konzepte.

8.2 Funktionsweise von telemedizinischen Stroke Units

Eine Reihe von telemedizinischen Stroke-Unit-Projekten hat sich in Deutschland und in anderen Ländern bereits etabliert. Meistens handelt es sich um eigenständige Konzepte, die sich aber in ihrem grundlegenden Aufbau ähneln. Im Folgenden wird insbesondere auf ein großes, bayerisches Schlaganfallnetzwerk, TEMPiS = Telemedizinisches Projekt zur integrierten Schlaganfallversorgung in der Region Süd-Ost-Bayern, eingegangen, um die Prozessabläufe an diesem Fallbeispiel zu veranschaulichen. Innerhalb von TEMPiS werden mittlerweile rund 6000 Schlaganfallpatienten jährlich behandelt, welche sich auf 18 verschiedene, dem Netzwerk beigetretene regionale Kliniken verteilen. Die telemedizinische Betreuung wird aus zwei Zentren gewährleistet, dem Schlaganfallzentrum München-Harlaching und der Universitätsklinik Regensburg. Die dort ansässigen Experten unterstützen die Mediziner in den Kliniken vor Ort mittels Videokonferenz und weiterer digitalen Vernetzungen. So werden die Experten mittels Videokonferenz hinzugezogen, um einerseits bei der Befragung des Patienten zuzuhören und zu unterstützen, andererseits bei der neurologischen Untersuchung durch den Arzt vor Ort zuzusehen. So kann der Experte jederzeit Rückfragen stellen oder weitere Untersuchungen anraten, um alle handlungsnotwendigen Informationen zu erhalten. Der Arzt vor Ort sendet die digitalen Computertomographiebilder an den Experten, sodass sich dieser gemeinsam mit dem Arzt vor Ort ein genaues Verständnis über den Zustand des Patienten verschaffen kann. Die CT-Bilder sind erforderlich, um etwaige Kontraindikationen, die eine Lysetherapie verbieten würden, zu identifizieren. Folglich ist es dem Experten möglich, dem Arzt vor Ort eine Behandlungsempfehlung zu geben, bspw. das Durchführen einer Thrombolyse (TEMPiS 2015a).

Bereits 2003 startete eine Studie, die für ein 3-, ein 12-, und ein 30-Monatsintervall die langfristige Effizienz der Versorgung innerhalb von 5 Kliniken des TEMPiS Projektes nachweisen sollte. Als primäre Endpunkte wurden Mortalität und Pflegebedürftigkeit (institutionalisierte Pflege) herangezogen. Die Vergleichsgruppe bildeten 5 Kliniken, die mit den 5 TEMPiS Kliniken in Größe, Ausstattung und Versorgungsregion vergleichbar waren (Audebert et al. 2004). Die Auswertung von 3060 Studienteilnehmern ergab, dass der kombinierte Outcome Tod, institutionalisierte Pflege oder schwere Behinderung signifikant seltener in TEMPiS-Kliniken auftrat als in Häusern der Kontrollgruppe. Das Studiendesign diente nicht dazu, das genaue Ausmaß des Einsatzes von Telemedizin quantifizieren zu können, da längst nicht alle Schlaganfallpatienten in den TEMPiS-Kliniken einer telemedizinischen Versorgung unterzogen wurden. Es lässt sich jedoch schlussfolgern, dass eine telemedizinische Schnittstelle kleineren, ländlicheren Kliniken und deren Patienten einen deutlichen, langfristigen Mehrwert in der Schlaganfallbehandlung bietet (Audebert et al. 2009b). Eine weitere Auswertung zeigte zudem, dass telemedizinische Stroke Units ähnliche Komplikationsraten aufweisen wie normalversorgte Kliniken (Audebert et al. 2005), sodass keinerlei Schlechterstellung der Patienten durch den Einsatz von Telemedizin zu verzeichnen ist.

Wenn über Telemedizin diskutiert wird, fällt oft der Begriff Fernbehandlungsverbot. Dieses verbietet die Behandlung eines Patienten, ohne diesen persönlich zu sehen, aus der Entfernung. Im Falle des Aufbaus, den das TEMPiS-Netzwerk gewählt hat, trifft dies jedoch nicht zu. Hier unterstützt ein weiterer Arzt, der Experte aus einem der beiden Zentren, den vor Ort anwesenden Arzt, der die Behandlung durchführt. Man spricht hierbei auch von Telekonsil, da der Experte eine konsiliarische Tätigkeit wahrnimmt. Dadurch steht er gleichzeitig in der Mitverantwortung der erfolgenden Behandlung, weswegen eine gute Dokumentation des Telekonsils und der Behandlung vonnöten sind (Audebert et al. 2009a).

Fallbeispiel

Um die Betreuung eines Schlaganfallpatienten mit telemedizinischer Unterstützung illustrativ aufzuzeigen, wird auf ein Fallbeispiel von Demaerschalk et al. (2009) aus den USA zurückgegriffen. Eine 75-jährige Frau, wohnhaft auf dem Land, leidet plötzlich an einer Ermattung der linken Gesichtshälfte, undeutlicher Aussprache sowie Schwäche und Taubheit des linken Arms und Beins um 15:30 Uhr. Um 16:21 Uhr wird sie in die Notaufnahme des regionalen Krankenhauses eingeliefert, wo der zuständige Arzt sie untersucht und einen Verdacht auf Schlaganfall identifiziert. Daraufhin werden Blutproben entnommen, ein CT erstellt und der Schlaganfallexperte wird telemedizinisch hinzugeschaltet. Nach dem CT wird dem Patienten das Telestroke-Kamerasystem gegenübergestellt, damit die Konsultation mit dem zugeschalteten Spezialisten um

17:08 Uhr beginnen kann. Die Patientin und ihre Angehörigen treten mit dem Schlaganfallexperten über das Kamerasystem in Interaktion und beantworten Fragen. Eine speziell geschulte Krankenschwester in der Klinik vor Ort assistiert dem Teleneurologen bei der Untersuchung und den Laborbefunden. Der Schlaganfallexperte kann den Herzmonitor heranzoomen, um die elektrokardiographischen Ergebnisse, Herzfrequenz, Blutdruck, Atemfrequenz und Sauerstoffsättigung zu begutachten. Während der audiovisuellen telemedizinischen Untersuchung kann der Neurologe zusätzlich auf die CT-Bilder zurückgreifen. Anhand der Untersuchungsergebnisse kann der Experte den NIH Stroke Scale Score bestimmen (hier: NIHSS=6). Nachdem Laborergebnisse, CT und klinische Untersuchung vollständig vorliegen, bittet der Experte den Notarzt und die Tochter der Patienten zum Gespräch am Bett der Patientin. Um 17:53 Uhr geht der Neurologe die Befunde mit den Anwesenden durch und empfiehlt eine tPA-Behandlung (Thrombolyse). Die Notaufnahme beginnt mit der Lysetherapie um 18:09 Uhr. Der Teleneurologe dokumentiert das Telekonsil und sendet es an die Notaufnahme des regionalen Krankenhauses.

Für eine verlässliche Umsetzung sollten neben den rechtlichen Rahmenbedingungen auch einige technische Mindeststandards gewährleistet werden. Innerhalb des TEMPiS-Konzeptes wurde als technische Anforderung festgelegt, dass

a. hochauflösende Audio- und Videoübertragung vor Ort und bei dem Experten unmittelbar einsetzbar ist,
b. die Untersuchung anhand der Kriterien der National Institutes for Health Stroke Scale (NIHSS) durchgeführt wird,
c. geeignete Räumlichkeiten zur Verfügung stehen und freies Sprechen ohne Headset ermöglicht wird,
d. die CT Bilder parallel zur Videoübertragung verfügbar sein müssen,
e. Datenschutz gemäß der aktuellen Bestimmungen und
f. Befund und Therapieempfehlung stets schriftlich dokumentiert werden (Audebert et al. 2009a).

8.3 Mehrwert und Herausforderungen

8.3.1 Patientenperspektive

Das TEMPiS-Netzwerk hat nicht nur die Schulung des an der Prozesskette beteiligten Personals intensiviert, es hat zudem den Aufbau von spezialisierten Schlaganfallstationen in den Regionalkliniken forciert. Außerdem konnten die Door-to-Needle- und Onset-to-Needle-Zeiten kontinuierlich verbessert werden. Die stetige Qualitätssicherung wird u. a. durch standardisierte optimierte Prozeduren (SOP) vorgenommen. Für den Patienten bedeutet das eine schnellere, abgestimmte und verbesserte Behandlung. Schneller heißt bei der Schlaganfallversorgung gleichzeitig, möglichst viele entsprechend diagnostizierte Patienten innerhalb des Zeitfensters einer Thrombolyse unterziehen zu können und mit dem schnelleren Beginn der Lyse die Erfolgsaussicht zu erhöhen (TEMPiS 2015a). Dies alles trägt zu einer besseren Versorgung des Patienten bei und kann in manchen Fällen die Überlebenswahrscheinlichkeit erhöhen.

8.3.2 Arztperspektive

Die Ärzte in den Regionalkliniken vor Ort profitieren durch die ausgeprägte Expertise der koordinierenden Kliniken in München-Harlaching und Regensburg. Mit jedem Telekonsil finden ein Wissenstransfer sowie eine Festigung des Wissens statt, sodass die Ärzte vor Ort stetig wachsende Expertise aufweisen können. Nicht nur die Ärzte eignen sich Wissen an. Das TEMPiS-Netzwerk baut neben seiner telemedizinischen Beratungstätigkeit auch spezialisierte Schlaganfallstationen in den Regionalkliniken auf. Dabei wird ein Hauptaugenmerk auf die kontinuierliche Weiterbildung nicht nur von Ärzten, sondern auch von Pflegepersonal und weiterem Fachpersonal (bspw. Logopäden) gelegt. Die Weiterbildungen finden in den beiden koordinierenden Kliniken statt (TEMPiS 2015c).

8.3.3 Kostenträgerperspektive

Als Körperschaften des öffentlichen Rechts verwalten die gesetzlichen Krankenkassen Versicherten- und Steuergelder und sollen diese im Sinne der Allgemeinheit bzw. im Sinne einer ausreichenden, zweckmäßigen und wirtschaftlichen Behandlung einsetzen (§ 12 (1) SGB V). Folglich ist es erforderlich, die Wirksamkeit und Wirtschaftlichkeit einer neuen Behandlung oder eines neuen Servicemodells nachzuweisen. Internationale Untersuchungen haben gezeigt, dass Telemedizin innerhalb der Schlaganfallversorgung kosteneffektiv ist bzw. zumindest nicht weniger kosteneffektiv als andere Behandlungsalternativen (Norrving und Adams 2006; Freeman et al. 2012). Um die Kosteneffektivität des TEMPiS-Netzwerkes zu beurteilen, wird dessen Erfolg kontinuierlich dokumentiert und ausgewertet. Die Kostenträger konnten während der Projektphase des TEMPiS-Projektes von der Qualität (Audebert et al. 2006) und auch von der Kosteneffektivität (Audebert et al. 2005) überzeugt werden. Der Nachweis der Ergebnisse des Projektes führte schließlich dazu, dass das Telekonsil aus der Projektphase hinaus in den Regelbetrieb überführt und bei den Krankenkassen abgerechnet werden kann.

8.4   Aspekte der Qualitätssicherung

8.4.1   Evidenzbasierte Qualitätsindikatoren

Seit 1994 werden in den Bundesländern bereits Schlaganfallregister geführt. Diese zielen insbesondere darauf ab, eine kontinuierliche Beobachtung der Qualität der Schlaganfallversorgung sicherzustellen. Ein wichtiger Gedanke dabei ist, dass Evidenz, die meist aus Ergebnissen der klinischen Forschung abgeleitet wird, in die alltägliche Versorgung des Patienten großflächig Einzug halten möge. Bereits in den Jahren 2003–2005 hat die Arbeitsgemeinschaft Deutscher Schlaganfall-Register (ADSR) daher evidenzbasierte Qualitätsindikatoren für die akute Schlaganfallversorgung entwickelt, woran diverse Experten(gruppen) verschiedener an der Leistungserbringung beteiligter Instanzen involviert gewesen sind. Die Indikatoren decken Struktur-, Prozess- und Ergebnisqualität ab und versuchen Aspekte der Präklinik, der Klinik, sowie der Nachsorge zu erfassen, wobei das Hauptaugenmerk auf den klinischen Parametern liegt. Die Qualitätsindikatoren wurden mittels einer Pilotstudie validiert und werden seitdem kontinuierlich erhoben. Dabei wurde auch die Machbarkeit der Erhebung berücksichtigt. Im Ergebnis dessen werden die für die Auswertung der Indikatoren erforderlichen Daten innerhalb von fünf Minuten seitens des behandelnden Arztes dokumentiert (Heuschmann et al. 2006).

▶ **Qualitätsindikatoren**   Hierbei handelt es sich um explizite Versorgungsstandards, denen die tatsächliche klinische Praxis gegenüber gestellt wird. Qualitätsindikatoren sollten bei allen geeigneten Patienten Anwendung finden mit Ausnahme von ungewöhnlichen Fällen. Qualitätsindikatoren sollten darüber hinaus definieren, wie in der Praxis jene Patienten identifiziert werden können, für die eine bestimmte Behandlung in Betracht kommt. Evidenzbasierte Richtlinien können die Basis für die Entwicklung von Qualitätsindikatoren bieten, aber Qualitätsindikatoren sind keine Richtlinien an sich (Heuschmann et al. 2006).

Derzeit werden jährlich 19 verschiedene Qualitätsindikatoren ausgewertet. Die für die Berechnung erforderlichen Parameter werden vorab genau definiert, ggf. auch die Ausschlusskriterien der Patienten, die aus der Auswertung exkludiert werden. Bei einigen Indikatoren gibt es einen Ziel-/Referenzbereich als Prozentangabe, während bei anderen Indikatoren (wie bspw. Pneumonierate nach Schlaganfall; Sterblichkeit nach Thrombolyse) keine Zielbereiche festgesetzt werden (Wiedmann et al. 2014). In 2014 zeigte sich in den Auswertungen, dass die meisten Qualitätsindikatoren bundeslandübergreifend erfüllt werden. Allerdings bestehen in ein paar Indikatoren nicht zu unterschätzende regionale Unterschiede, was einen Hinweis darauf liefert, dass die Schlaganfallversorgung noch nicht deutschlandweit standardisiert abläuft und hier je nach Region Aufhol- und Verbesserungsbedarf besteht (Wiedmann et al. 2014).

Eine beispielhafte Indikatoren-Definition gemäß Wiedmann et al. (2014) lautet wie folgt:

Qualitätsindikator Nr. 11: Patienten mit Bildgebung ≤1 h bei Intervall *Ereignis – Aufnahme* ≤2 h.

Zähler: alle Patienten mit Intervall *Aufnahme – 1. Bildgebung* (CCT und/oder MRT) ≤1 h

Nenner: alle Patienten mit Intervall *Ereignis – Aufnahme* ≤2 h sowie ausreichendem Schweregrad zur Durchführung der intravenösen Lyse (NIHSS 4–25) sowie Alter zwischen 18–80 Jahren

Ziel-/Referenzbereich: 90 %

Die oben beschriebenen Qualitätsindikatoren bilden schwerpunktmäßig klinische Prozesse und Qualitätsaspekte ab. Anhand eines anderen telemedizinisch begleiteten Schlaganfallversorgungsprojektes, „Stroke Angel", haben Ziegler et al. (2012) zusätzliche Empfehlungen ausgearbeitet, wie sich die Qualität der präklinisch-klinischen Schnittstelle optimal messen, bewerten und verbessern lässt. Zunächst war es dabei wichtig zu identifizieren, an welchen Stellen des Prozesses Verzögerungen auftreten können. Dies ist bspw. für die Zeitdauer zwischen Auftreten der Symptome und Notruf der Fall, oder auch bei der Dauer des Transportweges zur Klinik. Um die Dauer des Transportweges zu nutzen, bietet sich an, bereits während der Fahrt die ersten Daten über den Fall an die Klinik zu übermitteln, um in der Notaufnahme hierfür benötigte Zeit einsparen zu können und eine rechtzeitige Planung der Klinik, welche Ressourcen zur Verfügung zu stellen sind, vor Ankunft bereits entschieden und allokiert werden können (Ziegler et al. 2012).

8.4.2   Zertifizierung der (Tele-)Stroke Units

2012 wurden zwei Kliniken des TEMPiS-Netzwerkes für ihre Tele-Stroke Unit zertifiziert. Dies wurde erst möglich, nachdem kurze Zeit vorher die Zertifizierung auch Kliniken ohne eigene neurologische Station zugänglich gemacht wurde, wenn diese durch telemedizinische Experten die hohen medizinischen Standards gewährleisten können. Die Zertifizierung wird in Zusammenarbeit von der Deutschen Schlaganfall-Gesellschaft (DSG) und der Stiftung Deutsche Schlaganfall-Hilfe nach Bestehen eines ausgiebigen Prüf- und Begutachtungsprozesses verliehen. Um eine dauerhafte Einhaltung der Qualitätsstandards sicherzustellen steht im dreijährigen Turnus eine erneute Zertifizierung an (TEMPiS 2015b).

8.4.3   Standardisierte optimierte Prozeduren (SOP)

Um in allen beteiligten Kliniken des TEMPiS-Netzwerkes eine einheitliche Behandlungsqualität sicherzustellen, haben die Projektbeteiligten seit Beginn standardisierte optimierte Prozeduren (SOP) für die Schlaganfallversorgung entwickelt. Weitere Einrichtungen
wenden diese SOP ebenfalls an (TEMPiS 2014), was für die hohe Qualität und Vorreiter-
rolle von TEMPiS spricht. Die SOP legen auf 31 Seiten (Version 2013) dezidiert fest, wie
die in der Diagnose und Behandlung erfolgenden Prozesse ablaufen sollen. Dabei wird auf
die einzelnen Akteure eingegangen, indem die Aufgaben von Ärzten und Pflegepersonal,
aber auch von KG/Ergo, Logopädie und Sozialdienst aufgegriffen werden. Vorlagen, wie
die Patienten aufgeklärt werden sollen sowie ein exemplarisches Thrombolyseprotokoll
sind in den SOP ebenfalls hinterlegt (TEMPiS 2015d).

8.5   Handlungsempfehlungen

Die Gestaltung von telemedizinisch unterstützten Stroke Units stellt – wie aufgezeigt –
vielfältige Herausforderungen an die Akteure, um die festgelegten Prozesse einzuhalten
und erfolgreich umzusetzen, wenngleich viele positive Auswirkungen durch diese zusätzliche Dienstleistung gegenüber dem Patienten zu vermerken sind. Um diese Mehrwerte
generieren zu können und den telemedizinischen Service in die vorhandenen Strukturen
einer Klinik einbinden zu können, lassen sich einige fachabteilungsübergreifende Rückschlüsse ziehen (siehe auch Abb. 8.1):

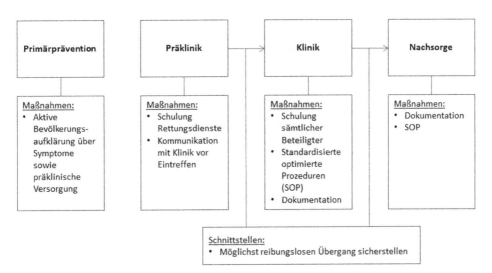

Abb. 8.1 Allgemeine Ansatzpunkte für Prozessoptimierungen. Eigene Darstellung in Anlehnung
an Audebert et al. 2004, 2006

a. Noch bevor es einer Behandlung bedarf, sollte die Bevölkerung bereits in der Primärprävention sensibilisiert werden, welche Symptome mit der Indikation Schlaganfall
   einhergehen können und wie wichtig eine schnellstmögliche Versorgung ist.
b. In der präklinischen Phase sollten Rettungsdienst und Notärzte möglichst frühzeitig
   Kontakt mit der Klinik aufnehmen.
c. Während der Diagnosestellung sind die Zeitintervalle möglichst kurz zu halten. Dies
   kann u. a. durch stetig weiterqualifiziertes Personal, einheitliche, detailliert festgelegte
   Prozessabläufe bspw. im Rahmen von SOP, und den in Technik und Bedienung reibungslosen Einsatz von Telemedizin gewährleistet werden.
d. In der Nachsorge sollten zwecks einheitlich hoher Qualität ebenfalls standardisierte
   Prozessabläufe angewendet werden.

Fazit

Wie zahlreiche Pilotprojekte, die mittlerweile zur Regelversorgung gehören, gezeigt
haben, kann die Unterstützung mittels telemedizinischer Dienstleistungen in der Diagnosestellung von Schlaganfallpatienten gerade in strukturschwächeren Regionen einen
wichtigen Beitrag leisten. Davon profitieren die Patienten, aber auch Ärzte, Pflegepersonal sowie die Kostenträger in vielfältiger Weise. Aber nicht nur in der Diagnosestellung kann eine gute Vernetzung helfen, die Versorgungsqualität zu erhöhen,
auch die Schnittstellen zwischen Präklinik, Klinik und Nachsorge können technologisch und prozessual derart ausgestaltet werden, dass reibungslose Übergänge ohne
doppelte Arbeitsschritte den kompletten Prozess bereichern. Zwei Grundpfeilern des
Gesundheitssystems wird zudem Rechnung getragen: Qualität und Wirtschaftlichkeit.
Verschiedene Maßnahmen wie standardisierte optimierte Prozeduren, Qualitätsindikatoren und Zertifizierungsprozesse sichern eine hohe Versorgungsqualität und eine
Aufdeckung von Verbesserungsbedarf an einzelnen Stellen. Bezüglich der Wirtschaftlichkeit haben diverse Studien die Kosteneffizienz der telemedizinischen Stroke Unit
Unterstützung nachgewiesen. Technologien in medizinische Dienstleistungen einzubinden hat sich somit für verschiedene Konzepte bereits bewährt und wird sicherlich
auch künftig für weitere Einsatzgebiete und Indikationen erschlossen werden.

Literatur

Audebert HJ, Wimmer MLJ, Schenkel J, Ulm K, Kolominsky-Rabas PL, Bogdahn U, Horn M,
   Haberl RL (2004) Telemedizinisch vernetzte Schlaganfallstationen – Vorstellung des telemedizi-
   nischen Pilotprojekts zur integrierten Schlaganfallversorgung in Südostbayern und seiner Effizi-
   enzanalyse. Nervenarzt 2(75):161–165
Audebert HJ, Kukla C, Claranau SCV, Kühn J, Vatankhah B, Schenkel J, Ickenstein GW, Haberl
   RL, Horn M (2005) Telemedicine for safe and extended use of thrombolysis in stroke – The
   Telemedic Pilot Project for Integrative Stroke Care (TEMPiS) in Bavaria. Stroke 36(2):287–291

Audebert HJ, Kukla C, Vatankhah B, Gotzler B, Schenkel J, Hofer S, Fürst A, Haberl RL (2006) Comparison of tissue plasminogen activator administration management between Telestroke Network hospitals and academic stroke centers – the Telemedical Pilot Project for Integrative Stroke Care in Bavaria/Germany. Stroke 37(7):1822–1827

Audebert HJ, Berger K, Boy S, Einhäupl KM, Endres M, Gahn G, Handschu R, Kaps M, Kuschinsky W, Lichy C, Röther R, Schenkel J, Scibor M, Schleyer A, Siebler M, Witte OW, Ziegler V, Villringer A (2009a) Telemedizin in der akuten Schaganfallversorgung – Review und Empfehlungen des Kompetenznetzes Schlaganfall. Aktuelle Neurol 36(2):82–90

Audebert HJ, Schultes K, Tietz V, Heuschmann PU, Bogdahn U, Haberl RL, Schenkel J (2009b) Long-term effects of specialized stroke care with telemedicine support in community hospitals on behalf of the Telemedical Project for Integrative Stroke Care (TEMPiS). Stroke 40(3):902–908

Demaerschalk BM, Milrey ML, Kiernan T-EJ, Borbrow BJ, Corday DA, Wellik KE, Aguilar MI, Ingall TJ, Dodick DW, Brazdys K, Koch TC, Ward MP, Richemont PC (2009) Stroke telemedicine. Mayo Clin Proc 84(1):53–64

Freeman WD, Barrett KM, Vatz KA, Demaerschalk BM (2012) Future neurohospitalist: teleneurohospitalist. Neurohospitalist 2(4):132–143

Heuschmann PU, Biegler MK, Busse O, Elsner S, Grau A, Hasenbein U, Hermanek P, Janzen RWC, Kolominsky-Rabas PL, Kraywinkel K, Lowitzsch K, Misselwitz P, Nabavi DG, Otten K, Pientka L, Reutern GMV, Ringelstein EB, Sander D, Wagner M, Berger K (2006) Development and implementation of evidence-based indicators for measuring quality of acute stroke care – the Quality Indicator Board of the German Stroke Registers Study Group (ADSR). Stroke 37(10):2573–2578

Heuschmann PU, Busse O, Wagner M, Endres M, Villringer A, Röther J, Kolominsky-Rabas PL, Berger K (2010) Schlaganfallhäufigkeit und Versorgung von Schlaganfallpatienten in Deutschland. Aktuelle Neurol 37:333–340.

Norrving B, Adams RJ (2006) Organized stroke care. Stroke 37:326–328

Porter B, Thompson A (2012) Connecting to the future – the promise of telecare. Mult Scler J 18(4):384–386

TEMPiS (2014) TEMPiS Jahresbericht 2014. http://www.tempis.de/index.php/jahresbericht2014.html?25a99fb6f5cd3a21c61698db179a5bfa=bb142d0b383f63a3e2a1e4b61369d295. Zugegriffen: 4. Juni 2015

TEMPiS (2015a) Telemedizinisches Projekt zur integrierten Schlaganfallversorgung in der Region Süd-Ost-Bayern (TEMPiS) – Ergebnisse. http://www.tempis.de/index.php/ergebnisse.html. Zugegriffen: 27. April 2015

TEMPiS (2015b) Zertifizierung. http://www.tempis.de/index.php/zertifizierung-tele-stroke-unit.html. Zugegriffen: 27. April 2015

TEMPiS (2015c) Telemedizinisches Projekt zur integrierten Schlaganfallversorgung in der Region Süd-Ost-Bayern (TEMPiS) – Modellcharakter. http://www.tempis.de/index.php/modellcharakter.html. Zugegriffen: 27. April 2015

TEMPiS (2015d) Telemedizinisches Projekt zur integrierten Schlaganfallversorgung in der Region Süd-Ost-Bayern (TEMPiS) – SOP. http://www.tempis.de/index.php/tempis-sop.html. Zugegriffen: 27. April 2015

Wiedmann S, Heuschmann P, Hillmann S, Busse O, Wiethölter H, Walter GM, Seidel G, Misselwitz B, Janssen A, Berger K, Burmeister C, Matthis C, Kolominsky-Rabas P, Hermanek P, German Stroke Registers Study Group (2014) The quality of acute stroke treatment – an analysis of evidence-based indicators in 260.000 patients. Dtsch Ärzteblatt Int 111(45):759–765

Ziegler V, Rashid A, Schaff M, Kippnich U, Griewing B (2012) Qualitätsmanagement in der akuten Schlaganfallversorgung – Wie kann man die präklinisch-klinische Schnittstelle beim Schlaganfall bewerten und verbessern? Notarzt 28:237–245

Kundenorientierte Dienstleistungsprozesse für alte Menschen in der Notaufnahme

9

Christine Güse und Susanne Schuster

Inhaltsverzeichnis

C. Güse (✉) · S. Schuster
Evangelische Hochschule Nürnberg, Bärenschanzstraße 4,
90429 Nürnberg, Deutschland
E-Mail: christine.guese@evhn.de

S. Schuster
E-Mail: susanne.schuster@evhn.de

© Springer Fachmedien Wiesbaden 2016
M. A. Pfannstiel et al. (Hrsg.), *Dienstleistungsmanagement im Krankenhaus*,
DOI 10.1007/978-3-658-08429-5_9

173

Zusammenfassung

Die Notaufnahme ist eine hochkomplexe Versorgungseinheit, in der ein schnelles hoch-konzentriertes Arbeiten notwendig ist, um medizinisch erfolgreich zu sein. Dies widerspricht den Bedürfnissen alter Menschen, die in der Regel länger brauchen, um neue Situationen zu erfassen und sich auf diese einzustellen. Nach einer theoretischen Fundierung zur induktiven Prozessgestaltung (strategisches Prozessmanagement) wurden individuelle Kundenbedürfnisse mittels qualitativer Interviews ermittelt und ausgewertet. Die Ergebnisse waren Basis für die Entwicklung eines innovativen Dienstleistungs-prozesses für alte Menschen in der Notaufnahme. Zentrale Maßnahme des innovativen Prozesses ist die Einbindung von Angehörigen, Ehrenamtlichen oder Bundesfreiwilligendienstleistenden (Bufdis) als Bezugsperson, die als Mittler zwischen Patient und Mitarbeitern der Notaufnahme fungieren.

9.1 Einleitung

Prozessmanagement spielt im Krankenhaus eine immer größere Rolle. Im Fokus steht häufig der effiziente Ablauf eines Prozesses, also der operative Teil des Prozessmanagements. Basis dieses operativen Gestaltens sollte immer die strategische Ausrichtung sein. Damit verbunden ist die Frage, ob sich die Prozessziele am Kunden orientieren, also dem entsprechen, was sich die Patienten wünschen und damit auf das Ziel des Krankenhausaufenthaltes aus Patientensicht ausgerichtet sind (= Effektivität aus Kundensicht).

Die Notaufnahme ist eine hochkomplexe Versorgungseinheit, in der ein schnelles hochkonzentriertes Arbeiten notwendig ist, um medizinisch erfolgreich zu sein. Studien bestätigen, dass dies den Bedürfnissen und damit Wünschen alter Menschen widerspricht (Shankar et al. 2014, S. 529 ff.; Muntlin et al. 2006, S. 1045 ff.), die in der Regel länger brauchen, um neue Situationen zu erfassen und sich auf diese einzustellen.

Deshalb ist es Ziel dieses Kapitels, Wünsche alter Menschen, die in die Notaufnahme kommen aufzuzeigen, um auf dieser Basis innovative, kundenorientierte Dienstleistungsprozesse zu gestalten. Hierfür werden zunächst theoretische Hintergründe und das Vorgehen zur kundenorientierten Dienstleistungsgestaltung als Teil des strategischen Prozessmanagements dargestellt. Zur Umsetzung des theoriebasierten Vorgehens wurden im Rahmen einer empirischen Untersuchung die Wünsche alter Menschen in der Notaufnahme untersucht. Nachdem Vorgehen und Ergebnisse dargestellt wurden, werden hieraus Ideen für die Gestaltung des Dienstleistungsprozesses für alte Menschen in der Notaufnahme abgeleitet. Das Kapitel endet mit einem kurzen Fazit.

9.2 Kundenorientierte Dienstleistungsgestaltung

Die kundenorientierte Dienstleistungsgestaltung umfasst die inhaltliche Gestaltung des Angebotes und die Implementierung in den Arbeitsalltag der Mitarbeiter. Deshalb werden zunächst die theoretischen Grundlagen für die Entwicklung von Dienstleistungen dargestellt, die dieser Arbeit zugrunde liegen. Anschließend wird auf wichtige Aspekte eingegangen, die für die Implementierung im Team eine Rolle spielen, um den theoretischen Grundgedanken im Arbeitsalltag umzusetzen.

9.2.1 Theoretische Grundlagen für die Entwicklung eines innovativen Dienstleistungsangebotes in der Notaufnahme

Theoretische Ausgangsbasis der kundenorientierten Dienstleistungsgestaltung dieser Arbeit sind das Business Reengineering nach Hammer und Champy und die Prozessorganisation nach Gaitanides. Beide kommen zu ähnlichen Ergebnissen, obwohl sie sehr unterschiedlich vorgehen. Hammer und Champy analysierten Unternehmen, die einen radikalen Wandel durchführten und dabei erfolgreich waren. Hieraus leiteten Sie Handlungsmuster ab, die sie in einen Gesamtansatz zusammenführten (Hammer und Champy 2003, S. 14 f.) Gaitanides dagegen geht von der Theorie aus und begründet hieraus Vorschläge zum Vorgehen bzgl. der Gestaltung von Prozessen (Gaitanides 2007, S. V).

Gaitanides et al. (1994, S. 6) definieren Prozesse als Wertschöpfungsketten. Der Begriff Wertschöpfung impliziert, dass ein Wert geschöpft wird. Der Wert einer Dienstleistung wird nach dem Wertkettenmodell nach Porter (Schulte-Zuhausen 2010, S. 58) dadurch bestimmt, was die Abnehmer bereit sind hierfür zu bezahlen. Hammer und Champy (2003, S. 52) bezeichnen Unternehmensprozesse als ein Bündel von Aktivitäten, das für den Kunden ein Ergebnis mit Wert erzeugt. Allen Autoren geht es also darum, Unternehmensprozesse so zu gestalten, dass sie für den Kunden wertvoll sind. Oberflächlich betrachtet ist dies nichts Besonderes. Geht man theoretisch in die Tiefe, entsteht ein Ansatz, der die Chance für innovative Prozesse bietet, die mit neuem Denken verbunden sind.

Hammer und Champy (2003) stellen den gesamten bisherigen Prozess auf den Prüfstein, indem sie folgende Aspekte untersuchen und damit den Prozess strategisch neu ausrichten: Ergründen, was der Kunde wirklich möchte und herausfinden, was dem Kunden in der Gesamtsituation am Herzen liegt.

Ergründen, was der Kunde wirklich möchte
Während die klassische Prozessanalyse den Input und Output des Prozesses nicht in Frage stellt und sich auf die inneren Prozessabläufe bezieht (entspricht der operativen Optimierung des Prozesses), geht es im Business Reengineering um Prozessverstehen. Verstanden werden soll, wofür der Kunde das Ergebnis (Output) des Prozesses benötigt. Es wird hinterfragt, was seine wirklichen Bedürfnisse sind und dies unabhängig davon, welche Bedürfnisse der Kunde selbst zum Ausdruck bringt. Dies bedeutet, dass beim Erforschen dessen, wofür der Kunde den Prozess bzw. das Prozessergebnis benötigt, nicht mit den Aussagen des Kunden übereinstimmen muss. Dies liegt darin begründet, dass die Kunden selbst häufig nicht genügend in die Tiefe denken. Um den Prozess wirklich zu verstehen ist es wichtig, die Probleme der Kunden zu kennen bzw. zu erkennen. Es reicht nach ihrer Einschätzung nicht, die Kunden nach ihren Wünschen zu fragen, da sie auf der Basis ihres „eingeschränkten Vorstellungsvermögens" antworten würden. Hammer und

Champy schlagen stattdessen vor, den Kunden bei der Arbeit zu beobachten, bei der das Prozessergebnis einfließen soll. Ziel hierbei ist es, zu erkennen, was der Kunde warum braucht (Hammer und Champy 2003, S. 168 ff.).

Dieses Vorgehen kann auf die Dienstleistung Gesundheit nicht direkt übertragen werden. Welche konkrete Dienstleistung dem Kunden in der Notaufnahme wichtig ist, hängt nur in sehr geringem Maße von der Lebenssituation ab, in die letztlich das Ergebnis der Dienstleistung Gesundheit einfließt. Trotzdem kann das, was Patienten wollen bzw. wie die Menschen Gesundheit erreichen wollen individuell sehr unterschiedlich sein. In der Notaufnahme scheint das was der Kunde möchte zunächst eindeutig, nämlich eine Klärung der gesundheitlichen Situation und bei Bedarf die Durchführung von Notfallmaßnahmen. Es könnte aber auch sein, dass manche alte Menschen in die Notaufnahme kommen, weil sich dort jemand um sie kümmert. Dies könnte konsequent in der Notaufnahme beobachtet werden und je nach Ergebnis zu einem neuen Angebot führen. Dieses neue Angebot könnte außerhalb der Notaufnahme angeboten werden oder in der Notaufnahme durch Berücksichtigung bei der Triage (= Dringlichkeitseinschätzung) identifiziert und durch einen getrennten Prozess abgedeckt werden.

Bei der Dienstleistung in der Notaufnahme handelt es sich um eine personenbezogene Dienstleistung, d. h. dass die Dienstleistung an einer Person erbracht wird (Corsten und Gössinger 2007, S. 24). Dadurch spielt die Durchführung der Dienstleistung am individuellen Menschen eine wichtige Rolle. Damit verbunden ist die Gesamtsituation während des Erbringens der Dienstleistung, also in der Notaufnahme, von entscheidender Bedeutung. Deshalb ist es in diesem Fall sinnvoll die Situation in der Notaufnahme und nicht den späteren Einsatzort des Produktes/der Dienstleistung zu beobachten.

Herausfinden, was dem Kunden in der Gesamtsituation am Herzen liegt
Hammer und Champy beschreiben einen Neugestaltungsprozess, in dem das Unternehmen sich zum Ziel setzt allen Personen (nicht nur den Kunden), die im Rahmen der angebotenen Dienstleistung involviert sind, zu helfen (Hammer und Champy 2003, S. 184 ff.). Hier wird deutlich, dass sich die Dienstleistung auf mehr als nur das eigentliche Problem, weshalb der Kunde ein Unternehmen aufsucht, bezieht. Das Angebot wird ausgeweitet, auf die Gesamtsituation des Kunden und andere Beteiligte in der Situation, in der das Unternehmen kontaktiert wird. Dieses Vorgehen könnte umschrieben werden mit der Frage: Was liegt dem Kunden am Herzen? Dies bringt gleichzeitig die emotionale Komponente zum Ausdruck, die Hammer und Champy wichtig ist und die Zufriedenheit mit einer Dienstleistung wesentlich beeinflusst. So könnte z. B. einem Patienten in der Notaufnahme am Herzen liegen, dass seine Katze, die nun alleine zu Hause ist, versorgt wird.

Beide *Aspekte zusammengefasst* bedeuten, dass es wichtig ist, sich intensiv mit der Situation des Kunden auseinanderzusetzen, sich in diese hineinzudenken, zum einen bzgl. der originären Leistung und zum anderen bzgl. dessen, was ihm in dieser Situation am Herzen liegt. Diese beiden Fragen, können nach Hammer und Champy als Basis für die Entwicklung innovativer Dienstleistungsangebote im Sinne des Kunden angesehen werden. Das Ergebnis entspricht dann nicht den Erwartungen des Kunden, sondern übertrifft seine

Erwartungen, weil der Kunde sich verstanden fühlt und zwar in seiner Gesamtsituation, in der er sich durch die Inanspruchnahme der Dienstleistung befindet.

Gaitanides unterscheidet nach deduktiver und induktiver Prozessgestaltung. Der deduktive Prozessentwurf geht von allgemeinen, idealtypischen Geschäftsprozessen aus, die unternehmensspezifisch differenziert werden. Das Prozessergebnis ist eine weitgehend definierte, nur marginal zu verändernde Größe. Die induktive Prozessgestaltung setzt dagegen an den konkreten Kundenbedürfnissen und der Wettbewerbssituation an. Als Voraussetzung wird hier das Verstehen des Prozesses, das Erkennen der Funktion des Prozesses, benannt. Ergebnis eines darauf aufbauenden kreativen und innovativen Aktes ist ein unternehmensspezifischer Prozess. Dieser unterscheidet sich gerade im Prozessergebnis (Output) von der Konkurrenz, weil spezifische Kunden-Lieferanten-Beziehungen (bzw. Patienten-Einweiser-Nachsorger-Beziehungen) gestaltet werden (Gaitanides 2007, S. 152 ff.). Basis für innovative kundenorientierte Dienstleistungsprozesse können entsprechend nur induktive Prozessentwürfe sein.

Als Verbindung lässt sich zusammenfassen, dass sich der deduktive Prozessentwurf mit dem „Wie" (der Funktionsweise des Prozesses) und der induktive Prozessentwurf mit dem „Was" und „Warum" (der Funktion des Prozesses) beschäftigt und dadurch letzteres dem entspricht, was Hammer und Champy beschreiben. Ergebnis beider Ausführungen ist folglich, dass nur der induktive Prozessentwurf zu innovativen Dienstleistungsprozessen bzw. –angeboten führt. Gaitanides bezieht zusätzlich die Reflexion der Stärken und Schwächen des Unternehmens im Vergleich zur Konkurrenz mit ein. Aus den Ausführungen von Hammer und Champy könnte geschlossen werden, dass notwendige Stärken für identifizierte Prozesse aufzubauen sind und deshalb bei der Prozessidentifikation keine Rolle spielen.

Das Dienstleistungsmanagement greift denselben Gedanken im Rahmen der Kundenintegration auf, indem vorgeschlagen wird, den Kunden in die Entwicklung innovativer Dienstleistungen einzubeziehen. Hier werden zwei Ziele verfolgt: Ein Ziel ist die Erschließung von implizitem Wissen, wie Kundenwünsche, die diese nicht artikulieren, evtl. auch selbst nicht wahrnehmen. Das zweite Ziel ist den Kunden als Innovationstreiber zu nutzen, um die Erfüllung sich ständig verändernder Kundenwünsche zu gewährleisten (Bruhn und Stauss 2009, S. 7 f.). Sinngemäß entspricht dies den obigen Ausführungen, wobei Hammer und Champy die Kundenwünsche intensiv vertiefen.

Die konsequente Ausrichtung der Prozesse, und damit der angebotenen Dienstleistungen, am Kunden wirft im Krankenhaus die Frage auf, wer der Kunde ist. Nachdem der Wert eines Prozesses/einer Dienstleistung an der Bereitschaft zu bezahlen gemessen wird, könnten die Krankenkassen als Kunden definiert werden. Allerdings ist die Bezahlung der Leistung im Krankenhaus durch Basisfallwert und DRG (Diagnosis Related Group) definiert und hängt von Diagnosen und Prozeduren ab. Ob und welche Dienstleistung in einem konkreten Krankenhaus in Anspruch genommen und damit bezahlt wird, entscheidet der Patient. Damit ist er im Sinne der theoretischen Überlegungen der kundenorientierten Dienstleistungsgestaltung als Kunde des Krankenhauses zu definieren. Für die Entwicklung attraktiver Leistungen im Rahmen von Einzelverträgen, sind die Krankenkassen ebenfalls als Kunde zu betrachten, da sie über die Möglichkeit des Angebotes mit entscheiden.

Die konkrete Entwicklung von personenbezogenen Dienstleistungen erfolgt sinnvollerweise auf zwei Ebenen: Die Entwicklung von Dienstleistungsangeboten, die auf einzelne Kundengruppen und deren speziellen Bedürfnisse ausgerichtet sind und die Entwicklung der individuellen Dienstleistung für einen einzigartigen Kunden, den es in dieser Art kein zweites Mal gibt.

Zur *Entwicklung von Dienstleistungsangeboten für Kundengruppen*, müssen zunächst Kundengruppen definiert werden. Im ersten Schritt muss überlegt werden, anhand welcher Kriterien die Kundengruppen unterschieden werden. Dies könnten z. B. Patiententypen sein, wie sie im DISG (Dominant – Initiativ – Stetig – Gewissenhaft) -Persönlichkeitsprofil (Ott et al. 2006, S. 159 ff.) definiert werden. Frau Sebald (2015) nutzt diesen Ansatz, um in ihrer Bachelor-Arbeit herauszufinden, ob es spezifische Kundenwünsche nach dem DISG-Persönlichkeitsprofil in der Physiotherapie gibt. Es könnten aber auch andere Merkmale sein, in denen Patienten vergleichbar sind und sich gleichzeitig von anderen unterscheiden. Wichtig ist, dass die Merkmale, die zur Gruppenbildung herangezogen werden, eine ausreichende Anzahl an Menschen betreffen, um eine Dienstleistung mit entsprechender Nachfrage anbieten zu können. Ein klassischer Ansatzpunkt im Krankenhaus ist die Diagnose. Das Ergebnis sind Behandlungspfade, die individuell auf die Diagnose abgestimmt sind. Vor dem Hintergrund der theoretischen Ausführungen wird jedoch deutlich, dass in den klassischen Behandlungspfaden das Erfüllen der Kundenwünsche i. d. R. nicht in die Tiefe betrachtet wird. Auf Grund der Diagnose werden Behandlungsabläufe festgelegt, die nicht nachfragen was der Kunde eigentlich möchte, sondern sich am aktuellen Stand der Wissenschaft orientieren und im Sinne der deduktiven Prozessgestaltung den operativen Prozessablauf optimieren. Gleichzeitig sind die Behandlungselemente allein auf die originäre Leistung ausgerichtet. Deshalb greifen die klassischen Behandlungspfade für innovative Angebote zu kurz. Ein anderes mögliches Unterscheidungsmerkmal ist das Alter von Patienten. Ältere Patienten unterscheiden sich insofern von jüngeren Patienten, dass alte Menschen eher vom gleichzeitigen Bestehen verschiedener Krankheiten (Multimorbidität) betroffen sind (Nowossadeck 2012, o. S.) und durch kognitive und funktionelle Einschränkungen in deren Handeln häufig eingeschränkter sind als Jüngere. Angelehnt an Thiesemann (2008, o. S.) definiert die Deutsche Gesellschaft Interdisziplinäre Notfall- und Akutmedizin (DGINA) den geriatrischen Patienten durch eine geriatrietypische Multimorbidität und ein höheres Lebensalter (> 70 Jahre). Die geriatrietypische Multimorbidität ist hierbei vorrangig vor dem kalendarischen Alter zu sehen. Vor diesem Hintergrund wurde das Alter ab 70 Jahre als Merkmal zur Gestaltung eines neuen Prozesses für eine spezifische Zielgruppe, die älteren Patienten, gewählt.

Die *Entwicklung der individuellen Dienstleistung* erfolgt laufend im Rahmen der Leistungserbringung. Sie kann im Vorfeld nicht definiert werden. Definiert werden kann lediglich ein Vorgehen, um sicherzustellen, dass Raum besteht, die individuellen Wünsche zu ergründen und umzusetzen. Die Tatsache, dass der Kunde in der Notaufnahme immer anwesend ist, erleichtert die Möglichkeit die individuellen Wünsche zu erkunden und umzusetzen. Allerdings können sowohl der Gesundheitszustand als auch das Alter die Nutzung dieses Vorteils erschweren.

9.2.2 Implementierung im Team

Zur erfolgreichen Implementierung kundenorientierter Dienstleistungsprozesse reicht es nicht allein, diese zu entwickeln. Ein wesentlicher Erfolgsfaktor der neuen Prozesse ist die Art und Weise, wie die entwickelte Dienstleistung in der Praxis umgesetzt wird. Hierbei spielen zwei Aspekte eine wesentliche Rolle: Das kundenorientierte Denken aller Mitarbeiter und die Übertragung von umfassender Verantwortung auf diejenigen, die die Dienstleistung durchführen. Beides sind operative Aspekte, die die dargelegte strategische Ausrichtung ermöglichen und deshalb in enger Verbindung zum strategischen Prozessmanagement stehen.

Das *kundenorientierte Denken aller Mitarbeiter* bedeutet, dass der Gedanke, einen Wert für den Kunden zu erzeugen als wichtiges Kulturelement auf allen Ebenen gelebt wird. Dies ist nur möglich, wenn kundenorientiertes Denken verinnerlicht ist und zwar nicht oberflächlich, sondern in der Art und Weise, in der es im vorherigen Kapitel beschrieben wurde. Für den Mitarbeiter bedeutet dies eine Änderung des Blickwinkels. Der intensive Fokus auf den Kunden ersetzt den Blick nach innen auf die internen Abteilungen und v. a. nach oben auf den Vorgesetzten (Hammer und Champy 2003, S. 91, 97, 105). Andererseits bedeutet ein Leben dieser Kultur auf Führungsebene, dass der Blick nach oben auf den Vorgesetzten identisch ist mit dem Blick auf den Kunden, weil dies die Vorgesetzten einfordern. Und nur wenn dies der Fall ist, ist es möglich eine Veränderung der Kultur, die zu den schwierigsten Veränderungen in einem Unternehmen gehört, zu erreichen.

Dieser Veränderungsprozess hin zum kundenorientierten Denken und Handeln kann durch die *explizite Übertragung der Verantwortung* für kundenorientiertes Handeln auf diejenigen, die die Dienstleistung durchführen, unterstützt werden. Gleichzeitig ist die umfassende Verantwortung Teil des Konzeptes, da diejenigen, die die Nähe zum Kunden haben, am besten beurteilen können, was der Kunde wirklich möchte und was ihm in der Situation der Dienstleistungserstellung besonders am Herzen liegt. Dies gilt vor allem, weil es sich um eine personenbezogene Dienstleistung handelt, in der der Kunde beim Erstellen der Dienstleitung immer anwesend ist, sich evtl. sogar mit einbringt. Die Verantwortung beinhaltet die Pflicht, die Wünsche zu ergründen und den Spielraum, diese umzusetzen. Dafür sind entsprechende Entscheidungskompetenzen notwendig, was mit einem veränderten Führungsverständnis verbunden ist. Die Führungskraft gestaltet weder die Aufgaben, noch den organisatorischen Rahmen, noch kontrolliert sie deren Umsetzung, sondern steht zur Verfügung, wenn Unterstützungsbedarf besteht. Die Führungskraft gibt Befugnisse und Entscheidungskompetenzen ab und unterstützt die Mitarbeiter. Sie fördert deren Fähigkeiten, um dieser neuen Verantwortung gewachsen zu sein. Hammer und Champy verwenden hierfür den Begriff Empowerment. Wichtige Voraussetzung für dieses Führungsverhalten ist Vertrauen in die Fähigkeiten der Mitarbeiter (Hammer und Champy 2003, S. 96 ff.).

Schmitz und Eberhardt (2009, S. 389 ff.) beschäftigen sich ebenfalls intensiv mit Empowerment in Verbindung mit Kundenintegration. Sie arbeiten heraus, dass Empowerment neben der Ausweitung von Handlungs- und Entscheidungsspielräumen auch die Gewährleistung notwendiger methodischer und instrumenteller Ausstattung, eine Qualifikation bzgl. Fähigkeiten/Fertigkeiten, Kenntnissen und Motivation, sowie Erfahrung der Organisation bzgl. der erfolgreichen Integration des Kunden in den Prozessablauf beinhaltet (= Kundenintegrationskompetenz des Anbieters). Sie sind erweiternd der Meinung, dass das Empowerment für die Kunden genauso von Bedeutung ist wie für Mitarbeiter. Dadurch wird deutlich, dass Empowerment mit Personal- und Kundenentwicklung verbunden werden muss und über die Art und Weise wie diese konkretisiert und umgesetzt wird die Kundenintegration gesteuert werden kann. Mit der Zuständigkeit der Führungskraft für Personal- und Kundenentwicklung erhält diese eine aktivere Rolle als bei Hammer und Champy. Diese Führungsverantwortung spielt besonders in der Einführungsphase kundenorientierten Denkens und Handelns eine wichtige Rolle und ist die Basis für die Selbstständigkeit der Mitarbeiter, die Hammer und Champy wünschen.

Passend für das was Hammer und Champy beschreiben wäre der Begriff „Management by Responsibility". Es wird weder, wie beim Management by Objectives ein auf die entsprechende Ebene operationalisiertes Ziel vorgegebenen, noch wie beim Management by Results ein konkret definiertes Ergebnis, das kontrolliert werden kann (Scholz 2000, S. 866 f.). Management by Responsibility würde bedeuten, dass die Verantwortung für individuelles Handeln und individuelle Ergebnisse übertragen wird, in diesem Fall mit der klaren Vorgabe verbunden, dass Beides dem Grundsatz der Kundenorientierung folgen muss. Handeln und Ergebnisse können dann zwischen verschiedenen Mitarbeitern und Patienten sehr unterschiedlich sein, selbst wenn das Krankheitsbild vergleichbar ist, solange die Mitarbeiter dem vorgegebenen Grundsatz folgen. Führung erfolgt also durch Übertragung und Einfordern von Verantwortung und Handlungsspielraum. Dieses Führungskonzept zeigt die Konsequenz von Empowerment: Wer Entscheidungs- und Handlungsspielräume erhält, muss im Gegenzug Verantwortung übernehmen. Auch dies ist mit einem Umdenken auf Mitarbeiterseite verbunden und nicht jeder Mitarbeiter, der bisher die Tätigkeit ausgeführt hat ist bereit, diese Verantwortung zu übernehmen. Dies zeigen neben Erfahrungen der Autoren auch empirische Untersuchungen (Schmitz und Eberhardt 2009, S. 394).

Laut Hammer und Champy liegt die Verantwortung für den gesamten Prozess im Idealfall bei einer Person, dem Caseworker. Ist es nicht zweckmäßig, einem einzigen Menschen alle Fertigkeiten beizubringen, die zur Durchführung des gesamten Prozesses notwendig sind, übernimmt ein *Caseteam* die Verantwortung. Das Caseteam setzt sich aus verschiedenen Mitarbeitern zusammen, die gemeinsam die Fähigkeiten besitzen, die Dienstleistung zu erbringen (Hammer und Champy 2003, S. 73). Diese Komplexität trifft auf das Arbeitsfeld der Notaufnahme zu.

Neben der Komplexität, die interprofessionelle Teams in der Notaufnahme notwendig macht, sind diese Teams gleichzeitig die Basis für weitere Entwicklungen und Innovationen.

Konzepte in Industrieunternehmen gehen davon aus, dass Innovationsaktivitäten maßgeblich durch Wissen auf Unternehmensebene determiniert werden. Die Theorie des organisationalen Lernens definiert als Basis individuelles Lernen. Dieses individuelle Lernen führt nur durch Interaktion und Kommunikation zwischen Organisationsmitgliedern zu neuem Wissen und kollektivem Lernen. Das Ergebnis des organisationalen Lernens ist durch Austausch und gemeinsame Reflexion mehr als die Summe des individuellen Lernens (Vahs 2012, S. 462). Diese Interaktion und Kommunikation in gemeinsamer Verantwortung kann durch das bilden von Caseteams institutionalisiert werden. Daraus entwickelt sich im Idealfall eine transdisziplinäre Zusammenarbeit, bei der nicht mehr jede Berufsgruppe aus ihrem eigenen Denkansatz heraus agiert (Rothgang und Salomon 2011, S. 59). Durch das gemeinsame Arbeiten der verschiedenen Berufsgruppen findet ein Lernprozess im Team statt, der schrittweise zu einem berufsgruppenintegrierenden und –übergreifenden Denkansatz führt. Dieser gemeinsame Denkansatz bedeutet eine inhaltliche Weiterentwicklung der gesundheitlichen Versorgung und führt gleichzeitig zu einer Zusammenarbeit, die von gegenseitiger Wertschätzung geprägt ist (Büscher 2011, S. 63).

Für eine Zusammenarbeit zur Entwicklung transdisziplinärer Teams ist es sinnvoll, die Ideen des Sachverständigenrates im Gesundheitswesen 2007 (2008, S. 160 f.) aufzugreifen und Pool- und Kernkompetenzen zu definieren. Für Poolkompetenzen sind mehrere Berufsgruppen zuständig und fördern deshalb die Interaktion im Team, für Kernkompetenzen nur eine. Kernkompetenzen sind dann sinnvoll zu definieren, wenn es sich um Vorbehaltsaufgaben handelt und/oder die notwendige Qualifikation nur in einer Berufsgruppe vorhanden ist.

Malerba definiert einen Typ organisationalen Lernens als Lernen durch Interaktion mit externen Partnern, wobei externe Partner z. B. Kunden und Zulieferer sein können. So können durch Kundenkontakte bei Dienstleistungsangeboten externe Impulse generiert werden, die durch Kollektivierung des Wissens die Basis für Dienstleistungsinnovationen bilden (Lerch 2015, S. 46 ff.).

Daraus folgt, dass es in jedem Fall sinnvoll ist Caseteams zu bilden, um neues und organisationales Wissen zu generieren. Dieses neue Wissen ist eine wichtige Basis für Innovationen. Wird in die Caseteams außerdem der Kunde als externer Faktor integriert, wird eine weitere Innovationsquelle für neue Angebote erschlossen. Dies ist im Gesundheitswesen im Gegensatz zur Industrie einfach umzusetzen, weil der Kunde (Patient) normalerweise anwesend ist.

9.3 Empirische Untersuchung zur Ermittlung der Kundenwünsche alter Menschen in der Notaufnahme

9.3.1 Untersuchungsdesign und Durchführung

Im Folgenden wird eine empirische Untersuchung zur Ermittlung der Kundenwünsche alter Menschen in einer Notaufnahme vorgestellt. Dies beinhaltet die Beschreibung des

Untersuchungsdesigns und der Durchführung, sowie die Entwicklung des Untersuchungs-instrumentes. Abschließend werden die Ergebnisse der Untersuchung beschrieben und in-terpretiert.

Ziel (Forschungsfrage)

Ziel der Untersuchung war es herauszufinden, was alten Menschen in der Notaufnahme wichtig ist und was sie sich wünschen. Untersucht werden sollten im Sinne von Ham-mer und Champy die Vorstellungen und Wünsche bzgl. der originären Leistung, also des Einlieferungsgrundes in der Notaufnahme und bzgl. der Gesamtsituation, in der sich der Patient durch die Einlieferung in der Notaufnahme befindet.

Die Forschungsfrage lautete: Was ist alten Menschen in einer Notaufnahme wichtig und welche Wünsche haben diese an den Aufenthalt in einer Notaufnahme?

Vorgehen

Zur Beantwortung der Forschungsfrage dienten problemzentrierte, leitfadengestützte In-terviews. Im Mittelpunkt der Interviews stand die Forschungsfrage, in die die Interviewer einführten und auf die sie während des Gespräches immer wieder zurückkamen (Mayring 2002, S. 62–69). Neben älteren Menschen sollten auch Mitarbeiter verschiedener Berufs-gruppen interviewt werden, die Menschen in der Notaufnahme erleben bzw. nach einem Aufenthalt in der Notaufnahme Kontakt zu diesen haben.

Begründung

Hammer und Champy beschreiben (vgl. Abschn. 9.2.1), dass es nicht ausreicht, die Be-troffenen nach ihren Wünschen zu fragen. Trotzdem wurde es für sinnvoll angesehen, diese auch zu befragen, allerdings nicht in dem Sinn, wie sie sich den Prozess in der Notaufnahme wünschen, sondern bzgl. dessen, was ihnen während des gesamten Aufent-haltes in der Notaufnahme wichtig ist. Damit auf Grund realistischer Erfahrungen in der Notaufnahme Wünsche ermittelt werden konnten, wurden überwiegend alte Menschen befragt, die bereits in der Notaufnahme waren. Zusätzlich wurde eine Person befragt, die noch nicht in der Notaufnahme war, um auch Wünsche zu erfahren, die frei von bisherigen Realitäten sind und damit einen weiteren Entwicklungshorizont ermöglichen.

Die Methodik eines problemzentrierten, leitfadengestützten Interviews wurde gewählt, weil es Ziel der Untersuchung war, Aspekte zu eruieren, die noch nicht bekannt sind. Mit Hilfe offener Fragen sollten die Befragten dazu motiviert werden, möglichst frei zu be-richten, was ihnen wichtig ist. (Atteslander 2010, S. 141 ff.). Der strukturierte Leitfaden hatte zum Ziel, die Befragten dazu zu bringen, in verschiedene Richtungen zu denken. Formal bestätigt wurde das Instrument durch eine Untersuchung zur Datenerhebung bei hochaltrigen institutionalisierten Menschen. Diese hatte ergeben, dass die Interview-Form von den alten Menschen wesentlich häufiger gewählt wurde, als ein Gruppeninterview oder offener Fragebogen, unabhängig davon, ob sie als noch rüstige Menschen im Se-niorenheim lebten oder als Pflegebedürftige in einem Pflegeheim (Miklautz et al. 2005, S. 87). Weiteres Ergebnis dieser Untersuchung war, dass der Informationsgehalt im per-sönlichen Einzelinterview am höchsten war (Miklautz et al. 2005, S. 89 f.). Nachdem die

Untersuchung für die noch Rüstigeren und die bereits Pflegebedürftigen zum gleichen Ergebnis kamen, wurde davon ausgegangen, dass das Ergebnis tendenziell auch für nicht institutionalisierte Menschen gilt.

Statt der vorgeschlagenen Beobachtung des Umfeldes durch Hammer und Champy wurde entschieden, Mitarbeiter verschiedener Berufsgruppen, die in der Notaufnahme arbeiten, nach ihren Beobachtungen zu befragen (Abschn. 9.2.1). Ergänzt wurde diese Befragungsgruppe um Mitarbeiter, die ältere Menschen nach einem Aufenthalt in der Notaufnahme erleben, wie z. B. in der stationären Altenhilfe nach der Entlassung. Diese Mitarbeiter sind weniger von bestehenden Gewohnheiten beeinflusst und können durch das Erleben des Patienten direkt nach dem Aufenthalt Aspekte aus einem weiteren Blickwinkel einbringen. Bei allen Mitarbeitern wurde das problemzentrierte, leitfadengestützte Interview gewählt, um – wie bei den Betroffenen – eine Orientierung zu geben, aber auch unbekannte Aspekte bzgl. der Wünsche alter Menschen in der Notaufnahme zu ergründen. (Mayring 2002, S. 62 ff.).

Durchführung der Befragung
Die empirische Erhebung erfolgte im Rahmen eines Studienprojektes mit Studierenden des vierten Semesters Gesundheits- und Pflegemanagement. Alle Studierenden haben vor Beginn des Studiums eine Ausbildung in einem Gesundheitsberuf absolviert und dadurch bereits Vorkenntnisse bzgl. der Kommunikation mit kranken bzw. alten Menschen. Jeder Student hatte die Aufgabe in der Befragtengruppe seiner Wahl ein Interview zu führen. Zur Auffrischung wurde im Seminar nochmals besprochen, auf was bei der Durchführung der Interviews zu achten ist. Die gemeinsame Entwicklung des Interviewleitfadens machte mit den Inhalten vertraut, was für eine kompetente Gesprächsführung im Rahmen des qualitativen Interviews ebenfalls von Bedeutung ist.

Besonderheit dieser Untersuchung ist, dass jedes Interview von einer anderen Person geführt wurde. Im Sinne der Erforschung möglichst vieler und evtl. neuer Aspekte, hat dies den Vorteil, dass das Spektrum der Ergebnisse bei unterschiedlichen Interviewern tendenziell breiter ist. Es ist anzunehmen, dass unterschiedliche Personen, die Befragten trotz gleichen Interviewleitfadens unterschiedlich ansprechen. Diejenigen, die alte Menschen befragten, wählten häufig Menschen aus ihrem sozialen Umfeld. Dies erleichtert das Herstellen einer Vertrauensbasis und führt tendenziell zu einer größeren Offenheit und entspricht deshalb einem essentiellen Gütekriterium (Nähe zum Untersuchungsgegenstand) der qualitativen Forschung nach Mayring (2002, S. 144–146 ff.). Zu bedenken ist jedoch, dass eine solche Nähe zum Forschungsgegenstand (also den Befragten) auch limitierend sein kann, weil bestimmte Punkte nicht benannt werden könnten, weil diese als zu vertraulich oder peinlich empfunden werden.

9.3.2 Entwicklung der Instrumente

Im Rahmen der empirischen Untersuchung waren zwei strukturierte Interviewleitfäden (für Betroffene und Mitarbeiter) und Kategorien zur Systematisierung der Wünsche zu entwickeln. Da der Interviewleitfaden auf den Kategorien aufbaut, wird zunächst die Entwicklung der Kategorien vorgestellt.

Basis der Auswertung sollten im Vorfeld deduktiv entwickelte Kategorien sein, die orientiert am Datenmaterial der Interviews gefüllt werden (Mayring 2010, S. 83 ff.). Gleichzeitig bestand die Offenheit weitere bzw. andere Kategorien induktiv aus dem Datenmaterial heraus zu entwickeln, also eine induktive Ergänzung bzw. Überarbeitung der deduktiv erstellten Kategorien (Mayring 2010, S. 85).

Zur Festlegung der Kategorien wurde im Seminar zunächst das Thema vorgestellt und diskutiert, unterstützt durch methodische Hinweise (Atteslander 2010, S. 141 ff.) und die klinisch-praktische Expertise von Studierenden und einer Dozentin. Zudem wurde gemeinsam gesammelt, was die Studierenden mit der Frage „Was will der alte Mensch wirklich, wenn er in die Notaufnahme kommt?" suggerieren (aus dem Erleben von alten Menschen im Allgemeinen). Aus der Theorie, den Erfahrungen und den Vorstellungen der Studierenden wurden von den Autoren Kategorien entwickelt, die diese Punkte gut umschreiben könnten. Diese Kategorien wurden im Seminar gemeinsam diskutiert und konkretisiert, mit folgendem Ergebnis:

- Behandlung (medizinisch/pflegerisch)
- Ablauf/Organisation
- Zwischenmenschliche Beziehungen/Kommunikation
- Entscheidungsfindung/Information

Der Interviewleitfaden wurde ebenfalls in zwei Seminarterminen mit Nacharbeit durch die Autoren entwickelt. Das Grundgerüst des Interviewleitfadens war für beide Befragtengruppen vergleichbar. Eine Übersicht über Aufbau und Inhalt der Interviewleitfäden geben Tab. 9.1 und 9.2.

Im Entwicklungsprozess des Fragebogens wurde entschieden, die Kategorien nicht explizit in den Fragebogen zu integrieren, um die Antworten nicht auf diese Kategorien zu beschränken. Wenn die Befragten nicht von sich aus alle Kategorien thematisierten, hatten die Interviewer die Aufgabe, bzgl. der fehlenden Kategorien offen nachzufragen.

9.3.3 Datensicherung und Auswertung

Die von den Studierenden geführten Interviews wurden mit einem Audiogerät aufgezeichnet und anschließend transkribiert. Grundlage der Datenauswertung waren die zur Verfügung gestellten transkribierten Inhalte zu den geführten Interviews. Die Auswertung folgte den Regeln der qualitativen Inhaltsanalyse nach Mayring (Mayring 2010, S. 62 ff.), durchgehend getrennt nach den zwei Befragungsgruppen ältere Menschen und Mitarbeiter. In einem ersten Schritt wurden angelehnt an das Ablaufmodell der zusammenfassenden Inhaltsanalyse die Analyseeinheiten bestimmt. Analyseeinheiten waren jene Textstellen, welche Aussagen zur Forschungsfrage trafen. Diese Textstellen wurden

Tab. 9.1 Interviewleitfaden: Ältere

Fragenkomplex	Fragen	Ziel
Soziodemografische Daten	Alter	Erforschen verschiedener Wünsche nach soziodemografischen Unterschieden
	Geschlecht	
	Bereits in Notaufnahme	
	Krankenversicherung	
	Herkunftsland	
	Religion	
Einstiegsfrage	Unterschiedliche zur Auswahl für „mit" und „ohne" Aufenthalt in der Notaufnahme z. B.	Einladen zum offenen Erzählen und Reindenken in die Situation
	Wie fühlen Sie sich, wenn Sie an Ihren letzten Aufenthalt in der Notaufnahme denken?	
	Was haben Sie von Freunden und Bekannten über einen Aufenthalt in einer Notaufnahme mitbekommen?	
Vorstellungen/ Wünsche	Was würde Ihnen während eines Aufenthaltes in der Notaufnahme gefallen, nicht gefallen, Sicherheit geben, verunsichern, freuen, ärgern?	Durch vielfältige (jeweils positiv und negativ) offene Fragestellungen möglichst viele Wünsche ermitteln
	Was ist für Sie absolut notwendig, darf auf keinen Fall passieren, damit Sie sich in einer Notaufnahme wohlfühlen, gut versorgt fühlen?	
	Was wäre Ihr größter Wunsch, an einen möglichen Aufenthalt in der Notaufnahme?	
Abschlussfrage	Haben Sie sonst noch etwas zu diesem Thema zu sagen?	Raum für Punkte, die bisher keinen Platz hatten

paraphrasiert und den im Vorfeld deduktiv festgelegten vier Kategorien zugeordnet. Anschließend wurden die zugeordneten paraphrasierten Textpassagen in den vier Kategorien generalisiert und inhaltlich gleiche Aussagen über drei Reduktionsschritte zusammengefasst. Hierzu wurden im ersten Reduktionsschritt inhaltlich gleiche Aussagen aller Befragten einer Befragungsgruppe hinsichtlich der positiven und negativen Erfahrungen und der wünschenswerten und nicht wünschenswerten Vorstellungen zusammengefasst. Im zweiten Reduktionsschritt wurden die durch den ersten Reduktionsschritt gefundenen Aussagen jeweils für die vier Kategorien zu Kernaussagen zusammengefasst. Diese Kernaussagen beschreiben zusammengefasst die Wünsche von älteren Menschen in Bezug auf Behandlung (medizinisch/pflegerisch), Ablauf/Organisation, zwischenmenschliche Beziehung/Kommunikation und Entscheidungsfindung/Information in einer Notaufnahme, getrennt aus Sicht der älteren Menschen und aus Sicht der Mitarbeiter. In einem letzten Schritt wurden die Ergebnisse aus Sicht der zwei Befragtengruppen gegenübergestellt, um Gemeinsamkeiten und Unterschiede herauszuarbeiten. Diese beschriebenen Generalisierungs- und Reduzierungsschritte erfolgten im Vier-Augen-Prinzip, um weitestgehend eine Objektivität zu gewährleisten.

Tab. 9.2 Interviewleitfaden: Mitarbeiter

Fragenkomplex	Fragen	Ziel
Soziodemografische Daten	Beruf	Einschätzung des Blickwinkels
	Arbeitsbereich	
	Wie lange wird dort bereits gearbeitet	
Einstiegsfrage	Was denken Sie, ist das Besondere bei der Versorgung alter Menschen?	Einladen zum Reindenken in die Betroffenen
Erfahrungen	Mitarbeiter *in der Notaufnahme*	Besinnung auf Erfahrungen, die mit alten Menschen in bzw. nach einem Aufenthalt in der Notaufnahme gemacht wurden, damit die Vorstellungen und Wünsche darauf aufbauen
	Eindrückliche Erfahrungen	
	Herausfordernde Situationen	
	Wünsche wahrgenommen	
	Ängste wahrgenommen	
	Probleme in der Versorgung wahrgenommen mit/bei alten Menschen in der Notaufnahme	
	Mitarbeiter *nach Aufenthalt Notaufnahme*	
	Wie nach Aufenthalt erlebt?	
	Erster Eindruck nach Rückkehr?	
	Welche Wünsche, Ängste, Unsicherheiten zu einem weiteren Aufenthalt wahrgenommen?	
Vorstellungen/ Wünsche	Was könnte den alten Menschen in der Notaufnahme gefallen, nicht gefallen, Sicherheit geben, verunsichern?	Durch vielfältige (jeweils positiv und negativ) offene Fragestellungen möglichst viele Wünsche ermitteln
	Worüber könnten sie sich freuen, ärgern?	
	Was wäre absolut notwendig, dürfte auf keinen Fall sein oder passieren, damit sie sich wohlfühlen?	
Abschlussfrage	Haben Sie sonst noch etwas zu diesem Thema zu sagen?	Raum für Punkte, die bisher keinen Platz hatten

9.3.4 Ergebnisdarstellung und Interpretation

Insgesamt konnten sieben Interviews mit älteren Menschen (IP 1 bis IP7) und fünf Interviews mit Mitarbeitern (IP8 bis IP12) ausgewertet werden.

Aus Tab. 9.3 und 9.4 werden die soziodemografischen Daten der Befragten und deren Erfahrungen in Bezug auf eine Notaufnahme ersichtlich.

Alle befragten Älteren waren aus Deutschland und gesetzlich versichert. Bzgl. der Religion liegen keine Angaben vor.

Tabelle 9.5, 9.6, 9.7 und 9.8 zeigen die generalisierten und reduzierten stichpunktartigen Kernaussagen der beiden Befragungsgruppen zu den vier deduktiv festgelegten Kategorien. Die Nummern in Klammern geben an, von welchen Interviewpartnern die jeweiligen Aussagen stammen. Den jeweiligen Kategorien wurden auch Zufallsbefunde zugeordnet.

Tab. 9.3 Charakteristika der befragten Älteren

IP	Geschlecht	Alter	Erfahrung mit einem Notaufnahmeaufenthalt
1	Weiblich	80	Aktueller Krankenhausaufenthalt zum Zeitpunkt der Befragung und frühere Notaufnahmeaufenthalte
2	Männlich	72	War bereits zweimal in einer Notaufnahme
3	Weiblich	76	War bereits zweimal in einer Notaufnahme
4	Weiblich	81–85	War bereits mehrmals in einer Notaufnahme
5	Männlich	75	War bereits zweimal in einer Notaufnahme
6	Männlich	75–80	Notaufnahmeaufenthalt im Jahr vor der Befragung
7	Weiblich	86	War noch nie in einer Notaufnahme

Tab. 9.4 Charakteristika der befragten Mitarbeiter

IP	Geschlecht	Berufsgruppe	Erfahrung in/mit einer Notaufnahme
8	Weiblich	Ärztl. Dienst	Einsatz in einer zentralen Notaufnahme während der medizinischen Ausbildung
9	Männlich	Pflege	Seit drei Jahren in der Notaufnahme tätig
10	Weiblich	Pflege	Seit drei Jahren in der Notaufnahme tätig
11	?	Pflege	Betreut stationär aufgenommene Patienten nach einem Aufenthalt in der Notaufnahme
12	Männlich	Pflege	Seit 1½ Jahren in der Notaufnahme tätig; vorher Betreuung stationär aufgenommener Patienten nach einem Aufenthalt in der Notaufnahme

Als Zufallsbefund wurden jene Analyseeinheiten ausgewählt, welche entweder keinen Wunsch zum Ausdruck brachten, jedoch für die Forschungsfrage wichtig erschienen oder Gefühlszustände bei den älteren Menschen in einer Notaufnahme beschrieben. Es wurden keine neuen, induktiv aus dem Material abzuleitenden Kategorien gefunden.

Die aus der tabellarischen Übersicht der Kernaussagen ableitbaren Kundenwünsche werden zusätzlich in einer Zusammenschau der beiden Befragungsgruppen gegenübergestellt und interpretiert. Abschließend werden die Unterschiede in den Antworten der Älteren bzgl. soziodemografischer Daten dargestellt.

Wünsche in Bezug auf die medizinische und pflegerische Behandlung
Gemeinsame Wünsche sowohl aus Sicht der Älteren als auch aus Sicht der Mitarbeiter sind eine adäquate (ausreichende) Behandlung, wobei altersspezifische Bedürfnisse, wie eine Lagerung, explizit beim Patienten erfragt und darauf eingegangen werden sollte. Neben einer Schmerzentlastung und -behandlung wurde von beiden Befragtengruppen auch ein erhöhter Betreuungs- und Pflegebedarf bei älteren Menschen in einer Notaufnahme angesprochen. Die befragten Älteren wünschen sich zudem eine fachlich professionelle Behandlung und sofortige Hilfe und Versorgung, was nicht explizit von den Mitarbeitenden angesprochen wurde. Begründung hierfür könnte sein, dass dies als selbstverständlich für

Tab. 9.5 Kundenwünsche in einer Notaufnahme bzgl. Behandlung (medizinisch/pflegerisch)

Aus Sicht der Älteren	Aus Sicht der Mitarbeiter
Professionelle, fachlich gerechte Betreuung, Hilfe und Beratung aller Berufsgruppen (1, 2, 3, 4, 5, 7)	Ausreichende (nicht oberflächliche) Behandlung auch bei größerer Belastung (9)
Schnelle, sofortige Hilfe und Behandlung (1, 3, 4, 6, 7)	
Adäquate Schmerzerfassung und Schmerzbehandlung (3, 4, 5)	Zügige Schmerzentlastung (9, 11) und Beschwerdelinderung (9)
Individuelle Anliegen und Beschwerden ernst nehmen/berücksichtigen/darauf eingehen (2, 5)	Patienten aktiv nach Hilfebedarf fragen, falls sich diese gehemmt fühlen (10)
	Auch bei wiederholten Notaufnahmeaufenthalten ausreichend Beachtung schenken (10)
Ausreichende, besser kontinuierliche Betreuung (2, 5)	Mehr Pflege und Betreuung als bei Jüngeren (8, 12)
Im Bedarfsfall geeignete Spezialisten hinzuziehen (5)	
Adäquate Lagerung (4)	Besondere, flexibel auf die Bedürfnisse von Älteren abgestimmte Behandlung/Lagerung (11, 12)
Zufallsbefund: Zufriedenheit mit der Behandlung (6)– Ältere sehen den Wunsch nach Hilfe und Behandlung als keinen großen Anspruch (6, 7)	
Zufallsbefund: Personal wird als überfordert erlebt (4)	

eine generelle Behandlung in einer Notaufnahme von den Mitarbeitenden angesehen wird. Ein Zufallsbefund dieser Untersuchung zeigt, dass ein älterer Mensch in der Notaufnahme die Überforderung/hohe Belastung der Mitarbeitenden – genau wie ein Mitarbeiter selbst – erleben (vgl. Tab. 9.6 mehr Personal). Doch trotz dieser erlebten Überlastsituation einer Befragten Älteren fühlten sich viele Ältere gut versorgt und sind zufrieden. Dies kommt dadurch zum Ausdruck, dass die genannten Wünsche bzgl. professioneller Behandlung auch als positive Erfahrungen formuliert wurden.

Wünsche in Bezug auf Abläufe und Organisation

Sowohl die Älteren als auch die Mitarbeiter wünschen sich kürzere Wartezeiten auch zwischen den Behandlungen und der Diagnostik. Wichtig für die Älteren ist es dabei, die Abläufe zu verstehen, um nicht das Gefühl zu haben, vergessen worden zu sein. Desweiteren wünschen sich beide Befragungsgruppen eine ruhigere Atmosphäre mit einem separaten Zimmer bzw. Rückzugsbereich für die älteren Menschen in einer Notaufnahme. Dies soll dem älteren Menschen Orientierung geben und dessen Sicherheit fördern. Zudem können sowohl bequeme Liege- und Sitzmöglichkeiten als auch Trinkgelegenheiten den Komfort

Tab. 9.6 Kundenwünsche in einer Notaufnahme bzgl. Ablauf/Organisation

Aus Sicht der Älteren	Aus Sicht der Mitarbeiter
	Feste Bezugsperson während des Aufenthalts in der Notaufnahme
	Durch Angehörige (9), Bezugspflegende/Servicekraft/Begleitservice (8, 9, 10, 12), Arzt (10)
	Für eine kontinuierliche Betreuung/Kommunikation/Information (8, 9, 10, 12), auch während der Wartezeit (9) und um Wünsche wahrnehmen zu können (9, 12)
	Sicherheit und Orientierung geben durch:
	Feste Bezugsperson (9, 10)
	Aufklärung jeder Maßnahme (10)
Hektik und Panik vermeiden (2, 6)	Ruhiges, langsames Arbeiten (10)
	Weniger Lärm, mehr Ruhe auch im Wartebereich (8, 10, 12)
Präsenz von Ärzten und Pflegenden und klare Kennzeichnung der Berufsgruppen (3, 5, 7)	Klare Kennzeichnung der Berufsgruppen (10)
Schönes Bett, in eigenem Zimmer untergebracht, nicht auf dem Gang liegen müssen, um unbeobachtet zu sein, einen Raum zum Wohlfühlen (2, 3, 7) versus Räumlichkeiten und Gebäude werden als unwichtig erachtet (1)	Unterbringung im gleichem Zimmer mit Möglichkeit zur Rückmeldung (offene Tür, Klingel) (9, 10, 12)
	Rückzugsmöglichkeiten, separierten Bereich (12)
	Spezielle Angebote für demente Patienten: angepasstes Raumkonzept – hell, warm und ruhig (10, 12), feste Bezugsperson (12), speziell ausgebildetes Personal auf allen Ebenen (10)
Bequeme Stühle und Liegemöglichkeiten (3, 5, 7)	Richtige, verstellbare Betten statt Liegen zum Ausruhen, wie bei Schmerzen (11, 12)
	Altersgerechte Beschilderung (12)
Trinkmöglichkeiten schaffen und diese nicht aus Pappbechern (2, 3, 5, 7)	Essen und Getränke reichen (11)
	Mehr Personal (9)
Auf Wünsche/Nachfragen sofort reagieren (1), zügige, reibungslose Behandlung und Diagnostik; zügiger Erstkontakt und zügiges Vorangehen; nicht „hin und her geschubst werden" (1, 3, 4, 5, 6, 7)	Kürzere Wartezeit (9, 11)
Zufallsbefund: bei längeren Wartezeiten: Verständnis (3, 5) und kein Verständnis (1, 3, 7), längere Wartezeiten fördern die Angst (3)	
Zufallsbefund: Anwesenheit von Pflegenden und v. a. die Präsenz von Ärzten wirkt beruhigend (3)	
	Zufallsbefund: erschöpfende Notfallsituation erschwert die Anamnese (10)

Tab. 9.7 Kundenwünsche in der Notaufnahme bzgl. zwischenmenschliche Beziehungen/
Kommunikation

Aus Sicht der Älteren	Aus Sicht der Mitarbeiter
Sich gut behandelt und aufgenommen fühlen, sich kümmern und nach Wünschen fragen von allen Berufsgruppen (1, 2, 3, 4, 7)	Kontinuierlicher Ansprechpartner, der sich erkundigt/auf Wünsche und Bedürfnisse eingeht/sich kümmert/den älteren Patienten beschäftigt und berät (8, 9, 10, 11, 12)
Hübsche (2), nette (3, 4) und emphatische Mitarbeiter, welche menschliche Zuwendung durch Zuspruch und tröstende Worte schenken (3, 4, 5, 7), sich Zeit nehmen (2, 3), den älteren Patienten menschlich entgegenkommen (7), Streicheleinheiten geben (1) und grüßen (7)	Über Sorgen und Ängste sprechen und Hand halten (9)
Patienten achten und beachten (1,4,6,7)	Ältere Patienten ernst nehmen und in den Mittelpunkt stellen (8, 9, 10, 11), Kommunikation mit Patienten (9) und dessen Angehörigen (9) auf gleicher Ebene (9)
Anwesenheit von Angehörigen/Begleitpersonen ermöglichen und diese einbeziehen (1, 3, 4, 7) – schafft Ablenkung (3)	Angehörigen positiv gegenüber stehen (10)
Mit den älteren Patienten deutsch und in einer deutlichen und lauten Aussprache reden (1, 3, 7), aktiv nach Wünschen fragen (3)	Kommunikation mit Patienten angepasst an die jeweiligen kognitiven und physischen Funktionen (Ruhe, einfache Fragen, weitere Informationsquellen) (10, 11)
	Zufallsbefund: mehr Vertrauen in die Pflegenden zum „Herzausschütten" als in Ärzte (10)
Zufallsbefund: „keiner kümmert sich um mich und redet mit mir, dann fühle ich mich im Stich gelassen, das verkrafte ich nicht"; „Wohlfühlen tu ich mich nicht in einer Notaufnahme" (7)	Zufallsbefund: ungünstige zwischenmenschliche Beziehungen und Kommunikation erzeugen bei älteren Patienten in der Notaufnahme verschiedenste Gefühlsreaktionen von verärgert über gehemmt bis verängstigt (8, 9, 10, 11, 12)

Tab. 9.8 Kundenwünsche in der Notaufnahme bzgl. Entscheidungsfindung/Information

Aus Sicht der Älteren	Aus Sicht der Mitarbeiter
Kontinuierlich (5), immer wahrheitsgetreu und vollständig informieren (1, 3, 7); keine unsicheren Informationen geben (7)	Kontinuierlicher Informationsfluss, angepasst an die jeweilige Patientensituation auch zwischen Wartezeiten und Diagnostik (8, 9, 10, 11, 12)
Auch zur Wartezeit Informationen geben (7)	
Zeit für Rückfragen geben (2)	Verständlich informieren und Fachbegriffe erklären (9, 11)
Zeitnah aber wohldosiert bei schweren Diagnosen informieren (7) – Angst vor Diagnosen (7)	
	Informationen zu Toilettenzugang geben (10)
Zufallsbefund: Zeit für Nachfragen nimmt Angst (3) und gibt Sicherheit (7)	

erhöhen und die Zufriedenheit bei den älteren Menschen in einer Notaufnahme verbessern. Die von den älteren Befragten gewünschte Präsenz von Pflegekräften und Ärzten wird bei den befragten Mitarbeitern noch gezielter durch das Definieren von klaren Bezugspersonen gewünscht. Diese Bezugsperson, ob Pflegekraft, Begleitservice-Mitarbeiter, Angehöriger oder Arzt, kann gezielt auf die Wünsche und Bedürfnisse der älteren Menschen in einer Notaufnahme eingehen, was sich beide Befragungsgruppen explizit wünschen. Die befragten Mitarbeiter wünschen sich zudem spezielle Angebote/Maßnahmen für demente Patienten, worauf die befragten Älteren nicht eingegangen sind. Hier zeigt sich zum einen der medizinisch-fachliche Hintergrund, welcher den befragten Älteren fehlt. Zum anderen wird vermutet, dass sich Ältere bewusst nicht mit dieser Thematik auseinander setzen (möchten) und dies als eine Art Tabuthema zu werten ist oder sie nicht betroffen sind. Zur Kategorie Ablauf und Organisation haben die befragten Mitarbeiter die meisten Aussagen getroffen. Durch deren tägliche Auseinandersetzung mit den organisatorischen Rahmenbedingungen fallen diesen gezielter Probleme und Verbesserungspotentiale auf. Sie entwickeln organisatorische Lösungsideen, für Aspekte aller Kategorien. Dies gilt z. B. für die organisatorische Verankerung von Bezugspersonen. Feste Bezugspersonen sind geeignet, Wünsche in allen vier Kategorien zu erfüllen. Ältere hingegen konzentrieren sich auf ihre Wahrnehmungen und Wünsche und weniger auf Lösungsmöglichkeiten.

Wünsche in Bezug auf zwischenmenschliche Beziehungen und Kommunikation
Der zentrale Wunsch beider Befragtengruppen ist, ältere Menschen ernst zu nehmen. Ältere wünschen sich empathische Mitarbeiter, die mit „menschlicher Wärme" auf die Älteren eingehen können. Mitarbeitende sehen durch die bereits beschriebene Bezugsperson einen kontinuierlichen Ansprechpartner für den älteren Menschen, welcher gezielt auf dessen Bedürfnisse, Sorgen und Wünsche eingehen kann. Beide Befragtengruppen sehen in den Angehörigen und Begleitpersonen zentrale und wichtige Personen für die älteren Menschen in einer Notaufnahme, welche wertgeschätzt und gezielt (in die Kommunikation) eingebunden werden sollten. Zu dieser Kategorie der zwischenmenschlichen Beziehung und Kommunikation haben die befragten Älteren die meisten Aussagen getroffen. Aber auch die befragten Mitarbeiter sehen hier einen großen Handlungsbedarf in den Notaufnahmen. Interessant ist, dass fast alle Mitarbeiter diesen Aspekt sachlicher sehen, z. B. „ältere Patienten ernst nehmen". Die Älteren selbst wünschen sich jedoch mehr, nämlich menschliche Wärme z. B. „Trost" und „Streicheleinheiten". Nur ein Mitarbeiter verwendet bei der Beschreibung der zwischenmenschlichen Beziehung Ausdrücke, die emotionale Nähe beschreiben. Zufallsbefunde sowohl bei den befragten Älteren als auch bei den Mitarbeitern zeigen, dass ungünstige zwischenmenschliche Beziehungen bei den älteren Menschen in den Notaufnahmen zu den verschiedensten Gefühlsreaktionen führen können. Eine IP äußerte hierzu: „[…] keiner kümmert sich um mich und redet mit mir, dann fühle ich mich im Stich gelassen, das verkrafte ich nicht" (IP7). Dies zeigt, dass der zwischenmenschliche Kontakt den Älteren sehr am Herzen liegt und vielleicht als der zentrale Kundenwunsch, neben der fachlich kompetenten Behandlung, identifiziert werden kann.

Wünsche in Bezug auf Entscheidungsfindung und Information
Sowohl ältere Menschen als auch Mitarbeiter wünschen sich einen kontinuierlichen Informationsfluss während des gesamten Notaufnahmeaufenthaltes für Patienten und dessen Angehörige bzw. Begleitpersonen. Dieser Informationsfluss soll auch bzgl. der Wartezeiten gegeben sein, da lange Wartezeiten und zusätzlich fehlende Informationen die Angst und Unsicherheiten bei den Älteren verstärken. Damit Informationen verstanden werden können, wünschen sich die Mitarbeiter eine Erklärung von Fachbegriffen, die Älteren hingegen genügend Zeit für Rückfragen. Den befragten Älteren ist die wahrheitsgetreue und zeitnahe, aber wohl dosierte Information auch bei schweren Diagnosen wichtig, was von den Mitarbeitenden nicht explizit angesprochen wurde. Wünsche in Bezug auf die Entscheidungsfindung wurden von keiner Befragtengruppe genannt.

Unterschiede bzgl. soziodemografischer Daten bei den Älteren
Die meisten Aspekte wurden sowohl von älteren Männern als auch von älteren Frauen genannt. Auffällig ist, dass alle Frauen, jedoch kein Mann den Einbezug der Angehörigen genannt haben. Daraus könnte geschlossen werden, dass die Männer selbständiger sind. Die verständliche, deutliche und laute Aussprache wird ebenfalls nur von Frauen genannt (IP3 und IP4). Da nur sieben Ältere befragt wurden, sind jedoch keine generellen Aussagen möglich.

Unter den befragten Älteren haben die unterschiedlichen Erfahrungen mit einem Notaufnahmeaufenthalt keine augenscheinliche Abgrenzung in den Aussagen bewirkt. Selbst jene Befragte, welche noch nie in einer Notaufnahme war, konnte sich aufgrund von geschilderten Erfahrungen Bekannter sehr gut eine eigene Meinung bilden und Wünsche formulieren.

9.4 Innovative Dienstleistungsprozesse für alte Menschen in der Notaufnahme auf Basis von Kundenwünschen

Die ermittelten Kundenwünsche alter Menschen in der Notaufnahme können in folgender Weise zusammengefasst werden: Alte Menschen in der Notaufnahme wollen

- zügig und kompetent behandelt werden,
- dass auf ihre individuellen Bedürfnisse bzgl. der Gesamtsituation eingegangen wird und
- ihnen mit Respekt und Wärme begegnet wird.

Diese Zusammenfassung sollte bei allen Mitarbeitern als Leitlinie verankert sein. Auf Basis der differenzierten Ergebnisse aus Abschn. 9.3.4 werden im Folgenden konkrete Vorschläge für die Prozessgestaltung erarbeitet. Dabei wird nicht danach unterschieden, ob Aspekte von Mitarbeitern oder Betroffenen genannt wurden, weil für innovative Angebote aus verschiedenen Perspektiven Ideen zu sammeln sind und alles was sinnvoll erscheint umgesetzt wird.

Die Ergebnisse der empirischen Untersuchung geben teilweise konkrete Hinweise für die Entwicklung eines Dienstleistungsprozesses für alte Menschen in der Notaufnahme (allgemeingültiger Prozess für spezifische Kundengruppe). Dazu gehören Aspekte wie „Schmerzfreiheit" und „feste Bezugsperson", die als Standard in den Prozessablauf integriert werden können. Gleichzeitig bringen alle Befragten, ob explizit oder implizit („Patienten wertschätzend berücksichtigen/beachten", „sich kümmern") zum Ausdruck, dass eine individuelle Gestaltung wichtig ist. Dies bedeutet, dass der Prozess so gestaltet werden muss, dass die individuellen Bedürfnisse ergründet und umgesetzt werden können. Damit hat die Befragung die theoretischen Ausführungen bzgl. der Entwicklung individueller Dienstleistungsprozesse bestätigt.

In der konkreten Gestaltung des Dienstleistungsprozesses wird nicht bzgl. dessen, was die originäre Leistung betrifft und was dem Patienten in der gesamten Situation am Herzen liegt unterschieden. Beide Bereiche sollen bewusst miteinander verknüpft werden. Dies betont die selbstverständliche Umsetzung und Bedeutung beider Aspekte.

Die vier Kategorien zur Systematisierung und umfassenden Ermittlung dessen, was dem alten Menschen in der Notaufnahme wichtig ist, könnten ebenfalls als Basis für die Entwicklung der innovativen Dienstleistung verwendet werden. Es wurde jedoch entschieden, die Ergebnisse der Befragung wichtigen Fragestellungen des Dienstleistungsmanagements bzgl. Kundenintegration zuzuordnen. Ziel dieses Vorgehens war es, theoretische Grundlagen einzubinden, die insbesondere die Integration des Kunden berücksichtigen. Hierfür werden im Folgenden ausgewählte Fragestellungen des Dienstleistungsmanagements bzgl. Kundenintegration benannt, Befragungsergebnisse den sich daraus ergebenden Themen zugeordnet und für jedes Thema Konsequenzen für innovative Dienstleistungselemente abgeleitet. Diese werden anschließend zusammengefasst und erläutert.

Die *Kundenintegration verändert den Blick des Kunden auf die Qualität.* Es interessiert nicht mehr nur die Ergebnisqualität (wie z. B. bei einem Autokauf die Qualität des gekauften Autos), sondern auch die Qualität des Prozesses der Leistungserstellung und der eingesetzten Potenziale, weil der Kunde diese nun miterlebt (Bruhn und Stauss 2009, S. 15). In der empirischen Untersuchung wurden Aspekte für die Gestaltung aller Qualitätsbereiche genannt. Die Ergebnisqualität wird inhaltlich nicht konkretisiert, sondern als professionell und ausreichend bezeichnet, verbunden mit dem Wunsch, dass individuelle Anliegen (medizinisch/pflegerisch und allgemein) berücksichtigt werden sollen. Konkretisiert werden Punkte, die eine professionelle Behandlung evtl. beeinträchtigen können: überfordertes Personal und der fehlende Einbezug von Spezialisten bei Bedarf. Beide Punkte betreffen das eingesetzte Potenzial unabhängig vom Alter der Patienten. Deshalb werden sie zwar in diesem Rahmen nicht weiter betrachtet, sollten aber generell überprüft werden. Wichtige Punkte zur Gestaltung der Prozessqualität sind feste Bezugspersonen, ein ruhiger Ablauf, Präsenz von Ärzten und Pflegekräften und der Einbezug von Angehörigen. Als zentrale Maßnahme für den Prozessablauf wird eine feste Bezugsperson für den gesamten Aufenthalt in der Notaufnahme vorgeschlagen. Diese Person hat die

Aufgabe sich um die individuellen Anliegen des alten Patienten zu kümmern, damit sich die Patienten sicher und gut aufgehoben fühlen (auch emotional). Notaufnahmen halten rund um die Uhr Fachpersonal für die Behandlung von Notfallpatienten vor. Aufgrund von schwankenden Belastungssituationen kann eine permanente Anwesenheit von Fachpersonal beim Patienten, wie von den älteren Patienten gewünscht, jedoch nicht gewährleistet werden. Deshalb wird vorgeschlagen, dass ein Angehöriger, Ehrenamtlicher oder Bundesfreiwilligendienstleistender (Bufdi) diese Aufgabe übernimmt. Kernaufgaben sind die Übernahme einer Mittlerfunktion zwischen den Mitarbeitern der Notaufnahme und dem alten Patienten der Notaufnahme und die Unterstützung des Patienten bei allen individuellen Bedürfnissen, die nicht Bestandteil der originären Dienstleistung sind. Um die Mittlerfunktion erfüllen zu können, ist die Bezugsperson in ein festes Team aus Mitarbeitern der Notaufnahme eingebunden, so dass das Gesamt-Team aus Mitarbeitern der Notaufnahme (je eine Person der relevanten Berufsgruppen), der Bezugsperson und dem Patienten besteht. Damit wird das Team (Caseteam) standardmäßig um einen externen Faktor (Patient immer, Begleitperson, falls Angehöriger) erweitert.

Durch die *persönliche Interaktion zwischen Mitarbeiter und Kunde (Patient), beeinflusst auch das Mitarbeiterverhalten die Qualitätswahrnehmung des Kunden.* Damit reicht nicht allein die fachliche Qualifikation der Mitarbeiter. Auch eine dienstleistungsorientierte Einstellung und die Fähigkeit, Konfliktsituationen erfolgreich zu bewältigen sind notwendig (Bruhn und Stauss 2009, S. 16). Für diesen Gestaltungsbereich wurden einige Wünsche genannt. Gerade in der Kategorie „zwischenmenschliche Beziehungen/Kommunikation" wurde deutlich, dass neben Respekt das menschliche Einfühlungsvermögen eine wichtige Rolle spielt. Auch die meisten Wünsche aus der Kategorie Information sind in diesem Bereich angesiedelt. Daraus wird der Vorschlag für eine Fortbildungsmaßnahme abgeleitet, zum Thema einfühlsamer Umgang und patientengerechte Information bei alten Menschen in der Notaufnahme. Eine sinnvolle Ergänzung erscheint die Auseinandersetzung mit der Umsetzung des „empathischen Umgangs" im Alltag der Notaufnahme, der häufig schnelles Handeln notwendig macht.

Während seiner Anwesenheit bei der Leistungserstellung, *erlebt der Kunde das physische Umfeld, was ebenfalls den Qualitätseindruck nachhaltig bestimmt.* Aber auch sein Verhalten und die Interaktion zwischen den Kontaktpersonen werden durch das Umfeld beeinflusst (Bruhn und Stauss 2009, S. 16). Wünsche zu diesem Bereich wurden v. a. in der Kategorie „Ablauf/Organisation" benannt. Während eine Befragte betont, dass sie sich in einer Notaufnahme nicht wohlfühlt, zielen viele der Wünsche auf eine Atmosphäre des Wohlfühlens, wie z. B. bequeme Stühle, Essen und Trinken, schönes Bett im eigenen Zimmer. Es werden aber auch Aspekte angesprochen, die für die Patienten existenzieller sind, wie die Möglichkeit jederzeit Kontakt aufzunehmen (Klingel, offene Tür) oder ein unkomplizierter Toilettengang. Damit der Aufenthalt dem alten Menschen gerecht wird ist es wichtig, das jeweilige physische Umfeld der Notaufnahme bzgl. der genannten Aspekte zu überprüfen. Wichtige Rückmeldungen hierzu können die Bezugspersonen geben. Gleichzeitig empfiehlt sich, das physische Umfeld in Verbindung mit dem Wohlfühlen in die Fortbildung zu integrieren.

Ein weiterer Aspekt bei der Kundenintegration ist die *Optimierung der Zeitausgaben des Kunden und die Beeinflussung seiner Zeitwahrnehmung*. Zu berücksichtigen sind dabei alle Zeiten im Zusammenhang mit der Dienstleistung, also auch die Wartezeiten. Diese müssen nicht grundsätzlich minimiert werden, die negative subjektive Zeitwahrnehmung sollte jedoch abgeschwächt werden (Bruhn und Stauss 2009, S. 16 f.). Die Befragten nennen für diesen Aspekt v. a. eine zügige Behandlung und kurze Wartezeiten. Allerdings gibt es durchaus Verständnis für Wartezeiten, wenn entsprechend informiert wird. Daraus und aus der Aussage, dass lange Wartezeiten die Angst fördern, lassen sich folgende Handlungsmöglichkeiten ableiten: Durch Information kann Verständnis geschaffen werden, was evtl. Angst verhindert. Durch empathische Begleitung kann die Wartezeit subjektiv verkürzt werden, so dass der Förderung von Angst entgegengewirkt wird. Für beide Aspekte kann die Bezugsperson zuständig sein, als Mittlerin für Information und als Begleitung.

Im Rahmen des Kundenprozessmanagements wird darauf hingewiesen, dass der *Kunde* nicht nur Teil des Dienstleistungsprozesses ist, sondern *seinen eigenen Prozess durchläuft*. Deshalb wird empfohlen, den Prozess aus Kundenperspektive zu analysieren und zu optimieren (Bruhn und Stauss 2009, S. 17). Die Analyse des Kundenprozesses liefert wertvolle Ergebnisse für die kontinuierliche kundenorientierte Überarbeitung des Dienstleistungsprozesses. Dies ist kein expliziter Wunsch, sondern Teil der theoretischen Grundlagen. Neben den Kunden nimmt die Bezugsperson konsequent am Kundenprozess teil. Dies qualifiziert sie besonders gut für die Analyse. Deshalb sollten die Ehrenamtlichen und Bufdis im Rahmen der Schulung auf diese Aufgabe vorbereitet werden. Rückmeldungen sollten direkt im Team weitergegeben werden. Das Team ist für die Berücksichtigung im Rahmen der Optimierung des Prozesses verantwortlich. Additiv sollte ein jährlicher Workshop durchgeführt werden, in dem die Bezugspersonen von ihren Erfahrungen berichten und gemeinsam mit den Mitarbeitern an grundsätzlichen Lösungen arbeiten.

Eine effektive und effiziente *Integration des Kunden* in den Dienstleistungsprozess *erfordert dessen Bereitschaft und Fähigkeit* hierzu. Voraussetzung ist eine aktive Kundenentwicklung zur Steuerung des Kundenverhaltens in der Kontaktsituation (Bruhn und Stauss 2009, S. 17). Während der eigentlichen Behandlung in der Notaufnahme ist der Patient weitgehend passiv. Von Bedeutung ist der Aspekt jedoch für die Angehörigen, die die Funktion der Bezugsperson übernehmen. Empfehlenswert ist das Angebot einer regelmäßigen Informationsveranstaltung zur Vorbereitung der Angehörigen auf ihre Rolle.

Zusammengefasst beinhaltet der neue Prozess „Alter Mensch in der Notaufnahme" folgende Innovationen und Begleitmaßnahmen:

- *Bezugsperson als Mittler* zwischen Patient und Mitarbeitern der Notaufnahme durch Begleitperson, Ehrenamtlichem oder Bufdi
- *Caseteam mit externem Faktor*, bestehend aus Arzt, Pflege, administrativem Mitarbeiter, Begleitperson/Ehrenamtlichem/Bufdi und Patient
- *Fortbildungsmaßnahmen*

- Mitarbeiter der Notaufnahme: wertschätzender empathischer Umgang, patienten-
gerechte Information, Teamarbeit mit externem Faktor, kundenorientiertes Denken
und Handeln
- Ehrenamtliche/Bufdis: Einführung in Funktion als Bezugsperson, beobachten von
Patientenbedürfnissen und physischem Umfeld
- *Workshop* zur kontinuierlichen Anpassung des Prozesses und des physischen Umfelds
an die individuellen Bedürfnisse des alten Menschen
- *Informationsveranstaltung für Begleitpersonen* in der Notaufnahme

Im Folgenden werden die vorgeschlagenen Elemente kurz erläutert:

Bezugsperson als Mittler zwischen Patient und Mitarbeitern der Notaufnahme
Im ersten Kontakt zwischen einem Mitarbeiter der Notaufnahme und dem Patienten mit
Begleitperson wird geklärt, ob Patient und Begleitperson einverstanden sind, dass die Begleitperson die Rolle als Mittler im Sinne einer Bezugsperson für Mitarbeiter der Notaufnahme und Patienten übernimmt. Dies beinhaltet, dass fachliche Punkte so erläutert
werden, dass sie die Begleitperson versteht. Die Begleitperson hat die Aufgabe so lange
nachzufragen, bis dies der Fall ist. In den Wartezeiten z. B. auf Untersuchungsergebnisse, erläutert die Begleitperson in Ruhe dem alten Patienten alles, was bisher besprochen
wurde. Die Begleitperson kann anders als Mitarbeiter der Notaufnahme in Ruhe auf die
Geschwindigkeit und die individuellen Bedürfnisse des Patienten eingehen. In der Regel
sind sich Begleitperson und Patient vertraut, so dass auf jeden Fall ein individuelleres
Vorgehen möglich ist. Treten bei dem Erläuterungsgespräch Fragen auf, kann die Begleitperson jederzeit ein Teammitglied der Notaufnahme hinzuziehen und nachfragen. Hier
kann es zu Wartezeiten kommen, wenn das Teammitglied, mit der nötigen Kompetenz
gerade bei einem anderen Patienten ist. Wichtig ist, dass ein Weg gefunden wird, dass sich
der Patient nicht ausgeschlossen fühlt. Deshalb ist im Erstkontakt eine klare Absprache
notwendig, in der das vorgeschlagene Vorgehen damit begründet wird, dass es den Mitarbeitern der Notaufnahme wichtig ist, dass die Pateinten alles möglichst gut verstehen und
gleichzeitig auch andere Notfälle zeitnah und adäquat behandelt werden können. Dieses
Erstgespräch ist wichtig, gleichberechtigt zu dritt (Mitarbeiter der Notaufnahme, Patient
und Begleitperson) zu führen.

Eine weitere Aufgabe der Begleitperson ist es, sich um alle individuellen Bedürfnisse
des Patienten zu kümmern bzw. vermittelnd zum Team der Notaufnahme tätig zu werden.
Auf diese Rolle sollte die Begleitperson während des Erstkontaktes explizit hingewiesen
werden. So könnte die Begleitperson beim Toilettengang oder einem Trinkwunsch unterstützend tätig werden oder die zuständige Pflegekraft entsprechend hinzuziehen. Vorteil
dabei ist, dass diese bisher aus verschiedenen Gründen nicht oder ungenau geäußerten
Bedürfnisse nun über die Begleitperson klar zum Ausdruck gebracht werden können. Daneben können durch eine permanente Anwesenheit der Begleitperson Zustandsverände-
rungen schneller erkannt und gezielt weitergegeben werden, was für die fachkompetente
Behandlung von Bedeutung ist. Hierfür erscheint es sinnvoll, dass die Begleitperson eine
Informations- und Checkliste erhält. Diese könnte folgende Aspekte enthalten:

- Namen der zuständigen ärztlichen, pflegerischen und administrativen Mitarbeiter
- Hinweise zum generellen Ablauf, administrativen Notwendigkeiten und dem zu beachtenden Verhalten seitens der Patienten und Angehörigen in einer Notaufnahme
- wichtige räumliche Hinweise (Untersuchungsbereich und Wartebereich inkl. Zugang zu Notrufmöglichkeiten, Wegbeschreibung zu externen Untersuchungen auf dem Klinikgelände, Toilettenmöglichkeiten, Essens- und Getränkemöglichkeiten)
- sonstige Hinweise zu Mobilisation, Essen und Trinken, Ausscheidung (inkl. ankreuzen, erlaubt oder nicht erlaubt wegen möglicher notwendiger Maßnahmen)

Gibt es keine Begleitperson oder sind Patient und/oder Begleitperson nicht damit einverstanden, dass die Begleitperson diese Aufgabe als Bezugsperson übernimmt, könnten für dieselben Aufgaben ehrenamtliche Mitarbeiter oder Bufdis eingesetzt werden. Im Gegensatz zu Begleitpersonen müssen Ehrenamtliche/Bufdis zunächst ein Vertrauensverhältnis aufbauen und herausfinden, was dem Patienten wichtig ist. Ein Vorteil von eingearbeiteten Ehrenamtlichen/Bufdis ist dagegen, dass sie die Situation der Notaufnahme kennen, der Ablauf bekannt ist und zu den Mitarbeitern bereits Kontakte bestehen, was es erleichtert bei Fragen auf diese zuzugehen. So hat jede der beiden Varianten (Begleitperson und Ehrenamtlicher/Bufdi als Bezugsperson) einen Aspekt der vertraut ist und einen, der in der Situation neu erarbeitet werden muss bzw. erstmals ausgeführt wird.

Diese Aufgabe entspricht der aus dem Case Management bekannten anwaltschaftlichen Funktion (Advocacy), in der es darum geht, die Interessen und Ansprüche des Klienten bzw. Patienten zu vertreten und deshalb dessen Perspektive einzunehmen (Löcherbach 2009, S. 231).

Mit der Einrichtung der Mittlerfunktion zwischen Mitarbeitern der Notaufnahme und Patienten wird sowohl ein wichtiger Aspekt für die Entwicklung eines innovativen Dienstleistungsangebotes für die Kundengruppe alter Mensch in der Notaufnahme umgesetzt als auch für die Entwicklung eines individuellen Dienstleistungsangebotes Raum geschaffen. Indem es jemanden gibt, der als erster Ansprechpartner gezielt auf die Bedürfnisse alter Menschen in der Notaufnahme eingehen kann und sich kümmert (wie z. B. beim Toilettengang), wird der Prozess der Kundengruppe gerecht. Gleichzeitig werden die Begleitpersonen oder Ehrenamtlichen/Bufdis ausdrücklich aufgefordert zu ergründen, ob es weitere Dinge gibt, die dem Patienten in der Gesamtsituation „Aufenthalt in der Notaufnahme" wichtig sind. Die Erfüllung dieser Wünsche soll soweit möglich durch die Bezugsperson erfolgen, bei Bedarf in Rücksprache mit Mitarbeitern der Notaufnahme.

Caseteam mit externem Faktor
Wichtiger Aspekt neuer Prozesse ist die Implementierung im Team (vgl. Abschn. 9.2.2). Dafür ist der erste Schritt, Teams zu bilden. Das Caseteam der Notaufnahme umfasst einen Arzt, eine Pflegekraft und einen administrativen Mitarbeiter (Admin). Diese Personen sollten während des gesamten Aufenthaltes in der Notaufnahme für einen Patienten dieselben bleiben, um dem Wunsch nach kontinuierlichem Ansprechpartner gerecht zu werden. Nachdem die Anzahl der Mitarbeiter pro Berufsgruppe unterschiedlich hoch ist, ist die personelle Zusammensetzung der Teams unterschiedlich z. B. Team 1: Arzt 1,

Pflege 1, Admin 1; Team 2: Arzt 2, Pflege 2, Admin 1; … Wichtig ist, dass für alle Beteiligten die Teammitglieder dokumentiert sind, damit dem Patienten gegenüber Klarheit
besteht. Bei Dienstende ist es wichtig, dass die zuständigen Teammitglieder ihre Patienten
an die nachfolgenden Mitarbeiter übergeben. Hierbei sollte das gesamte Team aktiv einbezogen werden, damit allen Teammitgliedern zu jeder Zeit die Teamzusammensetzung
bewusst ist.

Dazu kommen die Bezugsperson und der Patient als zusätzliche Teammitglieder. Die
Begleitperson und der Patient werden im Dienstleistungsmanagement als externer Faktor
bezeichnet. Damit besteht das Caseteam in der Regel aus fünf Personen und setzt sich
aus internen und externen Partnern zusammen. Diese übergreifende Teamdefinition bringt
zum Ausdruck, dass diese fünf Personen gemeinsam für einen gelingenden Aufenthalt in
der Notaufnahme zuständig sind.

Neben der gemeinsamen Verantwortung gibt es auch individuelle Verantwortlichkeiten
im Team (Kernkompetenzen vgl. Abschn. 9.2.2), die sich an der jeweiligen fachlichen
Qualifikation orientieren. Erfahrungen einer Autorin in verschiedenen Notaufnahmen haben gezeigt, dass es Mitarbeitern v. a. in der Pflege oft schwerfällt Endverantwortung
zu übernehmen. Bisher erfolgt die Pflege in einer Notaufnahme stark funktionsorientiert.
Eine Bezugspflege verbunden mit der Übernahme von Verantwortung für einen Patienten während dessen gesamten Notaufnahmeaufenthalts ist nicht in allen Notaufnahmen
umgesetzt. Der Einbezug des Patienten ins Caseteam bringt zum Ausdruck, dass auch der
Patient Verantwortung übernehmen muss, sich also aktiv mit seiner individuellen Situation einbringt. Durch die Art und Weise wie er dies tut, beeinflusst er den Prozess mit. Bei
vorliegenden kognitiven Einschränkungen des Patienten sollte ein Angehöriger bzw. wenn
vorhanden der gesetzliche Vertreter diese aktive Teamrolle des Patienten unterstützen.

Diese Teamkultur reicht es nicht per Definition festzulegen, um von allen Beteiligten
gelebt zu werden. Es bedarf der Entwicklung einer Kultur der Zusammenarbeit. Die gemeinsame Definition von Poolkompetenzen (vgl. Abschn. 9.2.2) kann z. B. diese Entwicklung unterstützen. Die Poolkompetenzen beziehen sich auf das kundenorientierte
Denken und alle Aufgaben, die mehrere Berufsgruppen übernehmen können. Diese verwischen die klaren Grenzen der Zuständigkeit und fördern dadurch die Zusammenarbeit.
Sie könnten in der konkreten Einrichtung gemeinsam spezifiziert werden. So kann der
Prozess der Festlegung, z. B. im Rahmen eines berufsgruppenübergreifenden Workshops
der Mitarbeiter der Notaufnahme, ein Baustein der Teamentwicklung sein.

Fortbildungsmaßnahmen

Die gemeinsamen Fortbildungen für *Mitarbeiter* verschiedener Berufsgruppen der Notaufnahme beinhalten die Aspekte wertschätzender empathischer Umgang, kundenorientiertes Denken und Handeln, patientengerechte Information, Teamarbeit mit externem
Faktor.

Wichtig ist, dass die Bezugsperson den wertschätzenden Umgang der Mitarbeiter der
Notaufnahme nicht ersetzen kann. Dies sollte selbstverständlich sein im Umgang mit jedem
Menschen. Trotzdem ist es Thema bei der Befragung, was zum Ausdruck bringt, dass es
nicht selbstverständlich ist. Dies könnte damit zusammenhängen, dass Notfallbehandlungen

zum Teil einfacher sind, wenn vom Patienten abstrahiert wird. Sich während eines medizinisch invasiven Eingriffs zum Beispiel in den Patienten hineinzuversetzen, als jemand der ganz individuelle Empfindungen hat, verhindert medizinisch klare Entscheidungen und Handlungen, die lebensrettend sein können. So kann das Wahrnehmen des Patienten als individueller Mensch im Sinne des „Mitfühlens" für den Heilungserfolg hinderlich sein, obwohl dies ein großer Wunsch des Patienten ist. Ein Teil vor allem der ärztlichen Kunst muss es also sein, diese Gratwanderung zwischen Abstraktion vom Patienten als individuellem Menschen und wertschätzendem Umgang zu meistern; d. h. dort wo es nötig ist, den für professionelles Handeln nötigen Abstand herzustellen und in zwischenmenschlichen Interaktionen, die keinen professionellen Abstand benötigen dem Patienten die gewünschte „mitfühlende" Wertschätzung entgegenzubringen. Die Pflege übernimmt traditionell eher den in den Patienten einfühlenden Part und sollte dies, wie in deren Ausbildung vermittelt, auch in der Interaktion mit dem Patienten zum Ausdruck bringen.

Das kundenorientierte Denken aller Mitarbeiter als wichtiger Bestandteil der kundenorientierten Dienstleistungsentwicklung (vgl. Abschn. 9.2.2) ist nicht allein durch das Schaffen der Funktion Bezugsperson erfüllt. Die Wertschätzung der Patienten als Bestandteil der Fortbildung ist ein Teil der Kundenorientierung. Doch die Kundenorientierung umfasst mit dem Hineinversetzen in die Gesamtsituation der Pateinten mehr und bedeutet häufig ein anderes Denkmodell als das bisher gelebte, mit dem es wichtig ist, sich auseinanderzusetzen. Deshalb sollte dies ebenfalls Inhalt einer Fortbildung sein.

Der Aspekt der patientengerechten Information ist eng mit den ersten beiden Punkten verbunden. Wer kundenorientiert denkt und sich empathisch in den Patienten hineinversetzt informiert auch entsprechend seiner Wünsche.

Die Teamarbeit mit externem Faktor entsteht nicht durch Verordnung von oben. Sie erfordert neben spezifischen Kommunikationskompetenzen auch Flexibilität bzgl. der Integration des Kunden und des Ergebnisses, wenn für individuelle Kundenbedürfnisse und Probleme gemeinsam mit Patient und Begleitperson spezifische Lösungen erarbeitet werden (Schmitz und Eberhardt 2009, S. 395). Darauf müssen die internen Mitarbeiter im Rahmen einer Fortbildung vorbereitet werden. Aufbauend auf dieser Basis wird die Zusammenarbeit mit dem externen Faktor durch die konkrete Arbeitsweise mit allen Beteiligten mit Leben gefüllt. Durch die Art und Weise wie die Mitarbeiter den Teamgedanken leben, werden Begleitperson/Ehrenamtlicher/Bufdi und Patient im Alltag der Notaufnahme ins Team einbezogen.

Wichtig ist, dass die *Ehrenamtlichen/Bufdis* auf ihre Aufgabe gut vorbereitet werden. Die konkrete Auseinandersetzung mit den Aufgaben beinhaltet neben dem was zu tun ist auch die Beobachtung von nicht erfüllten Patientenwünschen und Änderungsbedarf des physischen Umfelds. Außerdem benötigen sie Kenntnisse über die Abläufe in der Notaufnahme und den Umgang mit den Patienten, kognitiven Einschränkungen und evtl. auftretenden Notfallsituationen.

Für beide Zielgruppen fließen die Ergebnisse der qualitativen Befragung in die inhaltliche Gestaltung der Fortbildungen mit ein. Gleichzeitig sind die Aspekte des Empowerments (vgl. Ausführungen Abschn. 9.2.2) zu beachten.

Workshop zur kontinuierlichen Prozessentwicklung

Die Ausführungen zum Caseteam haben zum Ergebnis geführt, dass es einen ersten Workshop zur gemeinsamen Definition von Poolkompetenzen mit dem Ziel der Teamentwicklung geben sollte. Ein regelmäßiger Workshop hat das Ziel, Raum zu schaffen, in dem die Erfahrungen der Bezugspersonen bzgl. Kundenprozess und physischem Umfeld gemeinsam diskutiert werden. Teilnehmer sind Mitarbeiter aller Berufsgruppen der Notaufnahme und Ehrenamtliche/Bufdis. Dieser Workshop schärft bei den Mitarbeitern der Notaufnahme den Kundenblick und ist damit eine Maßnahme der Personalentwicklung. Indem gemeinsam mit Ehrenamtlichen und Bufdis überlegt wird, wie der Kundenprozess verbessert werden kann, erhalten diese vertiefte Einblicke in das Geschehen der Notaufnahme, was ihre Kompetenz als Bezugsperson erhöht. Damit dient der Workshop neben der kontinuierlichen Prozessverbesserung der Personalentwicklung aller Beteiligten und ist durch das Thema Kundenorientierung gleichzeitig eine wichtige Maßnahme der Organisationsentwicklung. Sinnvoll erscheint eine jährliche Durchführung.

Informationsveranstaltung für Begleitpersonen der Notaufnahme

Um Begleitpersonen auf ihre Rolle als Bezugsperson vorzubereiten ist es sinnvoll, regelmäßige Informationsveranstaltungen für potentielle Begleitpersonen anzubieten, in denen das Organisationsmodell und die wichtigsten Aspekte der Mittlerrolle vorgestellt werden. Die Ergebnisse der empirischen Untersuchung fließen in die inhaltliche Gestaltung ein. Bei der Konzeption der Informationsveranstaltung sind auch die Ausführungen zum Empowerment der Kunden (vgl. Abschn. 9.2.2) zu beachten und Nutzen und Anreize sollten dargestellt werden, um die Bereitschaft der Angehörigen zur Übernahme dieser Rolle zu erhöhen (Schmitz und Eberhardt 2009, S. 394).

Es empfiehlt sich weitere Aspekte aufzunehmen, die Begleitpersonen beschäftigen wie z. B. was in die Notaufnahme mitgenommen werden soll, wann das Aufsuchen der Notaufnahme wichtig ist, wann unnötig. Diese Informationsveranstaltungen erleichtern die Umsetzung in einer Situation, in der häufig Eile geboten ist. Gleichzeitig erspart es Zeit, weil mehrere potentielle Begleitpersonen gleichzeitig informiert werden, die allerdings teilweise nie in die Situation kommen werden. Als Nebeneffekt dienen solche Informationsveranstaltungen als öffentlich wirksames Marketing. Über die Informationsveranstaltungen könnten Hausärzte gezielt potentiell Betroffene informieren.

Fazit

Die qualitative Methodik und der im Vorfeld entwickelte Interviewleitfaden haben sich als sinnvoll erwiesen, da es den Befragten dadurch gelungen ist, ihre Wünsche zu äußern. Über sowohl negative als auch positive Erfahrungen war der Einstieg in wünschenswerte und nicht wünschenswerte Aspekte für beide Befragtengruppen möglich. Dass keine neuen, induktiv aus dem Material abzuleitenden Kategorien gefunden wurden, bestätigt die Qualität der im Vorfeld entwickelten Kategorien.

Die qualitative Befragung hat wichtige Aspekte für die Gestaltung eines innovativen Dienstleistungsangebotes „Alter Mensch in der Notaufnahme" geliefert. Wie bei Innovationen üblich, bedarf die Umsetzung der Bereitschaft zum Umdenken. Je weiter die bisherige Denkweise in der Notaufnahme vom kundenorientierten Denken und Handeln entfernt ist, desto wichtiger ist es, bei der Umsetzung Ansatzpunkte des Change Managements zu beachten, um die Kultur erfolgreich zu verändern. Dieser anfängliche Aufwand ist für alle Beteiligten lohnenswert. Den Mitarbeitern der Notaufnahme kann es den Druck nehmen, den Patienten nicht gerecht zu werden und die Zusammenarbeit miteinander fördern, die Patienten fühlen sich besser wahrgenommen und aufgenommen. Gleichzeitig bietet der neue Prozess die Möglichkeit laufend Dinge zu ergründen, die den Patienten und Begleitpersonen wichtig sind und als Ansatzpunkte für Prozessanpassungen und Dienstleistungsinnovationen genutzt werden können.

Die Frage, ob die Notaufnahme tatsächlich das ist, was der alte Mensch benötigt, wenn er in die Notaufnahme kommt, konnte durch diese Befragung nicht beantwortet werden. Zur Beantwortung dieser Fragestellung wäre eine begleitende Beobachtung verbunden mit einer standardisierten Befragung im Setting einer Notaufnahme sinnvoll. Hiermit könnte über einen längeren Zeitraum untersucht werden, mit welchen Wünschen und Vorstellungen Patienten in eine Notaufnahme kommen, wie sich deren Notaufnahmeaufenthalt gestaltet hat und ob deren Wünsche/Vorstellungen erfüllt wurden bzw. sich im Laufe des Notaufnahmeaufenthalts verändert haben. Hieraus können dann evtl. Kriterien für das Aufsuchen der Notaufnahme verbunden mit anderen innovativen Angeboten entwickelt werden.

Literatur

Atteslander P (2010) Methoden der empirischen Sozialforschung, 13. Aufl. Erich Schmidt Verlag GmbH & Co., Berlin

Bruhn M, Stauss B (2009) Kundenintegration im Dienstleistungsmanagement – Eine Einführung in die theoretischen und praktischen Fragestellungen. In: Bruhn M, Stauss B (Hrsg) Forum Dienstleistungsmanagement. Kundenintegration. Gabler/GWV Fachverlage GmbH, Wiesbaden, S 3–33

Büscher A (2011) Internationale Modelle interdisziplinärer Praxis. In: Robert Bosch Stiftung (Hrsg) Ausbildung für die Gesundheitsversorgung von Morgen. Schattauer GmbH, Stuttgart, S 63–68

Corsten H, Gössinger R (2007) Dienstleistungsmanagement, 5. Aufl. Oldenbourg Wissenschaftsverlag GmbH Verlag, München

Gaitanides M (2007) Prozessorganisation, 2. Aufl. Verlag Franz Vahlen GmbH, München

Gaitanides M, Scholz R, Vrohlings A, Raster M (1994) Prozeßmanagement, Konzepte, Umsetzungen und Erfahrungen des Reengineerings. Hanser Fachbuch, München

Hammer M, Champy J (2003) Business Reengineering. Die Radikalkur für das Unternehmen, 7. Aufl. Campus Verlag, Frankfurt a. M.

Lerch C (2015) Interaktion von Produkt- und Dienstleistungsinnovationen. Eine Analyse der Wechselwirkungen in Industrieunternehmen. Springer, Wiesbaden

Löcherbach P (2009) Qualifizierung im Case Management. In: Löcherbach P, Klug W, Remmel-Faßbender R, Wendt R (Hrsg) Case Management. Fall- und Systemsteuerung in der Sozialen Arbeit, 4. Aufl. Ernst Reinhardt Verlag, Basel, S 226–257

Mayring P (2002) Qualitative Sozialforschung. Beltz Verlag, Weinheim

Mayring P (2010) Qualitative Inhaltsanalyse. Grundlagen und Techniken, 11. Aufl. Beltz Verlag, Weinheim

Miklautz M, Mayring P, Jenull-Schiefer B (2005) Datenerhebung bei hochaltrigen institutionalisierten Menschen. Zeitschrift für Gerontopsychologie und -Psychiatrie 18(2):81–95

Muntlin Å, Gunningberg L, Carlsson M (2006) Patients' perceptions of quality of care at an emergency department and identification of areas for quality improvement. J Clin Nurs 15(8):1045–1056

Nowossadeck E (2012) Demografische Alterung und Folgen für das Gesundheitswesen. In: Robert Koch Institut (Hrsg) GBE kompakt 3(2), S 1–8 Berlin. www.rki.de/gbe-kompakt (Stand: 11.04.2012)

Ott L, Wittmann R, Gay F (2006) Das DISG Persönlichkeitsprofil. In: Simon W (Hrsg) Persönlichkeitsmodelle und Persönlichkeitstests. GABAL Verlag GmbH, Offenbach, S 159–178

Rothgang H, Salomon T (2011) Berufsgruppenübergreifende Kooperation der Gesundheitsberufe am Beispiel der Schlaganfallversorgung. In: Robert Bosch Stiftung (Hrsg) Ausbildung für die Gesundheitsversorgung von Morgen. Schattauer GmbH, Stuttgart, S 59–62

Sachverständigenrat zur Begutachtung der Entwicklung im Gesundheitswesen (2008) Gutachten 2007: Kooperation und Verantwortung, Voraussetzungen einer zielorientierten Gesundheitsversorgung, Bd I. Nomos Verlag, Baden Baden

Schmitz G, Eberhardt S (2009) Empowerment als Ansatzpunkt zur effektiven Steuerung der Kundenintegration. In: Bruhn M, Stauss B (Hrsg) Forum Dienstleistungsmanagement. Kundenintegration. Gabler/GWV Fachverlage GmbH, Wiesbaden, S 381–401

Scholz C (2000) Personalmanagement, 5. Aufl. Verlag Vahlen, München

Schulte-Zuhausen M (2010) Organisation, 5. Aufl. Verlag Vahlen, München

Sebald H (2015) Entwicklung patientenorientierter Angebote in der Physiotherapie. Auf Basis qualitativer Interviews unter Berücksichtigung zweier Typologien zur Eingruppierung von Patienten und Patientinnen. Bachelorarbeit, Evangelische Hochschule Nürnberg, Gesundheits- und Pflegemanagement, Nürnberg

Shankar KN, Bhatia BK, Schuur JD (2014) Toward patient-centered care: a systematic review of older adults' views of quality emergency care. Ann Emerg Med 63(5):529–550

Thiesemann R (2008) Feststellung des Präventions- und Rehabilitationsbedarfes hochbetagter Pflegebedürftiger als gutachterliche Aufgabe. Übersetzung nach UEMSGMS. Malta: United European Medical Societies – Geriatric Medicine Section (UEMSGMS), 03.05.2008

Vahs D (2012) Organisation. Ein Lehr- und Managementbuch, 8. Aufl. Schäffer-Pöschel Verlag für Wirtschaft Steuern Recht GmbH, Stuttgart

Dienstleistungen patientenorientiert gestalten

10

Eugen Hauke

Inhaltsverzeichnis

Zusammenfassung

Rasante medizinische und technische Entwicklungen einerseits, eingeschränkte Personalressourcen andererseits sind Kennzeichen für die Entwicklung der Krankenhäuser. Rationalisierungsmaßnahmen führen zu einem weiteren Spannungsfeld. Dieses wird verstärkt durch ein erhöhtes Erwartungs- und Anspruchsniveau der Patienten. Zwar wird immer wieder betont, der Patient stünde im Mittelpunkt, tatsächlich hat sich Patientenorientierung noch nicht ausreichend durchgesetzt. Insbesondere wird vernachlässigt, dass die Gesundheitsbetriebe sich mit der Patientenperspektive auseinandersetzen. Das wäre vielleicht ein Anlass, das eigene Handeln verstärkt auf die Bedürfnisse der Patienten auszurichten. Es hat sich erwiesen, dass eine modifizierte Qualitätszirkelarbeit Anlass zu mehr Patientenorientierung sein kann.

E. Hauke (✉)
Karl Landsteiner Institut für Krankenhausorganisation,
Piaristengasse 56/17, 1080 Wien, Österreich
E-Mail: ehauke@wu.ac.at

© Springer Fachmedien Wiesbaden 2016
M. A. Pfannstiel et al. (Hrsg.), *Dienstleistungsmanagement im Krankenhaus*,
DOI 10.1007/978-3-658-08429-5_10

10.1 Einleitung

In den deutschsprachigen Ländern sind die Gesundheitssysteme hoch entwickelt. Der Fortschritt von Medizin und Technik weist ein hohes Tempo auf, dem man mit den vorhandenen Mitteln nur erschwert zu folgen vermag, denn die zur Verfügung stehenden Ressourcen begrenzen den geforderten Bedarf für den Fortschritt. Trotzdem gelingt es immer wieder den Fortschritt zu meistern. Doch geht damit die Forderung der Financiers und Eigentümer der Krankenhäuser nach Optimierung des Ressourceneinsatzes einher.

Die Gesundheitsberufe sehen sich permanent durch die stattfindenden Veränderungen durch medizinische, technische, pharmazeutische Neuerungen und andererseits durch Rationalisierungsmaßnahmen ge- und überfordert. Die Patientenzahlen und der Leistungsbedarf steigen, die dafür erforderlichen Mitarbeiter sind entweder am Arbeitsmarkt nicht verfügbar oder es fehlt an finanziellen Mitteln, die erforderlichen Personalressourcen aufzustocken (Klauber et al. 2014).

Andererseits steigen auch die Erwartungen der Patienten, die einen gewaltigen Wandel in den letzten Jahrzehnten nahmen. Damit Hand in Hand geht ein deutlich höheres und geändertes Anspruchsniveau der Patienten. Sie wollen zunehmend, dass man sich an ihren Bedürfnissen orientiert. Wird darauf ausreichend Bedacht genommen? Allen Beteuerungen zum Trotz zeigt es sich immer wieder, dass die Dienstleistungen sich noch immer nicht ausreichend nach den Bedürfnissen der Patienten richten.

Dazu erschienen zahlreiche Publikationen; so der Leitfaden „Patientenorientierung – Anregungen zur Praxis der Qualitätssicherung im Krankenhaus" (Hauke et al. 1997), „Wirkungsgeleitetes Ressourcenmanagement in öffentlichen Gesundheitsbetrieben – Patienten- und Leistungsorientierung" (Holzer et al. 2007) und „Patientenperspektive – Ein neuer Ansatz für die Weiterentwicklung des Gesundheitssystems" (Holzer et al. 2012). Die darin enthaltenen Grundgedanken werden hier weitergeführt.

10.2 Der Wandel der Rolle der Patienten

Hält man sich die letzten Jahrzehnte vor Augen, ist eine deutliche Veränderungen in der Rolle des Patienten auch im Krankenhaus deutlich erkennbar. Einst war der Patient ein „Behandlungsobjekt", das sich widerspruchslos den Anordnungen des behandelnden Arztes zu fügen hatte und sich ihm auslieferte. Widerspruch oder Kritik erschien nicht angebracht. Der Patient war mehr oder minder gutgläubig. In dieser Stufe des Arzt-Patientenverhältnisses strebte der Patient gar nicht nach Mündigkeit oder mehr Information, sondern gab sich vertrauensvoll in die Hände seines behandelnden Arztes.

Doch zunehmend wollte in der Folge der Patient mehr wissen, was an Diagnostik und Therapie beabsichtigt ist und auch warum. Dazu kam noch das Patienteninteresse, wie denn die Chancen auf Heilung stünden und ob Risiken damit verbunden wären. Der Patient wollte informiert sein und den Inhalt auch verstanden haben. Zudem sollten diese Informationen für den Patienten möglichst objektiv sein und nicht für nur vom behandelnden Arzt bevorzugte Behandlungsmethoden oder Medikamente ausgerichtet sein. Es wurde ein informed consent angestrebt. Das Thema Aufklärung, einschließlich der Vergewisserung, dass der Patient sie auch verstanden hat, gehört in diese Entwicklungsphase. Er soll damit befähigt sein, dass er mit Unterstützung des Arztes über die weitere Vorgangsweise bei Diagnostik und Therapie entscheidet. Er hat also Mitsprache, die ihm auch durch die Patientenrechte zugesichert wird.

Als weitere Entwicklungsstufe gilt der autonome Patient, der das Arzt-Patientenverhältnis als Partnerschaft erlebt und so ein echtes shared decision making ermöglicht wird.

Schließlich wird in Herkunft ein kompetenter Patient der sein, der lernbereit ist und der sich seiner Mitverantwortung bewusst ist. Ihm ist auch eine Mündigkeit in Bezug auf seine Gesundheit zuzumuten, die er zu leben bereit ist. Ziel ist es, den Menschen bewusst zu machen, dass sie Co-Produzenten ihrer eigenen Gesundheit sind.

Auf die Frage, auf welcher Stufe Entwicklung der Patientenrolle derzeit die Menschen stehen, ergibt sich ein sehr differenziertes Bild. Tendieren ältere Menschen und oftmals jene aus nicht-städtischen Gebieten noch eher der paternalistischen Entwicklungsstufe zu, so werden zunehmend jüngere nicht nur die Patientenrechte wahrnehmen, sondern – auch mit Hilfe der elektronischen Unterstützung – sich zu mündigen, kritischen und autonomen Patienten entwickeln. Die letzte Entwicklungsstufe erscheint jedoch noch weitgehend Zukunftsmusik zu sein.

Diese Entwicklung der Patientenrolle beinhaltet aber auch, dass die Erwartungen an die Dienstleister gestiegen sind, noch weiter steigen werden und deren Leistungen kritischer gesehen werden. Daher ist, um die Bevölkerung als einzige Zahler im Gesundheitswesen zufrieden zu stellen, die Einbeziehung seiner erfüllbaren Bedürfnisse wesentlicher geworden.

10.3 Worum geht es beim Thema Patientenorientierung?

Wenn man eine stärkere Orientierung der Dienstleistungen am Patienten auch im Krankenhaus anstrebt, so geht es darum, die subjektiven Erwartungen und Bedürfnisse der einzelnen Patienten mit dem medizinisch-pflegerischen Versorgungsbedarf in Einklang zu bringen. Die Bedürfnisse einzelner Patienten werden nicht immer mit dem objektiv Notwendigen oder Möglichen übereinstimmen. Bei solchen Diskrepanzen sollte im Bewusstsein der Dienstleister der Gedanke Oberhand gewinnen, dass die Patienten es sind, derentwegen die Krankenhäuser betrieben werden. Das heißt, dass sie der Garant dafür sind, dass die Dienstleister Arbeitsplätze haben, dass ihre Beschäftigung garantiert ist. Da sich aber im Gesundheitswesen systembedingt der Zahler zu wenig artikulieren kann, fehlt immer wieder das ausreichende Feedback über die Zufriedenheit oder Unzufriedenheit der Dienstleistungen. Selbst die Reaktion auf berechtigte Beschwerden unzureichender Leistungen ist vom Patienten nur wenig beeinflussbar.

Man muss sich bewusst sein, dass die Patienten einen rechtmäßigen Anspruch auf Versorgungsleistungen haben, die den medizinischen und pflegerischen Erfordernissen und

Möglichkeiten entsprechen. Auch ist der Anspruch gerechtfertigt, dass die Leistungen in einer Weise erbracht werden, die ihren eigenen Erwartungen und Bedingungen bestmöglich entsprechen.

Patientenorientierung muss zuerst und vor allem bedeuten, dass die Dienstleister im Krankenhaus lernen und sich bewusst sind, ihr Handeln auf die Erwartungen und die Bedürfnisse der Patienten auszurichten und auch selbst die Patientenperspektive einzunehmen, um das Handlungsgeschehen aus ihrer Sicht zu erleben und daraus die Konsequenzen zu ziehen. Wirklich professionell handelt schließlich nur der, der in jeder Situation sein Verhalten daran misst, welche Folgen es für den hat, dem er seine Leistung erbringt.

Naturbedingt ist es angesichts der knappen finanziellen Mittel und der auch manchmal widersprüchlichen Vorstellungen einem Krankenhaus nicht immer möglich, alle Patienten vollauf zufrieden zu stellen, ihre Bedürfnisse, Erwartungen und Wünsche zu erfüllen. Manches wird einfach nicht erfüllt werden können, anderes nicht einmal erfüllt werden dürfen. Aber die Dienstleister sollten das berufliche Handeln in jeder Phase des Versorgungsprozesses immer wieder darauf überprüfen, ob es den Patienten gerecht wird, und nicht versuchen, den Patienten nach den Wünschen der Dienstleister zu formen.

„Patientenorientierung heißt demnach, dass sich im Rahmen eines therapiekonformen Betreuungsprozesses alle Beteiligten bemühen, die Erwartungen und Bedürfnisse der Patienten kennenzulernen und zu erfüllen" (Hauke et al. 1997, S. 8).

Die gelebte Patientenorientierung setzt voraus, dass die für den Patienten erforderlichen Informationen ihm umfassend und für ihn verständlich gegeben werden. Dies soll auch eine verstärkte Einbeziehung der Patienten und eine weitestgehende Beteiligung am Behandlungsprozess ermöglichen.

Als besonders heikel wird sich die Abstimmung der Patientenerwartungen mit dem diagnostisch-therapeutisch, pflegerisch, rechtlich und wirtschaftlich Möglichen erweisen. Es gilt die nicht immer realistischen Erwartungen und entstandenen Bedürfnisse der Patienten mit dem Machbaren zu konfrontieren. Möglichst frühzeitig die generellen Erwartungen der Patienten auf das Maß des Möglichen zu reduzieren oder auch zu erhöhen ist eine erforderliche Präventionsmaßnahme zur Erhöhung der Patientenzufriedenheit. Im engen Zusammenhang steht damit „health literacy". Darunter versteht man die Gesundheitskompetenz, die die Bevölkerung in die Lage versetzen soll, eigenverantwortliche Entscheidungen in Hinblick auf ihre Gesundheit treffen zu können.

Dass nach Erfüllung dieser Voraussetzungen die Umsetzung in patientenorientierte Dienstleistungen auch erfolgreich sein wird, liegt an befähigten und motivierten Mitarbeitern und den organisatorischen Voraussetzungen im Krankenhaus.

10.4 Hindernisse Dienstleistungen patientenorientiert zu gestalten

Es wäre illusorisch zu meinen, dass die Mitarbeiter ohne weiteres bereit wären, sich auf Patientenorientierung umzustellen. Es gibt mannigfaltige Hindernisse, teils objektiver, teils subjektiver Natur. Das liegt zum Teil am medizinischen Ausbildungssystem, der Struktur des Gesundheitssystems insgesamt, der Betriebsorganisation und Ressourcenknappheit in Krankenhäusern, mit professionellen Rollenmustern und hängt nicht zuletzt mit der Eigenart der Patienten selbst zusammen. Manche Hindernisse lassen sich nur schwer, andere hingegen eher leicht überwinden. Es gibt auch solche, die man gerne als Vorwand benutzt, um alles so belassen zu können, wie es ist (Amelung et al. 2015).

Die häufigste Argumentation, warum eine stärker patientenorientierte Gestaltung der Dienstleistungen nicht möglich wäre, ist, dass Personalknappheit herrsche und ein ständiger Zeitdruck bestehe. Viele im Krankenhaus Beschäftigte fühlen sich ständig überlastet, ständig im Stress. Kann es nicht auch daran liegen, dass es an umsichtiger Gestaltung der Arbeitsabläufe und einem wohl überlegten Arbeitsrhythmus mangelt, an planvoller Abstimmung z. B. der Visitenzeiten, an disziplinierter Einhaltung der Operationszeiten, an dem für koordiniertes Arbeiten nötigen raschen und exakten Informationsaustausch zwischen den Mitarbeitern?

Weiter wird argumentiert, dass patientenferne Aufgaben und insbesondere die Bürokratisierung daran hindere, mehr auf den einzelnen Patienten einzugehen. Ist nicht jedoch die Dokumentation, die dadurch als Information zugänglich macht, was in der Patientenbetreuung konkret geschehen ist oder noch zu geschehen hat, eine Voraussetzung für qualitativ anspruchsvolle Behandlung und damit ein Dienst am Patienten? Gerade im modernen, höchst arbeitsteiligen Krankenhaus ist bei immer kürzer werdender Verweildauer die regelmäßige und genaue Beschreibung des Betreuungsgeschehens unerlässlich.

Die irrealen Bedürfnisse und Ängste der Patienten, die Unkenntnis ihrer Erwartungen und die als unsinnig bzw. unerfüllbar empfundener Wünsche sind Realität im Krankenhaus. Aber kümmert man sich darum, was die Patienten wollen, hört man auf sie, lässt man sie zu Wort kommen? Denn es kommt darauf an, dass der einzelne Patient zu Wort kommt, nicht bloß in allgemein gehaltenen Patientenbefragungen auf die die Beschäftigten zum Zweck der Selbstbeobachtung und Selbstkorrektur zwar nicht verzichten können, aber die die menschliche, persönliche, individuelle Auseinandersetzung mit dem Einzelnen nicht ersetzt. Das ist anstrengend und kostet Zeit und Geduld. Erkennen Patienten, dass Ärzte oder Schwestern schon beim Ansatz zu einem Gespräch bereits die Türklinke in der Hand halten, so werden manche Fragen gar nicht gestellt oder Ängste und seelische Nöte nicht geäußert.

Die meisten Mitarbeiter im Krankenhaus sind heutzutage fachlich hochqualifiziert, aber den Umgang mit den Patienten haben sie zu wenig gelernt. Vorhandene Fähigkeiten mögen Ergebnis ihrer persönlichen Entwicklung sein, nicht aber ihrer professionellen. Zumeist ist die Vermittlung (sozial-)psychologischer Kenntnisse und Fertigkeiten kein ausreichend gewichteter Bestandteil der Ausbildung in den Gesundheitsberufen. In psychologischen, sozialen und seelsorgerischen Bereichen Beschäftigte sind damit zwar intensiv vertraut, doch spielen sie im Krankenhausalltag auf der Station nur eine Randrolle bzw. sind in der Notaufnahme oder Entlassung kaum zu finden. Es geht auch nicht darum, für die Spezialisten im Umgang mit Menschen neue Funktionen zu finden, es sollten nur jene, die tagtäglich mit den Patienten zu tun haben, also Ärzte, Pflegekräfte, medizintechnische

Assistentinnen, im Reinigungsdienst tätige Personen und Verwaltungspersonal dahingehend geschult und motiviert werden.

Wie bekannt ist ein Krankenhaus ein höchst arbeitsteiliger Dienstleistungsbetrieb, eine Ansammlung zahlreicher Spezialberufe: Mediziner verschiedener Fachrichtungen, Krankenpflegekräfte unterschiedlicher Spezialisierungen, physio- und psychotherapeutische sowie medizintechnische Berufe verschiedenster Disziplinen, Verwaltungs- und Organisationsfachleute, Betriebstechniker, IT-Spezialisten und Handwerker etc. Keiner von diesen kann alles können, aber jeder wird benötigt für das Ganze. Dass sie alle unter einem Dach arbeiten, ist bei der Versorgung kranker Menschen eine Voraussetzung für die besondere Leistungsfähigkeit der Krankenhäuser und rechtfertigt erst deren Existenz. Das Problem ist weder die Aufgaben- und Arbeitsteilung als solche noch die Unterschiedlichkeit der fachlichen Qualifikationen, die in einem Krankenhaus zusammen kommen. Das Problem ist, dass die im Krankenhaus üblichen Formen der Zusammenarbeit mit der Entwicklung seiner Betreuungsaufgaben und dem Spezialisierungsgrad der in ihm tätigen Berufsgruppen immer weniger Schritt halten.

Traditionell war man der Ansicht, dass die Ärzte eigentlich über das gesamte Wissen und alle Fähigkeiten verfügten, die zur stationären Behandlung der Patienten nötig waren, die anderen Berufsgruppen waren nur zu deren Entlastung da, also dafür, dass die Ärzteschaft sich konzentrieren konnte auf das, was aufgrund ihrer besonderen Ausbildung nur sie zu leisten imstande war. Jedenfalls galt dies bisher als Begründung für ihre dominierende Stellung im Krankenhausbetrieb. Heute führt die Spezialisierung zu wachsenden Verständigungsproblemen. Zudem verändern sich Kenntnisse und Kompetenzen in jedem dieser Berufszweige so rasch, dass jeder damit ausgelastet ist, wenigstens im eigenen Fachbereich auf dem Laufenden zu bleiben.

Daher ist es gleichsam natürlich, dass sich jede Profession in Konzentration auf die die ureigenen Aufgaben zuallererst an Normen und Gepflogenheiten des eigenen Faches orientiert. Und doch müssen im Krankenhaus alle zusammenarbeiten, sind doch Sinn und Erfolg aller Tätigkeiten auch von Vor- und Nacharbeiten anderer abhängig. Idealerweise hieße das: Jeder müsste stets wissen, was alle anderen tun sollen, dürfen können und tatsächlich tun, und müssten das eigene Handeln darauf abstellen. Die Realität muss sich mit Kompromissen zufrieden geben.

Versucht man den gesamtem Organisationsablauf und jeden einzelnen Vorgang darin ganz bewusst aus der Perspektive des Patienten im Sinne seiner bestmöglichen Betreuung zu betrachten und nicht nur aus der der diversen Professionen, dann ordnet sich manches ganz neu. Dann würde deutlich, dass die eine oder die andere Prozedur im Tagesablauf anders platziert und gestaltet werden sollte und könnte, dass manch Unnötiges geschieht, Nötiges bleibt unterlassen; auch dass Informationslücken vermieden und Koordinationsschwächen beseitigt werden könnten und dass manches, was bisher als Sachzwang galt, nur eingefahrener Brauch und durchaus veränderbar ist. Die Alltagsroutine im Krankenhaus aufmerksam im Sinne der Patienten und mit deren Augen anzuschauen, liefert Anregungen für die Reorganisation des Versorgungsprozesses und der Zusammenarbeit der Professionen – zum Wohle aller: der Patienten und der Mitarbeiter (Holzer et al. 2005).

10.5   Mitarbeiter auf den Weg zu patientenorientierten Dienstleistungen bringen

Damit Patientenorientierung zum zentralen Organisationsprinzip und zur obersten Verhaltensmaxime der Mitarbeiter wird, sind verschiedene Voraussetzungen zu schaffen:

- Das Krankenhaus braucht ein eigenes Leitbild, das heißt, eine Festlegung der Ziele und Grundsätze, die zu beachten sind, aber auch eine Bestimmung der Mittel und Wege, wie diese verwirklicht werden können. Da solche Leitbilder nur wirksam sein können, wenn sie allen Krankenhausmitarbeitern verständlich sind sowie nützlich und realistisch erscheinen, müssen sie auf breiter Basis entwickelt, erläutert, diskutiert und immer wieder überprüft werden. Es sind alle Berufsgruppen auf allen Ebenen daran zu beteiligen. Die Erfahrung hat gezeigt, dass mittelfristig Leitbilder nur gelebt werden, wenn der Einzelne immer wieder (zumindest ein Mal im Jahr) darüber Rechenschaft ablegen muss, was er selbst beigetragen hat das Leitbild auch umzusetzen.
- Patientenorientiertes Verhalten zu bewirken bedarf Vorbilder im eigenen Krankenhaus. Nur die Mitarbeiter zu patientenfreundlichem Verhalten anzuhalten reicht nicht aus. Die Führungskräfte aller Ebenen müssen mit gutem Beispiel vorangehen. Sie müssen durch ihre Beispielwirkung überzeugen, wie sie mit Patienten umgehen, mit ihnen und über sie sprechen, aber auch wie sie indirekt bei organisatorischen Entscheidungen, bei Überlegungen zu verbessertem Technikeinsatz die Patienteninteressen berücksichtigen. Es soll deutlich werden, dass alle von der Ernsthaftigkeit des gemeinsamen Bemühens um patientengerechte Versorgung überzeugt sind.
- Schulung und positive Motivation ist eine unabdingbare Voraussetzung für die konkrete Umsetzung von verstärkter Patientenorientierung. Denn sich patientenorientiert zu verhalten kann nicht jeder von selbst und schon gar nicht aus Zwang oder Angst vor Bestrafung. Aber der persönlichkeitsgerechte Umgang mit Patienten, der auch deren Bedürfnissen entspricht, kann gelernt werden. Wichtig ist dabei die Erkenntnis, welches Verhalten in welchen Situationen nicht patientengerecht ist. Das kann individuell durch Beobachtung oder Selbstbeobachtung, durch Gespräche mit Patienten und Kollegen geschehen. Aber auch regelmäßige Mitarbeiterbesprechungen dienen dem Ziel das Bewusstsein zu schärfen, sensibel zu werden. Projektgruppen und Qualitätszirkel können ähnliche Lerneffekte erzielen, etwa wenn man sich mit Ergebnissen von Patientenbefragungen auseinandersetzt. Entscheidend für den Erfolg solcher Gespräche ist, dass das Offenlegen von Fehlern und Schwächen im Umgang mit Patienten nicht mit Strafandrohungen oder mit Schuldvorwürfen begleitet wird. Es geht darum, wo stehen wir heute und wo wollen wir morgen sein.
- Wesentlich für das Gelingen der Neuorientierung ist, das neue Verhalten auch zu üben. Aufdecken und Analysieren von Schwachstellen und das Entwickeln von Lösungen ist allerdings keine nur einmal zu erledigende Aufgabe, Ausdauer und Anleitung werden erforderlich sein. Im Rahmen der internen Qualitätssicherung hat sich als geeignetes Instrument die Einrichtung von Qualitätszirkeln bewährt, die – unterstützt von einem

Moderator – daran arbeiten, woran es im eigenen Wirkungsbereich fehlt oder was anders werden müsste. Mit diesen Qualitätszirkeln ist die Überlegung verbunden, dass das, was in der Zirkelarbeit als Ergebnis erarbeitet wird, von den Beteiligten in einem solchen Maß akzeptiert wird, dass sie auch bereit sind ihr eigenes Verhalten in diesem Sinne zu verändern. Die Praxis der letzten Jahrzehnte hat dies auch bestätigt.

- Eine organisatorische Unterstützung durch die Führungsebene ist jedenfalls erforderlich, wenn der Veränderungsprozess zu mehr Patientenorientierung erfolgreich und nachhaltig sein soll (Debatin et al. 2013).

10.6 Handlungsanleitung zur konkreten Umsetzung verstärkter Patientenorientierung

Eine mögliche und bereits bewährte Vorgangsweise ist eine leicht adaptierte Verwendung des Instruments Qualitätszirkel. Qualitätszirkel zur Erhöhung der Patientenorientierung der Dienstleistungen sind — zumeist interdisziplinäre — Kleingruppen, die aus 6 bis 12 Personen bestehen. Sie kommen auf freiwilliger Basis zusammen, um unter Anleitung eines Moderators den eigenen Arbeitsbereich zu analysieren und Verbesserungsvorschläge im Sinne von verstärkter Patientenorientierung zu erarbeiten. Sie sind für deren Realisierung verantwortlich und überwachen auch selbst ihre Erfolge.

Folgende Schritte der Qualitätszirkelarbeit empfehlen sich für die Teilnehmer:

Das systematische Vorgehen bei solchen Projekten sollte mit einer umfassenden Beschreibung und eingehenden Analyse des anfangs häufig nur als vage erkannten, aber als dringend empfundenen Problems beginnen. Insbesondere sollte genau geprüft werden, ob es sich wirklich um ein Problem mangelnder Patientenorientierung handelt und nicht nur eines der Mitarbeiter bzw. deren Profession.

Von der präzisen Problembeschreibung hängt die Entscheidung ab, wer zu den Betroffenen und Beteiligten zu zählen ist, folglich auch die endgültige Zusammensetzung des Qualitätszirkels. Ohne Problemanalyse können weder konkrete patientenbezogene Ziele gesetzt werden, noch die ihnen entsprechenden operationalen Messkriterien festgelegt werden.

Daraufhin hat sich der Qualitätszirkel einig zu werden, welches (realistisch erscheinende) Wunschziel (möglichst in Zahlen ausgedrückt) in welchem Zeitraum erreicht werden soll, um dann kreativ Maßnahmen zu entwickeln mit denen es erreicht werden soll. Der Zustand zuvor und nach den gesetzten Maßnahmen ist zu dokumentieren.

Eine Überprüfung des angestrebten Erfolges ist von definierten Teilnehmern des Zirkels selbst vorzunehmen und die Ergebnisse in einer Zirkelsitzung vorzustellen, der dann entweder erfolgreich abgeschlossen wird oder neuerlich Maßnahmen zur Zielerreichung zu erarbeiten hat.

Schrittfolge der Qualitätszirkelarbeit:

- Beschreibung des Problems: Worin besteht der Mangel? Welches Ziel wird nicht erreicht?
- Problembeschreibung aus der Sicht des Patienten/Angehörigen: Welche Patientenbedürfnisse/- erwartungen werden nicht erfüllt?
- Teilnehmer am Qualitätszirkel: Welche Berufsgruppen und Funktionen sind von dem Problem betroffen? Wer von ihnen sollte zur Mitarbeit bewegt werden?
- Problemanalyse: Welche Hauptaspekte hat das Problem, wie häufig und beständig tritt es auf, wie schwerwiegend für wen? Was sind die Ursachen? Was gilt es noch zu bedenken?
- Zielsetzung/Bedürfnisse des Patienten: Was soll erreicht werden? Welchen Bedürfnissen des Patienten soll besser entsprochen werden?
- Kriterien: Wie und woran werden Art und Ausmaß des Problems gemessen? Anhand welcher Indikatoren oder Maßstäbe wird festgestellt, ob es noch besteht?
- Standards: Welcher Zustand, welche Ausprägung der gewählten Kriterien wird angestrebt? Was ist das selbstgesetzte Ziel des Projektes? Ab wann ist das Problem kein Problem mehr?
- Erarbeiten von Vorschlägen: Was könnte alles unternommen werden, um dieses Ziel zu erreichen? Welche Strategien und Bündel von Maßnahmen, welche Alternativen gibt es?
- Anführen konkreter Maßnahmen: Was wird nun konkret getan, um das Ziel zu erreichen?
- Methodische Vorgangsweise: Wer hat was wann – anders als bisher - zu tun? Welche Begleitmaßnahmen müssen getroffen werden, um den Erfolg zu messen und zu sichern?
- Dokumentation: Wer hat was wann gemacht? Wie war die Situation vorher und wie nachher?
- Ergebnisse: In welchem Ausmaß wurden die Projektziele erreicht? Ist das Problem gelöst? Welche Vorteile sind für den Patienten entstanden?
- Überprüfung: Was waren die Ergebnisse und Auswirkungen der Maßnahmen? Ist der Aktionsplan eingehalten worden und wenn nicht, warum?
- Ressourceneinsatz: Welche Mittel wurden für das Projekt aufgewendet: wie viel Geld, wie viel Zeit, von wem?

Das Einhalten der empfohlenen Schrittfolge hat sich vielfach bewährt. Insbesondere die Nutzung des Wissens und der Erfahrung der betroffenen Beteiligten bietet eine Chance ihr Veränderungspotential auch konkret zu nutzen.

Fazit

Es fehlt noch immer an der notwendigen Patientenorientierung im Krankenhausbetrieb. Dies fällt umso mehr auf, da die Patienten in ihrer Rolle und in ihrem Anspruchsniveau einen Wandel mitgemacht haben. So werden nicht mehr die Gesundheitsberufe nur ihre Profession ausüben können, sondern müssen vermehrt auf die Bedürfnisse der Patienten Bedacht nehmen, um ihre Zufriedenheit zu erzielen. Hindernisse, die Patientenorientierung auch konkret umzusetzen, gibt es zahlreiche — sowohl wirkliche als auch vorgegebene. Diese gilt es zu überwinden. Als Instrument für die verstärkte Umsetzung patientenorientierter Dienstleistungen erscheint eine adaptierte Form des Instrumentes Qualitätszirkel geeignet.

Literatur

Amelung V et al (2015) Patientenorientierung. Medizinisch Wissenschaftliche Verlagsgesellschaft, Berlin

Debatin JF et al (2013) Krankenhausmanagement, 2. Aufl. Medizinisch Wissenschaftliche Verlagsgesellschaft, Berlin

Hauke E et al (1997) Leitfaden Patientenorientierung. Verlag des Bundesministeriums für Arbeit, Gesundheit und Soziales. Eigenverlag des Bundesministeriums, Wien

Holzer E et al (2005) Patientensicherheit. Facultas Verlag, Wien

Holzer E et al (2007) Wirkungsgeleitetes Ressourcenmanagement in öffentlichen Gesundheitsbetrieben – Patienten- und Leistungsorientierung. Facultas Verlag, Wien

Holzer E et al (2012) Patientenperspektive. Facultas Verlag, Wien

Klauber J et al (2014) Krankenhausreport 2014. Schattauer Verlag, Stuttgart

Selbsthilfefreundlichkeit als Dienstleistung von und an Krankenhäusern

11

Julia Fischer und Siegfried Walch

Inhaltsverzeichnis

Zusammenfassung

Für dienstleistungsorientierte Krankenhäuser gewinnt die Selbsthilfe zunehmend an Bedeutung. Eine systematische Vernetzung anzustreben entspricht einem Qualitätsanspruch, der Patientenzentrierung als Leitmotiv versteht. Vor diesem Hintergrund gewinnt das Konzept der Selbsthilfefreundlichkeit an Relevanz.

Der Beitrag verbindet die Hinführung zum Konzept der Selbsthilfefreundlichkeit mit der Diskussion, welche Rolle die Erfahrungsexpertise von Patienten und deren Angehörigen bei der Verbesserung der Dienstleistungsqualität im Krankenhaus spielen kann. Die Kombination beider Themen zielt auf eine Bewusstseinsbildung ab, dass Selbsthilfefreundlichkeit mehr ist als nur ein Ausbau von Serviceleistungen gegenüber der Selbsthilfe.

J. Fischer (✉) · S. Walch
Department International Health and Social Management, MCI Managment Center Innsbruck,
Universitätsstraße 15, 6020 Innsbruck, Österreich
E-Mail: julia.fischer@mci4me.at

S. Walch
E-Mail: siegfried.walch@mci.edu

© Springer Fachmedien Wiesbaden 2016   213
M. A. Pfannstiel et al. (Hrsg.), *Dienstleistungsmanagement im Krankenhaus*,
DOI 10.1007/978-3-658-08429-5_11

11.1   Einleitung

Für dienstleistungsorientierte Krankenhäuser gewinnt die Selbsthilfe zunehmend an Bedeutung. Mittlerweile finden sich sowohl in Deutschland als auch in Österreich zahlreiche
Kooperationsabkommen, die eine Vernetzung beider Akteure strukturieren. Derartige Ab-
kommen zielen auf eine Verbesserung der patientenzentrierten Versorgung ab. Um dieses
Ziel zu erreichen braucht es allerdings mehr als nur Kooperationswillen auf beiden Seiten.

   Anstatt sich dem Konzept der Selbsthilfefreundlichkeit durch ausführliche Vorstellung
der Aufgaben des Krankenhauses anzunähern, wird im Folgenden vorrangig die Rolle der
Selbsthilfe erläutert. Dabei liegt der Fokus auf dem Wissen, welches Patienten und deren
Angehörige durch ihre Betroffenheit erlangen. Dieses Wissen ist von großem Interesse für
Krankenhäuser, da es zur Verbesserung der Dienstleistungsqualität beitragen kann.

   Mit dem vorliegenden Kapitel soll eine Intensivierung der Auseinandersetzung mit
dem von Patienten und Angehörigen generierten Wissen angeregt werden – sowohl seitens der Wissenschaft als auch der Praxis. Als Stimulus wurden Mitglieder von über 30
verschiedenen gesundheitsbezogenen Selbsthilfegruppen im Rahmen von Fokusgruppen-
Interviews mit der Thematik konfrontiert und um ihre Einschätzung gebeten. Der Beitrag
verbindet die Diskussion der Ergebnisse mit der Hinführung zum Konzept der Selbsthilfefreundlichkeit. Die Kombination beider Themen zielt auf eine Bewusstseinsbildung ab,
dass Selbsthilfefreundlichkeit mehr ist als nur ein Ausbau von Serviceleistungen gegenüber der Selbsthilfe.

11.2   Selbsthilfefreundlichkeit als Dienstleistung von
Krankenhäusern

Das Konzept der Selbsthilfefreundlichkeit sieht Krankenhäuser als Erbringer von Dienstleistungen vor. Eine Dienstleistung bezieht sich immer auf einen Bedarf. Aus Sicht der
Patienten besteht der Bedarf einer stärkeren Vernetzung des intramuralen Bereichs mit der
Selbsthilfe. Aus systemischer Sicht besteht der Bedarf einer Steigerung der Patientenzentrierung in der Versorgung. Bei selbsthilfefreundlichen Kooperationen handelt es sich um
einen Ansatz zur Verbesserung der Dienstleistungsqualität gegenüber den Patienten. Demnach sehen entsprechende Dienstleistungen einerseits ein Bekenntnis des Krankenhauses
zur Selbsthilfe als Handlungsform und anderseits die Ermöglichung der Artikulation von
Patienteninteressen vor.

   Selbsthilfe als Handlungsform ist eine Bewältigungsstrategie, die von dem Prinzip der
wechselseitigen Unterstützung geprägt ist (Schulz-Nieswandt 2011). Mittels Selbsthilfe
wird der Umgang von Betroffenen mit ihrer gesundheitlichen oder sozialen Problemlage
nachweislich verbessert. Dienstleistungen des Krankenhauses, die sich auf die Selbsthilfe
als Handlungsform beziehen, zielen darauf ab, Patienten den Zugang zu dieser Handlungsform zu erleichtern. Nach wie vor wird Selbsthilfe als Ergänzung zum konventionellen Versorgungssystem angesehen. Krankenhäuser können einen wichtigen Beitrag zur
Verringerung der Distanz zwischen den hauseigenen Angeboten und jenen der Selbsthilfe

leisten. Konkrete diesbezügliche Ideen finden sich im Kriterienkatalog des Qualitätssiegels „Selbsthilfefreundliches Krankenhaus" (Trojan et al. 2013)[1].

- Krankenhäuser können die Distanz zwischen ihrem Haus und der Selbsthilfe räumlich verstehen und der Selbsthilfe Räume zur Verfügung stellen. Nicht nur Patienten mit eingeschränkter Mobilität kommt ein derartiges Angebot zugute.
- Krankenhäuser können ihre Patienten individuell über die Selbsthilfe informieren – so zum Beispiel im Rahmen des Entlassungsmanagements. Diese Art der zielgerichteten Information unterstützt vor allem Patienten mit Krankheitsbildern, die nicht unbedingt zu den „klassischen" Selbsthilfethemen gehören.
- Krankenhäuser können die Selbsthilfe bei ihrer Öffentlichkeitsarbeit unterstützen. Hierbei geht es um das Erreichen einer breiteren Masse. Vor allem Patienten, die keine oder kaum Kenntnisse über die Selbsthilfe verfügen, profitieren von diesem Angebot.

Nicht nur ein Bekenntnis zur Selbsthilfe seitens des Krankenhausmanagements sondern auch seitens der Mitarbeiter ist Voraussetzung für eine erfolgreiche Umsetzung von Selbsthilfefreundlichkeit. Eine entsprechende Vorbereitung kann in Form von Fortbildungen erfolgen, die sowohl uninformierte als auch skeptische Beschäftigte von dem Mehrwert selbsthilfefreundlicher Kooperationsabkommen unterrichten. Auch dieser Aspekt findet sich im Kriterienkatalog des Qualitätssiegels „Selbsthilfefreundliches Krankenhaus" wieder (Trojan et al. 2013).

Über das Bekenntnis zur Selbsthilfe als Handlungsform hinaus will das Konzept der Selbsthilfefreundlichkeit die Artikulation von Patienteninteressen ermöglichen. Im konkreten Fall sieht das Zertifikat die Einbeziehung der Selbsthilfe in Entscheidungs- bzw. Qualitätsgremien des Krankenhauses vor (Trojan et al. 2014). Der Selbsthilfe Teilhabemöglichkeiten einzuräumen ist augenscheinlich vor allem im Interesse der Selbsthilfe. Tatsächlich aber vermag die Artikulation von Patienteninteressen als Resultat Erkenntnisse hervorbringen, die Selbsthilfefreundlichkeit vielmehr zur Dienstleistung am Krankenhaus werden lässt.

11.3 Selbsthilfefreundlichkeit als Dienstleistung an Krankenhäusern

Das Konzept der Selbsthilfefreundlichkeit lässt sich in die Diskussion rund um Teilhabemöglichkeiten von betroffenen Bürgern in Entscheidungs- und Entwicklungsprozessen auf verschiedenen Ebenen des Gesundheitswesens einordnen. Zu dieser Diskussion gehört

---

[1] Das Qualitätssiegel „Selbsthilfefreundliches Krankenhaus" wurde im Rahmen eines Hamburger Modellprojekts entwickelt und dient der Strukturierung und Verstetigung der Vernetzung von Krankenhaus und Selbsthilfe. Das Modellprojekt wurde von der Kontakt- und Informationsstelle für Selbsthilfegruppen in Hamburg durchgeführt und vom deutschen Bundesverband der Betriebskrankenkassen finanziert (Trojan und Nickel 2011). Mittlerweile finden sich in Österreich zahlreiche Ableger, die sich aber alle stark am Hamburger Original orientieren.

die Auseinandersetzung mit dem Wissen, welches sich Patienten und deren Angehörige durch ihre Krankheitserfahrungen aneignen. Die Literatur kennt für dieses Wissen viele Namen. In englisch-sprachigen Beiträgen werden unter anderem diese Bezeichnungen gewählt:

- experiential knowledge (z. B. Borkman 1976)
- experiential expertise (z. B. Akrich 2010)
- patient knowledge (z. B. Pols 2014)
- experience-based expertise (z. B. Collins und Evans 2002)
- lay knowledge (z. B. Prior 2003; Weiner 2008)
- lay expertise (z. B. Epstein 1995)

Die konkrete Begriffsklärung bleibt häufig ungenau. Vor diesem Hintergrund überzeugt der Beitrag von Akrich und Rabeharisoa (2012). Die Autorinnen verwenden gleich mehrere Begriffe. In Anlehnung an den viel zitierten Aufsatz von Borkman (1976) verstehen sie unter Erfahrungswissen jenes Wissen, welches ausschließlich Betroffene durch ihre Betroffenheit entwickeln können. Erst der Austausch mit anderen Betroffenen und die dadurch entstehende kritische Auseinandersetzung mit der Subjektivität der eigenen Erfahrung lassen aus Erfahrungswissen Erfahrungsexpertise werden. Sowohl Erfahrungswissen als auch -expertise existieren parallel zum medizinisch-wissenschaftlichen Fachwissen. Unter einem Laienexperten verstehen die Autorinnen einen Betroffenen, der Erfahrungsexpertise vorweisen kann und sich gleichzeitig (als faktischer medizinisch-wissenschaftlicher Laie) medizinisch-wissenschaftliches Fachwissen angeeignet hat.

Manche Autoren stehen dem Phänomen der Erfahrungsexpertise sehr kritisch gegenüber. Prior (2003) konstatiert, dass in früheren Arbeiten der Begriff „Glaube" verwendet wurde, wenn die Erfahrungswelt der Patienten beschrieben wurde. Ausschließlich die geänderte Wortwahl hätte zu einem Aufkeimen der Debatte geführt. Tatsächlich aber würden sich hinter der – von nun an als solche bezeichneten – Erfahrungsexpertise nichts als limitierte und idiosynkratische Ansichten verbergen. Akrich und Rabeharisoa (2012) wiederrum schätzen den Wert so hoch ein, dass sie eine Berücksichtigung in sämtlichen Entscheidungsfindungsprozessen im Gesundheitswesen fordern. Pols (2014) wiederrum problematisiert, dass das Verständnis, worum es sich nun konkret handelt, nach wie vor zu vage ist, um ein Urteil ob des Wertes zu fällen.

Im Rahmen von drei Fokusgruppen-Interviews wurden Mitglieder von Selbsthilfegruppen zu über 30 verschiedenen Krankheitsbildern mit der Thematik konfrontiert. Im Verlauf der Diskussion zeigte sich, dass die Fokusgruppen-Teilnehmer mit dem Phänomen der Erfahrungsexpertise vertraut waren. Ihnen war allerdings der Begriff der Betroffenenkompetenz als Bezeichnung geläufiger. In der Selbsthilfe-Szene findet sich der Begriff häufig wieder. Auch hier mangelt es aber an einer geläufigen Definition. Die Kenntnis über Missständen im Gesundheitswesen sahen die Teilnehmer als wesentlichen Bestandteil ihrer Erfahrungsexpertise (bzw. Betroffenenkompetenz) an. Eine Analyse dieser Einschätzung erfolgte unter Zuhilfenahme von zwei übergeordneten Codes:

1. Versorgungsfehler
2. Versorgungslücke

Dem Code „Versorgungsfehler" wurden jene Beispiele zugeordnet, die von einem systemischen oder personellen Versagen im Verlauf der Versorgungskette berichten. Die Teilnehmer berichteten teilweise von Vorfällen des Overtreatments, empfanden sich aber grundsätzlich nicht als kompetent, das konkrete therapeutische Vorgehen der Leistungsbringer zu hinterfragen. Dazu passt, dass die Teilnehmer dem von Akrich und Rabeharisoa (2012) beschriebenen Phänomen der Laienexpertise kritisch gegenüberstanden. So sahen sie es nicht in der Verantwortung einer Selbsthilfegruppe, medizinisches Fachwissen bereitzustellen. Des Weiteren standen die Teilnehmer zwar der These positiv gegenüber, dass Betroffene Wissen über Pathogenese, Symptomatik oder Rekonvaleszenz rund um ihr Krankheitsbild entwickeln können, welches außerhalb des Kenntnisstands der Fachwelt liegt. Jedoch konnten sie keine diesbezüglichen Erfahrungen angeben. Das Bild wird dadurch abgerundet, dass die Teilnehmer Formen partizipativer Entscheidungsfindung auf individueller Ebene – so zum Beispiel dem Konzept des „Shared-Decision-Making" – zurückhaltend gegenüberstanden. Auf kollektiver Ebene – wie zum Beispiel im Rahmen selbsthilfefreundlicher Kooperationsabkommen mit Krankenhäusern – konnte ein großes Interesse an partizipativem Engagement festgestellt werden. Dies stellt zunächst keinen Widerspruch dar. Vielmehr besitzen die Teilnehmer eine klare Vorstellung von ihrer Expertise, die sich also nicht aus einem medizinischen Parallelwissen speist. Dies mag unter anderem damit zu erklären sein, dass in Österreich die Gesundheitskompetenz der Bevölkerung generell als niedrig eingestuft werden kann (vgl. HLS-EU Consortium 2012).

Als „Versorgungslücke" wurden fehlende Leistungen in der Versorgungskette codiert. Neben dem Mangel an Fachärzten führten die Teilnehmer hauptsächlich Lücken in den Leistungskatalogen ihrer Krankenversicherung an. Die Schließung der Lücken von komplementärmedizinischen Leistungen wurde als besonders dringlich empfunden. Der Erfahrungsaustausch in den Gruppen zu diesen Themen wurde als äußerst rege beschrieben, weshalb es für die Teilnehmer außer Frage stand, dass der eruierte Bedarf auch für Betroffene außerhalb ihrer Gruppe besteht. Ferner äußerten sie sich zuversichtlich, dass in den Gruppen ein kollektives Interessensbewusstsein besteht. Die Teilnehmer sahen keine Gefahr, dass Einzelinteressen als Gruppeninteressen verstanden werden. Allerdings fiel es ihnen schwer, den Prozess der Bildung des kollektiven Interessensbewusstseins sowie jenen der Generierung der Erfahrungsexpertise zu beschreiben.

In der Literatur finden sich Stimmen, die sich für das Einsetzen der Erfahrungsexpertise der Selbsthilfe als Impulse für Veränderungen im Gesundheitswesen aussprechen (z. B. Maier 2011). Denkt man an Hirschmans (1970) oft rezipierte Taxonomie zu Möglichkeiten der Einflussnahme auf Leistungseinbuße in Organisationen oder Unternehmen, stellt diese Idee kein Novum dar. Er unterscheidet drei Formen einer möglichen Reaktion, wobei lediglich die ersten zwei das Potential besitzen, einen Veränderungsprozess einzuleiten:

- Exit
- Voice
- Loyalty

Unter „Exit" wird die Abkehr von der Organisation bzw. dem Unternehmen als Reaktion auf unbefriedigende Zustände verstanden. Diese Option gewinnt an Bedeutung, wenn ein Angebot an Alternativen besteht und dem Konsumenten, Klienten, Bürger etc. auch die Option „Choice" zur Verfügung steht. Die Option „Voice" beschreibt die Kommunikation der Missstände und damit das Aufzeigen der gleichen unbefriedigenden Zustände als Reaktionsmöglichkeit.

Van de Bovenkamp et al. (2013) führen an, dass es umfassende empirische Evidenz dafür gibt, dass tatsächlich nur wenige Bürger von den Optionen „Exit" oder „Voice" Gebrauch machen. Sie problematisieren, dass das vereinzelte Engagement zu einer verzerrten Wahrnehmung führen kann.

> People who can and do voice and exit may not resemble people who cannot and do not. As a result, states or organizations might change their service delivery to the will of active individuals only, thereby neglecting the preferences of the bulk of citizens or consumers. It is also likely that people who are able and willing to exit will receive better quality services than those who are left behind. (van de Bovenkamp et al. 2013, S. 58)

Van de Bovenkamp et al. (2013) bieten als Lösungsansatz eine vierte Option des Engagements an. Unter „Delegation" verstehen sie das Übertragen der eigenen Stimme auf Dritte, die zu einem Engagement im Sinne der „Voice"-Option fähig und willens sind. Der Kontext selbsthilfefreundlicher Kooperationen bietet dazu optimale Rahmenbedingungen und so wird es zum Interesse des Krankenhauses, dass die Selbsthilfe sowohl thematisch als auch hinsichtlich ihrer Mitgliederanzahl möglichst breit aufgestellt ist und diese auch zu mobilisieren vermag.

Die Option „Delegation" kann auch herangezogen werden, um das in der Literatur besprochene Problem der quantitativen Überforderung der Selbsthilfe anzugehen. Die Gefahr der quantitativen Überforderung im Sinne einer Überlastung (vgl. Trojan et al. 2013) ist vor dem Hintergrund, dass es ein entsprechendes Engagement in der Selbsthilfe oft parallel zu Verpflichtungen wie Berufstätigkeit, immer jedoch parallel zu der eigenen Betroffenheit erfolgt, ein ernst zu nehmender Aspekt. Im Rahmen der Selbsthilfe kann die Wahl der Option „Delegation" sehr strukturiert erfolgen, da der Kontakt zu jenen Dritten, an welche die Belastung delegiert werden kann, bereits besteht.

Neben einer quantitativen muss auch an eine mögliche qualitative Überforderung gedacht werden. Die qualitative Überforderung betrifft inhaltliche Aspekte der Beteiligung an Entscheidungsgremien (Matzat 2010). Forster et al. (2011) betonen, dass Systemwissen eine notwendige Vorbedingung für Partizipation ist. Dieses kann aber nicht automatisch vorausgesetzt werden. Eine Möglichkeit der Vorbeugung der inhaltlichen Überforderung ist die Organisation einer Fortbildung. In Zusammenarbeit mit dem Dachverband der Tiroler Selbsthilfevereine u. -gruppen im Gesundheits- und Sozialbereich wurde ein Fortbildungskonzept ausgearbeitet, welches Mitglieder der Selbsthilfe auf die Rolle eines Repräsentanten ihrer Gruppe vorbereitet. Das Konzept trägt den Namen „PARS – Partizipation und angewandter Repräsentation von Selbsthilfegruppen und –vereinen" und wird als Fortbildung vom Fonds Gesundes Österreich finanziert. Über mehrere Module hinweg wird den Teilnehmern Systemwissen rund um die Akteure und Prozesse im Gesundheitswesen vermittelt. Ferner werden die Teilnehmer zur Auseinandersetzung mit den von Forster et al. (2011, S. 36) definierten Grundsatzfragen angeregt:

> Wer soll die Selbsthilfe auf welcher Ebene vertreten? Wie werden diese Vertreter legitimiert und wie sind unterschiedliche Gruppen repräsentiert? In welchen Gremien will man vertreten sein, zu welchen Inhalten die Stimme erheben? Welche Art und welcher Grad der Beteiligung wird angestrebt: Information, Beratung, Mitentscheidung?

Die Fortbildung hat einen stark dialogischen Charakter. So werden für das Tiroler Gesundheitswesen relevante Entscheidungsträger als Dialogpartner eingeladen. Die Dialogpartner stehen den Teilnehmern Frage und Antwort und erhalten gleichzeitig die Gelegenheit, ihre Erwartungen an Repräsentanten von Selbsthilfegruppen und -vereinen zu kommunizieren. Der transdiziplinäre Ansatz der Fortbildung wird auch für die Entwicklung eines Leitfadens genutzt. Nach Fertigstellung soll der Leitfaden als Nachschlagewerk der „Dos and Don'ts" der Interessenvertretung genutzt werden. Im Vorfeld von „PARS" wurde ein theoriegeleiteter Erstentwurf entwickelt, der im Verlauf der Fortbildung gemeinsam mit den Teilnehmer sowie den Dialogpartner kritisch reflektiert und weiterentwickelt wird. Eine 2016 stattfindende qualitative Wirkungsevaluation wird Hinweise auf die Brauchbarkeit des Leitfadens als Instrument zur Förderung von Selbsthilfefreundlichkeit als Dienstleistung der Selbsthilfe geben können.

11.4 Diskussion

In der Literatur werden schlüssige Argumente angeführt, warum auch das Krankenhaus von selbsthilfefreundlichen Kooperationsmodellen profitiert. Neben der Imageförderung des Hauses (Trojan und Nickel 2011) ist von einer möglichen Entlastung des Fachpersonals durch Übertragung von vorrangig psychosozialen Dienstleistungen auf den Selbsthilfebereich die Rede (Slesina und Fink 2009). Für Krankenhäuser lohnt es sich auch aufgrund der Erfahrungsexpertise der Patienten und Angehörigen in Selbsthilfefreundlichkeit zu investieren. Der Forschung kommt die Aufgabe zu, Gehalt und Wert dieser Expertise konkreter zu beschreiben. Aufgrund methodischer Schwierigkeiten wird dies eine Herausforderung werden, die es aber vor dem Hintergrund des Potenzials der Erfahrungsexpertise – vor allem in puncto Verbesserung der Dienstleistungsqualität – anzugehen gilt.

Die Umsetzbarkeit von Selbsthilfefreundlichkeit konnte für Krankenhäuser eindeutig nachgewiesen werden (Trojan et al. 2013). Die wissenschaftliche Begleitung selbsthilfefreundlicher Kooperationen hat Instrumente hervorgebracht, die den Beitrag des Krankenhauses evaluieren können (vgl. Kofahl et al. 2014). Nun muss das Augenmerk auf die Selbsthilfe gerichtet werden. Auch ihre Rolle bei der Verbesserung der Patientenzentrierung in der Versorgung muss bewertbar werden. Des Weiteren gilt es zu erheben, welche Anforderungen seitens der Krankenhäuser an die Selbsthilfe gestellt werden. Vor dem Hintergrund, dass Selbsthilfefreundlichkeit als Kooperationsmodell verstanden wird und Kooperationen eine Zusammenarbeit von Partnern darstellen, ist davon auszugehen, dass Krankenhäuser Erwartungen gegenüber dem Partner Selbsthilfe entwickeln. Ob die Selbsthilfe fähig und willens sein wird, diese Erwartungen zu erfüllen und ob die Anforderungen überhaupt mit den Grundsätzen der Selbsthilfe vereinbar sind, sind nur zwei von vielen Fragen, deren Beantwortung noch aussteht.

Literatur

Akrich M (2010) From communities of practice to epistemic communities. Health mobilizations on the internet. Sociol Res Online 15(2):1–25

Akrich M, Rabeharisoa V (2012) L'expertise profane dans les associations de patients. Un outil de démocratie sanitaire. Santé Publique 24(1):69–74

Borkman T (1976) Experiential knowledge. A new concept for the analysis of self-help groups. Soc Serv Rev 50(3):445–456

van de Bovenkamp H, Vollaard H, Trappenburg M, Grit K (2013) Voice and choice by delegation. J Health Polit Policy Law 38(1):57–87

Collins HM, Evans R (2002) The third wave of science studies. Studies of expertise and experience. Soc Stud Sci 32(2):235–296

Epstein S (1995) The construction of lay expertise. AIDS activism and the forging of credibility in the reform of clinical trials. Sci Technol Hum Values 20(4):408–437

Forster R, Brauenegger-Kallinger G, Krajic K (2011) Selbsthilfeorganisationen als ,Stimme der Patienten'. Erfahrungen und Herausforderungen von Interessenvertretung und Beteiligung. In: Meggeneder O (Hrsg) Selbsthilfe im Wandel der Zeit: Neue Herausforderungen für die Selbsthilfe im Gesundheitswesen. Mabuse, Frankfurt a. M., S 9–40

Hirschman AO (1970) Exit, voice and loyalty. Responses to decline in firms, organizations and states. Harvard University Press, Cambridge

HLS-EU Consortium (2012) Comparative report of health literacy in eight EU member states. The European health literacy survey. http://lbihpr.lbg.ac.at.w8.netz-werk.com/sites/files/lbihpr/attachments/neu_rev_hls-eu_report_2015_05_13_lit.pdf. Zugegriffen: 01. Juli 2015

Kofahl C, Trojan A, von dem Knesebeck O, Nickel S (2014) Self-help friendliness. A German apporach for strenghening the cooperation between self-help groups and health care professionals. Soc Sci Med. doi: 10.1016/j.socscimed.2014.06.051 (online first), 217–225

Maier M (2011) Selbsthilfebewegung in Österreich. Entwicklung und Zukunftsperspektiven. In: Meggeneder O (Hrsg) Selbsthilfe im Wandel der Zeit: Neue Herausforderungen für die Selbsthilfe im Gesundheitswesen. Mabuse, Frankfurt a. M., S 205–227

Matzat J (2010) Zur Zusammenarbeit mit Selbsthilfegruppen im Krankenhaus. In: Hoefert HW, Härter M (Hrsg) Patientenorientierung im Krankenhaus. Hogrefe, Göttingen

Pols J (2014) Knowing patients. Turning patient knowledge into science. Sci Technol Human Values 39(1):73–97

Prior L (2003) Belief, knowledge and expertise. The emergence of the lay expert in medical socio-
   logy. Sociol Health Illn 25(Silver Anniversary Issue):41–57
Schulz-Nieswandt F (2011) Gesundheitsselbsthilfegruppen und Selbsthilfeorganisationen in Deutsch-
   land. Der Stand der Forschung im Lichte der Kölner Wissenschaft von der Sozialpolitik und des
   Genossenschaftswesens. Nomos, Baden-Baden
Slesina W, Fink A (2009) Kooperation von Ärzten und Selbsthilfegruppen. Forschungsergebnisse.
   Bundesgesundheitsbl Gesundheitsforsch Gesundheitsschutz 52(1):30–39
Trojan A, Nickel S (2011) Integration von Selbsthilfefreundlichkeit in das Gesundheitswesen. Ent-
   wicklungen und Perspektiven. Gesundheitswesen 73(2):67–72
Trojan A, Bobzien M, Steinhoff-Kemper C, Nickel S (2013) „Selbsthilfefreundlichkeit" als Ansatz
   für mehr Patientenorientierung im Krankenhaus. Konzept, Praxiserfahrungen und Bewertung
   durch die beteiligten Akteure. Das Krankenhaus 102(7):715–722
Trojan A, Nickel S, Kofahl C (2014) Implementing ‚self-help friendliness‘ in German hospitals. A
   longitudinal study. Health Promot Int. doi:10.1093/heapro/dau103 (online first), 1–12
Weiner K (2008) Lay involvement and legitimacy. The construction of expertise and participation
   within HEART UK. J Contemp Ethnogr 38(2):254–273

Kommunikation als komplexe Dienstleistung zur Qualitätssicherung von medizinischer und pflegerischer Betreuung im Krankenhaus

12

Ursula Trummer und Sonja Novak-Zezula

Inhaltsverzeichnis

Zusammenfassung

Qualitätsvolle Versorgung im Krankenhaus basiert auf erfolgreicher Kommunikation. Wie wichtig Kommunikation ist, wird besonders deutlich dort, wo sie auf keinen Fall ohne spezifische Dienstleistung auskommt: zwischen Personen, die verschiedene Sprachen sprechen und Dolmetscher benötigen, um sich verständigen zu können. Diese Situation wird für Krankenhäuser zunehmend zur täglichen Herausforderung.

U. Trummer (⊠) · S. Novak-Zezula
Center for Health and Migration, Palmgasse 10, 1150 Vienna, Österreich
E-Mail: uschi.trummer@c-hm.com

S. Novak-Zezula
E-Mail: sonja.novak-zezula@c-hm.com

© Springer Fachmedien Wiesbaden 2016
M. A. Pfannstiel et al. (Hrsg.), *Dienstleistungsmanagement im Krankenhaus*,
DOI 10.1007/978-3-658-08429-5_12

223

12.1 Einleitung

Die Kernleistung im Krankenhaus ist medizinische und pflegerische Betreuung von Patienten.[1] Für Österreich und Deutschland kann behauptet werden, dass diese Kerndienstleistung mit hoher Qualität und hohem Aufwand erbracht wird.

Erfolgreiche Behandlung von Patienten hat aber immer zwei Komponenten: die medizinische Intervention an sich, und die Kommunikation zwischen Behandlern und Behandelten.

Kommunikation wird als wichtige Komponente betont. Schon Compliance setzt voraus, dass dem Patienten erfolgreich kommuniziert wurde, welches gesundheitsrelevante Handeln man von ihm erwartet. Spätestens mit dem Konzept des „Shared decision making", in Deutschland als „partizipative Entscheidungsfindung (PEF)" diskutierte Richtlinie der qualitätsvollen Behandlung ist die Relevanz von Kommunikation zwischen Behandlern und Patienten in den Kern der Dienstleistung „Versorgung" gerückt (Loh et al. 2007; Härter et al. 2011) und kann als eigene Dienstleistung betrachtet werden.

In kontemporären Gesellschaften schafft eine weitere Entwicklung noch größere Bedeutung der Dienstleistung „Kommunikation ermöglichen": Zunehmende Migrationsprozesse schaffen multikulturelle und multisprachliche Patientengruppen. Auf die Frage „Wie oft kommt es vor, dass Sie mit Patienten arbeiten, deren Sprache Sie nicht verstehen und vice versa?" antworten Ärzte und Pflegepersonen im städtischen Bereich mit „täglich". Schon in einer Befragung von Krankenhauspersonal aus dem Jahr 1997 (Pöchhacker 1997) in 12 städtischen Krankenanstalten (Wien) gaben 95 % der Befragten an, nichtdeutschsprachige Patienten zu versorgen, 90 % gaben an, für die Verständigung Dritte zu brauchen und zu benutzen – meist Familienangehörige oder fremdsprachiges Krankenhauspersonal, nur in seltenen Fällen professionelle Dolmetscher (Pöchacker 2000).

Anhand von zwei Projektbeispielen soll folgendes illustriert und aufgezeigt werden:

1. Kommunikation ist essenziell für erfolgreiche Behandlung.
2. Die Etablierung von Strukturen und Prozessen zur Sicherung erfolgreicher Kommunikation ist möglich.
3. Eine Anerkennung und Implementierung als „Dienstleistung Kommunikation" bedarf einer interdisziplinären Diskussion zwischen Qualitätsmanagern, Patienten, Gesundheitsprofessionen, Gesundheitspolitik, die noch zu führen ist.

---

[1] In diesem Beitrag wird der Einfachheit halber nur die männliche Form verwandt. Die weibliche Form ist selbstverständlich immer mit eingeschlossen.

12.2 Projektbeispiel 1: Kommunikation mit Chirurgischen Patienten

Beispiel: Koproduktion von Gesundheit durch Empowerment

Die Forschung zur Versorgungsqualität in der Chirurgie beschäftigt sich seit langem mit dem Einfluss psychosozialer Faktoren und kommunikativer Aspekte auf klinische Behandlungsergebnisse, Behandlungskosten sowie die Zufriedenheit von Patienten und Personal. Internationale und nationale Studien und Metaanalysen weisen die Relevanz dieser Faktoren nach (Breemhaar und Van-Den-Borne 1991; Devine 1992; Di Blasi et al. 1999; El-Giamal et al. 1997). In Österreich setzte 2001 das Gesundheitsministerium die Initiative, die Implementierbarkeit und den Nutzen kommunikativer Dienstleistungen krankenhausübergreifend zu prüfen. Drei Krankenhäuser kooperierten im Projekt „Koproduktion durch Empowerment: Qualitätsverbesserung der Patientenbetreuung und des postoperativen Gesundungsprozesses in der Chirurgie".

Ziele des Projekts

Übergreifendes Ziel des Projekts war die Verbesserung der Gesundungsprozesse bei chirurgischen Patienten. Das sollte durch Empowerment von Patienten zur verstärkten Mitarbeit im Behandlungsverlauf erreicht werden. Empowerment meint hier der Definition der WHO folgend (World Health Organization 1998) die Verbesserung von Möglichkeiten für Patienten, aktiver und eigenverantwortlicher im stationären Behandlungsprozess mitzuarbeiten und so zu Koproduzenten ihrer Gesundheit zu werden (Trummer et al. 2003). Eine wichtige Grundlage dafür ist die Verbesserung der Information für und der Kommunikation mit Patienten, um deren notwendiges Wissen aufzubauen, persönliche Kompetenzen zu erweitern und Mitbestimmung zu ermöglichen.

Gesetzte Maßnahmen

Die Maßnahmen bestanden aus Elementen, die als kommunikative Dienstleistungen beschrieben werden können. Sie fokussieren sich auf patientengerechte und -orientierte Information und Kommunikation innerhalb des stationären Betreuungsprozesses, sowie die Unterstützung der Mitarbeiter durch Trainings und strukturelle Veränderungen, diese Kommunikation leisten zu können.

Eines der teilnehmenden Krankenhäuser – im Projekt vertreten mit seiner Herzchirurgischen Abteilung – setzte ein Maßnahmenbündel, das die Kommunikation zwischen Patienten und Gesundheitspersonal über den Gesamtprozess der stationären Betreuung betrachtete und interne Dienstleister bzw. Dienstleistungen etablierte, die Kommunikation im Gesamtprozess gewährleisten und unterstützen sollten. Die weitere Darstellung konzentriert sich auf dieses Beispiel.

Überprüfung der Maßnahmenwirkung

Die Wirkung der Maßnahmen wurde in einer Evaluationsstudie (Trummer et al. 2006) überprüft, die subjektive und objektive Patientendaten in einer Interventionsgruppe

(n=208, davon n=99 Herz-Thoraxchirurgie) und einer Kontrollgruppe (n=257, davon n=100 Herz-Thoraxchirurgie) erhob. Erhobene Indikatoren waren u. a. subjektive Zufriedenheit mit Versorgung, Qualität von Information, und Selbsteinschätzung des Gesundheitszustandes), sowie objektive klinische Indikatoren wie postoperative Komplikationen, Aufenthaltsdauer, Pflegestufen, Medikamentengaben.

Die Maßnahmen
Es wurde zu Anfang ein interner Dienstleister für Kommunikation definiert, in Gestalt der an der Klinik beheimateten Abteilung für Klinische Psychosomatik.

Folgende als kommunikative Dienstleistung definierte Maßnahmen (Insgesamt wurde eine weitere Maßnahme implementiert, eine präoperative Schulung zur Atemphysiotherapie.) wurden implementiert:

1. Kommunikationstraining und Coaching für Mitarbeiter der Herzchirurgischen Station, durchgeführt durch Psychologen der Abteilung für Klinische Psychosomatik
2. Strukturell verankertes prä-operatives Aufnahmegespräch
3. Strukturell verankertes post-operatives Entlassungsgespräch
4. Entflechtung der Hauptvisite

Maßnahme: Kommunikationstraining und Coaching für Mitarbeiter
Der Aufbau von Kommunikationskompetenz bei Mitarbeiter auf der Station erfolgte in drei Stufen:

1. Zweistündige allgemeine theoretische Einführung zur ärztlichen Kommunikation für alle Mitarbeiter auf der Station (ärztliches und pflegerisches Personal)
2. Halb- bis einstündiges spezifisches Training bezüglich bestimmter Gesprächssituationen für betroffenes ärztliches Personal (Aufnahmegespräch, Visitengespräch, Entlassungsgespräch)
3. Begleitung und Coaching in der aktuellen Gesprächsführung

Für die strukturell verankerten Kommunikationssituationen wurden folgende Schulungselemente durchgeführt:
Schulung zur Maßnahme: Aufnahme- und Aufklärungsgespräch

- Lernen am Modell: Der Kommunikationslehrer führt mit jedem der Aufnahme machenden Ärzten ein Aufnahmegespräch, bei dem er den Patientenzentrierten Teil selbst leitet. Vor dem Gespräch wird auf die wesentlichen Kommunikationstechniken hingewiesen, nach dem Gespräch erfolgt eine Reflexion zur Art der Gesprächsführung.
- Feedback bei klinischer Tätigkeit: Jeder der Aufnahme machenden Ärzte macht zwei bis drei Aufnahmen unter Beisein des Kommunikationslehrers mit nachfolgender Besprechung. Bei Bedarf erfolgt ein Einüben alternativer Kommunikationstechniken im Rollenspiel

Schulung zur Maßnahme: Entlassungsgespräch sowie zur Maßnahme: Entflechtung der Visite

- Feedback bei klinischer Tätigkeit: Nach einem kurzen Einleitungsgespräch führt jeder der Visiten machenden Ärzte zumindest 3 Visiten unter Anwesenheit des Kommunikationslehrers durch. Nach der Visite werden die beobachteten Verhaltensweisen besprochen, eventuelle Alternativen im Rollenspiel geübt.
- Jeder der Operateure, der Entlassungsgespräche zu führen hat, führt zumindest drei dieser Gespräche in Anwesenheit des Kommunikationslehrers durch. Die Vermittlung der Kommunikationstechniken erfolgt wie bei den Schulungen zu Visiten in Vor- und Nachbesprechungen.

Maßnahme: Aufnahmegespräch mit Patienten
Ziel der Maßnahme ist eine prospektive Vorbereitung der Patienten auf den Verlauf ihres Aufenthalts und die Erstellung einer „psychosomatischen Gesamtdiagnose und Gesamttherapie".

Dieses Gespräch wird routinemäßig durch einen Stationsarzt geleistet. Steht diese Personalstelle nicht zur Verfügung, sollte die Gewährleistung des ärztlichen Aufnahmegesprächs durch den auf der Station zugeteilten Arzt erfolgen.

Am Aufnahmetag haben alle Patienten ein ausführliches ärztliches Aufnahmegespräch. Dieses besteht aus zwei Teilen:

- Ein patientenzentrierter Teil:

Die Patienten bekommen hierbei die Möglichkeit, alle für sie relevanten, oft mit Scheu und Scham belegten Fragen stellen zu können. Sie können die Krankheit im Zusammenhang ihres Lebenskontextes erzählen und eventuell neu erkennen. Sie erfahren ein stützendes, partnerschaftliches Gespräch, in dem sie frei Fragen stellen können, in dem sie ermuntert werden, dies auch während des Aufenthaltes zu tun. Bei vorhandener Motivation werden auch Möglichkeiten einer aktiven Mitgestaltung des Heilungsprozesses besprochen.

- Ein arztzentrierter Teil:

Hier gibt der gesprächsführende Arzt Informationen zur ärztlichen Behandlung weiter.
Die Einholung der Einverständniserklärung zur Behandlung bzw. Operation ist nicht Teil dieses Gesprächs, sondern erfolgt im ärztlichen Gespräch mit dem behandelnden Arzt oder der Ärztin.
Die kommunikativen Fähigkeiten zur erfolgreichen Gesprächsführung werden in der Maßnahme Kommunikationstraining vermittelt und geschult.

Maßnahme: Entflechtung der Hauptvisite (Nachmittagsvisite)
Seit den 1970er-Jahren wurden Visitenmodelle (Köhle und Raspe 1982) erprobt, in denen
teaminterne Kommunikation von Kommunikation mit den Patienten zeitlich und räumlich
möglichst getrennt sind. Die negativen Effekte von Kommunikation innerhalb des Be-
treuungsteams über die Patienten in Anwesenheit der Patienten sind vielfach beschrieben:
Missverständnisse, Passivierung als Kommunikationspartner, Desorientierung, vermin-
derte Aufmerksamkeit des Personals auf Patientenfragen.

Darauf reagierend wird eine Umstrukturierung der Hauptvisite implementiert. Diese
wird am Nachmittag (in der Chirurgie, kann in anderen Stationen auch vormittags sein)
geteilt durchgeführt. Zunächst wird um 14.00 Uhr im Untersuchungszimmer jeder Patient
einschließlich bildgebender Verfahren besprochen. Es werden Medikationsänderungen/
notwendige Diagnosemittel sowie weitere Therapiepläne individuell erläutert und dokumentiert.

Anwesend sind die beihilfeleistenden Ärzte, die Stationsärztin und das Pflegepersonal,
sowie der die Visite leitende stationsführende Oberarzt. Danach werden die Patienten vi-
sitiert, wobei bei diesen Gesprächen der Schwerpunkt auf der Besprechung von Vorstellungen, Fragen, Beschwerden und Wünschen der Patienten liegt. Unklarheiten im Team
sollen vor den Patienten jedenfalls nicht diskutiert werden.

Die Patienten werden so stärker in den Mittelpunkt der eigentlichen Visite gerückt. Es
soll am Bett nicht über die Patienten, sondern mit ihnen gesprochen werden. Der Patient
bzw. die Patientin soll zu Fragen animiert werden, Zeit haben, individuelle Wünsche oder
Anregungen zu äußern und sich am eigenen Gesundungsprozess durch an ihn/sie weiter-
gegebene Informationen aktiv beteiligen.

Die Implementierung dieser Form der Visite setzt wiederum gewisse kommunikative
Fähigkeiten der Arzt-Patientenkommunikation (insbesondere beim Visite-führenden ärzt-
lichen Personal) voraus, denn es ist wichtig zu wissen, wie man auf den individuellen
Patient eingeht und sich nicht von Tag zu Tag mit denselben Fragen wiederholt. Diese
Fähigkeiten werden im Kommunikationstraining vermittelt und geschult.

Maßnahme: Chirurgisches Entlassungsgespräch zwischen Operateur und Patient
Für Patienten ist ein Gespräch mit dem Operateur vor ihrer Entlassung ein wichtiger Qua-
litätsfaktor. Für das Krankenhaus ist ein solches Gespräch wichtig, um die rechtliche In-
formationspflicht über Gesundheits- und Risikoverhalten nach einer Operation bzw. in der
Rehabilitationsphase zu erfüllen und eventuelle Klagefälle zu vermeiden.

Am Tag vor der Entlassung (zumeist ins Rehabilitationszentrum) soll der Operateur
ein Vier-Augen-Gespräch mit ihren jeweiligen Patienten führen. Ziel des Gesprächs ist
es, unterstützt durch eine Checkliste/ein Dokumentationsblatt den Patienten ausreichende
Informationen zu geben über den Verlauf der Operation und deren mögliche Folgen für
den Alltag (Einschränkungen, Warnsignale, …), das weitere geplante Vorgehen (Rehabilitation, Medikamenteneinnahmen, …) sowie Möglichkeiten, durch eigenes postoperati-
ves Verhalten zur Gesundung beizutragen. Im Rahmen des Gesprächs soll aber auch die
Möglichkeit für die Patienten bestehen, alle für sie relevanten Fragen stellen zu können.

Die Implementierung dieses Entlassungsgesprächs zwischen Patient und Operateur setzt gewisse kommunikative Fähigkeiten bei den Chirurgen voraus, die wiederum in den Kommunikationstrainings vermittelt und geübt werden.

Evaluationsergebnisse
Die positiven Effekte der Implementierung der Dienstleistung Kommunikation konnten in der eingangs erwähnten Evaluationsstudie nachgewiesen werden und sind an anderer Stelle ausführlich beschrieben (Trummer et al. 2006). Effekte zeigten sich sowohl in objektiven klinischen Indikatoren wie auch auf subjektiver Ebene.

- Die Verbesserung klinischer Indikatoren: Postoperative Rhythmusstörungen gehen von 19 auf 4 % zurück, die postoperative Verweildauer sinkt um mehr als einen Tag (im Mittel um 1,12 Tage), es reduziert sich der Anteil von Patienten, die angeben, Schmerzen zu empfinden, um 10,6 %. Die postoperativen Medikamentengaben (Schlafmittel und Psychopharmaka) bleiben dabei konstant. Die Zuwächse bei Patienten, die bereits am zweiten und dritten postoperativen Tag auf der Station in eine bessere Pflegestufe kommen, betragen 11,2 bzw. 43,2 %.
- Die Verbesserung der Patientenzufriedenheit: Steigerungen der Zufriedenheit von Patienten zeigen sich insbesondere bei der Betreuung vor der Operation um ca. 11 %, bei der Betreuung durch die Ärzte mit über 10 % und durch die Pflege mit bis zu 15 %.

Die Ergebnisse des Projekts zeigen somit die Relevanz von Kommunikation für qualitätsvolle Behandlung deutlich auf. Die Reduktion der postoperativen Verweildauer weist auch auf ökonomische Vorteile hin. Diese wurden im Projekt nicht näher analysiert, das ableitbare Argument „Gute Kommunikation spart Behandlungskosten" bildete aber Teil einer Entscheidungsgrundlage, die gesetzten Maßnahmen dauerhaft zu implementieren.

12.3 Projektbeispiel 2: Dolmetschdienste zur Unterstützung der Kommunikation

Beispiel: Dolmetschdienste in „Migrant Friendly Hospitals"
Das zweite hier zu schildernde Projekt betrifft die Dienstleistung Kommunikation in noch verstärkter Komplexität; es betrifft Kommunikation zwischen Personen, die verschiedene Sprachen sprechen und aus verschiedenen Kulturkreisen kommen.

Die negativen Auswirkungen von Sprachbarrieren zwischen Patienten und Profis auf den Zugang zu Leistungen im Gesundheitswesen, die Qualität von Diagnose und Therapie, Behandlungsergebnisse sowie Patientenzufriedenheit und Patientensicherheit (Brown et al. 1999; Cleeland et al. 1997; Bischoff 2003; Murphy 2004). Aufgrund der steigenden

Migrationsbewegungen in Europa stehen Krankenhäuser vor der Herausforderung, erfolgreiche Kommunikation mit Patienten, die eine andere Muttersprache haben und die lokale Sprache nur begrenzt bis gar nicht verstehen bzw. sprechen, zu sichern (Hampers und McNulty 2002; Yeo 2004). In Österreich sind im Krankenhaus strukturell verankerte Dolmetschdienste noch eher die Ausnahme denn die Regel (Kaser 2011). Deutsche Studien (Meyer 2009) bedauern für Deutschland das Nichtvorhandensein eines systematischen Lösungsansatzes zur Kommunikation mit Patienten mit geringen Deutschkenntnissen im Krankenhaus.

Im Europäischen Projekt „Migrant Friendly Hospitals" (www.mfh-eu.net; MFH-EU, 2005) wurde in einer wissenschaftlich begleiteten Benchmarkinggruppe von 12 Krankenhäusern aus 12 Europäischen Ländern ein Organisationsentwicklungsprozess initiiert, der in 3 thematisch fokussierten Projekten über 3 Jahre geführt wurde (Trummer 2005; Karl-Trummer und Krajic 2007). Bei einer Bedarfsfeststellung zu Projektstart wurde Kommunikation und Sprachbarrieren als wichtigstes Maßnahmenfeld benannt. Neun (aus den Ländern Dänemark, Finnland, Griechenland, Spanien, Irland, Italien, den Niederlanden, Schweden und Großbritannien) der zwölf Krankenhäuser kooperierten im Sub-Projekt „Improving interpreting in clinical communication", implementierten in weiterer Folge verschiedene Modelle von Dolmetschdiensten und evaluierten ihre Wirksamkeit in Mitarbeiterbefragungen (Novak-Zezula et al. 2005a).

Ziele des Projekts „Improving interpreting in clinical communication"
Definierte Ziele waren

1. die kommunikative Dienstleistung professioneller Dolmetschangebote, wann immer es notwendig ist, zur Verfügung zu stellen,
2. Information der Patienten über die angebotenen Dolmetschdienste und ihre Zugangsmöglichkeiten dazu zu gewährleisten,
3. die Krankenhausmitarbeiter zu befähigen, kompetent mit den Dolmetschern zu kooperieren.

Gesetzte Maßnahmen
Die implementierten Maßnahmen waren je nach Krankenhaus unterschiedlich und den jeweiligen Bedürfnissen sowie strukturellen und arbeitsorganisatorischen Rahmenbedingungen angepasst. In sechs Häusern bestanden bereits vor Projektbeginn Dolmetschdienste; hier konzentrierte sich die Maßnahmenentwicklung auf den qualitativen und quantitativen Ausbau. In drei Krankenhäusern, in denen vor Projektbeginn keinerlei Dolmetschangebote existierten, wurden zunächst Pläne zur Leistungsentwicklung und -implementierung erarbeitet.

Implementiert wurden unterschiedliche Arten von Dolmetschangeboten: Telefon-Dolmetschdienste, persönliche Dolmetschdienste, Interkulturelle Mediation.

Überprüfung der Maßnahmenwirkung

Die Maßnahmen wurden im Rahmen einer Evaluationsstudie (Novak-Zezula et al. 2005b) auf ihre Wirksamkeit überprüft. Die Evaluierung erfolgte mittels einer Mitarbeiterbefragung, die vor Implementierung der Maßnahmen und sechs Monate nach deren Einführung durchgeführt wurde. Die Mitarbeiter wurden in den beiden Erhebungsphasen zu ihren Erfahrungen im Zusammenhang mit Gesprächen mit Patienten mit eingeschränkten lokalen Sprachkenntnissen sowie zu ihrer Einschätzung der Qualität verfügbarer Dolmetsch-Services befragt. Darüber wurde erhoben, wie aus ihrer Perspektive Dolmetsch-Unterstützung verbessert werden könnte. Die zweite Befragung wurde um die Frage erweitert, ob die im Rahmen des Projekts implementierte Maßnahme die individuelle Arbeitssituation erleichtert habe.

Ein Haus beteiligte sich nicht an der zweiten Mitarbeiterbefragung, da die Umsetzung der geplanten Maßnahme im Projektzeitraum nicht möglich war.

Zusätzlich zur Mitarbeiterbefragung wurde ein Fragebogen zur Bewertung der Maßnahmen durch die Projektkoordinatoren in den Häusern eingesetzt. Damit wurde erhoben, inwieweit die Maßnahme implementiert werden konnte und welche förderlichen und hinderlichen Faktoren identifiziert wurden.

Im Folgenden wird ein Modell guter Praxis dargestellt, das im Rahmen des Projekts entwickelt und umgesetzt wurde. Dieses gut implementierte und dokumentierte Projekt folgt der Empfehlung, Telefon-Dolmetschdienste vor allem dort einzusetzen, wo ein deutlicher Anstieg der Nachfrage nach einer Vielzahl von Sprachen, die von einer neuen Klientel gesprochen wird, beobachtet wird (Bischof 2003), und wurde erfolgreich in den Routinebetrieb übernommen. Es unterscheidet sich damit von anderen Maßnahmen, wo solches nicht gelungen ist.

Telefondolmetsch-Angebote im Dänischen Kolding Partnerkrankenhaus

Eine Erhebung zu Beginn des Projekts zeigte, dass im dänischen Kolding Hospital im Zeitraum 2002/2003 Dolmetscher für 16 unterschiedliche Sprachen zugezogen wurden.

Bisher waren im Krankenhaus persönlich anwesende Dolmetscher eingesetzt worden. Diese Lösung hatte sich in der Abteilung für Pädiatrie jedoch nicht bewährt, da viele akut erkrankte Kinder behandelt werden und Dolmetscher daher sehr oft sehr kurzfristig benötigt wurden. Diese Kurzfristigkeit konnte im bestehenden Organisationssystem nicht gewährleistet werden. Darüber hinaus nahmen die Kosten für Fahrten und Fahrzeiten der Dolmetscher, welche das Krankenhaus übernehmen musste, einen großen Anteil der Dolmetschkosten ein und belasteten das Budget stark.

Im Rahmen des Projekts wurde in der pädiatrischen Notaufnahme an einer technischen und sozialen Lösung für diese Probleme gearbeitet. Um die Kommunikation zwischen Mitarbeiter und Patienten hinsichtlich rascherer Verfügbarkeit und Kostenreduktion zu verbessern, wurde das Modell des professionellen Telefon-Dolmetschens durch ausgebildete Dolmetscher eingeführt. Im Rahmen der technischen Umsetzung wurde eine Soundstation installiert.

Die Soundstation ist ein Freihand-Telefon mit drei Lautsprechern und hat laut Projekt-gruppe des Krankenhauses folgende Vorteile:

- Die Dolmetschleistung en können in sehr kurzer Zeit organisiert und angeboten werden
- Es fallen keine Fahrtkosten und Fahrtzeiten für Dolmetscher an
- Die Tonqualität erweist sich als besser als die eines gewöhnlichen Telefons
- Der Kontakt zwischen Mitarbeitern und Patienten ist direkter, weil keine dritte Person im Raum ist
- Die Patienten schätzen den Schutz der Privatsphäre in der Behandlung durch Mitarbei-ter, der in Anwesenheit eines Dolmetschers/einer Dolmetscherin nicht erlebt wird

Evaluationsergebnisse
Der Vergleich der Resultate der Mitarbeiterbefragung vor und sechs Monate nach Einfüh-rung der Maßnahme (n = jeweils 51 Fragebögen, Rücklauf jeweils 64 %) zeigte folgende Ergebnisse

- Der Anteil der Fälle, in denen professionelle Dolmetscher eingesetzt wurden, stieg um 20 %. Gleichzeitig gab es einen deutlichen Rückgang von Übersetzungen durch Freun-de oder Verwandte der Patienten. Die Anzahl der Fälle, in denen diese als Übersetzer herangezogen wurden, halbierte sich beinahe.
- 30 % der Mitarbeiter sagten, dass sich ihre Arbeitssituation durch die Installation der Soundstation verbessert hat
- mehr als 80 % der Mitarbeiter bewerteten die Qualität der Dolmetschleistungen gut oder sehr gut.

Nach Projektende wurde die Soundstation in noch größerem Ausmaß genutzt und auch die Einsatzbereiche wurden erweitert. Das System wird nicht mehr nur für Notaufnahmen in der Pädiatrie sondern auch für stationäre Patienten und im Prozess der Entlassung aus dem Krankenhaus genutzt.

Durch die aktive Informationspolitik der lokalen Projektverantwortlichen wurde das Interesse am System sowohl in den anderen Abteilungen des Kolding Hospital als auch in anderen Krankenhäusern geweckt.

12.4   Resumee aus den Projekterfahrungen

12.4.1   Kommunikation als neue Dienstleistung: machbar, aber immer noch unterschätzt

Beide Projekte zeigen auf, dass die Etablierung von Strukturen und Prozessen zur Si-cherung erfolgreicher Kommunikation möglich ist. Das nationale Projekt zum Empower-ment chirurgischer Patienten macht deutlich, wie wichtig die Nutzung eines internen

Dienstleisters zur Schulung und Begleitung von Gesundheitspersonal ist. Es zeigt in seinen Evaluationsergebnissen den positiven Outcome der Maßnahmen auch auf ökonomischer Ebene auf.

Die Erfahrungen aus dem MFH-Projekt zeigen, dass die Kommunikation mit Patienten mit wenig oder keinen Kenntnissen der lokalen Sprache nachhaltig verbessert werden kann, wenn Dolmetsch-Services in eine Gesamtstrategie zum Umgang mit Diversität innerhalb der Organisation eingebettet sind und ausreichend Ressourcen zur Verfügung stehen.

Die Projektbeispiele zeigen aber auch, dass solche erfolgreichen Verankerungen von Dienstleistungen zur Stützung von Kommunikation eher die Ausnahme als die Regel darstellen.

Im nationalen Projekt waren es ein Krankenhaus aus drei, im Europäischen Projekt drei aus neun Häusern, die eine umfassende und nachhaltige Implementierung dokumentiert erreichten.

Wie in vielen Projektberichten fallen Berichtsteile, die sich mir Problemen und Momenten des Scheiterns beschäftigen, eher schmal aus. Das ist zwar verständlich – wer berichtet schon gerne über Misserfolge – lässt aber ein wichtiges Lernpotenzial unerschlossen.

Eines kann aus den Gesamtergebnissen der hier präsentierten wissenschaftlich begleiteten Qualitätsentwicklungsprojekte „Koproduktion durch Empowerment" und „Migrant Friendly Hospitals" geschlossen werden: Es bedarf für die breite Anerkennung und Implementierung der „Dienstleistung Kommunikation" einer interdisziplinären Diskussion zwischen Qualitätsmanagern, Patienten, Gesundheitsprofessionen, und auch Gesundheitspolitik, die noch zu führen ist.

Literatur

Bischoff A (2003) Caring for migrant and minority patients in European hospitals. A review of effective interventions. Study commissioned by the Ludwig Boltzmann Institute for the Sociology of Health and Medicine, Vienna, „mfh – migrant-friendly hospitals, a European initiative to promote health and health literacy for migrants and ethnic minorities", Swiss Forum for Migration and Population Studies, Neuchatel, Basel

Breemhaar B, Van-Den-Borne HW (1991) Effects of education and support for surgical patients: the role of perceived control. Patient Educ Couns 18(3):199–210

Brown AF, Perez-Stable EJ, Whitaker EE, Posner SF, Alexander M, Gathe J, Washington AE (1999) Ethnic differences in hormone replacement prescribing patterns. J Gen Intern Med 14:663–669

Cleeland CS, Gonin R, Baez L, Loehrer P, Pandya KJ (1997) Pain and treatment of pain in minority patients with cancer: the eastern cooperative oncology group minority outpatient pain study. Ann Intern Med 127(9):813–816

Devine EC (1992) Effects of psychoeducational care for adult surgical patients: a meta-analysis of 191 studies. Patient Educ Couns 19(2):129–142

Di Blasi Z, Harkness E, Elaine E, Georgiou A, Kleijnen J (1999) Health and patient-practitioner interactions: a systematic review. Centre for Reviews and Dissemination, University of York, York

El-Giamal M, Krohne HW, Kleemann P, Klimek L, Mann W (1997) Psychologische Operationsvorbereitung, Patientenmerkmale und perioperativer Anpassungsstatus. Z Gesundheitspsychol 5(4):217–242

Hampers LC, McNulty JE (2002) Professional interpreters and bilingual physicians in a pediatric emergency department: effect on resource utilization. Arch Pediatr Adolesc Med 156(11):1108–1113

Härter M, van der Weijden T, Elwyn G (2011) Policy and practice developments in the implementation of shared decision making: an international perspective. Z Evid Fortbild Qual Gesundhwes 105(4):229–233

Karl-Trummer U, Krajic K (2007) Migrant friendly hospitals: organisations learn sensitivity for differences. In: Cuadra CB, Cattacin S (Hrsg) Migration and health. Difference sensitivity from an organisational perspective. Malmö University (IMER), Sweden

Kaser SM (2011) Dolmetschen im Gesundheitswesen. Masterarbeit, Universität Wien. Zentrum für Translationswissenschaft BetreuerIn: Pöchhacker, Franz. http://othes.univie.ac.at/16324/. Zugegriffen: 2. Juni 2015

Köhle K, Raspe HH (Hrsg) (1982) Das Gespräch während der ärztlichen Visite. Empirische Untersuchungen. Urban & Schwarzenberg, München

Loh A, Simon D, Kriston L, Härter M (2007) Patientenbeteiligung bei medizinischen Entscheidungen: Effekte der Partizipativen Entscheidungsfindung aus systematischen Reviews. Dtsch Arztebl 104(21):A-1483/B-1314/C-1254

Meyer B (2009) Deutschkenntnisse von Migrant/innen und ihre Konsequenzen für das Dolmetschen im Krankenhaus. In: Andres D, Pöllabauer S (Hrsg) Spürst Du, wie der Bauch rauf-runter? Fachdolmetschen im Gesundheitsbereich (InterPartes 5). Meidenbauer, München, S 139–157

MFH-EU (2005) Project summary – migrant-friendly hospitals project. http://www.mfh-eu.net/public/files/mfh-summary.pdf. Zugegriffen: 30. Juni 2015

Murphy S (2004) Communicating with limited English proficiency (LEP) patients: question of health-care access. J Med Pract Manage 20(1):23–27

Novak-Zezula S, Schultze B, Karl-Trummer U, Krajic K, Pelikan JM (2005a) Improving interpreting in clinical communication: models of feasible practice from the European project „Migrant-friendly hospitals". Divers Health Soc Care 2(3):223–232

Novak-Zezula S, Jakesch C, Mutzsch L, Stidl T (2005b) Improving clinical communication with migrant and ethnic minority patients. Evaluation Report. In the framework of the migrant friendly hospitals project. Vienna

Pöchhacker F (1997) Kommunikation mit Nichtdeutschsprachigen in Wiener Gesundheits- und Sozialeinrichtungen. Dokumentation 12/2. MA 15/Dezernat für Gesundheitsplanung, Wien

Pöchhacker F (2000) Dolmetschen. Konzeptuelle Grundlagen und deskriptive Untersuchungen. Stauffenburg-Verlag, Tübingen

Trummer U (2005) „migrant friendly hospitals" – Ein Europäisches Projekt zur Qualitätsentwicklung ethnokulturell sensibler Betreuung in Europäischen Krankenhäusern. Österreichische Pflegezeitschrift 58(3):18–21

Trummer U, Nowak P, Stidl T, Pelikan JM (2003) Koproduktion durch Empowerment. Mehr Qualität durch verbesserte Kommunikation mit Patient/innen in der Chirurgie. Wien: Bundesministerium für Gesundheit und Frauen. http://lbimgs-archiv.lbg.ac.at/berichte/emp04.pdf. Zugegriffen: 30. Juni 2015

Trummer U, Müller UO, Nowak P, Stidl T, Pelikan JM (2006) Does physician patient communication that aims at empowering patients improve clinical outcome? A case study. Patient Educ Couns 61(2):299–306

Yeo S (2004) Language barriers and access to care. Annu Rev Nurs Res 22:59–73

Dienstleistungsproduktion bei der Demenzversorgung: Eine Auseinandersetzung mit unterschiedlichen Rollen eines „Teamproduktionsphänomens"

13

Jürgen Zerth

Inhaltsverzeichnis

Zusammenfassung

Chronische und altersabhängige Krankheiten dominieren zusehends die Versorgungssituation in post-industrialisierten Gesundheitssystemen. Damit gewinnen Versorgungskonzepte an Relevanz, die sich einer Patientenorientierung bzw. einer Klientenorientierung und nicht einer Akteursorientierung verschreiben. Demenzielle Erkrankungen, die sowohl Betreuungs- als auch Pflegeerfordernisse verknüpfen und in ihrer Natur eine

J. Zerth (✉)
International Dialog College and Research Institute (IDC), Wilhelm Löhe Hochschule für angewandte Wissenschaften, Merkurstraße 41/Südstadtpark, 90763 Fürth, Deutschland
E-Mail: juergen.zerth@wlh-fuerth.de

© Springer Fachmedien Wiesbaden 2016
M. A. Pfannstiel et al. (Hrsg.), *Dienstleistungsmanagement im Krankenhaus*,
DOI 10.1007/978-3-658-08429-5_13

Stadien bezogene „Teamproduktion" zur Folge haben, stellen die Gesundheitsakteure vor vielfältige Herausforderungen. Der Beitrag versucht demenzielle Versorgung in eine Dienstleistungsterminologie einzuordnen und dabei sowohl die unterschiedlichen Integrationsrollen des „externen Faktors" Patient als auch die prozessorientierten Notwendigkeiten ineinandergreifender Pflegeakteure als Teamproduktion zu beleuchten. Hier treffen institutionell-organisatorische Notwendigkeiten auf adäquate Anreiz- und Steuerungsmodelle. Letztendlich stehen demenzielle Erkrankungen Pate für die Notwendigkeit neuer Formen der medizinisch-pflegerischen Arbeitsteilung im Sinne von Care- oder Case-Management im Lichte klienten- oder patientenorientierter Versorgung.

13.1   Einleitung

Chronische und insbesondere altersabhängige Erkrankungen gelten als eine Herausforderung für alle post-industrialisierten Gesundheitssysteme (Gensichen et al. 2010 oder auch Gerlach et al. 2011). Dabei gilt es festzuhalten, dass chronische Krankheiten getrennt von der Entwicklung altersabhängiger Erkrankungen gesehen werden müssen, jedoch im Kontext der demographischen Alterung das Zusammenspiel beider Phänomene an Bedeutung gewinnt (Schmacke 2012, S. 37). Dabei nehmen insbesondere Krankheiten des Demenz-Typs eine wesentliche Rolle ein. Die weltweiten Prävalenzraten, gemessen an Personen älter 60 Jahre, zeigen die Bedeutung auf. In West-Europa liegt diese bei geschätzt durchschnittlich 5.4 %, in den Vereinigten Staaten werden 6.4 % geschätzt. Weltweit ist davon auszugehen, dass sich die Anzahl der Menschen mit dementiellen Erkrankungen in den nächsten 20 Jahren verdoppeln wird (dazu etwa Grand et al. 2011, S. 125 f.). Bezogen auf Deutschland liegt dieser Wert bei ca. 5,8 % (Wimo et al. 2010).

Demenzielle Erkrankungen im Krankenhaus nehmen ebenfalls zu und treten häufig als Begleitphänomen zu einer Primärerkrankung auf (Lux et al. 2013, S. 73 f.). Dies hat beispielsweise für die Krankenhausversorgung die Konsequenz, dass besondere medizinische und pflegerische Risiken bei der Primärerkrankung auftreten können, aber auch unabhängig davon ein besonderer Betreuungsbedarf entsteht. Dieser stellt sich beispielsweise schon bei der Patientenaufnahme und daher gewinnt ein adäquates Screening des Aufnahmeprozess an Bedeutung (dazu Lübke 2012, S. 63). Die nachfolgende Betrachtung möchte zunächst die Bedingungen demenzieller Versorgung aufzeigen, diese in eine Dienstleistungsumgebung einordnen, um dann abschließend im Lichte ökonomischer Akteursbeziehungen Implikationen für Organisationsprozesse einer patienten- oder klientenorientierten Versorgung zu erschließen.

13.2   Demenz im Kontext der Versorgungsstruktur

13.2.1   Herausforderung Demenz

Demenzielle Erkrankungen gelten als einer der Haupttreiber der Pflegebedürftigkeit, die mit höherer Alterskohorte ansteigt und somit sowohl die Organisation der Pflege aber auch die Organisation der medizinischen Versorgung unmittelbar tangieren. Einerseits steigt der Anteil betreuungsbedürftiger Menschen an, andererseits nimmt die Betreuungs-bedürftigkeit in medizinischen Einrichtungen ebenfalls zu, wenn beispielsweise die Zahl der hochaltrigen Krankenhauseinweisungen relevanter wird (Lübke 2012). Ein Blick auf die Häufigkeit der Behandlungsanlässe hochaltriger Menschen im Krankenhaus macht dies deutlich: Während bei den 65- bis 69-Jährigen die Krankheitsbilder Angina Pectoris oder Herzinsuffizienz dominieren, verschiebt sich dies bei den über 94-Jährigen hin zu Femurfraktur oder Pneumonie (dazu Gerste 2012, S. 88 f.). Es ist festzuhalten, dass es sich bei Demenz streng genommen um eine Kombination von unterschiedliche Symptomen handelt, die durch das allgemeine Phänomen der kontinuierlichen und degenerativen Stö-rung der kognitiven Leistungsfähigkeit und der damit einhergehenden Beeinträchtigung der Alltagsbewältigung ausgezeichnet ist (Richter et al. 2014).

Im internationalen Durchschnitt nimmt dabei die Alzheimer-Demenz mit mehr als 50 % der diagnostizierten Demenzfälle das Gros der Demenztypen ein (Grand et al. 2011, S. 126). Demenzielle Erkrankungen als altersabhängige Erkrankungen sind gleichwohl in die Kategorie chronischer Erkrankungen einzuordnen, da einerseits mit einer zunehmen-den Krankheitsprogredienz zu rechnen ist, andererseits im Zuge des Krankheitsfortschritts die Leistungsinanspruchnahme an Medizin und Pflege zumindest gleichbleibt, häufig aber auch wächst. Hier können Analogien an die in der Literatur übliche Medikalisierungsthese hergestellt werden (beispielsweise Felder 2012, S. 28). Mit dieser These wird der Zusam-menhang zwischen der empirisch beobachtbaren Multimorbidität von Patienten in höhe-ren Alterskohorten beschrieben, denen auch durch die Möglichkeiten des medizinisch-technisch Fortschritts mehr Behandlungsmöglichkeiten angeboten werden können, was aber eher in einer Verlängerung der Lebenszeit bei gleichzeitiger Aufrechterhaltung von Morbidität zustande kommt und so zu einem kontinuierlichen Behandlungsbedarf führt.

Darüber hinaus wachsen infolge wachsenden Komplexitätsgrads von Krankheitsbil-dern, sowohl erzeugt durch den medizinisch-technischen Fortschritt als auch durch pa-tientenbezogene Faktoren, wie etwa Hochaltrigkeit, die Interaktionsnotwendigungen zwischen medizinischen und pflegerischen Leistungserbringern, kontinuierlich an (Zerth und Bronnhuber 2015). Diese Interaktionsbeziehungen müssen berücksichtigen, dass die Zielfunktionen in eher medizinisch-orientierter Akutversorgung von denen in der Lang-zeitpflege deutlich unterschiedlich zu interpretieren sind. Langzeitpflege hat insbesondere das Ziel, einen kontinuierlichen Betreuungs- und Hilfebedarf bezüglich Aktivitäten des täglichen Lebens zu unterstützen oder zu kompensieren (dazu Pick et al. 2004). Somit greifen hier einerseits andere Zielgrößen als Bewertungskategorien, etwa Aufrechterhal-tung der Selbständigkeit oder Förderung der individuellen Kompetenzen. Andererseits ist durch die Lebenszeitbetrachtung der kontinuierliche Zustand eines gepflegten Menschen in unterschiedlichen Heterogenitäten primäres Outcome-Ziel und nicht eine definierte medizinische Zielsetzung.

13.2.2 Demenzielle Erkrankungen im Lichte der Versorgungsstruktur

Bei der Versorgung von Menschen mit Demenz spielen sowohl pflegerische als auch betreuende Aspekte eine wesentliche Rolle. Demenz, etwa im Sinne der Alzheimer-Demenz, fordert als Stadien bezogene Erkrankung bei beginnender Demenz zunächst einen höheren Betreuungsaufwand ein, der mit zunehmender Krankheitsschwere durch traditionell-pflegerische Leistungen ergänzt werden muss (ähnlich Richter et al. 2014, S. 77). Der Betreuungsaufwand ist Folge der nachlassenden kognitiven Fähigkeiten der Menschen mit Demenz, belastet aber auch die betreuenden Betreuungs- und Pflegekräfte. In einer Literaturübersicht von Schaller et al. über unterschiedliche Studien zur Kostensituation bei Demenz wird deutlich, dass so genannte informelle Kosten und somit die Kosten der betreuenden Angehörigen der Kostentreiber demenzieller Betreuung sind. Die informellen Kosten schwanken zwischen 60 und 80 % in den einbezogenen Studien (Schaller et al. 2015, S. 123). Diese betreuenden Personen sind in erster Linie nicht-professionelle Kräfte, Familienangehörige oder Freunde bzw. Ehrenamtliche, die den Hauptteil der ambulanten Demenzbetreuung übernehmen. Somit wird das Gros der ambulanten Demenzpflege durch so genannte informelle Pflegeakteure übernommen.

Mit zunehmender Fallschwere und konstatierter Pflegebedürftigkeit wird das Pflegesetting durch korrespondierende professionelle Pflegekräfte ergänzt und in Abhängigkeit mit Betreuungs- und Pflegebedarfen erweitert. In Abb. 13.1 wird unabhängig vom De-

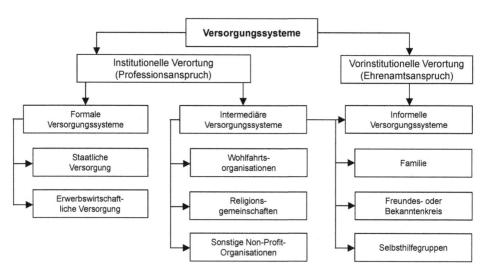

Abb. 13.1 Institutionelle Verordnung von Pflegeprozessen. (Quelle: Eigene Darstellung in Anlehnung an Schallermair 1999, S. 32)

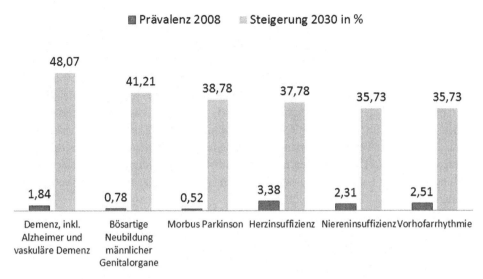

Abb. 13.2 Relative Prävalenzentwicklung ausgesuchter Krankheiten. (Quelle: Eigene Darstellung in Anlehnung an Lux et al. 2013, S. 73)

menzkontext die institutionell und organisatorisch denkbaren Organisationszuordnungen von Pflege und Betreuung beschrieben. Informelle Pflege ist dabei getragen von einen „Ehrenamtsanspruch", d. h. die Annahme einer nicht-monetären Zielfunktion kann unterstellt werden.

Diese institutionelle Verortung korrespondiert nun mit dem Betreuungs- und Pflegeprozess dementieller Erkrankungen, der von der Besonderheit geprägt ist, dass sich sowohl die Nutzerbedürfnisse hinsichtlich Betreuung und Pflege in der Zeit verändern als auch die Stakeholderbeziehung der relevanten Dienstleister in der Betreuung und Pflege wechselt (Abb. 13.3). Demenzielle Versorgung ist somit auch Teil der Krankenhausleistungen, wachsen einerseits die Fallzahlen mit höherer Komplexität an, andererseits auch die Krankenhauseinweisungen mit höherem Alter. So sind von 2005 bis 2010 die Krankenhausfälle pro 1000 Einwohner für Personen zwischen 80–84 Jahren von 554,85 auf 592,20 gestiegen und bei der Alterskohorte 85 Jahre und älter von 585,30 auf 645,29 (Drösler und Weyermann 2013, S. 53). Abbildung 13.2 in Anlehnung an Lux et al. zeigt die prognostizierten Prävalenzentwicklungen ausgesuchter Krankenhausfälle, basierend auf den Top-Ten-Krankheiten des morbiditätsorientierten Risikostrukturausgleichs.

Aufbauend auf der Prävalenzentwicklung lassen sich Prognosen für die Hospitalisierungsentwicklung ableiten. Hier können Lux et al. einen Anstieg der Krankenhausfallzahlen pro Versicherten mit jährlichen Steigerungsraten zwischen 0,54 bis 0,69 % je nach unterstelltem Szenario ableiten (Lux et al. 2013, S. 79 ff.). Auch wenn hier kardiale Krankheiten sowie bösartige Neubildungen stärker wachsen als demenzielle Erkrankungen, ist doch festzuhalten, dass sowohl chronische Erkrankungen an Bedeutung gewinnen werden und auch bei den Primärerkrankungen ein höherer Anteil an demenziell zu versorgenden Patienten zu erwarten ist. Somit wird deutlich, dass die Orientierung am Patientenpfad von Patienten auch schon deswegen relevanter wird, weil gerade chronisch-kontinuierliche Fälle an Bedeutung gewinnen, deren Vor- und Nachsorge genauso relevant für ein zielorientiertes Krankenhausmanagement der Zukunft ist wie die direkte Versorgung im Krankenhaus (ähnlich Drösler und Weyermann 2013).

Vor diesem Hintergrund und auch im Sinne der politischen unterstützten Forderung nach einem Vorrang ambulanter Settings stellt sich die Frage, wie künftig demenzielle Erkrankungen im gesamten Versorgungskontext, beginnend vom Gesundheitsstandort Zuhause über die ambulante bis hin zur stationären Versorgung organisiert werden kann, wenn das Ziel einer Versorgung orientiert am Klienten- oder Patientenbedürfnis Rechnung getragen werden soll. Hier greifen unterschiedliche Herausforderungen für eine Dienstleistungsproduktion, die zwischen medizinischer, pflegerischer und sozialer Versorgung interagieren muss.

13.3 Demenz als Dienstleistungsphänomen

13.3.1 Aktivitäts- und institutionenökonomische Rekapitulation

Bei der Demenzbetreuung finden unterschiedliche Arten von Produktionsfaktoren ihren Widerhall und zwar sowohl ein Mix aus betreuenden und pflegerischen Produktionsfaktoren wie auch eine Mischung aus medikamentöser, psychologischer und konservativ-therapeutischer Versorgung (Rothgang et al. 2010, S. 171 ff.). Diese Unterteilung lässt sich für die Demenzversorgung stadienorientiert skizzieren: In frühen Stadien der Erkrankung liegt nur eine geringe bis keine Betreuungsnotwendigkeit vor und der Mensch mit Demenz benötigt u. U. unterstützende Hilfen bei der Selbstbetreuung. Mit wachsendem Abbau der kognitiven Kompetenzen wächst der Betreuungsbedarf, der vor allem durch die informell pflegenden Personen geleistet und mit der Zeit ergänzt um formale Pflegeleistungen wird (ähnlich Zerth et al. 2012, S. 1076). Somit lässt sich festhalten, dass sich im Zeitablauf die Interaktion zwischen den unterschiedlichen Beteiligten der Demenzbetreuung verändert, da sowohl die Verantwortungsrollen der betreuenden und pflegerischen Hauptverantwortlichen wechseln.

Eine Illustration mag dies verdeutlichen helfen. Bei einem Demenzstadium ohne Befund beginnend ist es zunächst relevant, ob der Mensch mit Demenz allein oder in einer Paarbeziehung lebt. Beim allein lebenden Menschen ist die Nähe und damit Erreichbarkeit einer informellen Betreuungsperson (informal Caregiver, iCG) relevant, um bei noch reduzierter Form der Demenz, etwa bei „Mild Cognitive Impairments" (MCI), eine selbständige Betreuung sicherstellen zu können. Spätestens mit fortgeschrittener Demenz wird eine Zuführung einer professionellen Pflegekraft (formal Caregiver, fCG) relevant werden. (vgl. Abb. 13.3).

Die Demenzbetreuung kann somit als eine Form der „Teamproduktion" beschrieben werden (Zerth et al. 2008) bzw. die Rollen der verschiedenen Co-Produzenten der Versorgung spielt eine wichtige Rolle (Naiditch et al. 2013, S. 57.). Welche dienstleistungstheo-

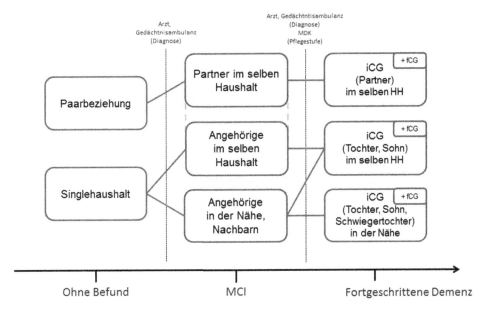

Abb. 13.3 Versorgungsprozess Demenz. (Quelle: eigene Darstellung)

retische Interpretation lässt sich nun daraus ableiten? Ein Bezug zur organisationstheo-retischen Betrachtung des Dienstleistungsphänomens kann zur Strukturierung beitragen. Dienstleistungen können im organisationstheoretischen Sinne (Picot et al. 2012, S. 464 f.) entweder als

- potenzialorientierte Ansätze interpretiert werden, nach denen Dienstleistungen ein Leistungsversprechen umfassen, im Sinne des Gesundheitssystems eine Garantieleis-tungen gewährleisten, oder
- als prozessorientierte Leistungen interpretiert werden, deren Nutzen durch die direkten Teilnahme entsteht, hier greift das „uno-actu-Phänomen", das im Gesundheitswesen bei der Arzt- Patienten-Beziehung idealtypisch interpretiert wird oder
- als ergebnisorientierte Wertschöpfungsphänomene beschrieben werden, deren Nutzen-kategorie in der Schaffung eines dauerhaften Objektes liegen.

Nun sind häufig diese Kategorisierungen nicht unabhängig voneinander möglich, beim Blick auf den Dienstleistungsprozess „Demenzversorgung" zeigt sich unmittelbar diese Interdependenz auf. Die herkömmliche Betreuung von Menschen mit Demenz im ambu-lanten Sektor als auch Ansätze tagesstrukturierter Betreuungskonzepte in Formen statio-närer Demenzbetreuung stehen sinnbildlich für eine prozessorientierte Dienstleistungs-umgebung, die aber gleichzeitig auf Potenzialfaktoren angewiesen sind, die etwa im Sin-ne von Entlastungsangeboten insbesondere den pflegenden Angehörigen zur Seite stehen (etwa Isfort et al. 2012).

Organisations- und produktionstheoretisch stellt sich hier letztendlich die Frage nach der Einordnung des externen Faktors bei der Demenzdienstleistungsproduktion. Mit dem externen Faktor wird grundsätzlich die Besonderheit im Dienstleistungskontext umschrieben, nach der der Nachfrager teilweise oder komplett am Leistungsprozess mitwirken muss (etwa Souren und Richter 2015, S. 46 f.). Somit ist die Disponierbarkeit der Faktoreinsätze unterschiedlich. Diese reicht von der komplett vom Nachfrager unabhängigen freien Disponierbarkeit bei der Sachgüterproduktion bis zur kompletten Verknüpfung mit dem personellen externen Faktor bei unmittelbarer medizinisch-pflegerischer Dienstleistung. Im Kontext der Demenzversorgung gilt es noch zusätzlich zwischen Nachfrager- und Nutzerrollen zu unterscheiden. Wohingegen der Nutzer immer als externer Faktor bei unmittelbar wirksamen Dienstleistungen integriert ist, ist die Nachfragerolle unterschiedlich in der Zeit einzuordnen (Abb. 3). Wie schon oben geschrieben, verändern sich die Verantwortungsrollen im Zeitablauf des Versorgungs- und Betreuungsbedarfes. Eine Anlehnung an das Modell der Dienstleistungsproduktivität von Grönroos und Ojasalo (2004) kann hier herangezogen werden (hier die Interpretation von Horbel et al. 2013, S. 236 f.):

Hier wird die Bedeutung der Faktorverfügbarkeit und der notwendigen Implementierung des externen Faktors unterschieden. Im Sinne einer vorbereitenden Arbeit (etwa Pflegevorbereitung) kann eine Betreuungs- und Pflegekraft eine eigenständige Dienstleistungsproduktion erzeugen. Im unmittelbaren Betreuungs- und Pflegekontext liegt eine Ko-Produktion vor und soweit als möglich sollen Betreuungsleistungen die Autonomie und die Kompetenz des Menschen mit Demenz noch stärken, d. h. zur eigenständige „Produktion" der Dienstleistung führen. Wird der betreute und gepflegte Mensch im Kontext der Demenzversorgung als originärer externer Faktor umschrieben, kann im Kontext der Teamproduktion, die im Demenzprozess verlagert ist, der anderen Pflegeakteur als zeitlich verschobener sekundärer externer Faktor beschrieben werden, der gemeinsam mit dem Patienten aus Sicht eines einzelnen Pflegeakteurs integriert werden muss. Die Integrativität in diesem Sinne bezeichnet als konstitutives Merkmal einer Dienstleistungsproduktivität die Frage, zu welchem Zeitpunktes eines Versorgungsprozesses der Demenzversorgung (vgl. Abb. 13.3) der Patient aktiv oder weniger aktiv mitwirken muss und gleichzeitig ein weiterer Pflegeakteur 2, der vom Pflegeakteur unabhängig ist, notwendig ist. Diese Integrativität richtet sich demnach nach den Versorgungszielen, die mit einer Demenzbetreuung einhergehen.

Im Sinne einer aktivitätsanalytischen Herangehensweise in Anlehnung an Koopmans (1951), lässt sich der Bezugspunkt aufgreifen, ob zur Sicherung der Demenzversorgung, etwa des Managements der Sturzgefahr der Patient selbst (Integration des Patienten) oder der Umgebungsfaktoren (Integration des Wohnumfeldes des Patienten) organisiert werden muss. Mit wachsender Verschlechterung der kognitiven Leistungsfähigkeit des Menschen mit Demenz steht dieser in einem passiven Mitwirkungskontext. Gleichwohl ist eine Fokussierung der Beteiligung des Patienten bei der Organisation des Dienstleistungszieles notwendig, etwa bei Berücksichtigung der üblichen Verhaltensroutinen des Patienten in seiner Wohnumgebung.

Hier ist somit das Wissen über die typischen Verhaltensroutinen wieder eine wichtige Information für die Pflegeakteure, die im Sinne einer Teamproduktion Versorgung und Pflege zusammenarbeiten müssen. Dieses Wissen über die Betreuungsumgebung wird darüber hinaus bedeutsamer, wenn eine Versorgungsorientierung über unterschiedliche Stadien der Gesundheitsversorgung erfolgen soll, etwa eine Organisation der Pflegeüberleitung eines Menschen mit Demenz nach Oberschenkelhalsbruch zurück in die eigene Häuslichkeit. Somit spielen die Interaktion zwischen den Pflegeakteuren, die Interaktion mit dem Patienten und letztendlich die Einbettung in eine institutionelle und organisatorische Pflegestruktur eine ausschlaggebende Rolle. Richter et al. sprechen beispielsweise davon, dass mit wachsenden Betreuungsbedarf ein „schrittweises Aktivieren von Dienstleistungen und Settings empfohlen [wird]" (Richter et al. 2014, S. 77).

13.3.2 Agency-orientierte Adaption

Im Lichte des Teamproduktionsphänomens „Demenzpflege" wird deutlich, dass die Einbeziehung des externen Faktors sowohl im Hinblick auf die Kompetenz des Gepflegten als auch im Hinblick auf die Notwendigkeit der Umgebungsfaktoren zu berücksichtigen ist. Diese unterschiedliche Integration des externen Faktors selbst ist wiederum Teil der Teamproduktionsaufgabe und insbesondere der Managementaufgabe der korrespondierenden Betreuungs- und Pflegeakteure im Zeitablauf. In Abhängigkeit von der Hauptleistung der Demenzbetreuung unterscheidet sich die Einflussnahme der Pflegeakteure. Somit entsteht ein Interaktionsgefüge, das sowohl Informations- als auch Organisationsbezüge tangiert und methodisch in institutionenökonomischen Ansätzen verortet ist. Orientiert an einem einfachen Prinzipal-Agenten-Modell im Sinne von Holmström (1979) übertragen auf den Fall der Pflegeinteraktion, kann dieser Bezug adressiert werden (Zerth und Bronnhuber 2015, S. 327 ff.):

Angenommen sei, dass die Prinzipalrolle aus Sicht des Gepflegten/Betreuenden dargestellt wird. Der Prinzipal verlagert aber beispielsweise die Budget- und Programmverantwortung an eine Krankenversicherung. Im Sinne der kontinuierlichen Teamproduktion „Pflege" sollen zwei Pflegesachwalter für die informelle und die formale Pflege zur Verfügung stehen. Hier greift wiederum der Bezug zur Teamproduktion (etwa Zerth et al. 2008), da per Annahme beide Akteure gleichzeitig oder zeitlich versetzt für den Outcome des Gepflegten relevant sind. Der Outcome der Pflege- und Betreuungsleistung lässt sich aus Sicht des Prinzipals nur unvollständig, analog den üblichen Annahmen in Moral-Hazard-Modellen, kontrollieren und wird mit $X(e_i, e_j, G)$ umschrieben. Der Parameter G adressiert unbeobachtbare weitere Phänomene, die auf die Nutzenwahrnehmung des Gepflegten Einfluss nehmen, etwa die physische und psychische Konstitution oder sozioökonomische Grundparameter wie das Bildungsniveau des Gepflegten.

Die unmittelbare Pflegeleistung geht mit einer Produktionsfunktion $p(e_i, e_j, \gamma)$, wobei $e_i \in [0,1]$ als Anstrengungsmaß der Pflegeagenten und γ als exogene Größe der institutionell- und organisatorischen Pflegeumgebung beschrieben wird. M. a. W. kennzeichnet dieser Parameter γ die Umsetzung der Interaktion zwischen den beiden Pflegeagenten, etwa im Hinblick auf Informationsaustausch, Organisationsabstimmung u. ä.

In einer einfachen Modellentscheidung legt der Gepflegte selbst die Programmierung des Pflegeprozesses fest und demnach die Einbeziehung des externen Faktors. Die Anstrengung der Pflegesachwalter ist nur teilweise mess- und kontrollierbar und sowohl die Honorierungsregelung $P + k \cdot e_i$ als auch die Gestaltung der Teamproduktionsumgebung k sind exogene Stellgrößen. Die Honorierungsregel umfasst eine pauschale Honorierung P_i sowie einen vom Aufwand des Pflegeagenten abhängigen Teil $k \cdot e_i$. Somit sind Risikoteilungsmodelle, wie in der Literatur üblich, möglich (etwa Miller 2014).

Der Prinzipal, in diesem Modellkontext der Gepflegte selbst, maximiert seine Nutzenfunktion gemäß der messbaren Pflegequalität $X(e_i, e_j, G)$ sowie den exogenen Faktoren (Sowohl der Prinzipal als auch die Agenten sind hier risikoneutral bezüglich des Nutzens. Mit $v(e_i)$ werden nicht-monetäre des Agentennutzens beschrieben (disutilities)).

$$\text{Max } p(e_i, e_f, \gamma)[X(e_i, e_f, G) - P - k \cdot e_i] \tag{13.1}$$

Bei nicht beobachtbaren Verhalten der Agenten optimieren diese auf Grundlage der Parameter, die der Prinzipal setzt, ihre individuelle Nutzenfunktion. Dabei ist ein Kostenfunktion $c(\gamma)e_i$ der eigenen Anstrengung zu berücksichtigen, die die Wirksamkeit der eigenen Pflegeanstrengung mit einem von organisatorisch und institutionell beeinflussten Kosten verknüpft $c(\gamma)$. Es lässt sich pro Agent eine Anreizkombatibilitätsbedingung ableiten, die aus der Optimierung der Agentennutzenfunktion erfolgt ($v' > 0$, $v'' > 0$, $p' > 0$, $p'' < 0$):

$$\tilde{e}_i \equiv \max_{e_i} p(e_i, e_j, \gamma)[P_i + k \cdot e_i - c(\gamma)e_i] - v(e_i) \tag{13.2}$$

Somit gilt:

$$\tilde{e}_i \equiv \frac{\partial p(e_i, e_j, \gamma)}{\partial e_i} \cdot [P_i + k \cdot e_i - c(\gamma)e_i] + p(e_i, e_j, \gamma) \cdot [k - c(\gamma)] - \frac{\partial v}{\partial e_i} = 0 \tag{13.3}$$

Der erste Term zeigt die Mindestteilnahmebedingung für den Pflegeagenten an, die gewährleistet werden muss, damit ein Anreiz zum Engagement vorhanden ist. Durch die Risikoneutralitätsannahme würde für eine positive Anreizkompatibilitätsbedingung auch eine Pauschalvergütung P_i ausreichen solange diese die monetären wie nicht-monetären Kosten des Agenten abbilden würde. Durch die Annahme, dass die institutionellen und organisatorischen Bedingungen, dargestellt im Parameter γ, die Interaktionsanreize beeinflussen, ist der Marginaleffekt diesbezüglich interessant (Der Nenner (Ω) als Bedingung zweiter Ordnung ist negativ gemäß Annahme.):

$$\underbrace{\frac{\partial p^2\left(e_i, e_j, \gamma\right)}{\partial e_i \partial \gamma}}_{\geq <0} \cdot \underbrace{\left[P_i + \cdots\right]}_{>0} + \underbrace{\frac{\partial p\left(e_i, e_j, \gamma\right)}{\partial e_i}}_{>0} \cdot \left[\underbrace{-\frac{\partial c(\gamma)}{\partial \gamma} e_i}_{\geq <0}\right] +$$

$$\frac{d\tilde{e}_i}{d\gamma} \equiv -\frac{\underbrace{\frac{\partial p\left(e_i, e_j, \gamma\right)}{\partial \gamma}}_{>0}\left[\underbrace{k - c(\gamma)}_{\geq <0}\right] + p\left(e_i, e_j, \gamma\right)\left[\underbrace{-\frac{\partial c(\gamma)}{\partial \gamma}}_{\geq <0}\right]}{\Omega} \qquad (13.4)$$

Drei Effekte lassen sich herausfiltern:

- Der erste Term des Marginaleffekts lässt sich als Interaktionsterm der Pflegeorganisation mit dem Anreiz der Pflegeagenten zur Teamproduktion umschreiben. Wenn dieser positiv ist, liegt eine strategische Komplementarität (Mit strategischer Komplementarität ist hier gemeint, dass eine marginale Steigerung der Grenzproduktivität der Pflegeumgebung die marginale Grenzproduktivität der Pflegeleistung positiv befördert (ursprünglich Bulow et al. 1985).) vor und Pflegeumgebung und individueller Akteursanreiz bedingen einander positiv.
- Der zweite Term weist auf die Kostenwirksamkeit der organisatorischen und institutionellen Pflegeumgebung hin. Sollte die organisatorische und institutionelle Pflegeumgebung einen marginalen Kostensenkungseffekt haben, etwa durch bessere Abstimmung von Medikations- oder Pflegedaten und resultierender sinkender Transaktionskosten in diesem Kontext, steigt zusätzlich der Anreiz zur Pflegeproduktion. Dieser Effekt setzt jedoch voraus, dass der Pflegeakteur, das kann auch eine stationäre Organisationsform sein, sich die Kosteneffekte auch zuschreiben kann.
- Der dritte Term stellt die notwendige Bedingung für einen förderlichen Anreiz zur Pflegeoptimierung dar, die zumindest einen neutralen Deckungsbeitrag $(k - c(\gamma))$ einfordern würde.

Somit lässt sich schlussfolgern, dass eine Teamproduktion im Kontext der Demenzproduktion immer ein gelungenes Zusammenspiel an beförderter Organisationsstruktur, monetären Anreizkontext und passender Zusammenstellung der Akteurskompetenzen notwendig macht.

13.4 Wertschöpfungsaspekte der Demenzversorgung

13.4.1 Demenz zwischen Standardisierung und Individualität

Es wurde deutlich, dass der am Patientenfluss der demenziellen Entwicklung orientierte Dienstleistungsprozess sowohl von der Interaktion der beteiligten Dienstleistungsakteure, der unterschiedlichen Integration des Patienten als externer Faktor und der Unterstützung der externen Faktoren abhängig ist. Hier greifen Bezüge zur Idee einer Wertorientierung, die interne Effizienz, externe Wahrnehmung der Effizienz durch den Gepflegten und die Effizienz der organisatorischen und institutionellen Kapazität gemeinsam berücksichtigen müssen (ähnlich Horbel et al. 2013, S. 235). Gerade bei der Betreuung demenzieller Erkrankungen ist daher der Wert der Versorgung nicht ein Endpunkt, sondern entsteht kontinuierlich während des Versorgungsprozesses, beispielsweise gemessen in zeitlicher Aufrechterhaltung von Kompetenzen des demenziell erkrankten Menschen, sich eigenständig zu orientieren oder auch im gelungenen Kommunikationsprozess mit pflegenden Angehörigen bei der Pflegeüberleitung aus dem Krankenhaus. Der Dienstleistungsprozess über die gesamte Patientenstruktur des demenziell erkrankten Menschen ist daher gekennzeichnet durch aufeinanderfolgende Prozessschritte, als auch der Simultanität der Prozessschritte (analog zu Schneider 2013, S. 115 f.).

Aus der geriatrischen Betrachtung heraus lassen sich in diesem Kontext unterschiedliche Betrachtungsperspektiven ableiten, die prozessorientiert für eine Gestaltung des Patientenflusses Demenz von der Krankenhausversorgung, über die ambulanten Versorgung bis hin zur Organisation des Pflegekontextes in den eigenen vier Wänden Relevanz haben. Lübke weist beispielsweise darauf hin, dass nicht alle Diagnosen mit wachsendem Lebensalter eine gleiche Behandlungsnotwendigkeit besitzen würden, wenn als Bewertungsmaßstab die Beeinträchtigung der Lebensqualität und die Aufrechterhaltung von Kompetenzen zur selbständigen Lebensführung genommen werden (Lübke 2012, S. 56 f.).

Unabhängig von der Notwendigkeit adäquater Konzepte der Lebensqualitätsmessung, im Kontext von Outcome Research und Versorgungsforschung, wird somit deutlich, dass die wachsende Komplexität der Pflege- und Betreuungsleistung während des Krankheitsverlaufs einerseits eine am individuellen Einzelfall notwendige Abstimmung von Betreuung und Pflege benötigen, andererseits eine interprofessionelle und intersektorale Zusammenarbeit relevant wird (Richter et al. 2014, S. 80). Übertragen auf die weiter oben dargelegten theoretischen Überlegungen ist einerseits eine hohe strategische Komplementarität zwischen den Pflegeagenten notwendig, andererseits die Befähigung der institutionellen, organisatorischen und insbesondere personellen Kapazitäten auf die Individualität der Demenzversorgung eingehen zu können. Schlussendlich geht es um das Management der Verhaltensunsicherheit im Prozess. Somit gilt die Frage, wie organisatorische Ideen einer Standardisierung greifen können, die gerade im Einzelfall die Individualität der Demenzbetreuung wieder befördern helfen.

Eine Anleihe bei *Schneider*, der die Konzepte von Wertkette und Wertshop bei der Organisation des Medizin- und Pflegeprozesses im Krankenhaus analysiert (Schneider 2013, S. 128 ff.), kann hier hilfreich sein. Er weist darauf hin, dass in Abhängigkeit der Wertschöpfungskonfiguration von Medizin und Pflege eine Wertkette dann eine geeignete Konzeption ist, wenn sich Leistungen standardisieren lassen und die Verhaltensunsicherheit geringer ist. Je stärker der Integrativitäts- und Individualisierungsgrad ist, desto stärker greift die Idee eines Wertshops (Schneider 2013, S. 129). Übertragen auf den Demenzkontext hat die Wertkettenidee in dieser Interpretation dann Vorteile, wenn sich Prozesse und somit die Abstimmung interner Kapazitäten planbar organisieren lassen. Insbesondere bei der Gestaltung der objektimmanenten Elemente des Demenzprozesses könnte dies greifen wenn diese vorbereitenden und begleitenden Charakter haben, beispielsweise eine Medikationsdatenbank, eine kontinuierliche Aktivitätsmessung zur Optimierung der Pflegeplanung u. ä. Je stärker jedoch Prozesse parallel und nicht-standardisierbar verlaufen, gerade bei der Implementierung eines dementiellen Patienten in eine eigentlich standardisierbare chirurgische Operationsplanung, sind Ansatzpunkte des Wertshops bei der Patientenaufnahme (medizinisches und geriatrisches Assessment) als auch bei der Entlassung (medizinisches, pflegerisches und sozialorientiertes Entlassmanagement) relevant (in Analogie Schneider 2013, S. 128 f. oder auch Linke 2011, S. 311 ff.).

Ein adäquates Risikomanagement des dementen Krankenhauspatienten, das der Idee folgt, dass dieser als doppelter externer Faktor einwirkt und gleichzeitig die strategische Komplementarität der Betreuungs- und Pflegeagenten notwendig ist, ist daher die Konsequenz. Der demente Patient benötigt einerseits eine prozessorientierte Dienstleistungsstruktur, die der Individualität des Patienten Rechnung trägt, etwa durch eine spezialisierte Maßnahmen des Risiko-Management hinsichtlich Delirprophylaxe, begleitender Ernährungstherapie oder palliativer Versorgung (Lübke 2012, S. 63). Anderseits ist der Mensch mit Demenz hinsichtlich seiner chirurgischen Patientenrolle in einem standardisierten Kontext integrierbar, wo eine kürzere Kontaktdauer mit dem Patienten vorliegt und die Hauptleistung in einer aktivitätsorientierten Beschreibung eher objektbezogenen Charakter hat (zur Analogie Souren und Richter 2015, S. 58 f.). Gleichwohl ist das verknüpfende Element notwendig, etwa in Form einer personellen Kompetenz mit entsprechender Qualifikation, die etwa als „Case Manager" dieses Zusammenspiel koordinieren kann (Richter et al. 2014, S. 80 f.).

13.4.2   Care- und Case-Management als Konsequenz

Die vorgestellte Idee einer Kombination zwischen Wertketten- und Wertshop-Strategie als konstitutives Merkmal einer am Patientenfluss orientierten Demenzversorgung macht aber die Notwendigkeit der Professionalität bei den notwendigen Beteiligten relevant, um überhaupt eine verknüpfende Teamproduktion erzielen zu können. Notwendige Bedingung dafür ist eine institutionelle und daraus folgende organisatorische Strategie und Infrastruktur für eine patientenorientierte Demenzversorgung (ähnlich Grand et al. 2011, S. 142). Hier reiht sich demenzielle Versorgung als Musterbeispiel ein in eine Uminterpretation von Gesundheits- und Pflegeversorgung von einer akteurs- zu einer klienten- oder patientenorientierten Strategie (Gerlach et al. 2011, vgl. auchetwa Sachverständigenrat 2009, zitiert nach Gerlach et al. 2011, S. 34).

Diese wird viel stärker von einer Interaktion der verschiedenen Professionen und ehrenamtlichen Akteuren geprägt sein müssen, je stärker chronische Krankheiten und auch Betreuungskontext wie Demenz an Bedeutung gewinnen. Die Illustration einer Agency-Umgebung hat das Zusammenspiel zwischen Fähigkeiten der Agenten, monetären Anreizen und passender begleitender Technologie herausarbeiten können. Technologien in diesem Kontext können dann hilfreiche Standardisierungsrollen im Sinne der Wertkettenüberlegung darstellen, wenn sie es schaffen, das Zusammenspiel zwischen originärer Technik, etwa eine patientenorientierte Medikationsdatenbank mit institutionellen Anreizsystemen zu verknüpfen. Vor diesem Hintergrund bleibt dann die Frage der Richtung einer Versorgungsstrategie zu diskutieren. Sollen orientiert am Patientenpfad allgemein und im Speziellen bei Menschen mit Demenz generalistische, gerontologische Kompetenzen gegenüber Spezialisierungen den Vorrang erhalten? Hier zeigen unterschiedliche Beispiele aus anderen Ländern Ansatzpunkte dafür, Interaktion und Standardisierung/Spezialisierung zu verknüpfen (dazu Schmacke 2012, S. 43 f.).

Am Ende geht es um ein Care-Management in diesem Sinn, dass aus generalistischer Sicht die Verantwortungsdimension für den Patientenfluss übernommen werden muss. Dies ist dann Ansatzpunkt für ein Care- oder Case-Management-System. Diese organisatorische Strategie ist dann eingebettet in eine Prozessüberlegung, die verknüpft mit begleitender Qualitätskontrolle und Qualitätsmaßzahlen Prioritäten entlang des Patientenflusses eines Patienten zu finden versucht, insbesondere eines Patienten mit Demenz (analog Richter et al. 2014, S. 80). Eine Arbeitsteilung entlang der Versorgungskette macht daher die Demenzversorgung zu einem interessanten Fallbeispiel für inter- und intrasektoraler Versorgung, wo arbeitsteilige Prozesse zwischen den verschiedenen medizinisch-pflegerischen Professionen aber auch im Hinblick auf die ehrenamtlich wirkenden familiären Pflegestrukturen deutlich werden. Als mögliches Beispiel hierzu können Chronic-CareModelle greifen, die auch vom Sachverständigenrat adressiert als Ansatzpunkt einer Versorgungsstruktur interpretiert werden, die sich der Verschränkung zwischen Allgemeinversorgung und Spezialisierung bewusst ist. Elemente hierfür können sein (Schmacke 2012, S. 38 f.):

- Professionelles Wissen und Kompetenzen,
- Schulung und Unterstützung von Patienten,
- Systematischer Einsatz von Teams in einen vorausschauenden Beratungskonzept (etwa im Hinblick auf geriatrische Assessments)
- Nutzung elektronischer Informationssysteme

Wenn derartige Organisationsmodelle im Gesundheitswesen an Bedeutung gewinnen, stehen ökonomische Allokationsstrategien zur Diskussion. Wer ist dann zwischen den verschiedenen institutionellen Akteuren etwa für die Budget- und Organisationsverantwortung zuständig?

In der Literatur finden übergreifende Care-Management-Ansätze zwischen Medizin und Pflege etwa in Carve-in-Modellen ihren Widerhall (Bartels et al. 1999). In diesem übernimmt beispielsweise ein Leistungserbringer, d. h. kann auch ein Krankenhaus sein, das sich einer Erstversorgungsaufgabe bewusst ist, die vollständige Kostenverantwortung und Leistungssteuerung. Alternativ kann auch eine Krankenversicherung im Sinne eines Managed-Care-Modells in eine derartige Aufgabe hineinwachsen. Letztendlich entstehen neue Fragestellungen institutioneller und organisatorischer Gestaltung zwischen Medizin und Pflege über die Demenzversorgung hinaus. Gleichwohl bietet die Demenzversorgung den Anlass, sowohl institutionell als auch organisatorisch zu lernen und gegebenenfalls auch zu experimentieren.gleichwohl gilt es zu berücksichtigen, dass der Umgang mit demenziellen Patienten neben dem Wissen über den Krankheitsverlauf begleitende medizinisch-pflegerische auch betreuende Konzepte erfordert, die stärker von einer Haltung der handelnden Pflegeakteure geprägt sind (Isfort et al. 2012, S. 12). Haltungen lassen sich wenig standardisieren, insbesondere machen kürzere Verweildauern und wachsende Fallschweren im Krankenhaus eine stärkere Umstrukturierung der Prozessprogrammierung erforderlich. Somit gehen institutionelle und organisatorische Umstrukturierungen mit einer veränderten Einschätzung zur Rollenverteilung in Betreuung und Pflege einher.

13.5 Schlussfolgerung

Die Morbiditätsentwicklung einerseits und die Gestaltung der Medizin und Pflege andererseits (Rolle des technischen Fortschritts) lassen die Bedeutung chronischer, auch altersabhängiger Erkrankungen für das gesamte Gesundheitswesen, insbesondere auch für die Krankenhäuser, relevanter werden. Gerade chronische Krankheiten fordern stärker die Interaktion der medizinisch-pflegerischen Akteure ein und sind so Ausprägung einer Arbeitsteilung, die sich am Patientenpfad orientieren wird und weniger den Akteursbezug in den Vordergrund stellt. Demenzielle Erkrankungen verschärfen diese Entwicklung noch, da sich zwangsläufig hier Standardisierung und Individualität miteinander verknüpfen müssen. Die Versorgung demenzieller Patienten erfordert zwangsläufig eine intersektorale Arbeitsteilung in einem vertieften Sinne, die es aber notwendig macht, einen ganzheitlichen Blick auf den Versorgungsprozess und die notwendigen Schwerpunktsetzungen wieder intrasektoral zu ziehen. Das Wechselspiel zwischen einer Wertshop- und einer Wertkettenorientierung kann hier nur skizzenhaft diese strategische Positionierung umschreiben. Die Frage bleibt offen, welcher Versorgungsakteur in der Zukunft hier eine Verantwortung, aber auch eine Chance zu einem Care- und Case-Management veränderter Natur sieht.

Literatur

Bartels SJ, Levine KJ, Shea D (1999) Community-based long-term care for older persons with severe and persistant mental illness in an era of managed care. Psychiatri Serv 50(9):1189–1197

Bulow J, Geanakoplos J, Klemperer P (1985) Multimarket Oligopoly: Strategic Substitutes and Complements. J Polit Econ 93(3):488–511

Drösler S, Weyermann M (2013) Entwicklung der Leistungen für hochbetagte Patienten. In: Klauber J, Geraedts M, Friedrich J, Wasem J (Hrsg) Krankenhaus-Report 2013. Mengendynamik: mehr Menge, mehr Nutzen? Schattauer, Stuttgart, S 49–67

Felder S (2012) Auswirkungen der älter werdenden Gesellschaft auf das Gesundheitswesen - bleibt es bezahlbar? In: Günster C, Klose J, Schmacke N (Hrsg) Versorgungs-Report 2012. Schwerpunkt: Gesundheit im Alter. Schattauer, Stuttgart, S 23–32

Gensichen J, Muth C, Butzlaff M, Rosemann T, Raspe H, Müller H, de Cornejo G, Beyer M, Härter M, Müller U, Angermann C, Gerlach F, Wagner E (2010) Die Zukunft ist chronisch: das Chronic Care-Modell in der deutschen Primärversorgung. Übergreifende Behandlungsprinzipien einer proaktiven Versorgung für chronisch Kranke. Z Arztl Fortbild Qualitatssich 100:365–374

Gerlach M, Beyer M, Erler A (2011) Gesundheitsversorgung in einer Gesellschaft längeren Lebens – Zukunftskonzepte des Sachverständigenrates. In: Günster C, Klose J, Schmacke N (Hrsg) Versorgungs-Report 2011. Schwerpunkt: Chronische Krankheiten. Schattauer, Stuttgart, S 29–40

Gerste B (2012) Die Inanspruchnahme von Gesundheitsleistungen im Alter. In: Günster C, Klose J, Schmacke N (Hrsg) Versorgungs-Report 2012. Schwerpunkt: Gesundheit im Alter. Schattauer, Stuttgart, S 67–98

Grand JH, Caspar S, MacDonald SW (2011) Clinical features and multidisciplinary approaches to dementia care. J Multidiscip Healthc 4:125–147

Grönroos C, Ojasalo K (2004) Service Productivity. Towards a conceptualization of the transformation of inputs into economic results in services. J Bus Res 57(4):414–423

Holmström B (1979) Moral hazard and observability. Bell J Econ 10(1):74–91

Horbel C, Stadtelmann M, Woratschek H (2013) Dienstleistungsproduktivität: Perspektivenwechsel von der Produktions- zur Werteorientierung. In: Bouncken R, Pfannstiel M, Reuschl A (Hrsg) Dienstleistungsmanagement im Krankenhaus I Prozesse, Produktivität und Diversität. Springer-Verlag, Heidelberg, S 221–244

Isfort M, Gehlen D, Kraus S, Busche W, Krause O (2012) Menschen mit Demenz im Krankenhaus. Eine Handreichung der interdisziplinären Arbeitsgruppe der Diözesan-Arbeitsgemeinschaft der katholischen Krankenhäuser (DiAG) in der Erzdiözese Köln, Deutsches Institut für angewandte Pflegeforschung e. V. http://www.dip.de/materialien/berichte-dokumente/. Zugegriffen: 9. Mai 2015

Koopmans TC (1951) Analysis of production and allocation as an efficient combination of activities. In: Koopmans TC (Hrsg) Activity analysis of production and allocation. Wiley, New York, S 33–97

Linke C (2011) Die Wertschöpfungskonfiguration der integrierten medizinischen Leistungserstellung. In: Rüter G, Da-Cruz P, Schwegel P (Hrsg) Gesundheitsökonomie und Wirtschaftspolitik, Festschrift zum 70. Geburtstag von Prof. Oberender. Lucius & Lucius, Stuttgart, S 304–334

Lübke N (2012) Brauchen alte Menschen eine andere Medizin?. Medizinische Einordnungen spezieller Behandlungserfordernisse älterer Menschen. In: Günster C, Klose J, Schmacke N (Hrsg) Versorgungs-Report 2012. Schwerpunkt: Gesundheit im Alter. Schattauer, Stuttgart, S 51–66

Lux G, Steinbach P, Wasem J, Weegen L, Walendzik A (2013) Demografie und Morbiditätsentwicklung. In: Klauber J, Geraedts M, Friedrich J, Wasem J (Hrsg) Krankenhaus-Report 2013. Mengendynamik: mehrMenge, mehrNutzen? Schattauer, Stuttgart, S 69–82

Miller H (2014) From volume to value: better ways to pay for health care. Health Aff 28(5):1418–1428

Naiditch M, Triantafillou J, Santo P D, Carretero S, Durrett E (2013) User perspectives in long-term care and the role of informal carers. In: Leichsenring K, Billings J, Nies H (Hrsg) Long-term care in Europe. Improving policies and practice. Palgrave, Houndsmill, S 45–80

Pick P, Brüggemann J, Grote C, Grünhagen E, Lampert T (2004) Pflege. Schwerpunktbericht der Gesundheitsberichterstattung des Bundes. Robert- Koch-Institut, Berlin

Picot A, Dietl H, Franck, E, Fiedler M, Royer M (2012) Organisation. Theorie und Praxis aus ökonomischer Sicht, 6. Aufl. Schäffer Poeschel, Stuttgart

Richter S, Waehnke O, Zabel R (2014) Integriert versorgen bei Demenz. Gelingende Praxis am Beispiel der Memo Clinic®. Springer Medizin, München

Rothgang H, Iwansky S, Müller R, Sauer S, Unger R (2010) Barmer GEK Pflegereport 2010, Schwerpunktthema: Demenz und Pflege. Asgard-Verlag, St. Augustin

Schaller S, Mauskopf J, Kriza C, Wahlster P, Kolominsky-Rabas P (2015) The main cost drivers of dementia: a systematic review. Int J Geriatr Psychiatry 30(2):111–129

Schallermair C (1999) Ökonomische Merkmale sozialer Dienstleistungen und deren Beschäftigungspotentiale am Beispiel der stationären Altenpflege. P.C.O-Verlag, Bayreuth

Schmacke N (2012) Alter und Krankheit: eine neue Frage neuer Versorgungsformen, nicht nur für ältere Menschen. In: Günster C, Klose J, Schmacke N (Hrsg) Versorgungs-Report 2012. Schwerpunkt: Gesundheit im Alter. Schattauer, Stuttgart, S 33–50

Schneider M (2013) Wertschöpfungsorientierte Arbeitsteilung im Krankenhaus. Effizienzbewertung und Auswahl von Organisationsformen am Beispiel der Pflege. Eine organisationstheoretische Analyse. P.C.O-Verlag, Bayreuth

Souren R, Richter M (2015) Aktivitätsanalytische Modellierung standardisierter Dienstleistungen. DBW 75:45–63

Wimo A, Winblad B, Jonsson L (2010) The worldwide societal costs of dementia: estimates for 2009. Alzheimer Dement 6(2):98–103

Zerth J, Bronnhuber A (2015) Sachwalterrollen in der Pflege. Die Bedeutung des Pflegearrangements und Managed Care. WiST 44(6):325–331

Zerth J, Gaudig M, Schmid A (2008) Medikamentöse Versorgung von Demenzpatienten als Teil einer integrativen „Teamproduktion" – Diskussion von Verschreibungs- und Behandlungsverhalten und gesundheitspolitische Handlungsempfehlungen. PharmacoEconomics-Ger Res Art 6(1):53–68

Zerth J, Besser J, Reichert A (2012) Effectiveness and efficiency for ambulatory care assisted by mobile technological devices. Biomed Tech 57(Suppl. 1):1075–1078

Patient Empowerment als wirksames Instrument zur Steigerung der Behandlungsqualität

14

Ausgewählte Maßnahmen zur Stärkung der Rolle des Patienten im Arzt-Patienten-Gespräch

Ralph Tunder und Julia Plein

Inhaltsverzeichnis

R. Tunder (✉) · J. Plein
Health Care Management Institute, EBS Business School,
Rheingaustraße 1, 65375 Oestrich-Winkel, Deutschland
E-Mail: ralph.tunder@ebs.edu

J. Plein
E-Mail: julia.plein@ebs.edu

© Springer Fachmedien Wiesbaden 2016
M. A. Pfannstiel et al. (Hrsg.), *Dienstleistungsmanagement im Krankenhaus*,
DOI 10.1007/978-3-658-08429-5_14

Zusammenfassung

In Zeiten von Spitzenmedizin und (scheinbar) unbegrenzter Möglichkeiten technischer Errungenschaften in der medizinischen Versorgung rückt oftmals die eigentliche Arzt-Patienten-Beziehung in den Hintergrund. Um ein optimales Behandlungsergebnis zu erreichen, ist die aktive, offene und auf gegenseitigen Respekt ausgelegte Zusammenarbeit zwischen behandelndem Arzt und Patient unabdingbar. Die Idee des Patient Empowerment liefert Ärzten eine Grundlage, um Patienten je nach ihren individuellen Fähigkeiten und Neigungen in die Behandlung konzeptionell zu integrieren. Aktive Patienten formulieren ihre Erwartungen an die Behandlung, lassen eigene Erfahrungen einfließen und reflektieren die Beratung der Ärzte aufmerksam. Empowerte Patienten sind in der Lage, für sie relevante Informationen einzufordern und sich bestmöglich in die Behandlung einzubringen. Diese aktive Teilhabe der Patienten führt zu einer Optimierung des Behandlungsverlaufs und steigert somit die Qualität der Behandlung.

14.1   Einleitung

Wird über die Steigerung der Patientenbeteiligung und größeren Autonomie der Patienten im Behandlungsprozess diskutiert, werden oftmals Umschreibungen verwendet wie „Mündiger Patient", „Patient Information", „Shared Decision Making", „Enhanced Autonomy", „Informed Consent" usw. Das Bild, das die Beteiligten dabei vor Augen haben, ist das eines gut informierten, kundigen Patienten, der sich sachgerecht über seine Erkrankung informiert hat, die Abstimmung der Behandlung zusammen mit seinem Arzt vornimmt und den Empfehlungen des Arztes Folge leistet.

Dass eine Beteiligung der Patienten zu einer Steigerung der Behandlungsergebnisse führt, belegen Studien (Ernst et al. 2014, S. 189). Diskussionen über die Einbeziehung von Patienten in medizinische Entscheidungen werden dennoch kontrovers geführt. So werden von Seiten der Ärzteschaft häufig objektive Gründe genannt, die gegen eine verstärkte aktive Integration der Patienten sprechen, etwa gestiegener Zeitdruck durch Steigerung des Umfang des Patientendurchlaufs pro Zeiteinheit (Légaré et al. 2008, S. 528). Oftmals werden aber auch emotionale Vorbehalte gegen die Teilhabe der Patienten angeführt. Forderungen nach einem gewissen Mitspracherecht werden als Geringschätzung der ärztlichen Fachkompetenz bewertet, Vorschläge seitens des Patienten für alternative Behandlungsmethoden zum Teil als Affront gegen Berufserfahrung und Sachkenntnis (Dieterich 2006). Auf Seiten der Patienten wird dagegen weniger die letztliche Beteiligung an einer Entscheidung als ausschlaggebend für die Bewertung einer Behandlung angesehen, sondern vielmehr die während der intensiveren Kommunikation suggerierte Wertschätzung und Anerkennung der Person des Patienten durch den Arzt (Joffe et al. 2003, S. 106). Somit rückt das Arzt-Patienten-Gespräch selbst, die Art und Weise der Kommunikation miteinander und der Aufbau einer Beziehung zwischen den Gesprächspartnern in den Vordergrund.

Die Beziehung zwischen dem behandelnden Arzt und seinem Patienten beeinflusst bekanntermaßen das Behandlungsergebnis (Rössler 2005, S. VI). Eine gute, partnerschaftliche

Beziehung soll es Patienten zum einen ermöglichen, sich selbst für eine Behandlung zu öffnen und die Bedeutung der eigenen Person und des eigenen Handelns für das Gelingen einer Therapie zu erkennen. Die Ärzte auf der anderen Seite erhalten durch den intensiven Austausch mit ihren Patienten die Möglichkeit, deren persönliche Erfahrungen und Erlebnisse zu erkennen und diese für die Planung einer Behandlung zu berücksichtigen. Die optimale Kooperation zwischen Arzt und Patient stärkt den Arzt als Experten für das medizinische Wissen und erkennt den Patienten als Experten für seine persönlichen Präferenzen an (Büchi et al. 2000, S. 2777).

Prinzipiell ist festzuhalten, dass Ärzte und Patienten für eine gute Behandlung zusammenarbeiten müssen. Es lässt sich aber ebenso nicht von der Hand weisen, dass Patienten nur bedingt aktiv auf diese Zusammenarbeit hinwirken bzw. diese ausgestalten können. Die Therapiesouveränität des Patienten nimmt ab, umso mehr die Schwere einer Erkrankung zunimmt. Einer existentiell bedrohlichen Diagnose begegnen die wenigsten Patienten selbstsicher. An dieser Stelle sind die behandelnden Ärzte aufgefordert, eine situative Einschätzung der individuellen Erkrankungsbedeutung für ihre Patienten vorzunehmen und die Behandlungsführung situativ, d. h. angepasst an die Bedürfnisse der Patienten, zu übernehmen.

In den letzten Jahren wird verstärkt über Patient Empowerment als ein Ansatz diskutiert, der den Patienten in den Mittelpunkt der Behandlung stellt. Der Idee des Patient Empowerment folgend, sollen Patienten dazu ermutigt werden, ihre eigenen gesundheitlichen Belange in die Hand zu nehmen. Sie sollen darin bestärkt werden, sich mit sich selbst kritisch auseinander zu setzen und fehlende Informationen und Ressourcen für ihre Behandlung von Gesundheitsdienstleistern einzufordern. Patient Empowerment soll auch den respektvollen Umgang miteinander fördern. Da Beziehungsaspekte, wie Vertrauen, Achtung und Sicherheit zweifelsohne den Patienten als Maßstab dienen, um die Qualität einer Behandlung einzuschätzen, hat die Idee des Patient Empowerment einen richtungsweisenden Charakter (Joffe et al. 2003, S. 104).

Ziel des vorliegenden Beitrags ist nicht nur die Festigung eines tragfähigen Begriffsverständnisses für Patient Empowerment, sondern darüber hinaus auch die Vorstellung verschiedener Ansatzpunkte zur Integration des Patient Empowerment in die Behandlung (Anmerkung: Im vorliegenden Text finden sich mit Rücksicht auf die Lesbarkeit nur Verweise auf Mediziner als Interaktionspartner der Patienten im Behandlungsprozess. Eine Erweiterung des Begriffs auf Gesundheitsdienstleister im Allgemeinen ist grundsätzlich möglich.) Dabei ist von besonderem Interesse die Eignung des Patient Empowerment zur Erhöhung der Behandlungsqualität.

14.2   Das Konzept des Patient Empowerment

Der Begriff „Patient Empowerment" findet in den letzten Jahren eine zunehmende Verbreitung, dennoch liegt den verschiedenen Studien und Forschungsarbeiten kein einheitliches Begriffsverständnis zugrunde (Anderson und Funnell 2010, S. 277). Je nach Umfeld der Veröffentlichung werden oftmals individuelle Interpretationen des Konstrukts und kontextbezogene Auslegungen vorgenommen, manchmal wird Patient Empowerment auch in Verbindung mit anderen Konzepten der Patientenbeteiligung gebracht oder zum Teil sogar als Synonym verwendet (Fumagalli et al. 2015, S. 385). Diese Entwicklung erschwert zum einem die Konzertierung einer eindeutigen Definition, zum anderen sind Forschungsergebnisse aufgrund der fehlenden gemeinsamen Begriffsgrundlage nicht ohne weiteres miteinander zu vergleichen oder können erst nach Prüfung des zugrunde gelegten Verständnisses von Patient Empowerment einander gegenüber gestellt werden (Aujoulat et al. 2007, S. 14).

Patient Empowerment soll den Patienten grundsätzlich zu einer aktiven Teilhabe an der Gestaltung einer Behandlung befähigen. Diese Beteiligung der Patienten wird mit erhöhter Therapietreue, engagierterer Umsetzung ärztlicher Weisungen und auch der Übernahme von Verantwortung für das Behandlungsergebnis in Verbindung gebracht. Die Erwartungen, die mit Patient Empowerment verknüpft werden, sehen einen empowerten Patienten in der Lage, sich im Umfeld der gesundheitlichen Versorgung so sicher zu bewegen, dass er den Grad der Beteiligung seiner Person an der Behandlung gemeinsam mit den Gesundheitsdienstleistern abstimmen kann.

Im Folgenden wird zunächst die Idee des Empowerment allgemein vorgestellt, um darauf aufbauend eine Spezifikation hin zur gesundheitlichen Versorgung in Form des Patient Empowerment vorzunehmen.

14.2.1   Empowerment als Kernmodell des Patient Empowerment

Eine erste Umschreibung des Empowerment findet sich in der Bürgerrechtsbewegung der 1960er- und der gemeindebezogenen sozialen Arbeit der 1970er-Jahre in den USA (Herriger 2010). Eine der bekanntesten Einordnungen wurde durch Rappaport vorgenommen, der unter Empowerment allgemein einen „Prozess [versteht], in dem Menschen lernen, ihr eigenes Leben zu meistern" (1987, S. 122). Wörtlich übersetzt bedeutet Empowerment „Selbstbemächtigung" bzw. „Selbstbefähigung". Der Empowerte wird demnach sinngemäß in die Lage versetzt, eigene Stärken zu entdecken und eigene Ressourcen zu aktivieren. Die benötigten Fähigkeiten für die Auseinandersetzung mit einer bestimmten Situation sind somit bei dem einzelnen Individuum vorhanden, sie werden nur nicht genutzt und sollen durch das Empowerment freigesetzt werden. Durch Empowerment werden keine neuen Kompetenzen vermittelt, sondern vorhandene Potentiale geweckt oder gestärkt. Empowerment kann auch durch die Schaffung eines geeigneten Umfeldes erreicht werden, in dem Individuen die Möglichkeit erhalten, ihre eigenen vorhandenen Wirkungsfähigkeiten zu nutzen (Keupp 1987, S. 245).

Das Verständnis des Empowerment ist weit gefasst und lässt sich somit auf verschiedenste Bereiche übertragen. In der Literatur finden sich u. a. Veröffentlichungen zum Customer Empowerment, Employee Empowerment und Children Empowerment. In der „Ottawa Charter for Health Promotion" beschreibt die WHO das Empowerment der Gesellschaft als Kernprozess für die Förderung der gesundheitlichen Versorgung („Health promotion works through concrete and effective community action in setting priorities, making decisions, planning strategies and implementing them to achieve better health. At the heart of this process is the empowerment of communities – their ownership and control of their own endeavours and destinies." (WHO 1986)) und erklärt Empowerment damit zum Schwerpunkt ihrer Auffassung einer umfassenden Gesundheitsförderung (Loss und Wise 2008, S. 755). Kerngedanke ist, dass die Erstarkung des Einzelnen im Bezug auf gesundheitliche Fragen letztlich eine Veränderung der gesamten Gemeinschaft bewirkt und ein gesundheitsbezogenes Empowerment zu einer Verbesserung der gesundheitlichen Versorgung der Gesellschaft insgesamt führt (Aujoulat et al. 2007, S. 14). Das Empowerment von Personen, die Gesundheitsdienstleistungen in Anspruch nehmen, wird als *Patient Empowerment* bezeichnet.

14.2.2 Grundverständnisse des Patient Empowerment

Vergleichbar mit seinem Kernmodell hat auch Patient Empowerment bislang keine einheitliche Definition und Klassifizierung erfahren. In den bisherigen Veröffentlichungen werden drei voneinander zu unterscheidende Grundverständnisse des Patient Empowerment formuliert (Fumagalli et al. 2015, S. 385). Demnach ist Patient Empowerment:

- ein *Prozess*, in welchem Patienten empowert durch die Vermittlung eines neuen Rollenverständnisses als selbstbewusste Gestalter der gesundheitlichen Versorgung auftreten, oder
- ein *Zustand*, der *beschreibt*, dass Patienten das neue Rollenverständnis auf sich selbst übertragen haben und die neue Rolle als aktiver Gestalter der eigenen gesundheitlichen Versorgung übernehmen („im Ergebnis empowert sind"), oder
- eine *partizipative Verhaltensweise*, durch die Patienten an der Gestaltung der Behandlung teilhaben und Verantwortung übernehmen.

Die meisten Studien verstehen Patient Empowerment als *Prozess* (Anderson und Funnell 2010; Aujoulat et al. 2007; Feste und Anderson 1995; Gibson 1991; Hage und Lorensen 2005; Meetoo und Gopaul 2005; Redman 2007; Rodwell 1996). Im Vordergrund steht die Kommunikation zwischen Arzt und Patient. Im Rahmen des Arzt-Patient-Gesprächs soll bei dem Patienten die Entwicklung eines neuen Selbstbewusstseins angestoßen werden. Betrachtet wird ausschließlich der Patient und die Auswirkungen unterschiedlicher Verhaltensweisen der behandelnden Ärzte und die Wirkweise verschiedener Gesundheitsinformationen für die Entfaltung des Patient Empowerment. Die unterschiedlichen Maßnahmen (z. B. Informationen, Selbsthilfegruppen, Schulungen, Gespräche) werden dann als wirksam bewertet und ein Patient Empowerment würde erreicht werden, wenn beim Patienten die Fähigkeit kritisch zu denken (Anderson und Funnell 2010; Redman 2007), die Übernahme der Kontrolle (Redman 2007; Roberts 1999) und/oder die

Auseinandersetzung mit der Verantwortung der eigenen Person für die Gesundheit (Feste und Anderson 1995) festgestellt werden.

Ein weiteres gängiges Verständnis beschreibt Patient Empowerment als *Zustand* (Asra et al. 2012; Holmström und Röing 2010; O'Cathain et al. 2005; Roberts 1999). Bei dieser Interpretation hat der Patient bereits ein Stadium der Selbstbestimmtheit erreicht und nimmt an der Planung und Durchführung der eigenen Gesundheitsversorgung teil (Anderson und Funnell 2010). Die aktive Teilnahme (Anderson 1996; O'Cathain et al. 2005; Salmon und Hall 2004) drückt sich auch dadurch aus, dass die Kommunikation nicht mehr nur einseitig vom Arzt zum Patienten hin erfolgt, sondern beide Gesprächspartner in einen Behandlungsdialog treten, in dem Vorstellungen, Wünsche und Präferenzen ausgetauscht werden (Asra et al. 2012; Aujoulat et al. 2007; Holmström und Röing 2010). Der Patient wird selbstbewusster, löst sich aus der informativen Abhängigkeit zu seinem behandelnden Arzt. Das neue Selbstbewusstsein des Patienten wird in der Erreichung von Kontrolle durch den Patienten deutlich und somit zum wesentlichen Kennzeichen eines erfolgreichen Patient Empowerment als Zustand (Gibson 1991; O'Cathain et al. 2005; Redman 2007).

Die Interpretation von Patient Empowerment als *partizipative Verhaltensweise* beschreibt das aktivste Verständnis der Rolle des Patienten in einer Behandlung. In dieser Begriffsauslegung ist der Patient empowert, hat ein Verständnis darüber erlangt, welche Informationen er benötigt und fordert fehlende Inhalte bei seinem behandelnden Arzt ein (Fumagalli et al. 2015). Er ist aktiv an der Behandlungsplanung beteiligt, verfügt über Entscheidungs- und Kontrollkompetenz (Gouthier 2001) und steuert die benötigten Ressourcen eigenständig (Redman 2007). Die Kommunikation geht bei der partizipativen Verhaltensweise maßgeblich vom Patienten aus. In Abhängigkeit der kritischen Bewertung seiner eigenen Kenntnisgrundlage werden benötigte Informationen von dem behandelnden Arzt eingefordert, um selbstbestimmt mitentscheiden zu können (Gouthier und Tunder 2011). Dieses Verständnis von Patient Empowerment ist vor allem dadurch gekennzeichnet, dass der Patient Verantwortung für seine Behandlung übernimmt (Feste und Anderson 1995) und über die Fähigkeit verfügt, verschiedener Behandlungsoptionen und -alternativen bewerten zu können (Gouthier und Tunder 2011).

Ergänzend kann festgehalten werden, dass in allen Definitionsansätzen und unabhängig von der gewählten Patient-Empowerment-Kategorie (Prozess, Zustand, partizipative Verhaltensweise) zwei Aspekte des Patient Empowerment als wesentlich betrachtet werden:

- die Fähigkeit zur Selbstreflektion und
- die Fähigkeit zur Integration.

Die *Fähigkeit zur Selbstreflektion*, die Auseinandersetzung mit sich selbst und dem eigenen Verhalten, wird durch kritisches Denken erreicht. Dieser Vorgang kann als intra-personelle Qualifizierung bezeichnet werden (Aujoulat et al. 2007, S. 15), denn durch Wissensvermittlung und Lernmotivation werden in der Person des Patienten liegende kognitive Prozesse angestoßen, die dem Patienten die Bedeutung seiner eigenen Person und des eigenen Handelns für seine Gesundheit verdeutlichen.

Tab. 14.1 Verschiedene Stufen des Patient Empowerment

	Ausdruck beim Patienten	Qualifizierungsschwerpunkt	Kommunikationsrichtung
Prozess	- kritisches Denken - Auseinandersetzung mit der Verantwortung der eigenen Person für die Gesundheit	intra-personell	Arzt ⇒ Patient
Zustand	- aktive Teilnahme - Erreichung der Kontrolle	intra-personell /inter-personell	↺ Patient ↻
partizipative Verhaltensweise	- Tragen der Verantwortung - Einfordern von Ressourcen	inter-personell	Arzt ⇐ Patient

Die *Fähigkeit zur Integration* bezieht sich auf die Bereitschaft der beiden Gesprächsteilnehmer (Arzt und Patient), sich in den Behandlungsverlauf einzubringen. Diese Zusammenarbeit zwischen Arzt und Patient wird inter-personelle Qualifizierung genannt (Aujoulat et al. 2007, S. 15). Der Austausch von Informationen charakterisiert diese Beziehungsstruktur, denn nicht nur der Arzt vermittelt seinem Patienten Wissen über die Erkrankung und Behandlung, sondern auch der Patient reflektiert sein Informationsbedürfnis sowohl qualitativ als auch quantitativ. Erst durch diese Rückmeldung kann der behandelnde Arzt seine Kommunikation auf die Anforderungen seines Patienten abstimmen, ggf. korrigierend einwirken und ergänzende Maßnahmen anstoßen (Büchter et al. 2011, S. 7.e2).

Die drei vorgestellten Verständnisse des Patient Empowerment können auch als Entwicklungsstufen betrachtet werden, in deren Verlauf das Patient Empowerment einen eher passiven Patienten zu einem selbstbewusst aktiv agierenden Patienten werden lässt. Dem behandelnden Arzt kommt die Aufgabe zu, zu entscheiden, in welchem Stadium sich ein Patient momentan befindet und welche Informationen oder sonstigen Maßnahmen erforderlich sind, um den Patienten weiter zu fördern. Tabelle 14.1 zeigt die verschiedenen Stufen des Patient Empowerment und ihre wesentlichen Kennzeichen in der Übersicht.

Im Ergebnis würde somit die partizipative Verhaltensweise das Ideal und das Ziel der Patientenbeteiligung beschreiben. Es muss jedoch bedacht werden, dass nicht alle Patienten das Stadium einer partizipativen Verhaltensweise von sich aus erreichen wollen. Studien zeigen zwar, dass Patienten grundsätzlich fordern, in medizinische Entscheidungen einbezogen zu werden (Ernst et al. 2014, S. 189), jedoch geht die Forderung nicht zwingend soweit, dass sie auch die Übernahme von Verantwortung für den tatsächlichen Genesungsverlauf subsumiert. Die Bereitschaft, Verantwortung zu übernehmen, nimmt sogar ab, wenn mehrere Behandlungsoptionen zur Verfügung stehen. Die Möglichkeit der

Auswahl aus Behandlungsalternativen überfordert viele Patienten und führt zu einer Zunahme der Verunsicherung (Keating et al. 2010, S. 4367).

Unter Berücksichtigung der genannten Limitationen wird im Rahmen dieses Beitrags Patient Empowerment als Zustand interpretiert. Somit lässt sich hier auf folgende Charakterisierung von Patient Empowerment schließen:

Charakterisierung des Patient Empowerment

Patient Empowerment beschreibt hier einen Zustand des Patienten, der dadurch gekennzeichnet ist, dass ein Patient sich

i.   aktiv an der Gestaltung der Behandlung beteiligt,

ii.   innerhalb des Arzt-Patienten-Gesprächs seine eigenen Wünsche zum Ausdruck bringt,

iii. benötigte Informationen über seine Erkrankung bzw. Behandlung sowohl von seinem Arzt, als auch anderen Quellen nutzt,

iv.   die ihm angebotenen Informationen kritisch hinterfragt,

v.   sein eigenes gesundheitsbezogenes Verhalten bewusst reflektiert und

vi.   offen für Veränderungen und Impulse zur Anpassung seines gesundheitsbezogenen Verhaltens ist.

14.2.3 Abgrenzung des Patient Empowerment von anderen Konzepten der Patientenbeteiligung

Die Forderung nach mehr Beteiligung der Patienten an medizinischen Entscheidungen wird in den letzten Jahren von verschiedenen Seiten verstärkt gefordert. In Abschn. 14.2.1 wurde die wachsende Bürgerbeteiligung als Begründung für die Forderung der Patienten selbst aufgezeigt. Daneben befürworten aber auch Ärzte (Joosten et al. 2008, S. 278), Patientenverbände, Politiker und Kostenträger die Teilhabe von Patienten an der Behandlungsgestaltung.

Die verschiedenen Interessengruppen sprechen oftmals nur von *Patientenbeteiligung*, jedoch ohne zu differenzieren, was sie hierunter genau verstehen. Tatsächlich finden sich in der Literatur viele unterschiedliche und zum Teil vom Grundverständnis der Rolle des Patienten stark abweichende Konzepte zur Patientenbeteiligung. Sie alle stimmen darin überein, dass der Patient nicht nur ein stummer und passiver Empfänger einer ärztlichen Weisung ist, sondern als ernstzunehmender Partner in der Behandlung gehört und berücksichtigt werden muss. Wie diese Zusammenarbeit mit dem behandelnden Arzt jedoch genau ausgestaltet werden kann, interpretieren die verschiedenen Konzepte sehr unterschiedlich. Zur Einordung und Abgrenzung des Patient Empowerment werden im Folgenden andere Modelle der Patientenbeteiligung vorgestellt, die oftmals in Verbindung mit Patient Empowerment genannt werden und mitunter überschneidend zur Anwendung kommen.

Patient Participation umschreibt mit der Teilhabe des Patienten an der Behandlungsgestaltung eine bestimmte Art der Kommunikation zwischen Arzt und Patient. Der Informationsaustausch steht bei Patient Participation im Vordergrund (Elwyn et al. 2005). Der behandelnde Arzt passt sich an das Autonomiebedürfnis des Patienten an und schafft so den Rahmen für eine verstehende Kommunikation (Uexküll und Wesiack 2008). Patient Participation kann auch als grundsätzlicher Rahmen für den kommunikativen Austausch zwischen Arzt und Patient betrachtet werden.

Patient Education beschreibt den Prozess der Informationsübermittlung von Gesundheitsdienstleistern und andere Experten an Patienten. Patienten sollen aufgrund dieser Informationsvermittlung ihr Gesundheitsverhalten ändern oder ihre Gesundheit verbessern (Kongstvedt 2003). Die Informationen sollen bei den Patienten einen Prozess anregen, der sie entweder dazu bringt eine Verhaltensänderung zu vollziehen, oder dazu beiträgt, dass andere definierte Outcome-Kriterien erfüllt werden (z. B. verbesserte Blutwerte, Verzicht auf Nikotin etc.) (Ghisi et al. 2014, S. 172). Im Fokus der Forschung zur Patient Education stehen die Art der Informationen (Einzelgespräche, Gruppendiskussion, Videos etc.) und die erzielten Ergebnisse (Ghisi et al. 2014, S. 169 ff.).

Patient Involvement definiert das Ausmaß der Teilhabe der Patienten an der Entscheidungsfindung. Der Arzt überträgt auf den Patienten Wissen, Kontrolle und Verantwortung, um ihn so in die Lage zu versetzen, eigenverantwortlich zu handeln (Thompson 2007, S. 1308). Patient Involvement kann auch als Kommunikationsaufforderung zwischen Arzt und Patient verstanden werden.

Patient Engagement fokussiert sich auf Verhaltensweisen, über die Patienten motiviert werden sollen, den größtmöglichen Nutzen aus den angebotenen Gesundheitsdienstleistungen für ihre eigenen gesundheitliche Versorgung zu erzielen (Fumagalli et al. 2015, S. 389). Der Patient muss demnach in den Behandlungsprozess in der Art eingebunden werden, dass Informationen und Hinweise des behandelnden Arztes mit den eigenen Bedürfnissen, Wünschen und Vorstellungen abgestimmt werden können, um Krankheiten zu verhindern, zu organisieren oder zu heilen (Gruman et al. 2010, S. 351).

Patient Enablement umschreibt Maßnahmen des behandelnden Arztes, um Patienten zu ermöglichen die eigene Gesundheit zu steuern und sie mit Rücksichtnahme auf die eigenen Bedürfnisse zu fördern (Hudon et al. 2010, S. 1301). Im Patient Enablement setzt der Arzt sein Wissen und seine Fähigkeiten ein, um Patienten in die Lage zu versetzen, eigenständige Entscheidungen zu treffen (Fumagalli et al. 2015, S. 388). Das Konzept des Patient Enablement wird oftmals in enger Anlehnung an Patient Empowerment beschrieben. Patient Empowerment impliziert jedoch auch die Motivation und den Willen der Patienten, sich aktiv in die Behandlung einzubringen, und stellt somit das umfassendere Konzept dar (Fumagalli et al. 2015, S. 389).

Eine Abgrenzung der verschiedenen Konzepte voneinander sollte mit Beachtung der Unterscheidung der ausführenden Personen (Arzt oder Patient) und dem Grad der Aktivität im Behandlungsprozess erfolgen. Patient Participation kann als Rahmen für die verschiedenen Modelle verstanden werden, da hier die grundsätzliche Bereitschaft formuliert wird, den Patienten in die Behandlungsgestaltung einzubeziehen. Mit steigender

Abb. 14.1 Modelle der
Patientenbeteiligung

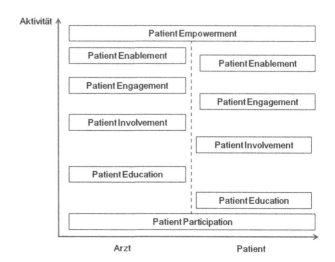

Beteiligung des Patienten und der Angleichung der Aktivitäten von Arzt und Patient an-
einander, können die verschiedenen Modelle auch als Entwicklung betrachtet werden. Die
oftmals als Ideal formulierte Entstehung einer Partnerschaft zwischen Arzt und Patient
steht in Abhängigkeit der Bereitschaft des Arztes, den Patienten in die Behandlung einzubeziehen, und im Wunsch des Patienten, sich in die Gestaltung einzubringen. Patient Empowerment kann als Zielzustand verstanden werden, in dem Arzt und Patient eine Ebene
der Zusammenarbeit gefunden haben und sich nach ihren Möglichkeiten, Wünschen und
Präferenzen in die Behandlung einbringen.

Abbildung 14.1 zeigt die Abgrenzung der verschiedenen Modelle der Patientenbeteiligung in Abhängigkeit der Teilhabe von Arzt und Patient an der Behandlungsgestaltung
zueinander.

14.3   Bedeutung des Patient Empowerment für die Behandlungsqualität

Nachdem im vorangegangenen Abschnitt Patient Empowerment vorgestellt wurde, soll
nun auf die Bedeutung des Patient Empowerment für die Qualität einer Behandlung eingegangen werden. Diskussionen über die Qualität der Versorgung nehmen neben Debatten
über Kosten und Effizienz im deutschen Gesundheitswesen den größten Raum ein. Unter
Qualität wird im Gesundheitswesen „eine ausreichende und zweckmäßige, d. h. patienten-
und bedarfsgerechte, an der Lebensqualität orientierte, fachlich qualifizierte, aber auch
wirtschaftliche medizinische Versorgung mit dem Ziel, die Wahrscheinlichkeit erwünsch-
ter Behandlungsergebnisse bei Individuen und in der Gesamtbevölkerung zu erhöhen"
verstanden (GMDS 2003, S. 5).

Die Behandlung eines Patienten stellt eine medizinische Dienstleistung dar. Diese
Dienstleistung umfasst jegliche Form der Behandlung oder Therapie eines Patienten durch

einen Arzt, medizinischen Angestellten oder anderen Therapeuten. Sie werden entweder in Form von Geräteleistungen, wie bspw. Röntgenuntersuchungen und Laborwerten erbracht, oder im direkten Kontakt mit dem Patienten. Der direkte Kontakt in Form des Gesprächs zwischen einem Patienten und seinem Behandler ist die ursächliche Form einer Gesundheitsdienstleistung.

Der vorliegende Beitrag soll die Bedeutung des Patient Empowerment für die Qualität einer Gesundheitsdienstleistung aufzeigen. Im Folgenden werden hierfür zunächst die verschiedenen Dimensionen der Qualität von Dienstleistungen allgemein vorgestellt. Mit Hilfe der Übertragung der Kennzeichen auf die Beziehung zwischen Arzt und Patient werden Grundlagen für den Einsatz des Patient Empowerment aufgezeigt. Ziel ist, durch den Einsatz des Patient Empowerment die Behandlungsqualität zu erhöhen.

14.3.1 Qualitätsdimensionen von Dienstleistungen

Die Qualität von Dienstleistungen lässt sich in verschiedene Dimensionen unterteilen. Ein allgemein akzeptierter Ansatz stammt von Donabedian, der die Qualität von Dienstleistungen in *Struktur-, Prozess-* und *Ergebnisqualität* unterscheidet (1980, S. 79). Dieses Verständnis ist grundsätzlich branchenübergreifend anwendbar und bildet im Allgemeinen auch die Grundlage für Qualitätsdiskussionen im Gesundheitswesen. Unter der *Strukturdimension* werden sämtliche Leistungsvoraussetzungen zusammengefasst, die für die Erstellung einer Dienstleistung erforderlich sind. Im Bereich der medizinischen Versorgung kann man hierunter die Rahmenbedingungen, wie etwa die Qualifikation und Kompetenz der Mitarbeiter einer medizinischen Einrichtung, die apparative Ausstattung und die räumlichen Gegebenheiten verstehen. Die *Prozessdimension* beschreibt den Ablauf des Diagnose- und Behandlungsprozesses und somit die eigentliche Erstellung der medizinischen Dienstleistung. Die *Ergebnisqualität* umfasst die Veränderungen des Gesundheitszustandes, die auf die medizinische Dienstleistung zurück zu führen ist. Die Zufriedenheit der Patienten mit einer Behandlung wird auch als Teil der Ergebnisqualität gewertet.

Ein weiteres allgemein anerkanntes Modell zur Beschreibung der Dienstleistungsqualität stammt von Grönroos. Hier wird die durch den Kunden erfahrene Dienstleistungsqualität in den Vordergrund gestellt: ein Kunde vergleicht die erlebte Dienstleistung („perceived service") mit seinen vor Beginn der Leistungserstellung aufgestellten Erwartungen („expected service") und bildet so als Ergebnis ein Urteil über die Dienstleistungsqualität („perceived quality of the service") (Grönroos 1984, S. 37). Zentraler Bestandteil des Qualitätsmodells von Grönroos ist die Trennung der Qualitätserfahrung in eine technische (Tech) und eine funktionale Komponente (Touch). Dabei beschreibt die technische Dimension, *was* der Kunde erhält, während die funktionale Dimension beschreibt, *wie* die Leistungserbringung stattgefunden hat. Die Berücksichtigung der auf Kundenseite emotional bewerteten Teilqualität einer Dienstleistung bezieht eine individuelle, personen- und persönlichkeitsbezogene Urteilsbildung als Komponente eines Gesamturteils ein. Die funktionale Qualität ist für das Gesamtqualitätsurteil sogar bedeutsamer als die technische

Qualität (Küpers 2001, S. 592; Zollondz 2011, S. 211), was dazu führt, dass emotionale Beurteilungskomponenten (Auftreten des Dienstleisters, Atmosphäre, Erreichbarkeit
etc.) in den Vordergrund rücken. Übertragen auf das Modell von Donabedian ist somit
die Prozessqualität für die Ausbildung der Zufriedenheit von größerer Bedeutung als die
Ergebnisqualität.

Meyer und Mattmüller verbinden die beiden Qualitätsmodelle von Donabedian und
Grönroos (1987, S. 191) und erweitern das Qualitätsverständnis. Die Besonderheit ihres
Modells besteht in der Betonung der Bedeutung der Kunden für die Qualität der Leis-
tungserstellung. Die *Integration des externen Faktors* beschreibt, dass der Kunde selbst
entscheidend ist für die Ausbildung der Dienstleistungsqualität. Unterschiedliche, im
Kunden begründete persönlichkeitsbezogene Ausprägungen nehmen Einfluss auf die
Qualität des Leistungserstellungsprozesses. Physische, intellektuelle und emotionale
Komponenten, wirken als limitierende Faktoren auf das Integrationspotential der Kunden
ein. Da diese Faktoren gerade bei interpersonellen Kontakten zum Tragen kommen, ist die
Berücksichtigung persönlichkeitsprägender Einflüsse für die Beurteilung der Qualität von
großer Bedeutung.

Qualität ist nach dem Verständnis von Meyer und Mattmüller keine Feststellung eines
Endzustandes, sondern definiert sich im Verlauf der Leistungserstellung. Während dieses
Reifungsprozesses können sog. *Subqualitäten* erfasst werden, die je nach Art der Dienstleistung und Beurteilungsschwerpunkt durch den Kunden (prozessorientiert oder ergebni-
sorientiert) Einfluss auf die Bildung der Gesamtqualität nehmen. Meyer und Mattmüller
beschreiben vier Subqualitäten: die Potenzialqualität der Anbieter, die Potenzialqualität
der Nachfrager, die Prozess- und die Ergebnisqualität. Alle Subqualitäten setzen sich aus
zwei Komponenten zusammen, dem „Was" (was erhält der Kunde, oder bringt er in den
Prozess ein), und dem „Wie" (auf welche Art und Weise erfolgt dies).

Die Potentialqualität wird grundsätzlich durch Fähigkeiten und Einsatzbereitschaft
der Anbieter und der Kunden limitiert. Die Potentialqualität der Anbieter teilt sich in das
Spezifizierungspotential (Grad der kundenindividuellen Angebotsspezifikation) und das
Kontaktpotential (Auftreten und Umgang). Somit wird die Potentialqualität des Anbieters
direkt durch die Leistungsfähigkeiten der internen Subjekte (Mitarbeiter) und der unterstützenden internen Objekte (Arbeitsmittel, Maschinen etc.) definiert. Die Potentialqualität der Nachfrager teilt sich in das Integrationspotential und das Interaktivitätspotential.
Das Integrationspotential beschreibt den Grad der Bereitschaft sich dem Leistungserstellungsprozess zu öffnen und sich zu integrieren und kann als positiv, negativ oder neutral
beurteilt werden. Das Interaktivitätspotential umfasst den Austausch mit anderen Kunden
und seine Auswirkungen auf die Dienstleistungsqualität. Auch dieser wechselseitige Austausch unter den Kunden kann als positiv, negativ oder neutral beurteilt werden. In der
Prozessqualität spiegelt sich das Zusammenführen der Potentialdimensionen von Anbieter und Nachfrager wider. Die Wechselwirkung des spezifischen Prozessverhaltens von
Anbieter und Nachfrager während der Leistungserstellung wirkt als limitierender Faktor
auf den Prozess ein und prägt das Gesamtergebnis. Die Ergebnisqualität kann in zwei

Dimensionen unterteilt werden, die sich hinsichtlich der zeitlichen Ausprägung unterscheiden lassen. Das prozessuale Endergebnis zeigt sich direkt im Anschluss an den Leistungserstellungsprozess, während die Folgequalität erst später oder eventuell auch gar nicht feststellbar ist.

14.3.2 Übertragung des Qualitätsmodells von Meyer und Mattmüller auf die Arzt-Patienten-Beziehung

Das Qualitätsmodell von Meyer und Mattmüller kann auf die Beziehung zwischen einem Arzt und seinem Patienten übertragen werden. Der Anbieter ist in dieser Adaption der Arzt, der dem Patienten als Nachfrager sein medizinisches Fachwissen zur Verfügung stellt. Wie im vorangegangenen Abschnitt dargestellt, ist die Integration des externen Faktors, hier der Patient, für den Erfolg einer Behandlung wesentlich. Das Integrationspotential des Patienten (nach Meyer und Mattmüller Dimension III der Potentialqualität des Nachfragers) wirkt sich auf die Leistungserstellung, die Behandlung selbst aus. Das Mitwirken und die Kooperation des Patienten bei der Therapieplanung und -durchführung beeinflussen den Prozess der Behandlung. Viele medizinische Maßnahmen schließen nicht nur die Gabe von Medikamenten ein, sondern nutzen für die Erzielung eines Behandlungsergebnisses auch die Veränderung der Verhaltensweise der Patienten (z. B. Umstellung der Ernährung bei Gefäßerkrankungen). Nur wenn ein Patient bereit ist, sich für eine Behandlung zu öffnen, teilt er seinem Behandler notwendige Informationen mit und hält sich an Vorgaben und Vereinbarungen. Dies sind Grundvoraussetzungen für das Erreichen eines bestimmten Behandlungsziels und nehmen Einfluss auf die Ergebnisqualität.

Abbildung 14.2 zeigt die Übertragung des Modells der Dienstleistungsqualität von Meyer und Mattmüller auf die Arzt-Patienten-Beziehung in der Übersicht.

Die Integration des Patienten in die Behandlung ist – wie beschrieben – wesentlich für den Erfolg einer Behandlung. An dieser Stelle wird die Bedeutung des Patient Empowerment deutlich. Patient Empowerment regt den Patienten dazu an, sich mit seiner eigenen Erkrankung auseinander zu setzen. Ein empowerter Patient formuliert seinem Arzt gegenüber, wie er in die Behandlung einbezogen werden möchte. Er ist sich seiner eigenen Wünsche und Anforderungen bewusst und äußert diese. Der empowerte Patient formuliert seine Erwartungen klar und ermöglicht seinem behandelnden Arzt somit, die Behandlung auf seine Bedürfnisse abzustimmen. Durch die klare Formulierung seiner Erwartungen kann der Arzt auf die Anforderungen des Patienten eingehen und diese unter Umständen auch korrigieren. Die gemeinsame Verständigung auf umsetzbare Ziele führt durch die große Erwartungserfüllung beim Patienten zu einer hohen Patientenzufriedenheit. *Patient Empowerment kann somit als Instrument verstanden werden, mit dem die Qualität der Behandlung beeinflusst werden kann.*

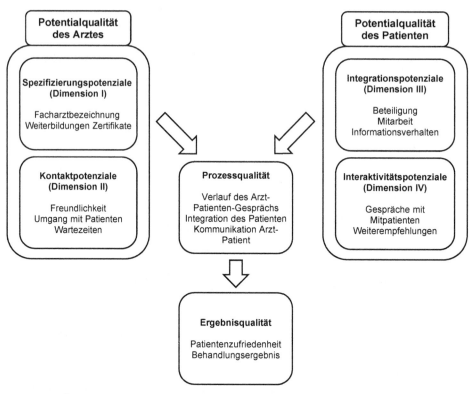

Abb. 14.2 Übertragung des Modells der Dienstleistungsqualität von Meyer & Mattmüller auf die Arzt-Patienten-Beziehung

14.4 Anwendung des Patient Empowerment und ausgewählte Beispiele

Nachdem die Bedeutung des Patient Empowerment für die Qualität der medizinischen Versorgung aufgezeigt worden ist, soll im Folgenden gezeigt werden, wie Patient Empowerment in die Versorgung des Patienten integriert werden kann. Von Interesse ist dabei zum einen, wie man das Empowerment seines Patienten selbst beobachten kann, um die Notwendigkeit weiterer Maßnahmen abschätzen zu können und zum anderen, wie man selbst zu einer Förderung des Patient Empowerment beitragen kann.

Die Frage, wie empowert ein Patient ist, kann durch Befragung des Patienten untersucht werden. Eine direkte Frage, wie bspw. „Fühlen Sie sich ausreichend informiert?", die auch noch durch den Arzt selbst gestellt wird, führt jedoch in der Regel nicht zu verlässlichen Ergebnissen. Die Befragung über einen Fragebogen ist zeitaufwendig und auch hier sind die getätigten Angaben des Patienten nicht immer aussagekräftig.

Ob ein Patient empowert ist, lässt sich auch an seinem Verhalten während des Arzt-Patienten-Gesprächs festmachen. Aus diesem Grund leiten sich für den behandelnden Arzt folgende Fragen in seinem täglichen Umgang mit seinem Patienten ab, wenn er den Grad des Patient Empowerment hinterfragt:

- Stellt mein Patient Fragen zu seiner Erkrankung/Behandlung?
- Stellt mein Patient Rückfragen, wenn ich etwas erläutert habe?
- Bringt er in die Behandlung Informationen mit, die er außerhalb der Klinik/der Praxis erhalten hat?
- Hat er diese Informationen auch gelesen, oder soll ich ihm eine Erklärung geben?
- Erinnert sich mein Patient an Aussagen und Informationen, die ich ihm in vorangegangenen Gesprächen gegeben habe?
- Berichtet mir mein Patient von sich aus, wie es ihm seit dem letzten Gespräch ergangen ist? Oder antwortet er nur auf Fragen von mir?
- Zeigt mein Patient die Bereitschaft, Änderungen seines gesundheitsbezogenen Verhaltens vorzunehmen?
- Weist mein Patient Kritik vehement zurück, oder werden auch unangenehme Probleme sachlich besprochen?
- Setzt mein Patient Empfehlungen um, die ich ihm gegeben habe?

Die oben vorgestellte Aufzählung verschiedener Fragen ist nur beispielhaft zu verstehen und hat keinen Anspruch auf Vollständigkeit. Es ist vielmehr das Ziel, den behandelnden Medizinern eine Idee davon zu geben, wie sich ein empowerter Patient verhalten könnte und an welchen Verhaltensweisen man sich orientieren kann.

Wenn man im Laufe des Gesprächs mit seinem Patienten zu einer Einschätzung gekommen ist, ob dieser empowert werden muss, um sich weiter in die Behandlung einbringen zu können, stellt sich natürlich die Frage, wie das konkret geschehen soll. Nachfolgend werden einige Beispiele vorgestellt, durch die Patient Empowerment gefördert werden kann:

- Eine Maßnahme, die ergriffen werden kann, um den Patienten dazu anzuregen, sich in die Behandlung einzubringen, kann über einen Fragebogen geschehen, der im Vorfeld der Untersuchung durch den Patienten ausgefüllt wird. Der Patient setzt sich so schon vor dem eigentlichen Arzt-Patienten-Kontakt mit verschiedenen Bereichen seines Lebens auseinander und erinnert sich vielleicht auch an frühere Erlebnisse, die im Gespräch mit dem Behandler nicht präsent gewesen wären. Die Aufforderung bspw. vor dem Gespräch einen typischen Tagesablauf mit ungefähren Zeitangaben zu machen, ermöglicht es dem Arzt, sich ein Bild von der Lebensweise des Patienten zu machen. Viele Angaben die Patienten auf diese Art und Weise machen, lassen einen besseren Rückschluss auf ihr tatsächliches Verhalten zu, als es ihre Angaben im direkten Gespräch erlauben würden.
- Die Verwendung von Patienteninformationen kann ebenfalls das Patient Empowerment fördern. Wichtig ist hier, dass die Patienten gut aufbereitete Materialien im Sinne evidenzbasierter Informationen erhalten, die neutral aufbereitet sind und nur Angaben

enthalten, die für den Patienten in der jeweiligen gesundheitlichen Situation relevant sind. Mit Hilfe der Informationen wird der Patient in die Lage versetzt, selbstbestimmte Entscheidungen für seine Gesundheit zu treffen.

- Eine weitere Möglichkeit, den Patienten im Sinne des kritischen Denkens für Patient Empowerment zu fördern, ist bspw. der Einsatz eines einfachen Schrittzählers. Bei vielen chronischen Erkrankungen ist eine dauerhafte Anpassung der Lebensweise und des Bewegungsverhaltens notwendig. Technische Gadgets, wie Schrittzähler, motivieren einen Patienten sich körperlich mehr zu bewegen. Sie zeigen dem Patient neutral auf, wie viel er sich wirklich bewegt hat und fördern die Hinterfragung des eigenen gesundheitsbezogenen Verhaltens („Treppe statt Lift"). Für den Patienten ist es wichtig, sich nicht nur innerhalb des direkten Gesprächs mit seinem Arzt mit sich selbst auseinander zu setzen. Hierfür reicht die zur Verfügung stehende Zeit auch nicht aus. Ein Schrittzähler begleitet den Patienten in seinem privaten Umfeld, dokumentiert die körperliche Betätigung sachlich und kann auch als Motivationshilfe angesehen werden.
- Auch die Vermittlung von sog. Patientencoaches kann das Patient Empowerment erhöhen. Patientencoaches sind selbst betroffene Patienten, die mit ihrer eigenen Erkrankung so kompetent umgehen, dass sie anderen gegenüber eine Vorbildfunktion einnehmen. Der behandelnde Arzt empowerte in diesem Ansatz nur mittelbar, da die Motivation, sich mit seiner Erkrankung auseinander zu setzen, vor allem durch den anderen (Vorbild-) Patienten ausgelöst wird. Der Arzt ist jedoch in der Verpflichtung, die Vermittlung zu den *richtigen* Vorbildern zu steuern und jederzeit für Rückfragen zur Verfügung zu stehen. Denkbar sind hierfür bspw. ärztlich geführte Patientenabende, an denen sich betroffene Patienten zu einem gemeinsamen Austausch treffen können. Ein durch den Arzt ausgewählter Patient stellt sich und seinen Umgang mit seiner Diagnose vor und ermöglicht den anderen Patienten ihre Erfahrungen einzubringen.

Die oben vorgestellten Beispiele für Patient Empowerment sind im Bezug auf den Aufwand für den behandelnden Arzt sehr unterschiedlich. Sie zeigen aber auch auf, dass ein Empowerment schon durch einfachste Maßnahmen angeregt werden kann. Welche Form ergriffen wird, muss durch den Arzt auch mit Rücksicht auf die Person des Patienten, seine persönliche Geschichte und seine Erkrankungsschwere entschieden werden. Patient Empowerment bedeutet nicht, dem Patienten eine Richtung vorzugeben, sondern ihn dazu zu bewegen, seinen eigenen Weg zu finden. Der behandelnde Arzt übernimmt die Rolle eines Impulsgebers, um den Patienten anzuregen, seine eigenen Fähigkeiten zu entdecken.

14.5 Fazit

Patient Empowerment soll den Patienten dazu bewegen, sich aktiv in die Behandlung einzubringen und – wenn er dazu in der Lage ist – auch Verantwortung für seine eigene gesundheitliche Versorgung zu übernehmen. Maßnahmen des Patient Empowerment werden durch den behandelnden Arzt gesteuert, der in Abhängigkeit der Erkrankungsschwere und der Person des Patienten geeignete Maßnahmen auswählt, um die Beteiligung des Patienten an der Behandlungsgestaltung zu erhöhen. Ziel ist, mit dem Patienten in den Dialog über seine Behandlung einzutreten, beim Patienten das Bewusstsein für die Bedeutung des eigenen Verhaltens für die Gesundheit zu erhöhen und seine aktive Teilhabe an der Planung und Durchführung der Behandlung zu erreichen.

Ein aktiver, kritischer und fordernder Patient stellt natürlich eine Herausforderung für seinen Behandler dar. Patient Empowerment führt bei erster Betrachtung zu einer Komplizierung des Arzt-Patienten-Verhältnisses. Mehrmalige Nachfragen, Hinweise auf (unpassende) Behandlungsalternativen und die Diskussion von Informationen unklarer Herkunft sollten auf den ersten Blick nicht gefördert werden. Auf der anderen Seite muss berücksichtigt werden, dass ein empowerter Patient sich auch selbstkritisch mit sich selbst auseinander setzt. Die erhöhte Aufmerksamkeit für das eigene Verhalten und die Steigerung des gesundheitsbezogenen Selbstbewusstseins bringen den Patienten dazu, seine Wünsche und Vorbehalte seinem Arzt gegenüber zu formulieren. Erst so wird es dem behandelnden Arzt ermöglicht, auf die Anforderungen seines Patienten einzugehen, aber auch überzogene Erwartungshaltungen zu korrigieren.

Patient Empowerment fördert somit eine realistische Einschätzung des Behandlungsverlaufs durch den Patienten, berichtigt fehlerhafte Erwartungen und verringert Enttäuschungen. Die Vermeidung von Enttäuschungen wirkt sich positiv auf die Zufriedenheit mit einer Behandlung aus. Gleichzeitig wird der Patient motiviert, sich in die Behandlung einzubringen und aktiv an der Behandlungsplanung teilzunehmen. Hierdurch wird eine Verbesserung des gesundheitlichen Zustandes unterstützt.

Insgesamt betrachtet kann Patient Empowerment als Instrument verstanden werden, das sich über die Beeinflussung der Patientenzufriedenheit indirekt positiv auf die Qualität der Behandlung auswirkt. Durch die Steigerung der Integrationsbereitschaft des Patienten in die Behandlung wird darüber hinaus das Behandlungsergebnis direkt positiv beeinflusst. Patient Empowerment unterstützt somit als umfassender Ansatz die Kommunikation zwischen Arzt und Patienten und kennzeichnet eine für beide Seiten vorteilhafte, symmetrische Zusammenarbeit.

Literatur

Anderson JM (1996) Empowering patients: issues and strategies. Soc Sci Med 43(5):697–705
Anderson RM, Funnell MM (2010) Patient empowerment: myths and misconceptions. Patient Educ Couns 79(3):277–282
Asra N, Mojtaba J, Mansur A, Fariba B, Abbas A, Jamileh M (2012) Comparison of two educational models: compliance-based and empowerment on quality of life of patients with asthma. Inter J Contemp Res Bus 4(2):997–1004
Aujoulat I, d'Hoore W, Deccache A (2007) Patient empowerment in theory and practice: polysemy or cacophony? Patient Educ Couns 66(1):13–20
Büchi M, Bachmann L, Fischer JE, Peltenburg M, Steurer J (2000) Alle Macht den Patienten. Schweiz Ärzteztg 81(49):2776–2780

Büchter R, Bastian H, Waltering A (2011) Patienteninformationen – vom Paternalismus zum Empowerment. Public Health Forum 19(1):7.e1

Dieterich A (2006) Eigenverantwortlich, informiert und anspruchsvoll …: Der Diskurs um den mündigen Patienten aus ärztlicher Sicht (No. SP I 2006-310). WZB Discussion Paper. http://hdl.handle.net/10419/47375

Donabedian A (1980) Explorations in quality assessment and monitoring, volume 1: the definition of quality and approaches to its assessment. Health Administration Press, Ann Arbor

Elwyn G, Hutchings H, Edwards A, Rapport F, Wensing M, Cheung W-Y, Grol R (2005) The OPTION scale: measuring the extent that clinicians involve patients in decision-making tasks. Health Expect 8(1):34–42

Ernst J, Brähler E, Weißflog G (2014) Beteiligung von Patienten an medizinischen Entscheidungen – ein Überblick zu Patientenpräferenzen und Einflussfaktoren. Gesundheitswesen 76(4):187–192

Feste C, Anderson RM (1995) Empowerment: from philosophy to practice. Patient Educ Couns 26(1–3):139–144

Fumagalli LP, Radaelli G, Lettieri E, Bertele' P, Masella C (2015). Patient empowerment and its neighbours: clarifying the boundaries and their mutual relationships. Health Policy 119(3):384–394

Ghisi GLM, Abdallah F, Grace SL, Thomas S, Oh P (2014) A systematic review of patient education in cardiac patients: do they increase knowledge and promote health behavior change? Patient Educ Couns 95(2):160–174

Gibson CH (1991) A concept analysis of empowerment. J Adv Nurs 16(3):354–361

GMDS Deutsche Gesellschaft für Medizinische Informatik, Biometrie und Epidemiologie e.V. (2003) Begriffe und Konzepte des Qualitätsmanagements, 3. Aufl. GMDS (Hrsg), Köln

Gouthier MHJ (2001) Patienten-Empowerment. In: Kreyher VJ (Hrsg) Handbuch Gesundheits- und Medizinmarketing. Chancen, Strategien und Erfolgsfaktoren. V. Decker, Heidelberg

Gouthier M, Tunder R (2011) Die Empowerment-Bewegung und ihre Auswirkungen auf das Gesundheitswesen. In: Hoefert H-W, Klotter C (Hrsg) Wandel der Patientenrolle – neue Interaktionsformen im Gesundheitswesen. Hogrefe, Göttingen

Grönroos C (1984) A service quality model and its marketing implications. Eur J Mark 18(4):36–44

Gruman J, Rovner MH, French ME, Jeffress D, Sofaer S, Shaller D, Prager DJ (2010) From patient education to patient engagement: implications for the field of patient education. Patient Educ Couns 78(3):350–356

Hage AM, Lorensen M (2005) A philosophical analysis of the concept empowerment; the fundament of an education-programme to the frail elderly. Nurs Philos 6(4):235–246

Herriger N (2010) Empowerment in der sozialen Arbeit: Eine Einführung. Sozialpädagogik. 4., erw. und aktualisierte Aufl. Kohlhammer Verlag, Stuttgart

Holmström I, Röing M (2010) The relation between patient-centeredness and patient empowerment: a discussion on concepts. Patient Educ Couns 79(2):167–172

Hudon C, St-Cyr Tribble D, Légaré F, Bravo G, Fortin M, Almirall J (2010) Assessing enablement in clinical practice: a systematic review of available instruments. J Eval Clin Pract 16(6):1301–1308

Joffe S, Manocchia M, Weeks JC, Cleary PD (2003) What do patients value in their hospital care? An empirical perspective on autonomy centred bioethics. J Med Ethics 29(2):103–108

Joosten E, de Weert G, Sensky T, van der Staak C, de Jong C (2008) Effect of shared decision-making on therapeutic alliance in addiction health care. Patient preference and adherence. Patient Prefer Adherence 2:277–285

Keating NL, Beth Landrum M, Arora NK, Malin JL, Ganz PA, van Ryn M, Weeks JC (2010) Cancer patients' roles in treatment decisions: do characteristics of the decision influence roles? J Clin Oncol 28(28):4364–4370

Keupp H (1987) Psychosoziale Praxis im gesellschaftlichen Umbruch: Sieben Essays. Psychiatrie-Verlag, Bonn

Kongstvedt PR (2003) The managed health care handbook. Aspen Publishers, New York

Küpers W (2001) Modelle der Dienstleistungsqualität. In: Zollondz H-D (Hrsg) Lexikon Qualitätsmanagement. Handbuch des Modernen Managements auf der Basis des Qualitätsmanagements. Oldenbourg, München, S 589–598

Légaré F, Ratté S, Gravel K, Graham ID (2008) Barriers and facilitators to implementing shared decision-making in clinical practice: update of a systematic review of health professionals' perceptions. Patient Educ Couns 73(3):526–535

Loss J, Wise M (2008) Evaluation von Empowerment – Perspektiven und Konzepte von Gesundheitsförderern. Ergebnisse einer qualitativen Studie in Australien. Gesundheitswesen 70(12):755–763

Meetoo D, Gopaul H (2005) Empowerment: giving power to people with diabetes. J Diabetes Nurs 9(1):28–32

Meyer A, Mattmüller R (1987) Qualität von Dienstleistungen: Entwurf eines praxisorientierten Qualitätsmodells. Market Z Forsch Prax 9(3):187–195

O'Cathain A, Goode J, Luff D, Strangleman T, Hanlon G, Greatbatch D (2005). Does NHS direct empower patients? Soc Sci Med 61(8):1761–1771

Rappaport J (1987) Terms of empowerment/exemplars of prevention: toward a theory for community psychology. Am J Community Psychol 15(2):121–148

Redman BK (2007) Responsibility for control; ethics of patient preparation for self-management of chronic disease. Bioethics 21(5):243–250

Roberts KJ (1999) Patient empowerment in the United States: a critical commentary. Health Expect 2(2):82–92

Rodwell CM (1996) An analysis of the concept of empowerment. J Adv Nurs 23(2):305–313

Rössler W (Hrsg) (2005) Die Therapeutische Beziehung. Springer Verlag, Berlin

Salmon P, Hall GM (2004) Patient empowerment or the emperor's new clothes. J R Soc Med 97(2):53–56

Thompson AGH (2007) The meaning of patient involvement and participation in health care consultations: a taxonomy. Soc Sci Med 64(6):1297–1310

Uexküll TV, Wesiack W (2008) Theorie des therapeutischen Geschehens. In: Adler RH, Hermann JM, Köhle K, Langewitz W, Schonecke OW, von Uexküll T, Wesiack W (Hrsg) Psychosomatische Medizin. Modelle ärztlichen Denkens und Handelns. Elsevier, München, S 439–444

World Health Organization (WHO) (1986) Ottawa Charta for health promotion. WHO, Geneva

Zollondz H-D (2011) Grundlagen Qualitätsmanagement: Einführung in Geschichte, Begriffe, Systeme und Konzepte, 3. Aufl. Oldenbourg, München

Der Bettnachbar als unbeachtete Einflussgröße der Patientenzufriedenheit

15

Saskia Hantel

Inhaltsverzeichnis

Zusammenfassung

Die gesundheitspolitischen Entwicklungen in Deutschland machen die Zufriedenheit der Patienten zu einem entscheidenden Wettbewerbsfaktor in der Gesundheitswirtschaft. Mit Blick auf den aufgeklärten Varianzanteil der Patientenzufriedenheit ist erkennbar, dass augenscheinlich unbekannte Größen Einfluss auf die Zufriedenheit des Patienten nehmen. Studien in Umfeldern, die dem Krankenhaus ähnlich sind, lassen

S. Hantel (✉)
Institut für Marketing und Dienstleistungsforschung, Universität Rostock,
Ulmenstr. 69, Raum: 302, 18051 Rostock, Deutschland
E-Mail: saskia.hantel@uni-rostock.de

© Springer Fachmedien Wiesbaden 2016
M. A. Pfannstiel et al. (Hrsg.), *Dienstleistungsmanagement im Krankenhaus,*
DOI 10.1007/978-3-658-08429-5_15

vermuten, dass der Mitpatient im Krankenzimmer einen Einfluss auf die Patientenzufriedenheit nimmt. In dieser Studie soll der Forschungsfrage nachgegangen werden, welche Indikatoren die Zufriedenheit mit dem Mitpatienten bestimmen und ob der Bettnachbar eine Einflussgröße der Patientenzufriedenheit ist. Die Ergebnisse bestätigten den Einfluss des Mitpatienten auf die Zufriedenheit der Patienten. Die Zufriedenheit mit dem Bettnachbarn muss deshalb in die formativen Modelle zur Messung der Patientenzufriedenheit integriert werden. Darüber hinaus zeigen die Ergebnisse den besonderen Stellenwert des Belegungsmanagements für die Zufriedenheit der Patienten.

15.1 Die Relevanz der Patientenzufriedenheit

Die gesundheitspolitischen Entwicklungen in Deutschland machen deutlich, dass der Wettbewerb zwischen den unterschiedlichen Gesundheitsanbietern stetig wächst (Robra et al. 2003, S. 43 f.). Darunter fällt auch der Wettbewerb der Krankenhäuser um möglichst hohe Bettenauslastungen und Fallzahlen. Die Abgrenzung zur Konkurrenz und Positionierung auf dem Krankenhausmarkt ist deshalb ein wichtiges strategisches Ziel der Krankenhäuser. In diesem Zusammenhang wurde, neben der Qualität der Krankenhausdienstleistungen (Alhashem et al. 2011; Arasli et al. 2008 zit. Amin und Nasharuddin 2013, S. 238; Mehta 2011, S. 213), auch die Patientenzufriedenheit als ein relevanter Einflussfaktor identifiziert. Verschiedene Untersuchungen belegen, dass die Patientenzufriedenheit ein nicht zu unterschätzendes Wettbewerbsargument sein und auch bei Verhandlungen mit Kostenträgern helfen kann (Klotz et al. 1996, S. 890).

Welchen Stellenwert die Patientenzufriedenheit hat, verdeutlicht ein Zitat von Vuori (1987): „Patient satisfaction is an attribute of quality per se: Without it there cannot be good care (S. 108)." Und auch Donabedian (1988) hebt hervor, dass die Patientenzufriedenheit ein grundlegender Bestandteil der Gesundheitsleistungen ist (S. 25). Die Perspektive des Patienten und seine Zufriedenheit mit den unterschiedlichsten Determinanten zur Bewertung der Krankenhausqualität rücken stetig weiter in den Vordergrund (Zhang et al. 2007, S. 42). Sein Bedürfnis nach Informationen und Transparenz der jeweiligen Gesundheitsleistungen macht ihn zu einem Entscheidungsträger mit wachsender Souveränität auf der Suche nach Orientierungshilfen, um die beste Behandlung zu erhalten (Benkenstein und Uhrich 2010, S. 431). Die Relevanz der Patientenzufriedenheit und ihre Auswirkungen auf die Loyalität betonen verschiedene Autoren (Kessler und Mylod 2011 zit. in Amin und Nasharuddin 2013, S. 238). Jedoch empfindet der Patient es als schwierig, die einzelnen Indikatoren im klinischen Kontext einzuschätzen (Kovner und Smits 1978, S. 71; Oswald et al. 1998 zit. in Gotlieb 2000, S. 2).

Neben der Schwierigkeit, dass der Patient die Bestandteile der verschiedenen Gesundheitsdienstleitungen nur teilweise einschätzen kann, zeigt sich im wissenschaftlichen Diskurs, dass die Erfassung der Patientenbeurteilung keine leichte Aufgabe ist. Ein Grund dafür liegt in einer fehlenden standardisierten Methodik und theoretischen Fundierung der Zufriedenheitsforschung von Patienten (Leimkühler und Müller 1996, S. 767). Schon 1978 kritisierten Locker und Dunt das Fehlen eines theoretischen Konzeptes und vergleichenden Methoden. Diese kritischen Stimmen sind bis heute nicht abgeklungen. Obwohl verschiedene Autoren wie Ware versuchten, die Patientenzufriedenheit zu definieren und zu messen, konnte bisher kein abschließendes reliables und valides Erhebungsinstrument entwickelt werden (Hannöver et al. 2000, S. 293).

Verschiedene Autoren verfolgen eine andere Herangehensweise, die die Patientenperspektive auf Grundlage der Qualitätsmessungen von Gesundheitsleistungen betrachten. Da die Sicht des Patienten immer weiter ins Zentrum der Bewertung von Gesundheitsdienstleitungen rückt, ist es möglich, die Patientenzufriedenheit als Indikator für gute Qualität zu nutzen (Zhang et al. 2007, S. 42). So entwickelte Donabedian (1966) ein Modell zur Bewertung unterschiedlicher Dimensionen der Qualität im Gesundheitskontext (S. 702 ff.). Eines der bekanntesten Messmodelle ist der SERVQUAL-Ansatz von Parasuraman et al. (2004) um Konsumentenzufriedenheit zu erfassen. Dabei soll der SERVQUAL-Ansatz bei den verschiedensten Dienstleistung Anwendung finden (2004, S. 157). Beim Versuch den SERVQUAL-Ansatz auf Gesundheitsdienstleistungen anzuwenden, stießen einige Autoren (Carman 1990; Babakus und Mangold 1992; Cronin und Taylor 1994; Kaldenberg et al. 1997) auf das Problem, dass mittels SERVQUAL nicht alle Dimensionen des Krankenhauses betrachtet werden, und versuchten, das Messmodell zu modifizieren. Eine Alternative nutzte Olandt und Benkenstein (1998) im Rahmen einer empirischen Studie zur Dienstleistungsqualität im Krankenhaus. Dabei untersuchte er die Zufriedenheit der Patienten mit Ärzten, Pflegepersonal und „Hotelleistungen" (wie Zimmerausstattung, Verpflegung etc.), um die wahrgenommene Gesamtqualität mit dem Krankenhaus zu erfassen. Dabei zeigte sich, dass die verschiedenen Teilleistungen einen signifikanten Einfluss auf die Krankenhauswahrnehmung durch den Patienten haben. Jedoch zeigte sich anhand des erklärten Varianzanteils, dass es noch weitere Determinanten geben muss, die die Patientenzufriedenheit beeinflussen (S. 95). Und auch andere Studien (Young et al. 2000; Jackson et al. 2001) weisen einen eher geringen aufgeklärten Varianzanteil auf. Deshalb ist es das Ziel des vorliegenden Beitrags, einen Teil des fehlenden Varianzanteils aufzudecken, um dem Krankenhausmanagement weitere Anregungspunkte zur Verbesserung der Patientenzufriedenheit zu liefern.

15.2 Der Mitpatient als Einflussfaktor

In der Konsumentenforschung ist es seit langem bekannt, dass zufriedene Kunden eine höhere Loyalität und Weiterempfehlungsbereitschaft haben (bspw. Fisk et al. 1990, S. 13 ff.; Biong 1993, S. 28 ff.; Caruana 2002, S. 819 ff.; Bodet 2008, S. 159 f.). Dieser Zusammenhang konnte ebenfalls im Krankenhauskontext nachgewiesen werden. Die Patientenzufriedenheit wurde dabei überwiegend über die Dimensionen Personal und Ausstattung erfasst (Schönfelder et al. 2011). Neben diesen Dimensionen untersuchte Baker (1991) die Zugänglichkeit der medizinischen Dienstleistung. Zusätzlich untersuchten verschiedene

Studien beispielsweise die Kommunikationen zwischen Arzt und Patient (Kaplan et al. 1989) oder auch die Compliance der Patienten in Bezug auf die Arztanweisungen (Becker und Maiman 1980). Auf Grund der vielfältigen Herangehensweisen zur Messung der Patientenzufriedenheit entwickelten Ware et al. (1983) acht Dimensionen zur Erfassung der Zufriedenheit von Patienten (S. 248). Jedoch hat sich bisher kein Messmodell zur Erfassung der Patientenzufriedenheit durchgesetzt.

Es wurden bereits eine Reihe an möglichen Determinanten der Patientenzufriedenheit untersucht. Doch obwohl aus anderen Dienstleistungskontexten bekannt ist, dass andere anwesende Kunden u. a. die Kundenzufriedenheit nachhaltig beeinflussen (Martin und Pranter 1989, S. 5 ff.; Rosenbaum 2008, S. 183 ff.; Duran und Zakahi 1988, S. 140 ff.; Carli et al. 1991, S. 423 ff; Huang und Hsu 2009, S. 3 ff.), ist diese Erkenntnis bislang nicht in die Modelle zur Zufriedenheitsmessung in Krankenhäusern eingeflossen. Deshalb soll in dieser Studie untersucht werden, ob der Mitpatient einen Einfluss auf die Zufriedenheit von Patienten im Krankenhauskontext hat.

15.2.1 Stand der Forschung

Die ersten Untersuchungen, in denen der Mitpatient betrachtet wurde, beziehen sich auf die Interaktion zwischen den Patienten und dem „Leben" im Krankenhaus. Pioniere, die das „Zusammenleben" auf psychiatrischen Stationen untersuchten, waren Stanton und Schwartz (1954), Belknap (1956) und Goffman (1955). Goffman führte Beobachtungsstudien auf psychologischen Stationen von Krankenhäusern durch, um das Wissen über das „Leben" im Krankenhaus zu erweitern (zit. in Album 2010, S. 352). Album (1989) orientierte sich an den Studien von Goffman und untersuchte Patienteninteraktionen im Allgemeinkrankenhaus. In seiner Beobachtungsstudie von 1989 fand er heraus, dass vor allem Patienten miteinander interagieren, die keine schwerwiegenden gesundheitlichen Erkrankungen und Einschränkungen aufweisen. Die Gesprächsinhalte konzentrierten sich vorrangig auf das Personal, Erkrankungen und die Informationsweitergabe (S. 300 ff.). Schwer Erkrankte zogen sich hingegen sehr zurück, hatten wenige Unterhaltungen und blieben häufig in ihrem Zimmern (S. 298). Zudem stellte Album fest, dass sich die Patienten an Richtlinien und Normen halten, damit das Zusammenleben im Krankenhaus bestmöglich gestaltet wird (Album 2010, S. 368). In den Studien von Album zeigte sich, dass Patienten einander beeinflussen, indem sie beispielsweise Informationen austauschen, sich miteinander die Zeit vertreiben und gegenseitig unterstützen (1989, S. 299 ff., 2010, S 359 ff.).

Die Unterstützung durch andere Patienten präsentierten Kulik et al. (1993) in einer Studie zur preoperativen Angstwahrnehmung und sozialen Interaktionen. Durch Befragung preoperativer Patienten konnte gezeigt werden, dass das Angstlevel bei einem Patienten signifikant geringer ist, wenn dieser mit einem bereits operierten Patienten zusammenliegt (S. 122). Dass neben der unterstützenden Rolle der Mitpatienten auch das Gefühl von Belastung durch andere Kranke aufkommen kann, belegt die qualitative Studie von Wilson und Luker (2006). Sie analysierten das Wohlbefinden von Krebspatienten im Krankenhaus. Dabei wurden andere Patienten, wie auch schon bei Kulik et al. (1993), als helfender Faktor aufgefasst (S. 1621 f.). Aber ebenso empfanden die Krebspatienten andere als Belastung, weil sie ihnen keine Aussicht auf Besserung vermitteln können (S. 1624). Dieser belastende Einfluss von Mitpatienten wurde bereits 1978 von Siegrist aufgedeckt. Siegrist befragte 200 stationäre Patienten, von denen 12 % das „Zusammenleben" als unangenehm wahrnahmen (1978, S. 94 ff.). So fühlen sich Patienten, die an der Befragung auf einer Krebsstation teilnahmen, ihrer Privatsphäre beraubt (Larsen et al. 2013, S. 401). Das „Zusammenleben" mit Fremden stellte sich für einige als stressige und wenig „heilende" Umgebung dar (S. 399). Trotz alledem bevorzugten die meisten Patienten ein Mehrbettzimmer (S. 401). Dass Bettnachbarn sowohl unterstützende als auch belastende Faktoren sein können, zeigten auch Schaal et al. (1998). Sie fanden ebenfalls heraus, dass Mitpatienten nicht nur positiv, sondern auch negativ wahrgenommen werden (S. 60).

15.2.2 Hypothesenbildung

Um die Wirkung des Mitpatienten auf die Patientenzufriedenheit zu erheben, wurden aus dem Stand der Forschung Indikatoren identifiziert. Des Weiteren wurden im Vorfeld der Studie Gespräche mit dem Pflegepersonal der Stationen der Orthopädie und Nephrologie der Universitätsmedizin Rostock geführt. Dabei sollte herausgefunden werden, nach welchen Kriterien das Stationspersonal die Zimmerbelegung vornimmt. Die Äußerungen zur Zimmerbelegung und die aus der Literatur extrahierten Items sollen im Weiteren zur Einschätzung des Mitpatienten dienen. Sie sind ebenfalls die Grundlage für die entwickelten Hypothesen eins bis sechs. So zeigt die Literatur für Hypothese eins (H1) auf, dass Patienten ähnlichen Alters durch das Belegungsmanagement zusammengelegt werden sollten, da ein zu großer Altersunterschied unerwünscht ist (Cramer und Holler 1983, S. 205 f.). Dieses Argument wurde ebenfalls vom Pflegepersonal der Stationen genannt, weshalb bei der Zimmerbelegung die Altersstruktur berücksichtigt wird. Die weiteren Indikatoren und die dazugehörigen Hypothesen werden in Tab. 15.1 dargestellt.

Der Stand der Forschung lässt vermuten, dass der Mitpatient einen positiven, aber auch einen negativen Einfluss auf die Zufriedenheit der Patienten haben kann. Diese Vermutung gilt es zu prüfen. Darüber hinaus ist davon auszugehen, dass – in Anlehnung an die bereits angesprochene Roommate-Forschung (Duran und Zakahi 1988, S. 142 ff.; Carli et al. 1991, S. 424; Martin und Anderson 1995, S. 50; Foubert et al. 1988, S. 43; Rosenbaum 2008, S. 183 ff.) sowie Studien aus anderen Dienstleistungskontexten (Martin und Pranter 1989, S. 5 ff.; Moore et al. 2005, S. 483 ff.; Huang und Hsu 2009, S. 3 ff.; Luck 2015; S. 3 ff.) – die Zufriedenheit mit dem Mitpatienten die Zufriedenheit mit dem Krankenhaus beeinflusst. Somit wird folgende Hypothese formuliert.

H7: Die Zufriedenheit mit dem Mitpatient hat einen signifikanten positiven Einfluss auf die Zufriedenheit mit dem Krankenhaus.

Tab. 15.1 Einflussfaktoren und Hypothesen zur Zufriedenheit des Patienten

Einflussfaktor	Ausprägung	Hypothesen	Quelle
Alter	Unterschiedliches Alter nicht erwünscht	*H1*: Das Alter hat einen signifikanten positiven Einfluss auf die Zufriedenheit mit dem Mitpatienten	Siegrist (1978); Schaal et al. (1998); Cramer und Holler (1983); Interviews mit Pflegepersonal
	Ähnlichkeit im Alter		
Körperpflege/ Hygiene	Gleichartiges Verhalten	*H2*: Die Körperpflege/Hygiene hat einen signifikanten positiven Einfluss auf die Zufriedenheit mit dem Mitpatienten	Kurtz und Sherker (2003); Schaal et al. (1998); Luther (2014)
	Keine unangenehmen Angewohnheiten (Geruch)		
Lautstärke	Störende Geräusche (bspw. Schnarchen, Fernsehen) sollten unterdrückt/ vermieden werden	*H3*: Die Lautstärke hat einen signifikanten positiven Einfluss auf die Zufriedenheit mit dem Mitpatienten	Fietze et al. (2008); Larsen et al. (2013); Cramer und Holler (1983); Album (1989)
Gemeinsame Unterhaltung	Mitpatient als Zuhörer, Informant	*H4*: Gemeinsame Unterhaltungen haben einen signifikanten positiven Einfluss auf die Zufriedenheit mit dem Mitpatienten	Album (1989); Kulik et al. (1993); Larsen et al. (2012); van Haagtregt et al zit. in Larsen et al. (2013); Interviews mit Pflegepersonal
	Hilfreiche Unterhaltungen		
Belastung durch Anwesenheit	Keine Privatsphäre	*H6*: Belastungen durch die Anwesenheit des Mitpatienten reduzieren die Zufriedenheit mit Mitpatienten signifikant	Larsen et al. (2012, 2013); Schaal et al. (1998); Luther (2014)
	Eingeengt fühlen		
	Fehlende Ruhe		
Belastung durch Erkrankung	Belastung durch Beobachten von Erkrankungen	*H5*: Belastungen durch die Erkrankung des Mitpatienten reduzieren die Zufriedenheit mit dem Mitpatienten signifikant	Larsen et al. (2013); Schaal et al. (1998); Siegrist (1978); Interviews mit Pflegepersonal
	Zusammenlegung mit schwer Erkrankten ungünstig		

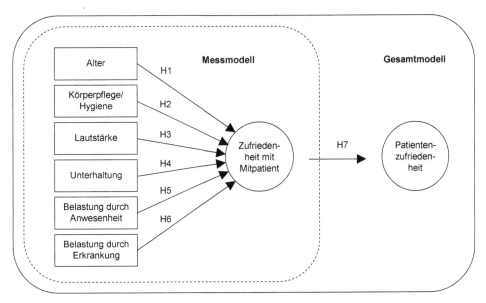

Abb. 15.1 Untersuchungsmodell zum Einfluss des Mitpatienten auf die Patientenzufriedenheit

Das Patientenzufriedenheitsmodell in Abb. 15.1 fasst die abgebildeten Hypothesen nochmals zusammen.

15.3 Befragung

Auf Grundlage der Literaturrecherche, der Interviews mit dem Pflegepersonal und nach Identifikation der Indikatoren, wurde ein Fragebogen zur Erfassung der Patientenzufriedenheit im Rostocker Universitätsklinikum entwickelt. Dieser wurde dem Ethikrat der Universitätsmedizin Rostock vorgestellt, um das Einverständnis für die Befragung auf der Station der Orthopädie und Nephrologie zu erhalten. Nachfolgend informierte die Autorin das Personal der Untersuchungsstationen über den Zeitraum der Befragung und bat um die Mithilfe bei der Identifizierung der zu entlassenden Patienten. Im Zeitraum vom 15.10.– 29.11.2013 befragten vier Interviewer 136 Patienten (73 männlich) nach Einholung der Einverständniserklärung. Wenn keine gesundheitlichen Einschränkungen bezüglich der Mobilität bestanden, konnte das fragebogengestützte Interview in einer anderen Räumlichkeit und ohne Beisein der Bettnachbarn durchgeführt werden. Die Patienten waren alle in Zweibettzimmern untergebracht, sodass immer genau ein Mitpatient beurteilt wurde. Nach Abschluss der Befragung wurden die Daten in SPSS eingepflegt und mit SmartPLS ausgewertet. Das Auswertungsprogramm SmartPLS ist sehr gut geeignet formative Modelle auszuwerten (Christophersen und Grape 2006, S. 221; Gefen et al. 2000, S. 10). Zudem kann es die notwenigen Berechnungen auch mit kleineren Datensätzen (<200 Fälle) durchführen und liefert aussagekräftige Ergebnisse (Hair et al. 2012, S. 325).

15.4 Ergebnisse der Studie/Untersuchungsergebnisse

15.4.1 Itemgeneriegung

Um die Item zu erfassen, wurde zunächst die Literatur im Bereich Patienten-Patienten-Interaktion gesichtet und Attribute, die den Einfluss anderer Patienten aufzeigen, aufgelistet. Die vorrangig qualitativen Studien zeigten 103 verschiedene Eigenschaften eines Mitpatienten auf, die den Patienten im Krankenhaus beeinflussten. Hinzu kamen weitere acht Eigenschaften der Bettnachbarn, die die Autorin aus den Gesprächen mit dem Pflegepersonal generierte. Nach der Identifikation der Indikatoren, wurden doppelte und inhaltlich gleiche Indikatoren im Rahmen von Expertengesprächen entfernt. In einem nächsten Schritt wurden die Items zu Kategorien zusammengefasst. Am Ende der Item-Generierung standen sechs Einflussfaktoren der Zufriedenheit mit dem Mitpatienten für die Untersuchung fest. Die Überprüfung des Einflusses der identifizierten Indikatoren wird im nachfolgenden Kapitel Abschn. 15.7 gezeigt.

15.4.2 Überprüfung der Indikatoren

Die Ergebnisanalyse wurde im Folgenden schrittweise durchgeführt. In einem ersten Schritt wurde das Messmodell geprüft und damit die Eignung der identifizierten Indikatoren zur Beurteilung der Zufriedenheit mit dem Mitpatienten. Dabei werden die Indikatorgewichte auf Signifikanz kontrolliert. Die durch das Bootstrapping-Verfahren ermittelten Ergebnisse zeigen, dass zwei der sechs Indikatorgewichte den Grenzwert von 1,66 (Hansmann und Ringle 2004) nicht erreichen (Tab. 15.2).

Deshalb wurden für diese Indikatoren zusätzlich die Indikatorladungen (IL) betrachtet. Diese sollten einen Wert von mindestens 0,5 übersteigen (Hair et al. 2012, S. 330). Die Analyse zeigt, dass die Indikatorladung für die „Lautstärke" das Kriterium erfüllt (IL=0,683). Jedoch erreicht das Item „Unterhaltung" (IL=0,193) nicht den geforderten Wert von 0,5. Trotz der fehlenden erfüllten Bedingungen kann der Indikator „Unterhaltung" nicht einfach entfernt werden. Auf Grund der inhaltlichen Bedeutung für das Kons-

Tab. 15.2 Indikatorgewichte der Indikatoren des Mitpatienten

Indikatoren	Gewichte	T-Wert Indikatorgewichte
Alter	0,782	2,129*
Körperpflege/Hygiene	0,507	1,854*
Lautstärke	0,587	1,387
Gemeinsame Unterhaltungen	−0,027	0,120
Belastung durch Anwesenheit	−0,577	2,411*
Belastung durch Erkrankung	−0,460	1,996*

*Signifikant bei T-Wert von 1,66

Tab. 15.3 Multikollinearitäts-überprüfung	Indikatoren	Varianzinflationsfaktor (VIF) für PZ
	Alter	1,662
	Körperpflege/Hygiene	1,321
	Lautstärke	1,748
	Gemeinsame Unterhaltungen	1,338
	Belastung durch Anwesenheit	1,635
	Belastung durch Erkrankung	1,400

trukt Mitpatient und der in der Literatur verdeutlichten Relevanz (Hohe Relevanz von Gesprächen und Unterhaltungen für den Zeitvertreib, die Angstreduktion und Informationsaustausch (Album 1989; Larsen et al. 2013; Kulik et al. 1996) soll der Indikator beibehalten werden. Denn ein Item darf nicht bereits nach einer ersten Studie ausgeschlossen werden, wenn seine Aufnahme zur Messung des Konstruktes theoretisch gerechtfertigt ist (Cenfetelli und Basselier 2009, S. 701).

Im nachfolgenden Schritt wurden die Items auf Multikollinearität überprüft. Hier sollte der Varianzinflationsfaktor den Wert von 3,3 nicht übersteigen (Diamantopoulos und Siguaw 2006, S. 270). Für alle Indikatoren liegt der VIF unter dem vorgegebenen Richtwerten (Tab. 15.3).

Durch die Erfüllung der erforderlichen Gütekriterien sowie inhaltlicher Relevanz der verschiedenen Indikatoren, kann das Messmodell angenommen werden. Somit sind „Alter", „Körperpflege/Hygiene", „Lautstärke", „Gemeinsame Unterhaltungen" als auch „Belastung durch Anwesenheit" und „Erkrankung" geeignete Indikatoren um das Konstrukt „Zufriedenheit mit dem Mitpatienten" zu erklären.

15.4.3 Hypothesenprüfung

Nach der Annahme des Messmodells und Eignung der identifizierten Indikatoren, erfolgt nun die Überprüfung der Hypothesen. Die Tab. 15.2 zeigt den Einfluss der identifizierten Indikatoren. Die aufgezeigten Gewichte der Items können dabei wie Regressionskoeffizienten interpretiert werden. Werte nahe 1 und −1 schließen dabei auf einen starken Zusammenhang (Hansmann und Ringle 2004, S. 28). Die Gewichte der Indikatoren „Alter", „Körperpflege/Hygiene" und „Lautstärke" sind positiv und deuten auf einen Erhöhung der Zufriedenheit mit dem Mitpatienten hin. Das „Alter" hat dabei den größten Einfluss auf die Zufriedenheit mit dem Mitpatienten und ist mit einem T-Wert von 2,129 signifikant. Somit steigert der Indikator „Alter" die Zufriedenheit mit dem Mitpatienten und Hypothese eins (H1) kann bestätigt werden. Ebenso kann auch die Hypothese zwei (H2) bestätigt werden, da auch hier der Indikator „Körperpflege/Hygiene" signifikant ist und die Zufriedenheit mit dem Mitpatienten steigert. Die „Lautstärke" verweist zwar auf einen positiven Einfluss und auch das Gewicht des Items nahe der 1, jedoch ist der T-Wert knapp nicht signifikant. Aus diesem Grund kann die Hypothese drei (H3) nur teilweise bestätigt werden.

Nicht bestätigt werden kann die Hypothese vier (H4), die einen positiven signifikanten Einfluss durch „Gemeinsame Unterhaltungen" hypothetisiert. Das Gewicht zeigt einen schwachen Einfluss und eine Verringerung der Zufriedenheit mit dem Bettnachbarn. Des Weiteren ist das Indikatorgewicht nicht signifikant und die Hypothese vier muss verworfen werden. Einen ebenfalls negativen Einfluss weisen die Indikatoren „Belastung durch Anwesenheit" und „Erkrankung" auf. Zudem haben beide Indikatoren einen signifikanten negativen Einfluss. Diese negative Wirkung auf die Zufriedenheit mit dem Mitpatienten zeigt, dass Patienten, die eine Belastung durch ihren Bettnachbarn wahrnehmen, weniger zufrieden mit dem Mitpatienten sind. Die Hypothesen fünf (H5) und sechs (H6) können angenommen werden.

Im letzten Schritt soll das Gesamtmodell und damit der Einfluss der Zufriedenheit mit dem Mitpatienten auf die Patientenzufriedenheit untersucht werden. Dabei zeigt sich ein hochgradig signifikanter und positiver Einfluss auf die Zufriedenheit der Patienten im Krankenhaus. Mit einem Pfadkoeffizienten von 0,409 (T-Wert 4,49) kann ebenfalls die Hypothese H7 bestätigt werden. Des Weiteren kann durch die Zufriedenheit mit dem Mitpatienten ein Varianzanteil von 16,8 % aufgeklärt werden (signifikante Änderung im R^2). Ein „substantieller" Wert sollte laut Chin (1988) bei mehr als 67 % liegen (Hansmann und Ringel 2004, S. 33). Jedoch muss bei der Beurteilung der Fokus der Forschungsfrage herangezogen werden. In dieser ersten Studie zum Einfluss des Mitpatienten war es nicht das Ziel, die komplette Varianz der Zufriedenheit mit dem Krankenhaus aufzuklären, sondern den Bettnachbar als fehlender Faktor aufzudecken, der das Konstrukt Patientenzufriedenheit zusätzlich erklärt. Somit kann das Strukturmodell angenommen werden.

15.5 Diskussion

Im Vorfeld der Analyse wurde herausgestellt, dass auf dem Krankenhausmarkt großer Wettbewerb herrscht. Zur Etablierung auf dem Konkurrenzmarkt hat sich die Zufriedenheit mit dem Krankenhaus, vor allem aber die Sichtweise des Patienten auf das Krankenhaus und seine Qualität als wichtiger Indikator herausgestellt (Alhashem et al. 2011 zit. in Amin und Nasharuddin 2013; Zhang et al. 2007). Verschiedene Studien zur Patientenzufriedenheit identifizierten bspw. den Arzt, das Pflegepersonal oder auch die Umwelt als Einflussgrößen auf die Zufriedenheit (Ware und Snyder 1975; Baker 1991; Gotlieb 2000). In dieser Studie wurde der bisher vernachlässigte Einfluss des Bettnachbarn auf die Patientenzufriedenheit mit dem Krankenhaus untersucht. Da die Patientenzufriedenheit immer weiter ins Zentrum rückt, kann diese als Indikator für gute Qualität genutzt werden (Zhang et al. 2007, S. 42). Somit lassen sich aus der Untersuchung ebenfalls Rückschlüsse auf die Qualitätswahrnehmung der Patienten ziehen.

Die quantitative Untersuchung ist eine der ersten Analysen, die den Einfluss andere Patienten auf die Patientenzufriedenheit untersucht. Nachgewiesen wurde, dass es verschiedene Indikatoren gibt, die das Konstrukt Zufriedenheit mit dem Mitpatienten beschreiben. Die aus der Literatur identifizierten Indikatoren wurden auf ihre Relevanz untersucht.

Dabei haben die Indikatoren „Alter", „Körperpflege/Hygiene", „Belastung durch Anwesenheit" und „Erkrankung" alle Gütekriterien erfüllt. Die Eignung der Items „Lautstärke" und „Gemeinsame Unterhaltungen" mussten näher untersucht werden, da die Indikatorgewichte zu gering waren. Dabei zeigte sich, dass die „Lautstärke" mit Zuhilfenahme der Indikatorladungen die Kriterien erfüllt und im Modell aufgenommen werden kann. Die Annahme des Indikators „Unterhaltung" erfolgte nach zusätzlicher inhaltlicher Prüfung. Im Messmodell konnte zwar der VIF bestätigt werden, jedoch waren die Indikatorladungen und Indikatorgewichte nicht ausreichend hoch. Da es sich in dieser Studie um ein formatives Modell handelt, muss das Entfernen eines Items sorgfältig geprüft werden (Cenfetelli und Bassellier 2009, S. 701; Diamantopoulos 2006, S. 13). Viele verschiedene Studien gaben Anlass dazu, den Indikator „Gemeinsame Unterhaltungen" mit in den Itempool aufzunehmen und nicht zu entfernen. So führte Album (1989) in seinen Beobachtungsstudien auf, dass Interaktionen mit Zimmerpartner als „Zeitvertreib" dienen. Zudem erhält der Patient nützliche Informationen zum Klinikalltag und Behandlungsabläufen (S. 359 f.). In vielen weiteren Studien wurde der Mitpatient als Kommunikationspartner identifiziert (bspw. Larsen et al. 2012; Kulik et al. 1993). Schlussendlich wurden alle sechs identifizierten Indikatoren für die Messung des Konstruktes „Zufriedenheit mit dem Mitpatienten" mit aufgenommen. Auf Grund der unvollständigen Erfüllung der Gütekriterien sollten in Folgeuntersuchungen über eine Neuformulierung der Indikatoren „Lautstärke" und „Unterhaltung" nachgedacht werden. Hierzu könnten Interviews mit Patienten durchgeführt werden, um Fehler in der Formulierung der Items aufzudecken. Gründe für Missverständnisse bei dem Indikator „Unterhaltung" könnten in der sehr allgemeinen Aussage liegen. Hier wurden Attribute wie sich unterhalten, informieren, zuhören, gemeinsamer oder auch interessanter Gesprächsstoff zusammengefasst. Es wäre möglich, dass die befragten Patienten den Indikator sehr unterschiedlich aufgefasst oder missverstanden haben. Dabei könnten „gemeinsamen Unterhaltungen" in dieser Befragung eher ein störender Charakter zugeschrieben worden sein. Und auch der Indikator „Lautstärke" ließe sich durch eine Umformulierung eventuell besser erheben. Eine Prüfung neuformulierter Indikatoren durch einen Pre-Test kann Missverständnissen entgegenwirken und sollte im nächsten Forschungsschritt durchgeführt werden.

Nachdem die Indikatoren bestätigt wurden, erfolgte die Überprüfung der Hypothesen. In dieser Studie wurde angenommen, dass das „Alter" einen signifikanten positiven Einfluss auf die Zufriedenheit mit dem Mitpatienten hat. Dieser Einfluss konnte durch die Hypothesenprüfung bestätigt werden. Hier wird auf Grund der Literatur und der Interviews mit dem Stationspersonal angenommen, dass die Zufriedenheit mit dem Alter auf einer ähnlichen Altersstruktur der Patienten beruht. In Gesprächen mit dem Stationspersonal wurde bekannt, dass versucht wird Personen gleichen Alters in einem Zimmer unterzubringen. Erfahrungen zeigten, dass Patienten ähnlichen Alters sich besser verstehen und die Zimmeratmosphäre als angenehmer wahrgenommen wird. Dass ein ähnliches Alter von Patienten gewünscht wird, zeigt auch die Studie von Schaal et al. (1998), die dies als ein Attribut eines „Traum-Bettnachbarn" darstellt (S. 60). Ebenso weist die Untersuchung von Cramer und Holler (1983) darauf hin, dass Patienten eine Zusammenlegung von jungen und älteren Patienten nicht wünschen (S. 204 f.). Somit lässt sich sagen, dass Patienten, deren Mitpatient ein ähnliches Alter hat, zufriedener sind als Patienten deren Mitpatient wesentlich jünger bzw. älter ist. Um diese Aussage bekräftigen zu können, sollte in einer Folgestudie genauer auf das Attribut „Alter" eingegangen werden. Es könnte nicht nur nach dem Alter des Patienten gefragt werden, sondern ebenfalls nach dem Alter des Bettnachbarn. Ein Vergleich des Alters könnte die Hypothese spezifizieren und zudem könnte sich zeigen, wie groß der Bereich Ähnlichkeit im Alter ist.

Die Hypothese zwei (H2) legt auch eine positiv signifikante Wirkung zu Grunde. Der Indikator wirkt positiv auf das Konstrukt „Zufriedenheit mit dem Mitpatienten" und steigert die Zufriedenheit mit dem Bettnachbarn signifikant. Auch die Studie von Schaal et al. (1998) verweist darauf, dass ein ähnliches Hygieneverhalten von Patienten gewünscht wird. Der „ideale" Bettnachbar sollte laut der Befragung sauber und gepflegt sein (S. 60). Dies zeigt sich außerdem in der Roommate-Forschung, wo Personen, die einander ähnlich wahrnehmen, zufriedener mit ihrem Zimmerpartner sind (Martin und Anderson 1995, S. 50; Carli et al. 1991, S. 424 f.). Durch die Hypothesenprüfung bestätigt sich, dass ein ähnliches Hygieneempfinden/-verhalten und damit die Zufriedenheit mit der „Körperpflege/Hygiene" des Mitpatienten zur Erhöhung der Zufriedenheit mit dem Bettnachbarn führt. Neben Hypothese zwei, zeigt auch die Hypothese drei (H3), dass der Indikator (hier „Lautstärke") einen positiven Einfluss hat. Die positive Wirkung bestätigt die Vermutung, dass die Vermeidung störenden Geräuschen die Zufriedenheit erhöhen kann. Jedoch zeigt die Prüfung auf Signifikanz, dass der Indikator nicht den geforderten T-Wert von 1,66 erreicht. Damit kann die Hypothese nur teilweise angenommen werden. Das Item „Lautstärke" ist ein Indikator zur Messung der „Zufriedenheit mit dem Mitpatienten" und hat einen positiven Einfluss, welcher aber nicht signifikant ist. Ein Grund für die teilweise Bestätigung der Hypothese drei (H3), könnte in der Itemformulierung liegen. Die Zufriedenheit mit der Lautstärke wurde erst durch die Indikatorladung von 0,683 für das Messmodell bestätigt und damit erst im zweiten Schritt. Die Studien von Fietze et al. (2008) und Larsen et al. (2013) verweisen auf den Einfluss störender Geräusche auf die Patientenzufriedenheit. Zum einem zeigt sich der Einfluss auf die Schlafqualität im Krankenhaus (Fietze et al. 2008, S. 167 und 173) und zum anderen, dass die Lautstärke anderer ein Grund für die Wahl eines Einbettzimmers sein kann (Larsen et al. 2013, S. 400). Jedoch ist die Frage nach der Zufriedenheit mit der Lautstärke sehr allgemein. Entweder könnten Beispiele bei der Deutung des Items helfen oder auch einen Unterteilung in verschiedene störende Geräusche wie Lautstärke bei Telefonaten, Gesprächen oder beim Fernsehen. Dies würde zusätzliche Details zum Lautstärkeempfinden der Patienten aufzeigen.

Weitere Schwierigkeiten zeigen sich bei der Hypothesenprüfung des Indikators „Gemeinsame Unterhaltungen". Auch wenn die Literatur vorrangig die positiven Aspekte von gemeinsamen Unterhaltungen aufzeigt, kann dies in dieser Studie nicht belegt werden. Das Gewicht des Indikators „Gemeinsame Unterhaltungen" wirkt sich negativ, jedoch nicht signifikant, auf das Konstrukt aus und mindert dadurch die Zufriedenheit. Dies widerspricht der Hypothese vier, dass gemeinsame Unterhaltungen dazu führen, dass die Zufriedenheit mit dem Mitpatienten signifikant gesteigert wird. Die Hypothese 4 kann somit nicht bestätigt werden. Hier soll nicht gemutmaßt werden, welche Gründe zum negativen Einfluss führen. Es könnte sein, dass dem Indikator vorwiegend negative Eigenschaften zugeschrieben wurden, sodass sich dieser negativ auf die Zufriedenheit mit dem Mitpatienten auswirkt. In weiteren Untersuchungen sollten beide Ausrichtungen des Indikators berücksichtigt werden. So könnte nach „angenehmen" und „belastenden Unterhaltungen" gefragt werden. Anlass für die Zweiteilung des Indikators gibt die Studie von Album (2010), in der nicht nur die positiven Charakteristiken von Unterhaltungen aufgezeigt werden. So sagte eine befragte Person, dass sie einer Unterhaltung nicht entfliehen konnte und dies als sehr unangenehm empfand (S. 368).

Eine ebenfalls negative Wirkung haben die Items „Belastung durch Anwesenheit" und „Erkrankung". Sie wurden neben den Indikatoren, mit Zufriedenheit bestimmenden Eigenschaften der Bettnachbarn erfasst. Beide Indikatoren senken die Zufriedenheit mit dem Mitpatienten signifikant. Auf Grund des negativen Gewichts und T-Werten größer 1,66 können die aufgestellten Hypothesen fünf und sechs bestätigt werden. Im Krankenhaus hat der Patient kaum die Möglichkeit unangenehmen Situationen zu entfliehen, da er eventuell nicht mobil (auf Grund der Erkrankungen oder räumlichen Ausweichmöglichkeiten) ist. Zudem ist seine Privatsphäre eingeschränkt, sodass Mitpatienten Arzt-Patienten-Gespräche oder auch Unterhaltungen mit Besuchern beiwohnen können (Larsen et al. 2013, S. 399). Das Krankenhauspersonal könnte in diesen Fällen Räume für persönliche Gespräche vorbehalten, sodass etwas Privatsphäre gegeben ist. Des Weiteren wäre es im Rahmen der Zimmerbelegung möglich, Patienten mit schweren Erkrankungen nicht mit leicht erkrankten Patienten in ein Zimmer zu legen, um die Belastung durch Sehen von schwer Erkrankten (Wilson und Luker 2006, S. 1624) zu verringern. Das Pflegepersonal sagte in den Interviews, dass bereits versucht wird auf den Schweregrad der Erkrankungen Rücksicht zu nehmen. Jedoch ist dies auf Grund der räumlichen Situation nicht immer möglich.

Die Bestätigung der Hypothesen und die Ausrichtung der Indikatoren liefern mögliche Anknüpfungspunkte für das Belegungsmanagement. Besonders berücksichtigt werden sollten dabei die belastenden Faktoren, da diese einen signifikanten Einfluss haben und die Zufriedenheit reduzieren. Den größten Einfluss hat jedoch das Alter, weshalb das Stationspersonal versuchen sollte Patienten ähnlichen Alters in ein Zimmer zu legen. In Folgeuntersuchungen sollten die Indikatoren nochmals auf ihren Einfluss auf das Konstrukt geprüft werden. Zudem wäre es möglich die Indikatoren in positive (Alter, Körperpflege/Hygiene und Lautstärke) und negative Einflussgrößen (Unterhaltung, Belastung durch Anwesenheit und Erkrankung) einzuteilen, um die Wirkung dieser differenzierter darzustellen.

Neben der Identifikation der Indikatoren zur Beschreibung des Konstruktes „Zufriedenheit mit dem Mitpatienten" war es das Ziel, den Einfluss des Mitpatienten auf die Patientenzufriedenheit darzulegen. Die empirische Untersuchung zeigt, dass die positive Wirkung des Mitpatienten auf die Patientenzufriedenheit bestätigt werden kann. Aus diesem positiven Effekt lässt sich schlussfolgern, dass der Mitpatient die Patientenzufriedenheit, aber auch die wahrgenommene Gesamtqualität beeinflusst. Kulik et al. (1993)

zeigten in ihrer Forschung ebenfalls, dass ein Bettnachbar einen Einfluss auf Patienten haben kann. Verschiedenen qualitativen Untersuchungen gaben zusätzlichen Anlass dazu, dass Patienten einander positiv, aber gleichzeitig auch negativ beeinflussen (bspw. Album 1989, 2010; Larsen et al. 2012, 2013; Andersen et al. 2015). Die Erkenntnis, dass der Bettnachbar die wahrgenommene Qualität erhöhen kann, bestätigt die Relevanz eines guten Belegungsmanagements. Im Krankenhaus sollte es zukünftig weiterhin relevant sein, welche Patienten sich ein Zimmer teilen. Anhaltspunkte für mögliche Auswahlkriterien liefert die qualitative Forschung im Bereich „Zusammenleben" im Krankenhaus (Album 1989, 2010; Schaal et al. 1998; Larsen et al. 2013) und die als relevant identifizierten Indikatoren, die die Zufriedenheit mit dem Mitpatienten prägen.

Dass der Einfluss des Mitpatienten nicht außer Acht gelassen werden kann, beweist der signifikante Einfluss in der vorliegenden Studie. Durch den Mitpatienten können ca. 17 % der Varianz der Patientenzufriedenheit aufgeklärt werden. In Anbetracht der Forschungsfrage zur Aufdeckung weiterer relevanter Einflussgrößen ist dies ein guter Wert. In dieser Studie bleibt jedoch offen, welchen Einfluss der Mitpatient unter Berücksichtigung anderer Einflussgrößen auf die Patientenzufriedenheit hat und inwieweit die Zufriedenheit durch alle Einflussgrößen erklärt werden kann. In einem nächsten Untersuchungsschritt sollten neben dem Mitpatienten ebenfalls Einflussgrößen wie die Zufriedenheit mit dem Arzt, dem Pflegepersonal, der Verpflegung und Ausstattung abgefragt werden. Dadurch wird es möglich den Anteil und den Einfluss des Mitpatienten auf die Patientenzufriedenheit neben den anderen Konstrukten aufzuzeigen. Des Weiteren können dann detaillierte Aussagen zur Bedeutung der Bettnachbarn getroffen werden.

Die durchgeführte Studie dokumentiert den signifikanten Einfluss des Mitpatienten auf die Patientenzufriedenheit. Aus vorhergehenden Studien ist bekannt, dass eine hohe Patientenzufriedenheit zur größeren Loyalität führen kann (bspw. Kessler und Mylod 2011; Wu 2011; Fisk et al. 1990). Wenn somit der Mitpatient die Zufriedenheit der Patienten steigert, kann geschlussfolgert werden, dass auch die Loyalität zum Krankenhaus ansteigt. Für das Krankenhaus bedeutet dies, die Stärkung der Wettbewerbsposition auf dem Krankenhausmarkt. Gerade bei stationären Aufenthalten mit Terminvereinbarungen kann es besonders wichtig sein, dass die Patienten wiederkehren würden, da anders als bei einem Notfall, die Patienten die Wahl zwischen verschiedenen Krankenhäusern haben und damit der Konkurrenzkampf zwischen den Krankenhäusern vergrößert wird. Ebenfalls bekannt ist der Einfluss der Patientenzufriedenheit auf die Weiterempfehlungsabsicht (Chaniotakis und Lymperopoulos 2009). Die erhöhte Zufriedenheit durch den Mitpatienten kann dazu führen, dass Bekannte und Verwandte des behandelten Patienten ebenfalls das Krankenhaus aufsuchen. Das Berichten über Zufriedenheit mit einem bestimmten Krankenhaus kann die Fallzahlen erhöhen und damit auch die Bettenauslastung. Das Wissen um gute Fallzahlen und eine hohe Bettenauslastung gibt dem Krankenhaus Planungssicherheit und erleichtert die oft schwierigen Budgetverhandlungen. Dies bestätigen Klotz et al. (1996), die feststellten, dass Analysen zur Patientenzufriedenheit ein nicht zu unterschätzendes Wettbewerbsargument sind und eine eventuelle Diskussionshilfe bei Verhandlungen mit Kostenträgern darstellen (S. 890).

Zusammenfassend ist zu sagen, dass der Mitpatient einen Einfluss auf die Patientenzufriedenheit hat und deshalb ebenfalls in die Überlegungen des Krankenhausmanagements mit einfließen musst.

15.6   Limitationen und weitere Forschung

Fazit

Die Studie dokumentiert die Wirkung der bisher unbeachteten Einflussgröße des Bettnachbarn auf die Patientenzufriedenheit im Krankenhaus. Da die Erhebung nur in Zweibettzimmern des Krankenhauses durchgeführt wurde, kann keine Aussage zu dem Einfluss mehrerer anwesender Bettnachbarn getroffen werden. In weiteren Forschungen muss deshalb versucht werden, auch diese Zimmerkonstellationen zu untersuchen, da nicht alle Krankenhäuser allein Zwei- oder Einbettzimmer vorhalten. Aus den qualitativen Untersuchungen ist bekannt, dass sich auch Patienten, die sich kein Zimmer teilen, gegenseitig beeinflussen. Diese anderen Patienten nahmen ebenfalls die Rolle des Informanten oder Unterstützers ein (Album 1989, 2010). Jedoch kam es auch zu Aussagen, dass der Anblick der vielen Erkrankten wenig Hoffnung auf Besserung der eigenen Situation hervorruft (Wilson und Luker 2006; Larsen et al. 2013). Entsprechend sollten auch jene Patienten, die auf der betrachteten Station behandelt wurden und mit dem befragten Patient in Interaktion stand, in die Forschung einbezogen werden.

Eine weitere Aufgabe für die weitere Forschung und Limitation dieser Studie stellten die nicht etablierten Skalen dar. Aus diesem Grund wurden die Indikatoren zur Erhebung des Mitpatienten aus der Literatur entnommen. Die Beurteilung der Patientenzufriedenheit mit einem Single-Item stellt eine einfache, direkte und leicht zu nutzende Methode zu Erfassung eines globalen Urteils dar (Hudak und Wright 2000, S. 3168). Jedoch gehen durch diese Methode detaillierte Informationen über das Konstrukt verloren. In einer Folgestudie könnte die Patientenzufriedenheit mit dem Krankenhaus über einen Vergleich der Erwartungen und tatsächliche Wahrnehmung des Krankenhauses erhoben werden. In der vorliegenden Studie werden durch die Messung des Mitpatienten Anknüpfungspunkte für das Krankenhausmanagement aufgezeigt. Die Bestätigung des Messmodells beweist, dass die Indikatoren „Alter", „Lautstärke", „Körperpflege/ Hygiene", „Gemeinsame Unterhaltungen", „Belastung durch Erkrankung" des Mitpatienten und durch die „Anwesenheit" die Zufriedenheit mit dem Mitpatienten gut beschreiben. Jedoch wurden die identifizierten Items keinem Pre-Test unterzogen, sodass es im Rahmen der Untersuchung zu Verständnisproblemen kam, die durch die interview gestützte Befragung nicht reduziert werden konnten. Des Weiteren ist nicht auszuschließen, dass noch weitere Indikatoren zur Beschreibung der Mitpatienten existieren. Im Vorfeld der Studie wurde das Pflegepersonal der Stationen befragt, jedoch keine Patienten, die unmittelbar im Kontakt mit Bettnachbaren stehen und eventuell eine andere Sichtweise auf die Zimmersituation haben. Durch die Literaturanalyse wurde versucht dem entgegenzusteuern und auch die Patientensicht mit einfließen zu lassen, jedoch könnten durch Patienteninterviews weitere relevante Indikatoren identifiziert werden. Ebenfalls sollten die Indikatoren in einem nächsten Forschungsschritt auf Verständnis geprüft werden, da sich in der Datenauswertung zeigte, dass nicht alle Items die Gütekriterien vollständig erfüllen.

Im „verkürzten" Modell zeigt sich der signifikante Einfluss des Mitpatienten auf die Patientenzufriedenheit mit dem Krankenhaus. Ob dieser Einfluss bei Berücksichtigung anderer Einflussgrößen weiterhin besteht, muss noch näher untersucht werden. Die Schwäche der Studie sind die unzureichend geprüften Indikatoren zur Messung der „Zufriedenheit mit dem Mitpatienten". Hierzu sollten in der weiteren Untersuchung Interviews mit Patienten und Fachpersonal der Kliniken geführt werden, um alle möglichen Indikatoren zu erfassen. Damit kann gewährleitet werden, dass der Mitpatient genau erhoben wird. Des Weiteren ist es wichtig, den Einfluss des Mitpatienten mit den anderen Einflussgrößen zu prüfen. Hier besteht jedoch das Problem, dass verschiedene Autoren das nicht Vorhandensein einer theoretischen Grundlage und einer einheitlichen anerkannten Skala zu Erfassung der Patientenzufriedenheit kritisieren (Locker und Dunt 1978, S. 286 ff.; Williams et al. 1998, S. 1351 f.; Leimkühler und Müller 1996, S. 767). Mit dieser Studie wurde erstmalig der Einfluss des Mitpatienten auf die Patientenzufriedenheit aufgezeigt. Damit wurde bestätigt, dass der Mitpatient nicht länger eine unbeachtete Größe der Patientenzufriedenheit sein sollte.

Literatur

Album D (1989) Patients' knowledge and patients' work. Patient-patient interaction in general hospitals. Acta Sociol 32(3):295–306

Album D (2010) Close stragers: patient-patient interaction rituals in acute care hospitals. In: Jacobsen MH (Hrsg) The contemporary Goffman. Taylor & Francis, New York, S 352–372.

Amin M, Nasharuddin S (2013) Hospital service quality and its effects on patient satisfaction and behavioural intention. Clin Gov: An Int J 18(3):238–254

Andersen L, Larsen B, Birkelund R (2015) A companionship between strangers – learning from fellow people with cancer in oncology wards. J Adv Nurs 71(2):271–280

Babakus E, Mangold G (1992) Adapting the SERVQUAL Scale to hospital services: an empirical investigation. Health Serv Res 26(6):767–786

Baker R (1991) The reliability and criterion validity of a measure of patients' satisfaction with their general practice. Fam Pract 8(2):171–177 (Oxford University Press)

Becker MH, Maiman LA (1980) Strategies for enhancing patient compliance. J Community Health 6:113–135

Benkenstein M, Uhrich S (2010) Dienstleistungsbeziehungen im Gesundheitswesen – Ein Überblick zum Konzept „Shared Desision Making" in der Arzt-Patienten-Interaktion. In: Georgi D, Hadwich K (Hrsg) Management von Kundenbeziehungen: Pespektiven – Analysen- Strategien – Instrumente. Gabler, Wiesbaden, S 430–451

Biong H (1993) Satisfaction and loyalty to suppliers within the Grocery Trade. Eur J Mark 27(7): 21–38

Bodet G (2008) Customer satisfaction and loyality in service: two concepts, four constructs, serveral relationships. J Retail Cust Serv 15:156–162

Carli L, Ganley R, Pierce-Otay A (1991) Similarity and satisfaction in roommate relationships. Personal Soc Psychol Bull 17:419–425

Carman JM (1990) Consumer perceptions of service quality: an assessment of the SERQUAL dimensions. J Retail 66:33–55

Caruana A (2002) Service loyalty. Eur J Mark 36:811–828

Cenfetelli R, Bassellier G (2009) Interpretation of formative measureml in information systems research. MIS Q 33(4):689–707

Chaniotakis IE, Lymperopoulos C (2009) Service quality effect on satisfaction and word of mouth in the health care industry. Manage Serv Qual: An Int J 19(2):229–242

Christophersen T, Grape C (2006) Die Erfassung latenter Konstrukte mit Hilfe formativer und reflektiver Messmodelle. In: Albers S, Klapper D, Walter A, Wolf J (Hrsg) Methodik der empirischen Forschung. Gabler, Wiesbaden, S 115–132

Cramer A, Holler G (1983) Zur Erlebniswelt von Patienten: Eine Befragung in Krankenhäusern gibt Auskunft. Dtsche Krankenpflegezeitschrift 36(4):202–210

Cronin JJ, Taylor SA (1994) SERVPERF versus SERVQUAL: reconciling performance-based and perceptions-mins-expectations measurement of service quality. J Mark 58(1):125–131

Diamantopoulos A (2006) The error term in formative measurement models: interpretation and modeling implications. J Model Manage 1(1):7–17

Diamantopoulos A, Siguaw J (2006) Formative versus reflective indicators in organizational measure development: a comparison and emprircal illustration. Br J Manage 17:263–282

Donabedian A (1966) Evaluating the quality of medical car. Milbank Meml Fund Q 44(3):166–206

Donabedian A (1988) Quality of care – how can it be assessed? JAMA 260(12):1743–1748

Duran RL, Zakahi WR (1988) The influence of communictive competence upon roommate satisfaction. West J Speech Commun 52:135–146

Fietze I, Wiesenäcker D, Blau A, Penzel T (2008) Die Schlafqualität im Krankenhaus und der Einfluss von Lärm. Somnologie 12:167–175

Fisk T, Brown C, Cannizzaro K, Naftal B (1990) Creating patient satisfaction and loyalty. J Health Care Mark 10(2):5–15

Foubert JD, Tepper R, Morrison DR (1988) Predicors of student satisfaction in university residence halls. J Coll Univ Stud Hous 21:41–46

Gefen D, Straub DW, Boudreau M-C (2000) Structural equation modeling and regression: guidelines for research practice. Commun Assoc Inf Syst 4:2–77

Gotlieb J (2000) Understanding the effects of nurses, patients' hospital rooms, and patients' perceiption of control on the perceived quality of a hospital. Health Mark Q 18(1/2):1–14

Hair J, Sarstedt M, Pieper T, Ringle C (2012) The use of partial least squares structural equation modeling in strategic management research: a review of past practices and recommendations for future applications. Long Range Plann 40:320–340

Hannöver W, Dogs CP, Kardy H (2000) Patientenzufriedenheit – ein Maß für Behandlungserfolg? Psychotherapeut 45:292–300

Hansmann K-W, Ringle C (2004) SmartPLS manual. University of Hamburg, Hamburg

Huang J, Hsu CH (2009) The impact of customer-to-customer interaction on cruise experience and vacation satisfaction. J Travel Res 49(1):1–15

Hudak P, Wright J (2000) The characteristics of patient satsifaction measures. SPINE 25(24):3167–3177

Jackson J, Chamberlin J, Kroenke K (2001) Predictors of patient satisfaction. Soc Sci Med 52(4):609–620

Kaldenberg D, Becker B, Browne B, Browne W (1997) Identifying service quality strengths and weaknesses using SERVQUAL: a study of dental services. Health Mark Q 15(2):69–86

Kaplan S, Greenfield S, Ware J (1989) Assessing the effects of physician-patient interactions on the outcomes of chronic disease. Med Care 27(3):110–127

Kessler DP, Mylod D (2011) Does patient satisfaction affect patient loyalty? Int J Health Care Qual Assur 24(4):266–273

Klotz W, Zumbé R, Velmans R, Engelmann U (1996) Die Betsimmung der Patientenzufriedenheit als Teil des Qualitätsmanagements im Krankenhaus. Dtsch Med Wschr 121:889–895

Kovner AR, Smits HL (1978) Point of view: consumer expectations of ambulatory care. HCM Rev 3(1):69–75

Kulik J, Moore P, Mahler H (1993) Stress and affiliation: hospital roommate effects on peroperative anxiety and social interaction. Health Psychol 12(2):118–124

Kurtz JE, Sherker JL (2003) Relationship quality, trait similarity and self-other agreement on personality ratings in college roommates. J Personal 71(1):21–48

Larsen L, Larsen B, Birkelund R (2012) An ambiguous relationship – a qualitative meta-synthesis of hospitalized somatic patients' experience of interaction with fellow patients. Scand J Caring Sci 27(3):495–505

Larsen LS, Larsen BH, Birkelund R (2013) A companionship in patient-patient interaction in oncology wards. J Adv Nurs 70(2):395–404

Leimkühler A, Müller U (1996) Patientenzufriedenheit – Artefakt oder soziale Tatsache? Nerverarzt 67(9):765–773

Locker D, Dunt D (1978) Theoretical and methodological issues in sociological studies of consumer satisfaction with medical care. Soc Sci Med. Part A: Med Psychol Med Soc 12:283–292

Luck M (2015) Wenn sich fremde Konsumenten am POS zu nahe kommen–Der Einfluss der räumlichen Distanz auf die Aufenthaltsdauer. In: Meyer A (Hrsg) Aktuelle Aspekte in der Dienstleistungsforschung. Springer Fachmedien, Wiesbaden, S 1–33

Luther L (2014) Patienten-Patienten-Beziehungen im Krankenzimmer–Eine explorative Studie zum idealen Bettnachbarn. In: Bouncken RB, Pfannstiel MA, Reuschl AJ (Hrsg) Dienstleistungsmanagement im Krankenhaus II. Springer Fachmedien, Wiesbaden, S 345–379

Martin M, Anderson C (1995) Roommate similarity: are roommates who are similar in their communication trais more satisfied? Commun Res Rep 12(1):46–52

Martin CL, Pranter CA (1989) Compatibility management: customer-to-customer relationships in service environments. J Serv Mark 3(3):5–15

Mehta S (2011) Sercive quality as a predictar of patient satisfaction: a study of the health care sector. J Health Manage 13(2):211–229

Moore R, Moore M, Capella M (2005) The inpact of customer-to-customer interactions in a high personal contact setting. J Serv Mark 19(7):482–491

Olandt H, Benkenstein M (1998) Dienstleistungsqualität in Krankenhäusern – Operationalisierung und Messung der Patientenwahrnehmung. Deutscher Universitäts-Verlag, Gabler, Wiesbaden.

Parasuraman A, Zeithaml VA, Berry L (2004) SERVQUAL: a multiple-item scale for measuring consumer perceptions of service quality. In: Findlay AM, Sparks L (Hrsg) Retailing: crit concepts, vols 2–3. Taylor & Francis, London, S 140–161

Robra B-P, Swart E, Felder S (2003) Perspektiven des Wettbewerbs im Krankenhaussektor. In: Arnold M, Klauber J, Schellschmidt H (Hrsg) Krankenhaus-Report 2002. Schattauer, Stuttgart, S 43–53

Rosenbaum M (2008) Return on community for consumers and service establishments. J Serv Res 11(2):179–196

Schaal J, Rohner R, Studt H-H (1998) Der Bettnachbar im Patientenzimmer – Plagegeist oder nützliche Ressource? Psychother, Psychosom, Med Psychol-PPmP 48:55–62

Schönfelder T, Klewer J, Kugler J (2011) Determinants of patient satisfaction: a study among 39 hospitals in an in-patient setting in Germany. Int J Qual Health Care 23(5):503–509

Siegrist J (1978) Arbeit und Interaktion im Krankenhaus. Enke, Stuttgart

Vuori H (1987) Patient satisfaction – an attribute or indicator of the quality of care? Qual Rev Bull 13(3):106–108

Williams B, Coyle J, Healy D (1998) The meaning of patient satisfaction: an explanation of high reported levels. Soc Sci Med 47(9):1351–1359

Wilson K, Luker K (2006) At home in hospital? Interaction and stigma in people affected by cancer. Soc Sci Med 62:1616–1627

Wu C (2011) The impact of hospital band image on service quality, patient satisfaction and loyalty. African Journal of Business Management 5(12):4873–4882

Young G, Meterko M, Desai K (2000) Patient satisfaction with hospital care. Med Care 38(3):325–334

Zhang Y, Rohrer J, Borders T, Farrell T (2007) Patient satisfaction, self-rated health status, and health confindence: an assessment of the utility of single-item questions. Am J Med Qual 22(1):42–49

CRM im Zeichen von Social Media und eHealth

16

Roland Trill

Inhaltsverzeichnis

Zusammenfassung

Das Customer Relationship Management (CRM) gewinnt mit zunehmendem Wettbewerb an Bedeutung. Hierbei richtet es sich an den Erwartungen der Kunden (hier: der Patienten, Angehörigen usw.) aus. In den letzten Jahren sind Veränderungen im Rollenverhalten dieser Kundengruppe festzustellen, insbesondere bedingt durch eine weitreichende Nutzung des Internet. Klassische Kommunikationskanäle im Rahmen des CRM verlieren an Bedeutung. Diese Veränderungen im Informations- und Kommunikationsverhalten sind von den Krankenhäusern anzunehmen und in die Entwicklungen

R. Trill (✉)
Institut für eHealth & Management im Gesundheitswesen, Fachhochschule Flensburg,
Kanzleistraße 91–93, 24943 Flensburg, Deutschland
E-Mail: trill@fh-flensburg.de

© Springer Fachmedien Wiesbaden 2016
M. A. Pfannstiel et al. (Hrsg.), *Dienstleistungsmanagement im Krankenhaus*,
DOI 10.1007/978-3-658-08429-5_16

293

neuer Strategien und Instrumente umzusetzen. Durch Social Media und eHealth er-schließen sich für das Krankenhaus neue Instrumente, die mehr und mehr an Bedeu-tung gewinnen werden.

16.1 Customer Relation Management

Die wettbewerblichen und wirtschaftlichen Rahmenbedingungen für Unternehmen auf den Märkten änderten sich in den letzten Jahrzehnten gravierend.

Um im neuen Marktumfeld erfolgreich zu bestehen und damit gewinnbringende Wett-bewerbsvorteile aufzubauen und alte zu halten, bedarf es eines neuen, im strategischen Marketing angesiedelten Ansatzes, des Customer Relationship Management (CRM).

Wörtlich übersetzt bedeutet Customer Relationship Management „Kundenbeziehungs-management", allerdings finden sich in diesem Zusammenhang ebenfalls die Begriffe „Beziehungsmanagement", „Beziehungsmarketing" und „Kundenbindungsmanagement" (Homburg 2012, S. 503 ff.).

Der Begriff „Customer Relationship Management" kann wie in Abb. 16.1 dargestellt, abgegrenzt werden.

„Beziehungsmanagement" beschreibt jegliches Management im Bereich der möglichen Beziehungen eines Unternehmens (Shareholder & Stakeholder). Customer Relationship Management umfasst eine Teilmenge, die Beziehungen zwischen einem Unternehmen und seinen Kunden. „Kundenbindungsmanagement" ist wiederum ein Teil des Customer-Relation-Management-Prozesses und fokussiert sich auf die Bindung aktueller Kunden.

Beziehungsmanagement

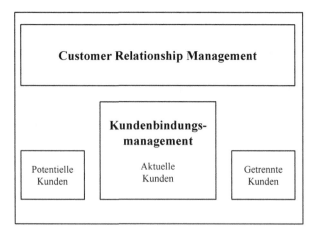

Abb. 16.1 Einordnung des CRM. (Quelle: Eigene Darstellung)

Die abschließend verwendete Definition des CRM nach Holland lautet: „CRM ist zu verstehen als ein strategischer Ansatz, der zur vollständigen Planung, Steuerung und Durchführung aller interaktiven Prozesse mit den Kunden genutzt wird. CRM umfasst das gesamte Unternehmen und den gesamten Kundenlebenszyklus und beinhaltet das Database Marketing und entsprechende CRM-Software als Steuerungsinstrument" (Holland (Version 10), S. 1).

CRM umfasst damit den Aufbau, die Intensivierung sowie die Sicherung dauerhafter und gewinnbringender Kundenbeziehungen. Im Einzelnen sind folgende Ziele zu verzeichnen:

- Integration der Kommunikations-, Distributions- und Angebotspolitik
- Akquisition: Gewinnung und Aufbau profitabler Kunden (Customer Lifetime Value)
- Langfristige Bindung der Kunden
- Umfassende Nutzung von Wissen über Kunden und deren Verhalten und Konzentration auf hochwertige Kunden
- Segmentierung von Zielgruppen und das Erkennen von Korrelationen zwischen Produkten
- Optimierung der Marketing-Maßnahmen
- Erkennen von Trendwechseln und Verhaltensänderungen
- Erkennen von Anomalien und Abwanderungen/Ausreißern
- Früherkennung von Kündigungen (Churn Prevention)
- Aufdeckung von Betrugsversuchen (Fraud Detection)

Um diese Ziele zu erreichen, muss sich die Sichtweise der Unternehmens-Kunden-Beziehung wie folgt verändern:

- Der Kunde wird in den Mittelpunkt gerückt!
- Die Kundenbeziehungen werden individualisiert!
- Die Interaktion mit dem Kunden wird intensiviert oder aufgebaut!
- Die Wünsche und Bedürfnisse müssen identifiziert und nachhaltig bearbeitet werden!

Deutlich wird, dass die Kommunikation mit dem Kunden an Bedeutung gewinnt. Folglich ist es eine Aufgabe, nach den jeweils erfolgversprechendsten Kommunikationskanälen zu suchen und das Kommunikationsverhalten auf diese Kanäle abzustimmen. Vor dieser Herausforderung stehen auch die Krankenhäuser. Hier gewinnt die skizzierte Sichtweise eine zunehmende Bedeutung, weil die neben der Differenzierungsstrategie in anderen Marktumfeldern einsetzbare Preisführerstrategie (Weitergabe von Kostenvorteilen) nicht bzw. nur sehr begrenzt eingesetzt werden kann.

Basis aller auf den Markt, auf Kundengruppen oder individuelle Kunden ausgerichteten Aktivitäten sind Daten über deren Struktur, deren Erwartungen, das bisherige Kaufverhalten und vieles mehr. Ohne eine intelligente IT-Infrastruktur lassen sich diese Daten weder zielgerichtet verarbeiten, noch Muster oder Cluster erkennen. Wie komplex eine solche Infrastruktur sein kann zeigt Abb. 16.2.

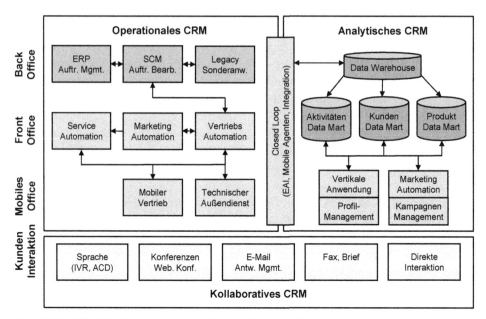

Abb. 16.2 CRM-IT-Infrastrukturansatz. (Quelle: Riggert o. J.)

Es wird deutlich, dass unterschiedliche IT-Komponenten benötigt werden. Aufbauend auf Datenbanken und den darin gesammelten Kundendaten sind weitere Systeme zur Unterstützung und Datenanalyse zu berücksichtigen. Hierbei ist es wichtig anzumerken, dass ein Data Warehouse System mit Data-Mining-Eigenschaften nur die angefragten (eingegebenen) Kennzahlen untersuchen kann und deshalb eine strategische Analyse der kundenbezogenen Kennzahlen der Programmierung vorausgehen muss. Weiter können diese Systeme nicht als isolierte Insellösungen betrachtet werden. Sie müssen als voll integrierte Komponenten in das Informationssystem des Unternehmens implementiert werden (Trill 2009, S. 95 ff.).

16.2 Customer Relation Management im Krankenhaus

Auch deutsche Krankenhäuser sind einem immer stärkeren Wettbewerb ausgesetzt. Hier kann ein gut integriertes und funktionierendes Customer Relationship Management einen Wettbewerbsvorteil herstellen (Heinrich 2011, S. 3 ff.). Der strategische Vorteil einer Differenzierung auf Basis besserer Kundenbeziehungen besteht darin, dass ein Aufbau langfristiger und stabiler Kundenbeziehungen angestrebt wird. Aufgrund dieser lassen sich unterschiedliche Vorteile realisieren. Zum Beispiel können über den Zeitverlauf Kundendaten gesammelt, ausgewertet und dadurch eine profitable Kundenstruktur aufgebaut werden (Homburg 2012, S. 501 ff.). Im weiteren Verlauf konzentriert sich diese Ausarbeitung auf die größte (externe) Kundengruppe: die Patienten. Die Aussagen lassen sich aber

Tab. 16.1 Umsetzung der CRM-Sichtweise in deutschen Krankenhäusern. (Quelle: Eigene Darstellung)

Anforderungen	Realisierung im deutschen Krankenhaus
Kunde wird in den Mittelpunkt gerückt	Sichtweise gewinnt langsam an Bedeutung. Im Wesentlichen herrscht die Prozesssicht seitens des Unternehmens vor
Individualisierung der Kundenbeziehung	Kaum vorhanden. Kunde wird nach wie vor zu sehr als „Standardkunde" wahrgenommen. Dies gilt insbesondere vor bzw. nach dem Aufenthalt im Krankenhaus
Interaktion mit dem Kunden	Hinsichtlich der Kommunikation vor- bzw. nach dem Krankenhausaufenthalt werden regelmäßig noch die traditionellen Medien (meist Massenmedien) eingesetzt. Auch vorhandene Webseiten sind selten tatsächlich interaktiv. Meist setzt die Kommunikation die Aktivität des Kunden voraus. Sie ist also seitens des Krankenhauses mehr eine pull-, denn eine push-Kommunikation
Identifizierung von Wünschen und Bedürfnissen	Als Quellen dienen hier Patientenzufriedenheitsumfragen bzw. Auswertungen des Beschwerdemanagements. Diese Instrumente werden aber nicht systematisch in das CRM eingebunden bzw. lassen keine weitergehenden Aussagen zu

leicht auf andere Kundengruppen des Krankenhauses übertragen (niedergelassene Ärzte, Krankenkassen usw.).

Hinsichtlich der oben veränderten Sichtweise kann der Status Quo der Umsetzung des CRM im Krankenhaus wie in Tab. 16.1 dargestellt werden.

Es ist davon auszugehen, dass auf die Erfordernisse des CRM ausgerichtete Informationssysteme im Krankenhaus nur eine seltene Ausnahme darstellen. Dabei könnten diese Systeme helfen, Chancen und Risiken im Patientenumfeld frühzeitig zu erkennen. Auch die Interaktion mit den Kunden kann auf dieser Grundlage zielgerichteter stattfinden.

Abbildung 16.3 zeigt eine Zusammenstellung von Daten, die in einem CRM im Krankenhaus relevant sein können, die teilweise als Rohdaten bereits existieren bzw. aus diesen erzeugt werden können (in Anlehnung an Link und Weiser 2011, S. 403).

Wertschöpfende Informationssysteme können einen Wettbewerbsvorteil gegenüber der Konkurrenz darstellen. Hierbei ist der technologische Wandel zu berücksichtigen.

Wie eingangs bereits ausgeführt, sind die Kommunikationskanäle von besonderer Relevanz. Nur wenn die Kunden erreicht werden, können die erwünschten Wettbewerbsvorteile realisiert werden.

Die klassischen Informationskanäle im deutschen Krankenhaus sind:

- Tag der offenen Tür
- Patientenzeitung/- radio/- fernsehen
- Patientenbroschüre/Imagebroschüre
- Presseberichte
- Vorträge
- PR-Film

	Patientendaten	**Einweiser- und Kostenträgerdaten**
Grunddaten	• Generelle Kontaktdaten • Gesundheitsspezifische Merkmale • Krankenkassenzugehörigkeit • Einweisender Arzt • Geographische Daten	• Generelle Kontaktdaten • Art des Einweisers • Art der Krankenkasse • Vertragsdaten • Ansprechpartner • Produktleistungsprogramm und Volumen
Aktionsdaten	• Bisherige Untersuchungen, Behandlungen • Krankenhausvorgeschichte • Stationäre Aufenthalte und operative Eingriffe • Arztgespräche • Kontaktperson im Krankenhaus	• Art und Intensität der Kommunikation • Zufriedenheit mit der Informationsbereitstellung und Informationsübermittlung • Dauer des Kundenkontakts
Potentialdaten	• Geplante Nachfolgeuntersuchungen • Geplante Vorsorgeuntersuchungen • Geplante sonstige Untersuchungen • Innovationspotenzial des Patienten	• Geplante Ausweitung des Leistungsprogramms • Geplante Vorsorgeuntersuchungen • Outsourcing- oder Spezialisierungsabsichten • Innovationspotential der Kunden
Reaktionsdaten	• Zufriedenheit des Patienten über eigenes Angebot • Zufriedenheit des Patienten über Angebot der Konkurrenz • Eigene und fremde Umsätze (bspw. DRG-Erlöse) • Nachbehandlung aufgrund fehlerhafter Leistungen • Lost-Order-Daten	• Häufigkeit der Rückfragen • Anzahl und Inhalt der Beschwerden • Lost-Order-Daten • Vertragsverlängerungen • Dauer der Kundenbeziehung

Abb. 16.3 Kundendatenbank im Krankenhaus: Patienten. (Quelle: Link und Weiser 2011, S. 403)

Alle diese Medien haben gemein, dass sie hinsichtlich der Aktualität, des Empfangs oder des mit dem Aufsuchen verbundenen Aufwands Einschränkungen mit sich bringen. Bevor auf moderne Kommunikationskanäle eingegangen wird, ist darzustellen, warum ein Wechsel zu diesen neuen Medien notwendig wird. Nur wenn, wie gesagt, das Medium geeignet ist potenzielle Patienten zu erreichen oder einen Beitrag zur Kundenbindung leisten kann, ist es im Rahmen des CRM eine empfehlenswerte Option.

16.3 Veränderte Kundenbedürfnisse im Gesundheitswesen

Die Rolle und damit die Erwartungen der Patienten haben sich verändert. Dieser andauernde Trend kann als Digitalisierung der Gesundheitskommunikation bezeichnet werden. Die nachfolgenden statistischen Angaben sollen einen Eindruck davon geben, wie weit dieser Trend schon vorangeschritten ist. Treiber dieser Entwicklung ist das Internet, das nicht nur das Suchverhalten nach Informationen verändert hat, sondern auch die Erwartungen an das Kommunikationsverhalten „Anderer" (so auch von Krankenhäusern) maßgeblich beeinflusst. Mittlerweile besteht kaum ein Zweifel daran, dass das Internet zur Stärkung der Health Literacy und des Patient Empowerment wesentlich beiträgt. Krankenhäuser dürfen diese Entwicklung nicht „verschlafen"!

Das Internet verändert die „Marktmacht" im Gesundheitswesen nachhaltig. Bürger werden mehr und mehr in die Lage versetzt, als gleichberechtigte Partner im Gesundheitswesen zu agieren! Immerhin schon 77 % der deutschen Bevölkerung nutzen das Internet täglich oder fast täglich (Destatis 2013). Hierbei ist ein Anstieg seit 2001 um 40 % zu konstatieren (Tendenz weiter steigend, ZDFPortal 2013). Die durchschnittliche Verweildauer im Internet pro Tag betrug 2013 169 min. Sie lag damit um 33 min höher als noch 2010 (ZDFPortal 2013).

Das Internet wird besonders gerne beim Themenfeld „Gesundheit" genutzt. 74 % der Bevölkerung informieren sich bei allgemeinen Gesundheitsfragen vorrangig im Internet (MSL Germany 2012). Immerhin 32 % empfinden die Informationen im Internet verständlicher als ein Arztgespräch und 37 % recherchieren im Internet, um sich auf Augenhöhe mit dem Arzt austauschen zu können.

Dies ist nicht nur ein Trend für jüngere Teile der Bevölkerung, wie nachstehende Zahlen eindrucksvoll beweisen. Fast drei Viertel der internetaffinen Deutschen über 65 Jahre wollen ihre Gesundheit in digitalen Medien selbst im Blick behalten (Accenture 2014). 81 % dieser Senioren wollen einen Zugriff auf ihre Patientendaten und 38 % dokumentieren bereits heute Gewicht und Blutdruck elektronisch. Umfassende Informationen über die Erwartungen der Deutschen im Internet zeigt die e-Patientenstudie 2014. Bis zur Drucklegung dieses Beitrags wird bereits die e-Patientenstudie 2015 veröffentlicht worden sein. Beide geben auch Krankenhäusern einen guten Einblick in die Erwartungen der Patienten hinsichtlich der Kommunikationsmedien und – Inhalte.

Diesen Trend konnte auch eine Imagestudie im lokalen Umfeld von Flensburg exemplarisch bestätigen (Unveröffentlichte Imagestudien der Flensburger Krankenhäuser, durchgeführt im zweijährigen Abstand im Rahmen des Bachelor-Schwerpunktes Krankenhausmanagement an der Fachhochschule Flensburg. Gefragt wurde danach, welche Medien und inwieweit sie die Meinungsbildung über das Krankenhaus beeinflussen).

Das einzige Medium, das über den Zeitraum von vier Jahren kontinuierlich an Bedeutung gewonnen hatte, war das Internet (vgl. Tab. 16.2).

Insgesamt lässt sich festhalten, dass die klassischen Medien gegenüber dem Internet und seinen Diensten relativ an Bedeutung verlieren. Sie vollkommen in Frage zu stellen, wäre nicht zielführend, ein „gesunder" Mix von moderner Informationstechnologie und traditionellen Medien scheint der „Königsweg" zu sein. Dazu muss erläutert werden, welche neuen Kommunikationsdienste zur Verfügung stehen. eHealth und Social Media sind die Begriffe, die diesbezüglich zu erläutern sind.

Tab. 16.2 Nutzung von Medien bei der Information über Krankenhäuser. (Quelle: Eigene Darstellung)

	2010 (%)	2012 (%)	2014 (%)
Tageszeitung	45	51	41
Internet	22	38	40
Tag der offenen Tür	11	18	17
Informationsveranstaltungen	11	21	16

16.4 eHealth und Social Media

16.4.1 eHealth

Fast jedes deutsche Krankenhaus betreibt eine eigene Homepage und ist damit im Internet präsent. Dargestellt werden in der Regel die Kliniken, besondere Schwerpunkte, Ansprechpartner usw. Diese Informationen helfen dem Patienten vor der Aufnahme bei der Orientierung, sie sind aber wenig geeignet den Patienten auch nach der Entlassung zu begleiten und damit an das Krankenhaus zu binden. Dies liegt unter anderem daran, dass diese Webseiten wenig interaktiv ausgerichtet sind. eHealth und Social Media wären in der Lage dieses Defizit auszugleichen.

▶   eHealth beschreibt den „integrierten Einsatz von Informations- und Kommuni-
     kationstechnologien (IKT) zur Gestaltung, Unterstützung und Vernetzung aller
     Prozesse und Teilnehmenden im Gesundheitswesen)" (Definition der Europäi-
     schen Kommission).

eHealth umfasst damit allgemein gesagt die Nutzung von Informations- und Kommunikationstechnologien (IKT) im Gesundheitswesen.

Der Begriff hat seinen Ursprung Ende der 1990er-Jahre, als er in Folge der Entstehung der New Economy geboren wurde. Dahinter verbirgt sich die Idee des eCommerce als elektronischen Marktplatz für Gesundheitsdienstleistungen (wie z. B. Medikamente, Heil- und Hilfsmittel, elektronische Patientenakte, elektronisches Rezept). Seither gilt eHealth als Überbegriff für alle Anwendungen elektronischer Medien in Bezug auf die medizinische Versorgung und andere Gesundheitsdienstleistungen, wie z. B. Gesundheitsportale. Zusammenfassend bietet eHealth die Interaktionsplattform zwischen Patienten und eHealth-Serviceanbietern, zwischen Institutionen zum Datenaustausch oder Kommunikation zwischen den Patienten und Ärzten. Außerdem kann eHealth Gesundheitsinformationsnetzwerke, Elektronische Patientenakten sowie Kommunikationssysteme zum Monitoring beinhalten (vgl. Abb. 16.4).

Da die Nutzer von digitalen Diensten zunehmend Wert darauf legen, diese Dienste überall und zu jeder Zeit nutzen zu können, haben mobile Anwendungen an Bedeutung gewonnen. Als Oberbegriff hat sich „mHealth" (steht für mobile Health) etabliert. „Die WHO definiert unter mobile Health eine durch Mobilgeräte im Sinne von Mobiltelefonen, Smartphones, Tablet-PC und deren drahtlos angebundenes Zubehör unterstützende Gesundheitsfürsorge" (Pramann 2014, S. 1). Dieser Wunsch nach zeitlicher und örtlicher Unabhängigkeit ist bei den Social-Media-Anwendungen noch stärker ausgeprägt.

16.4.2 Social Media

Social Media stellt eine Gruppe von Internetanwendungen dar, die auf den technologischen und ideologischen Grundlagen des Web 2.0 aufbauen und die Herstellung und den Austausch von „User Generated Content" ermöglichen (Kaplan 2010, S. 59–68).

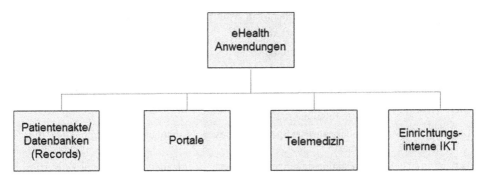

Abb. 16.4 Anwendungsfelder von eHealth. (Quelle: Eigene Darstellung)

▶ „Soziale Medien (Social Media) dienen der Vernetzung von Benutzern und deren Kommunikation und Kooperation über das Internet" (Springer Gabler Verlag o. J.).

Privat schon weit verbreitet, sind diese Dienste aber auch für den Einsatz im Krankenhaus geeignet. Ein wichtiges Einsatzfeld ist bereits das Employer Branding, das aber unter der hier diskutierten Überschrift nicht erörtert werden kann.

Social Media eignen sich generell für den Austausch mit Patients bzw. einzelnen Patientengruppen. So können zum Bespiel eigene Benutzergruppen (der Kardiologie, der Geburtshilfe) moderiert werden. Neuigkeiten im Krankenhaus können aktuell und zielgruppenorientiert kommuniziert werden. Der Patient seinerseits ist in der Lage, seine Erfahrungen nicht nur dem Unternehmen gegenüber zu äußern, sondern ihm steht das Internet offen, um seine Erfahrungen „zu teilen". Dadurch verringert sich die Distanz zwischen Unternehmen und Kunden, was dem vorn ausgeführten Trend des Empowerment entgegenkommt. Das altbekannte Modell des Rezipienten existiert nicht mehr. Denn (fast) jeder ist heutzutage in der Lage, selbst Inhalte zu produzieren und weiterzugeben. Verfolgt das Krankenhaus die Diskussion im Internet, können Rückschlüsse auf Handlungsfelder schneller gezogen werden.

Die Akteure im Gesundheitswesen konnten in der Vergangenheit nie so einfach, schnell und kostengünstig die Bedürfnisse der Patienten erkennen und darauf reagieren.

Einige beispielhafte Social-Media-Anwendungen sollen nachfolgend genannt werden:[1]

- Weblogs
- Foren
- Individualisierte Webseiten
- Social Networks
- Mobile Apps
- Wikis
- Podcasts

---

[1] Eine umfassende Beschreibung aller Varianten sprengt den Rahmen. Interessenten seien beispielsweise auf Pramann 2014, S. 72 ff. verwiesen.

Tab. 16.3 Gegenüberstellung traditioneller Medien mit Social Media. (Quelle: Eigene Darstellung)

Kriterium	Traditionelle Massenmedien	Social Media
Reichweite	Globale Präsenz möglich	Globale Präsenz möglich
Medieneinsatz	Wort, Bilder, Graphiken	*Zusätzlich bewegte Bilder und Ton*
Zugänglichkeit	Setzt Zugang zu entsprechenden Technologien voraus (z. B. Druckereien; Rundfunkstationen)	*Für jedermann zugänglich*
Usability	Produktion setzt Spezialkenntnisse voraus	Weniger notwendig
Vorlauf	Produktionszeiten relativ länger	*Veröffentlichung ohne Zeitverzug*
Aktualität	Nach Erstellung nicht mehr änderbar	*Änderungen unmittelbar möglich*
Zielgruppenausrichtung	Gezielte Verteilung auf eine Zielgruppe kaum möglich	*Zielgruppenansprache wird erleichtert, weniger Streuverluste*
Produktionskosten	Vergleichsweise hoch	Vergleichsweise niedrig, teilweise nicht vorhanden

- Media Sharing
- Social Boolmarks
- Social News

Einige Zahlen mögen die mittlerweile erreichte Ausbreitung dieser Medien skizzieren, wobei die auch für Krankenhäuser relevantesten Medien herausgehoben werden.

Allein Facebook hat weltweit 1,44 Mrd. Nutzer (Allfacebook 2015b; Stand: 05.07.2015), davon 25 Mio. in Deutschland (Allfacebook 2015a). 2015 erreicht Facebook einen Anteil von über 76 % aller Social-Media-Applikationen. Twitter belegt Rang 3 mit 5,42 %, YouTube den siebenten mit 0,9 % (Statista 2015).

Vergleicht man die „sozialen Medien" mit den klassischen Massenmedien, so weisen sie einige für die heutige Zeit und die aktuellen Kundengruppe wesentliche Vorteile auf. Sie werden in Tab. 16.3 dargestellt. Die nach Ansicht des Autors wesentlichsten Argumente für den Einsatz Social Media sind in Fettschrift hervorgehoben.

Im weiteren Verlauf konzentriert sich diese Ausarbeitung auf Soziale Netzwerke wie Facebook, Twitter oder Youtube, da diese den höchsten Nutzen für das CRM im Krankenhaus versprechen.

Eine Umfrage in den Schleswig-Holsteiner Krankenhäusern[2] hat verdeutlicht, dass Social Media für die meisten Krankenhäuser (noch) kaum Bedeutung haben. Gefragt wurde insbesondere nach den gängigsten Social-Media-Kanälen Facebook, Twitter und YouTube. Die wichtigsten Ergebnisse sollen an dieser Stelle zusammengefasst werden.

---

[2] Zum Zeitpunkt der Abgabe des Skriptes noch nicht veröffentliche Totalerhebung bei allen Schleswig-Holsteiner Krankenhäuser durch das Institut für eHealth und Management im Gesundheitswesen an der Fachhochschule Flensburg in Zusammenarbeit mit der Krankenhausgesellschaft Schleswig-Holstein. Die Rücklaufquote des Fragebogens betrug 57 %, befragt wurde in den Monaten Dezember 2014 und Januar 2015.

Nur acht von 30 Krankenhäusern in Schleswig-Holstein setzen Social Media ein, wobei Facebook in allen diesen Krankenhäusern zum Einsatz kam. Zwei Krankenhäuser setzten auf Twitter, drei auf YouTube zur Verfügung gestellte Videos. Allerdings handelte es sich bei diesen Anwendungen vornehmlich um allgemeine Imagefilme, die u. a. auch dem bereits oben erwähnten Employer Branding dienen.

Die antwortenden Krankenhäuser haben eine bis zu vierjährige Erfahrung mit dem Medium. Die Anzahl der „Gefällt mir"-Angaben reichte überwiegend bis zu 300 Likes. Nur ein Krankenhaus erwähnte eine Anzahl von über 900 (was schon eine stattliche Reichweite für deutsche Verhältnisse bedeutet). Die Möglichkeit, Kommentare zu zensieren nutzt nur eine der Einrichtungen. Dies ist auch nicht anzuraten, da eine Zensur die Glaubwürdigkeit einer offenen Kommunikation mit dem Patienten (auch dem potenziellen Kunden) einschränkt. Es verwundert, dass nur die Hälfte der einsetzenden Kliniken die Social-Media-Nutzung statistisch auswertet. Hier könnten durchaus wertvolle Informationen gewonnen werden, die Teil der vorn genannten CRM-IT-Infrastruktur werden könnten (ja, sollten).

Alle Anwender haben einen Verantwortlichen für die Betreuung bestimmt, wobei nur zwei der Kliniken den Auftritt täglich pflegen. Bedenklich stimmt in diesem Zusammenhang, dass nur zwei der acht Social Media nutzenden Krankenhäuser dem Verantwortlichen eine Schulung haben angedeihen lassen.

Alleine diese Auswertung macht deutlich, dass der Social-Media-Auftritt eine besondere Aufmerksamkeit des Managements erfordert. Dort „gepostete" Informationen können schnell eine große Anzahl von Lesern erreichen und sich im schlimmsten Fall verselbstständigen. Anderseits kann das Krankenhaus nur dann Einfluss nehmen, wenn es sich bewusst mit diesem neuen Medium auseinandersetzt.

16.5   Abgrenzung

Bevor die Anforderungen an einen erfolgversprechenden Einsatz von Social Media ausgeführt werden, soll kurz der Zusammenhang von eHealth und Social Media an einer Abbildung (siehe Abb. 16.5) verdeutlicht werden.

Im Überschneidungsbereich werden gleiche Medien und Technologien eingesetzt. Als Beispiele mögen an dieser Stelle das Tele-Monitoring sowie das Tele-Coaching ausreichen. Besondere Relevanz (zum Beispiel zur Entwicklung einer Health Literacy) haben Portale erlangt.

Dabei ist „ein Portal […] eine Applikation, die […] einen zentralen Zugriff auf personalisierte Inhalte sowie bedarfsgerecht auf Prozesse bereitstellt. Charakterisierend für Portale sind die Verknüpfung und der Datenaustausch zwischen heterogenen Anwendungen über eine Portalplattform. Eine manuelle Anmeldung an den in das Portal integrierten Anwendungen ist durch Single-Sign-On nicht mehr notwendig, es gibt einen zentralen Zugriff über eine homogene Benutzungsoberfläche. Portale bieten die Möglichkeit, Prozesse und Zusammenarbeit innerhalb heterogener Gruppen zu unterstützen" (Kirchhof et al. 2013).

Abb. 16.5 Zusammenhang
von eHealth und Social Media.
(Quelle: Eigene Darstellung)

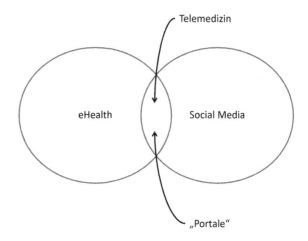

Das Portal eröffnet also einen gemeinsamen, personalisierten Zugang zu Daten, Expertisen und Anwendungen. Gesundheitsportale gehören im Internet zu den am häufigsten besuchten Webseiten – mit steigender Tendenz.

16.6 Anforderungen an die Nutzung von Social Media in Krankenhäusern

Die genannten Medien verführen dazu, sie spontan einsetzen zu wollen. Die nachfolgenden Ausführungen zeigen auf, dass den Chancen auch Risiken gegenüberstehen, die im Rahmen eines strategischen Kommunikationskonzeptes bedacht und planvoll gesteuert werden müssen.

Die sozialen Medien haben das Potenzial, aktuelle Themen und Informationen zielgruppenspezifisch und aktuell aufzubereiten. Diese Informationen dienen der Außendarstellung der Klinik und in hohem Maße der Kundenbindung. Dies aber nur, wenn die verteilten Informationen von den Rezipienten als relevant eingeschätzt werden. Eine Überflutung kann das Gegenteil des gewünschten Effekts erzielen. Ebenso muss gewährleistet werden, dass die Informationen „wahr" sind. So muss gesichert sein, dass diese Informationen geprüft und seitens des Krankenhauses freigegeben sind. Problematisch kann es werden, wenn Mitarbeiter des Krankenhauses Informationen „teilen" und sie als Mitarbeiter des Krankenhauses erkennbar sind. Hier können sich für das Krankenhaus negative Effekte ergeben, die bei der schnellen Verteilung der Informationen im Internet unkontrollierbar werden können. So gibt es beispielsweise eine Facebook-Seite eines Krankenhauses in Schleswig-Holstein, die offiziell von Krankenhausverantwortlichen nie angelegt wurde!

Eine besondere Rolle können die Social-Media-Kanäle bei der Krisenkommunikation erlangen. Hier kommt es auf eine sehr kurze Reaktionszeit des Krankenhauses an. Verliert es die „Kontrolle" über die Kommunikation im Netz, kann großer Imageschaden entstehen.

Zu berücksichtigen sind auch Konflikte mit der Berufsethik und dem Berufsrecht, wenn es sich um die Verwendung medizinischer Informationen handelt. „Häufig wissen die Nutzer nicht, wie sich der Datenfluss gestaltet, wer Einsicht in die Kommunikation hat oder wo sich der Server des Anbieters befindet" (Pramann und Albrecht 2014, S. 79).

Im Umgang mit medizinischen Daten ist also große Vorsicht geboten, wobei beim Umgang mit diesen Gefahren die „Empfehlungen der Bundesärztekammer für Ärzte und Medizinstudenten zur Nutzung sozialer Medien" hilfreich sein können (Bundesärztekammer 2012). Sie greifen folgende Punkte auf:

- Ärztliche Schweigepflicht
- Netiquette
- Grenzen des Arzt-Patienten-Verhältnisses
- Trennung von beruflichem und privaten Profil
- Fernbehandlungsverbot
- Verbot berufswidriger Werbung
- Datenschutz und Datensicherheit
- Verhinderung der Selbstoffenbarung von Patienten
- Zurückhaltung bei produktbezogenen Aussagen
- Haftpflichtversicherung

Die Beherrschung dieser rechtlichen Aspekte ist eine Voraussetzung für den nutzbringenden Einsatz von Social Media. Daneben sollte die Bereitschaft im Krankenhaus vorhanden sein, die Inhalte der patientenseitigen Kommunikation in die Weiterentwicklung der Kundenorientierung des Krankenhauses einfließen zu lassen. Insofern entsteht durch die Nutzung der Technologien ein zweiseitiger Kommunikationskanal.

Zur Aufrechterhaltung der Qualität der Kommunikation muss seitens des Krankenhauses in qualifiziertes Personal investiert werden. Die Betreuung der Social-Media-Kanäle kann weder der Pressereferent noch der Qualitätsmanager „nebenbei" erledigen. Möglichst täglich sollten Inhalte eingestellt oder aber die Kommunikation seitens der Kunden beobachtet und ggf. kommentiert werden. In der vorn dargestellten Untersuchung zur Nutzung in den Schleswig-Holsteiner Krankenhäusern scheint es bedenklich, wenn nur vier der acht einen Social-Media-Auftritt anbietenden Einrichtungen die Postings der Kunden kommentieren und nur zwei davon den Facebook-Auftritt täglich kontrollieren. Auch in Zeiten zunehmender Medienkompetenz scheint eine Schulung der betrauten Mitarbeiter notwendig, wobei es nicht in erster Linie um die technische Handhabung gehen sollte, sondern die vorgenannten Aspekte intensiv behandelt werden sollten. Dabei kann eine Guideline als Teil der Kommunikationsstrategie hilfreich sein, in der unter anderem folgenden Punkte geregelt werden sollten:

- Zielsetzung
- Kommunikationsstil
- Verantwortlichkeit und organisatorische Einbindung
- Inhaltliche Bereiche

- Betreute Kanäle
- Häufigkeit der Nutzung, Antwortverhalten
- Auswertung der Kommunikation und deren Verwendung
- Speicherung der Daten (Integration in die CRM-IT-Infrastruktur)
- usw.

Ein Krankenhaus, das sich die sozialen Netze erschließen will, sollte mit der Nutzung eines Facebook-Accounts beginnen. Diese Aussage gilt zum Zeitpunkt der Abfassung dieser Ausarbeitung. Sie kann aufgrund der den sozialen Netzen innewohnenden Dynamik zum Zeitpunkt der Veröffentlichung bereits überholt sein. Hier lassen sich Benutzergruppen ehemaliger Patienten, u. U. mit spezifischen Krankheitsbildern bilden, die über diesen Kanal mit neuen Angeboten des Krankenhauses oder neuen medizinischen Erkenntnissen zum Krankheitsbild versorgt werden. So könnte zum Beispiel eine Gruppe von Patienten, die im betreffenden Krankenhaus einen Herzschrittmacher implantiert bekommen haben, über neue Forschungen, Selbsthilfegruppen oder Bewegungsangebote des Krankenhauses informiert werden. Es erscheint möglich, über diesen Weg neue Geschäftsfelder zu erschließen.

Die zweite Anwendung könnten Videos sein, die auf YouTube (ggf. in einem eigenen Kanal) angeboten werden. Hier ist der Aufwand der Erstellung deutlich höher. Bisher nutzen deutsche Krankenhäuser diesen Kanal fast ausschließlich für die Imagewerbung. Mit zunehmender Bedeutung der Gesundheitsförderung und Prävention (primär und sekundär) erschließen sich neue Anwendungsgebiete auch für Krankenhäuser. Die vorn erwähnten rechtlichen Rahmenbedingungen müssen dabei beachtet werden.

Ob Twitter als Dienst für Krankenhäuser tatsächlich den gewünschten Nutzen haben wird, ist noch nicht abschließend beantwortet worden. Sollte ein Krankenhaus diesen Dienst nutzen wollen, wird der Erfolg mit der Qualität der Beiträge (und nicht mit der Häufigkeit des Postings) eng verbunden sein. Wahrscheinlich wird hier die Maxime „Weniger ist mehr!" der bessere Ratgeber sein.

Social Media eröffnen den Krankenhäusern neue Zugänge zur Kundenbindung, aber auch zur Erstkundengewinnung. Sie sind aber auch sehr sensibel einzusetzende Instrumente. Es muss daher gefordert werden, sie in eine Gesamtstrategie des CRM zu integrieren. Mit diesen neuen Kanälen werden die traditionellen Instrumente nicht überflüssig. Sie müssen einander ergänzen. Voraussichtlich wird die Bedeutung von Social Media im Unternehmensumfeld weiter auf Kosten der traditionellen Kanäle zunehmen. Abbildung 16.6 zeigt diese Einbindung.

Der höchste Wirkungsgrad wird mit einer Multikanalstrategie erlangt. Nicht von ungefähr steht das Internet und stehen Netzwerke (Social Media) im Zentrum dieses Strategieansatzes.

Bei der Nutzung der neuen Internet-Kanäle sind deutsche Krankenhäuser noch in einer frühen Entwicklungsphase. Welchen Umfang diese modernen Kommunikationsformen erlangen und wie sie das Bild einer Klinik positiv prägen können, wird an einem Beispiel aus den USA erläutert.

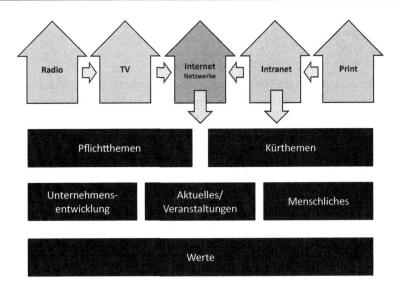

Abb. 16.6 Multimedia-Strategie. (Quelle: Birschmann 2013, S. 592)

16.7   Best Practise: Die Mayo-Klinik

Wie die vorstehenden Äußerungen verdeutlicht haben, findet sich in Deutschland noch kein Krankenhaus, das umfassend die Möglichkeiten von Social Media nutzt. Daher erwähnt der Autor ein Beispiel aus den USA. Hierbei wird nicht verkannt, dass die mehr privatwirtschaftliche Organisation des Gesundheitswesens in den USA die Nutzung von Social Media befördert. Als Beispiel ist die Mayo Clinic dennoch geeignet, zumal sie mit ihrem weitreichenden Ansatz in den USA keinen Einzelfall darstellt.

Kurz seien die wichtigsten Kennzahlen zur Mayo Clinic aufgeführt (alle folgenden Angaben beziehen sich auf den Stand: Dezember 2014):

- Non-Profit Organisation seit 1989
- Verteilt auf drei Hauptstandorte
- Ca. 61.100 Mitarbeiter
- Umsatz 2011: 8,5 Mrd. $.

Die Mayo Clinic (www.mayoclinic.org) hält ein umfassendes Angebot an Webservices vor, das sich auf die nachfolgenden Bereiche verteilt[3]:

- Health Information
- Healthy Lifestyle

---

[3] Auf eine direkte Verlinkung wurde verzichtet, da zum Zeitpunkt des Erscheinens dieses Buches, diese nicht mehr aktuell und somit nutzbar sein würden.

- Patient Online Services
- Plan your Visit.

Unter der Überschrift „Health Information" kann der Besucher der Website nach einer Erläuterung von Symptomen suchen, er bekommt allgemeine Informationen über Krankheiten und Behandlungen sowie Medikamente. Selbstverständlich sind Hinweise zur Ersten Hilfe.

Der Bereich „Healthy Lifestyle" beinhaltet Informationen zu Ernährung, Fitness, Gewichtskontrolle sowie Schwangerschaft.

Als Online-Service werden Terminbuchungen, so genannte eVisits, die Elektronische Patientenakte, Behandlungspläne sowie die Patientenquittung angeboten.

„Plan your Visit" bietet dem Patienten eine interaktive Führung sowie 360-Grad-Panoramabilder.

Die Mayo Clinic nutzt Social Media erfolgreich, wie die folgenden Daten eindrucksvoll unter Beweis stellen:

- Ca. 560.000 Likes auf Facebook
- 800.000 Follower auf Twitter
- 3500 Video in einem eigenen YouTube-Kanal mit rund 25.000 Abonnenten.

Um diese Erfolge erzielen zu können, investiert die Mayo Clinic in Personal. Insgesamt sind allein 10 Mitarbeiter im Social-Media-Bereich des Konzerns tätig. Anderseits ist diese intensive, interaktive Kommunikation mit für den Erfolg des Konzerns verantwortlich. 2014/2015 wurde die Mayo Clinic zur besten Klinik in den USA gewählt.

16.8 Fazit

Soziale Medien sind keine vorübergehenden Modetrends, sondern haben grundlegend die Art verändert, wie wir kommunizieren. Wer sich im Netz nicht zeigt, existiert medial gesehen nicht. Folgt man dieser Aussage, dann hinken viele der deutschen Krankenhäuser der Zeit hinterher, wie die Erhebung in den Schleswig-Holsteiner Krankenhäusern gezeigt hat.

Es wird aber deutlich, dass die Bedeutung sozialer Medien weiter zunehmen wird und insbesondere junge Menschen ein Angebot dieser Medien schlichtweg erwarten. Die Betreuung verlangt nach einem durchdachten Konzept, nach eindeutigen Verantwortlichkeiten und Schulungen der damit betrauten Mitarbeiter. Wenn die Klinik die genannten Anforderungen erkannt und akzeptiert hat, kann sich aus der Nutzung ein Wettbewerbsvorteil ergeben. Wer nicht in der Lage ist, diese Anforderungen zu erfüllen, sollte eher die Finger davon lassen. Wenigstens mittelfristig werden aber Social-Media-Angebote zu Bestandteil des CRM auch im deutschen Krankenhaus werden.

Literatur

Accenture (2014) Senior-citizen-survey-2014. www.accenture.com/de-de/company/newsroom-germany/Pages/senior-citizen-survey-2014.aspx. Zugegriffen: 20. Mai 2014

Allfacebook (2015a) Facebook-Nutzer in Deutschland. www.allfacebook.de/zahlen_fakten/erstmals-ganz-offiziell-facebook-nutzerzahlen-fuer-deutschland. Zugegriffen: 5. Juli 2015

Allfacebook (2015b) Facebook-Zahlen 2015. www.allfacebook.de/news/facebook-zahlen-2015. Zugegriffen: 5. Juli 2015

Birschmann N (2013) Unternehmenskommunikation – Reputation steuern. In: Debatin JF, Ekkernkamp A, Schulte B, Tecklenburg A (Hrsg) Krankenhausmanagement, 2. Aufl., Berlin, S 586–600

Bundesärztekammer (2012) Empfehlungen der Bundesärztekammer für Ärzte und Medizinstudenten zur Nutzung sozialer Medien. http://www.bundesaerztekammer.de/fileadmin/user_upload/downloads/Empfehlungen_Aerzte_in_sozialen_Medien.pdf. Zugegriffen: 5. Juli 2015

Destatis (2013) Internetaktivitäten nach Altersgruppen. www.destatis.de/DE/ZahlenFakten/GesellschaftStaat/EinkommenKonsumLebensbedingungen/ITNutzung/Tabellen/NutzungInternetAlter_IKT.html. Zugegriffen: 11. Nov. 2013

Heinrich D (2011) Customer Relationship Management im Krankenhaus, 1. Aufl. Springer Verlag, Heidelberg

Holland R, Customer Relation Management (Version 10). In: Springer Gabler Verlag (Hrsg) (o. J.) Gabler Wirtschaftslexikon. http://wirtschaftslexikon.gabler.de/Archiv/5072/customer-relationship-management-crm-v10.html. Zugegriffen: 20. Dez. 2014

Homburg C (2012) Marketingmanagement, Strategie — Instrumente — Umsetzung — Unternehmensführung, 4. Aufl. Gabler Verlag, Wiesbaden

Kaplan AM, Haenlein M (2010) Users of the world, unite! The challenges and opprotunities of social media. Bus Horiz 53(1):59–68

Kirchhof A, Gurzki T, Hinderer H, Vlachakis J (2013) „Was ist ein Portal?" – Definition und Einsatz von Unternehmensportalen. http://pub-379.bi.fraunhofer.de/Images/Was_ist_ein_Portal_tcm379-129040.pdf. Zugegriffen: 1. Juli 2013

Link J, Weiser C (2011) Marketing-Controlling, 3. Aufl. Vahlen Verlag, München

MSL Germany (2012) Gesundheitsstudie. www.virtuelles-wartezimmer.de/category/msl-gesundheitsstudie. Zugegriffen: 10. Nov. 2013

Pramann O, Albrecht U (2014) u.-V., Smartphones, Tablet-PC und Apps in Krankenhaus und Arztpraxis. Deutsche Krankenhausverlagsgesellschaft, Düsseldorf

Riggert W (o. J.) Customer Relationship Management. http://www2.wi.fh-flensburg.de/wi/riggert/veranstaltungen/AKAD/4-Administrationssysteme-CRM.pdf. Zugegriffen: 20. Dez. 2014

Springer Gabler Verlag (Hrsg) (o. J.) Gabler Wirtschaftslexikon, Soziale Medien. http://wirtschaftslexikon.gabler.de/Archiv/569839/soziale-medien-v4.html. Zugegriffen: 21. Jan. 2015

Statista (2015) Dosier Soziale-Netzwerke. www.statista.com/themen/1842/soziale-netzwerke/. Zugegriffen: 05. Juli 2015

Trill R (2009) Praxisbuch eHealth, Von der Idee zur Umsetzung. Kohlhammer Verlag, Stuttgart

ZDFPortal (2013) Internetnutzung in Deutschland 2013. ZDF/ARD www.zdf.de/ZDF/zdfportal/blob/22898310/2/data.jpg. Zugegriffen: 11. Nov. 2013

Die Herausforderung, medizinische IT-Netzwerke zu betreiben

17

Martin Zauner

Inhaltsverzeichnis

M. Zauner (✉)
FH OÖ – Fakultät für Gesundheit und Soziales, Garnisonstraße 21, 4020 Linz, Österreich
E-Mail: martin.zauner@fh-linz.at

© Springer Fachmedien Wiesbaden 2016
M. A. Pfannstiel et al. (Hrsg.), *Dienstleistungsmanagement im Krankenhaus*,
DOI 10.1007/978-3-658-08429-5_17

Zusammenfassung

Kurze Innovationszyklen in den Informations- und Kommunikationstechnologien (IKT) sowie der Trend zur Digitalisierung in der Medizintechnik erlauben die zunehmend einfache technische IT-Vernetzung von Medizinprodukten. Dem gegenüber stehen jedoch die Anforderungen an die Sicherheit von Patienten, Anwendern und Dritten. Im Fokus stehen dabei die Personensicherheit, die nachhaltig wirksame Produktfunktionalität gemäß ihrem bestimmungsgemäßen Gebrauch sowie die Einhaltung des Datenschutzes und der Datensicherheit bei Medizinprodukten, die in komplexen IT-Netzwerken betrieben werden. Sowohl Hersteller als auch Betreiber von Medizinprodukten sind zunehmend gefordert, ihre Beiträge für die Möglichkeit des sorgfältigen Betriebes von Medizinprodukten in IT-Netzwerken beizusteuern und ihre Zuständigkeiten zu qualifizieren. Dazu zählen nicht nur Vereinbarungen zwischen Lieferanten und Gesundheitsdienstleistern, sondern auch die Abstimmung zwischen Medizintechnik und Gesundheitsinformatik innerhalb von Gesundheitsdienstleistern. Ein Grundelement zur Sicherstellung der Sicherheit, der Effizienz und des Daten- und Systemschutzes ist das Risikomanagement entlang des Produktlebenszyklus. In dem Beitrag werden Szenarien für die Umsetzung des Risikomanagements für die Einbindung von Medizinprodukten in IT-Netzwerke unter Berücksichtigung der Norm EN IEC 80001-1 diskutiert.

17.1   Medizinisches IT-Netzwerk

Medizinische IT-Netzwerke sind IT-Netzwerke, in welchen mindestens ein Medizinprodukt inkorporiert ist (Norm EN IEC 80001-1 2011). In einem medizinischen IT-Netzwerk wachsen somit die beiden Welten der Medizinprodukte und der Informatik beziehungsweise Informationstechnik (IT) zusammen.

Medizinische IT-Netzwerke können in Teilnetzwerke strukturiert sein. Die Einstufung des medizinischen IT-Netzwerkes beziehungsweise der Teilnetzwerke erfolgt in die Klassen A, B und C, abhängig von den Anforderungen an seine Verfügbarkeit und Zuverlässigkeit.

So unspektakulär diese Feststellung einerseits ist, so weitreichend sind andererseits die Konsequenzen einer Integration von Medizinprodukten in IT-Netzwerke. Betroffen sind sowohl Gesundheitsdienstleister (GDL) als die für die Vernetzung verantwortliche Organisation, als auch Hersteller von Medizinprodukten. Die Verantwortungen dazu sind in den nationalen Medizinproduktegesetzen geregelt.

Zunächst soll geklärt werden, wann ein Produkt als Medizinprodukt gilt.

17.2   Definition Medizinprodukt

Die Zweckbestimmung (der bestimmungsgemäße Gebrauch) eines Medizinproduktes beziehungsweise eines medizinischen Systems wird vom Hersteller im Rahmen der Produktauslegung festgelegt. In der europäischen Union gibt es für Medizinprodukte aktuell drei Richtlinien:

- Richtlinie 93/42/EWG für (allgemeine) Medizinprodukte („MD-Directive", MDD),
- Richtlinie 98/79/EG für in-vitro Diagnostik Medizinprodukte („IVD-Directive", IVDD),
- Richtlinie 90/385/EWG für aktive implantierbare medizinische Geräte („AIMD-Directive", AIMDD).

Künftig soll es anstatt der drei europäischen Richtlinien nur (mehr) zwei europäische Verordnungen für Medizinprodukte geben. Dabei werden die beiden Richtlinien MDD und AIMDD zu einer Verordnung für Medizinprodukte zusammengeführt. Eine zweite Verordnung soll es für IVD-Medizinprodukte geben.

Da derzeit die meisten Medizinprodukte unter die Richtlinie 93/42/EWG fallen, sei die Definition eines Medizinproduktes beispielhaft anhand dieser Richtlinie dargestellt:

„Medizinprodukte" sind alle einzeln oder miteinander verbunden verwendeten Instrumente, Apparate, Vorrichtungen, Software, Stoffe oder anderen Gegenstände, einschließlich der vom Hersteller speziell zur Anwendung für diagnostische oder therapeutische Zwecke bestimmten und für ein einwandfreies Funktionieren des Medizinprodukts eingesetzten Software, die vom Hersteller zur Anwendung für Menschen für folgende Zwecke bestimmt sind:

- Erkennung, Verhütung, Überwachung, Behandlung oder Linderung von Krankheiten,
- Erkennung, Überwachung, Behandlung, Linderung oder Kompensierung von Verletzungen oder Behinderungen,
- Untersuchung, Veränderung oder zum Ersatz des anatomischen Aufbaus oder physiologischer Vorgänge oder
- Empfängnisregelung

und deren bestimmungsgemäße Hauptwirkung im oder am menschlichen Körper weder durch pharmakologische oder immunologische Mittel noch metabolisch erreicht wird, deren Wirkungsweise aber durch solche Mittel unterstützt werden kann.

Für die Vernetzung von Medizinprodukten in IT-Netzwerken richtet sich nun die weitere Betrachtung auf digitale medizinische Geräte, zum Beispiel:

- elektrisch-medizinische Geräte wie Computertomografen (MDD), Blutzuckermesssysteme (IVDD) oder Herzschrittmacher (AIMDD);
- eigenständige Software-Medizinprodukte wie PACS (MDD) oder Medizinische Expertensysteme (IVDD) (European Commission 2012).

Werden diese Medizinprodukte in IT-Netzwerke inkorporiert, stehen sie mit dem IT-Netzwerk selbst, sowie mit Fremdsystemen in Interaktion. Durch die Wechselwirkung mit Drittsystemen darf jedoch die Sicherheit und Wirksamkeit der Medizinprodukte selbst nicht beeinträchtigt werden. Dafür hat die für die Verbindung der Medizinprodukte verantwortliche Organisation Sorge zu tragen.

Bei der Vernetzung von abgegrenzten medizinischen IT-Netzwerken wie zum Beispiel ein „Intensiv-Monitoring" IT-Netzwerk in das medizinische IT-Netzwerk des GDL sind das Teilnetzwerk, die Schnittstelle und das medizinische IT-Netzwerk zu validieren. Hierbei können unterschiedliche Zuständigkeiten existieren (VDE Studie 2010).

Das medizinische IT-Netzwerk ist die technische Basis für den Austausch digitaler Daten, Nachrichten und Steuerungsinformationen beim GDL. Ein Nichtfunktionieren würde heute in vielen Fällen die Patientenbehandlung spürbar einschränken. Daher werden für den Betrieb von medizinischen IT-Netzwerken Schutzziele definiert.

17.3 Schutzziele für medizinische IT-Netzwerke

Die Schutzziele für medizinische IT-Netzwerke beabsichtigen die Personensicherheit im Zuge ihrer klinischen Behandlung sowie die dafür zugrundeliegende Sicherheit und Funktionalität der eingesetzten Medizinprodukte gemäß ihrem bestimmungsgemäßen Gebrauch zu gewährleisten.

Die drei Schutzziele eines medizinischen IT-Netzwerkes sind die Sicherheit und Effektivität sowie der Daten- und Systemschutz (Abb. 17.1). Neben einzelnen Aktivitäten zur Erhöhung der IT-Netzwerksicherheit in den Bereichen „safety" und „security" ist auch die Balancierung der drei Schutzziele zueinander möglich. So kann der Grad des Schutzzieles zum Beispiel mit hoch, mittel, gering oder einer feineren Abstufung skaliert werden. Dabei kann speziell auf die Anwendungen in den medizinischen IT-Netzwerken eingegangen

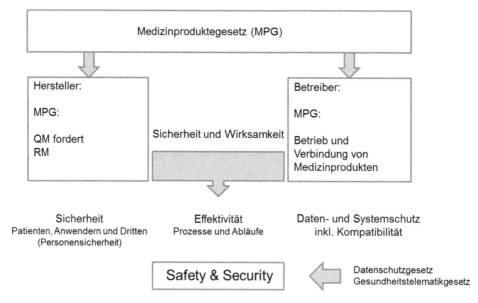

Abb. 17.1 Rahmenbedingungen

werden. Beispiele dazu sind Alarmübertragung, also die Kommunikation zwischen und über Systemkomponenten hinweg, oder die Softwareanbindungen an das PACS, also die Implementierung standardisierter Schnittstellen über Kommunikationsserver.

Sicherheit von Personen
Die Personensicherheit umfasst Patienten, Anwender und Dritte und soll sicherstellen, dass die Sicherheit und Funktionalität (safety) eines Medizinproduktes gewährleistet ist, speziell auch, wenn es in einem IT-Netzwerk betrieben wird. Interaktionen mit anderen Geräten oder Software, zum Beispiel Viren-Scannern, sind dabei ebenso zu berücksichtigen wie ein vorhersehbarer Missbrauch, zum Beispiel der Versuch von Personen sich unautorisiert Zugang zu elektronischen Systemen zu verschaffen.

Effektivität
Die Effektivität und Leistungsfähigkeit von vernetzten Medizinprodukten und den damit verbundenen klinischen Aktivitäten darf nicht durch das IT-Netzwerk selbst oder durch andere Geräte oder Software beeinflusst werden. Die Norm EN 60601 (3rd Ed.) stellt dazu eine Klassifikationsmöglichkeit für medizinische IT-Netzwerke vor. Je nach Kritikalität der für den Betrieb des Medizinproduktes notwendigen IT-Netzwerkverfügbarkeit können medizinische IT-Netzwerke in die die Klassen A, B oder C (kritische Anwendungen) eingeteilt werden. Mit einer geeigneten IT-Netzwerkarchitektur können somit IT-Netzwerksegmente strukturiert werden, die den Verfügbarkeitsansprüchen für das Betreiben von Medizinprodukten wie zum Beispiel Robotersysteme in der Chirurgie oder Patientendatenmonitoring-Systemen im klinischen Intensivbereich entsprechen.

Daten- und Systemschutz
Der Daten- und Systemschutz (security) dient dem Schutz vor unberechtigten Zugriffen auf personenbezogene Daten, insbesondere Gesundheitsdaten, sowie dem Schutz von elektronischen Geräten und Systemen. Er zielt ab auf die Vertraulichkeit dieser Daten, sowie die Verfügbarkeit von Daten und elektronischen Komponenten.

17.4 Bestehende Herausforderungen für den Betrieb von medizinischen IT-Netzwerken

Gemäß den Verantwortungen der Betreiber sowie der Hersteller von Medizinprodukten sind für den Betrieb von Medizinprodukten die Regeln beziehungsweise der Stand der Technik heranzuziehen.

Die Norm EN IEC 80001 bietet dazu einen Leitfaden für die Umsetzung des Risikomanagements zur Einbindung von Medizinprodukten in IT-Netzwerke. Neben den in dieser Norm dargestellten Kernprozessen bietet diese auch Freiräume für GDL, konkrete Umsetzungsszenarien festzulegen.

Zunächst sollen die Herausforderungen für GDL diskutiert werden.

17.5 Organisation und Prozesse

Das Betreiben medizinischer IT-Netzwerke bringt bestehende Organisationsstrukturen gerne an ihre Grenzen. Die Ursache liegt nicht in den abteilungsspezifischen Tätigkeiten, sondern in den abteilungsübergreifenden Aufgaben und die Abstimmungen dazu. Diese erfordern:

- Kenntnis und Verständnis über geltende Gesetze: zum Beispiel das Medizinproduktegesetz, Datenschutzgesetz sowie spezielle Entwicklungen (Gesundheitstelematikgesetz in Österreich, Entwurf eines Gesetzes für sichere digitale Kommunikation und Anwendungen im Gesundheitswesen („E-Health-Gesetz" in Deutschland));
- Klare Aufgabenverteilungen und Kompetenzfestlegungen (Oberste Leitung, Risiko-Manager und Dritte);
- Aufgaben- und Kompetenzfelder der Abteilungen Medizintechnik und Informatik sowie die unmittelbar damit verbundenen Regelung der Zusammenarbeit (Prozesse) zwischen diesen sowie mit den Anwendergruppen und deren Dokumentation;
- Zuständigkeiten und Verantwortung von Outsourcing-Partnern und Lieferanten;
- topologischen und organisatorischen Abgrenzungen des medizinischen IT-Netzwerkes, insbesondere WLAN-Integrationen und Einbindung von Klasse C IT-Netzwerksegmenten;
- Schulungs- und Weiterbildungsmaßnahmen zur Beherrschung der technischen Vielfalt, Komplexität und Produktinnovationen.

17.6 Medizintechnik und Informatik

Die sehr kurzen Innovationszyklen in der Informations- und Kommunikationstechnologie (IKT) sowie die zunehmende Digitalisierung in der Medizintechnik (Innovationsdimension Computerisierung) lassen die IT und Medizintechnik zusammenwachsen. Umso wichtiger wird das Verständnis von beiden Seiten für kritische Aufgabenbereiche, zum Beispiel:

- Festlegung der Konfiguration von IT-Verbindungskomponenten (zum Beispiel „firewalls") für direkte Gerätezugriffe von Medizinprodukte-Lieferanten im Zuge von Fernwartungstätigkeiten oder von Lieferanten allgemeiner Betriebssystem-Software zum Beispiel für „patches" in Verbindung mit Validierungsprozessen vor der tatsächlichen Inbetriebnahme;
- Abwehr von nicht autorisierten Zugriffen auf das IT-Netzwerk (auch über die im IT-Netzwerk integrierten Medizinprodukte);
- Gewährleistung der sicheren Datenübertragung (auch für zeitkritische Daten), zum Beispiel durch die Verfügbarkeit ausreichender Frequenzbänder bei der kabellosen Datenübertragung oder die verschlüsselte Übertragung personenbezogener Gesundheitsdaten;

- Verwaltung und Live-Monitoring (virtueller) Systeme;
- Aufbau und Versionierungen von Interaktionsmatrizen zwischen Medizinprodukten, sowie zwischen Medizinprodukten und Nicht-Medizinprodukten (zum Beispiel Datenschnittstellen und Zugriffsarten).

17.7 Umsetzung der Norm EN IEC 80001-1

Letztlich ist auch die Umsetzung der Norm EN 80001 selbst eine Herausforderung. Müssen alle Geräte einzeln bewertet werden, oder kann man Klassen von Geräten zusammenfassen? Wie geht man mit Bestandsgeräten um? Das sind nur zwei von vielen Detailfragen, die beim Aufbau eines Risikomanagements (RM) für die Einbindung von Medizinprodukten in IT-Netzwerke entschieden werden müssen. Andere Aspekte sind zum Beispiel:

- Wahl der Methode für die Risikoidentifikation und Risikobewertung;
- Design der Standardprozesse und Prozesse für Sonderabwicklungen;
- Festlegung der Gerätearten, die Berücksichtigung finden: Bestands-, Neu-, Leihgeräte sowie private Geräte.

Letztlich ist auch festzuhalten, welche Daten des Medizinproduktes innerhalb und außerhalb seines bestimmungsgemäßen Gebrauchs über das IT-Netzwerk gesendet werden (zum Beispiel: Automatische Wartungsinformationen an den Hersteller).

17.8 Betreiben von medizinischen IT-Netzwerken

Das vielgesuchte „Standardmodell" für die Umsetzung der Norm EN 80001-1 wird es nicht geben. Viel zu unterschiedlich sind dafür die tatsächlichen räumlichen, technischen und organisatorischen Gegebenheiten bei Gesundheitsdienstleistern.

Jedoch stellt die Norm EN IEC 80001-1 einen guten Leitfaden für die Einbindung von Medizinprodukten in IT-Netzwerke dar und erlaubt, „best-practise" Szenarien für die Umsetzung zu entwickeln und diese anzuwenden.

Nachfolgend werden Möglichkeiten dazu diskutiert.

17.9 Festlegung der Verantwortlichkeiten und Zuständigkeiten

Oberste Leitung und Risikomanager

Neben der obersten Leitung als die (nach außen) verantwortliche Person beim GDL, stellt sich die Frage, ob der Risikomanager eine einzelne Person ist, oder ob auch eine qualifizierte Personengruppe die Rolle übernehmen kann.

Aus Sicht der Organisation wird es das Ziel sein, eine zuständige Person zu definieren, die als „Medizinischer IT-Risikomanager" mit festgelegten Kompetenzen fungiert. Dass diese Person Teil einer Expertengruppe sein kann, sei dabei unbestritten. Der Risikomanager und sein Team sind in die Integrationsprozesse von Medizinprodukten in IT-Netzwerke eingebunden.

Medizintechnik und Informatik

Die zunehmende Anzahl IT-vernetzbarer Medizinprodukte sowie die laufende Diskussion über die organisatorischen Zuständigkeiten im Rahmen der EN 80001-1 stimulieren die Frage der „Zusammenführung" der Abteilungen Medizintechnik und Informatik.

Dabei ist für jeden Gesundheitsdienstleister konkret zu überlegen, wie hoch der Anteil der betroffenen, tatsächlich vernetzten Medizinprodukte ist. Geht man von einer Größenordnung aus, dass circa 7–10 % der eingesetzten Medizinprodukte im IT-Netzwerk inkorporiert sind, wird für die konkrete aufbauorganisatorische Diskussion die tatsächliche Anzahl der IT-relevanten Medizinprodukte von Bedeutung sein. Entscheidend ist, die korrekten Prozessabläufe innerhalb der Organisation und zu Dritten zu etablieren; zum Beispiel zu den klinischen Abteilungen sowie zu den Outsourcing-Partnern, wie externen Rechenzentren oder externen Betreibern ganzer Netzwerksegmente, wie ein Intensiv-Monitoring.

Fachlich ist es das Ziel, die Sicherheit und Wirksamkeit der Medizinprodukte und des IT-Netzwerkes zu gewährleisten. Dazu muss ein Integrator des IT-Netzwerkes wissen:

• wie das IT-Netzwerk genutzt werden soll;
• welche Leistung inkorporierte Geräte haben und vom IT-Netzwerk fordern;
• welche Leistung das gesamte IT-Netzwerk bereitstellen muss;
• welche Architektur und Konfiguration des IT-Netzwerkes geplant ist;
• welche Einschränkungen hinsichtlich der Erweiterbarkeit bestehen;
• welche Einflüsse und Interaktionen durch inkorporierte Medizinprodukte und andere Geräte im IT-Netzwerk existieren;
• Daten- und Informationsaustausch innerhalb des IT-Netzwerkes.

Outsourcing-Partner und Lieferanten

Während des Lebenszyklus eines vernetzten Medizinproduktes können dritte Parteien in Wartungs-, Instandhaltungs- oder betriebliche Aufgaben eingebunden sein. Die Aktivitäten können das Medizinprodukt selbst, oder die mit dem Medizinprodukt verbunden Komponenten und Systeme betreffen. Beispielsweise seien hier die klassische Fernwartung von Medizinprodukten über das IT-Netzwerk, Updates und Upgrades von Software-Komponenten oder Patches von IT-Netzwerk Verbindungskomponenten wie Firewalls genannt.

Eine gerne diskutierte Frage, ob „Software altern kann", kann in diesem Kontext einfach abgegrenzt werden. Eine Software-Version selbst wird nicht „altern" und unterliegt keinem „Verschleiß". Allerdings können die mit der Software verbundenen Komponenten und Systeme (Software, Betriebssysteme, Hardware) laufend erneuert werden, sodass eine Software relativ zu den verbundenen Komponenten zeitlich älter werden kann. Deshalb ist ein permanentes Schnittstellenmanagement und Live-Monitoring erforderlich.

Service-Level-Agreements können hier unterstützend wirken, denn sie halten die Aufgaben, Vereinbarungen und Zuständigkeiten zwischen den internen und auch den externen Partnern fest.

17.10 Methoden zur Identifikation und Bewertung von Risiken

Für den Kernprozess des Risikomanagements bedient sich die Norm EN IEC 80001-1 der Norm EN ISO 14971. Ziel ist es, Risiken für vorhersehbare und nicht vorhersehbare Gegebenheiten zu identifizieren und in einer Risiko-Matrix zu qualifizieren (Deutsche Krankenhausgesellschaft 2011). Risiken werden dann behandelt (zum Beispiel durch eine Risikomaßnahme, welche von einem Warnhinweis für den Anwender bis zu Änderungen in den konstruktiven Auslegungen eines Gerätes reichen können), abgegrenzt (zum Beispiel mittels Delegation durch Outsourcing-Maßnahmen) oder akzeptiert (zum Beispiel die bewusste Übernahme eines Restrisikos).

Für die Risikoanalyse selbst kann der Top-down-Ansatz (zum Beispiel mittels „fault tree analysis", FTA) oder der Bottom-up -Ansatz (zum Beispiel „failure mode and effects analysis", FMEA) gewählt werden. Identifizierte Risiken können qualitativ in einer Risikomatrix bewertet und dokumentiert werden (Deutsche Krankenhausgesellschaft 2011). Maßnahmen zur Vermeidung oder Beherrschung der Risiken führen zu einem kontinuierlichen Risikomanagement-Prozess.

17.11 Umsetzungsszenarien für die Durchführung des Risikomanagements zur Einbindung von Medizinprodukten in IT-Netzwerke

Für die Überlegungen möglicher Umsetzungsszenarien kann eine 2-dimensionale Struktur aufgebaut werden (Tab. 17.1). Die erste Dimension stellt die Produkt-Ebene dar, die zweite Dimension stellt die Prozess-Ebene dar.

Die Produkt-Ebene kann in folgende Produktbereiche geteilt werden, wobei Stand-alone-Software-Medizinprodukte wie ein „Gerät" behandelt werden sollten:

- Bestandsgeräte;
- neu angeschaffte Geräte;
- Leihgeräte;
- private Geräte des Personals oder von Patienten.

Alternativ oder ergänzend können andere Produktebenen überlegt werden. So kann alternativ zur grundsätzlich zu bevorzugenden Betrachtung von Einzelgeräten eine Gruppenbildung und -betrachtung von Geräten überlegt werden. Der Vorteil wäre, dass die Mengengerüste überschaubarer werden, der Nachteil ist, dass bei der Gruppenbildung vom

Tab. 17.1 Umsetzungsszenarien für die Durchführung des Risikomanagements zur Einbindung von Medizinprodukten in IT-Netzwerke

Kernprozess	Beschaffung		Inbetriebnahme		Betrieb Live-Monitoring Änderung		Außerbetriebnahme	
Prozesstyp	Standardprozess	Spezieller Prozess	Standardprozess	Spezieller Prozess	Standardprozess	Spezieller Prozess	Standardprozess	Spezieller Prozess
Produkte								
Neugeräte								
Leihgeräte								
Bestandsgeräte								
Private Geräte								

„schwächsten Glied in der Kette" auszugehen ist. Mögliche Szenarien für die Gruppenbildung auf Produktebene können sein:

- Gruppen von Gerätetypen,
- Gruppen bestimmter Medizinprodukte nach Medizinprodukte-Klasse,
- Gruppen von Medizinprodukten, die in bestimmen Netzwerksegmenten inkorporiert oder bestimmten Organisationseinheiten zugeordnet sind,
- Gruppen von Netzwerk-Medientypen, die Medizinprodukte beinhalten.

Auf der Prozess-Ebene für die Integration von Medizinprodukten in IT-Netzwerke finden sich die Kernprozesse:

- Beschaffung,
- Inbetriebnahme,
- Betrieb, Live-Monitoring und Änderungen,
- Außerbetriebnahme,

für welche produktabhängig unterschiedliche Prozesstypen, zum Beispiel ein Standardprozess oder spezielle Prozesse angewendet werden können:

- Prozesstyp „Standardprozess": zum Beispiel ein Medizinprodukt mit einer einfache HL7-Datenkommunikation im verdrahteten IT-Netzwerk;
- Prozesstyp „spezieller Prozess": zum Beispiel ein mobiles Medizinproduktes mit einer speziellen Datenschnittstelle über einen Kommunikationsserver.

Für die Kernprozesse und ihre hinterlegten Prozesstypen sind jeweils Prüflisten (Checklisten) hinterlegt, welche im Zuge der Aktivitäten abgearbeitet werden. Damit sind ein

(Mindest-)Standard an Prüfschritten, ein zugehöriger Prozess sowie die begleitende Dokumentation vorhanden.

Für die Behandlung von Notfällen wird ebenfalls ein Prozessmodell festgelegt. Ziel ist, eine frühzeitige nachvollziehbare Dokumentation der Notfallbehandlung sicherzustellen und Erfahrungen („lessons learned") in bestehende Prozesse einzupflegen.

17.12   Validierung

Als Validierung wird die Prüfung der dauerhaft korrekten Funktionalität eines Produktes gemäß seines bestimmungsgemäßen Gebrauches verstanden. Besonders bei personenbezogenen, sicherheitskritischen Systemen sind sowohl aus Sicht des Qualitätsmanagements (QM) wie auch des lebenszyklusbegleitenden Betreibens von Medizinprodukten Standards für das messbare „Testen" einzurichten.

Dazu zählen unter anderem die Wareneingangsprüfung (Vollständigkeit, CE-Kennzeichnung und Konformitätserklärungen von Medizinprodukten, Informationseinholung von Sicherheitsinformationen und -warnungen), Standardprozeduren für die technische Integration eines Medizinproduktes in das medizinische IT-Netzwerk, für eine Änderung im IT-Netzwerk selbst oder die Außerbetriebnahme von IT-Komponenten oder Medizinprodukten.

17.13   Lebenszyklusbegleitende Dokumentation

Medizinprodukte werden in einer Geräte- bzw. Bestandsdatei dokumentiert. Diese kann als Referenzpunkt für alle aktiven Medizinprodukte genutzt werden, die in ein IT-Netzwerk integriert werden. Weitere Daten für die Dokumentation entlang des Lebenszyklus umfassen zum Beispiel:

- den für die IT-Vernetzung relevanten Auszug aus der Risikomanagement-Akte des Medizinprodukteherstellers, wobei hier alle produktbezogenen Interaktionen mit dem IT-Netzwerk dokumentiert werden sollen, nicht nur diejenigen, die im Zuge der medizinischen Zweckbestimmung des Medizinproduktes erfolgen;
- Integrationsdokumentation (Risikobeurteilung, Gerätedokumentation, Validierung, Personaleinweisung);
- Dokumentationen von Upgrades/Updates sowie die Validierungen von Produktversionen (Installation, Interaktionen mit anderen Medizinprodukten);
- Datenarchivierung und Datenentfernung bei Außerbetriebnahmen sowie Validierung referentieller Integritäten zu verbundenen Geräten.

17.14 Potenzial und Ausblick

Die Umsetzung des Risikomanagements für die Einbindung von Medizinprodukten in IT-Netzwerke führt in der Regel zur Frage, wie die EN IEC 80001 umzusetzen ist. Das Potenzial für GDL liegt dabei in der Festlegung und Strukturierung von Prozessen zur rechtskonformen Abwicklung der Beschaffung, des Betriebes und der Außerbetriebnahme von Medizinprodukten in IT-Netzwerken. Die Integration von Produkten aus unterschiedlich regulierten Bereichen führt zur Validierungsfrage und somit zur Versionierung von Systemkonfigurationen und einen nachvollziehbaren Produktlebenszyklus. Ein wichtiger, nicht technischer Aspekt ist das Zusammenwirken der intern und extern betroffenen Personengruppen. Dabei wird ein gemeinsames Problembewusstsein aufgebaut. Im Mittelpunkt der Arbeiten stehen die Aufgaben rund um die Integration des Medizinproduktes und die Erfüllung der balancierten Schutzziele Sicherheit, Effektivität und Daten- und Systemschutz zur sicheren und wirksamen Patientenbehandlung.

Künftig soll ein übergreifendes Konzept für „Safe Health Software and Health IT-Systems" existieren, um ein gesamtheitliches Bild für die Behandlung von Software- und IT-Systemen im Gesundheitswesen zu schaffen. Es werden dazu allgemeine Produkte, Produkte mit dem Zwecke der Unterstützung von gesundheitsbezogenen Aktivitäten sowie Medizinprodukte unterschieden und deren Zusammenwirken über IT-Netzwerke betrachtet (Abb. 17.2) (Association for the Advancement of Medical Instrumentation 2015).

Fazit

Das Betreiben medizinischer IT-Netzwerke stellt GDL und Lieferanten vor die Aufgabe ein Regelwerk für die innerorganisatorische und zwischenorganisatorische kooperative Zusammenarbeit festzulegen. Eine konstruktive Planung des Vorhabens seitens der GDL, sowie die dazu notwendigen Informationen seitens der Produkthersteller erlauben es, ein medizinisches IT-Netzwerk über seinen Lebenszyklus hinweg zu betreiben. Viele dazu notwendige Aspekte werden in der Praxis schon getätigt, vielleicht nicht in der notwendigen Struktur oder mit der notwendigen Dokumentation. So bietet die Norm EN IEC 80001 ein Rahmenwerk, das hilft, den Stand der Technik zu etablieren. Im Kontext der aktuellen Entwicklungsarbeiten zur Norm EN IEC 80001 zeichnet sich ab, dass künftig ein übergreifendes normatives Konzept für „Safe Health Software and Health IT-Systems" existieren wird.

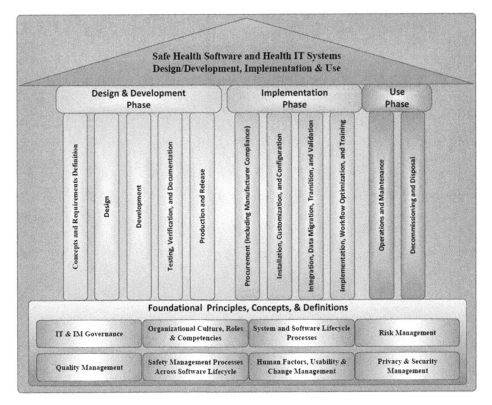

Abb. 17.2 AAMI

Literatur

Association for the Advancement of Medical Instrumentation (AAMI) (2015) Health Software and Health IT Safety Standards 6 Future State Architecture/Framework and Roadmap – Draft Report. http://www.aami.org/search/results/index.cfm?keywords=82304, Zugegriffen: 1. April 2015

Benzko J, Verband der Elektrotechnik, Elektronik, Informationstechnik (2010) VDE-Studie Risikomanagement für IT-Netzwerke mit Medizinprodukten im Operationssaal: Anwendung des Entwurfs der IEC 80001-1, Anforderungen, Risikomanagement, Umsetzung, Verband der Elektrotechnik und Elektronik Informationstechnik e. V. VDE, Frankfurt a. M.

Deutsche Krankenhausgesellschaft (DKG) (2011) Anwendung des Risikomanagements für IT-Netzwerke, die Medizinprodukte beinhalten. Deutsche Krankenhausverlags Gesellschaft, Düsseldorf

European Commission (2012) Guidelines on the Qualification and Classification of stand alone Software used in Healthcare within in the Regulatory Framework of Medical Devices MEDDEV 2.1/6. http://ec.europa.eu/health/medical-devices/files/meddev/2_1_6_ol_en.pdf. Zugegriffen: 6. Juli 2015

Österreichischer Verband für Elektrotechnik/ÖNORM (2011) EN IEC 80001-1 (2011) Anwendung des Risikomanagements für IT-Netzwerke, die Medizinprodukte beinhalten. Austrian Standards Institute, Wien

Prozessoptimierung und Prozessdokumentation: Funktioniert BPMN in der Praxis?

Walter J. Swoboda

Inhaltsverzeichnis

Zusammenfassung

Bewährt sich der Einsatz der Symbolsprache „Business Process Model Notation" (BPMN) bei Krankenhausprozessen nicht nur in der Theorie, sondern auch in der Praxis? Hier wird der Einsatz von BPMN zum Prozessentwurf im komplexen klinischen Umfeld der Nothilfe-Einheit eines Großklinikums beschrieben. Nach Schulung der Notation wurde gemeinsamen mit Mitarbeitern aus allen betroffenen Bereichen ein Prozess modelliert, der als zentralen Bestandteil die „medizinische Triage"

W. J. Swoboda (✉)
Fakultät Gesundheitsmanagement, Kompetenzzentrum „Vernetzte Gesundheit", Hochschule für angewandte Wissenschaften Neu-Ulm, Wileystr. 1, 89231 Neu-Ulm, Deutschland
E-Mail: Walter.Swoboda@hs-neu-ulm.de

© Springer Fachmedien Wiesbaden 2016
M. A. Pfannstiel et al. (Hrsg.), *Dienstleistungsmanagement im Krankenhaus,*
DOI 10.1007/978-3-658-08429-5_18

enthält. Einen hohen Stellenwert nahmen dabei die notwendigen Unterstützerprozesse und die Anbindung an das Krankenhaus-Informations-System ein. Das Ergebnis zeigt, dass sich BPMN in der Klinik vor allem durch seine Realitätsnähe und Detailliertheit bewährt und den Aufwand rechtfertigt. Allerdings mangelt es heutigen klinischen IT-Systemen an Integrationsmöglichkeiten für prozessgesteuerter Module, so dass neue Funktionalitäten meist programmiert werden müssen.

18.1   Einleitung

Worin unterscheiden sich Industrieprozesse von Krankenhausprozessen? Zunächst fällt die hohe Anzahl von Prozessschritten auf, was in einer überdurchschnittlichen Länge resultiert. Wegen vieler unterschiedlicher Verläufe der Krankheitsfälle ist eine große Anzahl von Verzweigungen notwendig. Typisch für Krankenhäuser sind auch viele Schnittstellen zwischen getrennt arbeitenden Bereichen, die meist zusätzlich durch Medienbrüche gekennzeichnet sind.

Moderne Prozessnotationen, wie zum Beispiel BPMN (White 2004), bieten eine Reihe von Vorteilen (Ruiz et al. 2012, S. 75–87; Scheuerlein et al. 2012, S. 755–761):

- Erleichterte Einbindung von Unterprozessen bei der Darstellung langer Prozesse
- Differenzierte Gateways für definierte Verzweigungen
- Darstellung der Prozesssynchronisation über verschiedener Bereiche mittels Nachrichtenflüssen

Dem steht der Nachteil gegenüber, dass die neueren Notationen derzeit bei Klinikern noch unbekannt sind und daher eine Schulung notwendig wird. Ob sich die Methodik dennoch lohnt, sollte an einer konkreten Anwendung getestet werden. In einem Großklinikum bot sich die Gelegenheit, Prozesse der medizinischen Nothilfe neu organisieren.

18.2   Ist-Prozesse

18.2.1   Klinischer Prozess

Der grundlegende klinische Prozess in einer medizinischen Nothilfe-Einrichtung ist die „medizinische Triage". Sie stellt ein in der Notfallmedizin etabliertes Verfahren zur Einteilung ankommender Patienten nach Behandlungsdringlichkeit dar. Es existieren verschiedene Modelle mit unterschiedlichen Notfallkategorien. Im vorliegenden Fall wird der ‚Emergency Severity Index' (ESI) mit fünf Kategorien (Retier und Scaletta 2008, S. 20–28) eingesetzt (siehe Tab. 18.1).

Der zugrunde liegende klinische Prozess ist mittels nicht-standardisiertem Ablaufdiagramm definiert (siehe Abb. 18.1)

Tab. 18.1 Emergency Severity Index (ESI). (Aus (Retier und Scaletta 2008, S. 20–28))

Schweregrad	Beschreibung (Original übersetzt vom Autor)	Statistik
ESI 1	Unstabiler Gesundheitszustand, sofortiger Behandlungsbeginn mit klinischer Intervention erforderlich. Unmittelbare Lebensgefahr!	73 % der Patienten werden anschließend stationär aufgenommen (meist Intensivstation oder OP)
ESI 2	Unstabiler Gesundheitszustand, Behandlungsbeginn innerhalb von 10 min erforderlich. Oftmals Röntgenuntersuchung oder klinisch-chemische Laboruntersuchung notwendig. Lebensgefahr!	54 % der Patienten werden anschließend stationär aufgenommen
ESI 3	Stabiler Gesundheitszustand, Behandlungsbeginn innerhalb von 30 min erforderlich. Oftmals Röntgenuntersuchung und weitere Ressourcen notwendig	24 % der Patienten werden anschließend stationär aufgenommen
ESI 4	Stabiler Gesundheitszustand, kein echter Notfall. Voraussichtlich keine Röntgenuntersuchung oder weitere Ressourcen notwendig	2 % der Patienten werden anschließend stationär aufgenommen
ESI 5	Stabiler Gesundheitszustand, kein echter Notfall. Keine Röntgenuntersuchung oder weitere Ressourcen notwendig	Keine anschließende stationäre Aufnahme notwendig

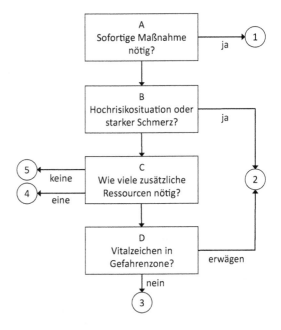

Abb. 18.1 Klinischer Prozess zur Einteilung der Fälle nach ESI-Kategorien. (modifiziert nach Christ et al. 2010, S. 892–898)

18.2.2 Unterstützerprozesse

Der klinische Prozessteil ist meist von den zugehörigen Fachgesellschaften in Form von Empfehlungen, Leitlinien oder „standard operation procedures" (SOPs) hinreichend genau festgelegt. Klassische administrative Prozesse, wie etwa Finanzbuchhaltung, Materialwirtschaft und Informationstechnologie (Marrone und Kolbe 2011, S. 5–12), folgen häufig einem allgemein anerkannten Standard.

Allerdings gibt es eine Definitionslücke bei den vom Autor so genannten *klinisch-administrativen Prozessen*. Damit sind Abläufe gemeint, die Verwaltung und Medizin betreffen, hauptsächlich von klinischen Arbeitsplätzen aus bedient werden, aber keinen wesentlichen Einfluss auf die eigentliche Patientenbehandlung haben. Seit Einführung des DRG-Systems sind diese Prozesse zu erheblicher Bedeutung gelangt (Roeder und Rochell 2001, S. 162–163), denn sie dienen in der Mehrzahl der Organisation und Abrechnung.

Auch im vorliegenden Fall waren die klinisch-administrativen Prozesse nur unzureichend dokumentiert. Patientenaufnahme mit Datenerfassung, Leistungsanforderung und Leistungsabrechnung erfolgten, wenn immer möglich, zwischen den Behandlungsschritten. Folge dieses Vorgehens war eine quantitativ und qualitativ ungenügende Datenerfassung mit negativen finanziellen Auswirkungen. Deswegen und auch wegen der bedenklichen forensischen Situation entschloss sich die Krankenhausleitung zur Neuorganisation. Dem Autor hatte dabei die Aufgabe, die Sollprozesse zusammen mit den künftigen Nutzern zu diskutieren und moderiert in Form zu bringen.

18.3 Vorgehen

Zunächst wurden in zwei Treffen mit der Klinikleitung Anforderungen an die Sollprozesse benannt. Nach einer Vorstellung beim Vorstand, bei der besonderer Wert auf die Wirtschaftlichkeit gelegt wurde, genehmigte dieser die geplanten Änderungen der Prozesse und die notwendige Erweiterung des Krankenhaus-Informations-Systems (KIS). Es wurde ein Team gebildet mit Teilnehmern aus Pflege, Medizin, IT-Abteilung und Verwaltung und die geforderten Merkmale wurden erfasst. In vielen nachfolgenden Diskussionen filterten sich die notwendigen Kernfunktionalitäten des Systems heraus:

- Medizinische Triage aller Patienten
- Zweigleisiges Vorgehen bei Patienten der hohen und niedrigen Triage-Stufen
- Definierter Zeitpunkt für Aufnahme und Leistungserfassung
- Klar definierte Datenschnittstelle zum KIS
- Einführung eines Patientenalarmierungssystems

Das Ziel war, gemeinsam einen optimierten Gesamtprozess zu erstellen und ihn mittels BPMN (White 2004) zu dokumentieren.

18.4   Sollprozesse

18.4.1   Startaktivität und Basisprozess

Als Startaktivität erfolgt die Einteilung in die fünf ESI-Einschätzungsgruppen. Danach wird zweigleisig weiterverfahren, entweder mit der begleitenden Normalaufnahme (Triage-Stufe 3–5) oder mit einem sofortigen Behandlungsbeginn (siehe Abb. 18.2). Das Ergebnis der Triage wird herkömmlich in Papierform dokumentiert, da nicht genügend mobile IT-Geräte zur Verfügung stehen und die Triage ein weitgehend ortsungebundener und patientennaher Prozess ist. Zugleich mit der Triagegruppe steht auch die eventuell einzuhaltende maximale Wartezeit bis Behandlungsbeginn (siehe Tab. 18.1) fest.

18.4.2   Triage-Gruppen 1–2: Sofortiger Behandlungsbeginn

Bei diesen kritischen Fällen hat die medizinische Behandlung Vorrang, weshalb für die Leistungs-Anforderungen und Dokumentation vorbereitete „Dummy-Fallnummern" vergeben werden und ohne weitere Verzögerung behandelt wird. Das Nachziehen der vollständigen Daten übernimmt eine mobile Aufnahmestelle im weiteren Verlauf.

18.4.3   Triage-Gruppen 3–5: Normalaufnahme, Warteschleife und Patienten-Alarmierung

Bei den weniger kritischen Fällen der Triage-Gruppen 3–5 erfolgt zunächst eine Normalaufnahme (siehe Abb. 18.3). Die Wartezeit wird vom IT-System laufend kontrolliert, Ergebnisse werden in einer Übersicht angezeigt. Die Warteschleife wird unterbrochen, wenn Behandlungsressourcen frei werden oder die maximale Wartezeit überschritten wird (Behandlungsgruppen-abhängig). Die Zuteilung der freien Ressourcen erfolgt Behandlungsgruppen-gesteuert und nach zeitlichem Eintreffen (in dieser Reihenfolge). Droht die maximale Behandlungszeit überschritten zu werden, dann kann es bei Ressourcenknappheit notwendig werden, die Behandlung von Patienten mit niedrigerer Priorität zeitweilig zu unterbrechen. Hier sind nicht triviale und forensisch relevante Entscheidungen zu treffen

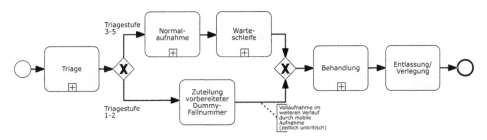

Abb. 18.2 Basisprozess Nothilfe

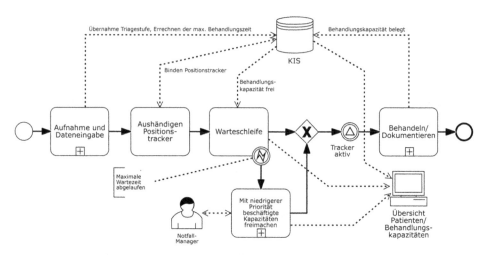

Abb. 18.3 Teilprozess für die Triagegruppen 3–5

und daher ist die Entscheidung des Notfall-Managers oder zuständigen Oberarztes erforderlich. Von einem autonom arbeitenden Algorithmus wurde daher Abstand genommen.

Die Patienten werden von einem mobilen Trackinggerät benachrichtigt, wenn ihre Behandlung erfolgen soll. Dieses Trackinggerät wird während der Aufnahme ausgehändigt und die jeweiligen Patientendaten werden elektronisch zugeordnet. Gerade für nicht so kritische Fälle stellt diese automatische Benachrichtigungseinrichtung eine wesentliche Erleichterung dar, ermöglicht sie doch ein temporäres Verlassen des eigentlichen Behandlungsbereichs, um Anrufe zu tätigen oder anderweitige Dinge zu erledigen. Da in der Nothilfe ein Patient nicht von der Ankunftsreihenfolge auf den Behandlungsbeginn schließen kann, erwarten sich die tätigen Kliniker davon eine deutliche Entspannung. Im Behandlungsfall erfolgt auch gleich die Übermittlung der Nummer des zugeteilten Behandlungsraums.

18.4.4 Gesamtprozess und Anbindung an das KIS

Die zuvor gezeigten Prozessschritte wurden um die gemeinsame Entlassungsaktivität erweitert und mittels Zuständigkeitsmerkmalen (Pool) ergänzt. Zwei Zuständigkeitsgruppen hätten ausgereicht, zur besseren Lesbarkeit wurden aber drei Pools angelegt.

Besonderes Augenmerk wurde schon bei der Modellierung auf korrekte Anbindung an das KIS gelegt, auch ein Beispieldatensatz wurde erzeugt (Tab. 18.2). Alle Datensätze werden mittels HL-7 Standardprotokoll übertragen, das Nothilfe-System erhält einen ungefilterten ADT-Stream (HL-7: Stammdaten). Ergebnisse werden als MDM (HL-7: Medizinische Dokumente) an einen Kommunikationsserver übermittelt. Dieser übernimmt bei Bedarf Anpassungen an der Nachricht vor und sendet weiter an das Archiv. Über einen allgemeinen Abgleich werden die Dokumente gleichzeitig auch in Dokumentenlisten des klinischen Arbeitsplatzsystems eingetragen.

```
Tab. 18.2: Beispieldatensatz HL-7
MSH|^~\&|EPIAS|TEST|SHA|ARCHIV|20130507160350||MDM^T02|1367935441|T|2.3|
EVN|T02|20130507160350
PID|||0021003831||Kraus^Karl||19210304|M|||||||||0045005141
PV1|||||||||||||||||||0045005141
TXA||^^A_B_BEF^A_B_BEF|AP^application/pdf|20130507160347||20130507160347
TXA||20130507160347|20130507160347|M16008^^^^^^^^^^^^^^^IBGNOT|||^^^
TXA||^^Uniq.Docid.22021003831^^^Doc.Beschreibung|^^^^^ISPC.Uniq.Docid.2
TXA||22021003831|||UniqLokalFilename222021003831.pdf|AU^FR||AV
OBX||ED|42^Typ- 42 - Document|1|^application/pdf^^Base64^JVBE0...JUVPRgo=||
OBX||ED|||||F
```

Erläuterungen:
1. 0045005141 ist die Fallnummer, 0021003831 die Patienten-ID.
2. A_B_BEF ist der Doktyp des Dokuments.
3. M16008 ist die Mitarbeiternummer, entweder der freigebende Arzt (kann über ldap aus der Benutzerkennung hergeleitet werden) oder eine fixe technische Kennung.
4. IBGNOT ist die erbringende Stelle.
5. Dokumentversionen werden durch erneutes senden mit identischer Uniq.Docid implizit vom Archiv erzeugt.

Der Gesamtprozess ist in ⊙Abb. 18.4 gezeigt.

Tab. 18.2 Beispieldatensatz HL-7

Der Gesamtprozess ist in Abb. 18.4 gezeigt.

Fazit

Obwohl unter den gewünschten Funktionalitäten eine strenge Auswahl hinsichtlich Zweckmäßigkeit, Ergebnisqualität und Wirtschaftlichkeit getroffen wurde, fiel der Gesamtprozess überraschend umfangreich aus. Die Hauptkomplexität (Betrifft den Prozessablauf, nicht etwa die klinisch-medizinische Komplexität) liegt nicht im

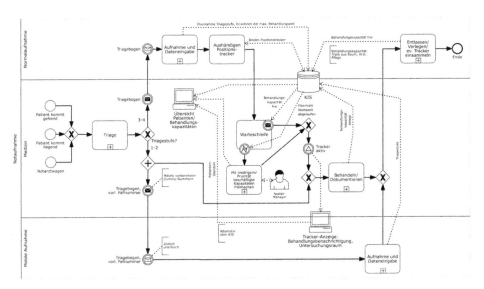

Abb. 18.4 Gesamtprozess Nothilfe

vermeintlich kritischen Bereich der höchsten Triage-Stufen, sondern bei den Fällen, die zunächst die Warteschleife durchlaufen. Dies ist leicht erklärbar, denn gerade hier ist Entlastung erforderlich, um freie Ressourcen für Hochrisikopatienten zu schaffen.

Der Einsatz von BPMN hat sich bewährt. Es resultierte ein realitätsnaher Prozesses, bei dem Abläufe und Zuständigkeiten klar zugeordnet werden können. Der erhöhte Aufwand, der durch die vorangehende Schulung entstand, wurde durch die verfeinerte Darstellung wettgemacht. Teilprozesse (zum Beispiel die Triage) konnten als Unterprozess kompakt dargestellt werden, ebenso waren unabhängige Einstiegspunkte hilfreich. Abbruchkriterien (Wartezeit) ließen sich komfortabel als Ausnahmeereignis einbinden und Datenflüsse konnten komfortabel durch eigene Symbolik sichtbar gemacht werden. Mit den üblicherweise im klinischen Bereich verwendeten Programmablaufplänen (‚Flussdiagrammen') oder auch mittels anderer Notationen wäre diese exakte Darstellung nicht möglich gewesen. BPMN stellt daher gerade im praktischen Einsatz in Krankenhäusern einen großen Fortschritt dar.

Kein derzeit verfügbares klinisches Arbeitsplatzsystem für die Nothilfe kann auch nur annähernd die gestellten Anforderungen erfüllen, obwohl die technische Machbarkeit gegeben ist. Das Problem könnte bei der herstellenden Industrie liegen: Nur in wenigen Fällen sind klinisch aktive Experten beim Programmentwurf beteiligt, Entwurf und Entwicklung erfolgen meist alleine durch IT-Experten. Als Folge davon werden neue und dringend benötigte Erweiterungen der klinischen Systeme meist selbst entwickelt, was für die Krankenhäuser negative Auswirkungen auf Updates und Haftung hat. Ein Ausweg wäre die Integration von Komponenten, die BPMN-gesteuerte Prozesse unterstützen. Ein derartiges Modul würde die Anwender in die Lage versetzen, eigenverantwortlich und ohne Programmierung individuelle Prozesse ins KIS zu integrieren.

Literatur

Christ M, Grossmann F, Winter D, Bingisser R, Platz E (2010) Modern triage in the emergency department. Dtsch Arztebl Int 107(50):892–898.

Marrone M, Kolbe L (2011) Einfluss von IT-Service-Management-Frameworks auf die IT-Organisation. Wirtschaftsinformatik 53(1):5–19

Retier M, Scaletta T (2008) On your mark, get set, triage! http://www.epmonthly.com/departments/subspecialties/management/on-your-mark-get-set-triage. Zugegriffen: 4. Juni 2015

Roeder N, Rochell B (2001) Im DRG-System schreibt der Arzt mit der Kodierung die Rechnung. f&w 2:162–163.

Ruiz F, Garcia F, Calahorra L, Llorente C, Gonçalves L, Daniel C, Blobel B (2012) Business process modeling in healthcare. Stud Health Technol Inform 179:75–87

Scheuerlein H, Rauchfuss F, Dittmar Y, Molle R, Lehmann T, Pienkos N, Settmacher U (2012) New methods for clinical pathways-Business Process Modeling Notation (BPMN) and Tangible Business Process Modeling (tBPM). Langenbecks Arch Surg 397(5):755–61

White SA (2004) Process modeling notations and workflow patterns, BPTrends. http://www. Omg. org/bp-corner/bp-files/Process_Modeling_. Zugegriffen: 22. Mai 2015

Verlaufen unmöglich? – Moderne Wegeleit- und Orientierungssysteme im Krankenhaus

19

Gerhard Schlüter

Inhaltsverzeichnis

Zusammenfassung

Menschen brauchen Orientierung und Sicherheit, insbesondere wenn sie sich in Stress- oder Notsituationen befinden. Hierin liegt die Herausforderung für Krankenhäuser, die immer mehr zu komplexen Gesundheitszentren geworden sind mit einer Vielzahl von Funktionsbereichen, interdisziplinär belegten Stationen und multifunktional genutzten Untersuchungsbereichen. Aufnahmeprozesse und Termine werden zum Teil digital und dynamisch kommuniziert und organisiert. Professionell konzeptionierte sowie grafisch und technisch optimal umgesetzte Wegeleitsysteme tragen signifikant zur Verbesserung des Befindens aller Beteiligten bei, gewährleisten effektive Abläufe, schaffen Sicherheit und Klarheit und sparen dabei erheblich Zeit und Kosten

G. Schlüter (✉)
sis | sign information systems gmbh, Hofweg 60, 22085 Hamburg, Deutschland
E-Mail: gs@s-i-s.de

© Springer Fachmedien Wiesbaden 2016
M. A. Pfannstiel et al. (Hrsg.), *Dienstleistungsmanagement im Krankenhaus,*
DOI 10.1007/978-3-658-08429-5_19

für unnötige Hilfestellungen und Auskünfte für verirrte und verwirrte Personen. Es wird Entscheidern und Verantwortlichen im Krankenhaus ein praktischer Leitfaden an die Hand geben, der es ihnen ermöglicht, den Prozess von der Bestands- oder Bedarfsanalyse bis zur Umsetzung eines Signaletik-Projektes zu verstehen und den Aufwand sowie die Kosten einschätzen zu können. Zudem wird anhand von Beispielen aus der Praxis aufgezeigt, wie ein Signaletik-Planungsprozess verläuft, welche Kriterien dabei beachtet werden müssen und was schließlich ein gutes Wegeleit- und Orientierungssystem ausmacht. Eine sinnvolle Integration digitaler Möglichkeiten der Informationsvermittlung und Wegeführung wird dabei ebenso beschrieben wie deren positive Auswirkungen auf die Effektivität und Produktivität sowie auf die Identitätsbildung eines Hauses.

19.1   Menschen brauchen Orientierung – im Krankenhaus erst recht

Allgemeine Begriffsdefinition
Orientierung, wie wir sie im Folgenden verstehen und behandeln, ist die „Fähigkeit sich (im Raum oder Gelände) zu orientieren" (Duden 2015).

Wikipedia definiert Orientierung im erweiterten Sinn als die „kognitive Fähigkeit, die es dem Subjekt ermöglicht, sich zeitlich, räumlich und bezüglich seiner Person – in seiner Umgebung – zu orientieren" (Wikipedia 2015). Differenziert werden hier:

1. die Orientierung zur Zeit
2. die Orientierung zum Raum
3. die Bewusstheit der eigenen Person (Identität) und ihrer Bezüge ... im sozialen Netzwerk.

Orientierung im Sinne des Planers ist gegeben, wenn

1. der eigene Standort im Raum/Gebäude oder im Gelände definiert ist
2. das Ziel eindeutig kommuniziert oder identifiziert werden kann
3. der Weg vom Standort oder Startpunkt bis zu diesem Ziel vermittelt und gefunden wird

SIGNALETIK wiederum – abgeleitet aus dem französischen signalétique – umfasst die Disziplin, alle Aspekte zu integrieren, die im Ergebnis ein gutes Wegeleit- und Orientierungssystem ausmachen. Hierzu zählen neben der Architektur, der Raumgestaltung und dem CI eines Hauses auch Aspekte der visuellen Kommunikation, Typografie, Farblehre, sowie der praktischen Umsetzungsmöglichkeiten, Systeme und Informationstechnologien.

Der Mensch im Mittelpunkt

Orientierung ist ein Grundbedürfnis von Menschen, und Desorientierung oder das Gefühl „verloren" zu sein verursacht Stress, Angst und Unwohlsein. Dies gilt insbesondere für Menschen, die schon auf Grund ihrer aktuellen Situation, etwa einem Notfall oder akuter Schmerzen, belastet sind oder unter Zeitdruck stehen, sich in einer ihnen fremden Umgebung befinden oder auf Grund ihres Alters oder körperlicher Gebrechen eingeschränkt handlungsfähig sind. Ein Patient, der sich in „seinem" Krankenhaus nicht zurecht findet, wird dies in negativer Erinnerung behalten, sich nicht „abgeholt" fühlen und zudem viel Zeit aufbringen, sich bis zum Ziel durchzufragen. Es gibt leider nur sehr dürftige Untersuchungen darüber, wie viel Zeit und Ressourcen es – neben den emotional negativen Folgen für alle Beteiligten eines Krankenhauses – kostet, wenn Patienten und Besucher ständig nach dem Weg fragen müssen, Termine verpassen, Wege doppelt gehen, den Rückweg oder Ausgang nicht wieder finden etc.

In einer älteren Studie (Arthur et al. 1992) wurden für ein 800-Bettenhaus jährlich rund 8000 h dafür ermittelt, Fragen nach dem Weg zu beantworten. Hinzu kommt der Umstand, dass unsere Gesellschaft zunehmend älter wird, Menschen aus unterschiedlichen Kulturen und Ländern gleichermaßen angesprochen sein wollen und dabei für alle Beteiligten der zunehmenden Geschwindigkeit, mit der sich Dinge, Prozesse und Informationen ändern, Rechnung getragen werden muss. Die Anforderung an ein gutes Leit- und Orientierungssystem geht also weit über die Beschaffung von Schildern hinaus, die bestenfalls am Ende des Prozesses stehen. Im Gegenteil ist es so, dass der Prozess hin zu einem erfolgreichen Signaletik–Konzept, das den Patienten, Besuchern und Mitarbeitern gleichermaßen zu Gute kommt, die eigentliche Kernaufgabe ist, die von Fachleuten und Fachplanern ausgeführt werden sollte.

Zielgruppendefinition

Entsprechend der Definition in § 107 des Fünften Sozialgesetzbuches (SGB V) für „Krankenhäuser, Vorsorge- und Rehabilitationseinrichtungen" subsummieren sich unter dem im Folgenden verwendeten Begriff „Krankenhaus" eine Vielzahl unterschiedlicher Einrichtungen der Kranken- und Patientenversorgung mit zum Teil sehr unterschiedlichen Aufgaben, Funktionen, Aufnahme- und Behandlungsabläufen in Häusern oder Zentren der stationären wie ambulanten Gesundheitsversorgung. Insgesamt sind laut Statistischem Bundesamt rund 19 Mio. Patienten in knapp 2 Tsd. Krankenhäusern mit rund 5,2 Mio. Beschäftigten (Stand 2013) behandelt worden. Die Zielgruppen für alle diese Einrichtungen, an die sich ein Wegeleit- und Orientierungssystem wendet, sind grundsätzlich die gleichen. Diese Zielgruppen sind:

1. Patienten
2. Besucher
3. Mitarbeiter
4. Externe

Im Vordergrund muss jedoch die Zielgruppe der Patienten und Besucher stehen und hier insbesondere die Personen mit körperlichen, geistigen oder altersbedingten Einschränkungen. Es ist also darauf zu achten, dass eine Barrierefreiheit wo immer möglich gewährleistet wird und Menschen ggf. mit ganz anderen Mitteln in ihrer Sinneswahrnehmung und Orientierung unterstützt werden müssen als dies ein herkömmliches Beschilderungssystem vermag. Hierbei ist jedoch immer auch nach Einrichtung und Standort zu unterscheiden, an welche konkrete Zielgruppe sich das Wegeleit- und Informationssystem richtet.

Die Zielgruppendefinition eines Kinderkrankenhauses wird sich erheblich von der eines Rehabilitationszentrums, die eines Akutkrankenhauses in einem multikulturellen Umfeld wesentlich von der einer privatärztlichen Ambulanz unterscheiden (Abb. 19.1 und 19.2).

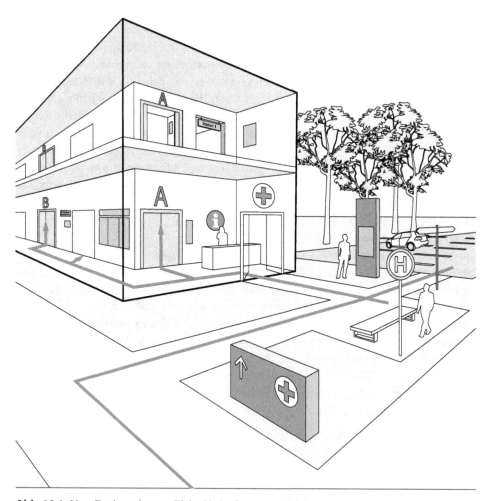

Abb. 19.1 Vom Erstkontakt zum Ziel – Verlaufen unmöglich?

Abb. 19.2 Ein Wegeleit- und Orientierungssystem ist mehr als die Ansammlung von mehr oder weniger gut platzierten Schildern

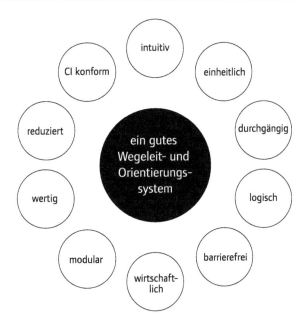

19.2 Was zeichnet ein gutes Wegeleit- und Orientierungssystem aus?

Das Wegeleit- und Orientierungssystem ist immer auch Visitenkarte und Aushängeschild eines Hauses, vermittelt Qualität und Zuverlässigkeit und bietet Sicherheit. Menschen schätzen klare und eindeutige Kommunikation und Orientierung. Sie identifizieren sich mit „ihrem Krankenhaus", wenn der Service stimmt, sie sich gut zurecht finden und im besten Falle das Wegeleitsystem gar nicht bewusst wahrnehmen. Beschwerden über die Beschilderung rückt diese oft erst in den Fokus und sind ein Signal dafür, dass dringend Handlungsbedarf besteht. Doch was zeichnet ein gutes Leitsystem aus? Nach welchen Kriterien kann ein gutes Wegeleitsystem bemessen werden?

Die „Checkliste Leitsystem" (Abb. 19.19) ermöglicht eine individuelle Bewertung des bestehenden Wegeleitsystems in einem Krankenhaus. Die im Folgenden aufgelisteten Kriterien entspringen einer 20-jährigen Praxiserfahrung in der Planung von Patienten- und Besucherleitsystemen. Sie stellen einen Leitfaden für Entscheider und Planer im Krankenhaus dar und liefern Eckpunkte der Bewertung und des möglichen Handlungsbedarfs.

Integrität

Das Wegeleit- und Orientierungssystem integriert und berücksichtigt alle Bereiche, die den Wert, die Struktur und die Funktionen eines Hauses bestimmen, und es wird von allen Beteiligten mitgetragen und schließlich einheitlich kommuniziert.

- es spiegelt die Marke und das CI des Hauses
- es kommuniziert die Bezeichnungen und Funktionen in allen Medien gleichermaßen
- es entspricht der Architektur und Innenarchitektur des Hauses
- es berücksichtigt und integriert alle Zielgruppen
- es wird mitgetragen und gelebt von allen Beteiligten

Intuitivität – Logik und Klarheit

Das Wegeleit- und Orientierungssystem wird intuitiv verstanden und orientiert sich an der Logik der vorhandenen räumlichen und funktionalen Strukturen und deren Kennzeichnungen. Es vermeidet das Hinzufügen und damit das Erlernen zusätzlicher oder paralleler Codierungen und Bezeichnungen. Folgende Regeln sind zu beachten:

- Wo immer möglich werden umgangssprachliche Bezeichnungen verwendet.
- Fremdwörter und medizinische Fachbegriffe werden vermieden.
- Stationen werden wenn möglich nach ihrem Standort benannt (Haus A in Etage 3 = Station A3).
- Zusätzliche Systeme oder Codierungen zur Orientierung werden vermieden.
- Informationen werden exakt nur dort vermittelt und kommuniziert, wo sie gebraucht werden.
- Codierungen werden mit den zugehörigen Bezeichnungen verdeutlicht (*Abteilung* A, *Bereich* 8).
- Farbleitsysteme sollten mit maximal 4 Farben auskommen (mehr als 4 Farben lassen sich nur schlecht und mehr als 7 Farben kaum noch voneinander unterscheiden).

Durchgängigkeit – Einheitlichkeit

Das Wegeleit- und Orientierungssystem wird eindeutig identifiziert, ist klar strukturiert und einheitlich im Inhalt und bei der grafischen Gestaltung, sowie durchgängig vom Erstkontakt bis zum Ziel.

- Als Basis der Planung wird ein einheitlicher und abgestimmter Bezeichnungskatalog verwendet.
- Die Wegekette ist durchgängig und ohne Unterbrechung beschildert.
- Die Typografie ist einheitlich auf allen Elementen des Leitsystems eingesetzt.
- Piktogramme, Symbole, Farben und Grafiken sind einheitlich und werden durchgängig verwendet.
- Ein „Leitfaden Beschilderung" wird als Basis aller Aktualisierungen und Änderungen verwendet.

Reduktion – Konzentration auf das Wesentliche

„Weniger ist mehr" oder „so viele Informationen wie nötig, so wenige Informationen wie möglich!". Das Wegeleit- und Orientierungssystem reduziert und hierarchisiert die

Information und konzentriert sich auf die Vermittlung der wesentlichen und notwendigen Informationen. Das bedeutet:

- Die Vielzahl von Zielen und Informationen ist reduziert, gruppiert und hierarchisiert.
- Die Orientierung erfolgt übergeordnet nach Hierarchieebene 1 – gefolgt von 2 und 3 (Baumstruktur).
- Eine Beschilderung aller Ziele an allen Kreuzungspunkten findet nicht statt.
- Unnötige Fachtermini, Titel und Zusatzfunktionen werden vermieden.

Barrierefreiheit
Das Wegeleit- und Informationssystem berücksichtigt und integriert insbesondere die Belange älterer Menschen, Menschen mit Behinderungen, Menschen anderer Nationalitäten und Kulturen. Es ermöglicht ihnen, sich ohne fremde Hilfe selbständig zu bewegen und zu orientieren.

- Schriften und Piktogramme sind ausreichend dimensioniert, kontrastreich und auch für sehbehinderte Menschen gut erkennbar.
- Patienteninformationen, Wegbeschreibungen und Orientierungspläne sind mehrsprachig verfügbar.
- Zentrale Informationen wie Stockwerksangaben werden vor und in Aufzügen im Zwei-Sinne-Prinzip angeboten (visuell, taktil, akustisch).
- Zentrale Ziele werden taktil durch Bodenindikatoren oder taktile Handlaufindikatoren unterstützt.
- Folgende Normen und Gesetze für Menschen mit Behinderungen und für Barrierefreies Bauen werden angewendet.

- DIN 18040 – Barrierefreies Bauen – Teil 1-3 (2010-2014)
- DIN 32984 – Bodenindikatoren im Öffentlichen Raum (2011-10)
- DIN 32975 – Gestaltung visueller Informationen im Öffentlichen Raum zur barrierefreien Nutzung
- DIN 32976 – Gestaltung und Ausführung taktiler Schrift für Blinde und Sehbehinderte (2007)
- DIN 32986 – Taktile Schrift, Piktogramme, Pläne – Anforderungen (2015-1)

Wertigkeit – Nachhaltigkeit und Funktionalität
Die Ausführung des Wegeleitsystems ist wertig in der Auswahl der Materialien, ihrer Verarbeitung und Montage und nachhaltig im Sinne langfristiger Nachlieferbarkeit und Aktualisierbarkeit und funktional im Sinne einer einfachen, unkomplizierten Nutzung.

- Anstelle individueller Eigenkonstruktionen wird ein durchgängiges System eingesetzt.
- Die Montage ist reversibel und möglichst nicht direkt verklebt.

- Das Beschilderungssystem ist möglichst modular aufgebaut.
- Das System ist flexibel, und Inhalte sind schnell und kostengünstig aktualisierbar.
- Standorte und Inhalte von Schildern sind systematisch erfasst, kartiert und dokumentiert.
- Schilder sind entsprechend der Planung mit einer Kartierungsnummer versehen und zu identifizieren.
- Änderungen am Inhalt oder am Standort werden regelmäßig dokumentiert.
- Das System ist einfach und ohne spezielle Fachkenntnisse zu bedienen, zu ändern und zu nutzen.
- Alle Komponenten des Wegeleitsystems sind mindestens 10 Jahre nachlieferbar.

Wirtschaftlichkeit

Ein gut funktionierendes Wegeleit- und Orientierungssystem trägt schon automatisch zu einer erheblichen Kostenreduktion bei, durch den Wegfall unnötiger Frage- und Hilfestellungen und einen effektiveren Funktionsablauf. Die Wirtschaftlichkeit eines Leitsystems lässt sich schwer messen und wird sich dennoch in nur wenigen Jahren amortisieren – nicht nur durch erhebliche Personalkosteneinsparungen (siehe Tab. 19.3), sondern auch durch erhöhte Werte bei der Kundenzufriedenheit, im Service und im allgemeinen Erscheinungsbild und Gesamteindruck eines Hauses.

- Es wird bedarfsgerecht mit der Unterstützung von Fachkräften und Fachplanern entwickelt.
- Ein Mix aus Systemen unterschiedlicher Hersteller kommt langfristig teurer als die Neuinvestition in ein ggf. teureres aber durchgängiges, möglichst modulares System.
- Die laufenden Aktualisierungskosten sind schon bei der Erstinstallation und Beschaffung einzukalkulieren. Ein „billiges" Produkt kann im Betrieb erhebliche Mehrkosten verursachen.

19.3   Wer ist zuständig? – Beteiligte am Signaletik-Projekt

Die Nutzer

Die Adressaten eines Wegeleit- und Orientierungssystems – also in erster Linie die Patienten, Besucher und Mitarbeiter, bei Universitätskliniken zudem Lehrkräfte und Studenten – werden in den Prozess der Planung in der Regel nicht direkt einbezogen. Dennoch sind ihre Belange und Anforderungen von zentraler Bedeutung, schließlich sind sie die Nutzer und Betroffenen eines Wegeleit- Orientierungs- und Beschilderungssystems. Es sollten daher in der Start- und Analysephase Vertreter dieser Gruppen direkt oder indirekt am Planungsprozess beteiligt werden. Sie sollten vor der Realisierung und Ausführung Stellung nehmen können, also „mit ins Boot geholt werden". Aus der Praxis konnten gute

Erfahrungen gesammelt werden, wenn die Patientenvertretung, das Beschwerdemanagement, die Behindertenbeauftragten, die Seelsorge, „Grüne Damen", die Mitarbeiter am Empfang und der Information und Vertreter der Pflege von Anfang an beteiligt oder zumindest gehört werden, deren Belange und Erfahrungen integriert und berücksichtigt werden. Die Akzeptanz wird später erheblich besser sein als bei einem Projekt, das über die Köpfe der Betroffenen hinweg entschieden wurde. Dies bedeutet aber nicht, dass der Kreis der Diskutierenden und Entscheidenden bis zur Handlungsunfähigkeit aufgebläht wird. Zu entwickeln ist eine Form der kooperativen Kommunikation und Transparenz während des Planungsprozesses.

Die Entscheider
In der Praxis entscheidet über ein Leitsystem oder den Einsatz von Beschilderungen oft der Generalunternehmer, also die den Bau ausführende Firma bzw. der ausschreibende Architekt. Da die Beschilderung nur einen sehr kleinen Teil der Bausumme ausmacht und andere, vermeintlich viel wichtigere Themen den Bauherren beschäftigen, wird in die Planung und Konzeption eines Wegeleitsystems oft nur wenig oder gar nicht investiert. Eine aktuelle Befragung von Architektenbüros, die sich vorrangig mit der Planung von Krankenhäusern befassen, hatte zum Ergebnis (siehe Tab. 19.1), dass lediglich bei ca. 20 % der Neubauprojekte ein Fachplaner für Wegeleitsysteme beauftragt wird. Die Erfahrung aus der Praxis ist, dass vielfach erst sehr kurzfristig vor und teilweise erst nach der Inbetriebnahme eines Hauses das Thema Beschilderung und Orientierung auf die Tagesordnung gerät, Nachbesserungen oder gar eine Neubeschilderung erforderlich werden. Wird jedoch ein Planungsauftrag für ein Signaletik-Projekt frühzeitig vergeben, können erheblich Mittel eingespart werden, (siehe Kap. 19.5, Tab. 19.2 und 19.3) die ggf. erst später im Betrieb entstehen. Die Entscheider – also insbesondere der Bauherr und der von ihm beauftragte Architekt – sind also maßgeblich dafür verantwortlich, welchen Stellenwert sie dem Thema einräumen, und welche Mittel und Ressourcen sie frühzeitig zur Verfügung stellen.

Das Signaletik-Projekt-Team
Ein Signaletik-Projekt wird immer auch ein Integrationsprojekt sein zwischen den Interessen und Belangen der unterschiedlichen „Gruppen" eines Krankenhauses und des beteiligten, externen Fachplaners, Architekten oder Innenarchitekten.
Ziel eines solchen Projektes muss es sein, ein für alle Nutzer optimal funktionierendes Wegeleit- und Orientierungssystem zu entwickeln und dabei auch „die Marke", die

Tab. 19.1 Wer plant und konzipiert das Wegeleit- und Orientierungssystem? Ergebnis der Befragung von 14 Architekturbüros, Mai 2015 (beteiligte Architekturbüros siehe Literaturverzeichnis)

Architekt	Agentur	Fachplaner	Bauherr	Sonstige	Gesamt
38,33 %	14,58 %	20,83 %	17,08 %	9,17 %	100 %

Wertigkeit des Hauses und die architektonischen Rahmenbedingungen zu integrieren. Folglich wird die Herausforderung sein, ein Planungs- bzw. Entscheidungsteam zu bilden, das möglichst alle Beteiligten einbezieht und eine planungs- und handlungsfähige Struktur hat. Durch Moderation und Kommunikation werden Konflikte und Empfindlichkeiten konstruktiv gelöst. Im besten Falle ist das Signaletik-Projekt wie eine Pyramide aufgebaut, deren Basis die Nutzer und deren Vertreter sind. Diese Basis wird über das Projekt, den Planungsprozess und die Zwischenergebnisse informiert, Kritik und Anregungen werden aufgenommen.

Die Entscheider wiederum werden durch komprimierte Ergebnispräsentationen aktiv am Planungsprozess beteiligt. Diese können je nach Projekt unterschiedliches Gewicht haben. Eine IT-Abteilung wird bei einem digitalen Wegeleitsystem eine entscheidende Stimme haben. Bei einem Neubauprojekt wird der planende Architekt oder Innenarchitekt mehr Gewicht haben als bei einem Aktualisierungs-Projekt in einem bestehenden Krankenhaus. Auf jeden Fall aber sollten diese Gruppen bzw. Vertreter am Projekt beteiligt werden: Pflege, Ärzteschaft, Marketing und PR, Bau und Technik, Einkauf, Geschäftsführung (siehe Abb. 19.3).

Das Planungsteam im Zentrum sollte aus möglichst wenigen Personen bestehen, die aus der Gruppe der Entscheider und dem Planer stammen. Oft sind es nur ein oder zwei engagierte „Hutträger", die gemeinsam mit dem Fachplaner und ggf. dem Architekten

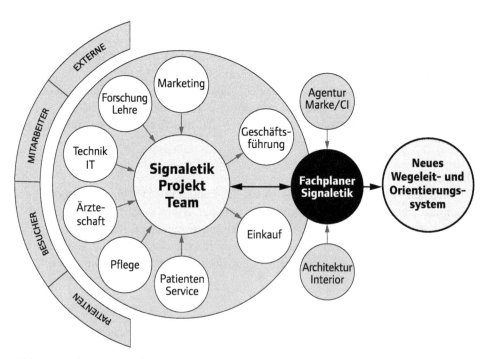

Abb. 19.3 Die Nutzer sowie die intern und extern Beteiligten am Signaletik Projekt

das Projektteam bilden. Je kleiner dieser Kreis und je besser die Kommunikation innerhalb des Gesamtsystems mit den Entscheidern, umso effektiver der Planungsprozess und
erfolgreicher das Gesamtprojekt.

19.4   Der Signaletik-Planungsprozess – Schritt für Schritt zum Ziel

Eine oft unterschätzte Disziplin
Es werden Millionen investiert in neue oder zu modernisierende Krankenhausbauten
und dennoch beschränkt sich oftmals das Thema Orientierung und Wegweisung auf die
Beschaffung oder Ausschreibung (möglichst billiger) Schilder. Dabei ist das Orientie-
rungs- und Beschilderungssystem immer auch ein Aushängeschild für die Qualität und
Funktionalität eines Hauses und den Service am „Kunden Patient". Schließlich handelt es
sich hierbei um weit mehr als eine Ansammlung mehr oder weniger sinnvoll platzierter
und beschrifteter Schilder. Ein gut geplantes Patienten- und Besucherleitsystem ist stim-
mig zum Design und zur Architektur, ist inhaltlich einheitlich und grafisch durchgängig
gestaltet vom Erstkontakt bis zum gewünschten Ziel, ist intuitiv zu erfassen, übersichtlich,
reduziert auf ein Minimum von Schildern und dabei flexibel und wirtschaftlich bezüglich
der Aktualisierung von Inhalten. Der Anteil der Kosten für die Planung und Ausführung

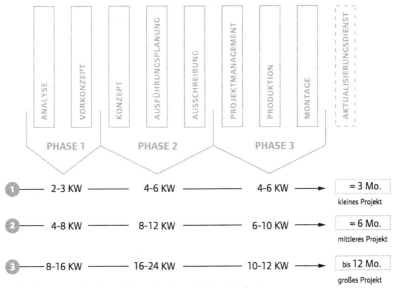

Abb. 19.4 Planungs-Phasen des Signaletik- Projektes mit beispielhaften Planungszeiten für unterschiedliche Projektgrößen und Projektaufgaben

eines Wegeleit- und Beschilderungssystems in einem Krankenhaus ist im Hinblick auf seine beträchtliche Wirkung für einen reibungslosen Ablauf, das Image eines Hauses und das Wohlbefinden von Patienten, vergleichsweise gering und beträgt oft weniger als 0,5 % der Gesamtinvestitionen für einen Neubau (Ergebnis der Befragung von 14 Architektur-büros, Mai 2015).

Bestandsanalyse – Projektstart
Der Start eines Signaletik-Projektes erfolgt bei einem Bestandsprojekt auf Grund von Mängeln oder Beschwerden am vorhandenen System oder geänderter Rahmenbedin-gungen und bei einem Neubau auf Grund einer frühzeitigen Konzeption und Planung vor der Beschaffung von Schildern und Wegweisern. Bei einem Bestandsprojekt ist er-heblicher Aufwand für die Analyse (siehe auch Abb. 19.19 „Checkliste Leitsystem") der oft über viele Jahre gewachsenen Strukturen, Funktionen, Bezeichnungen und Gewohn-heiten erforderlich, um die Entscheider von ggf. grundlegenden Schwachstellen und in der Folge möglichen einschneidenden Änderungen der Systematik und Kennzeichnung zu überzeugen.

Eckpunkte der Analyse:

- Bei Bestandsbauten: informelle Befragung der Nutzergruppen, des Empfangs, der Pa-tientenaufnahme, der Pflegedienstleitung. Ggf. Patientenbefragung und Auswertung des Beschwerdemanagements.
- Bestandsaufnahme und Bestandsanalyse des vorhandenen Systems, Anwendung der Checkliste (Abb. 19.19) insbesondere hinsichtlich Verständlichkeit, Logik, Durchgän-gigkeit, Platzierung und Lesbarkeit.
- Bei Neu- und Bestandsbauten: Integration bestehender Systeme, Terminologien und des CI (weiterer Häuser und Einrichtungen).
- Erfassung der zentralen medizinischen Funktionen, Bezeichnungen und Prozessabläufe des Hauses und der ggf. speziellen Anforderungen etwa für die Nennung von Chefarzt-sekretariaten, Belegärzten, MVZs, von universitären Zielen und Zielen der Forschung, von Sozial- und Beratungseinrichtungen oder von Servicezielen.
- Abfrage und Erstellen eines abgestimmten Ziele- und Bezeichnungskataloges mit De-finition der Verortung im Haus.
- Datenbeschaffung der Grundrisse, Geländepläne und ggf. Schnitte des Hauses und Er-fassung der architektonischen Grundstruktur mit a) Eingängen, b) horizontaler Zentral-erschließung, c) vertikaler Erschließung.
- Datenbeschaffung und informelle Klärung hinsichtlich der Anforderungen an die Mar-ke und das CI eines Hauses. Informelle Klärung hinsichtlich der Vorstellungen/Vorga-ben zu Farben, Materialien, Typografie und Einsatz des Logo oder der Bildmarke eines Hauses.
- Klärung des wirtschaftlichen Budgets und des zeitlichen Rahmens bis zur Realisierung.
- Bildung des Signaletik Projektteams.

Vorkonzeption

Sind die Rahmenbedingungen und Anforderungen auf Basis der Analyse definiert, kann mit der Vorkonzeption begonnen werden. Das Ergebnis der Vorkonzeption bietet den Entscheidern die Möglichkeit, sich ein Bild der Planung zu verschaffen, dies ggf. zu korrigieren und nach Innen transparent zu kommunizieren. Die Vorkonzeption und die Konzeption unterscheiden sich im Wesentlichen von der Detailtiefe und können bei mittleren und kleinen Projekten auch zusammengefasst werden.

Eckpunkte der Vorkonzeption:

- Filtern und Sortieren bzw. Gruppieren der Vielzahl von Zielen nach einem logischen und für das jeweilige Haus stimmigen Konzept (siehe Abb. 19.5) und damit Vorbereitung der zentralen Hauptübersicht als Kernstück des Orientierungssystems. (siehe Abb. 19.10 und 19.16)
- Bildung von Hierarchieebenen und Nutzung spezifischer „Landmarks" der Orientierung oder Strukturen der Kennzeichnung zur Unterstützung der Orientierung (siehe Abb. 19.5 und 19.6). Dies können Flure, Häuser, Ebenen, Aufzugskerne, Plätze, Magistralen usw. sein, die zur Strukturierung, Hierarchisierung und schließlich Reduzierung von Informationen verwendet werden.
- Visualisierung der Zentralen Gebäudeerschließung vom Erstkontakt, Eingang, Flur, Haus, Aufzug, Etage bis zum Ziel. Strukturplan mit Kennzeichnung der „Landmarks" der horizontalen und vertikalen Zentralerschließung.
- Wenn möglich Definition logischer Kennzeichnung von Stationen entsprechend ihrer Lage im Gebäude. Beispiel: Station A5 befindet sich in Haus A, Ebene 5 oder wird erreicht über Aufzug A, Ebene 5 (siehe auch Abb. 19.6 und 19.7).

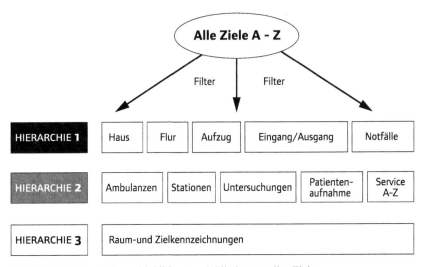

Abb. 19.5 Beispiel einer Hierarchiebildung und Gliederung aller Ziele

ℹ HAUPTÜBERSICHT NACH FUNKTIONEN

Chirurgische Klinik/Allgemeine Chirurgie	Flur/Haus/Aufzug	Ebene
Chirurgische Ambulanz	Flur **7** Aufzug **7**	1.OG
Radiologie/Röntgen	Flur **7**	EG
Schmerzambulanz	Haus **K**	2.OG
Station C1	Haus **C**	1.OG
Station C2	Haus **C**	2.OG

Innere Medizin	Flur/Haus/Aufzug	Ebene
Endoskopie	Flur **5**	EG
Lungenfunktion	Flur **5** Aufzug **5**	2.OG
Station F4	Haus **F**	4.OG

Abb. 19.6 Beispielhafte Umsetzung der Gliederung und Gruppierung der *Ziele nach Kliniken* mit Zuordnung zur Erschließung (Flur/Haus/Aufzug/Ebene)

- Definition eines „Masterlayout" für die grafische und typografische Umsetzung der systemischen Orientierungsstruktur und Hierarchie auf den Hinweisen und Wegweisern des Leitsystems.
- Vorentwurf der Schilderfamilie/„Signfamily" mit Darstellung von Ausführungsbeispielen und ggf. Fotomontagen zur Verdeutlichung der Wirkung vor Ort im Gebäude.
- Systemvorauswahl hinsichtlich Material, Qualität, Modularität, Flexibilität und ggf. Beschaffung von entsprechenden Material- oder Systemmustern.
- Erste Budgeteinschätzung und Zeitplanung der weiteren Schritte.
- Ergebnisdokumentation/Präsentation.

Konzeption

Die Konzeption eines Wegeleit- und Orientierungssystems ist das Kernstück des – oft über Jahre andauernden – Signaletik-Projektes. Hier werden die Masterdaten und Layouts aller Schildertypen entwickelt, die Grundlagen einer dauerhaften Dokumentation und Kartierung von Schildstandorten gelegt und die Basisdaten erstellt für die Systemauswahl und das später in der Ausführungsplanung zu erstellende Leistungsverzeichnis. Die Konzeption schließt mit einer Ergebnispräsentation ab, die die Entscheider in die Lage versetzt, ein Signaletik-Projekt zur Ausführung freizugeben, und das es den Nutzern und Betroffenen ermöglicht dieses zu verstehen, mit zu tragen und später selbst zu kommunizieren und anzuwenden.

ⅰ HAUPTÜBERSICHT NACH GRUPPEN

Stationen	Flur/Haus/Aufzug		Ebene
Station C1	Haus **C**		1.OG
Station C2	Haus **C**		2.OG
Station F4	Haus **F**		4.OG

Ambulanzen	Flur/Haus/Aufzug		Ebene
Augenklinik Ambulanz	Haus **C**		EG
Chirurgische Ambulanz	Flur **7**	Aufzug **7**	1.OG
Schmerzambulanz	Haus **K**		2.OG

Untersuchungen	Flur/Haus/Aufzug		Ebene
Endoskopie	Flur **5**		EG
Lungenfunktion	Flur **5**	Aufzug **5**	2.OG
Radiologie/Röntgen	Flur **7**		EG

Abb. 19.7 Beispielhafte Umsetzung der Gliederung und Gruppierung der *Ziele nach Gruppen* mit Zuordnung zur Erschließung (Flur/Haus/Aufzug/Ebene)

Eckpunkte der Konzeption:

- Festlegung des Kommunikationsdesigns, der Grafik und des Erscheinungsbildes anhand eines Beschilderungs-CI und Grafik Manuals.
- Festlegung der Bezeichnungsstruktur und Hierarchieebenen der Kennzeichnung von Zielen auf Schildern und deren Positionierung (Abb. 19.6 und 19.7).

1. Hierarchie: Zentrale, übergeordnete Landmarks (Magistrale, Flur 2, Aufzug A, Eingang Süd)
2. Hierarchie: Zentrale Ziele und Funktionen (Aufnahme, Ambulanzen, Stationen, Funktionen)
3. Hierarchie: Sekundärziele und Zielkennzeichnungen (Serviceziele, betriebsinterne Ziele, alle Raumkennzeichnungen)

- Festlegung der „Zentralerschließung" und der Kennzeichnung der wichtigsten „Landmarks" der Hierarchieebene 1. Erarbeitung eines beispielhaften Weges vom Erstkontakt (z. B. Parkplatz) über den Eingang und die Patientenaufnahme bis zum Ziel.
- Festlegung auf die Elemente der Beschilderungsfamilie/„Signfamily" (Abb. 19.10 und 19.11) und Visualisierung anhand von Anwendungsbeispielen.

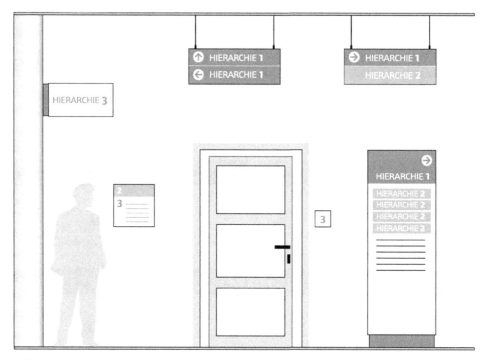

Abb. 19.8 Beispielhafte Umsetzung der Hierarchieebenen und Gliederung von Zielen in der Beschilderung

- Positionierung der Schildpositionen der Zentralerschließung in einem Vorkartierungsplan.
- Erste Mengen- und Budgetermittlung.
- Dokumentation (Abb. 19.8).

Ausführungsplanung

Nach Freigabe des Signaletik-Konzeptes durch die Entscheider des Projektes erfolgt in Abstimmung mit der Architektur, der Technik und dem Marketing die finale Umsetzung des Projektes bis zur Ausschreibung und/oder Produktion des Leit- und Orientierungssystems. Die Integration von elektronischen Elementen, dynamischen oder interaktiven Systemen der Information und Navigation werden spätestens jetzt in einem Gesamtkonzept integriert. Elektronische Systeme (siehe Abb. 19.13 und 19.14) sollten dabei immer die Grafik, Terminologie und Logik des Wegeleit- und Orientierungssystems übernehmen und gleichermaßen abbilden. Publikationen, Internetauftritt und Orientierungspläne müssen konsistent sein und sollten eine gemeinsame Sprache sprechen.

Die folgenden Eckpunkte zählen zur Ausführungsplanung:

- Verortung aller Positionen und Standorte des Wegeleit- und Informationssystems in einem Kartierungsplan. Dieser benennt jedes Schild nach einem logischen System mit einer unverwechselbaren Kartierungsnummer, die später auf jedem Schild angebracht wird.

- Die Beschilderungspositionen werden auf Basis von Masterlayouts mit klar definierten Angaben zu Satz, Stand, Typografie, Farbe und Piktogrammen einheitlich gestaltet.
- Die Vorgaben an die Materialität, Qualität und modulare Ausführung des Beschilderungssystems, sowie die Möglichkeit für einen schnellen, kostengünstigen Austausch von Informationsträgern (Wechselmodule) werden im technischen Leistungsverzeichnis definiert.
- Sämtliche Angaben zu den zu verwendeten Folien, Farben, Lacken, Oberflächen, Druckfolien, Druckfarben, Papieren etc. werden in einem Technischen Datenblatt definiert.
- Bei Bedarf wird ein Leistungsverzeichnis aller Positionen samt Anhang (Grafiken, Kartierungspläne, Musterlayouts, Schilderfamilie) erstellt, als Basis für die Ausschreibung oder Angebotsabfrage beim Hersteller.
- Sämtliche Planungsdaten werden dokumentiert und zur späteren Verwendung und Aktualisierung von Beschilderungspositionen eingesetzt.

Projektsteuerung

Die Umsetzung und Realisierung eines Signaletik-Projektes ist mit Sicherheit mehr als das Anbringen von Schildern. Im besten Fall ist die planerische Vorbereitung und Dokumentation so vorbildlich, dass die ausführende Firma möglichst eigenständig alle Positionen klar zuordnen, an der richtigen Stelle mit der richtigen Ausrichtung montieren und später sogar aktualisieren kann. Erfahrungsgemäß stellt sich ein Beschilderungsprojekt jedoch oft als eine logistisch und kommunikativ äußerst anspruchsvolle Aufgabe dar, zumal die Beschilderung vielfach zuletzt unter hohem Zeitdruck ausgeführt wird, Änderungen in letzter Minute verlangt werden, und viele Gewerke gleichzeitig vor Ort koordiniert werden müssen. Es hat sich daher in der Praxis als vorteilhaft erwiesen, wenn die Fachplaner in Kooperation mit dem Kern des hausinternen Signaletik-Projektes die Projektsteuerung und Montageüberwachung übernehmen und später auch den Aktualisierungsdienst und alle Änderungen im Betrieb übernehmen (Abb. 19.9).

Aktualisierungsdienst

Ein Signaletik-Projekt lebt und ist Abbild des ständigen Veränderungs- und Entwicklungsprozesses eines Krankenhauses. Umso wichtiger ist es, dass ein Wegeleit- und Orientierungssystem auch nach der Erstinstallation und möglichst über viele Jahre konsistent, wertig, grafisch konstant und inhaltlich aktuell gehalten werden kann. Die Folgekosten können erheblich sein, wenn bestimmte Voraussetzungen zur ständigen Aktualisierbarkeit und entsprechender Dokumentation nicht von Anbeginn der Planung integriert und berücksichtigt wurden. Dies betrifft insbesondere die Systematik der Kartierung und die Benennung aller Schildpositionen mit einem unverwechselbaren Code und die Ablage und Dokumentation der für die Produktion erforderlichen Daten und Produktionsangaben.

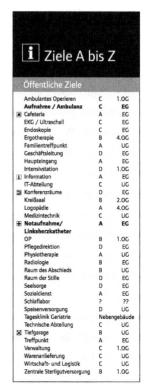

Abb. 19.9 Zentrale Hauptübersicht mit Orientierungsplan, Gruppierung der Ziele, alphabetischer Auflistung und Definition der Erschließung

Erst dann kommt die Anforderung an ein möglichst modulares und reversibles Beschilderungssystem und eine normierte Reproduzierbarkeit der entsprechenden Beschriftungsmedien wie Folien, Drucke, Einleger usw.

Die Voraussetzungen für einen funktionierenden Aktualisierungsdienst sind:

- Vollständige Dokumentation aller Positionen des Leitsystems in einem Kartierungsplan.
- Eindeutige Codierung der Positionen (z. B. nach Haus, Ebene, Typ, fortlaufende Ziffer).
- Anbringung der Kartierungsnummer/Codierung auf jedem Schild (Kennzeichnung).
- Dokumentation alle Schildpositionen in einem Produktionsbuch/Schilderkatalog.
- Dokumentation aller produktionsrelevanten Informationen (Material, Farbe, Verarbeitung etc.).
- Dokumentation aller grafischen und typografischen Vorgaben (Versalhöhen, Piktogramme etc.).
- Dokumentation der Montagetechnik, Reinigungsanweisungen, Wartungsanweisungen (Abb. 19.10 und 19.11).

1. Erstkontakt Aussengelände

2. Zentrale Übersicht

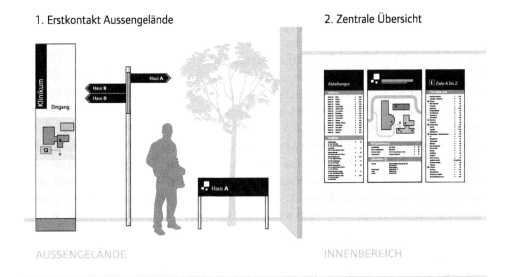

Abb. 19.10 „Signfamily" – Beschilderungselemente vom Erstkontakt bis zur Zielkennzeichnung

3. Wegweisung horizontal/vertikal

4. Zielkennzeichnung

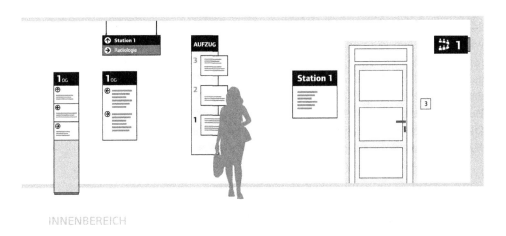

Abb. 19.11 „Signfamily" – Beschilderungselemente vom Erstkontakt bis zur Zielkennzeichnung

19.5   Wer soll das bezahlen? – Kosten und Ertrag!

Ein funktionierendes Wegeleit- und Orientierungssystem kann sich tatsächlich innerhalb weniger Jahre amortisieren und erheblich Kosten für Personalzeiten und effektivere Prozessabläufe einsparen und zudem einen deutlichen Mehrwert in Sachen Qualität,

Modernität, Identität und Service bringen. In der bereits erwähnten Studie in einem 800 Betten Haus, wurden rund 8000 h im Jahr aufgewendet, um Patienten und Besuchern den Weg zu erklären, da sie sich nicht zurechtgefunden haben (Arthur und Passini 1992, S 9). Unsere Erfahrungen und Kenntnisse aus diversen Planungsprojekten bestätigen diese Zahl, die in einer Beispielrechnung definiert werden kann: Bei 1000 Mitarbeitern werden 100 Mitarbeiter täglich im Schnitt 15 min aufwenden, um Menschen deren Weg zu beschreiben. Dies entspricht 25 h täglich oder rund 3 Mitarbeiter Vollzeit allein für Wegweisungsinformationen. Auch diese Modellrechnung ergibt einen ähnlichen Wert für das gesamte Jahr, nämlich 9000 h. Hinzuzurechnen sind Zeiten für einen gestörten Funktionsablauf nicht nur für Patienten und Besucher, sondern auch für Mitarbeiter, Lehrkräfte und Externe. In Zahlen ausgedrückt würde dies bedeuten, dass pro Bett mindestens 10 h im Jahr aufgewendet werden und somit Kosten in Höhe von – konservativ gerechnet – ca. 300 € je Bett je Jahr entstehen. Wenn es gelingt, durch ein gutes Wegeleitsystem nur ein Drittel weniger Zeit für Hilfestellungen für orientierungslose Patienten und Besucher zu verwenden, dann entspricht dies allein schon einer Einsparung von 80 Tsd. € Personalkosten jedes Jahr. Nach unseren Recherchen und Erfahrungen (Tab. 19.2) liegt die erforderliche Investitionssumme für ein Wegeleitsystem (ohne Geländebeschilderung) inklusive Planung und Ausführung zwischen 200 bis 400 € je Patientenbett bei einem mittleren bis großen Krankenhaus, also bei rund 160 Tsd. bis 320 Tsd. €. Das Leitsystem hätte sich also bei unserer Beispielrechnung (Tab. 19.2 und 19.3) und einer Investitionssumme von 240 Tsd. € (300 € je Bett) also spätestens nach drei Jahren amortisiert. Noch deutlicher wird die Sinnhaftigkeit und Wirtschaftlichkeit einer fundierten Planung, die nach unseren Erfahrungen zwischen 25 und 35 % des Gesamtbudgets (Planung plus Beschilderung) ausmacht. Nehmen wir einen Wert von 33 % für die Planungsleistung an, dann bedeutet das bei unserem Beispiel eine Investition von rund 80 Tsd. € für die Planung des 800 Betten Hauses und somit eine einmalige Belastung von 100 € je Bett nur für die Planung. Diese Investition hätte sich entsprechend unserer Modellrechnung schon nach nur einem Jahr amortisiert.

Tab. 19.2 Beispielrechnung der durchschnittlichen Planungs- und Ausführungskosten je Patientenbett		Planung €	Ausführung €	Summe €	Kosten je Bett
	Beispiel 200 Betten-Haus	20.000	60.000	80.000	400 €
	Beispiel 400 Betten-Haus	40.000	100.000	140.000	350 €
	Beispiel 800 Betten-Haus	80.000	160.000	240.000	300 €

Tab. 19.3 Beispielrechnung der möglichen Kosteneinsparung und daraus resultierenden Amortisation

	Kosten WLS (€)	Einsparung/Jahr (€)	Einsparung/ Bett	Amortisation
Beispiel 200 Betten-Haus	80.000	20.000	100 € im Jahr	4,0 Jahre
Beispiel 400 Betten-Haus	140.000	40.000	100 € im Jahr	3,5 Jahre
Beispiel 800 Betten-Haus	240.000	80.000	100 € im Jahr	3,0 Jahre

Ganz zu schweigen von den Kosten, die entstehen, wenn ein vollständig mit Schildern ausgerüstetes Krankenhaus an der Praxis scheitert und nach einer Signaletik-Planung das System komplett erneuert werden muss, was aus unseren Praxiserfahrungen nicht selten der Fall ist. Auch bei Bestandshäusern mit Modernisierungsbedarf liegen die Zahlen für die Investitionssumme für ein (neues) Wegeleitsystem ähnlich wie bei einem Neubau, können evtl. sogar darüber liegen durch zusätzliche Kosten für Demontagen und – nicht zu unterschätzen – Sanierungsarbeiten an vorherigen Montagepositionen.

Die Höhe der Investitionssumme für ein Wegeleitsystem ist von folgenden Faktoren abhängig:

1. Substanz

- Architektonische Komplexität (Zugänge, Wegeführung, Erschließungen horizontal/ vertikal)
- Nutzungskomplexität (Funktionen, Prozesse)
- Zielgruppenspezifische Anforderungen

2. Quantität

- Anzahl erforderlicher Beschilderungspositionen Innenbereich
- Beschilderungspositionen Außenbereich (in Beispielberechnung Tab. 19.2 und 19.3 nicht enthalten)
- Zielkennzeichnungen (Raumnummern, Türschilder) enthalten/nicht enthalten
- Fluchtwegebeschilderung/Fluchtwegepläne enthalten/nicht enthalten
- Digitales Leitsystem/Informationssystem enthalten/nicht enthalten

3. Qualität

- Material- und Verarbeitungsqualität im Allgemeinen
- Systembeschilderung oder individualisierter Sonderbau
- Modulbauweise ja oder nein
- Ausführung der Zielkennzeichnungen (Raumnummern, Türschilder, Bereichskennzeichnungen)
- Ausführung der Beschriftung mit Wechselmodulen, Folien oder Digitaldrucken
- Montageverfahren hochwertig und reversibel oder z. B. nur direkt verklebt
- Vandalismusschutz erforderlich/vorhanden ja oder nein
- Nachkaufgarantie mind. 10 Jahre ja oder nein (Abb. 19.12)

19.6 Die Zukunft moderner Wegeleit- und Informationssysteme – alles digital?

Trotz allumfassender Digitalisierung unserer Welt wird auch in Zukunft Orientierung und Wegeführung auf einem gut funktionierenden – analogen – Wegeleit- und Beschilderungssystem basieren. Was sich auch in Krankenhäusern zunehmend etablieren wird, sind digitale Ergänzungen, die auf der Systematik, den Terminologien und dem Kommunikationsdesign der analogen Beschilderung aufsetzen und diese bereichern um die Möglichkeiten der Ortsunabhängigkeit, Mehrsprachigkeit, Aktualität und Interaktion. Mehrsprachigkeit und alternatives, barrierefreies Routing lassen sich durch digitale

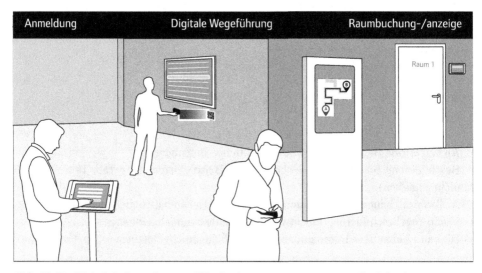

Abb. 19.12 Digitale Informations- und Navigationssysteme unterstützen die Orientierung

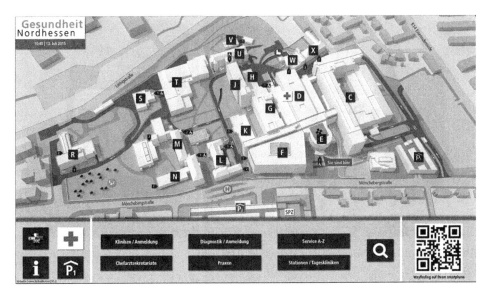

Abb. 19.13 3D Navigationssystem Klinikum Kassel

Informationssysteme wesentlich flexibler und umfassender darstellen. Allein auf Grund der Datenmenge lassen sich bei analoger Beschilderung maximal 2 Sprachen in Krankenhäusern meist nur für Primärziele (Beispiel Ausgang/Exit, Aufzug/Elevator, Notaufnahme/Emergency usw.) realisieren. Auch barrierefreie Anzeigen oder Audioansagen etwa für sehbehinderte Menschen lassen sich mittels digitaler Lösungen und Terminals umsetzen.

Hinsichtlich der Dynamik von sich ggf. ständig ändernden Inhalten, Namen und Funktionsbezeichnungen, bei Umzügen von Stationen und baulichen Erweiterungen, lassen sich diese nahezu in Echtzeit digital dem Nutzer zur Verfügung stellen – vor Ort an Anzeigeterminals und dezentral im Internet etwa auf der Homepage des Klinikums (siehe Abb. 19.13 und 19.14). Hinzu kommen Terminals oder Bildschirmanzeigen für Serviceinformationen, Veranstaltungen und Termine mit der Möglichkeit auch den Weg oder die Richtung zum jeweiligen Ziel, Veranstaltungsort oder Konferenzraum zu weisen. Eine Indoor-Navigation, die analog der bekannten Navigationssysteme für die Straße mit Hilfe der Satellitennavigation arbeitet, funktioniert im Gebäude nicht, weshalb intensiv Umsetzungen erforscht und entwickelt werden, um das Positionieren und Orten von Menschen und beweglichen Gegenständen in Gebäuden zu ermöglichen. Als Stichworte seien genannt die WLAN Ortung (Triangulation) oder der Einsatz von Funkzellen (Beacons) zur Ortung mittels Smartphone-Technologie. Doch wer will in einem Krankenhaus mit dem Smartphone in der Hand zur Notaufnahme gelangen und soll ein älterer, hilfsbedürftige Mensch noch mehr mit Hightech überfordert werden? Digitale Lösungen der Indoor-Navigation und Wegeführung sind – wenn sie gut in das analoge Wegeleitsystem integriert sind – hervorragende Ergänzungen und ein wichtiger Service für Patienten und Besucher,

Abb. 19.14 Informationsterminal und mobile Anwendung. (Klinikum Kassel/Alice Hospital Darmstadt)

insbesondere durch die Möglichkeit, sich schon *vor* dem Besuch auf der Homepage des Krankenhauses zu informieren über die örtlichen Gegebenheiten und den individuellen Weg von der Haltestelle, dem Parkplatz oder Haupteingang zum gewünschten Ziel. Da ein solches System Internet basiert, kann es von zu Hause, am Terminal in der Eingangshalle oder auf dem Bildschirm am Patientenbett genutzt werden. Einige Systeme bieten darüber hinaus die Möglichkeit, den Standort sehr einfach per QR-Code-Scan durch das Smartphone zu ermitteln und sich so die gewünschte Start-Ziel-Verbindung anzeigen zu lassen (siehe Abb. 19.14). Auch das Ausdrucken des Weges ist eine nützliche Funktion, die bei der Vorbereitung des Krankenhausbesuches genutzt werden oder vor Ort durch den Empfang oder die Patientenaufnahme als Serviceleistung angeboten werden kann. Darüber hinaus lassen sich diverse Mehrwerte nutzen, wie etwa der Versand einer Einladung zu einem Symposium mit einem Link, der den Weg direkt zum Ziel der Einladung, etwa dem Konferenzraum, gleich mit versendet. Der große Nutzen solcher Systeme liegt aber auch hier vor allem in der sehr schnellen Reaktionszeit bei Änderungen, der Mehrsprachigkeit der Anwendung und der Ortsunabhängigkeit. Die Kosten eines solchen Systems sind abhängig von der Gebäudegröße, der Anzahl der Ziele, der Detailtiefe der visuellen Darstellung der Route in 2D oder besser in 3D Animationen. Sie betragen für ein mittleres Krankenhaus ca. 20 % zusätzlich zum analogen Beschilderungssystem.

Folgende Kriterien sind vor der Angebotseinholung festzulegen:

- Größe des Gesamtareals des Geländes und der Flächen innerhalb der Gebäude
- Anzahl der Startpunkte und der Zielpunkte
- Multilingualität/wie viele Sprachen bis in welche Darstellungstiefe
- Anzahl der Standorte der Terminals und Bildschirme

- Integration in die Website des Klinikums
- Nutzung der Anwendung auch auf dem Smartphone
- Nutzung von QR Codes zur Identifikation des Standortes und zum Abruf der Anwendung
- Druckfunktion des Weges
- Audiofunktion/Sprachausgabe
- Zusätzliche Anwendungen und Informationen neben der digitalen Wegeführung

19.7 Praxisbeispiel Universitätsmedizin Greifswald (Abb. 19.15, 19.16, 19.17, 19.18, 19.19)

Abb. 19.15 Ausschnitt Orientierungsplan mit Bettenhäusern A, B, C … und Zentralerschließung über Flure 1, 2, 3

Das Universitätsklinikum Greifswald mit rund 1.200 Betten erhielt 2013 ein neues
Wegeleitsystem. Grundlage des Orientierungskonzeptes   bildet die horizontale Erschließung durch „Flure" (1 bis 12) und die ringförmig um das Hauptgebäude
angeordneten Bettenhäuser (A bis K) die sich auch farblich von einander absetzen. Entsprechend wurden die Stationen nach den Häusern und Etagen benannt. Im Haus K und
der Etage 5 findet man nun auch die Station K5. Und im Flur 7 findet man nun auch
den Aufzug Nr. 7. Ein neues Raumnummernkonzept greift diese Systematik auf, ebenso
wie die grafisch klar gegliederten und nach Wichtigkeit grafisch hierarchisierten Beschilderungselemente.

Abb. 19.16 Zentrale Hauptübersicht mit Gruppierung der Ziele nach Kliniken (Uniklinik
Greifswald)

Abb. 19.17 Zentralerschließung über die Hierarchieebene 1 nach Fluren und Häusern (Uniklinik Greifswald)

Abb. 19.18 Zielkennzeichnung analog der Lage (Haus F, Ebene 3) und vertikale Erschließung Hierarchieebene 2 (Uniklinik Greifswald)

SIS | Checkliste ✓ Wegeleit- und Orientierungssystem

	Ja	Nein

1. Integrität
- Spiegelt sich die Marke und das CI des Hauses wider? ☐ ☐
- Entspricht das Leitsystem der Architektur / Innenarchitektur? ☐ ☐
- Werden alle Zielgruppen berücksichtigt und erreicht? ☐ ☐

2. Logik und Verständlichkeit
- Werden allgemein verständliche Bezeichnungen verwendet? ☐ ☐
- Fremdwörter und medizinische Fachbegriffe werden vermieden? ☐ ☐
- Stationen werden analog des Standortes (z.B. Haus / Etage) benannt? ☐ ☐
- Gibt es zusätzliche Codierungen zur Orientierung? ☐ ☐
- Wird das Leitsystem intuitiv verstanden? ☐ ☐

3. Durchgängigkeit
- Gibt es einen einheitlichen und abgestimmten Bezeichnungskatalog? ☐ ☐
- Ist die Wegekette durchgängig und ohne Unterbrechung beschildert? ☐ ☐
- Ist die Typografie einheitlich auf allen Elementen des Leitsystems? ☐ ☐
- Werden Piktogramme, Symbole, Farben und Grafiken einheitlich verwendet? ☐ ☐

4. Reduktion
- Sind Ziele und Informationen sortiert nach Gruppen und Hierarchien?
- Erfolgt die Beschilderung abgestuft nach Hierarchien (Baumstruktur)?
- Wirkt das Beschilderungssystem übersichtlich und aufgeräumt?

5. Barrierefreiheit
- Sind Schriften und Piktogramme ausreichend dimensioniert und kontrastreich? ☐ ☐
- Werden zentrale Informationen im Zwei-Sinne-Prinzip angeboten ☐ ☐
  (visuell, taktil, akustisch)?
- Sind Orientierungspläne taktil verfügbar? ☐ ☐
- Sind Orientierungspläne und Wegbeschreibungen mehrsprachig verfügbar? ☐ ☐

6. Wertigkeit und Wirtschaftlichkeit
- Wird ein durchgängiges System eingesetzt? ☐
- Ist das Beschilderungssystem modular aufgebaut? ☐
- Sind die Standorte und Inhalte der Schilder erfasst und dokumentiert? ☐
- Ist das System einfach und leicht zu bedienen und zu aktualisieren? ☐
- Sind die Inhalte und Beschriftungen kostengünstig aktualisierbar? ☐ ☐
- Sind alle Komponenten des Wegeleitsystems mindestens 10 Jahre nachlieferbar? ☐ ☐

7. Modernität und Service
- Werden Informationen zur Orientierung mehrsprachig vermittelt? ☐
- Sind alle Printmedien und digitalen Inhalte aufeinander abgestimmt? ☐
- Können Informationen zur Orientierung im Internet abgerufen werden? ☐
- Sind Informationen zur Wegeführung und Orientierung digital vor Ort abrufbar? ☐
- Sind Informationen zur Orientierung am Krankenbett verfügbar? ☐ ☐

☐ ☐
Summe

Abb. 19.19 Checkliste Leitsystem

Literaturverzeichnis

Literatur

Aicher O, Krampen M (1996) Zeichensysteme der Visuellen Kommunikation. Alexander Koch, Stuttgart
Arthur P, Passini R (1992) Wayfinding – people, signs and architecture. McGraw-Hill Inc. US, Whitby
Duden (2015) Orientierung, Online im Internet URL. http://www.duden.de/suchen/dudenonline/Orientierung. Zugegriffen: 08. Nov. 2015
Gipson D (2009) The wayfinding handbook. Princeton Architectural Press, New York
Krampen M, Götte M, Kneidel M (2007) Die Welt der Zeichen. avedition, Stuttgart
Uebele A (2006) Orientierungssysteme und Signaletik. Hermann Schmidt, Mainz
Wenzel P (2003) Handbuch Beschilderungsplanung. Dr. Patrick Wenzel, Hünstetten
Wikipedia (2015) Orientierung, Online im Internet URL. https://de.wikipedia.org/wiki/Orientierung_%28mental%29. Zugegriffen: 08. Nov. 2015

Normen

DIN e. V. (2010-10) DIN 18040 – Barrierefreies Bauen – Teil 1: Öffentlich zugängliche Gebäude
DIN e. V. (2010-10), DIN 18040 – Barrierefreies Bauen – Teil 2: Wohnungen
DIN e. V. (2014-12), DIN 18040 – Barrierefreies Bauen – Teil 3: Öffentlicher Verkehrs- und Freiraum
DIN e. V. (2011-10), DIN 32984 – Bodenindikatoren im Öffentlichen Raum
DIN e. V. (2012-07) DIN 32975 – Gestaltung visueller Informationen im Öffentlichen Raum zur barrierefreien Nutzung
DIN e. V. (2007) DIN 32976 – Gestaltung und Ausführung taktiler Schrift für Blinde und Sehbehinderte
DIN e. V.(2015-01) DIN 32986 – u. A. Anforderung an Taktile Schrift, Piktogramme, Pläne
DIN e. V. (2009-11) DIN EN 80416-1 – Gestaltung Grafischer Symbole
DIN e. V. (2006-05) DIN Fachbericht 142 – Anforderungen an Orientierungssysteme in öffentlichen Gebäuden
DIN e. V. (2012-12) DIN 4844-2 – Grafische Symbole. Sicherheitsfarben und Sicherheitszeichen
ISO (2007) ISO 7000 und ISO 7001 – grafical symbols and public information symbols

Literaturangaben

3D Berlin (2015) Guide3D Wayfinding System, Online im Internet URL: Online im Internet URL. http//www.3dberlin.de. Zugegriffen: 16. Juli 2015
AIGA (2015) AIGA Symbol Signs, Online im Internet URL. http://www.aiga.org. Zugegriffen: 16. Juli 2015
Alice Hospital Darmstadt (2015) Digitale Wayfinding Anwendung im Krankenhaus, Online im Internet URL. http://www.alice-hospital.de/3d-navigation. Zugegriffen: 16. Juli 2015

AskCody (2015) AskCody Raumbuchung, Raumanzeige, Wayfinder, Online im Internet URL. http://www.askcody.de. Zugegriffen: 16. Juli 2015

BKB (2015) Bundeskompetenzzentrum Barrierefreiheit, Online im Internet URL. http://www.barrierefreiheit.de. Zugegriffen: 16. Juli 2015

Gesundheit Nordhessen Klinikum Kassel (2015) Digitale Wayfinding Anwendung im Krankenhaus, Online im Internet URL. http://www.wayfinding3d.com/demo.guide3d.com/100028/. Zugegriffen: 16. Juli 2015

NAMed (2015) Normenausschuss Medizin, Online im Internet URL. http://www.named.din.de. Zugegriffen: 16. Juli 2015

NARK (2015) Normenausschuss Rettungsdienst und Krankenhaus des Deutschen Instituts für Normung, Online im Internet URL. http://www.nark.din.de. Zugegriffen: 16. Juli 2015

Nullbarriere (2015) Nullbarriere – Barrierefreies Planen und Bauen, Online im Internet URL. http://www.nullbarriere.de. Zugegriffen: 16. Juli 2015

Pictogramm (2015) Otl Eicher, Piktogramme health and hygiene bei ERCO, Online im Internet URL. http://www.pictogramm.de. Zugegriffen: 16. Juli 2015

Signographie (2015) Signographie – Zeichen, Symbole, Notationen, Schriften. Online im Internet URL. http://www.signographie.de. Zugegriffen: 16. Juli 2015

Statistisches Bundesamt (2015) Krankenhäuser und Fallzahlen (2013), Online im Internet URL. http://www.destatis.de. Zugegriffen: 16. Juli 2015

Architektenbefragung, 2015 (Tab. 19.1)

Architekturbüro Koczor Teuchert Lünz GbR. Rottweil
Architekten BKSP Grabau Leiber Obermann und Partner mbB. Hannover
ATP health Planungsgesellschaft für das Gesundheitswesen mbH. Offenbach am Main
Bergstermann + Dutczak Architekten Ingenieure GmbH. Dortmund
ERLING + PARTNER Planungsgesellschaft mbH. Bochum
IPROconsult GmbH. Dresden
Kläschen Gargano Architekten Partnerschaftsgesellschaft mbH. Hamburg
Mann + Partner (Freie Architekten und Stadtplaner BDA). München
mga consult GmbH. Rheinbreitbach
Monnerjan Kast Walter Architekten. Düsseldorf
sander.hofrichter architekten GmbH. Ludwigshafen am Rhein
Tiemann-Petri und Partner (Freie Architekten BDA). Stuttgart
wörner traxler richter planungsgesellschaft mbH. Frankfurt a. M.

Produktivitätssteigerung durch kundenorientierte Self-Service-Technologien im Krankenhaus

20

Mario A. Pfannstiel

Inhaltsverzeichnis

Zusammenfassung

Selbstbedienungstechnologien (engl. Self-Service-Technologien = SSTn) in Krankenhäusern bestehen für unterschiedliche Dienstleistungen und Kundengruppen (Patienten, Angehörige, Mitarbeiter, Verwaltungspersonal, Entscheidungsträger) im Krankenhaus. Dieser Beitrag beschäftigt sich mit SSTn, die sich in den letzten Jahren entwickelt haben und in Krankenhäusern angewendet werden. Ein Ziel dieses Beitrages ist es, Best-Practice-Beispiele von SSTn zu ermitteln und in einen Gesamtzusammenhang

M. A. Pfannstiel (✉)
Hochschule Neu-Ulm, Fakultät Gesundheitsmanagement, Wileystraße 1,
89231 Neu-Ulm, Deutschland
E-Mail: Mario.Pfannstiel@hs-neu-ulm.de

© Springer Fachmedien Wiesbaden 2016
M. A. Pfannstiel et al. (Hrsg.), *Dienstleistungsmanagement im Krankenhaus,*
DOI 10.1007/978-3-658-08429-5_20

zu setzen. Es soll eine Einordnung von SSTn für den Krankenhausbereich vorgenommen werden. Ferner sollen folgende Fragen zu SSTn beantwortet werden: Welche Anforderungen bestehen an SSTn in Krankenhäusern? Welchen Einfluss haben SSTn auf Kunden? Welche Dienstleistungen werden als Shared Services bei SSTn den Kunden angeboten? Welche Self-Service-Delivery-Modelle bestehen? Wie können SSTn erfolgreich implementiert werden? Wie kann der Einsatz von SSTn zur Produktivitätssteigerung im Krankenhaus beitragen? Der Beitrag zeigt bestehende Forschungslücken auf und gibt Anregungen für zukünftige Forschung und Praxis im Krankenhausbereich.

20.1 Einleitung

Das Forschungsfeld von patienten-, mitarbeiter- und managerorientierten Self-Service-Technologien (SSTn) im Krankenhaus ist ein noch junges Forschungsfeld. Im Bereich zur Akzeptanzforschung von SSTn gibt es bereits einige Arbeiten (z. B. Davis et al. 1989; Venkatesh und Davis 2000). Zum Verständnis von Motivation und Verhalten bei SSTn wurden verschiedene Studien durchgeführt (vgl. Dabholkar et al. 2003; Zhao et al. 2008; Walker und Johnson 2006). Übersichten zu Klassifikationen von SSTn finden sich u. a. bei Cunningham et al., Meuter et al. und Hsieh (Cunningham et al. 2008; Meuter et al. 2000; Hsieh 2005; vgl. auch Bergner et al. 2013; Pezoldt und Schliewe 2012). Zum Einsatz von SST (z. B. Liljander 2006; Curran und Meuter 2005; Lin und Hsieh 2006) und zum Vergleich von unterschiedlichen SSTn (z. B. Curran und Meuter 2005) finden sich ebenfalls Arbeiten. In anderen Dienstleistungsbereichen werden SSTn bereits seit vielen Jahren kommerziell genutzt und eingesetzt. Wissenschaftliche Arbeiten existieren bspw. zum Self-Service im Internetbereich (Bobbitt und Dabholkar 2001; Yen 2005; Nilsson 2007). Abbildung 20.1 gibt einen Überblick über die Entwicklung und den Einsatz von SSTn in unterschiedlichen Dienstleistungsbereichen. Die Abb. 20.1 zeigt, dass sich der Einsatz von SSTn im Krankenhausbereich erst ab dem Jahr 1990 vollzogen hat.

20.2 Begriffsklärung „Self-Service-Technologie"

Der Begriff „Self-Service" wurde geprägt durch Clarence Saunders, er gilt als Erfinder des Self-Service bei Supermärkten. Im Jahr 1917 patentierte er das Konzept und eröffnete 1916 in Memphis, Tennessee (USA) das erste Piggly Wiggly Self-Service Lebensmittelgeschäft (Petroski 2005). Die Besonderheit war, dass Kunden die Produkte nicht mehr von dem Ladenbesitzer oder einem Angestellten bekamen, sondern dass Kunden die Produkte selbst aus dem Regal nehmen und an einer Kasse bezahlen konnten. Der neue Ablauf funktionierte so reibungslos, dass bis zum Jahr 1923 weitere 1300 Geschäfte entstanden.

Der technische Fortschritt hat dafür gesorgt, dass der persönliche Kontakt zum Kunden verloren geht und durch Selbstbedienungstechnologien (Automaten sowie Internetanwen-

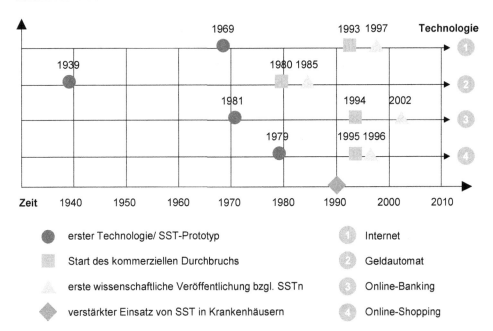

Abb. 20.1 Entwicklung und Einsatz von SSTn. (Quelle: Darstellung in Anlehnung an Pezoldt und Schliewe 2012)

dungen) ersetzt wird. Selbstbedienungstechnologien sind technische Kommunikations-möglichkeiten, die deren Benutzer (z. B. Patienten, Krankenhausmitarbeiter, Manager) dazu befähigen, eigenständig eine Dienstleistung in Anspruch zu nehmen, d. h. es werden Arbeitsschritte einer Dienstleistung an Benutzer zur Selbstbedienung übergeben (Stampfl 2011). Meuter beschreibt SSTn als Schnittstellen zwischen Unternehmen und Kunden, wobei Kunden aktiv mit in den Dienstleistungsprozess eingebunden werden (Meuter 2002; Pezoldt und Schliewe 2012). Neue SSTn werden kundenorientiert erstellt und an-gepasst, um die Servicequalität für Kunden und den Erfolg für Unternehmen zu steigern.

20.3   Kunden-Self-Service im Krankenhaus

Als Kunden-Self-Service werden Dienste verstanden, die ein Kunde über ein elektroni-sches Medium administrieren kann (Englert und Rosendahl 2002). Im Krankenhaus sind verschiedene Kunden an unterschiedlichen Dienstleistungsprozessen beteiligt. Differen-ziert werden können die Kunden in die drei großen Kundengruppen „Patienten", „Mit-arbeiter" und „Manager". Für jede dieser Kundengruppen bestehen spezifische SSTn, die sich im Laufe der Zeit entwickelt haben und zum Einsatz kommen. Die Auswahl einer SST obliegt dem Krankenhaus, um die individuellen Anforderungen bei einer Kunden-gruppe zu bewältigen. Für den Erfolg von SSTn bei verschiedenen Kundengruppen sind verschiedene Faktoren verantwortlich. Eine einfache und intuitive Bedienung, z. B. von

Patienten- und Mitarbeiterapplikationen, trägt dazu bei, dass schnell auf verschiedene Dienstleistungen zugegriffen werden kann (Walker und Johnson 2006). Web-basierte Anwendungen haben den Vorteil, dass Personen durch die höhere zeitliche und örtliche Verfügbarkeit eigenständig auf persönliche Daten zugreifen können. Wenn Kunden keinen Zugriff auf einen Self-Service haben, dann kann das verschiedene Ursachen haben. Beispielsweise wissen Kunden dann nicht, dass es einen Self-Service gibt oder sie bekommen keine Hilfe und Unterstützung durch Personal, um die Technologie zu bedienen. Ein weiterer Grund kann darin liegen, dass Personal nicht geschult wird oder keine Zeit zur Schulung und Unterstützung der Kunden zur Verfügung steht. Fördert das Management die Einführung einer SST und werden Schulungen absolviert, dann werden Barrieren bei Nutzern häufig schnell abgebaut (Stanley und Pope 2000). Nur wenn die Funktionen bei Nutzern bekannt sind und der Nutzen einer SST erkannt wird, wird ein Service genutzt. Barrieren wie Passwörter oder eine komplizierte Registrierung machen es schwer, den Self-Service anzunehmen.

20.4   Differenzierung von SSTn im Krankenhaus

SSTn im Krankenhaus können differenziert werden in Technologien, die administrierbar sind und in solche, die nicht administrierbar sind. Zu den administrierbaren SSTn zählen z. B. Applikationen für Patienten, Mitarbeiter und Manager im Krankenhaus, aber auch Gesundheitsterminals, der Tablet PC, der Check-in-Kiosk, das Mobiltelefon und digitale Wegeleitsysteme (Kliefoth 2009). Auf der anderen Seite zählen zu den nicht administrierbaren medizinischen SSTn z. B. elektronische Blutzuckermessgeräte, Thermometer und Medikamentenspeicher, Blutsauerstoffmessgeräte und Blutdruckmessgeräte (Meuter et al. 2000). Derartige SSTn können von Kunden wahlweise in Anspruch genommen werden. Werden SSTn von Kunden nicht in Anspruch genommen, z. B. aufgrund von Ängsten und Vorurteilen, dann besteht im Krankenhaus auch weiterhin die Möglichkeit direkt mit einer autorisierten Person Kontakt aufzunehmen, die sich mit der angebotenen SST auskennt und Hilfestellung anbieten kann. Die Akzeptanz von SSTn kann so gesehen auf vielfältige Art und Weise gesteigert werden. Zu berücksichtigen ist die Rolle der sozio-demografischen Einflussfaktoren wie Alter und Geschlecht (Pezoldt und Schliewe 2012). Kinder reagieren auf eine Technologie anders als ein Erwachsener. Kinder sind häufig aufgeschlossen, während Erwachsene sich neuer Technik verschließen können. Für Personen verschiedener Altersgruppen kommt es darauf an, wie eine SST und der Self-Service der in Anspruch genommen werden soll nach außen präsentiert werden. Das Design ist genauso entscheidend wie die Qualität der angebotenen Dienstleistungen und der Umgang mit Problemen bei der Bedienung oder der Falscheingabe von Daten. Vor Einführung einer SST ist die Technologie zu testen und so abzustimmen, damit keine Fehler bei der Benutzung durch verschiedene Altersgruppen entstehen (Stanley und Pope 2000). Administrierbare SSTn (Abb. 20.2) können auch nach ihrer Einführung bzw. dem Einsatz bei einer spezifischen Kundengruppe ständig aktualisiert, überprüft und kontinuierlich verbessert

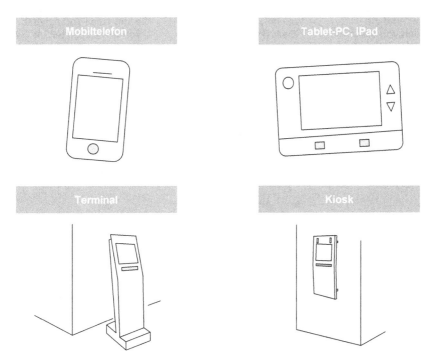

Abb. 20.2 Administrierbare SSTn im Krankenhaus. (Quelle: Eigene Darstellung in Anlehnung an Rhoads und Drazen 2009)

werden. Zudem bestehen bei administrierbaren SSTn vielfach verschiedene Anbieter und Anbindungen zu anderen informationstechnischen Systemen.

20.5 Self-Service-Delivery-Modelle im Krankenhaus

Der Einsatz einer spezifischen SST in Bezug auf eine Kundengruppe kann als Self-Ser-vice-Delivery-Modell verstanden werden. Im Normalfall verfügt ein Krankenhaus über drei Arten von Self-Service-Delivery-Modellen. Das Modell „Patient Self-Service (PSS)" bezieht sich auf die Kundengruppe der Patienten, das Modell „Employee Self-Service (ESS)" fokussiert an der Kundengruppe der Mitarbeiter und das Modell „Manager Self-Service (MSS)" orientiert sich an der Kundengruppe der Manager (zu Beispielen und Charakteristiken der Modelle vgl. Stanley und Pope 2000; Koopman und Batenburg 2009; Hollenstein et al. 2003). Gemeinsam ist allen drei Self-Service-Delivery-Modellen, dass Nutzer eigene personenbezogene Daten selbst anlegen, anzeigen und ändern können. Durch den eigenen Zugriff auf Daten können Prozesse im Krankenhaus vereinfacht, be-schleunigt und vereinheitlicht werden. Schutzmaßnahmen sind zu ergreifen, damit Dritte keinen Zugriff auf die personenbezogenen Daten haben.

Damit eine Aussage über die Produktivität von einem Self-Service-Delivery-Modell gemacht werden kann, muss dieses anhand von Kennzahlen ausgewertet werden. Hinzu-gezogen werden können beispielsweise selbst entwickelte Kennzahlen oder es können vorhandene relevante Kennzahlen eingebunden und mit in die Auswertung einbezogen

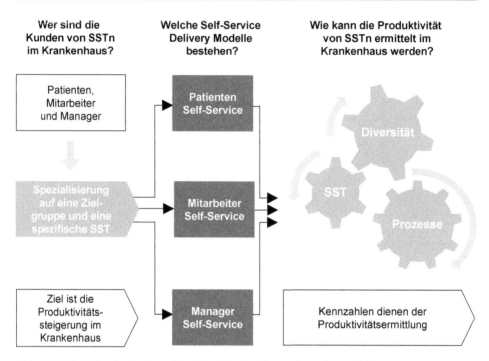

Abb. 20.3 Self-Service Delivery Modelle. (Quelle: Eigene Darstellung 2016)

werden. Für die richtige Anwendung und den Umgang mit Kennzahlen sind die Mitarbeiter im Krankenhauscontrolling zuständig. Sie haben die Möglichkeit, Daten von allen Kundengruppen zu vergleichen. Die Diversität der Kundengruppen beeinflusst die Gestaltung und Optimierung von SSTn bei den im Krankenhaus ablaufenden Dienstleistungsprozessen. Die Prozesse sind nur effizient, wenn SSTn von den Kundengruppen angenommen, benutzt und als hilfreich angesehen werden. Abbildung 20.3 zeigt eine Zusammenstellung von Kundengruppen und Self-Service-Delivery-Modellen in Verbindung mit der Produktivitätsermittlung durch Kennzahlen.

20.6 Shared Services bei SSTn im Krankenhaus

Der Einsatz von SSTn hat den Vorteil, dass Dienstleistungen und Dienstleistungsprozesse im Krankenhaus für eine spezifische Kundengruppe zusammengelegt und zentralisiert angeboten werden können „Shared Services" (vgl. zum Begriff „Shared Services" Ulbrich 2006). Diese Form der Dienstleistungsbündelung aus verschiedenen Bereichen hat den Vorteil, dass Dienstleistungen effizient und flexibel an Kunden gebracht werden können. Kunden haben andererseits die Möglichkeit, Einfluss auf die angeboten Dienstleistungen zu nehmen, indem sie das Dienstleistungsangebot bewerten (z. B. anhand einer Patienten- oder Mitarbeiterbefragung). Ferner stellt das Dienstleistungsangebot bei SSTn eine

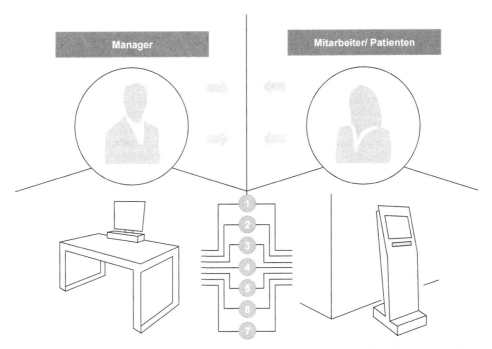

Abb. 20.4 Shared Services zwischen verschiedenen Kundengruppen. (Quelle: Eigene Darstellung 2016)

Standardisierung dar. Der Vorteil ist, dass durch die Standardisierung Dienstleistungen vergleichbar werden, die Kosten reduziert und Prozesse beschleunigt werden, die Ausnutzungsrate steigt und Entscheidungsträger einen direkten Einfluss auf die Dienstleistungsstrategie nehmen können. Es wird eine höhere Prozesstransparenz erreicht, wodurch der Koordinationsaufwand gesenkt werden kann (Reichwald et al. 2009). Nachteil der Standardisierung ist, dass die Vielfalt von Dienstleistungen und Qualitätsstufen eingeschränkt werden und das Risiko von Kundenbarrieren steigt, wenn Standards nicht übergreifend entwickelt und die Entwicklung von alternativen und besseren Dienstleistungsangeboten eingeschränkt werden. Standardisierte Dienstleistungsprozesse können von Wettbewerbern leichter imitiert werden, was negative Auswirkungen auf die Wettbewerbsfähigkeit haben kann. Abbildung 20.4 zeigt die Verknüpfung von Dienstleistungen und Dienstleistungsprozessen (1–7) zwischen verschiedenen Kundengruppen bei SSTn. Die sich an die Abbildung anschließende Tab. 20.1 gibt einen Überblick über Shared Services bei SSTn im Krankenhaus.

Tab. 20.1 Beispiele für Shared Services bei SSTn im Krankenhaus

Patient Self-Service	Employee Self-Service	Manager Self-Service
Update der Kontaktdaten | verschiedene Sprachen | Angaben zu Vorerkrankungen und -operationen | Angaben zu Allergien | Infomaterial zu Abläufen und zur Aufklärung | Fragebogen zur Patientenzufriedenheit | Terminangaben | Versicherungsverhältnis | Bestätigung von Versicherungsfragen | Behandlungsvertrag | Datenschutz | Wegeleitsystem | Formulare zu Reha-Maßnahmen | Spendeninformationen	Aktualisierung von persönlichen Informationen | elektronisches einreichen von Zeitnachweisen | Informationen über Arbeitgeberleistungen | Anstellungs- und Gehaltsnachweise | Reisekostenabrechnung | Veranstaltungen | Möglichkeit der internen Kommunikation | Aufzeigen von Mitarbeiterinformationen | Abteilungszugehörigkeit | Terminabstimmungen | Adressbuch | Beurteilungen | Reiseanträge | Reisekostenabrechnung	Arbeitszeitmanagement | Dienstplanung | Managementanalysen | Talentmanagement | Mitarbeiterhistorie im Unternehmen | Anzeige von Pflichttrainings | Gehaltsdaten der Mitarbeiter | Berichtwesen | Genehmigungen | Planungsangaben | Vertreterregelung | Personalbeschaffung | Dienstanweisungen | Speiseplan | Pressespiegel Urlaubsregelungen | Betriebsvereinbarungen | Abwesenheitsstatistik

20.7 Best-Practice-Beispiele von patientenorientierten SSTn

Beispiele für SSTn im Krankenhausbereich gibt es viele, wie die nachfolgende Auflistung zeigt (siehe Tab. 20.2). Der Verbreitungsgrad von einzelnen patientenorientierten SSTn ist bisher noch sehr gering, daher werden diese Technologien auch eher als Zukunftstechnologien im Gesundheitsmarkt angesehen. Die Beispiele zeigen ein großes Spektrum an Möglichkeiten, wie Dienstleistungen und Dienstleistungsangebote für Patienten und Mitarbeiter vereinfacht werden können.

Tab. 20.2 Beispiele für die Anwendung von SSTn im Krankenhausbereich

Beispiel	Erklärung
Erste Self-Service Patientenanmeldung in Deutschland im Jahr 2010 von NCR im Klinikum Ingolstadt Quelle: Invidis (2011)	Die Patientenanmeldung erfolgt selbständig durch die Patienten am Kiosk. Verschiedene Dienstleistungen können am Kiosk in Anspruch genommen werden. Durch den selbständigen Anmeldprozess kann das Personal entlastet werden. Ein weiterer Vorteil für Patienten besteht in einer verkürzten Wartezeit
Patienten-Onlineaufnahme im Jahr 2011 im Inselspital Bern in der Schweiz Quelle: Inselspital (2015)	Die administrative Patientenaufnahme kann am Inselspital unabhängig durch Patienten, online von zu Hause aus, durchgeführt werden. Ein Vorteil dieser Vorgehensweise besteht darin, dass am Anreisetag ein umfangreiches Aufnahmeverfahren für Patienten entfällt
Helios Online Check-in bei der Helios Kliniken GmbH in Berlin Quelle: Helios (2015)	Bei mehreren Krankenhäusern der Krankenhausgruppe Helios besteht ein online Check-in-Portal. Das Check-in-Portal enthält organisatorische und medizinische Informationen, um den Patienten auf den stationären Aufenthalt vorzubereiten

Tab. 20.2 (Fortsetzung)

Beispiel	Erklärung
Inquicker Check-in seit dem Jahr 2006 in den USA Quelle: Inquicker (2015)	Das Online-Check-in-System Inquicker wird bei vielen Krankenhauseinrichtungen in verschiedenen Bundestaaten der USA eingesetzt. Der große Vorteil des Systems besteht darin, dass Wartezeiten z. B. im Bereich der Notfallauf-nahme reduziert werden können
Hand Scan Check-in im Jahr 2011 am Langone Medical Center in den USA Quelle: NYU Langone Medical Center (2015)	Bei dem Patienten-Identifikations-System wird mit Nah-Inf-rarot-Wellen ein individuelles Bild der Handfläche (Venen-muster) eingescannt und mit einem Foto abgespeichert, dann werden die Versicherungsinformationen abgefragt. Ziel ist die Fehlervermeidung (Gewährleistung der Patientensicher-heit) sowie die Beschleunigung des Check-in-Prozesses
Mobile Phone App zum Check-in seit dem Jahr 2014 am Royal Children's Hospital in Mel-bourne, Australien Quelle: The Royal Children's Hospital in Melbourne (2015)	Eine Mobile Phone App wird zum Check-in im Kranken-haus verwendet. Bei Anmeldung eines Patienten wird ein Anmeldeticket zum Mobiltelefon geschickt, ebenso wie evtl. Verspätungen und feste Termine. Ein Vorteil dieser Vorge-hensweise ist die schnellere Registrierung der Patienten im Krankenhaus
Erstes Self-Service E-card Check-in in Österreich im Jahr 2014 (Spital: Landeskrankenhaus der Universität, Klinikum Graz) Quelle: Klinikum Graz (2014)	Terminpatienten stehen Check-in Terminals im Krankenhaus zur Verfügung, um sich selbst in der Klinik anzumelden. Durch die Terminals können die Wartezeiten deutlich ver-kürzt werden. Der zweite Vorteil für Patienten besteht in der Infektionsvermeidung durch die Trennung von Patienten mit unterschiedlichen Erkrankungen wie Husten und Fieber
Gesundheitsterminal der Deut-schen Gesellschaft für Infrastruk-tur und Versorgungsmanagement Quelle: DeGIV (2015)	Die DeGIV errichtet deutschlandweit ein Gesundheitstermi-nal-Netzwerk in verschiedenen Apotheken, Krankenhäusern und bei Medizinischen Versorgungszentren ein. Die Self-Service Terminals bieten verschiedenen Kunden verschie-dene Dienstleistungen an. Ziel ist eine Prozessverschlankung und die Schaffung von Mehrwert für Kunden (z. B. durch Aufklärung und Infotainment)

20.8   Eigenschaften von SSTn im Krankenhaus

Ob eine SST in ein Krankenhaus eingeführt wird, hängt davon ab, inwieweit die Kunden bereit sind die diese zu nutzen. Nicht alle Dienstleistungsangebote können durch SSTn ersetzt werden. Wird jedoch Personal durch Technik ersetzt, dann zwingt der Einsatz von SSTn Kunden dazu, diese zu nutzen. Die Akzeptanz von SSTn hängt von verschiedenen Kriterien ab und wie diese von Kunden wahrgenommen und bewertet werden. Kriterien beziehen sich vordergründig auf den Gesundheitszustand der Patienten, das Sprachver-ständnis der Mitarbeiter, den Nutzen und die verwendete Technik. Sind SSTn zu komplex und ist die Bedienbarkeit schlecht, dann wird eine SST von Kunden nicht in Anspruch genommen und nicht genutzt (Pezoldt und Schliewe 2012). Ein weiteres Hemmnis kann die Angst vor Technik sein, die soweit führen kann, dass die Inanspruchnahme beschränkt und verhindert wird (Zhao et al. 2008). Die Technikakzeptanz ist umso höher, je mehr Erfahrungen die Kunden bereits mit ähnlichen Technologien gesammelt haben bzw. je unkomplizierter z. B. Bedienungsanleitungen und Informationsbroschüren sind.

Charakteristisch für SSTn im Krankenhaus ist der fehlende persönliche Kontakt zwischen Patienten und den Krankenhausmitarbeitern. Für Patienten spielt daher die Zuverlässigkeit einer SST eine wichtige Rolle (Pezoldt und Schliewe 2012). So individuell wie die Patienten sind, so individuell ist auch die Interaktion mit einer SST. Es gibt Patienten, die SSTn ohne Vorbehalte nutzen, andere haben Vorbehalte und nutzen SST trotzdem und wieder andere möchten gar keine SST nutzen und bevorzugen daher einen Krankenhausmitarbeiter. Ein starker Wunsch, mit dem Krankenhausmitarbeiter zu interagieren, verringert die Bereitschaft eine SST zu nutzen. Für Patienten, die SSTn nutzen, ist entscheidend, wie sicher, verlässlich, einfach, korrekt und eigenständig und mit welcher Geschwindigkeit sich eine SST einsetzen lässt (Stanley und Pope 2000).

Geschlechterspezifische Unterschiede bei der Nutzung von SSTn können auf die unterschiedlichen Voreinstellungen und Erwartungen und auf das jeweilige Interesse an Technik zurückgeführt werden (Pezoldt und Schliewe 2012). Früher waren ältere Kunden weniger bereit, SSTn zu nutzen. Heute, da die mit Technik groß gewordene Generation älter geworden ist, sind diese eher bereit SSTn zu nutzen. Vorbehalte bestehen, da SSTn z. B. verunsichern und Überforderung auslösen können. Jüngere Kunden stehen neuen Technologien überwiegend offen gegenüber. Zu beachten ist, dass Kunden krankheitsbedingt, z. B. bei chronischen Krankheiten, in besonderem Maße an eine SST (z. B. elektronische Blutzuckermessgeräte, Blutsauerstoffmessgeräte und Blutdruckmessgeräte) gebunden sein können. Die Ergebnisse lassen sich nicht verallgemeinern, vielmehr sind verschiedene Einflussfaktoren und die Nutzungsabsicht bei einer SST mit zu berücksichtigen.

20.9   Optimierung durch SSTn im Krankenhaus

Die nachfolgenden Ausführungen lehnen sich stark an den Beitrag von Jay Lawrence (Lawrence 2015) an. Ein praktisches Beispiel aus dem Southlake Regional Health Center soll verdeutlichen, welche Auswirkung der Einsatz von SSTn im Krankenhaus haben kann.

Das Southlake Regional Health Center ist ein Krankenhaus der Maximalversorgung mit ca. 400 Betten. Jährlich werden ca. 22.000 stationäre und ca. 600.000 ambulante Patienten behandelt, hinzukommen ca. 90.000 Patienten der Notfallaufnahme. Um die Terminplanung und Registrierung für Patienten und Mitarbeiter zu optimieren, wurde ein Self-Service-System für Patienten eingeführt. Das System umfasst eine Prä-Registrierung, einen elektronischen Self-Service-Kiosk und ein Begrüßungs-Center vor Ort. Der neue Registrierungsprozess umfasst zwei Schritte: Im ersten Schritt erfolgt die Registrierung durch den Patienten online, per Telefon oder Fax bis zu 48 h vor Ankunft. Im zweiten Schritt muss der Patient seine Ankunft im Krankenhaus am Behandlungstag bestätigen, entweder durch die Berührung mit der Chipkarte am bereitgestellten Kiosk oder durch die

bisher – dezentralisiert Terminplanung
und Registrierung

optimiert – Begrüßungs-Center und zentrale
Terminplanung mit Prä-Registrierung

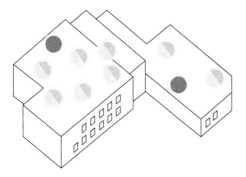
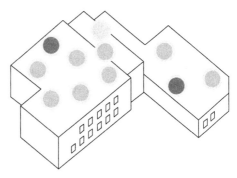

klinischer Bereich mit
Terminplanung und Registrierung

Eingang zum Krankenhaus

klinischer Bereich

Eingang zum Krankenhaus mit
Begrüßungs-Center

Terminplanung und
Prä-Registrierung

Abb. 20.5 Optimierung der Terminplanung und Registrierung durch Self-Service. (Quelle: Darstellung in Anlehnung an Lawrence 2015)

Anmeldung im Begrüßungs-Center durch den persönlichen Kontakt mit einem Krankenhausmitarbeiter.

Nach einem halben Jahr im Einsatz wurde das implementierte System evaluiert mit folgendem Ergebnis: Das Krankenhauspersonal bei der Registrierung konnte um 30 % reduziert werden, Fehler bei Registrierdaten konnten um 50 % reduziert werden, die durchschnittliche Wartezeit konnte von 8 auf 3 min verkürzt werden und die jährlichen Betriebskosteneinsparungen liegen bei $400.000. Ferner wird das System von Patienten aller Altersgruppen in Anspruch genommen, wobei die Patientenzufriedenheit durch die Wahlmöglichkeiten zur Anmeldung gesteigert werden konnte.

Abbildung 20.5 zeigt einen Vergleich zwischen einer dezentralisierten Terminplanung und Registrierung im Krankenhaus und einer optimierten semi-zentralisierten Terminplanung mit Prä-Registrierung und Begrüßungs-Center bei den beiden Eingangsbereichen.

20.10   Vor- und Nachteile von SSTn im Krankenhaus

Bei der Anwendung und dem Einsatz von SSTn ergeben sich zahlreiche Vor- und Nachteile (siehe Tab. 20.3). Die Übersicht zeigt wesentliche Vor- und Nachteile auf (Howard und Worboys 2003).

Tab. 20.3 Vor- und Nachteile von SSTn

Vorteile	Nachteile
Reduktion von Fehlern bei der Registrierung, korrekte Rechnungsdaten | neuesten administrativen Daten, Wiederverwendbarkeit, aktuelle Deckungsinformationen | Sicherheit, erhöhte Diskretion, Privatsphäre, Anonymität | leichtes navigieren durch das System | effizientere Nutzung der Mitarbeiterzeit | zeitliche Ungebundenheit und örtliche Erreichbarkeit | Möglichkeit zur Sprachauswahl | Vermeidung von Redundanzen | Übersichtlichkeit | Zeitersparnis | Kontrolle über Dienstleistungsprozesse | niedrigere Kosten | vielfältige Dienstleistungsangebote	die Kundennähe bzw. der Kundenkontakt verringert sich durch die Zentralisierung | die räumliche Distanz kann sich negativ auf die Leistungserbringung auswirken | der Abstimmungsaufwand erhöht sich tendenziell | Recovery service | die Auswahl von Diensten wird eingeschränkt | Überwindung von Akzeptanzbarrieren | problematisch sind SST für die Motivation und die Loyalität der Mitarbeiter, da der persönliche Kontakt fehlt | weniger Wahlmöglichkeiten | umfangreiche Datenpflege erforderlich | Investitionskosten

20.11 Strategien der Implementierung von künftigen SSTn

Um eine SSTn erfolgreich in einem Krankenhaus oder Krankenhausbereich einzuführen, sind verschiedene Strategien zu berücksichtigen (Kao 2011; Hsieh 2005; Pezoldt und Schliewe 2012). Kunden sind frühzeitig zu sensibilisieren, damit sie sich mit dem Self-Service und der SST auseinandersetzen können (Bitner et al. 2002). Es sind einfache Hilfsmittel bereitzustellen, um sich mit der zu implementierenden SST vertraut zu machen (z. B. Informationsbroschüre, Informationsflyer). Kunden sind zu schulen, wobei ausreichend Lehrpersonal zur Unterstützung bereitzustellen ist. Vor der Implementierung kann auch die Durchführung von mehreren Testläufen zu erhöhter Akzeptanz beitragen. Von Vorteil kann es sein, wenn die Erprobung einer SST in einem Team mit verschiedenen Personen (mit unterschiedlicher Kultur und unterschiedlichem Alter und Geschlecht) durchgeführt werden. Auf der anderen Seite kann es auch vorkommen, dass SSTn nicht genutzt werden, da bspw. nur ein begrenztes Dienstleistungsangebot als Anreiz besteht. Gleichfalls kann die Nutzung eingeschränkt sein, wenn z. B. für einzelne Self-Service-Funktionen nur begrenzt Werbung gemacht wurde. Barrieren können auch durch die Verwendung von Passwörtern oder den Einsatz einer umfangreichen Registrierung entstehen, da diese es dem Kunden erschweren, den Self-Service anzunehmen. Unterbleiben Wahlmöglichkeiten und unterbleibt die Unterstützung von Krankenhausmitarbeitern, dann ist dies ebenfalls nicht förderlich und trägt zur Ablehnung bei den Patienten bei (Bitner et al. 2002; Walker und Johnson 2006). Zudem achten Patienten auf eine bedienerfreundliche Anwendung, ein kundenorientiertes Technologieverständnis und die Gewährleistung von Datenschutz. Faktoren, die den Einsatz und die Benutzung von SSTn beeinflussen sind laut Hsieh folgende (Hsieh 2005): z. B. Qualität des Dienstleistungsangebotes, die Vielfalt und die Präsentation des angebotenen Service, das Design (Zhu 2007), der Umgang und die Vorbeugung von Fehlern, Fähigkeit eines Recovery Services (Bitner 2001) und die Fähigkeit der ständigen Aktualisierung und kontinuierlichen Verbesserung.

Fazit

Es wurde ein Überblick zu kundenorientierten SSTn gegeben. Dabei wurde zwischen drei Self-Service-Delivery-Modellen differenziert. Best-Practice-Beispiele aus Krankenhäusern zu patientenorientierten SSTn wurden vorgestellt. Weiterhin wurde gezeigt, dass SST in den letzten Jahren einen immer größeren Zuspruch im Krankenhausbereich erfahren haben. Es bleibt abzuwarten, ob Kunden vermehrt SSTn in Krankenhäusern einfordern, um verschiedene Dienstleistungsangebote selbständig in Anspruch nehmen zu können. Die Akzeptanz ist gegeben, da die neue Generation, die mit dem technischen Fortschritt groß geworden ist, den Technikeinsatz größtenteils als Selbstverständlichkeit betrachtet. Dabei sind trotz alledem die Vor- und Nachteile beim Einsatz von SSTn zu berücksichtigen. Ein Vorteil von SSTn besteht bspw. darin, dass mit ihnen Informationen effizient kommuniziert und bestimmte Dienstleistungsangebote in mehreren Sprachen angeboten werden können. Gerade bei der steigenden personellen Vielfalt im Krankenhaus erscheint daher die Anwendung von SSTn notwendig. Zu den weiteren Vorteilen gehört, dass Dienstleistungsangebote relativ schnell, komplett und angenehm bereitgestellt und an die verschiedenen Kundengruppen gebracht werden können. Die unterschiedlichen Kundengruppen können unabhängig, anonym und zu jeder Zeit selbstständig bestimmte Dienstleistungen in Anspruch nehmen. Von Nachteil erweist sich, dass sich die Kundennähe bzw. der Kundenkontakt durch die Zentralisierung von Dienstleistungsangeboten verringert. Die räumliche Distanz kann sich dabei negativ auf die Leistungserbringung auswirken. Für Kunden, die SSTn nutzen, ist entscheidend, wie sicher, verlässlich, einfach, korrekt und eigenständig und mit welcher Geschwindigkeit sich eine SST einsetzen lässt. Bei der Implementierung von SSTn im Krankenhaus ist die Nutzungsabsicht von Kunden daher zu berücksichtigen, wobei Kunden frühzeitig mit einzubinden sind. Abhängig ist der Einsatz von kundenorientierten SSTn vom Nutzen, der Benutzerfreundlichkeit, dem Arbeitsaufwand und der Fähigkeit der Nutzer eine Technologie zu bedienen.

Literatur

Bergner KN, Falk T, Bauer HH, Czernetzki JM, Hölzing JA (2013) Impulse zum Selbstmanagement von Patienten durch Self-Service-Technologien. Int J Mark Spec Iss 51/52(1):5–16
Bitner M (2001) Self-service technologies: what do customer's expect? Mark Manage 10(1):10–11
Bitner MJ, Ostrom AL, Meuter ML (2002) Implementing successful self-service technologies. Acad Manage Exec 16(4):96–108
Bobbitt LM, Dabholkar PA (2001) Integrating attitudinal theories to understand and predict use of technology-based self-service: the Internet as an illustration. Int J Serv Ind Manage 12(5):423–450
Cunningham LF, Young CE, Gerlach JH (2008) Consumer views of self-service technologies. Serv Ind J 28(6):719–732
Curran JM, Meuter ML (2005) Self-service technology adoption: comparing three technologies. J Serv Mark 19(2):103–113

Dabholkar PA, Bobbit ML, Lee E-J (2003) Understanding consumer motivation and behavior related to self-scanning in retailing. Implications for strategy and research on technology based self-service. Int J Ser Ind Manage 14(1):59–95

Davis FD, Bagozzi RP, Warshaw PR (1989) User acceptance of computer technology: a comparison of two theoretical models. Manage Sci 35(8):982–1003

DeGIV (2015) Gesundheitsterminal, Auf einen Blick, Deutsche Gesellschaft für Infrastruktur und Versorgungsmanagement (DeGIV). http://www.gesundheitsterminal.de/gesundheitsterminal/auf-einen-blick.html. Zugegriffen: 11. Juli 2015

Englert R, Rosendahl T (2002) Customer Self Services. In: Weiber R (Hrsg) Handbuch Electronic Business. Springer, Wiesbaden, S 495–507

Graz K (2014) eCard CheckIn auf der Kinderklinik. http://www.klinikum-graz.at/cms/beitrag/10305838/9124185/?qu=. Zugegriffen: 11. Juli 2015

Helios (2015) Helios Online Check-in. http://www.helios-kliniken.de/helios-online-check-in.html. Zugegriffen: 11. Juli 2015

Hollenstein S, Hürlimann S, Lardi L, Wiederkehr S (2013) Self-Service im HRM – Stolpersteine in der Umsetzung, Diplom Projektarbeit. Fachhochschule Solothurn Nordwestschweiz, Zürich

Howard M, Worboys C (2003) Self-service – a contradiction in terms or customer-led choice. J Consum Behav 2(4):382–392

Hsieh C (2005) Implementing self-service technology to gain competitive advantages. Commun IIMA 5(1):77–83

Inquicker (2015) Online health care scheduling. https://inquicker.com/. Zugegriffen: 11. Juli 2015

Inselspital (2015) Patienten Check-in. https://www.insel.ch/index.php?id=19371. Zugegriffen: 11. Juli 2015

Invidis (2011) Self-Check-in im Krankenhaus. http://invidis.de/2011/02/self-check-in-im-krankenhaus/. Zugegriffen: 11. Juli 2015

Kao J (2011) Self service payoff. Healthc Financ Manage 65:98–102

Kliefoth L (2009) Kundenfreundlicher Gesundheitskiosk. KTM 36:23–25

Koopman G, Batenburg R (2009) Early user involement and participation in employee self-service application deployment. Theory and evidence of four Dutch governmental cases. In: Bondarouk TV, Ruël HJM, Oiry E, Guiderdoni-Jourdan K (Hrsg) Handbook of research on e-transformation and human resources, management technologies. IGI Publishers, Hershey, S 56–77

Lawrence J (2015) Case study: hospital generates $400 K in savings, reduces registration staff by 30 % with patient self-service technologies. http://www.patientway.com/case-study-hospital-generates-400k-savings-reduces-registration-staff-30-patient-selfservice-technologies. Zugegriffen: 11. Juli 2015

Liljander V, Gillberg F, Gummerus J, Van Riel A (2006) Technology readiness and the evaluation and adoption of self-service technologies. J Retail Consum Serv 13:177–191

Lin J-SC, Hsieh P-L (2006) The role of technology readiness in customers' perception and adoption of self-service technologies. Int J Serv Ind Manage 17(5):497–517

Meuter ML, Ostrom AL, Roundtree RI, Bitner MJ (2000) Self-service technologies: understanding customer satisfaction with technology-based service encounters. J Mark 64(3):50–64

Meuter ML, Bitner MJ, Ostrom AL, Brown SW (2002) Choosing among alternative service delivery modes: an investigation of customer trail of self-service-technologies. J Market 69:61–83

Nilsson D (2007) A cross-cultural comparison of self-service technology use. Eur J Mark 41(3):367–381

NYU Langone Medical Center (2015) Patient secure, patient identification system, brochure. http://webdoc.nyumc.org/nyumc_main/files/Info_Brochure_v6_Print.pdf. Zugegriffen: 11. Juli 2015

Petroski H (2005) Shopping by design. Am Sci 93:491–495

Pezoldt K, Schliewe J (2012) Akzeptanz von Self-Service-Technologien: State of the Art. Schmalenbachs Zeitschrift für betriebswirtschaftliche Forschung (zfbf) 64:205–253

Reichwald R, Slein KMM, Huff AS, Lling MK, Neyer A-K (2009) Service standardization. Center for Leading Innovation and Cooperatoin, Leipzig

Rhoads J, Drazen E (2009) Touchscreen Check-In: Kiosks Speed Hospital Registration, California Healthcare Foundation, Broschüre

Stampfl NS (2011) Die Zukunft der Dienstleistungsökonomie, Momentaufnahme und Perspektiven. Springer, Heidelberg

Stanley B, Pope D (2000) Self-service lessons. HR Mag 45(5):5–10

The Royal Children's Hospital in Melbourne (2015) Check-in. http://www.rch.org.au/checkin/. Zugegriffen: 11. Juli 2015

Ulbrich F (2006) Improving shared service implementation: adopting lessons from the BPR movement. Bus Process Manage J 12(2):191–205

Venkatesh V, Davis FD (2000) A theoretical extension of the technology acceptance model: four longitudinal field studies. Manage Sci 46:16

Walker RH, Johnson LW (2006) Why consumers use and do not use technology-enabled services. J Ser Mark 20(2):125–135

Yen HR (2005) An attribute-based model of quality satisfaction for internet self-service technology. Serv Ind J 25(5):641–659

Zhao X, Mattila AS, Tao L-SE (2008) The role of post-training self-efficacy in customers' use of self-service technologies. Int J Ser Ind Manage 19(4):492–505

Zhu Z, Nakata C, Sivakumar K, Grewal D (2007) Self-service technology effectiveness: the role of design features and individual traits. J Acad Mark Sci 35:492–506

Sachverzeichnis

© Springer Fachmedien Wiesbaden 2016   379
M. A. Pfannstiel et al. (Hrsg.), *Dienstleistungsmanagement im Krankenhaus*,
DOI 10.1007/978-3-658-08429-5

Printed in the United States
By Bookmasters